Felix Weingartner
Lebenserinnerungen

SEVERUS

Weingartner, Felix: Lebenserinnerungen
Hamburg, SEVERUS Verlag 2013
Nachdruck der Originalausgabe von 1923

ISBN: 978-3-86347-644-1
Druck: SEVERUS Verlag, Hamburg, 2013

Der SEVERUS Verlag ist ein Imprint der Diplomica Verlag GmbH.

Bibliografische Information der Deutschen Nationalbibliothek:
Die Deutsche Nationalbibliothek verzeichnet diese Publikation in der
Deutschen Nationalbibliografie; detaillierte bibliografische Daten sind im
Internet über http://dnb.d-nb.de abrufbar.

© **SEVERUS Verlag**
http://www.severus-verlag.de, Hamburg 2013
Printed in Germany

Hans Walzer

Felix Weingartner

FELIX WEINGARTNER

LEBENSERINNERUNGEN

FRÜHESTE KINDHEIT.

Vor mir sehe ich einen Stern, keinen der vielen tausende, die uns vom nächtlichen Himmel leuchtende Rätsel herabflimmern, sondern einen gemalten, wahrscheinlich sogar recht primitiv auf die Decke eines einfachen, nicht gerade sehr hellen Zimmers gemalten Stern mit einem Ring in der Mitte und dreieckigen, regelmäßig davon abstehenden Spitzen am Rande. Dann sehe ich mich selbst in einer Ecke dieses einfachen Zimmers sitzend — wahrscheinlich konnte ich damals noch nicht gehen — und mit halboffenem Munde, ungefähr in der Stellung, wie mich eine in meinem ersten Lebensjahre angefertigte Photographie zeigt, zu dem gemalten Wunder auf der Zimmerdecke hinaufstarrend. Ich weiß, daß er mir tatsächlich höchst wunderbar erschien, dieser gemalte Stern, und daß ich mich über ihn damals ebenso lebhaft wunderte, wie über Wichtigeres, was mir später begegnet ist; ja, daß ich mich über das ganze Leben, das am 2. Juni des Jahres 1863 unvermutet über mich hereingebrochen war, oft gewundert habe und auch heute noch wundere. Ich werde es wohl auch nicht verlernen, dieses Sichwundern über das Wunderbare, das unser Leben nun einmal ist.

Die Erinnerung an diesen gemalten Stern mit seinen dreieckigen Spitzen, zu dem ich vom Zimmerwinkel aus, ich weiß nicht wie oft und wie lange, hinaufguckte, fällt bestimmt in mein erstes Lebensjahr; sie bedeutet vielleicht sogar den ersten Eindruck, der bewußt in mein Leben getreten ist und den ich in frischer Anschauung behalten habe. Ich sehe dann meine Mutter eintreten, eine ziemlich kleine, lebhafte, damals nicht magere Frau, die mich aus meinen kindlichen Sternenträumen riß, indem sie mich wusch, ankleidete und im Kinderwagerl auf der »Bastei« spazieren führte. Hier habe ich wieder einen meiner ersten Eindrücke: die Bastei von Zara, denn in Zara, der sonnigen dalmatinischen Stadt, dort unten am azurnen Adriatischen Meer, bin ich zur Welt gekommen. Daran, daß ich mich noch deutlich an das Wagerl erinnere, in welchem ich herumgeführt wurde, schließe ich auf die Frühe des Eindrucks. Aber auch noch später, als ich bereits auf meinen zwei Beinchen einherwackelte, war die Bastei unser ständiger Spaziergang. Sie scheint die beliebte Promenade, der »Korso« der Zaratiner Gesellschaft gewesen zu sein. Ob sie wohl heute noch so aussieht wie damals? — Ob ich sie wiedererkennen würde? — Ich habe sie in Erinnerung als einen mit Akazienbäumen bepflanzten Wall, von dem man schöne Ausblicke auf das Meer hatte. Und hier ist der dritte meiner frühesten nachhaltigen Eindrücke und wohl der nachhaltigste: das Meer. Seit ich denken konnte, wußte ich auch vom Meere. Die blaue, schimmernde Fläche vor mir mag ich wohl in ähnlicher Weise mit staunend geöffneten Kinderlippen angestarrt haben, wie den Stern auf der Zimmerdecke. Der Stern verlor allmählich an Bedeutung, die Liebe zum Meere aber ist mir geblieben. Ich habe es schwer vermißt, als wir vom südlich leuchtenden Zara in nördlichere Gegenden zogen und lange, ehe ich es, viele Jahre nachher, wiedersehen sollte, fühlte ich das Beben einer beinahe ängstlichen Erwartung. Wenn im Religionsunterricht der Schule oder in meinen kindlichen Gebeten von Ewigkeit die Rede war, so sah ich das Meer vor mir, und als ich die schöne Legende von Jesus hörte, der auf den Wellen des Sees von Genezareth wandelte, so war es für mich wieder das Meer, das unendliche, über das eine riesige, göttliche Erscheinung dahinschwebte. In meinen Phantasien spielte ich an seinen Ufern oder sah es von der Ferne. Es war für mich der Inbegriff von Größe, Schönheit und Erhabenheit, und das ist es noch heute. Allerdings ist der Begriff des Meeres für mich unzertrennlich mit dem des Südens verbunden. Die graugrünliche Nordsee hat mir nie etwas zu sagen vermocht. —

Ich erinnere mich auch meines ersten Traumes. Auch in ihm spielte das Meer eine Rolle. Ich stand auf einem Hügel und sah über eine Art von Bucht hinüber — wie das im Traum ja möglich ist — meine Mutter mit einigen anderen Leuten unter den wohlbekannten Akazienbäumen der Zaratiner Bastei spazieren gehen. Sie winkte mir — ich erhob mich leicht in die Luft und flog in weitem Bogen gerade in ihre Arme, in denen sie mich auffing und dabei ausrief: »Das war aber schnell!« Wahrscheinlich hatte meine Mutter in irgendeinem anderen Zusammenhang diese Äußerung wirklich gemacht und dadurch den Traum verursacht. Ich aber war davon erwacht, denn im nächsten Augenblick lag ich wieder im Kinderwagen und blinzelte erstaunt in die Sonne. So lebhaft war der Traum gewesen, daß ich noch längere Zeit meinte, tatsächlich geflogen zu sein, zumal mich ähnliche Träume öfters heimsuchten und immer mein ganz besonderes Entzücken bildeten. Auch heute noch schätze ich mich glücklich, wenn ich sie, allerdings seltener, erleben darf. Beim reiferen Empfinden setzte sich in mir die Überzeugung fest, daß sich hier Erinnerungen aus einem früheren oder Ahnungen eines künftigen, weniger materiellen Lebens in unser flügelloses irdisches Bewußtsein drängen. Die Reïnkarnationslehre der Inder, von der ich verhältnismäßig früh hörte, schien mir meine Deutung solcher Träume zu bestätigen, während mich die moderne, pathologisch-sexuelle Auslegung abstößt. Der Traum des Kindes, das damals sicher noch nicht das zweite Lebensjahr vollendet hatte, diesen Traum aber nunmehr schon über ein halbes Jahrhundert in unverwelktem Gedenken bewahren konnte, weist auf höhere Motive hin.

Noch eine schöne Erinnerung, die ins Traumhafte hineinspielt, aber Wirklichkeit war, bewahre ich auf. Wieder einmal war ich mit meiner Mutter auf der Bastei. Es war ein nebeliger Tag — solche gibt es auch im sonnigen Süden — und die Welt erschien als eine farblose Fläche mit einigen Akazienbäumen. Da — plötzlich — wurde es an einer Stelle hell und immer heller und das Bild eines großen, schönen Schiffes zeichnete sich, zuerst undeutlich, dann immer klarer, im Nebel ab. Dort draußen schien die Sonne, denn um das Schiff herum flimmerte das Wasser. Vielleicht nur einige Sekunden war die Erscheinung sichtbar, dann zog sich der Nebel wieder zu wie ein dichter Vorhang. Ich aber wollte nicht vom Platz gehen, weil ich mir einbildete, das Schiff müsse wiederkommen, und ich weiß, daß ich weinte, als meine Mutter mich schließlich, ungeachtet meines Sträubens, mit sich fortzog. Sie erklärte mir dann, es sei ein Kriegsschiff gewesen, was wir gesehen hatten. Was dies bedeutet, wurde mir einigermaßen klar, als die Nachrichten über die Seeschlacht von Lissa einliefen, die sich in meinem Kinderkopf als etwas sehr Lustiges darstellte, denn ich fand es ganz prächtig, daß solche Dinger, wie ich sie oft in der Bucht von Zara sah, aufeinander losfuhren und sich zum Untersinken brachten. Mit Holzstückchen und einfachen Papierschiffchen spielte ich in einer Wasserschüssel oft die Seeschlacht von Lissa. Daß der Krieg nicht schon der frühesten Jugend als etwas Verabscheuungswürdiges und Verbrecherisches dargestellt wird, ist ein schwerer Fehler unserer Erziehung. Wäre ich ein Mann der Regierung, so würde ich ein Gesetz einbringen, das den Spielwarenhändlern untersagt, Kanonen und umfallende Bleisoldaten zu führen. Bereits das Kind muß wissen, daß Brudermord niemals geheiligt werden kann. Bereits im Kinde muß die neue, die höhere Weltordnung aufzubauen begonnen werden, die wir ersehnen und der wir unsere Kräfte und Gedanken weihen wollen. —

Ich nehme an, daß die Spaziergänge auf der Bastei in der Regel am Vormittag stattfanden, denn beim Nachhausekommen gingen wir am ersten Stockwerk vorbei, wo das Telegraphenbureau war, in dem mein Vater als Inspektor angestellt war. Im zweiten Stock wohnte der Vorgesetzte meines Vaters, Direktor Erber mit seiner Familie, dem natürlich mit besonderem Respekt begegnet wurde. Von seiner Frau, einer freundlichen Dame, weiß ich nur noch, daß sie immer Italienisch sprach und mit Vorliebe Virginierzigarren rauchte. Im dritten Stock war unser Heim, wohin wir meinen Vater, den ich früh verlieren sollte, zum Mittagessen abholten. Eine etwas verblaßte Photographie meines Vaters steht immer auf meinem Schreibtisch: ein feines, schmales, von dunklem Vollbart umrahmtes Gesicht. Ich habe ihn noch sehr deutlich in Erinnerung. Die tückische Tuberkulose, die bereits zwei seiner Geschwister hinweggerafft hatte, war auch in seinen zarten Körper eingezogen, wahrscheinlich schon ehe ich geboren war. In meiner Jugend fürchtete man infolge meiner überschlanken, aufgeschossenen Gestalt, daß ich erblich belastet sei. Der gesunden Konstitution meiner Mutter, die ihren Gatten um achtundvierzig Jahre überleben sollte, verdanke ich es, daß ich diese Gefahr überwinden konnte. Mein Vater, der Guido hieß, war im Jahre 1836 in Wien geboren als Sohn des Oberpostrates Wilhelm Weingartner, dem wir später noch begegnen werden. Dessen Vater, also mein Urgroßvater, war Hauptmünzmeister in Wien und hatte den erblichen Adel mit dem Prädikat »Edler von Münzberg« erhalten. Auch die Eltern und Vorfahren meiner Mutter Karoline, die mit ihrem Mädchennamen Strobl hieß, waren Postbeamte, wenigstens soweit ich sie verfolgen kann. Erscheint somit der künstlerische Beruf in meiner Abstammung keineswegs ausgesprochen, abgesehen davon, daß meine Mutter musikalisch war, so macht es mir doch eine gewisse Art von Freude, in der Tätigkeit meiner Voreltern eine prophetische Andeutung dafür zu finden, daß ich später einen so großen Teil meines Lebens auf Reisen zubringen mußte und stets eine weitverzweigte Korrespondenz führte. —

Nach dem Mittagessen ging mein Vater stets wieder in sein Bureau hinab; die Wohltat der »Siesta« war ihm nicht beschieden. Erst gegen Abend kam seine Erholung. Wahrscheinlich je nach dem Wechsel der Länge der Tage früher oder später hielt er seine »Dämmerstunde«, wie er es nannte. Da zog er sich einen Schlafrock an und setzte ein türkisches Fez auf sein mit weichem, aber nicht reichlichem Haar besetztes Haupt. Dann saß er, mit meiner Mutter plaudernd, auf dem Sofa, oder spielte mit mir, oder, wenn meine Mutter im Haushalt zu tun hatte, ging er mit langsamen Schritten in der kleinen Wohnung auf und nieder. So sehe ich ihn am klarsten vor mir. Das Fez bewahre ich noch heute auf, der Schlafrock fiel eines Sommers den Motten zum Opfer.

An kalten Tagen mußte mein Vater einen sogenannten Respirator tragen. Heute gebraucht man dergleichen nicht mehr. Es war dies ein doppeltes feines Drahtgeflecht, das vor den Mund gebunden wurde, um schädliche Einflüsse der Luft von den Lungen fernzuhalten. In Wirklichkeit war es aber ein Bazillenherd, von dem die Ärzte damals noch nichts ahnten. Ich weiß, daß es mich immer traurig stimmte, wenn ich meinen Vater mit dem unheimlichen schwarzen Ding vor dem Mund ausgehen sah. Schwarz mußte es auch noch sein! Wie wenig verstand man damals noch, die traurige Aufgabe der Krankenpflege durch freundliche Farben zu erhellen! Im Nachlaß meiner Mutter fand ich zwei dieser trübseligen Instrumente, die mein Vater abwechselnd getragen und die meine Mutter pietätvollst aufbewahrt hatte, ohne zu ahnen, welche Gefahr sie damit im Hause hegte. Ich versenkte sie in die Glut des winterlichen Ofens. Auch einige Stücke einer absonderlichen Art von Zigaretten wanderten dorthin, fest zusammengedrehtes, mit irgendeiner chemischen Substanz durchtränktes Papier. Dies durfte mein armer Vater rauchen. Ich bin überzeugt, daß eine gute Zigarette ihm weniger geschadet hätte als diese gräulichen Dinger.

Ich besitze Briefe von ihm, die er an meine Mutter in der Brautzeit geschrieben hatte; feine, liebenswürdige, innige Herzensergüsse im blumigen, etwas umständlichen Stil der damaligen

Zeit, in der sich Brautleute der guten Gesellschaft noch mit »Sie« anredeten. Ich umwand die Blätter, die einst Duft und Glück ausstrahlten, nun aber vergilbt sind, mit einem farbigen Band und bewahre sie auf wie getrocknete Blumen. Frühzeitig hatte ihn das Leben in das einförmige Wirken des kleinen Beamten eingezwungen, in dem so viele gegen feinere Regungen der Seele abstumpfen. Er soll aber bis zum letzten Tag seines Lebens nicht aufgehört haben, sich mit Dingen zu beschäftigen, die außerhalb seines engen Berufes lagen. Namentlich interessierten ihn technische Probleme. Ich besitze noch eine alte Auflage des sechsbändigen »Buch der Erfindungen«, das Gegenstand seines beständigen Studiums gewesen sein soll. Auch hielt er eine technische Zeitschrift. Aber auch unsere großen Dichter soll er eifrig gelesen haben. Eine schöne Ausgabe Schillers aus dem Jahre 1835, die von ihm stammt, bildet heute noch eine Zierde meiner Bibliothek. Seine von der meinigen so ganz verschiedene Handschrift war zierlich und elegant und entbehrte doch nicht eines gewissen Schwunges. Ich bin kein Handschriftenleser. Sehe ich aber diese Züge, so erfüllt mich Freude, von einem Manne abzustammen, der sie schrieb. Ich bin überzeugt, durch seinen frühen Tod sehr viel verloren zu haben; denn hätte er länger gelebt, so hätte sich mein inneres Leben sicherlich in sympathischen Schwingungen zu dem seinigen entwickelt. Wir hätten einander, wie man sagt, gut verstanden. Ein kleines Erlebnis steht mir noch in Erinnerung. Meine Mutter wollte mich strafen, weil ich unfolgsam, widerspenstig oder sonst was ähnliches gewesen war. Da sagte mein Vater — und ich höre heute noch den Klang seiner Stimme —: »Laß ihn doch! Es ist im Leben nicht schlecht, wenn man viel eigenen Willen hat.« Meine Mutter hat mir diese Erinnerung wiederholt, wenn auch nicht gerade gern bestätigt, denn ihr Erziehungsprinzip war: absoluter Gehorsam. Heute bedauere ich allerdings nicht mehr, durch eine härtere Schule gegangen zu sein, denn gerade sie hat mich gestärkt, das Leben, das mir nicht leicht geworden ist, durchhalten zu können, während ich, hätte ich ganz nach meinem Vater geschlagen, vielleicht vorzeitig unterlegen wäre. Er war gütig, mild und liebevoll, eine Pflanze, die zu zart war, um den Stürmen der Welt lange standhalten zu können. Ich bin niemals Materialist genug gewesen, um ernstlich glauben zu können, sein Tod hätte uns für ewig getrennt. —

Eines Tages sagte mein Vater zu mir: »Heute wird deine Tante Katherine deine Großmutter.« Dann gingen meine Eltern und ich in die Zaratiner Domkirche und ich sah sie andächtig beten. Erst später wurde mir der Sachverhalt klar. Mein Großvater väterlicherseits war vor kurzem bereits zum drittenmal Witwer geworden und heiratete jetzt in vierter Ehe eine ältere Schwester meiner Mutter, Namens Katherine. So ereignete sich in unserer Familie der gewiß seltene Fall, daß die eine Schwester an den Vater, die andere an den Sohn verheiratet war. Meine Tante war also buchstäblich meine Großmutter geworden, ebenso aber mein Großvater mein Onkel, ja sogar mein Vater mein Vetter. In späteren Jahren machte es mir kindlichen Spaß, die verwickelten Fäden der Familienbeziehungen zu entwirren, die durch die vierte Heirat meines Großvaters entstanden waren. —

Jedes Jahr benützten meine Eltern den kurzen Sommerurlaub meines Vaters zu einer Reise nach Graz, wo mein Großvater in Pension sowie auch die Mutter und sonstige Verwandte meiner Mutter lebten. Die Fahrt ging von Zara, das bis zum heutigen Tage noch keine Eisenbahn besitzt, zu Schiff bis Triest und von da auf der Südbahn nach Graz. Frühzeitig schlugen die wohlklingenden Worte »Lussinpiccolo«, »Lussingrande« und »Quarnero« an mein Ohr. Einzelne Momente sind mir im Gedächtnis geblieben; sie zeigen, wie gerade Kleinigkeiten oft mit äußerster Schärfe in der Kindesseele haften bleiben, während dicht daneben Liegendes vollständig verschwindet. Ich erwachte aus dämmerndem Unbewußtsein und fand mich in den Armen meines Vaters. »Nun, Kleiner, ist dir schon wieder besser?« Wir befanden uns auf dem Schiff. Es war ein schöner, sonniger Tag, aber über das Meer zischten weiße Kämme dahin und das Schiff wurde von einer Seite zur anderen geworfen. Es herrschte der in diesen Gegenden bekannte warme Südostwind, der »Scirocco« — auch dieses Wort entspricht einer frühen Vorstellung — und ich war seekrank geworden, schien's aber bereits überstanden zu haben, denn ich weiß, daß mir das Schaukeln Spaß machte. — Abermals erwachte ich, diesmal in der Eisenbahn. Es war Nacht. Deutlich sehe ich das Coupé vor mir, die mit schwarzem Leder beschlagenen Bänke und das Öllämpchen an der Decke, das typische Bild eines Abteils zweiter Klasse der Südbahn. Meine Eltern schliefen in zwei Fensterecken gelehnt. Ich freute mich über das Gerumpel und duselte wohl bald wieder ein. Später konnte meine Mutter, nachdem sie Witwe geworden war, nur mehr dritter Klasse mit mir fahren. Ich empfand aber immer Sehnsucht nach den schwarzen Leder-bänken, die mir in der Erinnerung als etwas Herrliches, Uner-reichbares erschienen. Erst als erwachsener Jüngling konnte ich es mir leisten, wieder einmal zweiter Klasse zu reisen; da gab es aber keine Leder-, sondern Tuchpolster und von der Decke strahlte helles Gaslicht herab. Es war draußen in Deutsch-land, zwischen Leipzig und Halle, wo ich zum erstenmal als Pianist vor das Publikum trat. — Zum drittenmal kam ich auf jener Kindheitsreise auf dem Bahnhof in Graz zum Bewußtsein, inmitten einer Menge von Menschen. Eine alte Frau mit hellen freundlichen Augen beugte sich zu mir und küßte mich zärtlich. Es war die Mutter meines Vaters, die dann im Jahre 1866 gestorben ist. Also fallen diese Erinnerungen bestimmt vor die Vollendung meines dritten Lebensjahres. Sonst weiß ich von diesen jugendlichen Ferienreisen nichts mehr. —

An einem Geburtstag meiner Mutter, wahrscheinlich dem letzten, den wir in Zara verlebten, mußte ich ein kleines Gedicht aufsagen, das mein Vater verfaßt hatte. Ein Vers endigte mit »nett«, worauf der nächste den Wunsch enthielt, »Und mit der Gaspe kein Gefrett!« Ich habe ihn mir gemerkt, weil ich gerade bei ihm im Aufsagen stecken blieb. Gaspe war unser Dienst-mädel, eine treue Seele, die bis zu unserer späteren Übersiedlung bei uns ausharrte. Ich ging mit ihr spazieren, wenn meine Mutter durch häusliche Geschäfte behindert war, machte mir wohl auch in der Küche zu schaffen und erinnere mich, etwas Italienisch, ihre Muttersprache, verstanden und gepappelt zu haben. —

Meine Eltern verkehrten auf freundschaftlichem Fuße mit einer Familie Friedberg, von der mir namentlich die Frau in lebendiger Erinnerung geblieben ist, eine hübsche, stattliche Dame, die sich beim Tode meines Vaters in rührender Weise meiner Mutter und meiner annahm. Ihr Mann war damals Oberst und stieg später bis zum Feldmarschalleutnant auf. Ein einziger Sohn Zdenko — Friedbergs waren Tschechen — spielte öfter mit mir, trotzdem ich viel jünger war als er. Ich weiß nicht, ob jemand von dieser Familie, deren Namen von meiner Mutter stets mit besonderer Dankbarkeit genannt wurde, noch am Le-ben ist. Daß dies bestimmt nicht der Fall ist, weiß ich von drei anderen Personen, die ständig in unser Haus kamen. Der eine war Dr. Lobositz, wenn ich nicht irre, ein Arzt, dessen vielseitige Bildung ich mich erinnere noch von meinem Vater rühmen gehört zu haben. Er hatte meinen Eltern Goethes »Faust« mit einer Widmung geschenkt und ich schöpfte in späteren Jahren aus diesem Exemplar die ersten Kenntnisse der unsterblichen Dichtung. Lobositz war Jude, woraus ich schließe, daß mein Vater, trotz seiner streng katholischen Abstammung und Gesinnung, dem Antisemitismus nicht zugänglich war, eine Eigenschaft, die ich von ihm geerbt habe.

Die zweite der erwähnten Personen war ein Hauptmann Strebinger. Ich sehe ihn noch vor mir, in seinem weißen, kurzen Rock, wie ihn die Hauptleute damals trugen, wenn er mich auf- hob und sein breites, freundlich gerötetes Gesicht an das meinige drückte. Er spielte Violine und musizierte öfters mit meiner Mutter, die, namentlich in ihrer Jugend, eine gute Klavier- spielerin war. Sie ist bei einigen Wohltätigkeitskonzerten in Zara auch öffentlich aufgetreten. An langen Winterabenden, oder wenn ihr die Hauswirtschaft sonst Zeit ließ, aber auch, wenn Besuche kamen, spielte sie viel und gerne Klavier. Ich weiß, daß ich immer aufmerksam zuhörte und mich sträubte, wenn mich Gaspe, das Dienstmädchen, während des Musizierens zu Bett bringen wollte. Ich trat auch zum Klavier und suchte den Zusammen- hang der beweglichen Finger mit den Gehörsempfindungen in meinem Kindergehirn zu ergründen. Wenn ich einmal selbst versuchte, durch Niederdrücken einer Taste einen Ton hervor- zubringen, so gab es natürlich einen kleinen Klaps für die verursachte Störung. Einmal erwischte man mich vor dem Klavier sitzend und nach Leibeskräften darauf herumpatschend. Seit dieser Zeit blieb der Flügel, außer wenn er gebraucht wurde, versperrt, »damit der Kleine nicht klimpert«, wie ich meine Mutter sagen hörte.

Meinen ersten nachhaltigen musikalischen Eindruck ver- danke ich aber nicht dem Klavier, sondern der Violine, und zwar dem Spiel des erwähnten Hauptmanns Strebinger. Der Geigenton übte einen merkwürdigen Zauber auf mich aus. Das kleine Instrument und den Bogen betrachtete ich mit einer Art scheuer Verehrung und hätte es nie gewagt, die Violine etwa in ähnlicher Weise vergewaltigen zu wollen wie das Klavier. Vielleicht kam mir damals schon der fast unerklärliche Wider- spruch zwischen der unscheinbaren Erscheinung der Violine und ihrer merkwürdigen Tonfülle zu undeutlichem Bewußtsein. Sei dem, wie es sei! Eines Tages spielten meine Mutter und Hauptmann Strebinger dasjenige Stück, das berufen war, mich zum erstenmal tiefer zu packen. Es war die damals beliebte, heute vergessene Sonate in G-dur von Anton Rubinstein, in welcher der Violine das erste Thema anvertraut ist. Und siehe da — auf einmal sang ich dieses Thema fehlerfrei nach. Das gab nun ein gewaltiges Aufsehen in unserem kleinen Kreise. Der Mutter, dem Vater, den Bekannten mußte ich's immer wieder vorsingen. Sogar Gaspe, das Dienstmädchen, wurde aus der Küche hereingerufen, um das Wunderkind anzustaunen, denn als solches wurde ich offenbar betrachtet. Als ich's dem Hauptmann Strebinger vorsang, schlug er die Hände vor Freude zusammen und küßte mich besonders zärtlich. »Das Kind ist ja musikalisch!«, rief er ein über das anderemal. Damals vernahm ich zum erstenmal das Wort »musikalisch« und war, ohne seine Bedeutung zu erfassen, doch sehr stolz, etwas zu sein, was offenbar nicht alltäglich war.

Von diesem Zeitpunkt an schenkte man meiner Neigung, zuzuhören und selbst ans Klavier zu gehen, mehr Aufmerksamkeit als bisher. Meine Mutter erzählte mir später, sie habe schon damals in Zara, in meinem vierten Lebensjahre begonnen, mir die allerersten Anfangsgründe auf dem Klavier beizubringen. Daran habe ich nun kein persönliches Erinnern mehr, wohl deshalb, weil die Veränderung, die bald darauf mit uns vorgehen sollte, diese einfachsten Übungen für längere Zeit unterbrach. Als ich drei Jahrzehnte später meine erste Symphonie schrieb, bildete ich das Hauptthema des ersten Satzes in Tonart und Charakter nach jenem für mich bedeutungsvollen Thema der Rubinsteinschen Sonate, ohne daß das Werk selbst mir wieder vor Augen gekommen war. —

Noch eines freundlichen Mannes, den schon lange die kühle Erde deckt, muß ich gedenken; er hieß Unger und war ein Untergebener meines Vaters. Mich hatte er ganz besonders ins Herz geschlossen und verfertigte mir in geschickter Weise allerhand Spielzeug, dessen Gebrauch er mich selbst lehrte. Sowie das große, heilige Meer einen gewaltigen und dauernden Eindruck auf mich gemacht hatte, so interessierte mich auch alles, was sich darauf bezog, in erster Linie die Schiffe. Ich soll sogar öfters geäußert haben, ich wolle ein Seemann werden, oder, wie man damals in Zara sagte, ein »Marineur«. Nicht wenig mögen dazu auch die schmucken Uniformen der Marineure beigetragen haben, denen man in Zara, der Seestadt, täglich begegnete.

Herr Unger brachte mir eines Tages eine schöne Barke mit äußerst zierlich geschnitzten Rudern, ein getreues Ebenbild jener Barken, deren sich die Matrosen zu ihren Hafenfahrten bedienten. Sein Meisterstück lieferte er aber, als er ein Schiff konstruierte, das in allen Einzelheiten den Raddampfern des damaligen Österreichischen Lloyd entsprach: zwei zierliche Masten mit den Raaen (Segelstangen), an denen richtige kleine Segel aufgewunden waren, dazwischen der Rauchfang mit der Dampfpfeife, vorn das mit dem Hauptmast durch Taue verbundene Bugspriet, hinten der Flaggenstock mit der Flagge. Auch die Wimpel und ein kleiner Anker, die Kapitänsbrücke und die Rettungsboote fehlten nicht. Ganz korrekt gearbeitete Schaufelräder drehten sich auf beiden Seiten des Schiffes unter entsprechenden halbrunden Gehäusen, wenn man mittels eines Schlüssels die Feder aufzog, die einer kleinen mechanischen Maus entnommen war, die noch rechtzeitig vor dem Zerbrechen gerettet worden war. Setzte man das Schiff auf Wasser, so fuhr es richtig dahin. Meine Mutter bewahrte das schöne Spielzeug, dessen sich ein verwöhntes Kind unserer Tage hätte erfreuen können, bis zu ihrem Tode unter einem Glassturz. Allerdings hatte es bereits stark die Neigung, sich in seine Bestandteile aufzulösen, war aber immer noch beinand genug, einem anderen Kinde zum Spielen geschenkt zu werden, das sich hoffentlich noch einige Zeit daran erfreut hat. —

Die Trauerklänge über die unglückliche Schlacht bei Königgrätz fanden auch in meinem sich allmählich schärfenden Selbstbewußtsein einen Widerhall. Ohne daß ich mir über die Bedeutung des Ereignisses, ja über dieses selbst klar geworden wäre, denn ein Kampf zu Lande war für mich viel schwerer vorstellbar wie eine Seeschlacht, wirkten die Worte: »Wir sind geschlagen, wir haben einen Krieg verloren«, die ich sicherlich oft hörte, mit dem Lastenden, Graufarbigen, Blutleeren, was darin liegt, doch bereits auf mich, auch ohne daß ich sie verstand. Meine Eltern und alle, mit denen sie verkehrten, waren so selbstverständlich »kaisertreu«, daß dieses Wort in ihrem Sprachschatz überhaupt fehlte. Wie der trübselige Ausgang des Krieges von

1866 sie in laute Klagen ausbrechen ließ, so erweckte die Geburt der jüngsten Kaisertochter helle Freude, deren ich mich ebenfalls erinnere. Allerdings interessierten mich damals nur die Kanonensalutschüsse, deren Erdröhnen man mir vorausgesagt hatte und die ich nun gespannt, wahrscheinlich unter fortwährendem Gefragsel, erwartete. Endlich erdröhnte der erste. Ich lauschte und meine Eltern zählten: »Nur einundzwanzig! Also ein Mäderl!« — Ein Prinz wäre mit hundert und einem Schuß begrüßt worden. Das war mir damals freilich sehr gleichgültig. Meine Teilnahme wurde erst wieder wach, als mein Vater die Uniform anzog, wahrscheinlich, um sich zu einer amtlichen Feier für den neuen Kaisersprößling zu begeben. Ich weiß, daß ich entzückt war von den goldenen Knöpfen auf dem dunklen Tuchrock, vor allem aber von Degen und Dreispitz. Lange noch hat meine Mutter diese Reliquien aufbewahrt. —

Auch ein Weihnachtsabend in Zara steht noch lebendig vor mir. Natürlich glaubte ich damals, und auch viel später noch, steif und fest an das Christkindl, das kommen und mir die schönsten Sachen bringen werde, wenn ich brav sei. Als *einmal in der Abenddämmerung das Licht eines draußen vorüberfahrenden Wagens* oder sonst etwas einen gleitenden Lichtreflex auf der Zimmerdecke verursachte, sagte mein Vater: »Siehst du, das war das Christkind. Es ist vorbeigeflogen, um zu sehen, ob du folgsam bist.« Diese Vorstellung blieb noch durch Jahre in mir haften, erwachte im Vordämmer der Weihnachtszeit und verband sich mit liebevollem Gedenken an den dahingeschiedenen Vater. Eines Abends hielt er mich auf seinem Schoß. Ich merkte wohl, daß etwas vorging, denn ich durfte nicht ins Nebenzimmer. Plötzlich ertönte ein heller Glockenton, die Tür sprang auf und der strahlende Weihnachtsbaum stand vor mir. Ich gäbe viel darum, wenn ich noch wüßte, was ich damals geschenkt bekommen habe. Wenn ich heute den Weihnachtsbaum anzünde, so benütze ich zum Herbeirufen der zu Bescherenden noch dasselbe Glöckchen, das mich als Kind einst *zum Christkindl rief. Sich die Weihnachtsgeschenke nicht vorzeitig zu verraten,* den Zauber der Überraschung nicht zu brechen, ist heute in meinem Hause noch Sitte. So schwebt das Christkindl durch die Räume und lacht in unsere Herzen hinein. —

Den hellen, freundlichen Erlebnissen meiner Kinderzeit sollten trübe und ernste folgen. Anfang des Jahres 1868 erkrankte mein Vater schwer. Zu seinem bereits bedenklichen Husten gesellten sich Verdauungsstörungen, die ihn sehr schwächten. Trotzdem tat er seinen Bureaudienst weiter. Eines Tages wurde meine Mutter eilig hinabgerufen. Ich folgte ihr. Man umdrängte meinen Vater, der ohnmächtig geworden war. Meine Mutter flößte ihm eine Flüssigkeit ein, worauf er wieder zu sich kam. Es soll, wie ich später erfuhr, starker Kaffee gewesen sein. Immer schlechter ging es mit ihm. Oft sah ich meine Mutter weinen. Eines Tages traf die Nachricht ein, daß der Gatte einer Schwester meiner Mutter, Universitätsprofessor Skedl in Graz, verschieden sei. Damals erfuhr ich zum erstenmal vom Tode, verband damit aber freilich noch keine andere Vorstellung als die des momentanen Fernseins. Wenn mich mein Gedächtnis nicht trügt, so fragte ich, ob der Onkel denn nicht wiederkommen werde. Die Nachricht vom Tode des Schwagers erschütterte meinen kranken Vater tief. Er soll sein baldiges Ende voraus- gesehen haben. Auch meine Mutter fühlte im Schicksal ihrer Schwester ihr eigenes; auch diese hatte einen einzigen Sohn, Artur, von dem später die Rede sein wird.

Mein Vater bewahrte trotz seines schweren Leidens bis zuletzt eine erstaunliche geistige Frische. Nur die letzten vier- zehn Tage ging er nicht mehr in sein Bureau. Auf seinem Krankenlager beschäftigte er sich noch mit dem Studium der englischen Sprache nach der damals neuen Methode von Toussaint-Langenscheidt. Wenn ich heute nach derselben aus- gezeichneten Methode Sprachstudien treibe, so benütze ich noch denselben sogenannten Leserost, ein durchbrochenes Stück Pappendeckel zum Verdecken der auswendig zu lernenden Wörter, dessen er sich bedient hatte.

Eines Tages hörte ich die inhaltsschweren Worte des Arztes: »Es ist nichts mehr zu machen.« Mein Vater saß, von meiner Mutter gestützt, halb aufrecht im Bett und atmete schwer. Dieses Bild ist mir unvergeßlich. Am 24. April 1868 war alles vorüber. — Man hatte mir gesagt, daß Tote in den Himmel kämen. Es müßten also wohl einige Engel mit Flügeln kommen, denn von solchen hatte ich schon gehört, die meinen Vater nach einem Ort abholten, wo es wunderschön sei. So waren meine Gedanken, als ich den friedlich Schlafenden betrachtete und ich erinnere mich nicht, irgendwelchen Schmerz dabei empfunden zu haben. »Wann kommt Papa in den Himmel?«

frug ich, und jemand, ich weiß nicht mehr, wer es war, antwortete mir: »Der ist schon im Himmel«, und erklärte mir dann, die Seele steige zum lieben Gott hinauf, der Körper aber, den ich da vor mir sähe, würde in die Erde versenkt. Das gab mir den ersten Stoß und ich begann heftig zu weinen. Der Gedanke der Unsterblichkeit muß sich mir aber tief in die Seele geprägt haben; denn einem Briefe, den meine Mutter noch von Zara aus an ihre Verwandten schrieb und den ich nach ihrem Tode fand, entnahm ich folgendes. Sie sagte zu mir, der ich wahrscheinlich harmlos spielte: »Wenn dein Papa dich jetzt sehen könnte!« worauf ich antwortete: »Papa sieht doch alles, auch wenn er nicht da ist.« —

Deutlich entsinne ich mich des Leichenbegängnisses, meiner Mutter im dichten schwarzen Schleier, neben der ich im Wagen saß und der tiefen Grube, in die der Sarg versenkt wurde. Täglich wanderte meine Mutter mit mir, solange wir noch in Zara waren, zum frischen Grabe hinaus. Am Wege standen drei Ulmen, die in der im April schon heiß brennenden Sonne einen scharfen Schatten über die weiße Straße warfen. Jedesmal ruhten wir uns einige Zeit aus in diesem Schatten, dessen ich mich jetzt in symbolischem Sinne erinnere. Auch auf mein junges Leben war ein Schatten gefallen durch den Tod meines edlen, hochstehenden Vaters. —

Meine Mutter hielt es für richtig, unsere Wohnungseinrichtung zu veräußern, da wir uns nunmehr auf das äußerste einschränken mußten und sie beschlossen hatte, zu ihren Verwandten nach Graz zu ziehen. Der Verkauf erfolgte auf dem Wege der Versteigerung. Undeutlich entsinne ich mich des unangenehmen, gefühllosen Lärmens, der Unordnung in unseren Räumen und der Trauer meiner Mutter, als eines nach dem anderen der vertrauten Stücke in fremde Hände wanderte. Die letzten Tage unseres Zaratiner Aufenthaltes verlebten wir im Hause der freundlichen Familie Friedberg. —

Wieder war ich auf dem Schiff, draußen am Meer. Meine Mutter wies auf einen dunstigen Streifen am Horizont und sagte zu mir: »Dort liegt unser Zara und das Grab von Papa. Ich werde es nicht wiedersehen.« Sie hat mit ihrer Ahnung recht behalten. Einige Tage verbrachten wir in Triest im Hause einer meinen Eltern seit langem nahestehenden Familie Sigmundt, die auf der Via Rosetti ein schönes Haus bewohnte. Ein Besuch des herrlich am Meer gelegenen Schlosses Miramare, dem letzten Aufenthalt des Erzherzogs Maximilian vor seinem tragischen mexikanischen Abenteuer, ist mir so deutlich im Gedächtnis geblieben, daß ich, als ich zweiundzwanzig Jahre später wieder dorthin kam, Einzelheiten wiedererkannte.

Dann fuhren wir nach Graz. Ich hatte nun eine neue Heimat. Ein Kind des Südens aber bin ich geblieben.

Mein Gedächtnis, das nach der letzten Abreise von Triest etwas unterbrochen ist, lebt für die Zeit wieder auf, da wir uns in Voitsberg, einem Marktflecken unweit Köflach in Steiermark, befanden. Die älteste Schwester meiner Mutter, Leopoldine mit Namen, die ein Alter von über neunzig Jahren erreicht hat, war dort mit dem Bezirksrichter Karl Trost verheiratet. Sechs Kinder waren der Ehe entsprossen, drei Buben und drei Mädchen. Der älteste, Guido wie mein Vater geheißen, war bereits auf der Wiener-Neustädter Militärakademie, die beiden jüngeren, Hugo und Rudolf, gingen zur Schule. Von den Töchtern war die älteste, Poldi mit Namen, damals ein halbwüchsiges Mädchen, dessen seltene, von ihrer Mutter ihr vererbte Schönheit bereits in die Erscheinung trat; die beiden jüngeren, Gisela und Mizzerl, waren Kinder, nicht viel älter als ich selber. Ein tragisches Geschick hat später meine Tante Leopoldine ihrer drei Söhne beraubt. Guido starb als Hauptmann des Generalstabs, Hugo als Oberleutnant, Rudolf als Arzt, alle drei in bestem Mannesalter, prächtige, große Gestalten, äußerst tüchtig und hochgeschätzt in ihrem Beruf. Die Töchter, die sich zu blühenden, auffallend schönen Mädchen entwickelten, haben sich sehr gut verheiratet. Zwei von ihnen leben heute noch, bereits verwitwet, in Wien.

An den Voitsberger Aufenthalt, der in den Sommer 1868 fiel, habe ich nur eine besonders deutliche Erinnerung, nämlich die, daß es wunderschöne Johannisbeeren im Garten meiner Tante gab, von denen mir verboten war, zu naschen. Einmal konnte ich aber doch nicht widerstehen und riß ein Träubchen ab, empfand aber bald Gewissensbisse und beichtete meiner Mutter, was mir ein Lob für meine Aufrichtigkeit eintrug. Alles übrige weiß ich nur aus späteren Erzählungen. Unsere Verwandten bemühten sich in rührender Weise, meiner Mutter über die schwere Zeit nach dem Tod ihres Mannes hinwegzuhelfen was meine Mutter in dankbarstem Andenken bewahrt hat. Ich, als jüngstes Mitglied der Familie, wurde natürlich liebevoll verhätschelt. Sicherlich habe ich die damalige Zeit in harmonischem Seelenzustand verbracht; ein Bild aus meinem fünften Lebensjahr zeigt ein lächelndes, offenes Kindergesicht mit kleinen Grübchen in den Wangen.

Wir machten in diesem Jahre noch einen zweiten Besuch, der mir besonders gut im Gedächtnis haftet, weil meine Mutter ihm große Bedeutung beimaß und mich durch mannigfache Hinweise darauf vorbereitete. Mein Großvater, der Vater meines Vaters, der zuletzt in Graz als Oberpostrat gewirkt hat, war bereits seit längerer Zeit erblindet, hatte sich, wie ich bereits mitgeteilt habe, mit der zweitältesten Schwester meiner Mutter, Katharina, verheiratet und lebte nun in Baden bei Wien. Dorthin fuhren wir von Voitsberg aus. Ich habe den alten Herrn noch lebhaft in Erinnerung, wenn er mit schlürfenden Schritten, wie er den Blinden eigen ist, sich in seiner kleinen, gemütlichen Wohnung bewegte und alles, was er suchte, sicher fand. Nur auf der Straße wurde er geführt. Er hielt mich oft auf den Knien, schaukelte mich, frug und erzählte alles mögliche und schenkte mir dann regelmäßig ein »Sechserl«, das meine Mutter als Sparpfennig sorgsam in Verwahrung nahm. Die herrliche Umgebung Badens machte mir schon damals Eindruck. Namentlich die beiden Ruinen, Rauheneck und Rauhenstein, waren meine Lieblinge und bald lernte ich, sie beim richtigen Namen nennen und unterscheiden. Der Sommer dieses Jahres muß vom Wetter begünstigt gewesen sein, denn ich erinnere mich, daß mein Großvater jeden Tag sein Mittagmahl mit uns in einem Garten einnahm. Rindfleisch mit roten Rüben war sein Lieblingsgericht. Er lebte so gut, als er es nach seinen keineswegs glänzenden aber auskömmlichen Verhältnissen konnte und besaß jene, den Blinden oftmals eigene Heiterkeit des Gemütes, die auch ihm die Schwere seines Geschickes zu tragen erleichterte. Meine Tante und angeheiratete Großmutter Katharine war ein Wesen voll Sanftmut und Güte. In ihrer Jugend von zarter Schönheit, war sie von einer bösartigen Pockenkrankheit befallen und stark entstellt worden, und verlor dadurch die Aussicht auf eine ihr angemessene Heirat. Sie hat ihr ganzes Leben in aufopferndem Dienste und zum Wohle anderer verbracht und war meinem Großvater eine treue Pflegerin und

Gefährtin. Die große Liebe, die sie zu meiner Mutter besaß, übertrug sie auch auf mich.

In jener Zeit begann eine Art von Zerstreutheit sich meiner zu bemächtigen, die meiner Umgebung auffiel und mir Verweise eintrug. Ich saß oft unbeweglich, blickte ins Leere und beantwortete an mich gerichtete Fragen nicht. »Das Kind hat schon wieder seinen ‚Stierer'«, hieß es dann, und man sorgte sich, daß mir irgend etwas fehle, was aber gar nicht der Fall war. Auf der Straße begegneten wir im kleinen Baden naturgemäß viele Bekannte und ich war zu artigem Grüßen erzogen, was ich aber oft vergaß, weil ich die Leute gar nicht bemerkt hatte. Das trug mir einmal eine leichte Strafe ein, einen Zimmerarrest, den man aber bald aufhob, da ich ein markerschütterndes Gebrüll in meiner Einsamkeit vollführte. Noch lange, namentlich in der Schule, hat mir die Zerstreutheit unangenehme Streiche gespielt. Ja, sogar noch heute ertappe ich mich mitunter beim Starren ins Leere, beim »Stierer«, nur daß ich jetzt meistens wohl weiß, wohin meine Gedanken plötzlich abgeschweift sind und sie am Zügel des Bewußtseins wieder zurückbringen kann. Jedenfalls war konzentriertes, zielbewußtes Arbeiten eine derjenigen Fähigkeiten, die ich mir auf dem Wege der späteren Selbsterziehung am allerschwersten erringen mußte. —

Nach und nach sollte ich sämtliche Mitglieder unserer Familie kennen lernen. Ich hörte die Namen Ottokar, Sidonie, Mina und Max, namentlich die beiden letzten stets unzertrennlich zusammen, und war mir bald darüber klar, daß mir neue Bekanntschaften bevorstünden, erfuhr auch, daß sich nicht weit von uns eine riesige Stadt, eine Hauptstadt, mit einem Wort irgendwas besonders Großes befinde, das sich »Wien« nennt. Das regte mich auf und spannte meine Einbildungskraft an. Von den Trägern der neuen Namen, die ich bereits in Photographien gesehen hatte, träumte ich wiederholt, war aber dann sehr ungehalten, daß die betreffenden Personen, als ich sie wirklich sah, ganz anders aussahen, als ich sie mir, infolge meiner Träume, bisher vorgestellt hatte. Es erregte große Heiterkeit, als ich diesem Unwillen Ausdruck gab, wodurch ich wieder gekränkt war, bis ich mich, was wahrscheinlich nicht lange dauerte, an meine neuen Verwandten gewöhnt hatte.

Mein Onkel Ottokar war ein Stiefbruder meines Vaters; er entstammte der ersten Ehe meines Großvaters. Nunmehr war er, da ich vaterlos war, vom Gericht zu meinem Vormund bestellt. Er wirkte als Sektionsrat und später als Hofrat im Ministerium des Innern, das er nach vierzigjähriger Tätigkeit, vielfach ausgezeichnet, als Sektionschef verließ. Seiner Ehe mit Sidonie, gebornen v. Fogolari, entsprossen zwei Kinder, Mina und Max, beide etwas älter als ich. Die Eltern sind schon lange tot, die Kinder leben, heute unzertrennlich wie damals, in Wien. Die ganze Familie kam eines Sonntags nach Baden, teils um den alten Herrn zu besuchen, teils um uns zu sehen und meine Mutter einzuladen, nach Wien zu kommen und mich mitzubringen, was bei mir neue Gefühle erwartungsvoller Freude auslöste.

Ich sollte das große Wunder »Wien« also baldigst aus nächster Nähe kennen lernen. Daß dort ein Turm sei, so hoch wie nichts, das ich bisher gesehen hatte, erhöhte natürlich meine Aufregung ganz besonders, und ich kann mir lebhaft vorstellen, wie oft ich meine Umgebung gefragt haben mag, wann wir denn nach Wien und zum Stephansturm gingen. Endlich kam der große Tag. Wenn der Zug aus dem Meidlinger Bahnhof ausfuhr, so lag früher mit einem Schlag das ganze Häusermeer Wiens vor den Blicken ausgebreitet. Dieser herrliche, heute durch Neubauten leider verdorbene Anblick überraschte mich lebhaftest und prägte sich mir unvergeßlich ein. Ich weiß, daß ich sofort nach dem Stephansturm frug und daß meine Mutter, die lange nicht in Wien war, mich zuerst auf ein Gerüst wies, das aber, wie sich bald herausstellte, nicht der Stephansdom, sondern die damals im Bau begriffene Votivkirche war. Erst nachher fanden ihre Augen das schlanke, zum Himmel aufragende Wahrzeichen Wiens, auf das sie sofort meinen Blick lenkte. Einige Minuten darauf waren wir im Südbahnhof eingefahren, wo uns mein Onkel Ottokar und seine Familie abholten; alle waren mir nunmehr von Baden her vollständig vertraute Erscheinungen. Meine Cousine Mina und mein Vetter Max nahmen sich meiner ganz besonders an. Da wir auf der Seilerstätte wohnten, so ist meine Sehnsucht, den Stephansturm in der Nähe zu sehen, sicherlich bald erfüllt worden. Ich weiß noch, daß er mir gar nicht so groß vorkam, wie ich ihn mir vorgestellt hatte, und daß ich so etwas wie den Wunsch empfand, den kleinen Hals noch viel weiter in die Höhe recken zu können, als ich es tat, um den Blick auf die Spitze zu richten. Von perspektivischer Verkürzung,

2*

wenn man dicht vor den Objekten steht, wußte ich damals freilich noch nichts; ich hatte jedoch viel später beim ersten Anblick des Kölner Domes, der Peterskirche und der Niagarafälle eine meiner damaligen kindlichen Vorstellung verwandte Empfindung und würde diese vermutlich auch haben, sollte es mir vergönnt sein, einmal die Cheops-Pyramide zu erblicken. Sehr große Dimensionen enttäuschen anfangs und können erst allmählich durch Vergleichung richtig erfaßt werden. Da diese Erscheinung eine allgemeine ist, so nehme ich an, daß unser Gehirn nur bis zu einer bestimmten Grenze befähigt ist, Eindrücke der Netzhaut dimensional zu verarbeiten, daher es Überschreitungen dieser Grenze seiner Fähigkeit anpaßt und entsprechend reduziert, uns dadurch aber über die wahre Größe des Geschauten solange im unklaren läßt, bis wir sie auf dem Wege der Vergleichung mit anderen Objekten herausfinden und uns ihrer nunmehr auf reflektivem Wege bewußt werden.

Natürlich begehrte ich, auch die Votivkirche zu sehen, die ich zur Heiterkeit der anderen stets »Lokomotiv«-Kirche nannte; offenbar hatte die Lokomotive der Eisenbahn, die ich bereits einigemal pfauchen gehört hatte, einen Platz unter den mich besonders beschäftigenden Vorstellungen meines Kopfes eingenommen. Inwieweit sonst die Bilder Wiens aus der damaligen Zeit bei mir haften blieben und inwieweit ich mich nur an sie erinnere, weil meine damaligen Erfahrungen durch spätere Aufenthalte ergänzt wurden, kann ich nicht genau feststellen. Ich habe Wien erst elf Jahre später, im Jahre 1879, wieder betreten, war aber damals doch ziemlich sicher, in vielem, was ich erschaute, Auffrischungen des ersten, frühesten Besuches wieder zu erkennen. Unzweifelhaft ist mir nur eine Reihenfolge zusammenhängender Erinnerungen geblieben, die eine Fahrt in den Prater zum Gegenstand hatten. Wir fuhren, ich weiß nicht mehr von wo aus, in der damals erst seit kurzem eröffneten Pferdebahn. Das auf Schienen laufende Ding, das kein Wagen war, wie ich sonst schon in einem gefahren war, aber auch keine Eisenbahn in der mir bereits vertrauten Gestalt, fesselte mich aufs höchste, und ich erinnere mich, wie ich den Kopf zum Fenster hinausstreckte und mich wunderte, wie das Pflaster unter mir und auch die etwas ferner liegenden Gegenstände so leicht und schnell dahinglitten, ohne die sonst im Wagen und auch auf der Eisenbahn gewohnten Erschütterungen. Im Wurstelprater fuhr ich zum erstenmal Ringelspiel, was mich begreiflicherweise in so lebhaftes Entzücken versetzte, daß ich immer und immer wieder auf das hölzerne Pferdchen hinauf wollte und nur mit Mühe wegzubringen war.

Wie der Stephansturm, so war mir auch die Donau, bevor ich nach Wien kam, der Gegenstand einer fabelhaften Vorstellung von Größe. Als wir — vielleicht auf derselben Praterfahrt — zum Donaukai kamen und über die Brücke fuhren, war ich enttäuscht über die Schmalheit des vor mir liegenden Wasserbandes und habe dies wohl auch geäußert. Als man mir dann aber sagte, daß dies nur ein Kanal und gar nicht die »große Donau« sei, war ich aufs äußerste beleidigt und verlangte, sogleich zur »großen Donau« geführt zu werden: ein Wunsch, der, wenn überhaupt, sicherlich nicht am gleichen Tage erfüllt worden ist. Wahrscheinlich stellte ich mir unter der »großen Donau« etwas ähnliches vor, wie das Adriatische Meer, jenes Meer, dem ich erst kürzlich den Rücken gedreht hatte, ohne damals zu ahnen, daß ich es jahrzehntelang nicht wiedersehen sollte.

Aber noch eine, wenn auch unbestimmte, so doch bedeutsame Erinnerung bewahre ich an diesen ersten Wiener Aufenthalt. In Baden hatte zum erstenmal der Name B e e t h o v e n an mein Ohr geklungen, und zwar aus dem Munde meines Großvaters. Dieser war in seiner Jugend einmal in einem Wirtshaus mit ihm am selben Tisch gesessen. Ohne zu wissen, wer es war, fielen ihm die merkwürdige Erscheinung und das weltfremde Wesen des Mannes auf, der überaus laut sprach und sich, wenn ein anderer zu ihm redete, ein umfangreiches Hörrohr in das Ohr steckte. Als besonders auffallend erwähnte mein Großvater wiederholt, daß seine kurzen, dicken Hände bis auf die Finger hinauf stark mit schwarzen Haaren bewachsen gewesen seien. Erst auf seine Nachfrage erfuhr mein Großvater, wen er vor sich hatte. Dieser Erzählung erinnere ich mich in ihren Einzelheiten natürlich nur so gut, weil meine Mutter sie mir später öfter wieder erzählt hat. Dennoch hinterließ sie mir damals immerhin schon einen so starken Eindruck, daß ich den Namen »Beethoven« im Gedächtnis behielt und die Vorstellung von etwas Großem, etwas Besonderem, in der Art wie Stephansdom und Donau, mit ihm verband. Daher begreife ich auch, daß es mich wie eine eigentümliche Schwingung berührte, als meine Mutter — oder war's jemand anderer meiner Familie? — mir plötzlich sagte: »Hier hat der Beethóven gewohnt.« Meine Mutter sowie auch mein Onkel, der sehr musikalisch war, sprachen den Namen mit dem falschen Akzent auf der zweiten Silbe, wie es so mancher Österreicher noch heute tut. Ob wir damals vor dem Schwarzspanierhaus oder vor einer anderen Wohnstätte Beethovens standen, oder ob der Hinweis auf den Wohnort des Meisters im allgemeinen Sinne gemeint war, weiß ich nicht mehr. —

Wir kehrten von Wien für kurze Zeit nach Baden zurück. Es war Herbst geworden, und meine Mutter mußte daran denken, die nötigen Schritte für unsere dauernde Uebersiedlung nach Graz zu unternehmen. Auf der Rückfahrt dorthin kam mir zum erstenmal die Schönheit der Semmeringbahn zum Bewußtsein. Auf der Hinfahrt hatte ich sie noch nicht beachtet, woraus ich fast mit Sicherheit schließe, daß wir die Reise nach Baden in der Nacht gemacht hatten. Mit dem tiefen und bedeutsamen Eindruck, den damals die Semmeringbahn auf mich machte, erschloß sich mir zum erstenmal eine Ahnung von der Herrlichkeit der Gebirgswelt, die heute noch ebenso unverbraucht einen Teil meines Wesens bildet, wie die Liebe zum südlichen Meer. Das leise und stetige Ansteigen des Zuges hinter Gloggnitz, die Verschlingung der Geleise, die lange Strecken der Fahrt überschauen läßt, der Blick auf Schottwien im schattigen Tal drunten, die kurzen Tunnels, die malerischen Felsen, die immer schöner und großartiger sich entfaltende Landschaft und endlich die erreichte Höhe bewegten mich in so lebhafter Weise, daß der Eindruck einer der dauerndsten blieb, die ich in jener Zeit überhaupt empfangen habe. So oft ich auch später über den Semmering fuhr, jedesmal erinnerte ich mich jener ersten, unvergessenen Fahrt und erfreute mich wieder der damals bereits gewonnenen unauslöschlichen Bilder.

»Bald kommt der große Tunnel«, hörte ich meine Mutter sagen und wieder empfand ich die ganz besondere Aufregung von etwas ungeahnt Ungeheurem. Zitternd fuhr ich durch die dunkle Wölbung in den Berg hinein und bin sicher, daß mir damals der Semmeringtunnel mindestens ebenso lang erschienen ist, wie heute der Simplon, vielleicht noch länger. Als es wieder licht wurde, war ich sehr enttäuscht, mich nicht mehr auf der Höhe zu befinden; ich konnte mir den Zusammenhang ja noch gar nicht recht klar machen und mußte mich, wenn auch recht ungern, darein finden, nicht mehr hoch droben zu sein. Abwärts ging es, der kleinen Mürz und später der breiteren Mur entlang, in die Niederungen der Grazer Ebene — — und auch für mein junges Leben begann jetzt eine Epoche der Niederung. —

In Graz lebten die Mutter meiner Mutter mit ihrer jüngsten, geistig und körperlich etwas zurückgebliebenen Tochter Flavie und die verwitwete nächstältere Schwester meiner Mutter, Frau Professor Marie Skedl mit ihrem Sohne Artur, der, sechs Jahre älter als ich, damals Schüler der zweiten Gymnasialklasse war. Die ganze Familie bezog zwei kleine zusammenhängende Wohnungen im dritten Stock der Mandlstraße 12. Frau Skedl wohnte rechts, meine Großmutter mit ihrer Tochter links, und wir hatten ein Zimmer in der Mitte, an das links ein freundliches, zweifenstriges Zimmer, der sogenannte Salon, grenzte, der gemeinsam benützt wurde. Ein altes Klavier befand sich darin, eine Sofagarnitur und zwei Glaskästen mit kleinen Statuetten, Nippsachen und Ähnlichem. Wir, meine Mutter und ich, mußten, um in unser Zimmer zu kommen, entweder die Wohnung der Großmutter oder die der Tante Skedl durchqueren; diese wiederum, um zueinander zu gelangen, durch unser Zimmer gehen. Das war, bei aller verwandtschaftlichen Liebe, nicht sehr angenehm, und meine Mutter, die ihre gewiß einfache, aber unabhängige Wohnung in Zara nicht vergessen konnte, klagte oft bitter über die unvermeidliche Unruhe, die ich mit allmählich sich verfeinerndem Empfinden ebenfalls als störend zu fühlen begann. Doch da war vorerst nichts zu machen. Die Kombination der Wohnungen ermöglichte ein billiges Leben, und dazu waren wir alle gezwungen. Meine Mutter hatte eine kleine Staatspension von dreihundert und einigen siebzig Gulden jährlich. Was sonst an kleinen Spareinlagen und ähnlichem vorhanden war, war so geringfügig, daß es die Jahreseinnahme vielleicht auf etwas über vierhundert Gulden erhöhte. Damit zu leben und ein heranwachsendes Kind zu nähren und zu erziehen, war auch zur damaligen Zeit ein Kunststück. Als Mädchen hatte meine Mutter Klavierstunden gegeben. Jetzt versuchte sie, diese Tätigkeit wieder aufzunehmen, hatte aber zunächst kein Glück; es waren zuviel Lehrkräfte da. So hieß es denn sparen und nochmals sparen.

Meine Tante Skedl war etwas besser daran als wir. Sie konnte sich ein Dienstmädchen halten und eigene Küche führen. Wir, meine Großmutter die ebenfalls so eingeschränkt wie möglich leben mußte, und meine Mutter, hielten sich nur eine gemeinsame Bedienerin, die einige Stunden zu den notwendigsten Arbeiten ins Haus kam und uns das Essen aus einem Gasthaus brachte. Die Mahlzeiten nahm jede Familiengruppe für sich in ihren Zimmern ein. Nachtmahl gab es damals überhaupt keines. Um die Vesper- oder wie man in Österreich sagt Jausenstunde ein Milchkaffee mit Semmeln, wozu an Sonn- und Feiertagen etwas Butter und Honig gespendet wurde, bildete den Schluß der täglichen kulinarischen Genüsse. Wenn ich dann zu Bett gebracht war, versammelten sich die Frauen im Zimmer meiner Großmutter; sie mögen dort ihre Erinnerungen, die unter dem Druck der beiden Todesfälle keine allzufrohen gewesen sein werden, ausgetauscht und mit dem Durchhecheln der täglichen Ereignisse sich die Zeit vertrieben haben.

Ich litt unter dem Druck der beschränkten Verhältnisse, die mir nach und nach zum Bewußtsein kamen, immer mehr, je älter ich wurde. Die Stellung meiner Eltern in Zara, ihr Verkehr, die pekuniär gesicherten Verhältnisse, die behagliche Wohnung, die heitere Stimmung vor der schweren Erkrankung meines Vaters, und ganz gewiß nicht zuletzt der Glanz, der in jenen Gegenden über Meer und Himmel lag, das alles war mir zu frisch im Gedächtnis, als daß ich keine Vergleiche mit der trüberen Gegenwart angestellt hätte. Warum sind wir jetzt so arm? Warum wird mir oft der kleinste Wunsch abgeschlagen? Warum bin ich nicht mehr so hübsch angezogen wie früher und wie andere Kinder, die ich täglich auf der Straße sehe? Warum möchte ich oft so gern was essen und kriege es nicht? Warum ist mir oft so kalt? Das waren Fragen, die auf mein Gemüt einstürmten und dadurch an Heftigkeit zunahmen, daß ich sie mir nicht beantworten konnte, so wie sie auch, wenn ich sie laut aussprach, nicht dadurch beschwichtigt wurden, daß meine Mutter mir solche Fragen verwies und mir zu erklären versuchte, daß es Gottes Wille sei, was den Menschen treffe und daß man sich ihm fügen müsse. Naturgemäß bildete unsere beschränkte Lage ein ständiges Gespräch der Frauen, schon deshalb, weil jede Ausgabe und jede, selbst die notwendigste Anschaffung auf das genaueste überlegt werden mußte. Dadurch hörte ich immer von Dingen reden, die meine empfindsame, dem Heiteren und Sonnigen zugeneigte Seele verdüsterten. Gewiß stahl sich auch etwas wie Neid in mein Gemüt gegen solche, denen es besser ging; und ich sah es ja in nächster Nähe, daß es solche gab. Meine Tante Skedl lebte gewiß nicht in glänzenden, aber doch immerhin in weit besseren Verhältnissen als ich. Sah ich nun, daß sie ihrem Sohn Artur etwas zuwandte, was ich auch für mich verlangte und bekam zur Antwort: »Mein Kind, das kann ich dir nicht geben,« so entstand bei mir das demütigende Bewußtsein, zurückgesetzt zu sein, ausgeschlossen von Freuden, die andere genießen durften, wobei mein kindlicher Egoismus übersah, daß meine Mutter ja doch dasselbe Schicksal hatte wie ich, und daß es uns im Verhältnis zu manchen anderen noch sehr gut ging. Dazu kam als besondere Hemmung, daß ich gar keine Gelegenheit hatte, mit Altersgenossen zu verkehren. Mein Vetter Artur, trotzdem er stets sehr liebevoll zu seinem »Lixerl« war, wie er mich nannte, war im Vergleich zu mir viel zu alt, um mir ein richtiger Spielkamerad zu sein. Kinder meines Alters gab es sonst weder in der Verwandtschaft noch in unserem spärlichen Bekanntenkreise, der aus einigen älteren Leuten, meistens Frauen, bestand. So war ich eigentlich ganz allein. Mein Lieblingsplatz war eine Ecke unseres Zimmers, wo ich oft stundenlang in meinen trübsinnigen Gedanken hockte und zur Decke hinauf starrte, wo aber nicht, wie in Zara, ein Stern gemalt war, über den ich mich wundern konnte. Ich weiß, wie oft sich meine Mutter über die Veränderung beklagte, die mit mir vorgegangen war. Früher sei ich lebhaft gewesen, hätte für alles Interesse gehabt, jetzt sei ich oft ganz apathisch; sie wisse gar nicht, was sie mit mir anfangen solle.

In welcher Gemütsverfassung ich mich damals befand, zeigt der nachfolgende Vorfall. Meine Eltern hatten vor mir noch ein Kind gehabt, ein Buberl, Alois mit Namen, den sie »Luigerl« nannten. Der arme Kleine war zwei Jahre vor meiner Geburt an der Dyphtheritis (damals sagte man »häutige Bräune«) in Graz gestorben. Der frühzeitige Tod meines Vaters erneuerte den Schmerz meiner Mutter, dieses Kind verloren zu haben, dessen liebenswerte Eigenschaften sie mir immer und immer wieder als Muster hinstellte, was jedoch keine gute Wirkung auf mich ausübte. Zum Gefühl der Zurücksetzung durch äußere Umstände gesellte sich noch die unheimliche Überzeugung, daß der Geist eines anderen um mich sei, der offenbar besser war als ich, und eine Art von Grimm gegen den Verstorbenen wuchs in mir auf. Einmal erschien er mir im Traum — Träume spielten stets eine Rolle in meinem Leben — größer und älter als ich, etwa so alt, wie er damals hätte sein müssen, wäre er am Leben geblieben. Ich machte ihm heftige Vorwürfe, daß er mir die Liebe meiner Mutter entzöge. Er erwiderte nichts — merkwürdigerweise hatte er den Kopf verbunden —, sondern sah mich nur mit einem ruhigen, seltsam leuchtenden Blick an, einem Blick, wie er wohl denen zu eigen sein mag, welche die Schwelle des Jenseits überschritten haben. Dies erregte mich noch mehr und ich schlug nach der Erscheinung, erwachte schreiend und in Schweiß gebadet, brachte es aber nicht fertig, den Traum meiner besorgten Mutter zu erzählen. Mein häßlicher Grimm aber wucherte weiter. Eines Tages gingen wir alle auf den Kirchhof und kamen auch an das kleine Grab meines Bruders. Als meine Mutter abermals die Vorzüge des verlorenen Kindes pries, packte mich eine unbezähmbare Wut und ich führte einen Schlag gegen das Grabkreuz, das umfiel. Diese heftige Tat löste aber glücklicherweise meine bessere Natur aus, denn ich fühlte augenblicklich eine tiefe Reue und verbrachte geraume Zeit in einem dumpfen, unglücklichen Zustand. Ich bat meine Mutter inständig, mich wieder zum Grab zu führen, wo das kleine Kreuz inzwischen aufgerichtet worden war. Ich weiß, daß ich es inbrünstig umschlang und küßte. Meine Mutter mußte mir nun aber recht viel von »Luigerl« erzählen und oft und gerne betrachtete ich die kolorierte Photographie, die das liebliche blonde Kinderköpfchen mit geschlossenen Augen darstellt, wie es auf der Totenbahre lag, das einzige Bild, das von meinem Bruder existiert.

Meine allgemeine Niedergeschlagenheit aber wurde durch die Aufrüttelung, die mein Gemüt durch das Erlebnis mit dem anfangs zornigen, dann liebevollen Gedenken an meinen Bruder erfahren hatte, nicht behoben. Ich wurde immer verschlossener. Gute Eigenschaften traten zurück; vor allem verlor ich meine kindliche Aufrichtigkeit. Hatte ich etwas angestellt, so war ich nicht mehr fähig, es zu gestehen, noch weniger, um Verzeihung zu bitten. Mitunter war überhaupt kein Wort aus mir herauszubekommen, mitunter leugnete ich direkt ab. Meine Mutter, die sich gar nicht mehr mit mir auskannte, verfiel in den Fehler vieler Eltern und drohte mir mit Schlägen. Als sie einmal ihre Drohung wahr machte — gewiß tat sie es nicht in übertriebener

Weise — war die Wirkung auf mich eine beinahe vernichtende. Ich weiß, daß ich weder schrie noch weinte, aber nachher mich tobenden Herzens in meine gewohnte Zimmerecke niederwarf. Ein kleiner häuslicher Streit, unvermeidlich beim Vorhandensein mehrerer weiblicher Verwandten, war ausgebrochen und in unserem Zimmer war ein lebhaftes Hin und Her zankender Personen. Ich weiß, daß ich darauf starrte wie auf ein unheimliches Gespenstertreiben mit Empfindungen im Herzen, an die ich heute noch ungern zurückdenke. Nie habe ich eine tiefe Abneigung gegen Streit und Zank verwinden können. Sehe ich auf der Straße zwei sich hadernde Leute, so mache ich, wenn irgend möglich, einen Umweg, um nicht an ihnen vorbei zu müssen.

Beängstigende Träume quälten mich oft so stark, daß ich Angst hatte, schlafen zu gehen. Namentlich war es ein typischer Traum, der mich hartnäckig verfolgte. Ich sah ein bleiches, großes Antlitz mit durchdringend hellen, aber leblosen kalten Augen, die sich durchbohrend auf mich hefteten und die ein grausames Lächeln, das sich mitunter um den gekniffenen Mund zog, besonders fürchterlich machte. Plötzlich tauchte es irgendwo unter anderen harmlosen Erscheinungen auf, dieses Antlitz, oder es lugte mir über die Schulter, oder erschien mir in einem Spiegel. Meine Mutter oder eine mir sonst bekannte Person nahm plötzlich dieses Antlitz an. Ja, ein Madonnenbild, das in unserem Zimmer hing, eine wertlose Kopie von Raffaels Madonna della Sedia, verwandelte sich plötzlich in die scheußliche Fratze, so daß ich am Tage ängstlich wurde, dieses Bild zu betrachten. Jedesmal befreite mich ein gewaltsames Erwachen von dem abscheulichen Alpdruck, doch vermochte ich nicht, mich jemandem meiner Umgebung anzuvertrauen, die, selbst etwas abergläubisch und gern mit Traumbüchern und dergleichen umgehend, mich vielleicht, so fürchtete ich, gescholten hätte.

Meine Mutter, die, wie unsere ganze Familie, streng religiös war, hielt mich frühzeitig zum Beten an; ich weiß aber, daß in jener Zeit mir das Beten eine Last war, geradeso wie die Messe, die ich allsonntäglich mit meiner Mutter besuchen mußte. Für geistige Erhebung, der ich später sehr zugänglich wurde, war damals in mir das Organ noch nicht erweckt, und jene Kindlichkeit, die das Gebet als andächtiges Stammeln von Wünschen mit der Hoffnung auf Erfüllung empfindet, war mir — vorübergehend — verlorengegangen. So lallte ich Morgen-,

Tisch- und Abendgebet mechanisch herunter, widerwillig, daß ich es überhaupt hersagen mußte.

Noch einer beinahe drolligen Nervosität, die mich damals befiel, muß ich Erwähnung tun. Jeder, der Graz kennt, kennt auch die prächtige »Lisl«, die wunderschöne Glocke oben auf dem Schloßberg, die morgens, mittags und abends ihr tiefes Geläut über die Stadt und weithin über die Umgebung hallen läßt. Vor dieser Glocke befiel mich plötzlich eine rätselhafte Furcht. Ich zitterte, wenn ich sie hörte. Meine Mutter wollte mich davon kurieren, indem sie mich mittags auf das damals noch nicht zum Stadtpark umgewandelte Glacis führte. Aber kaum schlug es zwölf Uhr (und genau mit dem zwölften Schlag setzt das Geläute ein), so hielt ich mir die Ohren zu und lief schreiend so schnell davon, daß mich meine Mutter nur mit Mühe einholte. Ein Versuch, mich zur Glocke selbst zu führen, um mir zu zeigen, daß nichts Schreckliches daran haftete, mißlang vollständig, denn schon vor dem tiefer gelegenen, originell gebauten Uhrturm ergriff mich ein so panischer Schrecken, daß wir umkehren und für einige Zeit den Schloßberg meiden mußten. Tatsächlich bietet der Uhrturm, von einer bestimmten Stelle aus gesehen, für einen phantasiebegabten Betrachter die Vorstellung eines ungeheuren Gesichts mit zwei riesigen Augen, den Ziffer-blättern. Wahrscheinlich spielte die nächtliche Fratze, die meine Träume heimsuchte, auch in die Vorstellungen meines Wachens hinein. Jedenfalls aber scheint mein damaliger Seelenzustand nicht ganz unbedenklich gewesen zu sein. —

Es war ein großes Glück für mich, daß von Verwandten meiner Tante Skedl, die in Krain lebten, die Einladung für meine Mutter eintraf, mit ihrer Schwester den Sommer dort zu ver-bringen. Dies war im Jahre 1869, also ein Jahr nach dem Tode meines Vaters. Die Ankündigung der Reise wirkte mächtig auf mich, bedeutete sie doch nichts Geringeres als eine Loslösung von Verhältnissen, die ich als drückend empfand. Daß dies vor-erst nur vorübergehend sein konnte, war dem Kinde nicht klar. Es lag vor mir, und was dahinter kam, war für mich nicht vor-handen. Im Leben gibt es Augenblicke, wo man meint, in einen ewigen Frühling hineinzuschauen, dem kaum ein Sommer, geschweige denn ein Winter folgt, ein ewiges Auffliegen, das jeden Gedanken des späteren notwendigen Niedersteigens von sich weist. Ein Aufschäumen der Lebenskraft, die das Unbedeutendste wertvoll erscheinen läßt und plumpes Blei in lichtes Gold verwandelt: die wahrhaftige Alchemie der Seele; glücklich, wer sie dann und wann erlebt!

Es muß bereits Frühling gewesen sein, als die gütige Einladung unserer entfernten Verwandten wie ein Sonnenstrahl in mein Dasein fiel. Das Fenster in unserem Zimmer stand offen und ich blickte zum Himmel hinauf, wo ein blauer Fleck sichtbar war, der aus den Wolken immer stärker hervortrat. Aufgeregt lief ich zu meiner Mutter: »Mama, Mama! Der blaue Fleck dort oben wird immer größer!« Meine Mutter war von dieser spontanen Äußerung wiedererwachten Lebensgefühles ihres oft so teilnahmslosen und verängstigten Kindes sichtlich froh berührt, und ich hörte sie mit den anderen davon sprechen. —

Die bevorstehende Reise bildete nun meine täglichen Gedanken, mein tägliches Gesprächsthema. Als ich hörte, daß wir auf der Südbahn fahren würden, in der Richtung auf Triest zu, war ich sehr unzufrieden, daß es nicht gleich bis Triest. gehen solle. Warum nicht ans Meer, das geliebte, ferne? Warum nicht nach Miramare? Warum nicht zu den schönen Schiffen und nach Zara selbst? Schließlich beruhigte ich mich. Ich hatte bei Eintritt der wärmeren Jahreszeit auf Spaziergängen manches von der schönen Grazer Umgebung kennen gelernt, die ihren Eindruck auf mich nicht verfehlte. Als mir meine Mutter nun verhieß, daß ich etwas noch viel Schöneres sehen und immer draußen im Freien, oder, wie sie sagte, »auf dem Land« sein werde, war ich ganz beruhigt und freute mich, ungeduldig den Tag der Abreise herbeisehnend.

Beim umständlichen Einpacken half ich mit. Meine Mutter, in der wohlweislichen Pflicht, mich zu beschäftigen, lehrte mich, ihr verschiedenes, was sie brauchte, zu reichen, das sie dann im Koffer verstaute. Ein ganz kleines Kofferl, das ich noch heute besitze, war mit Kleinigkeiten für mich gefüllt und war mir aufgetragen, darauf achtzugeben, was ich so eifrig tat, daß ich es nicht aus den Händen lassen, ja sogar damit schlafen wollte. Die Schulferien meines Vetters Artur fielen in den Juli und August, werden wir uns also höchstwahrscheinlich in den ersten Julitagen in Bewegung gesetzt haben, meine Mutter und ihre Schwester, Artur und ich mit meinem kleinen Kofferl, das so leicht war, daß ich es selbst tragen konnte. Das Getriebe des Bahnhofes, aus früheren Zeiten mir wohlbekannt, versetzte mich in freudigste Aufregung. In einem Abteil dritter Klasse fanden wir Platz und endlich — endlich — setzte sich der Zug in Bewegung.

Hellster Sonnenschein vergoldete die üppig grünen Fluren der südlichen Steiermark, durch die unser Zug ziemlich langsam und oft anhaltend fuhr; wir benützten aus Sparsamkeit natürlich den Personenzug. Ich frug nach dem Namen jeder Station und merkte mir die Reihe offenbar auch ganz gut, denn noch einige Zeit nachher mußte ich damit paradieren, die Stationen von Graz bis Steinbrück aufzusagen, was ich stets sehr willig und, soweit ich mich erinnere, auch ziemlich fehlerlos konnte. Besonderes Entzücken erregten mir die vielen Blumen, welche die Bauernhäuser und auch die Bahnhöfe und Wächterhäuser schmückten. Ich begann, neu aufzuleben. Eine Krise war überwunden: Heiterkeit nahm wieder von meiner jugendlichen Seele Besitz. Immer wollte ich den Kopf zum Fenster hinausstrecken, um alles in mich einzusaugen, was da draußen in bunt wechselnden Bildern an mir vorbeizog. Der Kohlenstaub flog mir in die Augen und meine Mutter hatte ihre liebe Not, mich immer wieder abzuputzen und wenigstens zeitweilig zum Stillsitzen zu verhalten.

In Steinbrück stiegen wir aus. Dort wartete ein geräumiger zweispänniger Wagen auf uns, der zunächst das Gepäck aufnahm. Wir gingen zur Save hinunter, während ich immer stehenbleiben und nach der steilen, mächtigen Felswand hinaufschauen wollte, die sich hinter Steinbrück erhebt. Aber die Zeit drängte, denn es begann Abend zu werden. Die Save, die bei Steinbrück bereits ziemlich breit und mächtig dahinfließt, fesselte meine Aufmerksamkeit in hohem Maße. Das war was anderes als die kleine Mur in Graz oder der schmale Donaukanal in Wien. Ganz sprachlos aber war ich über die Fähre, auf die der Wagen mit allem Gepäck fuhr und die wir selbst betraten, um sofort ans andere Ufer gesetzt zu werden! Ein wonniges Schweben! — Ich wäre am liebsten stundenlang so über den Fluß gefahren. Als ob mir die ganze Welt gehörte, kam ich mir vor, als wir im Zweispänner saßen und in die dämmernde Landschaft hineinfuhren. Bald aber bin ich wahrscheinlich eingeschlafen, denn die Erinnerung verläßt mich. Ich weiß nur, daß wir nachts vor einem geräumigen Haus hielten und fremde, freundliche Menschen uns umdrängten, die ich halb unbewußt angelächelt haben mag.

30

Kurze Zeit darauf lag ich wohl im Bett und wußte nichts mehr von meinen Reiseerlebnissen und von mir selbst. —

Am nächsten Morgen begann ich, mich in meiner neuen Umgebung zurecht zu finden. Wir waren in Sankt Ruprecht, einem Marktflecken Unterkrains. Das Haus, in dem wir unter-gebracht waren, lag auf einem Platz, der zur Kirche etwas an-stieg. Die unteren Räume waren Gasthaus- und Wirtschaftsräume, die Zimmer im oberen Stockwerk, von denen meine Mutter mit mir und meine Tante mit ihrem Sohne je eines bewohnten, dienten zur Aufnahme von Fremden. Die ständigen Besitzer und Bewohner des Hauses hießen Skedl und waren Geschwister des verstorbenen Mannes meiner Tante, des Grazer Universitätspro-fessors. Es waren zwei Schwestern, Ursula und Marie, stets nur »Tante Ursa« und »Tante Mirza« genannt, welche die ganze Wirtschaft führten, und ein blinder Bruder Ignaz, der durch sein Unglück zur Untätigkeit verdammt war und meistens mit seinem Pfeifchen in einer Zimmerecke oder vor dem Hause saß. Öfters kam auch ein dicker, freundlicher Herr, ein Advokat aus der be-nachbarten Stadt Naßenfuß herüber; es war dies der »Onkel Johann", der jüngste von den Geschwistern Skedl. Er war der Vormund meines Vetters Artur und nahm sich seiner auch des-halb besonders an, weil Artur bereits damals ausgesprochene Liebe zum juristischen Beruf verriet, die für sein ganzes späteres Leben bestimmend geblieben ist. Alle waren Menschen von seltener Güte, die meine Mutter und mich aufnahmen, als ge-hörten wir zur engsten Familie. Einige andere Mitglieder der Familie Skedl trafen aus Laibach ein, so daß bald ein ziemlich großer Kreis beisammen war, in dessen Mitte meine Mutter Zer-streuung und Aufheiterung fand. Es waren aber lauter Frauen, kein einziger Mann dabei, die Kinder alle Mädchen. Mein Schicksal scheint es gewesen zu sein, meine Jugend in weib-lichen Kreisen zuzubringen.

Die Kirche war hell und freundlich und ich ging viel lieber hinein als in die Grazer Kirchen, begann auch, bei der Messe wirkliche Andacht zu fühlen. Es war kein weiter Weg zurückzulegen; die Kirche gehörte gewissermaßen zum Haus und das Haus zur Kirche. Alles drehte sich um diese beiden wich-tigsten Punkte, eines dörflichen Lebens. Sowie hie und da ein Tropfen des vorzüglichen Weines, den man in jenen Gegenden trinkt — mehr wie einen Tropfen erhielt ich natürlich nicht —,

meine Lebensgeister erhöhte, so erweckten der sonnendurch-
glänzte, warme Weihrauchduft, die farbigen Gewänder, die ich
hier aus nächster Nähe zu sehen bekam, und die geheimnisvollen Zeremonien tief in mir schlummernde mystische und
vielleicht auch bereits künstlerische Triebe. Ich brauchte nicht,
wie in Graz, in die Kirche geschleppt zu werden. Zur sonn-
täglichen Messe zog ich mich immer besonders sorgsam, sogar
mit einer Art von Eitelkeit, an, und auch den abendlichen Segen
besuchte ich gern, bei dem die murmelnde Litanei mich besonders gefangennahm. Zu dieser innerlichen Umwandlung half mir
auch, daß ich mit den beiden Geistlichen Sankt Ruprechts Freundschaft geschlossen hatte. Der Pfarrer, ein würdiger älterer Herr
mit einer Brille vor den Augen, sprach oft im Skedlschen Gasthause vor, und ich gehe in der Annahme wohl nicht fehl, daß
er einen guten Trunk liebte. Stets hatte er ein freundliches Wort
für den »kleinen Felix«, und ich küßte ihm stets die Hand, wie
es auch die meisten Erwachsenen taten. Mein besonderer Liebling
aber war sein Adlatus, ein junger Priester, den man allgemein
den »Herrn Tramté« nannte. Ob er sich so schrieb, weiß ich
nicht. Eine prächtige, männliche Erscheinung, mit dunklen, lebhaften Augen, über welchen die Augenbrauen zusammenflossen,
was dem Gesicht einen energischen, aber keineswegs finsteren
Ausdruck verlieh. Gewöhnt, durch Wald und Felder zu streifen,
trug er stets hohe Stiefel. Er nahm mich auf kleinen Spaziergängen mit und ich verdanke ihm die ersten Kenntnisse von
Botanik, Feldbau und Landwirtschaft. Die wogenden Ährenfelder,
durch die wir dahinschritten, waren mein Entzücken. Er zeigte mir
das Korn, das aus den Ähren gedroschen wird, führte mich dann
in eine Mühle, wies mir das Wasserrad und den Mühlstein, und
wie ein Wunder erschien mir das Mehl, in das sich das oben
hineingeschüttete Korn unten verwandelt hatte, und das sich der
Bäcker für das tägliche Brot holte. Wieder einmal strömte das
wundervoll heilige Gefühl des Sich-Wunderns durch mein Gemüt.
Gleich wollte ich selbst ein eigenes Feld haben. An einer
Stelle im Wald, wo meine Mutter bei Spaziergängen zu ruhen
pflegte, suchte ich mir ein kleines ebenes Stück aus. Ein Messer
war mein Pflug, und während meine Mutter in einem mitgenommenen Buche las oder ihren immer noch trüben Gedanken nachhing, wühlte ich die Erde auf, senkte einige Weizen-
körner, die ich mir ausgebeten hatte, hinein und ebnete den

Boden dann wieder mit einer Gabel, die mir die Stelle der Egge vertrat. Wirklich sproßten zu meiner unbeschreiblichen Freude kleine grüne Hälmchen auf. Mit dem Ertrage wollte ich dann ein größeres Stück Erde besäen, kurz, ich sah mich bereits als Landwirt. Freilich wurden keine Ähren aus meinen allmählich größer werdenden Hälmchen, da ich den Platz für mein Feld nicht in der Sonne, sondern im tiefen Schatten eines Baumes gewählt hatte.

Der Bach, der die Gegend durchfloß, weitete sich an einer Stelle zu einer tieferen Mulde aus. Dorthin gingen wir öfter mit Leintüchern und entsprechender Wäsche und badeten, immer nur je drei auf einmal, da die Mulde nicht mehr faßte. Aber es war frisches, klares Wasser, und ich plantschte vergnügt darin herum, von meiner Mutter auf den Armen gehalten, da es sonst für mich noch zu tief gewesen wäre. Da ich beinahe immer in freier Luft war und im Skedlschen Haus gut und reichlich zu essen bekam, so erholte ich mich tüchtig.

Doch die Ferien meines Vetters Artur gingen zu Ende und damit auch unser schöner Aufenthalt im lieben St. Ruprecht. Als ich erfuhr, daß die Abreise bevorstünde, war ich nicht zu trösten und weinte derart, daß plötzlich auch mein viel älterer Vetter in Tränen ausbrach und jammerte, daß er wieder in die Schulbank mußte. Wieder saßen wir im Zweispänner mit dem aufgeladenen Gepäck, wieder standen wir an der Fähre. Ich glaube, daß es Adam und Eva, als sie aus dem Paradies vertrieben wurden, nicht viel anders zumute gewesen ist, als mir, da wir die Fähre betraten. Den Lauf der Save empfand ich deutlich als einen dunklen Strich, der durch mein Leben ging, als den Abschluß einer glücklichen Episode. In einer spontanen Aufwallung lief ich plötzlich dem krainerischen Ufer zu, das ich nochmals betreten wollte. Doch bereits war die Fähre abgestoßen. Eine Hand ergriff mich noch rechtzeitig, sonst hätten die schönen Ferien mit einem Plumps in die treibenden Fluten der Save geendet, aus denen mich zu retten vielleicht gar nicht so einfach gewesen wäre. —

Schon in Sankt Ruprecht hatte meine Mutter begonnen, mir allmählich die Kenntnis von Buchstaben und Zahlen beizubringen. Ich erinnere mich meiner und ihrer Freude, als ich nach unserer Rückkehr nach Graz bei unserem ersten Gang auf dem Hauptplatz auf einem Firmenschild das Wort »Pichler«

Weingartner.   3

herausbrachte. Diesen Elementarunterricht setzte sie nun systematisch fort. Ich lernte auch die kleinen Buchstaben in deutscher und lateinischer Schrift lesen und schreiben und einfache Rechenaufgaben ausführen. Ich soll rasch und lebhaft in der Auffassung gewesen sein. Von ausschlaggebender Bedeutung für mich aber war, daß meine Mutter, deren Gemütszustand sich durch den schönen und heiteren Aufenthalt in Sankt Ruprecht anscheinend gebessert hatte, ihr Klavierspiel wieder aufnahm, auf dem alten Klavier meiner Großmutter freilich; aber es waren doch Töne, es war M u s i k. Sofort erwachte auch meine Teilnahme an dieser Kunst, naturgemäß in höherem Grade, als dies in Zara der Fall sein konnte. Dies war mein Glück, denn ich blieb jetzt von Trübsinn, Apathie und anderen häßlichen Empfindungen, die mich im vergangenen Winter so oft heimgesucht hatten, verschont, trotzdem sich unser Leben äußerlich kaum geändert hatte. Blicke ich jetzt auf die damalige Zeit zurück, so finde ich eine Erklärung für die Zustände, die mein Seelenleben in Gefahr gebracht hatten, darin, daß ich in meinem sechsten Lebensjahr bereits ein zu aufgewecktes Kind war, um die nur durch kindliche Spiele unterbrochene Untätigkeit zu ertragen. Oft in meinem späteren Leben war Arbeit meine Rettung; sie war es auch jetzt.

Meine Mutter gab mir nun richtigen Klavierunterricht. Auch hier machte ich ziemlich rasche Fortschritte und es dauerte nicht lange, bis ich die Töne auf dem Klavier richtig fand, kleine Fingerübungen machte und die ersten Kreuz- und B-Tonarten mit ihren Tonleitern kannte. Vor allem aber hörte ich auch wieder Musik. Meine Mutter spielte nicht nur gut Klavier, sondern sang auch mit einer nicht üblen Stimme. Auch ihre Schwester, die Mutter Arturs, war musikalisch und mit einer Singstimme begabt. Sogar die jüngste, sonst von der Natur vernachlässigte Schwester Flavie, war fähig, einfache Lieder zu singen und etwas Klavier zu spielen. Die Familie vereinigte sich öfter in den Abendstunden, die ihre Schatten immer weiter in die herbstlichen Nachmittage hineinstreckten, im »Salon«, und da wurde musiziert. Artur allerdings war fast nie dabei; er war ein so fleißiger Gymnasiast, daß er meistens auch die Abendstunden, von uns allen bedauert, für sein Studium verwandte. Ich aber fehlte nie, denn jetzt durfte ich doch schon etwas länger aufbleiben. Es wurde sicherlich keine schlechte Musik gemacht. Zwar mögen von Zeit zu Zeit auch zeitgemäße Salonhopser gespielt und beliebte Schmachtfetzen gesungen worden sein, deren ich einige im Nachlaß meiner Mutter fand, aber den Grundstock dieser musikalischen Abendunterhaltungen bildeten Sonaten von Haydn, Mozart und Beethoven, die meine Mutter in Hallbergers sogenannter Prachtausgabe besaß, Mendelsohns Lieder ohne Worte und einige der leichteren Stücke von Chopin und Schumann. Zum erstenmal hörte ich Schubertsche Lieder. Die stärksten Eindrücke waren »Der Wanderer«, »Ich hört' ein Bächlein rauschen«, »Erlkönig« und das heute noch selten gehörte »Normanns Gesang«. Mit ihrer Schwester Flavie spielte meine Mutter hie und da vierhändig aus einem alten Klavierauszug des »Freischütz«.

Eines Tages brachte ich meiner Mutter ein Blatt Papier mit dem Bemerken, ich hätte was komponiert. Es waren aber nur Striche, die dicker und dünner wurden, und krause Linien, die anstiegen und fielen. Ich verlangte von meiner Mutter, sie solle es mir vorspielen. »Aber Kind, du mußt ja erst Noten schreiben lernen«, sagte meine Mutter lachend, begann aber, mir die Notenschrift beizubringen, die ich ebenso rasch erlernte, wie die Ton- und Taktarten. Ich erhielt nach einiger Zeit ein kleines Heftchen mit Notenpapier, das ich nun nach Herzenslust vollschrieb. Jedenfalls aber hatte ich innerlich etwas gehört, als ich die krausen Linien hinmalte, und Musik war bereits damals mein Lebenselement. —

Der Weihnachtsabend des Jahres 1869 ist mir durch ein merkwürdiges Ereignis in Erinnerung, von dem ich zwar nicht selbst Zeuge war, das aber von allen Mitgliedern der Familie bei klaren Sinnen erlebt und so oft besprochen worden ist, daß ich es hier um so unbedenklicher wiedergebe, als derartige Ereignisse heute bereits den Gegenstand ernster wissenschaftlicher Forschung bilden. Mein Großvater hatte, wie alljährlich, so auch heuer kleine Geschenke geschickt, die pünktlich am Weihnachtsabend eingetroffen waren. Man hatte mich bereits zu Bett gebracht und die Familie war im Zimmer meiner Großmutter versammelt. An dieses Zimmer grenzte die Küche, von der eine stets verschlossene Tür auf den Korridor des Treppenhauses führte. Man war gerade damit beschäftigt, die Geschenke auszupacken, als sämtliche Anwesende die Tür der Küche aufspringen und jemand mit schweren Schritten eintreten und ungefähr bis zum Herd vorschreiten hörten. Alle waren erschrocken und wagten nicht, sich zu rühren, da man jeden Augenblick das

Eindringen eines Fremden in das Zimmer erwartete. Die Schritte entfernten sich aber, schwer, wie sie gekommen waren und die Tür fiel wieder zu. Man eilte in die Küche — die Tür nach dem Korridor war, wie immer, fest verschlossen; sonst gab es keinen anderen Ausgang. Das erste allgemeine Empfinden war: »Wenn nur dem Großpapa nichts passiert ist!« In aufgeregter Stimmung ging man zu Bett. Ich weiß, daß man am nächsten Tag von nichts anderem sprach und sich das seltsame Erlebnis mit allen Einzelheiten wiederholte. Tags darauf traf ein Brief meiner Tante Katherine mit der Nachricht ein, daß der Großvater am Weihnachtsabend schwer erkrankt sei. Ein Magenübel, das sich bereits während der letzten Jahre angezeigt hatte, war plötzlich zum Ausbruch gekommen. Der alte Herr hat sich nicht wieder erholt; er starb am 1. April 1870 im siebzigsten Lebensjahre und wurde in Baden beerdigt. Seine Witwe zog nach seinem Tode zu uns. Da sie viel jünger war als mein Großvater, erhielt sie keine Pension, sondern nur eine Gnadengabe von 200 Gulden jährlich. So war sie, wie wir alle, auf die äußerste Sparsamkeit angewiesen. Für sich allein hätte sie nicht genug zu leben gehabt; mit uns allen zusammen ging es. Sie wohnte im Salon. Die kleine Familie war also durch ein neues, glücklicherweise stilles, gütiges und freundliches Mitglied bereichert. —

Im Sommer des Jahres 1870 reisten meine Großmutter und ihre Tochter Flavie mit Skedls nach Sankt Ruprecht. Tante Katherine war, soweit ich mich erinnere, von einer ihr befreundeten Familie eingeladen; so blieben meine Mutter und ich allein in Graz. Sie ließ sich angelegen sein, mich im Schreiben, Lesen und Rechnen zu vervollkommnen, damit ich die Aufnahmeprüfung in die zweite Klasse der Normalschule, in die ich im Herbst eintreten sollte, bestehen könne. Auch der Musikunterricht wurde fortgesetzt. An schönen Tagen gingen wir oft in die Umgebung von Graz hinaus. Ich war gut zu Fuß und strampelte wacker mit. Namentlich war der Wallfahrtsort Maria-Trost unser Lieblingsziel. Meine Mutter nahm etwas Proviant mit; bei einem Bauer gab es für einige Kreuzer Milch, und, wenn wir uns etwas zugute taten, eine Schüssel Heidensterz, das treffliche steirische Nationalgericht.

Zur Schwarzbeerzeit (so nennt man in Graz die Heidelbeere) brachten wir oft ganze Kannen nach Hause, ich mit blauen Fingern vom Pflücken und einem blauen Mäulchen vom Naschen. Den ganzen Tag verlebten wir so im Freien. Meine Mutter hatte meistens ein Buch mit sich: Märchen, die sie mir vorlas, soweit ich sie noch nicht aus eigenem Lesen kannte, aber auch kleine, in leicht faßbarer Form dargestellte Episoden der Weltgeschichte. So erfuhr ich frühzeitig von Solon und Lykurg, von Perikles, Cäsar, der französischen Revolution und Napoleon. Aber auch über technische Dinge, Dampfkraft, Elektrizität und einiges von der Chemie wurde ich durch dieses kluge und dankenswerte Vorgehen meiner Mutter in spielender Form unterrichtet.

Die drohenden Vorzeichen und der Ausbruch des deutschfranzösischen Krieges fanden in mir bereits einen aufmerksamen Lauscher. Alle Sympathien in unserem kleinen Kreise und wohl auch bei den meisten Oesterreichern waren auf der Seite Frankreichs; die Wunden von 1866 waren noch nicht vernarbt. Viel wurde die Frage besprochen, ob Oesterreich am Kriege teilnehmen werde. Meine Tante Leopoldine Trost, die uns einmal in Graz besuchte, zitterte für das Schicksal ihres ältesten Sohnes, der gerade Leutnant geworden war. Da erregte es großes Gelächter, als ich einmal plötzlich mit Stentorstimme mitten in die aufgeregte Unterhaltung hineinfuhr und rief: »Oesterreich wird nicht beteiligt sein!« Natürlich hatte ich diesen Ausspruch von jemand anderem gehört und plapperte ihn nun mit Enthusiasmus nach. Der Name »Napoleon« hatte für mich durch die Vorlesungen meiner Mutter eine derartige Bedeutung erlangt, daß ich an das Schicksal der Schlacht von Sedan nicht glauben wollte. Ein Napoleon gefangen? — das war doch ganz undenkbar! Daß dem großen Träger dieses Namens ein viel härteres Schicksal beschieden war als seinem schattenhaften Nachkommen, war mir wohl bereits entschwunden.

Inzwischen hatte ich die Aufnahmsprüfung gut bestanden; vom 1. September 1870 an war ich also ein richtiger Schulbub.

Am Tage, da ich zum erstenmal in die Schule ging, war ich um 5 Uhr früh nicht mehr im Bett zu halten. Ich habe die Gewohnheit des frühen Aufstehens seither beibehalten; ihr verdanke ich es, daß ich in meinem bisherigen Leben ein ziemlich großes Arbeitspensum bewältigen konnte. Ich bin in den Morgenstunden doppelt so leistungsfähig als später; der klare Kopf und die Abwesenheit störender Geräusche ermöglichen ein intensives Sichversenken, das später, wenn der erwachte Tag seine Rechte voll zur Geltung bringt, auch bei sorgfältiger Abschließung leicht gestört wird. Bereits in jenen ersten Schulzeiten erledigte ich meine kleinen Aufgaben am liebsten morgens, bevor ich aus dem Hause ging.

Ein freundlicher Mann, Herr Sigmund, und ein wohlgenährter Priester, der »Herr Katechet«, namens Koch, waren meine Lehrer. Ich lernte leicht und gut. Meine Mutter brachte mich zur Schule und holte mich dort ab; sie tat es durch lange Zeit, mehrere Jahre lang, jeden und jeden Tag. Durch diese strenge Bewachung kam ich mit den anderen Jungen fast gar nicht in Berührung, was meine Mutter auch nicht wünschte, ja direkt verhütete. Nur einer flüchtigen Freundschaft erinnere ich mich. Meine Mutter war mit einer anderen Dame, die ihren Sohn ebenfalls immer abholte, ins Gespräch geraten, und als wir herunterkamen, gingen wir alle ein Stück des Weges zusammen. Dies wiederholte sich einige Male und führte zu einer Einladung in das Haus meines Kollegen, auf dessen Namen ich mich nicht mehr besinnen kann. Er kam dann auch zu mir; aber wir wußten nichts rechtes miteinander anzufangen. Er war ein ebenso armer Junge wie ich, ohne Geschwister und ohne Freunde. Wir saßen lange einander gegenüber, ohne was zu tun und ohne zu sprechen; so verlief diese Freundschaft bald im Sand und der Verkehr hörte auf.

Die Sorgfalt meiner Mutter hatte ihren guten Grund. Da

die schwere Tuberkulose meines Vaters unzweifelhaft bereits bestanden hatte, als ich zur Welt kam, lag die Gefahr der erblichen Belastung auf mir. Der unserer Familie seit langem befreundete Arzt, Dr. Urag in Graz, hatte meine Mutter eines Tages auf diese Gefahr aufmerksam gemacht, die um so größer war, als ich sehr zart und namentlich über die Brust geradezu schmächtig gebaut war. Die beiden sprachen im Nebenzimmer leise miteinander; dennoch verstand ich, dank meiner feinen Ohren, daß etwas mit mir nicht in Ordnung war. Ich war nicht besonders erschrocken, konnte den eigentlichen Sachverhalt ja auch nicht verstehen; aber ein dumpfes Gefühl der Schwere, der Sehnsucht, es möge anders sein, als es ist, lag besonders stark auf mir, wenn ich die anderen Schulbuben in fröhlichen, lachenden Scharen dahinziehen sah und selbst, an der Seite meiner Mutter, still und einsam nach Hause gehen mußte, wo graue Gestalten der Trübsal in den Zimmerecken nisteten und nur auf die Gelegenheit warteten, um hervorzukommen.

Die Notwendigkeit, mich stark und kräftig zu ernähren, trat gebieterisch an meine Mutter heran. Da ihre Mittel nicht ausreichten, dies auf normalem Weg zu tun, mußten künstliche Wege eingeschlagen werden. Zum Glück vertrug ich Lebertran, den ich nach anfänglicher Überwindung sogar gern nahm und schließlich mehrere Jahre lang nicht missen wollte. Diesem einfachen Mittel sowie dem gesunden Blut, das aus der langlebigen Familie meiner Mutter in mich übergegangen war, verdanke ich es, daß ich die Gefahr nicht nur überwand, sondern mich auch kräftig und widerstandsfähig entwickelte.

Neben meinen Schulaufgaben ging der Musikunterricht fort, den mir meine Mutter mit großer Regelmäßigkeit erteilte. Es ist mir in seltsamer Erinnerung, daß sie stets an mir tadelte, ich hätte keinen Rhythmus, oder, wie sie sich ausdrückte, keinen »Takt«. Gerade mein ausgesprochener ｜Rhythmus war eines derjenigen Elemente, die meinen späteren Dirigentenleistungen ihre charakteristische Note verliehen. Sollte mir dieses rhythmische Gefühl nicht angeboren gewesen sein? Sollte ich es mir erst haben anerziehen müssen? Oder — und das ist mir das Wahrscheinlichere — sollte die Neigung für freien, periodischen Vortrag schon damals bei mir zutage getreten und von meiner Mutter, vielleicht in richtiger pädagogischer Absicht, als verfrüht nicht geduldet worden sein? — Jedenfalls bildete meine »Taktlosigkeit« beim häuslichen Musikunterricht ein Dilemma, das sich beinahe zu einer Katastrophe erweitert hätte. Meine Mutter verlangte stets von mir, daß ich beim Klavierspielen laut zählen sollte und tat es selbst in energischer Weise, oft dicht bei meinen Ohren, wenn ich selbst nicht dazu zu bringen war. Das war mir so entsetzlich, daß ich eines Tages flehentlich bat, mich mit dem Klavierspielen aufhören zu lassen. Glücklicherweise war meine Mutter, die meine Begabung erkannt hatte, einsichtsvoll genug, meiner Bitte nicht nachzugeben. Aber durch längere Zeit mußte ich zum Klavier geradezu gezerrt werden. Ich bat dann, mich Violine lernen zu lassen, und hoffte dadurch im stillen, um das schreckliche laut Zählen herumzukommen. Aus pekuniären Gründen wurde mir die Bitte versagt, was ich heute noch bedaure, denn die praktische Kenntnis eines Streichinstrumentes ist im Leben eines Musikers von großer Wichtigkeit und erspart manchen Irrtum. Schließlich siegte meine Natur, die so von Musik durchtränkt war, daß ich sie niemals wirklich hätte entbehren können, über alle Unannehmlichkeiten und ich machte im Klavierspiel gute Fortschritte. Ich weiß, daß ich im Alter von sieben Jahren einige der leichten Sonaten von Haydn korrekt spielte. Auch mit »Notenschreiben«, wie ich das Komponieren damals nannte, beschäftigte ich mich eifrig, ohne mich heute an die geringste Einzelheit erinnern zu können. Irgend etwas Bemerkenswertes habe ich zu jener Zeit sicher nicht niedergeschrieben. In musikalischer Beziehung trat kein frühreifer Zug an mir hervor; ich entwickelte mich normal und gesund. —

Einmal wurde ich zu einer Kindervorstellung ins Theater geführt; man gab »Aschenbrödel«, das ich aus der Erzählung schon kannte. Die theatralische Welt wirkte sehr stark auf mich. Als mir einige Zeit nachher auf der Straße die Schauspielerin gezeigt wurde, welche die Hauptrolle gespielt hatte, wollte ich an die Identität nicht glauben; begriff ich doch nicht, daß eine Märchenprinzessin nicht auch im Leben Prinzessin blieb. Die nachhaltige Erregung, in die ich durch diese Theatervorstellung versetzt war, ließ in meiner Mutter den Plan reifen, mich einmal eine Oper hören zu lassen. »Was ist eine Oper?« — »Ein Theaterstück, in dem gesungen wird?« — »Was war Aschenbrödel?« — »Das war ein Schauspiel.« — Nun hatte ich doch auch schon etwas von einer Operette gehört und erhielt auf mein neugieriges Fragen ungefähr die Auskunft, das sei ein

Theaterstück, in welchem gesungen und gesprochen werde. Diese Begriffe setzten sich in meinem Kinderkopfe fest. Nach Ablauf eines Quartals brachte ich ein besonders gutes Schulzeugnis nach Hause; es enthielt fast lauter »Sehr gut«. Da eröffnete mir meine Mutter, daß sie mich zur Belohnung in die Oper »Oberon« führen werde. Des Eindrucks der rauschenden Ouvertüre erinnere ich mich noch sehr wohl. Kurz nach Aufgehen des Vorhanges begann der Dialog. Da wandte ich mich sehr lebhaft zu meiner Mutter mit dem Ausruf: »Das ist also eine Operette!" Von dieser Meinung war ich auch nicht abzubringen, zumal die Musik immer wieder durch den Dialog unterbrochen wurde. »Oberon« gefiel mir so wenig, daß ich meine Mutter bat, mich in keine Oper mehr zu führen; »Aschenbrödel« sei mir lieber. Das Rätsel löste sich bald. Bereits am Nachmittag hatte ich mich nicht wohl gefühlt, dies aber meiner Umgebung verschwiegen. Am nächsten Morgen lag ich in hohem Fieber, und bald kamen die Masern zum Ausbruch. Bisher war ich, mit Ausnahme eines leichten Anfalls von Bräune, von Kinderkrankheiten verschont geblieben; jetzt aber packte es mich tüchtig an. Kaum von den Masern genesen, befiel mich der Mumps, das tückische, schmerzhafte Drüsengeschwür, und darauf die Schafblattern. Viel hatte ich in der Schule nachzuholen, so daß an Theater überhaupt nicht zu denken war. Als das Schulzeugnis trotz der langen Störung wieder gut ausfiel, erklärte mir meine Mutter, ich müsse jetzt doch wieder eine Oper hören, und zwar »Don Juan«. Ich war gar nicht so sehr erfreut über diese Aussicht und hätte lieber wieder ein Märchen gesehen. Diese Vorstellung des »Don Juan« aber bedeutet einen Wendepunkt meines Lebens.

Die Wirkung, die Mozarts großes Werk auf mich ausübte, ist schwer zu beschreiben. Tag und Nacht waren mir durch Gedanken und Träume von »Don Juan« erfüllt. Nicht nur die Musik, sondern auch die Handlung hatte mich mächtig ergriffen. Zwar war ich damals nicht fähig, das Wesen der Don-Juan-Gestalt zu erfassen, aber die ewige Wahrheit, daß wir für unsere Sünden bestraft werden, die Idee der Vergeltung, kam mir damals zu greifbarem und meine Seele aufrührendem Bewußtsein. Ich bebte im Innersten vor dieser Statue, die den Frevler zur Hölle schickt, vor dieser eisigen Gewalt, die seine Hand nicht mehr losläßt, und vor dem bangen Grauen, das die Anwesenden befällt, noch ehe die Erscheinung selbst sichtbar wird. Die düsteren, überweltlichen Klänge der Musik erweckten mir Stimmungen und Schwingungen, die mir bisher fremd waren. Aber auch die heiteren Partien des Werkes fanden mich empfänglich; Leporello war mein besonderer Freund. Musikalisch entzückten mich vor allem Don Juans und Zerlinens Duett sowie die Serenade im zweiten Akt. Ich sprach von nichts anderem mehr wie von »Don Juan«, und Mozart war mir ungefähr dasselbe wie der liebe Gott. Meine Mutter mußte mir versprechen, mich wieder ins Theater zu führen, wenn »Don Juan« gegeben würde, was sie auch tat. Täglich wollte ich zum Theaterzettel geführt werden — eine Zeitung hielten wir damals noch nicht —, aber »Don Juan« wollte nicht erscheinen. Um mich zu beruhigen, kaufte meine Mutter einen vierhändigen Klavierauszug der Oper und wir spielten daraus, soweit es meine damaligen Fähigkeiten erlaubten, was bald zur Folge hatte, daß ich keine Übungen mehr machen, sondern immer nur »Don Juan« spielen wollte, so daß der Klavierauszug für einige Zeit verschwand. Aber auch eine richtige Theatervorstellung wollte ich haben und setzte es durch, daß meine Hausgenossen mit verteilten Rollen die Handlung des »Don Juan« nach meinen Angaben spielten, während meine gute Großmutter, die überhaupt kaum wußte, was Theater war, das Publikum bildete. Mein Cousin Artur, der den Komtur übernommen hatte, vergaß am Schlusse zu verschwinden und mir das Spielen der Schlußszene zu überlassen — ich war natürlich Don Juan —, sondern packte mich und trug mich auf dem Arm fort. Dies löste bei mir einen solchen Zornesanfall aus, daß ich zur Strafe gleich ins Bett geschickt wurde. So lernte ich die Tücke des Theaterteufels schon in frühester Jugend kennen. —

Inzwischen war es Sommer geworden und mit ihm kamen meine ersten Schulferien. Die überstandenen drei Kinderkrankheiten hatten meinen zarten Organismus sehr angegriffen und so brachte meine Mutter, dem dringenden Rat unseres Arztes folgend, das Opfer, in Maria Trost, das im vergangenen Jahr oft das Ziel unserer Ausflüge war, ein Zimmer zu mieten und einige Wochen draußen zuzubringen. Auf einem Handkarren wurde unser Koffer für fünfzig Kreuzer hinausgebracht und wir beide wanderten auf dem schönen, wohlbekannten Waldweg nach unserem Sommeraufenthalt. Eine alte Dame, eine Freundin meiner Großmutter, mit ihrer kränklichen Tochter wohnte neben uns. Wieder waren es Frauen, die meine einzige Gesellschaft bildeten. Auf der anderen Seite hatte der Landarzt der Gegend sein Zimmer. Er war schwer von Tuberkulose befallen und starb während des Sommers, was meine Mutter besonders erschütterte, da sie das Schicksal meines Vaters neuerdings vor Augen sah. Aber wie wenig wußte man damals noch von Hygiene! Für ein Kind, das in Gefahr schwebte, tuberkulös erblich belastet zu sein, gab es gewiß keinen ungeeigneteren Aufenthalt als die unmittelbare Nachbarschaft dieses schwer lungenkranken Mannes. Heute scheint es mir fast ein Wunder, daß ich von der verheerenden Krankheit verschont blieb, zumal weder bei Lebzeiten noch nach dem Tod des armen Landarztes von Desinfektion die Rede war, wir aber trotzdem oft im Krankenzimmer weilten, da meine Mutter der Frau des Leidenden hilfreich zur Seite stand. Die frische Landluft und der warme Sonnenschein, verbunden mit guter Ernährung, die uns das nahe Gasthaus in billigem Abonnement lieferte, ließen böse Einflüsse nicht aufkommen. Ganz mit Sommersprossen überdeckt, zum Kummer meiner Mutter, die diesen Schönheitsfehler mit allen möglichen Hausmitteln vertreiben wollte, aber gesund und erholt trafen wir Ende August wieder in der Mandlstraße in Graz ein.

Ich trat nun in die dritte Normalschulklasse ein. Ein Herr Vogl war mein Lehrer; er war lange nicht so gutmütig wie Herr Sigmund, sondern oft recht hart und streng, verstand aber, seine Schüler energisch vorwärts zu bringen. Der freundliche dicke Katechet, Herr Koch, unterrichtete auch hier in Religion. Tagtäglich ging mein Weg, unter stetem Geleit meiner Mutter, aus der Mandlstraße heraus, über den Platz, wo die evangelische Kirche steht, in die schönen Alleen des damaligen Glacis. Den Punkt, wo der Weg ein klein wenig anstieg, um dann zur Ringstraße abzufallen, liebte ich besonders. Der Bau des neuen Stadttheaters hat hier viel Intimität zerstört.

Der Musikunterricht wurde gleich nach unserer Rückkehr aus Maria-Trost regelmäßig wieder aufgenommen. Ich war fleißig und eifrig und machte kein Hehl daraus, daß ich Musiker werden möchte. Mit diesem Wunsch erregte ich aber großen Schrecken. Über mein Schicksal war nämlich bereits entschieden. Ich sollte Jurist werden und nachher Staatsbeamter, so wie es meine Vorfahren waren. Die ausgesprochene Neigung meines Vetters Artur für den juristischen Beruf und seine vorbildliche Führung auf dem Gymnasium trugen zur Sehnsucht der Familie bei, mich genau auf demselben Wege wandeln zu sehen wie ihn. Lange Zeit erfuhr ich überhaupt nichts davon, daß es noch andere Fakultäten gab als die juridische. Nach der Normalschule kamen acht Jahre Gymnasium, oder wie man bei uns sagte »Lateinschule«, und hierauf vier Jahre »Jus«; dann war man »Doktor«. So schien es unabänderlich vorgezeichnet. »Was für ein Musiker willst du denn werden?« frug mich meine Mutter einmal, als ich immer wieder diesen Wunsch vorbrachte. »So einer wie der Mozart!« antwortete ich ganz kühn und unbedenklich. »Da hättest du was Schönes,« fuhr meine Mutter heraus: »Mozart war ganz arm und ist jung gestorben.« — Das junge Sterben machte mir damals noch keinen besonderen Eindruck, aber arm? — Mozart arm? — Er, den ich mir viel reicher vorgestellt hatte als den Kaiser! — Ich glaubte es einfach nicht. —

Inzwischen schrieb ich doppelt eifrig in mein Notenheftchen, allerdings schon etwas mehr bewacht von meiner Mutter wie bisher, die verhüten wollte, daß meine Schulaufgaben unter meinen musikalischen Bestrebungen litten, was übrigens gar nicht der Fall war, denn ich absolvierte das zweite Schuljahr mit demselben guten Erfolge wie das erste, trotzdem ich durch Krankheiten zweimal gestört wurde, einmal durch einen ziemlich heftigen Anfall von Diphtherie und dann durch einen schmerzhaften Gelenksrheumatismus, der mich zuerst an den Füßen, dann an den Händen für einige Zeit vollständig lähmte, glücklicherweise aber mein Herz unberührt ließ.

Durch vieles Bitten hatte ich es doch durchgesetzt, daß ich ein zweites Mal den »Don Juan« hören durfte. Bebend und andachtsvoll starrte ich auf die Bühne und lauschte den göttlichen, mir durch das vierhändige Spiel jetzt bereits wohlvertrauten Klängen. Ich sah jetzt auch ins Orchester hinunter. Die »großen Violinen«, wie ich die Kontrabässe nannte, und die verschiedenen Blasinstrumente interessierten mich lebhaft. Besondere Aufmerksamkeit aber schenkte ich einem kleinen Männchen, das ich bei der ersten Aufführung wohl noch kaum bemerkt hatte. Es saß an einem beleuchteten Pult, hatte ein dickes Buch vor sich und machte mit einem Stab allerlei seltsame Bewegungen. Ich merkte aber bald, daß es gerade mit diesen Bewegungen das Ganze leitete. Wer denn das wäre, frug ich. Das sei der »Kapellmeister«, klärte mich meine Mutter auf.

Das Männlein, das meine jugendliche Aufmerksamkeit erregt hatte, war Kapellmeister Stoltz, ein sehr tüchtiger Mann, der noch lange in Graz und dann später bis zum Ende seines Lebens am Prager deutschen Landestheater wirkte. Ich hatte zu Hause in Verbindung mit Musik soviel von Verdienstlosigkeit sprechen hören, daß ich meine Mutter nach der Vorstellung auf dem Heimweg frug, ob der Mann am Pult dort unten denn seine Bewegungen umsonst mache. »O nein,« sagte meine Mutter arglos, »der hat seine Gage.« »Nun,« platzte ich heraus, »da kann ich ja auch Kapellmeister werden wie er und Gage bekommen!« — Gegen diese Logik konnte meine Mutter nichts einwenden, sagte mir aber streng, ich solle an so was nicht denken; Musik als Vergnügen sei ganz schön, aber als Beruf tauge sie nichts. Mit diesem Bescheid mußte ich zunächst zu Bette gehen. Am anderen Morgen aber nahm ich mein Lineal und suchte die Bewegungen des Mannes am Pult nachzumachen.

Das Theater war und blieb nun meine Leidenschaft. Die geheimnisvolle Welt hinter dem Vorhang mit ihren Erregungen und Ueberraschungen, die klangliche Welt vor dem Vorhang, von deren Zusammensetzung und Wirksamkeit ich mir damals nur eine undeutliche Vorstellung machen konnte, der mysteriöse schwarze Mann an der Spitze, der alles stumm und doch so beredsam leitete: dies alles nahm mich derart gefangen, daß ich meine ganze Umgebung in das Bereich meiner aufgewühlten Gedanken und Vorstellungen hineinziehen wollte und nicht begriff, daß man mir nicht mit gleichem Enthusiasmus folgte, ja, daß sogar eine gegenteilige Strömung eintrat. Meine Verwandten machten nämlich meiner Mutter dringende Vorstellungen, mich nicht mehr ins Theater zu führen, da es einen schlechten Einfluß auf mich ausübe, mich aufrege und auf unrechte Gedanken brächte. Meine Mutter war klug genug, nicht in vollem Maß auf diese Einflüsterungen zu hören, da ein vollständiges Versagen des Theaterbesuchs mich wahrscheinlich in den Zustand zurückgeworfen hätte, in dem ich mich zwei Jahre vorher befand. Anderseits ging sie selbst gern ins Theater, war aber an einer öfteren Befriedigung dieser Neigung durch den spärlichen Inhalt ihrer Kasse verhindert. Immerhin bildete fast jeder Theaterbesuch die Veranlassung zu einem kleinen häuslichen Zank, der mitunter zur Folge hatte, daß meine Mutter ihre Absicht ärger-

lich aufgab, während ich, der ich am meisten durch eine solche
Enttäuschung meiner Hoffnungen litt, als unschuldige Veranlassung des Streites noch überdies ihren Unmut zu fühlen bekam.
Immerhin durfte ich auch im zweiten Schuljahr, namentlich da
ich brav lernte, einiger theatralischer Offenbarungen teilhaftig
werden.

Die Oper, die ich nach dem »Don Juan« hörte, war Gounods
»Faust«. Auch hier empfing ich einen gewaltigen Eindruck. Den
Wertunterschied zwischen Gounods und Mozarts Musik konnte
ich damals freilich noch nicht erfassen; aber ebenso wie die
Personen des Don Juan-Dramas mein bleibender Besitz waren,
so wurden es jetzt die Gestalten Goethes, die auf dem Umweg
der Oper in mein Leben traten. Gretchens tragisches Schicksal,
über dessen Ursache ich mir noch keine Vorstellung machen
konnte, ergriff mich auf das tiefste, während der hinkende Teufel
in seinem roten Gewande mächtig auf meine Phantasie wirkte.
Von Goethe ist bei Gounod nicht viel mehr übrig geblieben
als die Situationen; aber auch diese sind unsterblich und ver-
bürgen dieser melodiösen Oper ein längeres Leben, als so
manche vermuten. Deutlich erinnere ich mich der Wirkung, die
der erste Einsatz der Harfe auf mich ausübte; diese Klangfarbe
war ja im »Don Juan« nicht vorhanden. Eines Tages verkündigte
ich meiner Mutter, daß ich jetzt eine Oper komponierte, in der
Don Juan und Faust zusammen vorkämen. Sie lachte mich gründlich aus, sicher ohne zu wissen, daß der deutsche Dichter Grabbe
dieses Experiment der Vereinigung des Unvereinbaren tatsächlich
gewagt hatte. Ich schrieb so etwas wie ein Textbuch mit grüner
Tinte und bildete mir — warum, weiß ich nicht — was besonderes darauf ein, daß die Tinte grün war. Auch was Musikalisches schrieb ich in das Notenheftchen, ein Sechsachteltakt,
der sich öfter in Dreiviertel umwandelte. Zur Strafe für irgendein Vergehen wurden mir diese Versuche einmal weggenommen
und ich vergaß wohl dann selbst darauf; gesehen habe ich
sie nicht mehr. Für meine spätere Entwicklung ist es gewiß
nicht ohne Bedeutung, daß meine ersten großen künstlerischen
Eindrücke den Bereichen von »Don Juan« und von »Faust« ent-
stammten. —

Die nächsten Opern, die ich zu hören bekam, waren
»Wilhelm Tell« und der »Freischütz«. Diesen schloß ich sehr
ans Herz, zumal ich schon einiges von der Musik durch das

vierhändige Spiel meiner Mutter mit ihrer Schwester im Ohr hatte. Die wundervolle, echt deutsche Poesie dieses Werkes aber war ich damals noch unfähig zu begreifen. Auch störte mich das Schießen, das mir heute im Theater noch unerträglich ist. »Don Juan« und »Faust« konnten einstweilen durch nichts verdrängt werden. —

Der Sommer, der meinem zweiten Schuljahr folgte, ist mir in besonders lieber Erinnerung. Wir verlebten einige Wochen in Aflenz, jener Perle Obersteiermarks, die damals noch kein Kurort, sondern ein einfacher Marktflecken war. Die Familie Trost war von Voitsberg dorthin übergesiedelt, wo mein Onkel nunmehr sein Amt als Bezirksrichter ausübte. Alles wirkte hier erfrischend auf mich: meine reizenden, heranblühenden Cousinen, von denen die älteste bereits eine ausgesprochene Schönheit war, die frischen, jugendlichen Söhne des Ehepaares Trost, die zu Besuch kamen und mich, der ich immer nur von ältlichen Frauen bewacht, verzärtelt oder öfter auch etwas launisch gescholten wurde, zu körperlichen Uebungen und anderen kräftigeren als den gewohnten Äußerungen meiner Knabennatur veranlaßten, und nicht zuletzt die herrliche, frische Bergluft, die ich zum erstenmal einatmete. Alles dies gab mir seelische und körperliche Impulse wertvollster Art. Drei ganz besondere Erinnerungen bewahre ich an diesen Aflenzer Aufenthalt. Die erste ist der Besuch eines Eisenwerkes. Halb mit Staunen und halb mit Grauen sah ich auf die ungeheuren Maschinen und die schwarzen, dampfenden Hochöfen, aus denen es wie ein furchtbares, glühendes Auge hervorleuchtete. Der Lärm der Hämmer schmerzte mein empfindliches Gehör, doch biß ich die Zähne zusammen und harrte wacker aus; der Eindruck war zu neu, zu ungewohnt und zu mächtig. Sprachlos war mein Erstaunen, als ein weißglühender Eisenblock herbeigeholt wurde und nun im Walzwerk immer schmäler und länger wurde. Als aber dann die dünnen, noch immer glühenden Bänder wie Pfeile hervorschossen und feurige Schlangen in der Luft und auf der Erde sich wanden, da schrie ich laut auf vor Wonne und Entzücken. Hätte man mich nicht gehalten, so wäre ich blind in die fürchterlichen Umschlingungen hineingerannt, wie damals in die Fluten der Save beim Abschied vom krainerischen Ufer.

Die zweite Erinnerung betrifft einen Ausflug auf die Mitteralpe, den die ganze Familie unternahm und zu dem ich mitdurfte, da ich bei kleineren Anstiegen bereits den Beweis geliefert hatte, daß ich gut kraxelte. Wir nahmen Proviant mit uns und übernachteten in einer Sennhütte. Bereits auf der Semmeringbahn war mir eine Ahnung von der Herrlichkeit der Gebirgswelt aufgedämmert; hier trat sie mir aber in viel stärkerem Maße entgegen. Schon der Umstand, daß ich nicht im Eisenbahnwagen saß, sondern Schritt für Schritt weitere Blicke und schließlich die Höhe gewann, gab mir eine gegen die frühere viel lebensvollere und kräftigere Vorstellung eines Berges. Dann das Verweilen auf schönen Plätzen, die Blumen auf den Wiesen, die Rhododendronsträucher, die ich zum erstenmal sah, der würzige Geruch der Kohlröserln, die durch die körperliche Anstrengung ausgelöste heitere Stimmung und endlich — die Aussicht am nächsten Morgen, der uns schon bei Sonnenaufgang auf dem Gipfel sah! — Vor uns der gewaltige Hochschwab, dahinter und ringsumher die unabsehbare Reihe der Berge und tief unten die grünenden Täler mit ihren Dörfern, den weißlichen Linien der Straßen und den dunkleren der Bäche, alles übergossen vom strahlenden Sonnenschein. Unvergeßlicher, herrlicher Anblick, wie hobst du die Kinderseele zu andächtigem Entzücken empor! — Ich war nicht wenig stolz darauf, für meine touristische Leistungsfähigkeit allseitig gelobt zu werden, und die persönliche Genugtuung, die ich empfand, ließ die Farben des vor mir liegenden Gemäldes noch heller aufleuchten.

Das dritte Erlebnis endlich war eine prachtvolle Mondesfinsternis. Tage vorher war darauf hingewiesen worden. Ich war genügend über die Rotationen von Erde und Mond unterrichtet, um das Zustandekommen der Verfinsterung zu begreifen. Der gestirnte Himmel hatte mich frühzeitig nachdenklich gestimmt; ich frug und erfuhr so manches, begriff nur nicht, wie man alles so genau voraussagen konnte. Jedenfalls war meine Hoffnung auf schönes Wetter, die allgemein gehegt wurde, auch durch die Aussicht begründet, an diesem wichtigen Abend länger als sonst aufbleiben zu dürfen, denn von dem Ereignis selbst konnte ich mir noch keine rechte Vorstellung machen. Als aber, pünktlich um die angegebene Zeit, auf der strahlenden Mondscheibe, die silberglänzend am wolkenlosen, tief dunklen Sommernachtshimmel stand, der Erdschatten sichtbar wurde und sich langsam ausbreitete, ergriff mich ein ehrfurchtsvoller Schauder und mein kindliches Plaudern verstummte in andächtigem

Schweigen. Wie eine blutige, unheilverkündende Kugel hing endlich der sonst so freundliche Mond am Himmel. Keine Macht der Welt hätte mich nun ins Bett gebracht; spät in der Nacht noch war ich mit den anderen im Garten, bis der helle Schimmer auf der anderen Seite der Mondscheibe wieder hervortrat. Geschlafen habe ich in dieser Nacht nicht viel.

So gaben mir die drei geschilderten Erlebnisse ein Bild der gewaltigen, vom Menschen gezähmten Naturkräfte, eine Vorstellung von der Schönheit dieser irdischen Welt und eine Ahnung sphärischer Vorgänge, die durch den unendlichen Weltenraum schwingen. —

Gegen Ende des vergangenen Schuljahres hatte mein Lehrer meine Mutter zu sich gebeten und ihr eröffnet, daß ich für das Gymnasium vollständig reif sei; es wäre daher unnötig, mich noch ein Jahr in der Volksschule zu halten. Er rate ihr, ein Gesuch zu machen, daß ich, trotzdem ich erst neun Jahre alt sei, doch bereits in das Gymnasium eintreten dürfe, was sonst erst mit Eintritt des zehnten Lebensjahres gestattet sei. Ich war sehr glücklich über die Aussicht, schon so bald in höhere Bildungskreise eintreten zu können. Leider verhielt sich aber meine sonst einsichtige Mutter sowohl gegen die Vorstellungen des Lehrers wie auch gegen meine Bitten vollständig ablehnend. Andere Kinder kämen auch erst mit zehn Jahren ins Gymnasium, meinte sie, und so sei es für mich auch Zeit genug bis dahin. Warum sollte ich eine Ausnahme bilden? Vielleicht mag auch die Sorge, ich könnte mich vorzeitig überarbeiten, zu ihrer negativen Haltung beigetragen haben. Das Gesuch, dessen Abfassung ihr mein Lehrer wiederholt nahegelegt hatte, wurde nicht abgesandt und ich mußte noch ein Jahr in der Volksschule ausharren.

Es ist töricht, sich den Kopf zu zerbrechen, wie sich unser Leben gestaltet hätte, wenn dieser oder jener Umstand eingetreten oder nicht eingetreten wäre. Man sieht in einem solchen Falle nur die guten Möglichkeiten, die man versäumt hat, bedenkt aber nicht, daß man vielleicht einem größeren, unsichtbaren Übel durch Ertragen des kleineren entgangen ist. In meinem Falle kann ich nur feststellen, daß die gewiß der besten Absicht entsprungene, aber kurzsichtige Weigerung meiner Mutter für mich keine günstigen Folgen gehabt hat. Ich begann, mich in der Schule zu langweilen. Der Lehrstoff, der in der letzten Normalschulklasse vorgetragen wurde, war mir zum größten Teil bereits bekannt; vieles wurde wiederholt. Das war für schwächere Köpfe ganz gut; mich aber zerstreute es und ich vergaß mehr, als ich lernte. Zudem empfand ich es als Zurücksetzung, noch in der Volksschule zu sitzen, während ich bereits hätte Gymnasiast sein können. Ich begann, dumme Streiche zu treiben, unter der Schulbank mich mit Spielereien zu beschäftigen, meine Mitschüler zu necken und hinter dem Rücken des Lehrers Grimassen zu schneiden. Mein in der häuslichen Erziehung stark zurückgehaltenes Temperament schlug aus. Vor allem aber bemächtigte sich meiner eine unüberwindliche Lachlust. Ich lachte über jede Kleinigkeit, geriet aber anderseits auch wieder in Zorn, der sich in blindem Zuschlagen äußerte, wenn mir etwas in die Quere kam. Wiederholt erhielt ich kleine Strafen und bei Abschluß des ersten Quartals stand als Sittennote in meinem Zeugnis »Entsprechend« statt »Vollkommen entsprechend«. Meine Umgebung faßte diesen kleinen Herabfall wohl etwas zu tragisch auf, denn man machte tatsächlich den Versuch, mir jede Äußerung von Heiterkeit zu verbieten. Kaum verzog ich das Gesicht, so scholl aus einer Ecke eine Stimme: »Felix, nicht lachen!« Oder machte ich einmal einen übermütigen Sprung, so tönte es aus einer anderen Ecke: »Felix, ruhig sein!« Meine Mutter weinte oft und ich hörte sie sagen, sie schäme sich meiner, da ich eine schlechte Sittennote erhalten hätte. Daß dies alles auf mein Gemüt herabstimmend wirkte, ist erklärlich, ebenso aber, daß die Äußerungen jugendlichen Übermuts dadurch nicht dauernd eingedämmt werden konnten. Ich nahm mich in der Schule, die mir immer langweiliger wurde, ehrlich zusammen, aber zuweilen kam es doch vor, daß der Lehrer mich ermahnen mußte, was ich nunmehr meiner Mutter, ihrem Gebot der Aufrichtigkeit zum Trotz, stets zu verheimlichen suchte. Da sie mich aber immer noch von der Schule abholte und die anderen Jungens merkten, wie streng sie auf mich aufpaßte, so machten diese sich öfter ein Vergnügen daraus, ihr solche kleine Vorkommnisse zu berichten. Ich leugnete und log oft direkt, hatte aber kein Glück damit, da mein Erröten mich immer verriet. Da gab es oft böse Szenen. Immerhin waren meine Verfehlungen so gering, daß beim nächsten Quartal wieder das »Vollkommen entsprechend« auf meinem Schulzeugnis prangte, was das häusliche Wetter — vollkommen entsprechend — verbesserte.

Nach unserer Rückkehr von Aflenz hatte meine Mutter begonnen, mir französischen Unterricht zu erteilen. Sie erkannte die Notwendigkeit, fremde Sprachen zu beherrschen, und wollte mich dieser Wohltat teilhaftig werden lassen. Nun sprach sie selbst nicht genügend gut französisch, um mich, wie dies bei Kindern erfolgreich möglich ist, auf dem Wege der Konversation zu unterrichten. Sie besaß eine uralte Grammatik, und diese sollte ich mir nun, Regel für Regel, in den Kopf pauken. Dazu war ich aber nicht zu haben. Ich benahm mich höchst widerspenstig. Man schalt, man strafte mich; ich saß wohl bei den Stunden, aber in meinen Kopf ging nichts hinein und meine Aufgaben starrten von Fehlern. Im stillen bildete sich eine Art von Vergeltungsgefühl gegen meine Mutter heraus. »Du hast mich nicht ins Gymnasium gelassen, wie ich gewollt«, so sprach eine mißtönende Stimme in mir, »ich darf nicht lustig sein, soll nicht einmal lachen; nun lerne ich auch dein Französisch nicht!« Und dabei blieb es. Wäre ich damals weniger hartnäckig gewesen, so hätte ich meiner Mutter viel Ärger und mir viel Arbeit im späteren Leben erspart, wo ich mit heißer Mühe und dennoch unvollkommen nachholen mußte, was ich damals wahrscheinlich verhältnismäßig leicht erlernt hätte. —

Um die Osterzeit dieses Jahres trat zum erstenmal die Forderung an mich heran, zur Beichte zu gehen. Ich tat es mit wahrhaftiger Inbrunst, war ich damals doch wirklich überzeugt, durch diese Art des Bekenntnisses von allen Sünden gereinigt zu werden; und daß ich recht viel auf dem Gewissen haben mußte, war mir am Ausmaß der Schelte, die ich zu Hause bekam, ziemlich klar. Der Sinn für das Geheimnisvolle, Transzendentale war bei mir stets vorhanden gewesen. Daß ich selbst zu denjenigen gehören sollte, die ich oft im Dämmer der Kirche in den dunklen Beichtstuhl treten und dort knien sah, erfüllte mich zugleich mit Bangen und mit ahnungsvoller Freude; erwartete ich mir doch etwas ganz Besonderes vom Zustand nach der Absolution. Mit inniger Aufrichtigkeit nahm ich die Gewissenserforschung vor, sprach andächtig die vorgeschriebenen Gebete und bekannte meinem freundlichen Katecheten Koch — er war der Beichtvater — umständlich alles, dessen ich mich schuldig befunden hatte. Ich erwartete eine tüchtige Buße und war erstaunt, nur drei Vaterunser zu bekommen. »Bin ich nun ein Engel?« frug ich meine Mutter ganz verklärt, als ich aus dem Beichtstuhl wieder zu ihr kam. Daß keine Macht der Welt imstande ist, uns von der Verantwortlichkeit zu entlasten, wußte ich damals noch nicht. So hat die in der Beichte gelobte Besserung wohl auch nicht lange vorgehalten. Jedenfalls erinnere ich mich, im dritten Quartal wiederum nicht die erste Sittennote erhalten zu haben.

Der Musikunterricht wurde fortgesetzt, jedoch sind mir irgendwelche Fortschritte nicht in Erinnerung; ich war wahrscheinlich auch hier innerlich gehemmt. Das geliebte Theater habe ich in dieser Zeit kaum gesehen, da sein Besuch für mich vorerst den Gegenstand der Belohnung bildete; und zu einer solchen scheine ich damals wenig Anlaß gegeben zu haben.

Ein Lichtstrahl zerstreute plötzlich die Wolken, die sich bereits dicht zusammenzuziehen schienen. Meine Mutter trat eines Tages ans Klavier, schlug eine Taste an, ohne daß ich sehen konnte, welche, und frug mich, was das wäre. Sofort nannte ich den richtigen Ton. Sie tat es ein zweites, ein drittes und mehrere Male, und stets erfolgte die richtige Antwort. Nun wurden die Verwandten herbeigerufen und ich mußte die Prüfung nochmals ablegen, die wieder gelang. Von den übrigen, die ich nunmehr prüfte, konnte es niemand, auch meine Mutter nicht. Sie hatte irgendwo vom »absoluten Tonbewußtsein« gehört oder gelesen und war nun überglücklich, diese wichtige Fähigkeit bei mir anzutreffen. Sie war jetzt überzeugt, daß ich tatsächlich ungewöhnliche Begabung besaß und beschloß, mir Musikunterricht von einer Autorität geben zu lassen. Glücklicherweise gelang es auch keiner Gegenvorstellung, sie in ihrem Entschluß, für den ich ihr auf das tiefste dankbar bin, wankend zu machen. Dadurch kam ich mit demjenigen Manne in Berührung, der mich durch mehrere Jahre in liebevollster Weise den steilen Weg der Kunst hinanführen sollte. Gegenüber von uns wohnte der frühere Direktor des Steiermärkischen Musikvereins, Dr. Wilhelm Mayer. An ihn wandte sich meine Mutter. Er kam zu uns, prüfte mein Klavierspiel und meine Kompositionsversuche und erklärte, mich als Schüler annehmen zu wollen. Trotzdem er eine sehr bescheidene Forderung stellte, bedeutete es für meine Mutter doch ein großes Opfer, zu dem sie sich nur entschließen konnte, weil sie selbst seit einiger Zeit im Kloster Sacre-Coeur Klavierunterricht gab und dadurch etwas verdiente. Nach den Ferien, also gleichzeitig mit meinem Eintritt in das

Gymnasium, sollten die Stunden beginnen. Diese Aussicht übte eine belebende Kraft auf mich aus. Ich hielt mich im letzten Schulquartal so gut, daß ich nicht nur die beste Sittennote erhielt, sondern der Lehrer mir sogar die vorherigen minderen Noten ausbesserte. Mit einem ganz reinen Zeugnis verließ ich also Ende Juli 1873 die Volksschule.

Im September 1873 trat ich nach gut bestandener Aufnahmsprüfung in das erste Grazer Staatsgymnasium ein. Vorher
aber war an meinem theatralischen Himmel ein neuer Stern
aufgegangen. Der Name »Beethoven«, der bereits in frühester
Kindheit, gelegentlich des Besuches in Wien, an mein Ohr
geklungen hatte, tauchte wieder in meinem Bewußtsein auf. Ich
hatte, schlecht und recht, versucht, die erste Sonate in F-moll
zu spielen und vom leidenschaftlich bewegten Finale eine tiefe
Wirkung empfangen. Zu Weihnachten hatte ich die Bilder von
Mozart und Beethoven, in kleine vergoldete Rähmchen gefaßt,
geschenkt bekommen und neben dem Klavier an die Wand
gehängt. Der idealisierte Kopf Mozarts mit den feurigen Augen
und der mächtigen Perücke entsprach meiner königlichen Vorstellung von diesem Meister. Vor dem sinnenden Blick des
anderen Kopfes mit dem wirren dunklen Haar — es war natürlich
eines der konventionellen Beethoven-Bildnisse — stand ich aber
wie vor einem Rätsel und wußte nichts damit anzufangen. Zuerst schien mir das Gesicht häßlich; allmählich nur befreundete
ich mich damit und gewann es schließlich so lieb, daß ich auf
einen uns besuchenden Herrn einfach losschlug, als er äußerte,
der Beethoven sähe aus wie der Mephisto. Der rote Geselle in
Gounods Oper war für mich der Inbegriff alles Bösen; wie
konnte er mit diesem Antlitz, das mir wie aus einer höheren,
mystischen Welt hervorzuleuchten schien, in Berührung gebracht
werden! Etwas Riesenhaftes mußte er sein, dieser Beethoven!
Beinahe fürchtete ich mich, etwas von ihm kennen zu lernen.
Mit scheuer Andacht blätterte ich in den Sonaten, deren Noten
mir, namentlich in den späteren Werken, noch kaum etwas sagen
konnten. Eine dunkle Vorstellung hatte ich von der sogenannten
Mondscheinsonate, deren ersten Satz meine Mutter ab und zu
spielte, ohne jedoch auf mich damit einen Eindruck zu machen.
Da schlug eines Tages wie ein Blitz die Kunde bei mir ein, daß

Beethoven eine Oper geschrieben habe, die »Fidelio« heiße. Das Theater war meine Wonne und mein Leben. Eine Kombination des geheimnisvollen Kopfes an der Wand neben dem Klavier mit der geliebten Bühne, dem Orchester und dem stockbewehrten kleinen Mann davor: das gab mir unerhörte Perspektiven. Sofort entrang sich mir die inständige Bitte, in eine Vorstellung des »Fidelio« geführt zu werden. »Das ist eine sehr schwere Oper, die nur selten gegeben wird; das ist nichts für dich«, lautete die Antwort. Aber »Fidelio« war mir jetzt eine Welt voll seliger, unbekannter Wunder, wie es die Weissagungen des Himmels für den Gläubigen sind; ich m u ß t e eindringen in ihre Geheimnisse, sonst wäre ich krank geworden vor Sehnsucht. Wie früher für »Don Juan«, so spähte ich jetzt für »Fidelio« jeden Tag sehnsüchtig nach dem Theaterzettel, aber der erlösende Name wollte nicht erscheinen. Eines Tages entdeckte ich in der Musikalienhandlung Tandler am Franzensplatz, wo meine Mutter ein Leihabonnement hatte, einen zweihändigen Klavierauszug der Oper. Ich mühte mich redlich damit ab, konnte aber der Schwierigkeiten nicht Herr werden. »Fidelio« war und blieb mir ein verschlossener Tempel, den mir nur das Theater öffnen konnte.

Endlich sollte er mir doch geöffnet werden, dieser Tempel; aber wie ein Novize Prüfungen zu überstehen hat, bevor er in das Heiligtum eintreten darf, so war auch mir in meinem damaligen engen Dasein eine solche Prüfung beschieden, die sich — seltsam genug — im Wunsche meiner Mutter, mich das Schwimmen erlernen zu lassen, an mich heranschlich. Ich ging zuerst mit übersprudelnder Freude auf ihre Absicht ein. Schon in Zara hatte ich mich im Meer an seichten Stellen der dortigen primitiven Badeanstalt herumgetrieben und, wie ich mich deutlich erinnere, an einem ausgespannten Strick allerlei Kunststücke verübt. Auch die erquickenden Bäder im Bach bei Sankt Rupprecht waren mir noch in bester Erinnerung. Als ich aber zum erstenmal den Fuß in das Wasser der Grazer Militärschwimmschule setzte, der einzigen Badeanstalt, die Graz damals besaß, zuckte ich zusammen. Das Wasser, das von der aus den Bergen kommenden Mur in das Bassin geleitet wurde, war so tödlich kalt, daß es mir beim Versuch weiteren Hineinsteigens dunkel vor den Augen wurde und ich weder durch Bitten noch durch Zureden und Strafandrohungen zu bewegen war, den Versuch zu wiederholen. Auf dem Heimweg bekam ich keineswegs angenehme Dinge von meiner erzürnten Mutter zu hören, die, eine energische Frau, von einer einmal gefaßten Absicht nicht so leicht abzubringen war. Wie durch höhere Fügung wollte es der Zufall, daß am Tag nach dem verunglückten Badeversuch eine Vorstellung des »Fidelio« für einen der kommenden Tage angekündigt wurde. Nun hatte mich meine Mutter in der Hand. »Entweder du gehst ohne Widerspruch ins Wasser und lernst schwimmen oder du hörst den »Fidelio« nicht und überhaupt keine Oper mehr.« So lautete das unerbittliche Urteil. Also hieß es die Zähne zusammenbeißen und ergeben hinauswandern zur Badeanstalt, die ich später nie ohne ein Gefühl schaudernder Antipathie betrachten konnte. Ich war mit zehn Jahren noch so klein, daß ich widerspruchslos in der Damenabteilung geduldet wurde. In anderer Stimmung hätte ich mit meinen hellen Augen vielleicht doch bereits bemerkt, daß die Körper, die sich mir in den nassen Schwimmanzügen darstellten, von dem meinigen verschieden waren; aber die Kälteschwingungen, die mich beim bloßen Anblick des dunklen Wasserbassins vorahnend durchrieselten, machten meine Blicke stumpf für jedes Aufdämmern einer den späteren Jahren vorbehaltenen Erkenntnis. Meine Mutter ging mir mit gutem Beispiel voran und stieg, selbst zähneklappernd, in die eisige Flut. Der Schwimmeister legte mir den feuchten Gürtel um die schmale Brust, und, den Preis, der mir winkte, vor Augen, tappte ich ins Wasser, schlug, am Seil hängend, mit Händen und Füßen die vorgeschriebenen Schwimmbewegungen — eins — zwei — drei! — und wurde endlich, blaurot und zitternd, in die Kabine entlassen, wo es einige Zeit dauerte, bis meine schlotternden Kinnbacken ein Wort hervorbrachten. So ging es mehrere Tage. Das Wasser wurde nicht wärmer, schwimmen habe ich trotz eins, zwei, drei! damals nicht gelernt, aber den »Fidelio« hatte ich mir erobert. Die nächste Vorstellung, die meines Erinnerns später stattfand als sie angekündigt war, durfte ich besuchen.

Wir gingen stets auf die vierte Galerie, mußten also schon ziemlich zeitig im Theater sein; für mich aber war es nie zeitig genug. Der Zuschauerraum des alten Landestheaters lag im Halbdunkel. Erst eine Viertelstunde vor Beginn wurde aufgehellt, was das anwesende Publikum auf den Galerien und im Stehparterre stets mit Lauten der Befriedigung begrüßte. Dann kam der Lampenputzer mit einer Spiritusfackel und entzündete die Gasflammen der Rampe; ihn begrüßte die anwesende Studentenschaft in der Regel mit Applaus. Dann erst füllte sich der Zuschauerraum mit den Besitzern von numerierten Plätzen und Logen. So spielte sich in diesen naiveren, einfacheren und wohl auch glücklicheren Zeiten die Vorbereitung zu einer Grazer Theatervorstellung ab, die mir jedesmal ein heiliges Erlebnis bedeutete, sich diesmal aber zu einer von mir selbst im »Don Juan« nicht empfundenen Feierlichkeit steigerte.

Der Eindruck des »Fidelio« war im ersten Akt unbestimmt. Ich war durch die wunderbare Anmut Mozarts verwöhnt und wohl noch zu jung, der herberen Sprache Beethovens folgen zu können. Auch die vor Beginn des zweiten Aktes gespielte Leonoren-Ouvertüre, über deren Daseinsberechtigung ich mir keine Rechenschaft gab, vermochte ich nicht zu würdigen. Erst mit dem zweiten Akt setzte meine Teilnahme ein. Erweckte schon der Anblick des eingekerkerten Florestan mein tiefes Mitgefühl, so durchzitterte mich eine bisher unbekannte Erregung, als die Klänge des Grabduetts einsetzten. Die Majestät des Todes hat kein Tondichter wieder so erschütternd geschildert. Leonorens tröstende und zugleich willensstarke Stimme schwebt wie ein weißer Engel über einem schwarzen Abgrund von Elend. Schon damals ahnte ich die unmeßbare Größe dieser Musik und empfand die jubelnden Schwingungen des befreienden Finale. Als ich das Theater verließ, war »Don Juan« nicht aus meinem Herzen verdrängt, aber wie dort Liebe, so fesselte mich hier scheue Ehrfurcht, während »Faust« in Gounods zierlicher Verkleinerung noch immer bunte Bilder und Klänge vor meine Sinne zauberte, die mich verführten, mitunter in das von Zara mitgebrachte Faustbuch, das immer offen auf einem Tisch lag, verstohlen hineinzulugen und einige Verse — verständnislos — zu lesen.

Mein bleiches Aussehen veranlaßte meine Mutter, unseren Hausarzt zu konsultieren, der ihr riet, die kalten Bäder vorläufig einzustellen, da meinem Körper nicht zuviel Wärme entzogen werden dürfe. So versank das feuchte Gespenst in den Abgrund und mit ihm versanken auch die mir damals so lästigen französischen Stunden, da die gesteigerten Anforderungen des Gymnasiums und des nunmehr gründlicheren Musikunterrichtes meine Kräfte vollauf in Anspruch nahmen. —

Mein täglicher, mir so wohlbekannter Weg verlängerte sich nun etwas. An der Volksschule vorbei, wo ich während der drei vergangenen Jahre in meinem Bänkchen gesessen, und mehr oder minder aufmerksam den Stimmen der Lehrer gelauscht hatte, die meinen jugendlichen Geist für die Lateinschule dressierten, mußte ich nunmehr die steile Burggasse hinansteigen und mich dann oben auf dem Burgplatz links, an der Domkirche vorbei, zum alten Refektorium wenden, wo damals ein Teil der Universität und das erste Staatsgymnasium untergebracht waren. Zur Schule gebracht wurde ich anfangs noch, abgeholt aber nicht mehr. Meine Mutter empfand wohl das Überflüssige und fast Lächerliche dieser Beaufsichtigung. Da sie sich aber an den Gedanken, mich unbewacht zu lassen, schwer gewöhnen konnte, mußte ich nach Beendigung des Unterrichtes in die nahe Domkirche hinübergehen, wo sie auf mich wartete und dann, an schönen Tagen mit einem kleinen Umweg über das Glacis, mit mir heimging. Aber auch diese Art häuslicher Bevormundung erweckte bei meinen neuen, schon sehr selbständigen Kollegen zuerst heimlichen, dann immer lauteren Spott, so daß ich meine Mutter inständig bat, mir diese täglichen Kirchenbesuche zu erlassen. Sie sah nach einigem Widerstreben probeweise davon ab. Als ich zum erstenmal, mein Schulränzel auf dem Rücken, aus dem Tor trat, die Kirche rechts liegen ließ und allein auf das Glacis hinaustrat, kostete ich einen Vorgeschmack des Gefühls von Persönlichkeit und Freiheit, jener beiden seltenen, alles fruchtbare Wirken in sich schließenden Güter der Menschheit. Mit leuchtenden Blicken sah ich um mich: in der Tat, niemand bewachte mich. Ich meinte, jedermann daraufhin ansehen zu müssen, ob er auch merke, wie stolz ich auf meine Selbständigkeit sei. Aber gerade, daß niemand es merkte, steigerte die Lebhaftigkeit meiner seelischen Schwingungen. Ich hätte jetzt ja auch ganz wo anders hingehen, mich auf eine Bank unter den herrlichen alten Kastanienbäumen setzen oder mich den Gruppen anderer Schulknaben anschließen können, die ich da und dort über die bereits herbstlich umsäumten Wege streifen sah. Ich tat es aber nicht, sondern ging, den erhaltenen Weisungen brav folgend, geradewegs, sogar mit ziemlich beschleunigten Schritten heim. Als ich wohlbehalten dort ankam, wurde ich empfangen, als ob ich von einer Reise heimgekehrt sei. Als sich dieses wohlbehaltene und unverspätete Heimkommen wiederholte, blieb es endlich dauernd dabei, daß von jeder Art des Abholens und zur Schule Bringens Abstand genommen wurde.

Allmählich stellte sich heraus, daß unser Durchgangszimmer in der gemeinsamen Wohnung für die gesteigerten Anforderungen, die Studium und Musikunterricht an meine geistige Sammlung stellten, kein geeigneter Aufenthalt war. Auch waren kleine Streite, die das Zusammenleben meiner Mutter mit ihrer Mutter und den Schwestern trübten, nicht zu vermeiden. So beschloß man, sich zu trennen, die künftigen Wohnungen aber möglichst nahe beieinander zu nehmen. Meine Tante Katherine, meine angeheiratete Großmutter, hatte uns verlassen; sie war zur Familie Sigmundt nach Triest gezogen, wo sie der Tochter des Hauses, einer Schönheit von südländischem, römischem Typus, bis zum Ende ihres Lebens eine liebende, mütterliche Freundin blieb. Im Hause Nr. 25 der Rechbauerstraße, die breit und luftig vom Südostrande des Glacis abzweigt, waren, wie durch Zufall, drei kleine Wohnungen frei, die wir mieteten. Meine Großmutter und Flavie wohnten im Hochparterre links, meine Mutter und ich rechts gegenüber und meine Tante Skedl mit Artur im zweiten Stock. Unsere Wohnung hatte außer Küche und Vorraum nur ein Zimmer, das aber geräumig und freundlich war. Vom Fenster sah man auf grüne Baugründe mit Bäumen, die aber während der Jahre, die wir dort wohnten, zu meinem Leidwesen allmählich unter Zinshäusern verschwanden. Außer der größeren Ruhe und sonnigen Lage dieses Raumes, durch den niemand mehr durchlaufen konnte, empfand ich es auch als eine Befreiung, den Hausmeister unseres bisherigen Wohnhauses in der Mandlstraße nicht mehr sehen zu müssen. Obwohl dieser Mann mir nie etwas zu Leide getan hatte, sogar sehr freundlich zu mir war, hatte ich doch, zur Verwunderung meiner Umgebung, eine unbezwingbare Abneigung, ja ein Grauen vor ihm, das mich bis in meine Träume verfolgte, und ging ihm aus dem Weg, wo ich nur konnte. Mehrere Jahre, nachdem wir aus der Mandlstraße fortgezogen waren, wurde dieser Hausmeister als mehrfacher Mörder hingerichtet. Er hatte, wie sich während der Verhandlung ergab, auch seine Frau, die während unseres Aufenthalts in der Mandlstraße gestorben war, in geheimnisvoller Weise aus der Welt geschafft. Meine Abneigung entsprang somit einem empfindlichen Ahnungsvermögen.

Die Trennung der Wohnungen brachte für meine Mutter eine schwere Sorge. Ich konnte zu meinen musikalischen Übungen, die mich jetzt schon ungefähr zwei Stunden täglich in

Anspruch nahmen, nicht jedesmal zu meiner Großmutter hinübergehen, die mit ihrer Tochter ebenfalls nur eine einzimmerige Wohnung bewohnte und auf ihr Klavier zu unseren Gunsten nicht verzichten wollte. Außerdem war dieses Instrument so schlecht, daß es selbst bescheidenen Ansprüchen nicht mehr genügte. Es blieben nur die Möglichkeiten, ein Instrument zu leihen oder eines anzuschaffen. Meine Mutter entschied sich nach langen Überlegungen für das letztere. Da und dort zwischen der Wäsche oder in einem geheimen Fach lagen wohl noch einige Banknoten und ein Sparkassenbuch war auch vorhanden. Endlich, mit Rechnen und Wiederrechnen waren die 400 Gulden beisammen, die ein Kutschera-Stutzflügel kosten sollte, und das Instrument, bei dessen Auswahl mein neuer Lehrer, Dr. Mayer, behilflich war, wanderte in unsere Wohnung, zu meiner unbeschreiblichen Freude, aber auch zu der meiner Mutter, deren Stimmung sichtlich dadurch gehoben wurde, daß sie ihrer, von Talent unterstützten Neigung zum Musizieren nunmehr auf einem wohlklingenden Klavier nachgehen konnte. Da ich Fortschritte machte, so bildete unser vierhändiges Spiel von Opernklavierauszügen für mich eine regelmäßige ersprießliche Übung und vermittelte mir eine allmähliche Ausbreitung meiner Kenntnisse oder vielmehr Ahnungen von Meisterwerken der musikalischdramatischen Literatur, auch solcher, die ich noch nicht im Theater gesehen hatte. —

Im ersten Jahre meiner Gymnasialzeit schloß ich meine erste wirkliche Freundschaft. Ich saß als fünfter in der vordersten Bank. Links von mir, als erster der Reihe, dicht beim Fenster, saß ein bebrillter Knabe mit breitem, freundlichem Gesicht und glatt zurückgestrichenen Haaren. Er hieß Fritz Prelinger. Das Schuljahr war bereits vorgeschritten und noch hatte sich keiner von uns dem anderen genähert. Mir fiel nur auf, daß der bebrillte Knabe häufig zu mir herübersah, was ich mitunter erwiderte, indem ich ihn anstarrte; aber zum Reden kam es nicht. Eines Tages aber, in einer Zwischenpause, rückte er zu mir und frug mich, ob es wahr sei, daß ich Klavier spiele. Auf meine bejahende Antwort erzählte er mir, daß auch er musikalisch sei und, wie ich, bei seiner Mutter Klavierunterricht habe. Sein Vater, ein geborener Münchner, war ein bekannter Gesanglehrer in Graz, dessen Namen ich schon gehört hatte. Früher Opernsänger, hatte er am Dresdener Hoftheater zur Zeit gewirkt, als noch der berühmte Tichatschek dort sang. Dies und noch mehr erzählte mir Fritz. Ich erfuhr durch ihn von einem großen und noch lebenden Komponisten, Richard Wagner, von dem ich bisher noch nichts gehört hatte, trotzdem man seine früheren Opern vermutlich schon damals im Grazer Landestheater gab. Wir sprachen nun häufig in den Zwischenpausen miteinander und gingen nach der Schule wohl auch ein paar Schritte zusammen. Zu mehr reichte es nicht, da er in der Sackgasse wohnte, die meiner Richtung diametral entgegengesetzt war. Einmal aber fanden wir einen Ausweg und gingen durch das untere Tor des Refektoriums hinaus, die Bürgergasse hinunter und trennten uns erst dort. Der Umweg war so klein, daß die Verspätung durch beschleunigten Schritt eingeholt werden konnte, zu Hause also nicht bemerkt wurde. Diese Gelegenheit, länger beisammen zu sein, ergriffen wir nun öfters und immer hatten wir uns, nach unserer Meinung wenigstens, ganz ungeheuer interessante Dinge zu erzählen. Fritz Prelinger war ein aufgeweckter Junge und in weiterem Gesichtskreise erzogen als ich, aber in der Schule lernte er nicht besonders. Das erste Gymnasialjahr mußte er wiederholen. Da ich aufstieg, wir also fortan in verschiedenen Klassen saßen, sahen wir einander weniger und schließlich gar nicht mehr. Öfter ist uns dies im späteren Leben wieder begegnet, aber immer sind wir an den verschiedensten Orten und unter unerwarteten Umständen wieder zusammengetroffen. Die Freundschaft, die in der Kinderzeit anfing, und während der Entwicklungsjahre überaus herzlich wurde, ist auch durch spätere lange Unterbrechungen niemals völlig abgerissen und hat sich stets wieder in erfreulicher Weise erneuert. Prelinger wirkt heute als erster Musikkritiker an der »Schlesischen Zeitung« in Breslau.

Meine gymnasiale Laufbahn schien sich günstig anzulassen. Ich lernte mit Eifer, wußte was, wenn ich geprüft wurde und erhielt bei schriftlichen Arbeiten gute Noten. Schwierigkeiten bereitete mir die lateinische Grammatik. Geradeso wie beim französischen Unterricht, den mir meine Mutter erfolglos zu erteilen sich bemüht hatte, war mir auch hier das Einpauken blutloser Regeln entsetzlich. Ich habe mir in meinem späteren Leben Gründlichkeit anerzogen, arbeitete auch noch in den höheren Gymnasialklassen in den meisten Fächern auf der Grundlage einer durchaus gesunden Selbstdisziplin. Aber ebenso wie mir ein Gesetz der Naturwissenschaft oder Mathematik bei einigermaßen anregendem Vortrag sofort plastisch in die Augen sprang, ebenso hartnäckig stemmte sich mein Verstand gegen das Erfassen grammatikalischer Schemata. Immerhin ging es am Anfang noch so gut, daß mein Zeugnis nach dem ersten Halbjahr den Vermerk »erster Klasse mit Vorzug« erhielt und ich als der »zweite« unter einigen vierzig Schülern eingereiht wurde.

Die folgende Begebenheit soll als Beispiel dafür dienen, welche Sünden von Lehrern mitunter begangen werden. Meine Mutter, die über mein Zeugnis begreiflicherweise hocherfreut war, hielt es für angemessen, nunmehr dem Direktor des Gymnasiums einen Besuch zu machen. Er hieß — nomen est omen — Peinlich, gehörte dem geistlichen Stande an und gab, auch in meiner Klasse, Geographieunterricht. Ich wurde in mein bestes Gewand gesteckt und wir wanderten am Sonntag, welcher der Zeugnisverteilung folgte, nach den mir bereits wohlvertrauten Räumen, wo meine Mutter ehrfurchtsvoll an der Tür mit dem Schilde »Direktor« anklopfte. Der gestrenge Mann schien schlechter Laune zu sein, denn er empfing uns sehr unfreundlich und bot meiner Mutter nicht einmal einen Platz an. Sie stammelte ein paar Dankesworte und äußerte endlich unvorsichtigerweise, sie sei recht zufrieden mit ihrem Felix. »Ich gar nicht«, polterte Direktor Peinlich grob heraus und fuhr fort, es sei gar kein Kunststück, in solch einer miserablen Klasse Vorzugsschüler und der »Zweite« zu sein. Als meine Mutter zu erwidern versuchte, redete er sich immer mehr in die Wut hinein, und als ich in Tränen ausbrach, schrie er auf mich los, ich sei ein dummer Bengel, der gleich heule, wenn man ihm die Wahrheit sage, und ich werde es in meinem ganzen Leben zu nichts bringen. Meine Mutter führte mich hinaus, da mein anfänglich stilles Weinen in krampfhaftes Schluchzen überging. Ich kann meiner Mutter nicht den Vorwurf machen, daß sie mich in törichter Weise in Schutz nahm; sie war im Gegenteil stets viel eher geneigt, bei Konflikten irgendwelcher Art mir die Schuld zu geben als anderen. Aber hier empfand sie doch das bittere Unrecht, das einem Kinde, das fleißig war und sonst nicht das geringste verschuldet hatte, durch das ungerechtfertigte und höchst unpädagogische Vorgehen eines Mannes zugefügt worden war, der offenbar nicht Herr seiner Launen war, eine für einen Schulmann doppelt üble Eigenschaft. Sie tröstete mich in liebevollster Weise; ich war aber schwer zu beruhigen. Fortan lebte ein glühender, verbitterter

Haß gegen diesen Direktor in mir, der sich aber glücklicherweise darin äußerte, daß ich in seinen Stunden besonders aufmerksam war. Er sollte mich nicht unterkriegen! Obwohl er, vielleicht im unbequemen Bewußtsein seines ungehörigen Benehmens, besonders streng und unfreundlich zu mir war, mir durch plötzliche Fragen Fallen stellte und mir wiederholt drohte, er werde mich durchfallen lassen, mußte er mir doch am Schluß des Schuljahres in Geographie dasselbe »Befriedigend« ins Zeugnis schreiben, wie nach dem ersten Halbjahr. Aber im Lateinischen war ich auf »genügend« herabgesunken und verdarb mir dadurch den Rang als Vorzugsschüler, war auch nur mehr der Sechste statt des Zweiten. Meine Mutter war über diesen Rückgang so unglücklich, daß ich zu Hause recht böse Tage verlebte. Das glänzende Beispiel meines Vetters Artur, der stets die Vorzugsnote heimbrachte und nur unter den Allerersten eingereiht war, sollte von mir um jeden Preis nachgeahmt werden. Es wurde mir geradezu als Schande dargestellt, die Vorzugsnote nicht zu besitzen, und meine Mutter glaubte, sich hinter ihrer älteren Schwester, der Mutter Arturs, zurückgesetzt fühlen zu müssen. Mein Klassenvorstand — er hieß Maçun und sollte in meinem späteren gymnasialen Dasein noch eine Rolle spielen — beklagte sich, daß ich oft zerstreut sei: dieselbe Klage, die auch mein Lehrer während des letzten, zwecklos in der Volksschule verbrachten Jahres gegen mich erhoben hatte.

Diesmal war die Klage noch weniger grundlos wie damals. Obwohl nur ein übertriebener Ehrgeiz meinem bisherigen Verhalten in der Schule einen ernstlichen Vorwurf machen konnte, so war doch mein Herz und mein innerstes Denken eben nicht auf der Schulbank, sondern bei meiner geliebten Musik, und dies um so inbrünstiger, seit, gleichzeitig mit meinem Eintritt ins Gymnasium, die Unterrichtsstunden bei Dr. Wilhelm Mayer begonnen hatten. Dieser vortreffliche Mann nahm sich meiner mit geradezu väterlicher Sorgfalt an. Vor allem machte er mir klar, daß ich bisher zu schwere Stücke gespielt hatte. Er gab mir die Etüden von Bertini und die Kindersonaten von Haydn, ließ aber, ohne jede Pedanterie und ohne das mir im häuslichen Unterricht so verhaßt gewordene laute Zählen, nur absolut fertige Leistungen gelten. Keine Schleuderei, kein Hudeln, keine Ungenauigkeit! Pedal war zunächst überhaupt verboten. Dabei gab er seine Unterweisungen und auch seinen Tadel in der freundlichsten Form und verstand es, seine Ausstellungen und sein Lob mit humorvollen Zwischenbemerkungen, die dem Alter des Schülers angepaßt waren, zu würzen. Ich liebte diesen Mann, der mir wie ein höheres Wesen erschien, mit aller Innigkeit und folgte ihm blind. Die Stunden waren Mittwoch und Samstag nachmittags um zwei Uhr; sie waren die Glanzpunkte meines damaligen Lebens. Deutlich fühlte ich, daß ich durch diesen Unterricht auf eine viel festere als die bisherige Grundlage gestellt wurde, und meine Mutter fühlte dies auch. Trotzdem sie mir oft drohte, den Musikunterricht abzubrechen, wenn ich nicht wieder Vorzugsschüler würde, blieb ich doch bis zur Matura Schüler Dr. Mayers, ohne daß ich ihr, beim besten Willen, die Freude machen konnte, nochmals diese Art des Vorzugs zu erringen, ja, trotzdem ich sogar noch weit unter den »Sechsten« herabsank. Glücklich die Schüler von heute, denen diese für das wahrhafte Wissen ganz belanglose Art der Klassifizierung erspart bleibt!

Die Etüden von Bertini hatte ich bald durchgearbeitet, so daß mein Lehrer zum ersten Heft der Cramerschen Etüden vorschritt. Diese trefflichen, zum Teil auch als Musikstücke wertvollen Übungen, die den pädagogischen Zweck in so gewinnender Form seiner Trockenheit entkleiden, liebte ich ganz besonders und mein Können wuchs an ihnen empor. Mein Lehrer gab mir auch einige Symphonien von Haydn im vierhändigen Arrangement. Den oberen Part mußte ich zu Hause einüben, dann spielte er die Werke vierhändig mit mir in der Stunde. Später legte er Symphonien auf, die ich noch nicht kannte, wodurch er mich im Blattlesen übte. Das vierhändige Spielen von Opern bezeichnete er als dilettantisch und erlaubte es nicht mehr. So machte ich in jeder Beziehung Fortschritte, und wie ich meinen Lehrer liebte, so hatte auch er mich ins Herz geschlossen. —

Im Sommer 1874, während meiner ersten Gymnasialferien, frugen meine Wiener Verwandten bei meiner Mutter an, ob sie mich ihnen für einige Wochen nach Velden am Wörthersee mitgeben wolle. Der Gedanke, mich ohne sie fortreisen zu lassen, schien meiner Mutter anfangs undenkbar, aber da sie mich bei Onkel Ottokar und seiner Frau in den besten Händen wußte, willigte sie ein. Sie brachte mich nach Bruck und dort nahmen mich meine Verwandten in Empfang. Mina, meine

Cousine, und Max, mein Vetter, die ich seit meinem ersten Wiener Aufenthalt nicht gesehen hatte, waren tüchtig herangewachsen; Mina war schon fast ein Fräulein. Im Verkehr mit ihnen trat der Nachteil, der meiner Entwicklung aus meiner überängstlichen Abschließung entstanden war, bald deutlich hervor. Mein Onkel und meine Tante waren Menschen von jener feinen, im besten Sinne des Wortes aristokratischen Kultur, die dem früheren Wienertum eine besondere Note verlieh. Die Kinder entwickelten sich naturgemäß in derselben Richtung. Auch die Gesellschaft, die in Velden mit meinen Verwandten verkehrte, trug diese Signatur. Ich verstand einfach nicht, mich in ihren Kreisen zu bewegen. Ich war ungelenk, bei Gesprächen der anderen oft geistesabwesend, aß hastig und ohne Grazie, war aber dabei sehr empfindlich gegen jeden Tadel und grundlos heftig. Trotzig verschloß ich meine musikalischen Anlagen und war nicht zu bewegen, auf dem alten Klavier, das in dem von uns bewohnten Gasthofe stand, etwas vorzuspielen. Allerdings hatte ich die Kunst des Auswendigspielens weder damals noch später geübt. Meine Leidenschaft wurde plötzlich das Fischen, das ich, da mir das Anstecken von Würmern an die Angel zu grausam war, in primitiver Weise mit leblosen Ködern und Brotkügelchen übte und daher nur schwache Erfolge erzielte. Wohltuend aber empfand ich die Einsamkeit, wenn ich geduldig wartend am Ufer saß, wurde aber recht böse, wenn man mich über meine Erfolglosigkeit verspottete. Das warme, weiche Wasser des Wörther Sees verscheuchte die Erinnerung an die eisige Grazer Schwimmschule und ich genoß fast jeden Tag das erquickende Bad. Obwohl meine Verwandten mir alle Sorgfalt und Liebe bezeigten, habe ich mich in Velden doch sicherlich nicht von der vorteilhaften Seite gezeigt. Ich erinnere mich auch, daß mein Onkel und meine Tante nach unserer Rückkehr meiner Mutter ernste Vorstellungen über mich machten, die naturgemäß noch durch lange Zeit und in aller Ausführlichkeit Gegenstand mir erteilter verdienter und heilsamer Ermahnungen waren.

Inzwischen neigten sich die Ferien dem Ende zu und es hieß, sich auf das neue Schuljahr vorbereiten, das minder trübe erschien, da es auch die herrlichen Musikstunden wieder mit sich brachte. —

Die nächsten Jahre waren durch besonders hervorstechende Ereignisse nicht ausgezeichnet. Mein Leben floß äußerlich sehr eintönig dahin. Die Schule lag bleiern auf mir mit ihren blutlosen Forderungen eines mechanischen Gedächtnisses, das ich nie besaß und auch heute noch nicht besitze. Das Lateinische fiel mir andauernd besonders schwer; ich habe es nie mehr über »genügend« im Zeugnis gebracht und mußte schließlich froh sein, daß ich am Ende eines Schuljahres immer noch durchrutschte, ohne ein Jahr zu verlieren.

In der Geschichtsstunde erlitt ich auch bald eine Schlappe, da ich nicht wußte, wann der Perserkönig Kambyses regiert hatte. Aus den Kinderbüchern, die mir meine Mutter vorlas, habe ich viel mehr von Weltgeschichte erfahren als aus diesen öden Tabellen von Jahreszahlen, mit denen ich mein Kindergehirn belasten mußte. Einigen meiner Kollegen wurde es so leicht; die spielten mit Jahreszahlen und grammatikalischen Regeln wie Jongleure mit ihren Bällen! Ich beneidete die Glücklichen, die sich immer in der Gunst der Lehrer, oder wie wir damals sagten »Professoren«, sonnen durften und sicherlich, wie ich mir wenigstens einbildete, auch daheim keine Schelte bekamen. Wohl lebte schon damals ein zwar unbestimmtes, aber sicheres Gefühl in mir, daß ich mich nicht unterordnen brauche, daß ich einen inneren Wert besitze, den mir niemand rauben könne. Die wahre Unterordnung aber, die willig und gern anerkennt, wo in irgend einer Art Besseres geleistet wird, als man selbst leisten kann, und zu diesem Besseren neidlos aufschaut, diese Art von Unterordnung war mir damals noch fremd. Ich begann, ein hochfahrendes Wesen zur Schau zu tragen. Als ich einmal wegen meines tadellosen sittlichen Verhaltens zum Fiskus der Klasse ernannt wurde, welches Amt im wesentlichen darin bestand, aufzumerken, daß in den Zwischenpausen kein Unfug geschehe, spielte ich mich gewaltig auf den Herrn hinaus, was mir viele meiner Kollegen zu Feinden machte. Nicht wenig zu dieser Art von Selbstüberhebung trug der Umstand bei, daß ich adlig und sogar, wenn ich mich recht erinnere, der einzige Adlige in meiner Klasse war. Meine Mutter, obwohl bürgerlicher Herkunft, hielt unendlich viel von dem kleinen Appendix »von«, der ihr durch ihre Heirat angeflogen war und bestärkte mich in der Meinung, deshalb etwas Besonderes zu sein. Harmlose, in diesem Fall sogar gewiß sehr harmlose Täuschung einer vom Glück nicht allzu reich gesegneten Frau! Ich sah so bald hinter ihre trügerischen Schleier, daß ich, als im Jahre 1879 meine ersten Kompositionen gedruckt wurden, mich trotz heftigsten häuslichen Widerstandes als »Felix Weingartner« auf das Titelblatt setzte und keinem meiner Werke und Schriften jemals das »von« gestattete. Erst als ich nach Wien übersiedelte, konnte ich die Führung meines Adels nicht länger verwehren, da hier alles geadelt wurde, bis die große Welle kam und alles entadelte. Lebte meine Mutter noch, so würde sie mir heute vielleicht recht geben, daß ich den Adel anderswo gesucht habe als in einem inhaltslosen Prädikat, dessen Besitz in unserer kulturellen und sozialen Entwicklung längst seine frühere Bedeutung eingebüßt hat.

Der schon einmal erwähnte gymnasiale Klassenvorstand Maçun war mir nicht besonders gewogen. Schuld trug ich wohl selbst. Ich war im ersten Semester der zweiten Klasse vom »Sechsten« auf den »Neunten« herabgesunken, und als Herr Maçun mir eine in durchaus wohlwollendem Tone gehaltene Ermahnung darüber erteilte, erwiderte ich etwas spitz: »Ich hätte ja doch verdient, der Erste zu sein.« Diese einfältige Antwort war begreiflicherweise Gegenstand einer Beschwerde bei meiner Mutter, und der Lehrer trug sie mir jahrelang nach. Zudem wurde ich in einen törichten Streit mit dem besten Schüler der Klasse verwickelt, einem prächtigen Burschen, mit dem ich mich später ausgezeichnet verstand. Unsere Mütter hatten sich aus einem mir nicht mehr erinnerlichen Grund entzweit, und das übertrug sich auch auf uns, oder vielmehr auf mich, denn ich brachte dem Kollegen Feindschaft entgegen, nicht er mir. Und — was mir heute noch unerklärlich ist und mit meinem Wesen im Widerspruch steht — ich begann, Dinge zu erfinden, die ich dem vermeintlichen Feinde in die Schuhe schob. So erinnere ich mich, daß ich einmal eine Anklage, die lediglich meiner Phantasie entsprungen war, gegen meinen Kollegen beim Klassenvorstand vorbrachte, der, abgesehen davon, daß sich die Haltlosigkeit meiner Anklage bald erwies, besonders gern die Gelegenheit ergriff, für seinen besten Schüler gegen mich Partei zu ergreifen und mich in einer Weise abkanzelte, die mir die Lust nach weiteren Erfindungen gründlich vergehen ließ. Ich habe mir jahrelang die schwersten Selbstvorwürfe über mein damaliges Vorgehen gemacht, das ich vergeblich mit meiner Natur, so wie ich sie zu erkennen glaubte, in Einklang zu bringen suchte. Es war mir wie eine Befreiung, als ich später in Gottfried Kellers herrlichem »Grünen Heinrich« eine Erzählung

5*

fand, aus der deutlich hervorgeht, daß sich Keller in seiner Schulzeit eines ganz ähnlichen Vergehens schuldig gemacht hatte. Wenn zwei dasselbe Unrecht tun, so ist dies für keinen von beiden eine Entlastung. Aber ich hörte, dank G. Keller, wenigstens auf, immer nach einem moralischen Defekt in meiner Seele zu suchen und nahm meine damalige kindliche Lügerei als das, was sie war: eine momentane Entgleisung. —

Eine neue wirkliche Freundschaft, die auch für das Leben angehalten hat, blühte mir gerade damals aus den kleinen Wirrnissen des Schulzimmers auf. In die zweite Klasse war ein stiller, nachdenklicher Junge eingetreten, dessen Eltern aus Eperies in Ungarn nach Graz übersiedelt waren, wo der Vater als Direktor der neuerbauten Wasserleitung angestellt war. Er hieß Anton Kadletz. Ich hatte damals in dem mir von meinem Vater vererbten »Buch der Erfindungen« gelesen und bildete mir ein, selbst eine technische Erfindung gemacht zu haben, die ich einigen Kollegen eifrigst erklärte. Da trat plötzlich Kadletz, mit dem ich nie ein Wort gesprochen hatte, hinzu und sagte: »Das könnte man verbessern.« Seit dieser Zeit waren wir Freunde. Er wußte durch den Beruf seines Vaters viel mehr von technischen Dingen als ich und unterwies mich, der sich dafür lebhaft interessierte, über manches, das mir unbekannt war. Es ging mir mit Kadletz ähnlich wie mit Fritz Prelinger. Wir verloren uns, sobald jeder seinen Beruf hatte, jahrelang aus den Augen; kamen wir aber zusammen, so waren wir die Alten, als ob uns nichts getrennt hätte. Von beiden Freunden wird noch öfter die Rede sein. Kadletz wirkt bereits seit vielen Jahren als Arzt in Wartberg-Mürztal in Obersteiermark. —

Ich lebte damals, wie in ähnlicher Weise oft im späteren Dasein, zwei Leben: das eine in der Schule mit ihren kleinlichen Plagen und unfruchtbaren Mühen, das andere in den Sphären der Kunst, die immer reiner und lichter wurden, je länger ich darin weilte. Durch gewissenhaftes Durcharbeiten meiner Aufgaben, vor allem der Cramerschen Etüden hatte ich mir eine solide Grundlage des Klavierspiels geschaffen, die meinen Lehrer Dr. Mayer veranlaßte, mir höhere Aufgaben anzuvertrauen. Ich studierte zuerst die zweistimmigen, dann die dreistimmigen Inventionen von Bach, die mein hellstes Entzücken erweckten. Mein Lehrer freute sich aufrichtig darüber, da er unter seinen zahlreichen Schülern wenige hatte, die gerade die Inventionen gern spielten. Das Genie Bachs offenbart sich auch in diesen kleinen, zu Studienzwecken geschriebenen Stücken; ich aber hatte ein feines Gefühl für diese Offenbarung.

Allmählich durfte ich beginnen, die Sonaten Beethovens zu studieren. Welche Erlebnisse von Seite zu Seite, von Takt zu Takt! Als ob wunderbare Märchen Gestalt gewännen und farbig hervorträten in geheimnisvoller Lebenskraft aus den schwarzen Strichen und Punkten, die starr wie Formeln auf das weiße Papier gebannt waren! Wie entzückte mich das graziöse Rondo der A-dur-Sonate mit dem prächtigen Mittelteil in Moll! Begeistert übte ich am Allegro assai der C-dur-Sonate, trotzdem mir dieser Satz noch erhebliche Schwierigkeiten bereitete. Mit heimlichem Schauder erfüllte mich das mysteriöse Trio im Scherzo der Es-dur-Sonate mit seinen wogenden Triolen, mit sonniger Heiterkeit das köstliche Prestofinale der F-dur-Sonate, Den größten Eindruck aber gewann ich von der D-dur-Sonate. op. 10, Nr. 3, namentlich von dem tieftragischen Adagio. Das waren Klänge, wie ich sie noch nicht vernommen hatte. Vielleicht spann die Tonart ein seelisches Band zum düsteren D-moll des Komturs im geliebten »Don Juan«. Mein Lehrer hatte diese Sonate die »Temperamenten-Sonate« getauft; der erste Satz stellte ihm den Choleriker, der zweite den Melancholiker, der dritte den Phlegmatiker und der vierte den Sanguiniker vor. So war er unermüdlich bemüht, anregende Vorstellungen in Verbindung mit der Musik in mir zu erwecken. —

Den Sommer des Jahres 1875 brachten meine Mutter und ich wieder als Gäste der Familie Skedl in Sankt Rupprecht, den nächsten Sommer in der Nähe von Sankt Rupprecht auf dem Schlosse des gräflichen Ehepaares Barbo zu, wo meine Mutter der heranwachsenden Tochter Klavierunterricht erteilte. Besondere Ereignisse dieser Aufenthalte sind mir nicht in Erinnerung. Ich begrüßte die alten Lieblingsplätze, meine Freunde, den Pfarrer und den »Herrn Tramté«, in dessen lustiger Gesellschaft auf einem weiten Spaziergang ich einmal ein kleines »Schwipserl« davontrug, das erste und für lange Zeit einzige meines Lebens. Mit den beiden jungen Grafen Barbo, die älter als ich und weltmännisch-sportlich erzogen waren, hatte ich nur wenig Beziehung. —

Eines Abends, ziemlich spät, trat ich in den Schloßgarten hinaus. Ein unendlich strahlender Sternenhimmel zog meine

Blicke nach oben. Atemlos stand ich und blickte hinauf. In mir aber tauchte empor, was ich Schönes erlebt hatte, die Erinnerung an das Meer, an den Berggipfel bei Aflenz, an all das Herrliche, was mir die Musik bereits gegeben hatte und meine kindlich religiösen Empfindungen. Unbestimmt dämmerte mir eine Ahnung auf von der tiefen Harmonie des »All und Einen«. — Meine Mutter, über mein langes Ausbleiben besorgt, rief mich streng an und hieß mich zu Bett gehen. Ich tat es, schweigsamer als sonst, denn wieder einmal hatte ich einen Hauch dessen verspürt, was man Unsterblichkeit nennt. —

Wie die letzte Welle eines gewaltigen Sturmes ein abgelegenes Gestade bespült, so drangen in den Weltenwinkel meines sommerlichen Ferienaufenthalts einige Berichte über die ersten Aufführungen der »Nibelungen« in Bayreuth. Es war ein Baron Lazzarini, ein Verwandter des Barboschen Grafenhauses, der uns aus der »Grazer Tagespost« darüber vorlas. Ich hörte nur mit halbem Ohre zu, horchte höchstens auf, wenn von den fabelhaften Ausstattungskünsten, vom Riesenwurm, von der Regenbogenbrücke, über welche die Götter wandeln, und von Reiterinnen durch die Wolken die Rede war. Wagner war mir noch ein völlig unklarer Begriff. Nach dem, was ich durch meinen Freund Prelinger über ihn erfahren hatte, war ich neugierig geworden, etwas von ihm zu hören, und bat meine Mutter, mich einmal ins Theater zu führen, wenn eine Oper von ihm gegeben würde, erhielt aber die Antwort, das sei nichts für mich, das sei »nur Lärm und Gebraus«. So urteilte damals die Menge. Einmal aber brachte meine Mutter doch ein Stück von Wagner aus der Musikalienhandlung nach Hause. Es war »Elsas Traum« in der Bearbeitung von Liszt, dessen Namen ich damals zuerst als den eines fabelhaften Klaviervirtuosen hörte, der aber jetzt Geistlicher geworden sei und beim Papst lebe. Meine Mutter spielte das Stück, dessen eigelber Umschlag mit den großen Buchstaben mir noch deutlich vor Augen steht, wiederholt bei ihren abendlichen Musikübungen und wir fanden es sehr schön. »Das ist doch gar kein Lärm,« meinte ich. »Es wird halt eine Ausnahme sein,« antwortete meine Mutter. Ich machte von diesem Stück ein vierhändiges Arrangement, das ich noch heute besitze Einmal war meine Mutter allein im Theater und erzählte mir am nächsten Morgen, ein neben ihr sitzender Herr hätte ihr von Wagner soviel erzählt und von den Schönheiten seiner Opern geschwärmt, daß wir uns doch einmal etwas von ihm anhören müßten. So kam es, daß wir die nächste Vorstellung von »Tannhäuser« besuchten. Ich war so begierig auf den „Lärm", der im Orchester losgehen sollte, daß ich mein Erstaunen über die leisen, feierlichen Klänge, womit die Ouvertüre begann, nicht verhehlte. Die Melodie des Pilgerchors prägte sich mir sofort in mein Gedächtnis ein, und als sie am Schluß in den Posaunen wiederkehrte, war ich mächtig berührt; ähnliches von Glanz im Orchester hatte ich nicht für möglich gehalten. Sonst ist mir wenig von dieser ersten Wagner-Vorstellung, die ich erlebte, in Erinnerung geblieben, woraus ich schließe, daß der Eindruck mit der Ouvertüre seinen Höhepunkt erreicht haben dürfte. Ich berichtete darüber auch meinem geliebten Lehrer Dr. Mayer, der mir sagte, die früheren Opern Wagners, so auch der »Tannhäuser«, enthielten sehr viele Schönheiten; was er aber jetzt schriebe, sei der Ausfluß eines völlig vom wahren Wege der Kunst abgewichenen und durch lächerliche Anhänger irregeleiteten Mannes, vor dem er mich eindringlichst warnte.

Die Nachrichten, die in Graz über die »Nibelungen« verbreitet worden waren, krankten an phantastischen Übertreibungen. Es sei eine Oper von zwölf Abenden, wurde erzählt. Der König von Bayern, der in Schlössern von unerhörter Pracht lebe, künstliche Mondaufgänge in seinen Gärten habe, wenn der wirkliche Mond nicht scheine, der bei Tag unsichtbar sei und nur nachts einsam oder in Begleitung Wagners in den Wäldern herumstreife, dieser König gebe so viele Millionen für das Bayreuther Unternehmen her, daß seinem Lande Unruhen drohten. Solche uud ähnliche Gerüchte trugen dazu bei, Wagner als Wahnwitzigen erscheinen zu lassen. Allmählich schrumpften die formlosen Wahngebilde auch in Graz auf ihre reale Gestalt zusammen; das Hauptverdienst daran aber hatten eben die Berichte in der »Tagespost«, die uns Baron Lazzarini vorlas.

Wagner hatte einen Adepten in Graz, nämlich den Verfasser dieser Berichte, Dr. Friedrich v. Hausegger, ein Advokat, der gleichzeitig in der »Tagespost« das Amt des Theater- und Musikkritikers verwaltete. Einige Minuten vor Anfang einer Opernvorstellung im alten Grazer Landestheater trat durch die rechte Parkettüre mit gemessenem Schritt ein mittelgroßer, nicht gerade magerer Mann mit dünnem, nach rückwärts fallendem Haar, eine Brille über den ausdrucksvollen Augen, und nahm seinen Eckplatz in einer der rückwärtigen Reihen ein. Dann wußten wir, daß am nächsten Tag in der »Tagespost« über die Vorstellung zu lesen sein würde. Meine Mutter las mir öfter die Kritiken von Dr. Hausegger vor. Die Zeitung selbst in die Hand zu nehmen war mir verboten, weil, wie ich aus heimlich geführten Familiengesprächen entnahm, ich etwas für mich »Unpassendes« darin lesen könnte. Namentlich der Roman der Zeitung, der in jeder Fortsetzung durch die drei Wohnungen der Rechbauerstraße wanderte — die drei Familien hielten gemeinsam ein Exemplar der Zeitung — und Gegenstand eifrigster Unterhaltung der Frauen war, durfte absolut nicht in das Bereich meiner Blicke kommen. Die Folge davon war, daß ich mir die Zeitung in der Schule von minder scharf bewachten Kollegen verschaffte und den Roman mit weit größerem Wohlbehagen und jener ungesunden Erregung verschlang, die den Genuß verbotener Früchte kennzeichnet, während ich ihn vielleicht kaum beachtet hätte, wenn ich ihn hätte lesen dürfen. In diesen heimlich ergatterten Zeitungen las ich aber auch viele von den Kritiken Dr. Hauseggers und dadurch auch manches über Richard Wagner. Hausegger schrieb keinen leichten Stil; seine Ausdrucksweise bewegte sich auf den Wegen einer geistreichen, fein ziselierenden Analytik, die zu verstehen ich damals zu jung war. So kam es, daß ich auch beim Vorlesen seiner Bayreuther Berichte durch Baron Lazzarini nur dann mit Interesse folgte, wenn sie meinem Fassungsvermögen entsprachen, oft aber einfach aufsprang, in den Garten hinauslief nnd das Problem Wagner einstweilen auf sich beruhen ließ. —

Im Winter, der dem Sommer des Jahres 1876 voranging, sagte mein Lehrer, dem ich einige Kompositionsversuche gebracht hatte, zu mir: »Es ist jetzt Zeit, daß du anfängst, von Theorie was zu verstehen. Sage deiner Mutter, ich werde dir von jetzt ab nur eine Klavierstunde in der Woche, die andere Stunde aber Unterricht in der Kompositionslehre geben.« Meine Freude war unbeschreiblich: etwas Neues in der Musik zu lernen erschien mir wie die Erlaubnis, eine weitere Stufe der Himmelsleiter emporklimmen zu dürfen. Meine Mutter war anfänglich gar nicht erfreut; sie meinte, dieses neue Studium würde mich noch mehr zerstreuen, von meinen Schulaufgaben abziehen und sie hätte dann noch weniger Aussicht, mich gleich meinem Vetter Artur unter den ersten und als »Vorzugsschüler« zu sehen. Das war nun einmal ihr leider unerfüllbarer Lieblingswunsch. Aber wenn sie auch oft Schwierigkeiten bereitete, schließlich, wenn es sich um eine wichtige Sache handelte, gab sie dennoch nach. Nachdem sie sich persönlich bei Dr. Mayer erkundigt und er ihr versichert hatte, daß ich unzweifelhaft Kompositionstalent besäße, es aber zu nichts bringen könne, wenn ich nicht Theorie studierte, erhielt ich die Einwilligung.

Wir begannen mit der Harmonisierung der Tonleiter, also der einfachsten Akkordlehre. Dr. Mayer unterrichtete nach A. B. Marx, hatte sich aber dessen Lehre auf eigene Weise zurechtgelegt und wohl auch modernisiert. Die Blätter, die er, mit Schlagworten und Beispielen versehen, während des Unterrichts zur Unterstützung seines Gedächtnisses auf dem Klavier liegen hatte, schrieb ich mir mit seiner Erlaubnis sorgfältig ab, um sie daheim erneut durchzuarbeiten. Ich besitze diese Abschriften noch heute.

Inzwischen hatte ich auch einmal ein Konzert besucht. Der Steiermärkische Musikverein gab damals seine Veranstaltungen im Rittersaal; Dirigent war Ferdinand Thieriot, der Nachfolger meines Lehrers. Man spielte die Vierte Symphonie von Beethoven. Gleich die erste Note der Einleitung berührte mich wie die Kunde aus einer anderen Welt. Ich lauschte atemlos und erschrak, als die geheimnisvolle Stimmung plötzlich durch Fortissimoschläge unterbrochen wurde und das fröhliche Allegro einsetzte. Nichts, was ich sonst an diesem Abend hörte, auch nicht die übrige Symphonie, kam für mich annähernd dieser Einleitung gleich, die auch den einzigen bleibenden Eindruck dieses Konzertabends bildete. Damals erklärte ich erneut, ich wolle Musiker werden.

Im Kopf meiner Mutter hatte sich ein merkwürdiger Plan festgesetzt: ich sollte durchaus im Wiener Theresianum untergebracht werden. Natürlich war nicht daran zu denken, das Schulgeld zu bezahlen; also sollte mein in Wien lebender Onkel Ottokar alles daransetzen, mir einen Freiplatz zu verschaffen. Man gab sich die möglichste Mühe, mir den dortigen Aufenthalt in verlockendem Lichte darzustellen: der herrliche Garten, die Uniform, das Zusammensein mit adeligen Knaben, die Aussichten für die spätere Karriere, das Interesse der kaiserlichen Familie für dieses Institut, dies alles wurde mir immer wieder in aller Umständlichkeit demonstriert. Aber nichts verfing; ich wollte von meinem lieben Dr. Mayer und von meinen Musikstunden nicht fort. Wohl aber hatte ich von einer Anstalt in Wien gehört, die sich Konservatorium nannte, wo man nur für Musik ausgebilde wurde. Wenn ich schon durchaus nach Wien sollte, dann wollte ich natürlich dorthin, wo ich weiter Musik treiben könne und vom Lateinischen nichts zu hören brauchte. Ich stellte mir vor, im Konservatorium sei ich ebenso gänzlich untergebracht, wie man es mir vom Theresianum geschildert hatte; also mußte dort ein ebenso herrlicher Garten sein, und ich trüge sicherlich auch eine hübsche Uniform. An meinem Geburtstag hatte ich eine Schokoladentorte bekommen, ein für mich seltener Leckerbissen. »Siehst du,« sagte meine Mutter, »wenn du im Theresianum brav bist, kriegst du zu jedem Geburts- und Namenstag solch eine Torte.« Prompt erwiderte ich: »Ach was, die krieg ich im Konservatorium genau so gut.« Nicht einmal mit kulinarischen Freuden konnte man mich für das Theresianum erwärmen.

Endlich traf die Nachricht ein, daß das Gesuch um eine Freistelle wegen Überfüllung abgelehnt sei. Große Betrübnis zu Hause, während ich mir vergnügt die Hände rieb. Ein unheimliches Gespenst war aus meinem Leben gewichen und besonders erhobenen Herzens wanderte ich zu meiner nächsten Musikstunde.

Aber auch ein anderes unheimliches Gespenst war um diese Zeit vor meinen geistigen Augen aufgetaucht, entfernter zwar als die mich täglich bedrohende Möglichkeit, ins Theresianum gesteckt zu werden, aber auch bedeutungsvoller und furchtbarer: die allgemeine Wehrpflicht. Gerade an einem meiner damaligen Geburtstage erfuhr ich von der Aussicht, zu einem bestimmten Lebensalter, ob ich wolle oder nicht, in den Soldatenrock schlüpfen zu müssen. Dies erfüllte mich mit Grauen. Viel hatte ich schon von der rohen Behandlung in den Kasernen gehört, und aus der Zeit des deutsch-französischen Krieges war manche Erzählung von den entsetzlichen Ereignissen, die ein Krieg mit sich brachte, an mein Ohr gedrungen und hatte meinen Abscheu erweckt. Nun sollte ich, ein fein organisiertes Wesen, als das ich mich schon damals fühlte, ein ganzes Jahr oder noch länger der Willkür jedes beliebigen Unteroffiziers preisgegeben sein; ich sollte später, wenn es dem Kaiser gerade gefiel, ein Gewehr in die Hand nehmen, auf Menschen schießen oder selbst totgeschossen werden, und, was ich damals in meinen kindlichen Vorstellungen vielleicht am allermeisten fürchtete, am Ende gar mein empfindliches Gehör in dem greulichen Geknall verlieren: das war absurd und niederträchtig. Zwar half ich mir augenblicklich mit der fröhlichen Geburtstagsstimmung und mit der Überlegung, daß bis dahin ja noch geraume Zeit verstreichen müsse, über meine tiefe Depression hinweg. Aber der Stachel saß fest und wandelte sich in einen heimlichen Groll gegen den Kaiser um, der wuchs, da ich bei meinen Kollegen in der Schule gar kein Echo fand, als ich auf das Unerhörte dieses bevorstehenden Zwanges hinwies, sondern Gleichgültigkeit oder mitunter sogar ein ausgesprochenes Sichfreuen auf das »lustige« Soldatenleben. So blieb ich, wie in vielen anderen Dingen, auch hier auf mich selbst angewiesen. Als einige Zeit nachher der Besuch des Kaisers in Graz angekündigt war und wir unter Führung eines Lehrers am Bahnhof Spalier bilden mußten, zog ich einen alten, schlechten Anzug an, so daß mich die Kollegen verhöhnten und mir der Lehrer einen Verweis erteilte. Auch öffnete ich den Mund, als wollte ich das vorgeschriebene »Hoch« rufen, gab aber keinen Laut von mir. Auf einen Brief, den ich am selben Tage schreiben mußte, klebte ich die Marke mit dem Kaiserbildnis umgekehrt auf; so äußerte ich meinen Ingrimm gegen die allgemeine Wehrpflicht, die, wenn ich ihr hätte folgen müssen, aller Wahrscheinlichkeit nach meine künstlerische Laufbahn schwer geschädigt, wenn nicht zerstört hätte. Daß der gekrönte Mann mit dem frisch geröteten, damals noch jugendlichen Gesicht und den dunkelblonden Bartkoteletten, auch nur von jener unheilvollen Entwicklung der ganzen Welt getrieben wurde, die schließlich zur wahnsinnigen Katastrophe der Vernichtung führte, das konnte mir damals freilich noch nicht klar sein. —

Mit der dritten Gymnasialklasse hatte der Unterricht im Griechischen begonnen. So unsympathisch mir das Lateinische war und blieb, so sehr zog mich das Griechische an. Die eigentümlich schöne Schrift, die wohllautenden Worte ließen mich die Atemzüge einer mir damals zwar unbewußten, aber immerhin schon fühlbaren hohen Kultur empfinden, während ich im Lateinischen von einer harten Ecke zur anderen gestoßen wurde. Dennoch muß im Lateinischen ein großer Reichtum aufgespeichert liegen, da es das schöne Italienisch, das charaktervolle Spanisch und das elegante Französisch aus sich hervorgehen lassen konnte. Aber was konnten wir armen Schulbuben, denen der Kopf mit toter Grammatik vollgestopft wurde, von diesem Reichtum ahnen? Zu meinem Leidwesen schied schon nach einem halben Jahre unser sympathischer erster Lehrer des Griechischen von uns und der Klassenvorstand Maçun übernahm den Unterricht, zwar nur für kurze Zeit, die aber genügte, mich erneut bei ihm in Ungunst zu setzen, da ich ihn wegen seiner harten, abgehackten Aussprache auslachte. Unser erster Lehrer kehrte wieder, aber der »gute Grieche«, der ich anfangs war, bin ich nicht wieder geworden. Immerhin arbeitete ich in dieser Sprache leichter und auch mit größerer Teilnahme als im Lateinischen. —

Der große Eindruck, den mir Beethovens Vierte Symphonie, namentlich die langsame Einleitung bei der Aufführung im Rittersaale, gemacht hatte, bewog meinen Lehrer, nunmehr Beethovens Symphonien, von der ersten angefangen, allmählich mit mir vierhändig am Klavier durchzunehmen. Mit steigender Begeisterung widmete ich mich dieser Aufgabe. Noch erinnere ich mich der atemlosen Spannung, in die mich die chromatisch aufsteigenden Bässe am Schluß des ersten Satzes der zweiten Symphonie versetzten. Das kühn einsetzende Thema des Finale empfand ich wie einen elektrischen Schlag. Einen völligen Wendepunkt aber bedeutete mir die »Eroica«. Mein Lehrer hatte mich bereits über die Beziehungen dieses Werkes zu Napoleon unterrichtet, wodurch meine Erwartung noch gesteigert wurde. Als wir den ersten Satz zu Ende gespielt hatten, muß ich wohl recht bleich ausgesehen haben, denn mein Lehrer sagte mir: »Kind, du bist zu aufgeregt; wir wollen für heute aufhören.« In mich gekehrt, ging ich nach Hause, und auf dem Spaziergang, den meine Mutter noch am selben Abend mit mir auf dem Grazer Schloßberg unternahm, brachte ich kein Wort heraus, trotzdem sie mich dringend aufforderte, ihr zu sagen, was mir denn wäre. Endlich in der schönen Allee, die vom Uhrturm zur Lisl, der großen Glocke, hinaufführt, löste sich meine Zunge. Ich erklärte meiner Mutter mit größter Entschiedenheit, ich hätte meinen Beruf gewählt, ich sei und bleibe Musiker und es gäbe nichts in der Welt, was mich von diesem Entschluß abbringen könne. Die Bestimmtheit meiner Erklärung mußte auf meine Mutter einen größeren Eindruck hervorgebracht haben als meine bisher geäußerten diesbezüglichen Wünsche, denn sie opponierte zunächst nicht, sondern verfiel nur in eine tiefe Traurigkeit, die sich in einem ziemlich milden Vorwurf äußerte, daß ich eben gar nichts auf ihren Rat und ihren Willen zu geben scheine. Durch diesen kleinen Erfolg kühn gemacht, goß ich sofort das Kind mit dem Bade aus und verlangte, sie solle mich ganz aus der Schule nehmen, wo ich's ja doch zu nichts Rechtem brächte und mich nur mehr Musik lernen lassen. Da raffte sie sich aber zu gewohnter Strenge auf und verbot mir, davon weiter ein Wort zu reden. »Die Matura wirst du machen, nachher wollen wir weiter sehen.« —

Ungefähr um diese Zeit bestand mein Vetter Artur wie jede seiner Prüfungen, auch die Matura mit Auszeichnung. Am Abend, als er glückstrahlend und von allen Seiten angratuliert nach Hause gekommen war, saß ich so recht von Herzen unglücklich vor meinem lateinischen Buch. Ich empfand es als unerhörte Grausamkeit, noch fünf Jahre im verhaßten Schulgefängnis ausharren zu müssen, während alles in mir zur freien, künstlerischen Betätigung drängte. Später aber dankte ich meiner Mutter für ihre Hartnäckigkeit. Zwar habe ich von der Matura keinen besonderen Nutzen gehabt und hätte dieses Zeugnis nie gebraucht; wenn ich aber auf meine Entwicklung zurückschaue, so erblicke ich in der Gymnasialzeit mit ihren sich häufenden Schwierigkeiten und dem endlichen maturalen Abschluß neben einer immerhin nicht unwichtigen Wissensgrundlage auch ein tüchtiges Stück Lebensschule, und als solche ist sie mir wertvoll geworden. —

Meine orchestralen Erlebnisse ließen allmählich den Wunsch in mir reifen, zu wissen, was eine Partitur sei. Mein Lehrer gab mir das Septett von Beethoven; daran sollte ich die Kunst des Partiturlesens üben. Das genügte mir aber nicht; ich wollte wissen, wie man für das ganze Orchester schrieb. Vergebens wies mich Dr. Mayer darauf hin, daß wir im Laufe des Unterrichts von selbst soweit kommen würden. Ich hatte keine Geduld; und so gab er mir in kurzen Zügen einige Anweisungen über die Konstruktion des Orchestersatzes und schenkte mir die Partitur der G-moll-Symphonie von Mozart, die ich vom Klavier bereits kannte. Dies hatte nun zur Folge, daß ich baldigst selbst etwas für Orchester zu schreiben versuchte, das ich recht kühn »Symphonie« nannte, weil es vier Abschnitte hatte. Nun machte mein Lehrer aber meiner Mutter und mir die ernstesten Vorstellungen und verbot mir, unter Drohung, den Unterricht einzustellen, meine Zeit mit Aufgaben zu verlieren, die ich unmöglich beherrschen könne.

Dies nahm ich mir zu Herzen und brachte meinem Lehrer nach einiger Zeit eine kleine Komposition für vier Frauenstimmen nach einem Gedicht von Goethe. Arienartige Sätze wechselten mit vierstimmigen Partien ab. Ich hatte dabei die vier in unserer Familie vorhandenen Sängerinnen im Auge, meine Mutter, ihre zwei Schwestern und meine Cousine Mizzi Trost, die gleich ihren Schwestern zu einer schönen Jungfrau erblüht war. Mein Lehrer billigte meinen Versuch und wir veranstalteten zu Hause eine Art von Konzert, in welchem mein Stück zur Aufführung kam. Ich hatte die vier Singstimmen so säuberlich als möglich aus- geschrieben und mit den vier Sängerinnen eingeübt, während meine Mutter gleichzeitig den Klavierpart übernahm. Ich selbst bestand darauf, zu dirigieren. In einem Grazer Geschäft hatte ich ein zusammenlegbares Pult gefunden, in der Art, wie ich heute noch eines auf meinem Schreibtisch für handschriftliche Vorlagen benütze. Einen Stock schnitzte ich mir selbst, nachdem ich bei den Proben ein Lineal benützt hatte. Das Pult stellte ich auf einen kleinen Tisch, trat abends mit feierlichen Schritten daran klopfte auf, wie ich es im Theater und Konzert gesehen hatte und schlug den Takt auf Tod und Leben. Als die paar Anwe- senden freundlich applaudierten, soll ich mich sehr gemessen und mit unglaublich ernstem Gesicht verbeugt haben. Dies war meine erste Aufführung, mein erster Erfolg. —

Zwar hatte ich mich gefügt und etwas komponiert, für das meine damaligen Kräfte zur Not ausreichten, ja sogar die Grenzen der Aufführungsmöglichkeit in Betracht gezogen, aber meine heimliche Neigung stand nach größeren Dingen, und zwar war es immer wieder das Theater, das mich in seinen Bann zog. Ab und zu durfte ich, trotz meiner mich stark in Anspruch nehmenden Doppelbeschäftigung im Musiklernen und Schule, eine Opernvorstellung besuchen. Ich erinnere mich einiger be- rühmter Gäste. M a r i a n n e B r a n d t sah und hörte ich als Fidelio, wodurch ich in meinem Verhältnis zu diesem Werk einen großen Schritt in die Tiefe drang. S c a r i a, dessen Ruhm damals auf- tauchte, sang den Sarastro und den Kaspar, G u s t a v W a l t e r den Faust. Gelegentlich des Gastspiels der M a l l i n g e r hörte ich zum erstenmal den »Lohengrin«. Schon war mir Wagners Musik kein völlig unbekanntes Land mehr; daher nahm ich die Schön- heiten des »Lohengrin« mit besserem Verständnis auf als früher die des »Tannhäuser«. Alle Eindrücke aber verschwanden vor der Erscheinung der Mallinger selbst. Zum erstenmal trat weib- liche Anmut in mein Bewußtsein. Ich hatte solche Bewegungen, solche Haltung, solchen Ausdruck und vor allem so sprechende Augen niemals vorher gesehen, nie im Leben, nie auf der Bühne. Ich fühlte mich hingezogen zu dieser Frau, die ich diesmal nicht aus der Entfernung der obersten Galerie, sondern, dank einer freundlichen Einladung, aus der zweiten Reihe des Parterres in reizvoller Lieblichkeit vor mir schreiten sah. Scheu verschloß ich diesen Eindruck bei mir, wohl fühlend, daß er nicht danach geartet war, meiner nächsten Umgebung oder sonst jemandem mitgeteilt zu werden. Mehr wie je fühlte ich mich aber dem Theater verbunden, das solchen Zauber in sich barg.

Ein bemerkenswertes Erlebnis war es für mich, als ich zum erstenmal die »Hugenotten« hörte. In den ersten zwei Akten blieb ich noch verhältnismäßig kühl; nur das Kampflied Marcels mit seinem charakteristischen Rhythmus hatte mich gepackt. Als aber im dritten Akt die Nacht herniedersank, Valentine aus der Kirche trat und die blutigen Geschicke der Handlung anfingen, ihre Schatten auf die Hauptpersonen zu werfen, begann ich, atemlos zu lauschen. Und nun der vierte Akt! Die Weihe der Waffen mit der orgiastischen Steigerung und dem feierlichen Ausklang und das folgende Duett zwischen Valentine und Raoul mit seiner unübertroffenen dramatischen Steigerung! — Als die Ges-Dur-Kantilene »Dieses Wort deiner Liebe« begann, glaubte ich, niemals im Leben etwas so Herrliches gehört zu haben.

Wohl zwei Jahre oder vielleicht noch länger war ich Meyerbeer mit Haut und Haar verfallen, worin ich teils durch meinen Lehrer bestärkt wurde, der Meyerbeer noch persönlich vorgestellt worden war und menschlich und künstlerisch sehr an ihm hing, sowie auch dadurch, daß ich nicht lange nach jenem ersten Hugenottenabend den »Prophet« mit der Brandt als Fides und »Robert der Teufel« mit Scaria als Bertram sah. Ganz untreu bin ich dieser meiner Jugendliebe auch bis heute nicht geworden, wenn auch naturgemäß die übermäßige Begeisterung für Meyerbeer bei reiferer Erkenntnis abflaute und zur Zeit des fanatischen Wagnerianismus sich in blinde Mißachtung verwandelte. Aber Meyerbeer war erstens ein Meister, der viel, sehr viel konnte und zweitens ein Komponist, dem viel, sehr viel einfiel. Diese zwei Momente sollten diejenigen beachten oder nachzuahmen versuchen, die über ihn die Nase rümpfen. Drittens endlich kannte er sein Theater wie kaum ein anderer; — wohlgemerkt, sein Theater, das Theater der großen Sänger, des Schaugepränges und des eleganten Publikums, das sich amüsiert, mitunter aufregt und dann wieder langweilt. Dieses Theater hat wenigstens den einen Vorzug, eine Vollerscheinung zu sein, und d a f ü r wußte Meyerbeer zu schreiben wie kein anderer. Mit den von Wagner ausgehenden hohen, ethischen Bestrebungen sind wir bisher nur zu einem Kompromiß, einer Zwittererscheinung gekommen, die sich in ideal-dramatische Sphären erheben möchte, vom Boden der theatralischen Materie aber nicht loskommt. Gerade deshalb lebt Meyerbeer auch immer wieder auf und wird sobald nicht verdrängt werden können, am wenigsten von solchen, die sich über ihn erhaben dünken.

Im hugenottischen Taumel, der mich mit solcher Heftigkeit ergriffen hatte, daß ich für Augenblicke aller anderen Musik gleichgültig gegenüber zu stehen meinte, war es mir klar, daß das Theater mein Feld sei, und daß ich vor allem dafür etwas komponieren müsse. Daß diese Komposition nur meyerbeerisch aussehen dürfe, verstand sich von selbst. Schon früher hatte ich nach Operntexten gesucht und mir in kindlicher Weise auch solche selbst zu verfertigen versucht. Jetzt ging ich aber ernstlich auf die Jagd, fest entschlossen, zuzugreifen. wenn ich irgendwo etwas Passendes fände. Leicht war's ja nicht, da ich alle diese Bestrebungen nur heimlich auszuführen bedacht sein mußte, und meine Mutter mir argwöhnisch auf die Finger sah, wenn ich meine Schulaufgaben vernachlässigte. Durch einen Zufall fand ich in einer Buchhandlung, wo ich mir gerade ein vorgeschriebenes Schulbuch kaufte, den Text von »Ferdinand Cortez«. Erster Akt: Gewitter im mexikanischen Tempel. — Schon gut! Daß Spontini diese Oper bereits komponiert hatte, störte mich nicht im geringsten. Zu Hause angekommen, benützte ich die Abwesenheit meiner Mutter, das Textbuch durchzufliegen. Daß Cortez und Amazilly sich heiraten,. mißfiel mir; die mußten sterben, da bei Meyerbeer am Schluß doch auch alles zugrunde geht. Dann gefiel mir die Dreiaktigkeit nicht; unter fünf Akten wollte ich's nicht tun. Da kam mir nun die »Afrikanerin« sehr zustatten, die ich kürzlich mit Begeisterung gehört hatte und die mein bisher dreiblättriges meyerbeerisches Kleeblatt zur Vierblättrigkeit vervollkommnete. Rasch entschlossen dichtete ich zwei Akte hinzu; der erste stellte die Entsendung der Cortez nach Mexiko vor, der zweite spielte auf dem Schiff. Amazilly, von heimlicher und, wie sie glaubt, unerwiderter Liebe gequält, springt ins Meer, wird aber gerettet und erwacht in Cortez' Armen zu neuem Leben. Diesen zweiten Akt, der auch eine der hugenottischen Waffenweihe entsprechende Szene enthielt, komponierte und instrumentierte ich, zeigte ihn aber, glaube ich, nicht meinem Lehrer.

Meine theatralischen Experimente hinderten mich aber nicht, die theoretischen Studien mit allem Eifer fortzuführen. Ich war von der Harmonielehre jetzt allmählich zum Kontrapunkt vorgeschritten, arbeitete schulgerechte Kanons, Fugenexpositionen und verstieg mich sogar zu zwei vollständigen, regelrechten Fugen mit Umkehrungen und allen möglichen sonstigen Kunststücken. Die Formenlehre, ausgehend vom einfachen Lied bis zur reichentwickelten Sonate, ließ mich den Wunderbau der bisher nur mit dem Gefühl innig bewunderten klassischen Symphonien und Sonaten nunmehr auch mit dem zergliedernden Verstande erfassen. Sorgsame, unter der liebevollen Aufsicht meines Lehrers ausgeführte Übungen gaben mir Sicherheit im musikalischen Satz und ließen mich die Nichtigkeit meiner theatralischen Versuche bald erkennen, ohne mich jedoch dem Theater selbst zu entfremden, in dem noch für längere Zeit Meyerbeer den ersten Platz einnahm.

Hätte sich das Strohfeuer der Begeisterung für diese Art der großen Oper in wirkliche Glut verwandeln können, so wäre mir ein bleibender Schaden erwachsen. Das feste Fußen auf der rein musikalischen Basis aber, die mir in den Unterrichtsstunden gelegt wurde, schützte mich jetzt und auch später vor dauernden Irrwegen. Die Wunder von Bachs »Wohltemperiertem Klavier« gingen mir allmählich auf. Zuerst studierte ich die eine zweistimmige und die dreistimmigen Fugen mit den dazu gehörigen Präludien, dann die vier- und fünfstimmigen. Mein Lehrer lobte mein tiefes Erfassen dieser Musik. Ich nahm mit immer erneutem Glücksgefühl die Ausstrahlungen des unendlichen Reichtums dieser unerschöpflichen Tonweltseele in mich auf. Beethovens Symphonien kannte ich nunmehr vom Klavier her vollständig. Einige hörte ich in den Musikvereinskonzerten, wo meine Mutter zwei Abonnements genommen hatte. Ich jubelte auf, als ich Schuberts C-dur-Symphonie, diese Ausstrahlung eines Sonnengottes, im vierhändigen Spiel mit meinem Lehrer kennen lernte. Auch die zwei Sätze der unvollendeten Symphonie in H-moll nahmen wir durch. Für das damalige Musikempfinden ist es charakteristisch, daß der keineswegs übermäßig konservative und nicht im geringsten schulmeisterliche Dr. Mayer mich vor den »harmonischen Kühnheiten« in diesem Werk warnte. Die herrlichen, schmerzvollen Seufzer am Anfang des Durchführungsteiles des ersten Satzes mit den imitierenden Bratschen und die progressiven Fortschreitungen befremdeten ihn, während ich, von Hause aus bereits ein Kind der neueren Zeit, gerade von dieser Stelle, eine der schönsten unserer gesamten Musik, am lebhaftesten getroffen wurde. —

Eines Tages wurden die Grazer durch die Nachricht aufgerüttelt, daß Anton Rubinstein der steiermärkischen Hauptstadt einen Besuch abstatten würde. Einen der drei Gewaltigen unter den damaligen Pianisten, Liszt, Rubinstein, Bülow, sollte ich also in leibhaftiger Erscheinung sehen und hören. Der Rittersaal war bis auf den letzten Platz gefüllt; auf dem Podium, wo ich sonst immer das Orchester mit ehrfürchtiger Neugier beobachtet hatte, saß jetzt ein erwartungsvolles Publikum, gerade dem Klavier gegenüber die schöne, von mir aufrichtig bewunderte Gattin meines Lehrers. — Rubinstein erschien. Ich sehe ihn deutlich vor mir, den prächtigen Kopf mit dem wallenden, damals noch dunklen Haar, der mich etwas an mein Beethovenbild erinnerte. Mit kurzer Verbeugung, die ihm eine Locke über die Stirne fallen ließ, dankte er für den Beifall des Empfanges, setzte sich zum Klavier und begann sofort mit Bachs erstem Präludium in C-moll und der Fuge, die er mächtig aufbaute. Es folgte die Cis-moll-Sonate von Beethoven. Wie sang er den ersten Satz! Die seelische Fülle dieses Tones versuchte ich mit meinen jugendlichen Fingern nachzuahmen, als ich, den Kopf von den empfangenen riesenhaften Eindrücken durchbraust, wieder in unserem bescheidenen Heim angelangt und, wie magnetisiert, sofort ans Klavier gegangen war. »Geh' jetzt zu Bett; morgen ist auch noch Zeit, darüber nachzudenken, was du noch alles lernen mußt,« sagte meine Mutter in ungewohnt weichem Tone zu mir und strich mir über meine dunkelblonden Locken, die damals mindestens ebenso reich waren wie die Rubinsteins. Ich hatte aber, abgesehen vom überragenden Klavierspiel des Meisters, einen neuen, überwältigend großen Eindruck empfangen, der sich im Namen »Robert Schumann« verdichtete. Rubinstein hatte die »Etudes symphoniques« gespielt. Bisher kannte ich von Schumanns Klavierwerken nur die Kinderstücke. Nun lag wieder eine neue Welt vor mir, die ich durchforschen mußte. —

In Graz hatte inzwischen eine Bewegung eingesetzt, die im Gegensatz zur österreichischen Politik das deutschnationale Element stark betonte. Das nach dem siebziger Kriege mächtig aufblühende Deutsche Reich erschien als Vorbild und zum Teil auch als Ziel der Sehnsucht für unbefriedigte Gemüter. Ich bin von Haus aus gänzlich unpolitisch veranlagt und seit jeher mehr 'm Geistigen zu Hause gewesen als in der rauhen physischen Wirklichkeit, beging aber oft den Fehler, in rein physischen Dingen etwas Geistiges erschauen zu wollen, also sowohl Dinge und Vorgänge des alltäglichen Lebens wie auch Personen, Männer und Frauen, zu überschätzen. Auch die damalige übermäßige Schwärmerei für Meyerbeer, die in einem meisterlichen Theaterpraktiker eine den Heroen der Musik gleichstehende Größe erblicken wollte, war eine solche überschätzende Grenzverschiebung zwischen physischen und geistigen Werten. Der damaligen politischen Bewegung aber, die alle Kreise durchdrang, konnten sich die empfindlichen Vibrationen meines Wesens ebensowenig verschließen, wie der Bewunderung für den großen Staatsmann, der Deutschlands und Europas Geschicke lenkte, für Bismarck. Ich beschäftigte mich keineswegs mit den schwebenden Zeitfragen; politische Gespräche, wie sie in dieser Beziehung reifere Kollegen mitunter führten, waren mir langweilig. Ich ließ mich von einem elektrischen Strom treiben, ohne zu fragen, warum, woher und wohin. Ich sah in der französischen Großen Oper ein Ideal, wünschte mir nichts sehnlicher als nach Paris zu reisen, um meinen geliebten Meyerbeer dort zu hören, war dabei aber deutschnational, trug ganz heimlich ein verbotenes schwarz-rot-goldenes Zeichen, hatte in meiner Schublade ein Bild, das die Kaiserproklamation in Versailles darstellte, und wenn wir Haydns herrliche österreichische Volkshymne sangen, so dachten wir dazu mit vielsagenden Blicken »Deutschland, Deutschland über alles«.

Dieser Art von Begeisterung, diesem heimlichen Fieber, das uns ergriffen hatte — heimlich mußte es sein, sonst wären wir gehörig gemaßregelt worden — beschloß ich, in einem großen Werke Ausdruck zu geben. Natürlich kam nur das Theater in Betracht. Eine Oper mußte es sein, fünfaktig, mit Volksszenen, Verschwörungen, Liebesduetten und Balletts. Vor allem aber mußte ein Held (gemeint war natürlich ein Heldentenor), und zwar ein deutscher Held darin vorkommen, so einer, der einen tückischen

Feind zu Boden schlägt, am Schluß aber selbst zugrunde geht. Ich vertraute mich meinem Freunde Kadletz an, in welchem ich in Beziehung auf deutschnationale Schwärmerei einen Genossen gefunden hatte. Nun sollte er mir auch in künstlerischer Beziehung zur Seite stehen. Ich durfte jetzt hie und da schon allein das Theater besuchen und hatte mich mit ihm im Stehparterre, für das damals billige Studentenkarten ausgegeben wurden, einigemale getroffen. Er war musikalisch und spielte etwas Geige. An freien Nachmittagen erwartete ich ihn am Fenster unserer Parterrewohnung; wir gingen dann zusammen spazieren und ließen bekannte Gestalten der deutschen Geschichte und Sage an unserem Gedächtnis vorbeiziehen. Draußen vor der Stadt, wo der heute überbrückte Grazbach floß, kam einem von uns — ich weiß nicht mehr, welchem von beiden — Hermann der Cherusker in den Sinn. Der Befreier vom Römerjoch, die Schlacht im Teutoburgerwalde (die gehörte von Haus aus in den dritten Akt) und die Heldengattin Thusnelda! Das war das Richtige! Beflügelten Schrittes eilten wir nach Hause, nachdem wir uns für den nächsten freien Nachmittag wieder zusammenbestellt hatten. Wir tauschten nun Gedanken über den Aufbau und auch bereits einige Verse aus. Das war doch etwas anderes als der spanische Cortez oder der türkische Ali Baba, auf den ich auch einmal meine operntextsehnsüchtigen Blicke gerichtet hatte. Bald waren zwei Akte entworfen. »Hermann, der Befreier Deutschlands« tauften wir unsere Arbeit. Da wir in der Schule gelernt hatten, daß Arminius (Hermann) in Rom erzogen war, hatten wir gar kein Bedenken, die Germanin Thusnelda in eine Römerin, wenn ich nicht irre, sogar in die Tochter des römischen Feldherrn Varus umzuformen, um dadurch den dramatischen Konflikt zuzuspitzen. Wir waren überzeugt, etwas Epochemachendes geschaffen zu haben. Heute noch denke ich gern an den jugendlichen Enthusiasmus, der unsere Freundesherzen auf diesen Spaziergängen durchglühte.

An die Komposition ging ich unverzüglich. Ich war in den Theoriestunden nunmehr bis zur Instrumentationslehre vorgeschritten. Meine Vorkenntnisse und die lichtvolle Vortragsart meines Lehrers halfen mir, daß ich bald eine anständige Partitur schreiben konnte, was dem »Hermann« zugute kam. Ich gelangte bis zum Finale des ersten Aktes. Dann erlahmte mein Interesse. Noch einmal, etwa zwei Jahre später, packte mich die Sehnsucht nach der großen Oper in Meyerbeerschem Sinne. Ich entwarf ein Buch »Die Carbonari von Palermo« und komponierte den ersten Akt, wobei ich einiges vom Hermann benützte. Damit versank, von höheren Idealen verdrängt, der leere theatralische Bombast unter die Grenze meiner künstlerischen Empfindungsschwelle.

Im Jahre der Hermann-Komposition prangte die Partitur des »Fidelio« auf meinem Weihnachtstisch. Die Ausgabe der Edition Peters hatte den Vorteil, daß sie auch den ganzen Dialog enthielt. So konnte ich das vollständige Werk, das mir die große Marianne Brandt zu neuem Leben verkörpert hatte, in ununterbrochenem Strome an mir vorbeiziehen lassen. Sorgsam hütete ich meinen Schatz und wollte mich selbst nachts von ihm nicht trennen; die »Fidelio«-Partitur mußte einige Zeit am Fußende meines Bettes übernachten. Bei späteren Gelegenheiten folgten »Don Juan«, »Figaro« und »Freischütz«, so daß ich allmählich eine kleine, aber ausgewählte Partiturenbibliothek mein Eigen nannte.

Inzwischen hatte ich die vierte Gymnasialklasse und damit das Untergymnasium absolviert. Ein nicht allzu schwerer Anfall von Diphtherie und eine bald darauf folgende Scharlacherkrankung brachten mich in meinen Studien auf eine noch weniger feste als die bisherige Basis, so daß ich nur die achtzehnte Lokation unter einigen vierzig Schülern davontrug. Den Sommer von 1877 blieben wir in Graz. Bis zum Abschluß der Matura genoß ich nun keines längeren Landaufenthaltes mehr, doch empfand ich dadurch keinen besonderen Verlust. Graz war durch seine frische Luft und die herrliche Umgebung auch im Sommer eine angenehme Stadt. Auch nützte ich bereits damals meine Ferien zu erhöhter kompositorischer Tätigkeit aus. Eine besondere Annehmlichkeit des sommerlichen Stadtaufenthaltes war ein neu erbautes Schwimmbad, das nicht das eisige Murwasser, sondern kristallklares Wasserleitungswasser enthielt, das bis auf 17 Grad Réaumur erwärmt war. Dort war ich täglicher Gast und blieb mitunter zwei Stunden in der Anstalt, das Wasserbad mit dem Sonnenbad vereinigend. Im vergangenen Sommer hatte ich in der kleinen Mulde des Baches bei Sankt Rupprecht plötzlich die Entdeckung gemacht, daß ich schwimmen konnte. In Graz ließ ich mich vom Schwimmeister prüfen, bestand die Prüfung und genoß nun die prächtigen Bäder mit allen, bald erlernten Künsten des Untertauchens, Rückenschwimmens und des Kopfsprunges. Die Folge dieses etwas übermäßig betriebenen Genusses war, daß ich in kurzer Zeit zu meiner jetzigen Länge emporschoß. Dies bedeutete bei meiner damaligen Engbrüstigkeit immerhin eine Gefahr, die ich aber glücklich überwand. Meine Konstitution schien sich bereits gekräftigt zu haben und entwickelte sich weiter zu einer im späteren Leben oft bewährten zähen Widerstandsfähigkeit.

In den Ferien erhielt ich zu meiner anfänglich großen Betrübnis einen Privatlehrer, einen armen, freundlichen Studenten, mit dem ich die durch die Krankheitsfälle vergrößerten Lücken meines Wissens ausbessern sollte, um im Obergymnasium besser fortzukommen. Als ich zum erstenmal wieder das alte Refektorium auf dem Domplatz betrat, um die Liste meiner Lehrer einzusehen, glaubte ich, vom Blitz getroffen zu sein. Der bisherige Lateinlehrer, der gefürchtete Klassenvorstand Maçun, hatte nicht weniger als fünf Fächer, Latein, Deutsch, Griechisch, Geschichte und Geographie, also weitaus die größte Hälfte des Unterrichtsstoffes in die Hände genommen. Ich hatte das Gefühl, einer bösen Macht bedingungslos ausgeliefert zu sein. Maçun war mir Pizarro, der Florestan eingekerkert hielt. Verzweifelt kam ich nach Hause, erklärte meiner erschrockenen Mutter, daß ich unter solchen Umständen an ein gedeihliches Fortkommen nicht denken könne und flehte sie an, mich aus dieser Schule herauszunehmen und in das zweite k. k. Staatsgymnasium, das sich draußen »Am Gries« befand, eintreten zu lassen. Leider war es zu spät, den Wechsel noch für dieses Halbjahr zu vollziehen. Schwereren Herzens bin ich niemals zur Schule gegangen wie damals, und bald sollte ich erkennen, daß meine Befürchtungen vollauf gerechtfertigt waren. Um das Unglück zu vergrößern, war ein neuer Lehrer der Mathematik eingetreten, der sehr wenig imstande war, das Interesse seiner Schüler für diese Wissenschaft zu erwecken, dafür aber meine musikalische Begabung zum Zielpunkt seiner geistlosen Witze machte. So kam es, daß ich in der Mathematik, wo ich bisher immer gut fortgekommen war, plötzlich vor der Gefahr des Durchfalls stand. Mein ganzes Leben lang hatte ich eine unüberwindliche Abneigung gegen Roheit. Einmal war es mir begegnet, daß ein Junge einer anderen Klasse an mich herantrat und mit freundlicher Miene ein Gespräch anknüpfte. Plötzlich schlug er mir ohne jeden Grund ins Gesicht und lief davon. Es wäre mir leicht gewesen, ihn zu verfolgen oder auch, ihm später heimzuzahlen, denn überlegene Kräfte oder besonderen Mut hatte ich bei ihm nicht zu fürchten. Ich litt aber lange Zeit unter grüblerischem Nachdenken, was ich wohl verschuldet hätte, um eine solche Handlungsweise eines mir fast völlig Unbekannten hervorzurufen, und mied diesen Jungen, als ob ich ihm, nicht er mir gegenüber ein schlechtes Gewissen haben müßte. Ich schämte mich für ihn und litt unter dieser Scham. So übten auch die fortwährenden Sticheleien des Mathematiklehrers gegen meine heilige Musik schließlich eine lähmende Wirkung auf mich aus; ich wurde unfähig, die kleinste Rechnung richtig zu machen, und die Katastrophe stand vor der Tür. Meine Mutter wandte sich in ihrer Bedrängnis an unseren Religionslehrer, Herrn Stary. Der gütige Mann, dem ich ein liebevolles, dankbares Andenken bewahre, riet dazu, mich im zweiten Staatsgymnasium unterzubringen und wies den einzuschlagenden Weg. Direktor Peinlich, infolge zunehmenden Alters vielleicht milder geworden, benahm sich in dieser Angelegenheit sehr freundlich und sagte nur, ich dürfe keine Mühe scheuen, ein Zeugnis erster Klasse zu erhalten, sonst nähme man mich drüben nicht auf. Mit Aufbietung aller Kräfte gelang es mir, im ersten Halbjahr der fünften Klasse mit lauter »genügend« durchzurutschen. Da meiner Aufnahme im zweiten Staatsgymnasium nichts in den Weg gelegt wurde, ging der Wechsel schmerzlos von statten und mein täglicher Weg führte mich jetzt, weiter als bisher, über die untere Kettenbrücke zu einem Hause mit auffallend hohem Dach, wo ich meine Gymnasialstudien fortführen und beendigen sollte.

Der Wechsel der Lehranstalt übte eine auffrischende Wirkung auf mich aus; ich gewann meine alte Zuversicht wieder. Fest war nunmehr mein Entschluß, die Maturitätsprüfung unter allen Umständen zu machen und kein Jahr zu verlieren. Die geänderten Lehrmethoden bereiteten mir nicht geringe Schwierigkeiten. Auch merkte ich jetzt erst, wie unvollständig mein Wissen tatsächlich war, wozu das letzte Halbjahr unter weiland Maçuns Alleinherrschaft das meiste beigetragen hatte. Eine wahre Erlösung im Hinblick auf meine bisherigen Erfahrungen war mir der überaus anregende Unterricht, den Herr Maurer, ein geistlicher Herr mit einem charakteristischen Schauspielerkopf, in Mathematik gab. Ich freute mich geradezu auf die Lehrstunden, die mir die

Schönheiten dieser Wissenschaft in bisher ungeahnter Weise enthüllten. Physik trug der Direktor der Anstalt, Herr Pauschitz, vor, der seinen Unterricht mit einer Fülle anschaulicher und interessanter Experimente unterstützte. Lateinisch blieb meine schwache Seite, während ich im Griechischen Fortschritte machte. Durch sogenannte Privatlektüre, Lösung von Aufgaben, die in den regelmäßigen Stunden nicht gegeben wurden, gewann ich nicht nur eine gewisse spröde Zuneigung unseres Lehrers, Herrn Jahn, sondern auch die Fähigkeit, Homer fast ohne Lexikon lesen zu können. Wie bedaure ich, im späteren Leben diese herrliche Sprache bis auf die Kenntnis der Buchstaben fast gänzlich vergessen zu haben. Wie der Atem einer höheren Kultur berührt es mich heute noch, wenn ich diese Schrift sehe, ein Wort verstehe, mir den Sinn eines Satzes enträtsle und die durchgeistigte Klangvollendung durch lautes Lesen auf mich wirken lasse. Wahrhaftig, wäre das Leben, das wir führen, ein wirkliches Leben und nicht nur ein fortwährendes krampfhaftes und keuchendes Überwinden von Hemmungen physischer und seelischer Art, ich setzte mich heute hin und finge noch einmal an, »anthropos« zu deklinieren. —

Ich kam langsam, aber beharrlich vorwärts, ebenso wie ich in der früheren Anstalt langsam aber beharrlich zurückgegangen war. Charakteristisch für diese Übergangzeit war eine tief religiöse, und zwar ausgesprochen katholisch-religiöse Stimmung meiner Seele, die mich jetzt in heftigerem Grade ergriff, als zur Zeit meiner ersten Beichte. Niemals wieder war ich ein so überzeugter Katholik wie damals. Die vielen Vorwürfe, die ich fortwährend in der Schule und naturgemäß auch im Hause erhielt, das Gefühl der Schwäche, das mich angesichts der gymnasialen Mißerfolge überkam, festigte in mir die Überzeugung, ein sündiger Mensch zu sein — wie oft hatte ich dieses Wort in Gebeten gedankenlos plappern müssen —, der ohne göttlichen Beistand nichts vermöchte. Ich nahm daher, nach dem Stand meines damaligen Auffassungsvermögens, mit aller Energie eine innerliche Reinigung vor. Ich hatte von der Generalbeichte gehört. Also erforschte ich wochenlang mit geradezu enthusiastischer Aufrichtigkeit mein Gewissen und bekannte im Beichtstuhl alle Vergehen, deren ich mich in meinem ganzen bisherigen Leben schuldig glaubte. Felsenfest war ich überzeugt, in der Kommunion tatsächlich des Leibes unseres Heilands teilhaftig geworden zu sein. Mein Gebet war kein Abhaspeln von Phrasen mehr, sondern eine andächtige Erhebung zu Gott, den ich mir höchstpersönlich vorstellte, als gütigen alten Herrn mit weißem Bart, der ganz gewiß auch meine inständigen Bitten erhören würde. Und es schien so zu sein; der Tiefstand meiner gymnasialen Laufbahn war mit dem Austritt aus dem ersten Staatsgymnasium überwunden. Religiös bin ich auch heute noch; nur die Form hat sich wesentlich geändert.

Allmählich gewann ich Interesse für die Literatur, und wiederum war es das Theater, das die Brücke bildete. Wir lasen in der Schule einige Dramen Schillers mit verteilten Rollen, dann auch Goethes »Egmont« und »Iphigenie« und Lessings »Minna von Barnhelm«. Eine Aufführung der »Räuber«, in der L e w i n s k y den Franz Moor spielte, erschütterte mich tief. Ich vernachlässigte jetzt den Opernbesuch und verwandte freie Abende, Erlaubnis und Geld darauf, mir klassische Schauspiele anzusehen. Mit dem Eintritt in das Obergymnasium erhielt ich von meiner Mutter monatlich einen Gulden Taschengeld. Das reichte für gelegentlichen Theaterbesuch; auch erübrigte ich jedes Jahr soviel, daß ich meiner Mutter etwas auf den Weihnachtstisch legen konnte, was mir immer eine besondere Freude bereitete. Eine schöne Ausgabe Schillers besaßen wir schon. Eine Auswahl von Goethes Werken erstand ich billig in einem Antiquariat.

Eine frühreife Teilnahme brachte ich, offenbar unter dem Eindruck der Lektüre Homers, der epischen Dichtung entgegen. Tassos »Befreites Jerusalem« in der Übersetzung von Gries war mir innigst ans Herz gewachsen. Dagegen stand ich der Lyrik noch lange fremd gegenüber, wahrscheinlich deshalb, weil mir das in der Schule geforderte Auswendiglernen von Gedichten zuwider war. Verhältnismäßig spät erst habe ich mich auch der Liedkomposition zugewandt, trotzdem mein Lehrer und meine Mutter mir dringend nahelegten, mich darin zu versuchen.

Den Kursus der Kompositionslehre hatte ich nunmehr, im Alter von ungefähr fünfzehn Jahren, durchlaufen. Ich fühlte den Grund, auf dem ich stand, aber auch, daß dieser Grund nicht fest war. Nachdem ich während einiger Zeit die mir gewährten wöchentlichen zwei Musikstunden wieder eifrigst zur Vervollkommnung meines Klavierspiels benützt hatte, erbat ich die Erlaubnis, den gesamten Kursus der Kompositionslehre nochmals mit aller

Gründlichkeit durchnehmen zu dürfen. Diese Wiederholung, die sich bis gegen mein siebzehntes Lebensjahr hin erstreckte, gab mir erst diejenige Sicherheit, deren ich bedurfte, um ernstlich an ein musikalisches Schaffen denken zu können. Ich bin dem Schicksal dankbar, daß es mich vor allen wunderkindhaften Plötzlichkeiten bewahrt hat. —

Im zweiten Gymnasium traf ich Fritz Prelinger wieder, der ebenfalls dorthin übergetreten war. Wir schlossen uns sofort eng aneinander an. Kadletz gesellte sich dazu. Er hatte zwei jüngere Brüder, Heinrich und Karl, Prelinger einen jüngeren Bruder mit Namen Otto. Wir sechs Jungens trafen uns an freien Sonntagnachmittagen abwechselnd im Hause des einen oder des anderen. Es wurde musiziert, da Prelinger sich zu einem trefflichen Klavierspieler entwickelt hatte. Wir lasen Stücke, machten an schönen Tagen gemeinsame Spaziergänge und ab und zu hielt einer von uns einen kleinen Vortrag. So erinnere ich mich, einmal über das musikalische Drama gesprochen und heftig gegen Wagners Leitmotive polemisiert zu haben. Wagner war der Zankapfel unseres Kreises. Ich war von »Tannhäuser« und »Lohengrin« und auch vom »Fliegenden Holländer«, den ich einmal in der unvergleichlichen Darstellung Josef Becks gesehen hatte, ehrlich begeistert. Vom neueren Wagner aber, der uns nach und nach durch Klavierauszüge zugänglich wurde, wollte ich nichts wissen. Der »Feuerzauber« und der »Walkürenritt«, die ich in einem Orchesterkonzert gehört hatte, verfehlten zwar nicht, ihre aufregende Wirkung auch auf mich auszuüben; die endlosen Zwiegespräche des »Rheingold« und der »Walküre« aber sagten mir gar nichts. Auch »Tristan«, dessen Vorspiel mich rührte und ergriff, war mir ein verschlossenes Gebiet, sobald das Drama begann. Prelingers Vater, der mit dem damals in Graz lebenden Adolf Jensen befreundet war, war einer der Führer der Wagner-Partei und sein gründlich eingeweihter Sohn ging naturgemäß denselben Pfad. Ich hielt »Don Juan«, »Fidelio« und damals auch noch Meyerbeers Opern als meine Leitsterne fest und verharrte in einer Art von eigensinniger Wagner-Gegnerschaft. Unsere allsonntäglichen Streite wurden verschärft, da meine Freunde, durch mich in die Opposition gedrängt, so weit gingen, andere Meister neben Wagner kaum mehr gelten zu lassen; doch wurde unsere Freundschaft nicht dauernd getrübt. Nach heftigem Hin und Wider, gingen wir schließlich, doch immer friedlich auseinander. »Hexadelphis«, zu deutsch Sechsbrüderschaft, nannten wir unseren Bund, dessen Herzlichkeit sonnige Lichtstrahlen in die damalige Zeit meiner Jugend warf.

Eine entscheidende Wandlung meines Kunstbewußtseins trat ein, als das Grazer Landestheater den kühnen Versuch unternahm, »Die Meistersinger« zu geben. Dieses Werk hatte ich nach dem Klavierauszug am allerwenigsten verstanden, und war überzeugt, den krausen, konfusen Eindruck, den ich dort empfangen hatte, durch die Aufführung bestätigt zu finden. De Abend kam heran. Die »Hexadelphis« war vollständig im Stehparterre versammelt, alle in Kampfhahn-Stimmung. Mag die Aufführung nun gut oder schlecht gewesen sein, ich weiß es nicht mehr. Jedenfalls war sie imstande, meinen bisher eigensinnig behaupteten Standpunkt vollständig umzuwerfen und mir die Schönheiten dieses Meisterwerkes zu offenbaren, die ich ebenso willig anerkannte, als ich sie bisher verkannt hatte. Mit ganz anderen Augen sah ich nunmehr auch die bisher mißverstandenen anderen Werke Wagners an, studierte sie und begann auch, seine Schriften zu lesen. Nach kurzer Zeit war ich, zu aufrichtiger Betrübnis meines Lehrers, dem Wagnerianismus verfallen, durch den ich wie durch ein Fegefeuer hindurchgehen mußte, um erst im reiferen Alter mit einem von aller Parteilichkeit entkleideten, reinen Bilde des Bayreuther Meisters daraus hervorzugehen. —

In den letzten Gymnasialjahren drängten sich künstlerische Ereignisse in mein Leben, die bedeutsam für mich wurden, da ich sie mit voller Kraft aufzunehmen und in mir zu verarbeiten vermochte. Von höherer Schauspielkunst erhielt ich einen Begriff, als das Wiener Stadttheater unter L a u b e s Leitung in Graz gastierte. Grillparzers herrliche »Sappho« goß einen Blütenregen von Poesie in mein Herz, in dem ein vorerst unpersönliches Schönheits- und Liebesideal allmählich wundersam liebliche Formen anzunehmen begann, so daß ich oft wie vom Traum einer unbekannten Welt befangen durch mein Dasein dahinschritt. Der kleine Laube war Gegenstand meiner unbegrenzten Verehrung. Einmal begegneten wir, mehrere Kollegen und ich, ihn mit dem großen Dr. Tyrolt im Stadtpark. »Wie ein Hunderl mit seinem Herrn!« sagte einer der Buben. Ich war empört über diese Respektlosigkeit; aber der Vergleich war nicht unzutreffend. Weit übertroffen aber wurde der Eindruck des Wiener Stadttheaters

durch das Gastspiel der M e i n i n g e r. Die Eröffnungsvorstellung
war »Julius Cäsar«, den ich nicht lange vorher im Grazer
Landestheater gesehen hatte; sie entfesselte einen Begeisterungs-
sturm, von dessen Macht man sich heute schwer eine Vorstellung machen kann. War das noch Theater? War es Wirklichkeit? War das cäsarische Rom lebendig geworden oder sprach
der Geist des Dichters selbst zu uns? Zum erstenmal erwuchs
Shakespeare in seiner riesenhaften Größe vor mir; bisher hatte
ich ihn, der ich ganz im Banne Schillers stand, nicht verstanden.
Es folgten »Die Ahnfrau«, »Fiesko«, »Ein Wintermärchen« und
»Was ihr wollt«. Auf der höchsten Galerie des alten, geräumigen
Thaliatheaters standen wir in drangvoll fürchterlicher Enge, aber
seligen Herzens den Wundern hingegeben, die uns die Bühne,
wo wir sonst wohl einmal eine Operette gesehen hatten, in über-
quellendem Reichtum enthüllte. Ich begann, Wagners Festspiel-
gedanken zu begreifen. Eine spätere Zeit war allzu schnell bereit,
über die Leistungen der Meininger zu spotten; der leichtgeprägte
Stempel »Überwundener Standpunkt« wurde auch ihnen sorglos
aufgedrückt. Nach meiner Ansicht ist das, was wir heute Bühnen-
kunst nennen, von den Meiningern und ihrem Herzog geschaffen
worden; was folgte, waren Variationen, deren Thema sie gegeben
haben. Vergänglich ist, was die Bühne schafft und Stile wechseln
wie Geschmack und Zeiten. Soweit ein dauernder Ehrenplatz in
diesem Zweig der Weltgeschichte aber möglich ist, haben die
Meininger ihn sich errungen. ---

Das Q u a r t e t t H e l l m e s b e r g e r kam nach Graz und
vorher auch Jean Beckers berühmtes F l o r e n t i n e r - Q u a r t e t t.
Ich hörte andächtig zu; doch für die unmaterielle Schönheit der
Kammermusik war mir damals der innere Sinn noch nicht auf-
gegangen. J o s e f J o a c h i m spielte einmal im Musikverein
Beethovens Violinkonzert.

Das größte musikalische Ereignis der damaligen Zeit, in
seiner Art dem Erscheinen der Meininger vergleichbar, war ein
Konzert, das die W i e n e r P h i l h a r m o n i k e r unter Leitung
H a n s R i c h t e r s in der Industriehalle veranstalteten. Das Programm enthielt die Ouvertüre zu »Euryanthe«, Vorspiel und
Liebestod aus »Tristan«, Berlioz' »Carnaval Romain« und Beethovens Siebente Symphonie. Der sagenhaft berühmte Dirigent
der »Nibelungen«-Festspiele stand leibhaftig vor uns; die Philharmoniker gossen eine Fülle von Glanz und klingender Selig-

keit aus. Wer hätte mir, dem armen Gymnasiasten, der damals bescheiden in einer Ecke stand und atemlos lauschte, prophezeit, daß ich dereinst berufen sein würde, diese herrliche Körperschaft selbst zu leiten? Noch heute leben und wirken einige der Herren, die jenes Grazer Konzert mitgespielt haben. —

Zunehmende Einsicht und gestärkte Wahrhaftigkeit brachten mir die Erkenntnis, daß es mit meinen Opernversuchen nichts sei und daß ich eine reifere Zeit für so große Aufgaben abwarten müsse. Die Versuchung trat zwar bald wieder an mich heran, als ich ein Schauspiel »Sakuntala« entdeckte, das Ernst v. Wolzogen nach dem indischen Original bearbeitet hatte. Mein Hang zur Gründlichkeit ließ mich weiter forschen und bald hatte ich das Original selbst gefunden; Kalidasas berühmte »Sakuntala« in der Übersetzung von Lobedanz. Das war mein Stoff! Aber ich unterdrückte vorläufig jeden Gedanken an eine Ausführung und wandte mich kleinen Aufgaben zu. Vier Klavierstücke erklärte mein Lehrer für reif. Ich sandte sie mit einem Begleitschreiben an Breitkopf und Härtel nach Leipzig. Noch besitze ich den höflich ablehnenden, ausführlichen Brief dieser Firma, mit der ich später in ausgedehnte und erfreuliche Beziehungen treten sollte. Auch einige andere deutsche Verleger, an die ich mich wandte, sandten die Stücke zurück und ich bin heute froh darüber, daß sie es getan haben. Ich schrieb noch einige Männerchöre und einen Marsch für Orchester, den ich mich vergeblich bemühte, als Zwischenaktmusik im Grazer Landestheater aufgeführt zu erhalten. Auch eine kleine Ouvertüre für Streichorchester, die ich für eine Privattheatervorstellung geschrieben hatte und selbst dirigieren sollte, wurde infolge des Widerstandes der Musiker, die sich weigerten, unter so jugendlicher Führung zu spielen, nicht aufgeführt.

Diese kleinen Hemmungen gaben mir eine Ahnung davon, wie schwer es sei, durchzudringen, und veranlaßten auch meine Mutter, mir immer wieder erneute Vorstellungen zu machen, den Gedanken endlich aufzugeben, die Musik als Beruf zu erwählen. Ich war aber nicht zu erschüttern. Ich hatte bereits Musikerbiographien gelesen und wußte, daß es im künstlerischen Leben nicht so glatt geht, wie man es in der jugendlichen Einbildung sich vorstellt und wünscht. Aber auch eine andere Gewißheit hatte ich inzwischen gewonnen: ich mußte sobald als möglich in die Welt hinausziehen, frei und unabhängig sein von häuslichen Einflüssen, neue Eindrücke gewinnen, große Künstler kennen lernen, arbeiten, eifrig und hingebungsvoll arbeiten, dann aber auch Gelegenheit haben, meine Kompositionen aufzuführen, zu dirigieren und die Früchte meiner Arbeit zu genießen. Deutschland war das Land meiner Sehnsucht; selbst Wien war mir zu nah, zu heimatlich. Auch hatte ich damals schon gehört, daß man als Österreicher immer erst nach auswärts gehen müsse, um daheim etwas zu gelten. Mein Blick richtete sich auf Leipzig, das damals den Ruf als erste deutsche Musikstadt genoß. Dort, im berühmten, von Mendelssohn gegründeten Konservatorium ersah ich meine Hochschule, die ich nach der Matura beziehen wollte.

Es ist begreiflich, daß mein Plan, als ich ihn zu enthüllen wagte, zu Hause geradezu Entsetzen erregte. Wie war bei unseren schmalen pekuniären Verhältnissen an einen Studienaufenthalt, ja auch nur an eine Reise nach dem Auslande zu denken? Außerdem erklärte meine Mutter, daß sie mich nie und nimmer aus ihrer Aufsicht entlassen würde. Tatsächlich bildete ihre Abneigung, mich als selbständiges Wesen zu betrachten, noch lange den Gegenstand harter Kämpfe, die ich mit meiner in dieser Hinsicht schwer zu belehrenden Mutter auszufechten hatte. Vorläufig war man sich bei mir daheim darüber einig, daß dem übermütigen Kinde die »Flügerln« gestutzt werden müßten.

Die »Flügerln« waren aber bereits zu kräftig. Ich hatte den Entschluß, nach Deutschland hinauszugehen, einmal gefaßt und war fest entschlossen, ihn um jeden Preis durchzuführen. Ein junger Grazer Musiker, der damals schon mit einigen Kompositionen sowie durch Wagner-Konzerte, in denen Bruchstücke aus den »Nibelungen« mit Klavierbegleitung aufgeführt wurden, Aufmerksamkeit erregt hatte, diente mir als Beispiel, auf das ich oft hinwies. Es war Wilhelm Kienzl. Er war, wie ich, Schüler Dr. Mayers gewesen, hatte aber bereits den Dr. phil. gemacht und auch einige Zeit in Leipzig studiert. An ihn wandte ich mich um Rat. Ich hatte inzwischen eine neue Reihe kleiner Klavierstücke geschrieben, die ich »Skizzen« betitelte. Diese brachte ich Kienzl, der mich in seiner lebhaften, wohlwollenden Art empfing, mir manchen guten Ratschlag gab und empfahl, es mit dem Verleger Fritz Schuberth in Hamburg zu versuchen, bei dem auch er einiges verlegt hatte. Das war mein Glück. Ich sandte die Stücke unter Berufung auf Kienzl nach Hamburg und erhielt beinahe umgehend die Nachricht von der Verlagsannahme. Der Tag, an dem ich die gedruckten Exemplare meines Opus 1 erhielt, war gewiß einer der glücklichsten meines Lebens. Der Eindruck wurde verstärkt, als kurze Zeit darauf die Stücke, die ich Kienzl gewidmet hatte, von Dr. v. Hausegger in der »Tagespost« günstig besprochen wurden und auch die »Hamburger Nachrichten« sowie eine deutsche Musikzeitung gute Kritiken brachten, die mir mein Verleger übersandte. Dieser unleugbare Erfolg war die erste, aber bedeutendste Stufe zur Verwirklichung meines Planes, nach Deutschland zu gehen; war doch die Verbindung mit diesem Lande durch den Verlag in Hamburg und eine sich allmählich entwickelnde Korrespondenz bereits angebahnt.

Ich zählte damals sechzehn Jahre. Nach einer Photographie aus dieser Zeit besaß ich ein schmales Gesicht mit einem entschlossenen Zug um den etwas gekniffenen Mund und einen ungeheuren Haarschopf.

Allmählich hatte ich mir in meinen Musikstunden sowie durch häusliches Studium eine ausgebreitete Kenntnis auch der neueren musikalischen Literatur angeeignet. Schumanns und Mendelssohns Symphonien kannte ich genau. Schumanns und Chopins Klavierwerke übte ich täglich neben Schuberts und Webers Sonaten und Beethovens Klavierkonzerten. Ich horchte freudig auf, als ich die zweite Symphonie von Brahms kennen lernte, während mir das Verständnis für des Meisters gewaltige C-moll-Symphonie erst viel später aufgehen sollte. Warmes Entzücken erweckte mir die Musik des poesievollen Hermann Goetz. Mein Lehrer, der eine ausgezeichnet zusammengestellte Bibliothek besaß, lieh mir in fortlaufender Reihe die Partituren unserer Meister, die ich jetzt bereits vollständig zu lesen und zu verstehen imstande war. Einiges schaffte ich mir selbst aus meinen Ersparnissen an, anderes erhielt ich geschenkt. Dr. Mayer war über meine vollständige Umwandlung in Beziehung auf den neueren Wagner zwar immer noch nicht erfreut, hörte aber doch mit Aufmerksamkeit zu, wenn ich ihm von meinen diesbezüglichen Studien erzählte, die ich an freien Tagen eifrigst mit Prelinger betrieb. Freilich meinte er öfters mit einem Anflug von Trauer, »mitgehen« werde er wohl nicht mehr. Und er ist auch nicht mitgegangen. Ein geistvoller, fein empfindender und hochgebildeter Mann, allem Derben abgeneigt, erfüllt vom Blütenduft der nachklassisch-romantischen Epoche, deren Schönheiten ihn vielleicht noch tiefer berührten als selbst die Herrlichkeit Beethovens, konnte er sich in die Götterwelt Walhalls nicht mehr hineinfinden.

Von Berlioz hörte ich in einem Musikvereinskonzert die »Symphonie fantastique«, von Liszt die »Préludes«, wodurch ich erst erfuhr, daß Liszt auch schaffender Tondichter war. Endlich wurden mir auch die Klavierauszüge von »Siegfried« und »Götterdämmerung« zugänglich, so daß mir nunmehr das ganze Nibelungenwerk vertraut war, während ich den »Tristan" vorläufig noch scheu aus der Entfernung anstaunte. In Graz war einmal allen Ernstes das Gerücht verbreitet, »Tristan« sei nicht von Richard Wagner, sondern von seiner Gattin, Frau Kosima, komponiert. Der große Einfluß, den die edle Mathilde Wesendonck auf die Schöpfung dieses Werkes ausgeübt hatte, war in den unterirdischen Kanälen des wichtig tuenden Geschwätzes allmählich zu einer Nachricht verdreht worden, die ernstlich mitgeteilt und demzufolge vorübergehend geglaubt wurde. —

Eines Tages wurde ein »Wunderkind« in Graz angekündigt, ein Italiener namens F e r r u c i o B u s o n i. Die hochgespannten Erwartungen wurden nicht enttäuscht. Busoni, der noch vollständig das Aussehen eines Kindes hatte, leistete Verblüffendes auf dem Klavier. Sein Gedächtnis war erstaunlich Er kam ebenfalls zu Dr. Mayer, um dort Theorieunterricht zu erhalten. Ich hatte im Hause meines Lehrers und seiner liebenswürdigen Frau gastliche Aufnahme gefunden; seine Tochter Melanie, ein kluges, hübsches Mädchen, brachte den Schülern ihres Vaters kindlich-anmutige Freundschaft entgegen und verschönerte dadurch die Stunden, die wir außerhalb der Lehrzeit im Hause Dr. Mayers zubrachten. Melanie heiratete später den jüngeren Bruder Fritz Prelingers.

Eindrücke aller Art stürmten in jener Zeit auf mich ein, so daß ich fortwährend in elektrischer Spannung blieb; glücklicherweise waren sie nicht einseitig musikalisch, sondern kamen mir aus verschiedenen Gebieten zu. Im Nachlaß meines Vaters fand ich ein kleines, aber scharf zeigendes Fernrohr. Einmal kam ich auf den Gedanken, es auf den aufnehmenden Mond zu richten. Zu meinem sprachlosen Staunen erblickte ich auf dem inneren Rande ganz deutlich Gebirge und runde Krater, von deren Vorhandensein ich bereits gelesen hatte. Welche Fülle von Vorstellungen: dort oben eine Welt, vielleicht ähnlich der unserigen, mit Wesen bewohnt, die viel mehr von uns wissen, als wir von ihnen! Meine Phantasie erging sich in den unmöglichsten Vermutungen, wozu die phantastischen Romane von Jules Verne, die ich eifrig verschlang, ihren Teil beitrugen. Ich versäumte aber nicht, mich auch ernstlich über Astronomie zu unterrichten und kannte mich bald, wenigstens in unserem Sonnensystem, leidlich gut aus. Mit meinem Fernrohr stand ich oft noch spät des Nachts am Fenster und hielt Ausschau, ob ich einen Planeten oder einen Nebelflecken erblicken könne. Aber nicht das trockene Wissen, sondern Gottes Nähe, die aus den Bewegungen der Sterne zu mir sprach, gab mir die Ahnung weiter, herrlicher Harmonien. —

Mein Lehrer versorgte mich auch mit guten Büchern, deren er reichlich besaß. Einen wahren Schatz bedeuteten mir die »Studien« von Adalbert Stifter. Die prachtvollen, lebenswahren, vom Atem hoher Poesie durchströmten Gestalten dieser Erzählungen versetzten mein empfängliches Wesen in Schwingungen, deren Stärke ich ermessen kann, wenn ich mich heute in die reinliche Welt Stifters flüchte und diese Schwingungen in unverminderter Stärke fühle. Stifter wird niemals veralten. Um die Zeit meines siebzehnten Geburtstages schrieb ich acht Klavierstücke, die ich »Tonbilder zu Stifters Studien« nannte und als Opus 2 nach Hamburg an Fritz Schuberth sandte. Auch hier erfolgte sofortige Verlagsannahme und Zusage baldiger Drucklegung.

Im Sommer des Jahres 1879 wurde mir ein heißer Wunsch erfüllt. Längst war mir klar, daß unsere Vorstellungen im Grazer Landestheater nur ein Notbehelf waren. Das Orchester, in dem damals vier erste Geigen und zwei Kontrabässe spielten, klang oft recht dünn und unbefriedigend. Tüchtige Sänger waren engagiert, doch die Mängel des Zusammenspiels machten sich immer fühlbarer. Ich begann, recht kritisch und ungenügsam zu werden und empfand das dringende Bedürfnis, einmal einer wirklich guten Opernaufführung beiwohnen zu können. Die Veröffentlichung und der gute Erfolg meiner »Skizzen« hatten die Aufmerksamkeit für meine musikalische Veranlagung bei meinen Wiener Verwandten neu erweckt und sie luden mich in freundlicher Weise ein, Ende August für vierzehn Tage nach Wien zu kommen. Da das Hofoperntheater am 18. August eröffnete, hatte ich die Aussicht, eine Reihe von Vorstellungen in diesem berühmten Kunstinstitut besuchen zu können. Zum erstenmal sollte ich allein reisen; ich fühlte mich als Schmetterling, der seiner Puppenhülle entkrochen ist und sich im Sonnenlichte wärmt. Wieder sah ich den Semmering, wieder das mächtige Bild der Großstadt Wien bei der Ausfahrt aus dem Meidlinger Bahnhof. Mein Vetter Max, ein heranwachsender Jüngling wie ich, empfing mich auf dem Bahnhof und brachte mich zu seinen Eltern, die ich, ebenso wie meine Cousine Mina, mehrere Jahre nicht gesehen hatte. Reiche, schöne Erinnerungen steigen mir auf, wenn ich an jene Zeit denke und wenn ich am großen, alten Hause, Grünangergasse 1, vorbeigehe, wo meine Verwandten damals wohnten. Noch war mir manches von meinem ersten Wiener Besuch vor elf Jahren in Erinnerung. Der Eindruck der prachtvollen, damals in ihrer vollen Schönheit erblühten, lebensvollen Stadt war mächtig und nachhaltig. Graz verschwand wie in einer Versenkung. Max war mein unermüdlicher Führer. Jeden Vormittag besuchten wir Kirchen, Museen und denkwürdige Plätze. Die Nachmittage wurden im Prater verbracht; einigemal fuhren wir auch auf den Kahlenberg. In die Theater aber ging ich nicht mit ihm, sondern mit einem früheren Kollegen vom Grazer Gymnasium, Theodor Weiser. Die erste Oper, die ich hier hörte, war »Freischütz«. Einzelheiten der Besetzung habe ich nicht mehr in Erinnerung. Mein ganzes Wesen war durchwühlt von einer Ankündigung, die ich beim ersten Eintritt in das Opernhaus gelesen hatte: die vollständige Aufführung des »Nibelungenringes« in den allernächsten Tagen. Ich sollte das Riesenwerk hören, von diesem herrlichen Orchester, von diesen wundervollen Sängern aufgeführt, hören, leibhaftig hören, nicht nur mir auf dem Klaviere vorspielen! Es schien mir zuviel des Glückes. —

Zwei Stunden vor Beginn stellten wir, mein Freund Weiser und ich, uns bei der Eingangstüre an. In atemlosem Lauf ging es hinauf zur vierten Galerie, wo wir jedesmal gute Plätze erlangten. Nie werde ich den Eindruck vergessen, da Hans Richter an das Pult trat und das tiefe Es des »Rheingold«-Vorspiels erklang. Dann sah ich sie endlich vor mir, die lieben großen Künstler, deren Namen ich so oft gelesen und die ich auch teilweise einzeln in Graz, aber niemals in ihrem Zusammenwirken gehört hatte, Scaria als Wotan, die Materna als Brünhilde, die Ehnn als

Sieglinde und alle die Herrlichen, die damals die Wiener Hofoper mit dem Glanz eines in dieser Art niemals wiederkehrenden Ruhmes umgaben. Aus dem Orchester aber klang es wunderbar herauf. Was ich dämmernd geahnt hatte, hier wurde es Erfüllung. Zwar ärgerte ich mich damals über die Pause im »Rheingold«, über das vollständige Fehlen der Nornenszene und über szenische Unzulänglichkeiten, die dem Bilde, das sich meine Phantasie gemacht hatte, nicht entsprachen. Der Gesamteindruck aber war großartig. Fast betäubt vom Allzuviel des Neuen, aber doch erhoben und gefestigt in meiner unbegrenzten Verehrung Wagners verließ ich an jedem der vier Abende das Haus.

Im alten Burgtheater sah ich »Egmont«. Ich war hingerissen von Krastels Egmont und Meixners Vansen, entsetzte mich aber damals schon über die komisch unzulängliche Ausführung der Musik.

Einmal machte ich mich ganz allein auf den Weg und wanderte nach einer Stätte, die damals noch nicht pietätlos zerstört war; zu Beethovens Sterbehaus, dessen Bild, ein Geschenk eines liebenswürdigen Freundes, heute, wie ein Phantom versunkener Zeit, mein Arbeitszimmer schmückt. Dann wanderte ich zum Währinger Friedhof. Andächtig stand ich an den Gräbern, wo damals noch die sterblichen Reste Beethovens und Schuberts ruhten. Zwei Blätter, eines von jedem Grabe, bewahre ich unter meinen heiligen Andenken. —

Schwer wurde es mir, nach dieser Fülle von Erlebnissen mich wieder in den Grazer Schulzwang zu fügen. Aber ich hatte mir einmal vorgenommen, die Matura so gut als möglich zu machen, und mein fester Wille hatte den Erfolg, daß sich die Qualität meiner Zeugnisse verbesserte. Besonders fesselten mich philosophische Grundbegriffe, die uns unter der Rubrik »Logik und Psychologie« gelehrt wurden; sie ergänzten meine mathematischen und physikalischen Kenntnisse in harmonischer Weise und gaben mir die Grundlage, auf der ich später das Studium großer Denker aufbauen konnte. —

Das bereits geschilderte Gastspiel der Meininger, das ein künstlerisches Erlebnis von seltener Größe war, sollte für mich auch in anderer Beziehung bedeutungsvoll werden; es schenkte mir zum erstenmal die jugendliche Schwärmerei für ein weibliches Wesen. In meiner häuslichen Erziehung war ich von jeder Aufklärung über die Beziehung des Mannes zum anderen

Geschlecht ängstlich fern gehalten worden, was zur Folge hatte daß mich diese Aufklärung verfrüht, bruchstückweise und mit dem gefährlichen Schleier des verbotenen Geheimnisses verhüllt, überfiel. Wäre ich nicht eine kerngesunde Natur gewesen, so hätten mir sicherlich Gefahren heimlicher Ausschreitungen gedroht, wie sie die körperliche und geistige Gesundheit so manches allzu ängstlich gehüteten Jünglings untergraben haben. Ich blieb, zu meinem Glück, in diesen ersten Jahren der geschlechtlichen Reife, auch nachdem ich vollständig unterrichtet war, der Idealist, der im Weibe das lichte Element sieht, das uns den Weg zum Göttlichen hinanführt. Von diesem Heiligenschein umgeben erschien mir eine junge Schauspielerin, die im Ensemble der Meininger nicht stark, aber anmutig hervortrat. Ich bin ihr nie im Leben begegnet, sah sie nur auf der Bühne, meinte aber, daß es nichts Schöneres und Lieberes geben könne wie sie. Nur meinem Freunde Prelinger konnte ich mich anvertrauen, da ich herausgefunden hatte, daß ihn dieselbe Neigung erfaßt hatte. So schwärmten wir zu zweit, ohne alle Eifersucht, noch zwei halbe Kinder, für ein und dasselbe Mädchen, das sich über dieses Verehrerpaar wahrscheinlich herzlich belustigt hätte. Als die Meininger Graz verlassen hatten, schien mir ein Abschnitt meines Lebens zu Ende. Ich wanderte körperlich in Graz herum, mein Geist aber zog mit diesen märchenhaften Schauspielern hinaus ins Deutsche Reich, das mir jetzt mehr denn je als Eldorado erschien, dem meine ganze Seele zustrebte. Trotz meiner stets gesteigerten Schularbeit schrieb ich, im Zwang des Erlebten, sechs größere Klavierstücke, die ich, bezeichnend genug für den Seelenzustand eines Siebzehnjährigen, »Aus vergangener Zeit« betitelte.

Von einer Drucklegung aber mußte ich vorläufig absehen. Mein op. 2, die Stifter-Studien, waren in Hamburg erschienen und noch besser besprochen worden wie das op. 1. Plötzlich wurde ich zum Direktor des Gymnasiums zitiert, der mir eröffnete, daß ich mich vergangen hätte, da ich ohne Erlaubnis der Anstalt geistige Produkte veröffentlicht habe. Ich war sprachlos und konnte mich nicht verteidigen, da mir schon der vermessene Gedanke aufgestiegen war, das Gymnasium sei vielleicht ein wenig stolz auf seinen Schüler, der in jungen Jahren bereits öffentliche Anerkennung gefunden hatte. Ein gehässiger Lehrer hatte mir die Sache eingebrockt und der Direktor konnte die Anzeige nicht vertuschen. So grimmig er sich aber auch stellte, so gut war er mir heimlich gesinnt; und in der betreffenden Konferenz, nachdem alles Für und Wider erwogen war, sagte er: „Aber meine Herren, der Weingartner hat doch keine geistigen Produkte veröffentlicht; der hat doch nur Noten g'schrieben." Das gab den Ausschlag und ich ging straflos aus, mußte aber erklären, vor der Matura nichts zu veröffentlichen, was ich dem Direktor um so lieber versprach, als ich allen Grund hatte, ihm für die Art, wie er mich gerettet hatte, dankbar zu sein. —

Eine wertvolle Bekanntschaft verdankte ich meinen bisher veröffentlichten Klavierstücken. Wir hatten schon seit mehreren Jahren in der damaligen Realschulgasse 6 eine Wohnung genommen, die mir endlich ermöglichte, ein Zimmer für mich zu haben. Unter uns wohnte der berühmte Dichter R o b e r t H a m e r - l i n g, dessen Werke ich mit großer Teilnahme gelesen hatte. Eine merkwürdige Erscheinung mit silberigem Haar und tiefliegenden, seltsam glänzenden Augen, wanderte er meistens einsam und verträumt durch die Straßen und in der Umgebung von Graz. Ich grüßte ihn stets ehrfurchtsvoll, wenn ich ihm begegnete. Er erfuhr von meinen Klavierstücken durch einen meiner Schulkollegen, dessen dichterisches Talent ihn interessierte, und sandte mir eine briefliche Aufforderung, ihn zu besuchen. Er wollte die Kompositionen genau kennen lernen; da er aber in seiner Stadtwohnung kein Klavier hatte, stieg er zu mir in den vierten Stock hinauf, wo ich ihm meine Arbeiten vorspielte. Er fand Gefallen daran und lud mich ein, ihn in seinem Landhause im Stiftingtal zu besuchen, was ich am darauffolgenden Sonntag Nachmittag tat. Damit begann ein Verkehr, der bis zum Tode des Dichters durch seine gütige Teilnahme an meinem Wirken und Schaffen erhalten blieb. —

Im Sommer vor dem letzten Gymnasialjahr durfte ich mit meinem Lehrer noch eine Erholungsfahrt machen. Wir reisten mit kleinen Aufenthalten im Salzkammergut bis Passau, wo ich mit ahnungsvollen Gefühlen den Boden des Deutschen Reiches betrat, und fuhren von dort auf der Donau nach Linz, das mir durch Adalbert Stifter besonders lieb war, und dann nach Wien. Dort blieb ich wieder einige Tage bei meinen Verwandten, die mich sehr in ihr Herz geschlossen hatten, und hörte dadurch auch wieder einige Vorstellungen im Hofoperntheater, darunter die damals noch ziemlich neue ›Königin von Saba‹. —

Nun galt es noch eine letzte Kraftanstrengung, bei der mich meine Neigung zum frühen Aufstehen unterstützte. Ich arbeitete mit allem Eifer, denn nur nach gut bestandener Matura durfte ich hoffen, ganz meiner Kunst leben und nach Leipzig ziehen zu dürfen. Endlich kam die gefürchtete Zeit heran. Die schriftliche Matura bestand ich so gut, daß ich bei der mündlichen aus drei Gegenständen dispensiert wurde. Am Tage, an dem ich das Reifezeugnis empfing, am 15. Juli 1881, sandte ich meine neuen Klavierstücke als op. 3 nach Hamburg, von wo sie der Verleger mit besonderem Dank bestätigte und mir sogar mein erstes Honorar im Betrage von hundert Mark dafür auszahlte.

Ein wichtiger Lebensabschnitt lag nunmehr hinter mir; die Fessel des Schulzwanges war von mir abgefallen. Ich konnte über mein späteres Leben entscheiden, konnte den Weg wählen, den ich gehen wollte; und ich hatte gewählt. Den dringenden und jahrelang erneuten Vorstellungen meiner Umgebung, die juristische Staatsbeamtenlaufbahn einzuschlagen, hatte ich ein beharrliches »Nein« entgegengesetzt. Schließlich erklärte ich, wenn mir die Mittel nicht gewährt würden, Musiker zu werden, so wollte ich Medizin studieren und Arzt werden. Mein bis zum heutigen Tage bewahrtes Interesse für Naturwissenschaft ließ mir eine lebendige Anteilnahme und Erfolge in diesem Berufe möglich erscheinen. Meine Mutter schauderte aber vor dem Gedanken zurück, mich fortwährend mit Kranken in Berührung zu wissen.

Schließlich hatte ich es durchgesetzt, meinem innersten Beruf folgen zu können und hatte sogar den Widerstand meiner Mutter gegen Leipzig besiegt. Wie es mir gelungen war, diese scheinbar unmögliche Wendung im Geiste meiner gesamten, in dieser Beziehung gegen mich vollständig einigen Umgebung zu bewerkstelligen, weiß ich heute nicht mehr. Aber es war mir schließlich gelungen. Viel hatte ein glücklicher Zufall dazu beigetragen. Mein Onkel Ottokar kannte einen Freund Eduard Hanslicks persönlich, und dieser übernahm es, dem berühmten Kritiker meine bisher erschienenen Klavierkompositionen zu zeigen und ihn um sein Urteil zu bitten. Dieses lautete so schmeichelhaft, daß mein Onkel meiner Mutter schrieb, er habe Tränen in den Augen, während er ihr dieses Urteil mitteile. Der Name Hanslicks wog damals schwerer als selbst die Namen berühmter Komponisten, und fast glaube ich, daß man bei mir zu

Hause von meiner musikalischen Bedeutung erst vom Augenblick an, da dieses Urteil eintraf, vollkommen überzeugt war. Hanslicks günstige Äußerungen erweckten aber noch eine andere Hoffnung, die von ausschlaggebender Bedeutung war. Hanslick war im Verein mit Brahms und Goldmark Sachverständiger bezüglich der Verleihung von Staatsstipendien an Musiker. Ein solches Stipendium betrug sechshundert Gulden und wurde in der Regel auf mehrere Jahre verliehen. Erhielt ich ein solches Stipendium, so war die Möglichkeit, nach Leipzig zu gehen, in ausreichendem Maße gegeben; Hanslicks Äußerungen aber ließen keinen Zweifel offen, daß ich alle Anwartschaft darauf besitze. So wurde dem Plane ernstlich näher getreten und noch vor meiner Absolvierung der Matura ein Bewerbungsgesuch nach Wien eingereicht. Die Sache zog sich lange hinaus, trotzdem mein Onkel auf seine wiederholten Erkundigungen stets erfuhr, daß alles gut stehe und kein Zweifel sei, daß ich das Stipendium erhalten werde. Endlich, nachdem ich die Matura längst bestanden und mich bereits am Leipziger Konservatorium zum Eintritt im Herbst angemeldet hatte, traf die Nachricht ein, daß mir eine jährliche Unterstützung von dreihundert Gulden gewährt worden sei. Wir konnten uns die Verminderung um die Hälfte nicht erklären und erfuhren erst später, daß die drei Sachverständigen sich dahin geäußert hätten, meine eingereichten Kompositionen seien so gut, daß ich eigentlich nichts mehr zu lernen hätte. Darauf hätte das Ministerium von der Verleihung eines in erster Linie für begabte Anfänger bestimmten Stipendiums abgesehen, sich aber, da es mich im Hinblick auf die Qualität meiner Kompositionen nicht gänzlich ablehnen wollte, zur Gewährung einer besonderen Sustentation entschlossen, die nicht höher als mit 300 Gulden bemessen werden durfte. Diese Erledigung war ja sicherlich für mich sehr ehrenvoll und vom Ministerium gewiß auch in der besten Absicht verfügt worden, aber eine Art von Tragikomik liegt doch darin, daß ich gerade deshalb, weil meine Sachen so überaus günstig beurteilt wurden, nur die Hälfte von dem bekam, was andere erhielten.

Für meine Mutter bedeutete diese unerwartete Verminderung einen schweren Schlag. 300 Gulden waren etwa 500 Mark Selbst bei größter Sparsamkeit und Einrechnung der damaligen billigen Lebensverhältnisse Leipzigs mußte ich mir sagen, daß damit ein Auskommen und Bestreitung der nötigsten Ausgaben für den Unterricht unmöglich sei, zumal ich im ersten Jahr noch kaum Aussicht haben würde, mir selbst etwas zu verdienen. So entschloß sich meine Mutter, mich vorerst noch zu unterstützen und erhöhte zu diesem Zweck die Zahl ihrer Unterrichtsstunden. Daß sie es getan hat, verpflichtet mich ihr zu tiefer Dankbarkeit, denn ohne diese liebevolle Bereitwilligkeit hätte der ganze Plan aufgegeben werden müssen. Für 300 Gulden jährlich hätte ich in Wien, wo es damals schon teuer war, ohne Verdienst noch weniger leben können als in Leipzig mit 500 Mark, und ein Verweilen in Graz hätte nur Sinn gehabt, wenn ich den Gedanken an die musikalische Laufbahn aufgegeben hätte.

Meine Fahrt nach Leipzig war also beschlossene Sache. Ein Drache lag aber noch auf dem Wege. Wenn ich nicht darum herumkam, das Einjährig-Freiwilligenjahr überstehen zu müssen, so wollte ich es lieber sofort erledigen, um später ununterbrochen meinem Berufe leben zu können. Ich stellte mich also, obwohl ich erst achtzehn Jahre war, wurde aber nicht genommen, da meine Länge nicht im Verhältnis zu meinem Brustumfang stand. So blieb mir wenigstens die Hoffnung, später aus dem gleichen Grunde freizukommen.

In der letzten Zeit meiner gymnasialen Gefangenschaft war ich zu einigen bemerkenswerten Persönlichkeiten in nähere Beziehungen getreten. Ziemlich oft wanderte ich in das damals noch idyllische Stiftingtal zu Robert Hamerling hinaus, der, sobald die wärmere Jahreszeit einsetzte, neben dem Wirtshaus ›Zum schwarzen Hund‹ mit seiner greisen Mutter ein bescheidenes Haus mit einem Gärtchen bewohnte. Der verschlossene Dichter wurde mir gegenüber oft sehr mitteilsam und sprach mir auch von seinen Plänen, die ein damals noch nicht vollendetes episches Gedicht ›Homunkulus‹, sein bedeutendstes Werk, und ein mir damals noch rätselhaftes philosophisches System betrafen, das erst nach seinem Tod unter dem Titel ›Atomistik des Willens‹ veröffentlicht worden ist. Er hatte auch eine Art von weltlichem Oratorium ›Die sieben Todsünden‹ für den Wiener Komponisten Adalbert v. Goldschmidt gedichtet. Ich spielte ihm den ganzen umfangreichen Klavierauszug dieses von reicher Begabung zeugenden Werkes vor und gewann dadurch seine besondere Zuneigung. Aber auch andere Musik bekam er durch mich zu hören. Er saß, während ich spielte, traumverloren in einer dunklen Ecke des Zimmers. Heute ist es mir noch ein befriedigender

Gedanke, dem damals schon kränkelnden Manne einige Stunden auf diese Weise verschönt zu haben. Wodurch er berühmt wurde, seine beiden Epen und sein Roman »Aspasia«, sind heute verblaßt; für seinen unverstandenen satirischen »Homunkulus« aber wird eines Tages, so glaube ich, die Auferstehung kommen. Auch an vielen seiner lyrischen Gedichte wird man nicht vorbeigehen können.

Ein freundschaftliches Verhältnis bahnte sich mit R i c h a r d S a h l a an, einem hochbegabten Geiger, mit dem ich öfter musizierte. Sahla, später Konzertmeister in Hannover, wandte sich schließlich der Kapellmeisterei zu und leitete in vorzüglicher Weise die kleine Hofkapelle in Bückeburg. Wiederholt traf ich auch mit R i c h a r d H e u b e r g e r zusammen, zu dem ich aber wegen seiner damaligen schroff antiwagnerianischen Richtung wenig Fühlung gewann. Immer näher hingegen schlossen Kienzl und ich uns aneinander an. Seine sonnige, liebe, echt österreichische Art und sein frohgemuter Enthusiasmus fanden in mir verwandte Strömungen. Bald waren wir Duzfreunde. Wir trafen uns öfter auf dem »Brodschimpel«, einem Bauernhause bei Graz, wo Kienzls Vater, der Bürgermeister, und seine hochintelligente, temperamentvolle Gattin die Sommermonate verlebten. Hier lernte ich auch P e t e r R o s e g g e r zunächst flüchtig kennen.

Ein Zentrum der Grazer Wagner-Gemeinde war das am Aufgang zum Rosenberg gelegene Gartenhaus Friedrich Hofmanns, eines begüterten, kunstbegeisterten Mannes. Friedrich v. Hausegger, Kienzl, meine Freunde Prelinger und Kadletz und andere, seelisch zueinander passende Personen vereinigten sich manchen Abend dort. Es wurde musiziert, aus Wagners Schriften vorgelesen und schließlich genossen wir ein streng vegetarisches Mahl. Hofmann und seine Familie waren nicht nur im diätischen, sondern auch im ethischen Sinne Vegetarianer. Zum erstenmal drangen Strahlen der buddhistischen Religion und der Philosophie Schopenhauers zu mir und ließen mich ahnen, daß der größte Teil der Menschheit in einseitig materialistischem Dunkel befangen sei, während nur das schwebende Gleichgewicht zwischen Materie und Geist zu höheren Zielen hinaufführt. —

Unser engerer Freundeskreis war in schwere Trauer versetzt worden. Karl, der jüngste Bruder unseres Kadletz, verschied plötzlich nach scheinbar harmloser längerer Kränklichkeit. Am Tage, da die Kirche das Fest der unschuldigen Kinder feiert, wurde dieses begabte, von uns mit besonderer Liebe umhegte Kind der Zeitlichkeit entrückt. So war die ›Sechsbrüderschaft‹ auf fünf zusammengeschmolzen. —

Den Sommer nach der Matura brachte ich etwa drei Wochen mit meinen Wiener Verwandten im lieblichen Rodaun zu. Ein Wiener Musiker erzählte mir von rätselhaft großen Symphonien, die ein verkannter Schullehrer und Organist, Anton Bruckner, geschrieben hätte. Erst spät sollte ich etwas davon zu hören bekommen.

Der Tag der Abreise rückte heran und ich begann, meinen Grazer Freunden und Bekannten Lebewohl zu sagen. Mein Koffer war durch einen Spediteur nach Leipzig aufgegeben. Kienzl hatte mir einige Empfehlungsbriefe mitgegeben. Einen rührenden Abschied nahm mein Lehrer von mir. ›Du warst in den letzten Jahren nicht mehr mein Schüler, sondern mein Freund‹, sagte er, als er mich in seine Arme schloß. Mein Herz war von Seligkeit geschwellt, als ich aus der Realschulgasse mit meinem bescheidenen Handkoffer hinauszog. In meiner egoistischen, vom Drang nach unbekannten Taten durchtränkten Freude übersah ich wohl ganz, wie meiner Mutter zumute sein mußte, an die das Unfaßbare herangetreten war, das einzige Kind einem unsicheren Berufe entgegenziehen lassen zu müssen. Entschlossen verbarg sie ihre Tränen, als sich der Zug in Bewegung setzte. Noch eine Nacht verbrachte ich in Wien in der Grünangergasse. Am nächsten Tage begleitete mich mein Vetter Max zum Nordwestbahnhof, wo ich mir klopfenden Herzens ein Billett III. Klasse Personenzug, zunächst nach Dresden, löste. Der ersehnte Schritt in die große Welt war getan. —

L E I P Z I G.

Am nächsten Morgen erwachte ich, durchgerüttelt im vollen dunstigen Coupé, als der Zug im Dämmerlicht durch die herbstlich gefärbten böhmischen Gefilde dahinfuhr. In der regungslosen Luft blieb die schwarze Rauchwolke der Maschine fast unbeweglich und stach finster vom mattgrauen Himmel ab, bevor sie sich langsam auflöste. Neue Namen, nicht mehr die vertrauten der Südbahn, schlugen an mein Ohr, als die Stationen, damals noch in zwei Sprachen, ausgerufen wurden. Unverständliche Laute hörte ich aus dem Publikum, das die Bahnhöfe belebte, und von den neu eingestiegenen Passagieren. Das Gefühl der Fremde, der Einsamkeit zog zum erstenmal in meine Seele ein. Wohin trieb mein Lebensschiff? Könnten am Ende diejenigen recht behalten, die mir eine sichere Lebenslaufbahn als das einzig Erstrebenswerte hingestellt hatten? Würde meine Befähigung ausreichen, mir einen Platz in der musikalischen Welt zu erobern? Weiter und weiter fuhr der Zug gegen Norden und beinahe wünschte ich, er möge in umgekehrter Richtung fahren. Aber bald gewann meine Hoffnungsfreudigkeit, wie so oft im späteren Leben in böseren Lagen, auch hier über diese kleine Verstimmung die Oberhand. Ich hatte ja doch mein sehnlichstes Ziel erreicht. Ich durfte mich ganz meiner geliebten Musik widmen und war auf dem Wege nach Deutschland, nach Leipzig, das seit Jahren den Richtpunkt meiner Wünsche gebildet hatte. Was wollte ich mehr? Arbeit, Fleiß, offene Augen und offenes Herz mußten mich vorwärts bringen; es konnte ja nicht fehlgehen. Der Tag war vollends angebrochen, einer jener zauberhaft klaren, schönen Septembertage, wie sie heute so selten geworden sind, als wir in die deutschen Städte Böhmens kamen und die vertraute Sprache mich wieder mit der Empfindung traulicher Heimatlichkeit umfing. Ich war damals ein richtiger deutscher Junge, schwarz-rot-gold im besten Sinne, schon darum, weil ich keine andere Sprache verstand, die Erinnerung an meine südliche Heimat mir verwischt war und ich noch kein fremdes Land gesehen, kein fremdes Volk kennen gelernt hatte. Das hohe Vorbild des größten deutschen Meisters, der damals noch in Bayreuth lebte und wirkte, stärkte mein Gefühl der Zugehörigkeit zu einem von einem großen Teile der damaligen österreichisch-deutschen Jugend erstrebten großen deutschen Reiche, das sämtliche deutschen Stämme in sich vereinigen sollte. Nur in gänzlich unpolitischen Köpfen konnte ein solcher Gedanke Wurzel fassen, dessen Unmöglichkeit der Verwirklichung ein einfacher Blick auf die Landkarte bloßlegt.

Rufe ich mir mich selbst in Erinnerung, wie weit ich damals in meiner menschlichen Entwicklung fortgeschritten war, als ich auszog, um mir im Deutschen Reiche einen Platz an der Sonne zu erobern, so sehe ich einen hochaufgeschossenen, überschlanken Jüngling mit blassem, schmalem Gesicht und hellen, etwas verträumt dreinblickenden Augen. Den Mund hielt ich hie und da leise geöffnet, so daß die Zähne sichtbar wurden, eine Gewohnheit, bei der ich mich übrigens heute noch mitunter ertappe, da das Wundern, das mich als kleines Kind überfallen hatte, wenn ich den gemalten Stern auf der Zimmerdecke erblickte, mir noch keine fremde Empfindung geworden ist und mich damals, im heranreifenden Jünglingsalter, noch häufiger als später gefangen nahm. Versonnenheit ist mir noch heute eigen und war es damals in hohem Maße. Erst sehr allmählich habe ich gelernt, mich in großer Gesellschaft zu bewegen. Einsamkeit liebte ich damals schon wie kaum etwas anderes, bedurfte und bedarf ich ihrer doch wie eines Heilmittels von zerstreuenden und belastenden Eindrücken. Mit einem oder wenigen Freunden zusammen zu sein, wo ein Gedanke den anderen befruchtet, wo man Belehrung schöpft, selbst belehren kann und dem tiefen Ernst wie dem fein gespitzten Humor die Tore zwanglos offen stehen, war mir stets weitaus natürlicher als den Allerwelts-Liebenswürdigen zu spielen, was ich in meiner Jugend überhaupt nicht konnte und später nur lernte, wenn ich mich gewissermaßen maskierte. Wie herzlich muß ich oft in mich hineinlachen, wenn hochweise Beobachter gerade diese Maske als meine wahre Wesenheit nehmen. Ein hohes Maß von Idealismus war mir schon damals eigen. Ein Ziel neben meiner schaffenden Tätigkeit, die sich allmählich wieder in stiller Sehnsucht zur Bühne richtete, war das rückhaltloseste Eintreten für Richard Wagner.

Ein Jüngling von achtzehn Jahren als Propagandist für den Meister, der bisher schon die »Nibelungen« geschrieben und aufgeführt hatte! Das Gefühl der Notwendigkeit, für Ihn, der damals bereits hoch in den Sechzigern stand, Bahn brechen zu müssen — scheint es einen Leser der heutigen Generation nicht wie eine lächerliche Vermessenheit? Und doch war dem nicht so. In der heutigen Zeit, wo ein Heer von offiziellen und nicht offiziellen Schrittmachern bereit steht, für alles Zeitgenössische, wenn es sein muß mit Brachialgewalt, Bahn zu brechen, kann sich der um zwanzig Jahre später als ich Geborne schwer eine Vorstellung machen, wie gegen denjenigen gearbeitet wurde, der in seiner Art wirklich voranschritt. Als Beispiel aus meinem engsten Kreise diene die Tatsache, daß meine keineswegs urteilslose, aber durch Gerede leicht zu beeinflussende Mutter mir einige Zeit direkt verboten hatte, etwas von Wagner in unserem Hause zu spielen, da es, wie sie unter dem Einfluß angeblich Kunstverständiger behauptete, eine Schande sei, von dem »Kerl« überhaupt eine Note zu besitzen. So weit war die Verhetzung gegen einen Tondichter gediehen, der »im Vertrauen auf den deutschen Geist« einige der größten Werke der Weltliteratur geschaffen hatte. Seinen Idealen mußte zum endgültigen Durchbruch verholfen und Bayreuth das Olympia der Deutschen werden. So stand es fest in meinem vor Begeisterung überschäumenden Gemüte. Ich kam zu spät mit meinen bahnbrecherischen Gedanken. Als ich zum Dirigieren an größeren Theatern zugelassen wurde, war Wagner tot und Mode geworden, und Bayreuth verdarb ich mir, wie so manches andere, durch zu viel Aufrichtigkeit. Aber dennoch hat es Wagner wenigstens indirekt genützt, soviel unverdorbene Jugend, wie sie sich zur Zeit des aufblühenden Deutschland auch in mir verkörperte, hinter sich gehabt zu haben, denn diese Unverdorbenheit war der Boden, auf dem seine idealen Früchte reiften und reifen werden.

Ein nicht geringer Grad von Selbstbewußtsein war mir zu eigen, denn ich wußte schließlich damals schon, daß ich etwas konnte. Dieses Selbstbewußtsein äußerte sich oft in scharfem Absprechen, das ich allzuleichten Herzens übte und mir dadurch überflüssig viel Feinde zuzog. Aber auch erst viel später ward mir die Erkenntnis zuteil, daß Wellen der Güte und des Wohlwollens, die man ausströmen läßt, wieder in irgendeiner Form auf uns zurückfluten, während Verneinung auch uns wieder mit ihrer Schärfe ätzt und Verbitterung und Verhärtung die Adern der Weiterentwicklung nach oben verstopfen. Den großen Strom des Universums durch sein eigenes Ich hindurchströmen lassen ist wahre Lebenskunst, denn damit wird alles Unreine von selbst hinausgespült oder aufgesaugt und wir werden immer tauglicher für unser eigentliches, ewiges Dasein. Charakterlose Nachgiebigkeit hat damit gar nichts zu tun. --

Gehobenen Herzens überfuhr ich hinter Tetschen die deutsche Grenze. Die originellen Formen der sächsischen Schweiz fesselten mein begieriges Auge. Der Schaffner trat ein, nahm mein auf Dresden lautendes Billett einfach weg und entfernte sich, ohne auf meinen immer lauter werdenden Protest zu achten. Ein freundlicher Mitreisender belehrte mich, der ich durch mein Ungestüm das Lachen der übrigen herausforderte, daß es in Deutschland keine Perronsperre gebe, ich das Billett also nicht mehr brauche. Auch diese Annehmlichkeit ist längst verschwunden.

In Dresden überschlug ich einen Zug und wanderte die Pragerstraße hinunter zur Elbe. Die schöne Lage der Stadt entzückte mich, nur störte es mich, daß die Farbe der Häuser wesentlich dunkler war als in Wien und im freundlichen Graz. Seit jeher liebte ich das Lichte, das Helle. Auch den sächsischen Dialekt verstand ich anfangs nicht. Den teuren Kaffee auf den österreichischen Bahnhöfen hatte ich mir nicht vergönnt, so trat ich denn, recht hungrig, bald in ein kleines Restaurant ein und begriff nicht, daß der Kellner so gar nicht verstehen wollte, was ich mit einer »Eierspeis« meinte.

Mit dem Abendzug fuhr ich nach Leipzig weiter, stieg im Hotel Norddeutscher Hof in der Gegend des heutigen prachtvollen Zentralbahnhofes ab, verzichtete aus Sparsamkeitsrücksichten auf ein Abendbrot und schlief bald todmüde ein.

Nach tief und fest durchschlafener Nacht erhob ich mich mit feierlichen Gefühlen. Es war der erste Tag meines neuen Lebens, der erste Tag meines wahren Berufes, der erste Tag, an dem ich, zum erstenmal, ganz ich selbst sein durfte. Konnte ich ihn würdiger beginnen, als durch einen Besuch der Stätte, wo derjenige das Licht der Welt erblickt hatte, den ich als meinen Führer erkannte? Bereits in Graz hatte ich mir einen Plan von Leipzig verschafft und ihn eifrig studiert. So fand ich unschwer das nicht weit von meinem Hotel am Brühl gelegene, damals noch nicht umgebaute, ziemlich verfallen aussehende

Haus, dessen Inschrift verkündigte, daß hier im Jahre 1813 am 22. Mai Richard Wagner geboren wurde. Die Ironie, daß der Verfasser des »Judentums in der Musik«, in einer Gegend entstanden war, die damals noch deutlich den Charakter des Judenviertels trug und diesen Charakter zur Zeit von Wagners Geburt wahrscheinlich noch viel deutlicher getragen hatte, kam mir allerdings leise zum Bewußtsein, nahm meine Gedanken aber nicht stark in Anspruch, da ich damals von den Zweifeln, die sich später über Wagners Abstammung erhoben, keine Ahnung hatte, und außerdem das menschlich höchst interessante Problem seiner Rasse, auch wenn es mir bereits aufgetaucht wäre, damals ebensowenig wie heute zu seinen Werken in die geringste Beziehung getreten wäre. Wagner, der große Tondichter, der große Künstler, hatte als Mensch kleinliche Züge, und die Abfassung der erwähnten Schrift, deren wahrer Zweck doch nur der ist, Mendelssohn und Meyerbeer herabzusetzen, wirft auf diese weniger wertvolle Seite seines Wesens einen besonderen Aspekt. Damals freilich, als ich glühenden Herzens vor dem kleinen, unscheinbaren Hause stand, lagen solche Betrachtungen weiter als meilenfern von mir ab. Ganz Hingebung, ganz Andacht empfand ich das mystische Wunder der Menschwerdung eines Genius, wie ich es noch heute empfinde, wenn ich derartige Stätten betrete.

Nachdem ich so die entscheidende Wendung meines Lebens und Wirkens auf den Schwingen der seelischen Erhebung eingeweiht hatte, empfand ich es als nächste Pflicht, mich dort zu melden, wo ich meine künstlerischen Studien betreiben sollte, am Konservatorium. Ich wußte, daß man dem neuen Geist der Musik, der durch Wagner in die Welt eingezogen war, dort noch keineswegs freundlich gegenüberstand, wußte, daß gerade das Leipziger Konservatorium noch eine Hochburg des Konservativismus repräsentierte, wußte aber auch, daß ich ja nicht hieher gekommen sei, um mir meine Überzeugungen und Neigungen von fremden Händen ummodeln zu lassen, sondern daß mir, dem Wesen der Hochschule entsprechend, nunmehr Gelegenheit gegeben war, viel zu hören und dann zu prüfen, was ich lernend in mich aufnehmen wollte und was nicht. Fröhlichen Mutes, der durch warmes, sonniges Wetter gehoben wurde, schritt ich, meinem Plane folgend, durch die Katharinenstraße zum schönen alten Markt, der mir den Typus einer deutschen Stadt zum erstenmal leibhaftig vor Augen stellte, bog dann in die Grimmasche Straße ein und wandte mich zur engen Universitätsstraße, wo im Gewandhause das Konservatorium untergebracht war. Der Inspektor, ein großer, verschmitzt aussehender Herr — seinen Namen habe ich vergessen —, den man nie anders sah als in einem engen, fest zugeknöpften, unendlich langen schwarzen Rock, horchte auf, als ich ihm meinen Namen nannte und sagte mir besonders freundlich, man sei durch meine eingereichten Kompositionen bereits aufmerksam auf mich geworden. Überhaupt sei es ein einziger Fall, daß jemand, der bereits veröffentlichte Werke aufzuweisen hätte, noch als Schüler in das Konservatorium einzutreten wünsche. Er gab mir das Datum der Aufnahmeprüfung, der ich mich trotzdem unterwerfen mußte, sowie einige Adressen von möblierten Zimmern.

Eine dieser Adressen lautete auf Universitätsstraße Nr. 10, ein großes, dunkles Haus, das gerade gegenüber dem Konservatorium lag. Ich stieg in den vierten Stock hinauf, wo das angezeigte Zimmer lag. Es war geräumig. Vom Fenster, das in der bereits etwas geneigten Wand des Daches lag, hatte man einen ziemlich weiten Ausblick. Ich frug nach dem Preis. Zwanzig Mark mit dem Morgenkaffee. Das war zu teuer. Mit stillem Bedauern, denn das Zimmer hatte mir gefallen, wandte ich mich zum Gehen, als mein Blick auf eine Inschrift fiel, die über der Zimmertür angebracht, im Dunkel des Vorraums aber nicht zu lesen war. Ich frug die Vermieterin, die mir mit größter Seelenruhe antwortete: »Nu ja, in dem Zimmer is doch der Herr von Goethe gewesen.« — »Was?« — »Nu, lesen Sie man doch, mei Gutester.« — Sie brachte ein Licht und ich las mit vor Ehrfurcht schauerndem Erstaunen, daß Goethe in diesem Zimmer das Kupferstechen gelernt habe. Sofort stand die Schilderung in »Wahrheit und Dichtung« vor meinen Augen. In das Zimmer zurückstürzen, erklären, daß ich es nähme und der guten Frau ein Goldstück einhändigen, damit mir niemand mehr die herrliche Wohnung rauben könne, war das Werk eines Augenblicks. Mit freundlicher Beredsamkeit erklärte sie mir weiter, dieses Haus sei ja der »Silberne Bär« und ich könne in jeder Biographie vom »Herrn v. Goethe« lesen, daß er in dem so benannten Hause was zu tun gehabt hätte. Zu jener Zeit sprach man in der Leipzig-Weimarer Gegend noch öfters vom »Herrn v. Goethe«, zuweilen auch von »Sr. Exzellenz v. Goethe«. Die Eltern der damaligen Generation hatten den Gewaltigen zum Teil noch von Angesicht erschaut und die noch nicht rein begriffliche, sondern von der Wärme persönlicher Gegenwart durchtränkte Art, von ihm zu reden, pflanzte sich in ihren letzten Ausläufern noch bis in meine Jugendtage fort.

Der merkwürdige Zufall mit dem Goethe-Zimmer erschien mir als glückbedeutendes Vorzeichen. Ich fühlte mich froh und gehoben und war überzeugt, daß mein Dasein nicht bedeutungslos verlaufen würde. Mögen manche Allzu-Aufgeklärte über solche Empfindungen lächeln; ich glaubte damals und glaube es heute noch fester als damals, daß große und gute Menschen in Räumen, in denen sie geweilt haben, Schwingungen zurücklassen, die lange, lange nachher derjenige noch zu fühlen imstande ist, der für solche Schwingungen empfänglich ist. Mit unseren bisherigen Formeln ist dies freilich nicht zu erklären. Sicher gibt es aber auch hier Gesetze, die wir noch nicht kennen, was uns aber keineswegs das Recht gibt, Empfindungen und auch Geschehnisse, die über unseren Verstand hinausgehen, zu ignorieren oder zu bespötteln.

Mit der Miete dieses Zimmers hatte ich einen Leichtsinn begangen, denn bei einer monatlichen Unterstützung von siebzig, allerhöchstens achtzig Mark, für die Wohnung, allerdings mit dem Frühstück, zwanzig Mark auszugeben, trotzdem es in Leipzig damals schon für zehn Mark bewohnbare Zimmer gab, bedeutete für mich eine Überlastung, die mir in anderer Beziehung die peinlichste Sparsamkeit aufnötigte. Darüber machte ich mir aber an jenem Tage noch keine Gedanken, fühlte ich mich doch unter Goethes persönlichem Schutze.

Ich schaffte sofort meinen Handkoffer aus dem Hotel in das historische Zimmer und holte nachher meinen großen Koffer von der Zollstation ab. Glücklicherweise merkte man dort nicht, daß zwei Anzüge neu waren; so hatte ich nur die paar Mark für den Wagen zu bezahlen. Das Mittagessen nahm ich im kleinen Restaurant »Zum Strohsack«, das mir Kienzl empfohlen hatte. Nachmittags mietete ich in der Musikalienhandlung Klemm ein Klavier, das sofort in mein neues Heim gebracht wurde. Mein monatliches Budget war wieder mit sechzehn Mark mehr belastet. Den Nachmittag verbrachte ich damit, auszupacken und alles ordentlich einzuräumen, wie ich es zu Hause gelernt hatte. Besondere Freude machte mir das Aufstellen meiner kleinen

Bibliothek, die ich zum Teil mitgenommen hatte. Einige Photographien wurden aufgehängt, und bald sah es recht wohnlich und vertraut in meinen vier Wänden aus. Abends besichtigte ich die nächste Umgebung meiner Wohnung, den schönen und weiten Augustusplatz mit der Universität und dem neuen Theater und einiges von den Anlagen, die sich ringförmig um die innere Stadt ziehen. In einem Bäckerladen fand ich gutes Schrotbrot, das stets mein Lieblingsnahrungsmittel bildete, und kaufte ein Stückchen Käse dazu. Ich hatte von meiner Mutter eine kleine Teemaschine mitbekommen. Etwas Spiritus verschaffte mir meine Hausfrau. Ich verzehrte meine selbst zurechtgemachten Käsebrötchen. Dann schrieb ich nach Hause und an Fritz Prelinger und saß endlich, eine kleine Petroleumlampe und die brodelnde Teemaschine vor mir, sinnend auf dem Sofa, die Eindrücke des Tages verarbeitend und ahnungsvoll in die Zukunft schauend. Immer wieder mußte ich daran denken, daß Er vielleicht an derselben Stelle gesessen war, den herrlichen Jünglingskopf über eine Kupferplatte gebeugt und mit einem feinen Stichel Linien hineingrabend, während unsterbliche Gedanken hinter der hohen Stirne heranreiften.

Den nächsten Tag benützte ich, diejenigen Personen aufzusuchen, an die mir Kienzl Empfehlungsschreiben mitgegeben hatte; zunächst Professor Oskar Paul. Er las Musikgeschichte an der Universität, hielt ähnliche, nur dem Auffassungsvermögen des Hörerkreises entsprechend vereinfachte Vorträge am Konservatorium, gab dort auch Klavierunterricht und leitete die Orchesterübungen. Er war der einzige »Fortschrittliche« des Lehrerkreises, mit dem ich nun bald in Berührung kommen sollte, glühend begeistert für Wagner und deshalb von vielen seiner Kollegen etwas scheel angesehen, ein temperamentvoller, jovialer Herr, dem man es ansah, daß er mit Gott Bacchus auf gutem Fuße stand. Er hatte durch meine eingereichten Kompositionen schon von mir gehört und empfing mich sehr freundlich. Seine musikgeschichtlichen Vorträge am Konservatorium sollte ich nicht besuchen, wenn sie auch auf meinem Stundenplan verzeichnet waren, denn darüber sei ich hinaus, wohl aber die auf der Universität. Außerdem wolle er dafür sorgen, daß ich ihm als Klavierschüler zugeteilt würde. Ich erlaubte mir zu bemerken, daß ich nach Leipzig hauptsächlich in der Hoffnung gekommen sei, mich im Dirigieren praktisch üben zu können und sprach die Hoffnung aus, daß die Möglichkeit dazu in den von ihm geleiteten Orchesterstudienstunden gegeben sei. Professor Paul erwiderte mir, daß ein Dirigieren der Schüler in diesen Stunden eigentlich nicht üblich sei, diese vielmehr auf das Zuhören und Mitspielen beschränkt seien. Ich frug, etwas kleinlaut, ob denn nicht eine Ausnahme gemacht werden könne und betonte nochmals meine große Neigung für diese Tätigkeit. Durch das freundliche Zuhören des Professors sicherer geworden, wies ich darauf hin, daß Zuhören dem angehenden Dirigenten verhältnismäßig wenig, tatsächliche Übung aber alles bedeute und gestattete mir die Bemerkung, daß andere Schüler vielleicht ähnliche Wünsche hegten, aber nicht den Mut besäßen, sie zu äußern. »Sie bringen mich da auf eine ganz gute Idee«, meinte Paul, »wenn Talente da sind, können wir's versuchen. Aber erinnern Sie mich nochmals daran bei den Stunden", sagte er mit kräftigem Händedruck beim Abschied. — Darauf würde ich sicherlich nicht vergessen, das wußte ich.

Mein zweiter Besuch galt Professor Hermann Zopff, einer der bekanntesten Persönlichkeiten des damaligen musikalischen Leipzig. Er machte seinem Namen keineswegs Ehre, da er durchaus kein »Zopf«, sondern ein Mann war. der mit den neuesten Erscheinungen vertraut und sie zu fördern bestrebt war. Allwöchentlich versammelte man sich an einem Nachmittage in seiner Wohnung, wo musiziert und vorwiegend Werke lebender Komponisten vorgetragen wurden. Er und seine Frau, der ich durch eine Dame aus Berlin, die mit mir im selben Zuge von Wien reiste, empfohlen war, luden mich ein, bei diesen Vereinigungen auch von mir etwas vorzutragen. Ich bin dieser Einladung öfter gefolgt, habe dort manches Interessante gehört und hatte zum erstenmal Gelegenheit, aus meinen »Stifterstudien« und dem jüngst erschienenen Opus 3 einiges in größerem Kreise vorzutragen. Zopff war es auch, der mich zuerst auf die Bedeutung der Kompositionen Liszts aufmerksam machte, von denen ich damals noch sehr wenig kannte.

Endlich suchte ich einen persönlichen Freund Kienzls auf. Kienzl hatte mit so ganz besonderer Wärme von ihm gesprochen, daß ich sehr begierig war, ihn kennen zu lernen. Ich wurde nicht enttäuscht. Er hieß Karl Böttcher, war Klavierlehrer und tagsüber mit seinen Privatstunden, die er außer dem Hause gab, vollauf beschäftigt. Ein echter Deutscher, hochgewachsen, mit frischem,

8*

gerötetem Gesicht und hell strahlenden blauen Augen, gewann er durch sein offenes Wesen sofort meine Neigung. Auch ich schien ihm sympathisch zu sein, denn er hielt mich zurück, als ich aufbrechen wollte. Er war wiederholt in Graz gewesen, war mit Kienzl, noch mehr mit Richard Sahla eng befreundet, kannte den Schauspieler Starke, den Liebling des damaligen Grazer Publikums, den ich bisher nur aus der Entfernung angestaunt hatte, und war so vertraut mit der Stätte, die ich kaum erst verlassen hatte, daß wir bald in ein herzliches Gespräch kamen, als kennten wir uns seit langer Zeit. Schließlich lud er mich ein, sein Abendbrot mit ihm zu teilen, das er fast stets in seinem Junggesellenheim einnahm. Sein Tisch war, dank der Sendungen, die er aus seiner ländlichen Heimat erhielt, bedeutend reicher, als der meinige gewesen wäre, und ich langte tüchtig zu, hatte ich doch in den drei Tagen, die ich bisher in Leipzig war, im bedrückenden Gefühl, daß meine Barschaft mir vorzeitig ausgehen könne, recht wenig gegessen. Nach Tisch, erquickt durch einen frischen Trunk bayrischen Bieres, das mir viel besser mundete als mein dünner Tee daheim, forderte mich Böttcher auf, ihm etwas von meinen Sachen vorzuspielen. Nach dem ersten Stück sagte er gar nichts, sondern saß nur verträumt auf dem Sofa hinter dem grünen Schirm seiner Lampe. Ich spielte also noch ein Stück und wieder eines und noch eines. Schließlich erhob ich mich, da ich fürchtete, ihm zu mißfallen oder ihn zu langweilen. Da sprang er erregt auf, schloß mich in seine Arme und rief: »Sie sind ja ein Mordskerl; wir müssen uns jetzt öfter sehen!« Ich willigte herzlich gerne ein. Einerseits war ich stolz, einen so entschiedenen Eindruck auf einen mir bisher Unbekannten mit meinen Kompositionen gemacht zu haben; dann fühlte ich aber auch, diesem Manne, obwohl er elf Jahre älter war als ich, aufrichtig befreundet werden zu können. Wir verabredeten uns, am nächsten Tage im Restaurant »Zum Strohsack«, das im Hause von Böttchers Wohnung lag, zu Mittag zu essen und abends »Carmen« im Stadttheater zu hören. Ich kannte die Oper, die damals, kurz nach dem Tode ihres genialen Schöpfers, ihren Siegeszug über die Bühnen begann, noch nicht.

Wie im Hofoperntheater in Wien stellte ich mich, nunmehr in Begleitung Böttchers, auch hier, lange vor Beginn, bei der Eingangstür an, um einen Sitz auf der vierten Galerie zu erobern, denn für einen besseren Platz reichte es damals bei uns

116

beiden nicht. »Carmen« überraschte und entzückte mich in manchen Partien, während die sentimentaleren Teile mich kalt ließen. Ganz in Wagners Ausdrucksweise befangen, fand ich für diese feinste Blüte französischen Musikgeistes noch nicht die richtige Würdigung. Auf der Bühne ragte eine Künstlerin hervor: H e d w i g R e i c h e r - K i n d e r m a n n, die uns schon anderthalb Jahre später, kaum dreißig Jahre alt, durch den Tod entrissen werden sollte. Ihre Leistungen in der Darstellung Wagnerscher Gestalten verdunkelten später den Eindruck, den ich von ihr als Carmen empfing. Aber schon in jener ersten Vorstellung fiel mir die herrliche, üppige Stimme auf, die schönste, strahlendste dramatische Stimme, die ich jemals gehört habe; sie schimmerte aber nicht weiß, sondern dunkelblau, wie eine Damaszenerklinge, die in der Sommersonne funkelt. Der edle Kopf der Künstlerin hatte römischen Schnitt. Die Gestalt besaß nicht das Maß der damaligen Wagner-Primadonnen; dies kam der Carmen zugute. Bald sollte ich sie in der »Walküre« sehen und erkennen, daß es auch auf der Bühne nicht körperliche Dimensionen sind, die das Kennzeichen der Größe verleihen.

Am Dirigentenpult stand A n t o n S e i d l, dessen eigentlicher Ruhm jenseits des Ozeans, in New York aufgehen sollte. Direktor des Leipziger Stadttheaters war A n g e l o N e u m a n n, von dem in diesen Erinnerungen noch öfter die Rede sein wird.

Inzwischen war der für die Aufnahmsprüfung bestimmte Tag herangekommen. Ich nahm also einige Noten unter den Arm und wanderte über die Straße ins Konservatorium. Beim Anblick der zahlreichen gleichgültigen Lehrer und der noch zahlreicheren, halb erregten, halb ängstlichen Zöglingsgesichter wurde mir so eigentümlich zumute, daß ich beinahe sicher war, bei dieser Prüfung nicht besonders glänzen zu können. So kam es auch. Ein älterer magerer Herr, ähnlich frisiert wie Mendelssohn, kam auf mich zu und fragte mich mit leise lispelnder Stimme, was ich mitgebracht hätte. Es war Karl Reinecke, der Dirigent der Gewandhauskonzerte. Ich legte Schumanns »Carnaval« auf, hieb tüchtig drauf und daneben und war kaum am Ende des ersten Stückes angelangt, als Reinecke ebenso leise wie vorher lispelte: »Ich danke Ihnen.« Ein unbekannter Mann — ich erfuhr später, daß er Papperitz hieß — schrieb mir eine Baßstimme auf die Wandtafel und die drei C-Schlüssel darüber. Da sollte ich einen vierstimmigen Satz improvisieren. Ich legte die oberste Stimme sehr in die Höhe. »Das kann doch niemand singen«, meinte Herr Papperitz. »Es sind ja keine Worte da, also ist's auch, nicht zum singen«, antwortete ich. Das war die ganze Prüfung. Ich glaubte mich durchgefallen.

Am nächsten Tage erhielt ich die Stundeneinteilung: Klavier und Kompositionslehre bei Reinecke, Kontrapunkt bei Jadassohn, Klavier und Orchesterstunden bei Paul und Schradieck, dem Konzertmeister des Gewandhauses. Die allerersten Lehrer! — Man schien mich also, trotz der nach meinem Gefühl mißlungenen Aufnahmsprüfung, hoch zu bewerten.

Ich hatte mich inzwischen in Leipzig umgesehen und mich mit dem Bilde der Stadt vertraut gemacht, in der ich mich schon ganz gut auskannte. Die noch freien Tage benützte ich, auch etwas von der Umgebung kennen zu lernen. Da mußte ich freilich wehmütig an das herrliche Graz denken, das jetzt, in diesen Herbsttagen, gewiß in schwerer, reifer Schönheit prangte. Aber immerhin, der Weg in einige Vororte führte durch freundliche, allerdings ganz ebene Gelände und für nahe Spaziergänge bot das Rosental, ein gut angelegter, weitläufiger Park, willkommene Gelegenheit. »Sie werden sehen, wie schön es dort im Frühjahr nach Knoblauch duftet«, sagte mir ein biederer Sachse, indem er bei dem Worte »schön« besonders schelmisch lächelte. Den penetranten Geruch der über den Boden des Leipziger Rosentals reichlich verstreuten weißen Knoblauchblüten bekam ich im nächsten Frühling allerdings reichlich zu spüren. Gern erging ich mich in den alten Stadtteilen. Der Markt, das kleine Theater unten am Ende des Brühl, ganz nahe von Wagners Geburtshaus, und die jetzt leider modern umgebaute Pleissenburg mit ihrem damals unschönen aber charakteristischen Turm waren meine Lieblingsplätze. Auch die kleine Universitätsstraße entbehrte nicht eines gewissen Reizes, solange sie der »Silberne Bär«, mein damaliges Wohnhaus, in seiner plumpen, wirklich bärenmäßigen Querstellung abschloß. Das aus Goethes Leben bekannte Restaurant »Zur Feuerkugel« war auch noch da. So konnte ich mich tatsächlich recht lebhaft in die Zeit von über hundert Jahren zurückversetzen, wo ein Auserwählter diese Stätten durch seine Anwesenheit geheiligt hatte. Daß hier größere Leute gelebt und gewirkt hatten als in meinem lieben Graz, empfand ich in der mir eigenen, verehrungsbedürftigen Weise und fühlte die Wirkung auf mein inneres Wesen. Ich beuge mein Knie, wo ich wirkliche Größe verspüre, halte mich aber vom Talmi so fern als ich nur kann. So war ich schon damals in meiner Jugend beschaffen.

Gerne machte ich auf Heimgängen den kleinen Umweg zum nahe gelegenen Denkmal Schumanns. Jedes Denkmal sollte doch, meine ich, in der Art seiner Modellierung sowohl, wie auch in seiner Lage der Eigenart desjenigen Rechnung tragen, den es der Nachwelt ins Gedächtnis zu rufen geschaffen ist. Was hätte es mit Schumann, dem Dichter, dem Träumer zu tun gehabt, wenn man ihn etwa in weiß Gott was für einer Pose auf einem geräuschvollen Platz aufgestellt hätte? Hier, umgeben von grünem Buschwerk, auf einem vom Publikum nur wenig begangenen Seitenwege, der Horizont auf der einen Seite durch eine ziemlich hohe Mauer abgeschlossen, ist man mit einemmal ferne dem Getriebe der großen Stadt. Hier kann man sich Schumann denken, nachdenklich auf einer Bank sitzend, sinnend einherwandelnd. Tritt uns hier, in einem schlichten Medaillon, sein grundgütiges Antlitz entgegen, so wird jene Seite unseres inneren Sinnes ausgelöst, die einer Musik wie der seinigen entspricht und uns für sie empfänglich macht. Ein solches Denkmal ist dann kein leeres Erinnerungszeichen mehr.

Noch eines der mir von Kienzl mitgegebenen Empfehlungsschreiben wartete seines Empfängers; es war an Artur Nikisch adressiert, der neben Anton Seidl als Kapellmeister am Stadttheater wirkte. Ich traf ihn nie daheim und konnte ihn nur dadurch erreichen, daß ich einmal morgens um 8 Uhr zu ihm ging und wartete, bis er aufgestanden war. Nikisch war derselbe liebe und herzliche Mensch, der er bis zu seinem Tode geblieben ist. Der sensitiv melancholische Zug, den er von seinen überseeischen Reisen mitgebracht zu haben scheint und der namentlich das weibliche Geschlecht unwiderstehlich in den Bann seiner Persönlichkeit zog, lag damals noch nicht auf seinem Antlitz, das in heiterster Freundlichkeit aus der dunklen Umrahmung seines reichlichen Haar- und Bartwuchses hervorschaute. Er begrüßte mich, dank Kienzls Empfehlungsschreiben, wie einen alten Bekannten und erkundigte sich teilnehmend nach meinen bisherigen Studien. Ich hatte bisher nur einmal in Graz die Gelegenheit gehabt, in die Partitur der »Meistersinger« einen Einblick nehmen zu können, der mir trotz seiner Kürze von unendlichem Wert war. Jetzt benützte ich Nikisch' entgegenkommendes Wesen und trug ihm die Bitte vor, mir Wagners Partituren, vor allem die der »Nibelungen« aus der Theaterbibliothek leihweise zum Studium zu überlassen. »Nach Hause kann ich Ihnen diese Partituren wohl nicht geben,« antwortete Nikisch; »ich lasse sie aber zu mir kommen, und während ich im Theater bin, können Sie sie bei mir studieren.« Ich dankte ihm herzlichst für diese große Freundlichkeit, von der ich baldigst Gebrauch machte. Ich studierte in Nikisch' hübscher, geräumiger Junggesellenwohnung die Partituren von »Rheingold« und »Walküre«. Andere Partituren Wagners erhielt ich später aus dem Privatbesitz eines Bekannten geliehen, so daß ich Nikisch' reizende Gastfreundschaft nicht mehr in Anspruch zu nehmen brauchte.

Wenige Tage nach »Carmen« fand im Stadttheater eine Vorstellung der »Walküre« statt, der Böttcher und ich wieder auf der vierten Galerie beiwohnten. Durch die Wiener Aufführung bereits vorbereitet, genoß ich jetzt das wundervolle Werk in erhöhtem Maße. Das Orchester unter Seidls Leitung klang prachtvoll. Der Eindruck stand dem im Wiener Hofoperntheater empfangenen wenig nach. Ein Unterschied war nur im Streichkörper zu spüren; der Klang der Wiener philharmonischen Geigen ist eben einzig und unübertroffen. Schelper als Wotan war vorzüglich, konnte sich aber mit Scarias Wotan nicht messen. Die Eigenart dieses Künstlers lernte ich erst kennen, als ich seinen Alberich sah und hörte. Vieles Vortreffliche wurde auf der Bühne geleistet; alle aber überragte weit die Brünnhilde der Reicher-Kindermann, die erst in dieser Rolle ihre wahre Individualität zur Geltung brachte. Vom lebendigen Feuer dieser Darstellung, das aber nie zu unschöner Theatralik entartete, weil es vom Geiste wahrer Innigkeit und selbstloser Liebe zur Kunst durchtränkt war, von jener echten Leidenschaft, die mit moderner Hysterie ebensowenig zu tun hat, wie mit schlau berechnender Pose, von der Herrlichkeit dieser Stimme endlich, die aus dem Vollen schöpfte, gab und verschwendete und es konnte, weil der Quell unerschöpflich war: von alledem kann sich kaum eine Vorstellung machen, wer nicht so glücklich war, es zu erleben. In der Reicher-Kindermann hatte die Natur eine Erfüllung erreicht, wie sie ihr nur höchst selten zu erreichen vergönnt ist. Auf das Tiefste ergriffen und erschüttert verließ ich mit meinem Freunde das Theater und pries mein Schicksal, das mich hierhergeführt hatte.

Inzwischen hatte mein Unterricht am Konservatorium begonnen. Ich brachte Reinecke den ersten Satz eines Klavierquintetts, mit dem er aber gar nicht zufrieden war; er fand es — wahrscheinlich mit Recht — zu wenig kammermusikalisch, zu orchestral, »zu viel Elsa und Lohengrin« wie er sich ausdrückte. Er trug mir auf, ein Streichquartett zu schreiben. Ich tat es mit dem Bewußtsein, eine Schulaufgabe zu leisten. Klavier übte ich eifrig und Reinecke war mit meinen Leistungen auch recht zufrieden. Die weitaus interessanteren Klavierstunden waren aber die bei Oskar Paul. Er ging auf die Individualitäten seiner Schüler ein, würzte den Unterricht mit geistvollen Bemerkungen und wußte auch, ähnlich wie mein Grazer Lehrer, dem Humor seine befreiende und reinigende Kraft entfalten zu lassen. Unsere Klasse bei Paul besaß einen bereits erstklassigen Pianisten, Konrad Ansorge. Dies trug wesentlich bei, unseren Ehrgeiz zu entfachen. Die Kontrapunktübungen bei Jadassohn waren mir recht langweilig. Ich konnte mich dort zu keinem rechten Fleiß aufschwingen. In diesen Stunden traf ich mit Emil v. Reznicek zusammen, den ich bereits in Graz flüchtig kennengelernt hatte. Wir trafen uns öfter im Café Hennersdorf, dem Sammelplatz der Konservatoristen im Gewandgäßchen, oder auch in unseren Wohnungen und fanden manche Beziehungen zueinander, die sich aber erst später ausbauen sollten. Im ersten Jahre kam unser Verkehr über Begegnungen mehr oder minder oberflächlicher Natur nicht hinaus.

In mein äußeres Leben hatte ich inzwischen diejenige Regelmäßigkeit gebracht, deren ich zu meinem Wohlbefinden stets bedarf. Auf den Morgenkaffee in der Universitätsstraße verzichtete ich, da ich das Getränk, dem man in Leipzig diesen Namen beilegte, nicht zu trinken vermochte. Ich erreichte dadurch eine Herabminderung des Zimmermietpreises um einige Mark. Auf meinem alltäglichen Morgenspaziergang genoß ich in einem Bäckerladen ein Glas frische Milch mit einer Semmel um den Preis von neun Pfennigen. Das Mittagessen im »Strohsack« kostete mit einem Glase Bier und dem Trinkgeld im Abonnement siebzig Pfennige. Abends war ich meistens zu Hause bei Tee und etwas Käse mit Brot, das ich an Theaterabenden in der Tasche trug, um es in einem Zwischenakt zu verzehren. Festtage waren es, wenn bei Böttcher frische Sendungen aller möglichen Delikatessen aus seiner Heimat eintrafen und er mich einlud, den Abend bei ihm zu verbringen.

Hatte ich es ermöglicht, meine Ausgaben für das Essen auf eine Mark täglich zu beschränken, so blieben mir, selbst für die Monate, in denen mir meine Mutter 80 statt 70 Mark sandte, noch keine 20 Mark übrig für Extraauslagen, wie Theater oder Vergnügungen. Außerdem stand der Winter vor der Tür und die voraus geschätzten Kosten der Heizung verminderten den Spielraum meines Budgets noch mehr. Zwar faßte ich den kühnen Gedanken, gar nicht zu heizen und zu Hause im Winterüberzieher zu arbeiten. Nachdem ich aber diesen Entschluß mit großer Überwindung bis in den November hinein durchgeführt hatte, waren meine Füße erfroren und meine Hände so steif, daß ich kaum mehr Klavier spielen konnte. Außerdem, und dies kränkte mich vielleicht am meisten, hatte ich mir eine blaurote Nase zugezogen, die mir bei meinen Kollegen Spott eintrug, weil man mich für einen Trinker hielt. So traf ich doch endlich ein Abkommen mit meiner freundlichen Wirtin über eine kleine tägliche Quantität von Heizmaterial. Zwar war das Goethe-Zimmer ziemlich groß und der eiserne Ofen nur klein. Aber die Abendstunden, die ich arbeitend daheim verbrachte, waren nun doch behaglicher, als es im Ofen flackerte und kleine Wellen belebender Wärme durch meinen durchkälteten, überschlanken Körper strömten. Freilich mußte ich sonst in allem auf das Äußerste sparen und ein Besuch des Café Hennersdorf bedeutete für mich bereits eine luxuriöse Ausnahme. Ich war aber fest entschlossen, lieber das Äußerste zu entbehren als Schulden zu machen; und diesen Vorsatz habe ich damals und später gehalten. Ich war überzeugt, daß, wenn ich nur selbst aushielt, die Hilfe von irgendeiner Seite kommen müsse und werde. Und sie kam auch.

Zwar erlebte ich zunächst eine Enttäuschung. Ich hatte im Sommer ein Heft Lieder aus Wolffs »Rattenfänger« komponiert und es noch von Graz aus an den Verleger Schuberth nach Hamburg gesandt. Nachdem Schuberth mir geschrieben hatte, daß meine Klavierstücke gut verkauft würden und er mir für das Opus 3 freiwillig ein Honorar gezahlt hatte, bat ich ihn auch für dieses Liederheft um ein solches, und zwar um hundert Mark wie für das Opus 3. Ich war schon einige Zeit in Leipzig, als die Lieder zurückkamen mit einem ziemlich empörten Brief, daß ich schon wieder ein Honorar verlange. Die mir gesandten hundert Mark seien doch selbstverständlich für alles von ihm bisher Verlegte (21 Klavierstücke!), nicht aber etwa für das Opus 3 allein gezahlt worden. Ich habe von den Liedern später nur eines, das »Lied des Hunold Singuf« veröffentlicht; zunächst hatte ich mich mit der traurigen Tatsache abzufinden, daß ich auf eine sicher erhoffte Einnahmsquelle verzichten mußte. Die Hilfe kam aber von anderer Seite.

Meine Tante Katherine, die ältere Schwester meiner Mutter, die in Triest im Hause der Familie Sigmundt lebte, war die größte Sparerin unserer Familie; was man aber sonst als Geiz bezeichnet hätte, entbehrte bei ihr jedes häßlichen Beigeschmacks, weil sie, die selbst keine Auslagen hatte, alles, was sie aus einer kleinen Rente und der ihr vom Staate gewährten Gnadengabe erübrigte, für andere verwendete und vor allem für meine Mutter aufhob. In ihrem grundgütigen, aber nicht sehr weitblickenden Geiste stand es fest, daß ein Künstler ein Verschwender sein müsse, und so schrieb sie mir denn in dieser Hinsicht wiederholt die erbaulichsten Ermahnungen. Ich erwiderte ihr nun einmal scherzhaft, ich hätte auf der Leipziger Messe so herrliche Nürnberger Lebkuchen gesehen, die ich mir fürs Leben gern gekauft hätte, habe mir aber diesen Genuß, eingedenk ihrer Lehren, versagt. Einige Zeit darauf traf ein rekommandierter Brief aus Triest ein; er enthielt einen Hundertmarkschein und eine Karte des alten Herrn Sigmundt mit der Bemerkung: »Zum Ankauf der herrlichen Nürnberger Lebkuchen.« — Selten im Leben habe ich wieder so aufgeatmet, wie damals. Nun konnte ich meinem Wunsche folgen, mich auf der Universität einschreiben zu lassen und hatte außerdem einen Betrag zur Verfügung, den ich im Notfalle angreifen konnte. Ich ging sehr vorsichtig damit um und er hat lange gehalten.

Auch sonst erschlossen sich mir einige unerwartete Einnahmequellen. Eines Tages erschien eine Dame bei mir, die mir sagte, sie kenne meine Klavierstücke und wünsche, daß ich ihre auf König Albert von Sachsen gedichtete Hymne komponiere. Ich forderte fünfzig Mark und bedauerte bald, nicht mehr verlangt zu haben, denn die Dame zahlte mir das Geld sofort aus. Sie erhielt am nächsten Tag die Hymne, von der ich, Gott sei Dank, nie wieder etwas gehört habe. Ein viel angenehmeres Erlebnis aber trug bald darauf ebenfalls zur Verbesserung meiner Kassenbestände bei. In einer der sogenannten Abendunterhaltungen des Konservatoriums, wo sich die vorgeschrittenen

Schüler dem Auditorium der Lehrer und Kollegen mit ihren Leistungen vorstellten, hatte ich die »Etudes symphoniques« von Schumann mit gutem Erfolg gespielt. Kurz darauf brachte mir der Inspektor des Konservatoriums, der mich besonders in sein Herz geschlossen hatte, den Antrag, dieses Stück in einem Schumann-Abend, den Musikdirektor Haßler in Halle veranstalte, zu spielen und außerdem die Begleitung von Gesangsnummern in diesem Konzert zu übernehmen. Honorar nur dreißig Mark, aber freie Reise nach Halle und freie Unterkunft in einem dortigen Hotel. Das verschmitzte Gesicht des guten alten Inspektors war noch verschmitzter und sein langer schwarzer Rock schien noch länger und schwärzer, als er mir diese Nachricht mitteilte. Ich sagte natürlich sofort zu. Das Programm sollte auch eines der schwächeren Schumannschen Liederspiele für Soli, Chor und Klavier enthalten; ich weiß nicht mehr welches. Ich erinnere mich nur, daß ich noch in Leipzig mit den Sängern probierte und daß wir in vergnügter Stimmung die kleine Strecke nach Halle hinüberfuhren. Ich äußerte meine Absicht, den Versuch zu machen, R o b e r t F r a n z zu besuchen, dessen herrliche Lieder mich innig ergriffen hatten. Man riet mir aber davon ab. Musikdirektor Haßler, der Veranstalter unseres Schumann-Abends, dirigierte in Halle auch Kirchenkonzerte und hatte sich in dieser Eigenschaft heftig gegen die Bearbeitungen Bachscher Werke durch Robert Franz gewendet. Man erklärte es mir für ausgeschlossen, daß der gänzlich ertaubte, menschenscheue Meister einen Künstler empfangen würde, der von Haßler engagiert sei. So verzichtete ich darauf, den Versuch zu unternehmen. Nicht lange darnach starb Robert Franz und ich hatte die Gelegenheit verpaßt, den großen Liederkomponisten noch von Angesicht zu erschauen. Ob er mit seinen Bach-Bearbeitungen im Rechte ist, wage ich nicht zu entscheiden. Ausfüllungen mancher von Bach nur angedeuteten Stimme und stellenweise Retuschen sind sicher unerläßlich; ein eigentliches Modernisieren dieser Partituren ist aber ebenso sicher verwerflich. Man kann Bedenken hegen, ob Franz nicht zu weit gegangen ist. Gedenke ich aber des damaligen Hallenser Streites, in welchem Franz und Haßler als gleichwertige Größen geschätzt wurden, so frage ich mich heute: Wo ist Franz und wo ist Haßler? Und die Nichtigkeit dieser Art des Streitens kommt mir deutlich zu Bewußtsein. Das große Aussieben, wo das Kleine durch die Maschen fällt, möge es sich auch noch so dick aufgebläht haben, besorgt ein Höherer als wir. Wir wären aber ein ganzes Stück weiter vorwärts, wenn wir bereits gelernt hätten, in Kämpfen auf geistigem Gebiete das Persönliche auszuschalten. Statt aber ehrlich den Degen zu kreuzen, wird noch immer Gift gestreut.

Der Abend in Halle verlief sehr anregend. Ich scheine gut gespielt zu haben, denn der Beifall war sehr rege. Vom Lampenfieber, das mit seiner lästigen und überflüssigen Gegenwart so viele Künstler quält, habe ich bei diesem ersten öffentlichen Auftreten ebenso wenig verspürt wie später. Ich war lange der Meinung, das Lampenfieber sei durch Willenskraft zu besiegen. Es scheint sich aber damit wie mit der Seekrankheit zu verhalten, der wir auch nicht entgehen können, wenn wir dafür veranlagt sind.

Nach dem Konzert vereinigte uns ein geselliges Zusammensein, bei dem auch getanzt wurde. In angenehmer Erinnerung ist mir ein hübsches Mädchen, mit dem ich mich gut unterhielt und sogar etwas tanzte, trotzdem ich für diese Art von körperlicher Betätigung geradezu seltsam ungeschickt bin. Im folgenden Frühjahr engagierte mich Musikdirektor Haßler mit erhöhtem Honorar zu einem zweiten Schumann-Abend mit ähnlichem Programm wie dem ersten. Diesmal spielte ich den »Carnaval«. Wieder gab es einen guten Erfolg und nach dem Konzert einen gemütlichen Abend. Wieder war das hübsche Mädchen da, das sich freute, mich wiederzusehen, und mit dem ich, ebenso ungeschickt wie das erstemal, mich im Walzertempo zu drehen versuchte. — So hatte ich denn, zunächst als Pianist, unter freundlichen Auspizien debütiert.

Auf der Universität hatte ich philosophische und kulturhistorische Kollegien belegt. Ich muß in ihrer Auswahl nicht sehr glücklich gewesen sein, denn aus diesen trockenen professorialen Deduktionen, denen ich mich eifrig zu folgen bemühte, empfing mein erkenntnisdurstiger Geist nur wenig Anregung. Ich hätte mich für philosophisch unbegabt gehalten, wenn nicht die Vorlesungen über Artur Schopenhauer, die der Privatdozent Doktor Wolff hielt, den Nebel vor meinen Augen gelüftet und mir Blicke in Regionen verstattet hätten, die ich erst später betreten durfte. Gerne hätte ich den berühmten Okkultisten Zöllner gehört, der damals noch in Leipzig las. Sein Name ist mit dem Begriff der »vierten Dimension« verknüpft, von der ich mir phantastische, seltsam aufregende, aber ganz unkontrollierte Vorstellungen gebildet hatte. Zöllner hatte eine geschwollene Backe, und so kursierte in Universitätskreisen der Witz, er habe die vierte Dimension bereits im Gesicht. Da ich aber an den Kollegiengeldern sparen mußte, verschob ich die Erfüllung meiner Begierde nach dieser mir noch rätselhaften Wissenschaft auf ein späteres Semester. Der baldige Tod Zöllners schob jedoch einen Riegel vor meine geheimnisvollen Wünsche und die vierte Dimension blieb mir verschlossen. Sehr anregend waren auch die musikgeschichtlichen Vorträge Oskar Pauls, die ich regelmäßig besuchte.

Im Konservatorium waren es die Dirigierübungen, denen sich meine hauptsächliche Teilnahme zuwandte. Im ersten Jahre meines Leipziger Aufenthalts gab es nur eine Streicher-, aber noch keine Bläserklasse, so mußte ein Schüler die Bläser aus der Partitur am Klavier spielen, was eine gute Übung des Partiturlesens war, während ein anderer dirigierte. Wir waren etwa drei oder vier, die dank der Initiative Professor Pauls das Pult betreten durften. Ich glühte vor Eifer und kochte innerlich vor Erregung, wenn sich ein Kollege ungeschickt anstellte. Einmal konnte ich mich nicht halten, sprang vom Klavier, wo ich die Bläser zu spielen hatte, auf, entwand dem dirigierenden Schüler den Taktstock und rief: »Aber das macht man doch nicht so!« Zum Zeigen, wie es zu machen wäre, kam es nicht, da Konzertmeister Schradieck, der die Stunde leitete, mir mein Vorgehen, mit Recht, verwies. Ich entschuldigte mich bei dem gekränkten Dirigenten, wir schüttelten uns die Hände und ich ging wieder an mein Klavier zurück, wo ich, äußerlich ruhig, mich dem kollegialischen Taktstock fügte. Mein Temperament war damals noch recht ungezügelt; es schäumte bei jeder Gelegenheit über. Meine Zornesausbrüche waren oft so heftig, daß ich über mich selbst erschrak. Durch scharfe und unüberlegt hervorgestoßene Bemerkungen verletzte ich unnötig mir wohlwollende Menschen. Allmählich erst begann ich zu begreifen, daß sich zu beherrschen, innerlich und äußerlich, eine Kunst sei, die bereits dem Kinde gelehrt werden müßte. Je älter der Mensch, desto schwerer wird er sie erlernen; das erfuhr ich an mir selbst.

Ich sah bald ein, daß ich mein Leben vom Taktstock würde fristen müssen. Etwa Theorie- oder Klavierstunden zu geben, spürte ich nicht die geringste Neigung und heute weiß ich noch nicht, ob ich etwa Talent dafür besessen hätte. Nur in vereinzelten Fällen, und dann nicht besonders gern, habe ich mich entschlossen, Schüler anzunehmen, wenn der sonstige Verdienst nicht zum Leben ausreichte. Daß meine kompositorische Begabung mir einen genügenden Unterhalt gewähren könne, schien mir nach meinen bisherigen Erfahrungen und nach mir bekannt gewordenen Beispielen ausgeschlossen. Auch sah ich deutlich, daß ich nicht immer, gewissermaßen berufsmäßig, komponieren könne, sondern Einfälle, günstige Disposition, Reife und Arbeitsfreudigkeit abwarten müsse, um etwas leisten zu können. Es schien mir niedrig, die göttliche Stimme, die in seltenen Fällen aus einem körperlichen Wesen zur umgebenden Welt sprechen und sie eines höheren Lichtes teilhaftig werden lassen darf, als einen mein materielles Dasein fristenden Agenten zu benützen. Frei wollte ich sein, zu schaffen, was ich wolle, unbekümmert um Erfolg, welcher Art er auch sei, und das zum Ausdruck bringen, was sich mir unabweisbar aufdrängte, sonst aber keine Note schreiben. Das gesicherte Dasein, die Möglichkeit auskömmlichen Erwerbes sollte mir die Kunst des Dirigierens verschaffen, zu der ich entschiedenes Talent verspürte. Ich studierte nun mit doppeltem Eifer alle Partituren großer Werke, deren ich habhaft werden konnte und nahm solche von klassischen Opern auch ins Theater mit, wo ich aber meinen Vorsatz, mich durch Mitlesen zu bilden, bald aufgeben mußte, da man damals bereits von Bayreuth gelernt hatte, den Zuschauerraum zu verdunkeln. Hingegen konnte ich bei den Generalproben der Gewandhauskonzerte, zu denen wir Konservatoristen freien Eintritt hatten, sehr gut in den Partituren folgen. Da, wie noch heute, jede Woche des Winters ein Gewandhauskonzert stattfand und die Programme eine große Zahl der hervorragendsten symphonischen Werke enthielten, so vertiefte ich bald die Gründlichkeit meiner Kenntnisse, obwohl die damaligen Aufführungen nicht viel dazu beitrugen, mein künstlerisches Bewußtsein auf eine höhere Stufe zu heben. Das Orchester war allerdings ausgezeichnet und kam im kleinen alten Saale, wo damals noch die Gewandhauskonzerte stattfanden, besonders schön zur Geltung. Reinecke, der ständige Leiter dieser Konzerte, war sicherlich ein feiner, gebildeter Musiker mit mendelssohnschem Schliff und leise angehaucht von Schumanns Romantik. Ein bedeutender Dirigent war er nicht. Das eine Konzert, das Hans Richter in Graz mit den

Wiener Philharmonikern dirigierte, hatte mir die Augen für die wahre Kunst des Dirigierens geöffnet und vergeblich suchte ich ähnliches im biederen alten Leipziger Gewandhause wieder zu erleben. Bereits war mein Ohr geschärft. Ich wunderte mich, wie leicht Reinecke oft über die ausdruckvollsten Partien hinwegtaktierte und wie wenig Wert er auf wirklich rhythmisch und dynamisch gegliedertes, präzises Zusammenspiel legte. Einmal beim Vortrag der achten Symphonie Beethovens, die ich genau kannte, aber nie gehört hatte, lief ich wütend und mit Tränen in den Augen aus dem Saal, weil die Aufführung in direktem Widerspruch zu dem Bilde stand, das mir aus dem Studium dieser feinsten Ausstrahlung musikalischen Humors erblüht war. Das dämonisch aufblitzende Finale klang wie eine mittelmäßig gespielte Etüde. Das wollte ich nicht zu Ende hören. Lange noch streifte ich einsam in den Straßen Leipzigs herum, den Vorsatz, aber auch die Gewißheit im Herzen, daß ich es anders machen werde, wenn ich einmal den Taktstock führen dürfte.

Das »Andere« lag nun aber auch in Leipzig nicht ferne. Im Theater wirkten Seidl und Nikisch als Kapellmeister, beide in ihrer Art Individualitäten. Hier gab es etwas zu lernen; das Theater wurde denn auch meine eigentliche Bildungsstätte in viel höherem Maße als das Gewandhaus oder das Konservatorium. Seidl war der typische Wagner-Dirigent aus der echten Schule des Meisters von Bayreuth. Kraftvoll, ohne Nervosität, führte er Sänger und Orchester in prachtvollem Schwung und steigerte die Linie der Ausführung oft zu geradezu atemraubenden Höhepunkten. Wenn er die Musik nach Siegfrieds Tod dirigierte, so stand einem das Herz still. Etwas eckig und fast derb in seinen Bewegungen, war er für Mozart und die Spieloper zu grobkörnig. Ganz im Gegenteil zu ihm war Nikisch der fein ziselierende, ins Detail arbeitende Künstler. Sehr elegant, ja anmutig führte er den Taktstock, jede Pointe fein und empfindlich unterstreichend. Dabei entbehrte er aber keineswegs der Größe. Dies zeigte sich erst ganz, als er im folgenden Jahre, nach Seidls Abgang, auch die Werke Wagners übernahm. Der größte Genuß war es mir, unter seiner Leitung die »Meistersinger« zu hören. Ich verdanke sowohl Seidl wie Nikisch sehr viel für meine Entwicklung als Dirigent.

Ich hatte inzwischen neben dem im Auftrag Reineckes geschriebenen Streichquartett, dem ich von Haus aus gar keine

Bedeutung beimaß, trotzdem es meine Lehrer lobten und in einer Abendunterhaltung des Konservatoriums aufführen ließen, eine Anzahl kleinerer Klavierstücke geschrieben, die ich unter dem Titel »Lose Blätter« sammelte und als op. 4 bezeichnete. Ich sandte sie an Paul Voigt in Kassel, der dort einen Verlag gegründet und sich die Aufgabe gestellt hatte, junge Talente zu fördern. Er nahm die Stücke sofort an und zahlte mir auch unaufgefordert ein kleines Honorar. So hatte ich, nach dem unerwarteten Abbruch mit meinem ersten Verleger, wieder die erfreuliche Aussicht, mit meinen Kompositionen in die Öffentlichkeit gelangen zu können.

Aber beinahe ungeduldig hatte ich an diesen kleinen Stücken gearbeitet. Ein Größeres reifte in mir; ich wußte, daß es in die Erscheinung treten müsse und nur noch Mangel an Selbstvertrauen, ein klug bewußter Niederschlag des bisherigen Mißlingens meiner jugendlichen Opernversuche, hielt mich davon ab, an die Ausführung zu gehen. »Sakuntala«, das herrliche indische Märchenspiel, das ich bereits in Graz kennen gelernt hatte, ließ mich nicht mehr los; die Gewißheit, daß dies und nichts anderes mein erstes dramatisch-musikalisches Werk werden müsse, war nicht mehr zu erschüttern. Der Schwierigkeiten der Aufgabe war ich mir damals kaum bewußt. Mich verlockte die Farbenpracht, die der Europäer unwillkürlich mit der Vorstellung Indiens verbindet; das Liebesempfinden, das diese Dichtung durchzittert, versetzte meine noch gänzlich weiße Seele in ahnungsvolle Vibration und verwandelte sie in Klänge seltsam sehnsüchtigen Charakters, die ich in einsamen Improvisationen festzuhalten versuchte. Außerdem fühlte ich so stark die Fähigkeit, mir selbst eine Operndichtung zu schreiben, daß ich überhaupt nicht auf den Gedanken kam, mir von jemand anderem ein Textbuch verfertigen zu lassen. Daß hinter allen diesen keimenden Gedanken die riesige Gestalt des Bayreuther Meisters stand, die mich mit ihren gewaltigen Emanationen umsponnen hielt, wie ein Spinngewebe ein Insekt, ist zu natürlich, als daß es hätte anders sein können. Wenn ich mir heute etwas zum Vorzug anrechnen darf, so ist es meine Aufrichtigkeit, die weder damals noch später meine natürliche Entwicklung dadurch gehemmt hat, daß ich die Originalität gesucht hätte. Ich ließ den Einfluß Wagners voll und ganz auf mich wirken, darum konnte ich schließlich mit ihm fertig werden. Und als ich Kraft genug hatte, mich aus den

Weingartner.   9

Maschen des Spinngewebes der wagnerischen Kunst zu befreien, tat ich es ohne Riß und ohne Gewalt. Ich war nicht entstellt durch unlautere Bestrebungen, nicht durch krampfhafte Einstellung meiner Persönlichkeit auf raschen Erfolg verschroben. Aus dem Fegefeuer, daß ich ebenso durchschreiten mußte wie meine Zeitgenossen — und dieses Fegefeuer hieß Richard Wagner, mit allem Großen, was ihn selbst und allem Kleinen, was seine Gefolgschaft betraf — bin ich genau als derjenige hervorgegangen, der ich nach meiner ursprünglichen Veranlagung überhaupt werden konnte. Welchen Platz ich später einmal einnehmen werde, hat nicht mich, sondern diejenigen zu kümmern, die sich vielleicht bemühen werden, ihn mir anzuweisen.

Trotz meines festen Vorsatzes, mit der Ausführung von »Sakuntala« noch zu warten, konnte ich mich doch nicht enthalten, wenigstens einen szenischen Entwurf zu verfassen, der sich im wesentlichen an das Original anlehnte. Wäre ich dabei geblieben, so hätte ich mir einen großen Irrtum erspart und meine erste Oper wäre weniger verfehlt geraten. Für meine dramatische Begabung zeugte es allerdings, daß ich schon in jenem ersten Entwurf die »Stimme« der Prinzessin Wasumati zu einer selbständigen Gestalt ausbaute, die in ihrer dunklen Leidenschaft einen wirkungsvollen Gegensatz zur lichtumflossenen Sakuntala zu bilden vermochte. Und tatsächlich war es bei der späteren Aufführung gerade dieser Gegensatz, der dem zweiten Akt zu einem Erfolge verhalf, während das Übrige kalt ließ.

Meine diesbezüglichen Arbeiten hielt ich auf das strengste geheim und schrieb nur meinem Freunde Prelinger darüber, mit dem ich überhaupt einen regen Briefwechsel unterhielt.

Meine Mutter und ich schrieben uns verabredetermaßen wöchentlich einmal an einem bestimmten Wochentage.

Die Weihnachtszeit des Jahres 1881 rückte heran und Karl Böttcher lud mich ein, die vierzehn Tage der Ferien mit ihm in seiner Heimat zu verbringen. Da der Entfall der Verpflegungskosten für zwei Wochen die Reiseauslagen wett machte, nahm ich sein Anerbieten mit Dank an. An einem eisig kalten Wintertage fuhren wir in einem Personenzug in der IV. Klasse bis Kassel. Es war so voll in dem bänkelosen Wagen, daß wir nach kurzer Zeit die Kälte nicht mehr spürten. Mit der glücklichen Unempfindlichkeit der Jugend gegen Störungen, die verfeinerten Sinnen eines vorgeschrittenen Alters sehr unangenehm gewesen wären, hockten wir kreuzvergnügt auf unseren Handkofferchen, glücklich im Vorgefühl der kommenden Tage, die uns reine Landluft, köstliche und kräftige Verpflegung und meinem Freunde ein Wiedersehen mit seiner Familie verhießen. Ein neues Stück Welt kennen zu lernen war für mich Anlaß' genug, die Augen weit aufzumachen. Vor unserer Abreise hatte sich die Nachricht verbreitet, daß im Leipziger Stadttheater »Tristan und Isolde« einstudiert würde. Noch wußte man nichts Sicheres, denn Direktor Angelo Neumann gab seine Pläne nicht vorzeitig preis, aber die Aussicht, nach unserer Rückkehr dieses am meisten umstrittene Werk Wagners, das bisher nur in München und Berlin gegeben war, hören zu können, versetzte uns in glücklichste Erwartung; verstand es sich doch von selbst, daß die große, die einzige Hedwig Reicher-Kindermann die Isolde geben würde. So sprangen unsere Gespräche in seliger Ungebundenheit vom Tristan zu Landschinken mit Kartoffelpuffern und von der Kindermann zu Weihnachtskuchen. Das besonders in der Jugend so starke Feriengefühl trug das Fernste zum Nächsten.

Von Kassel fuhren wir noch einige Bahnstationen bis Warbeck und von da mit der Post bis Arolsen, der Hauptstadt des kleinen Fürstentums Waldeck. Die Nacht war bereits hereingebrochen und keine Fahrgelegenheit mehr aufzutreiben. So führte mich Böttcher an der Hand, da ich in der Finsternis öfter über Baumwurzeln stolperte, etwa eine halbe Stunde lang bis zu seinem Heimatsort, dem ländlichen Mengeringhausen. Recht müde vom Schleppen unserer Handkoffer kamen wir endlich zu einem freundlichen Gasthause, dessen Besitzer der Vater meines Freundes war. Der reichlich gedeckte Tisch in der wohlig warmen Wirtsstube und die Herzlichkeit, mit der ich bewillkommt wurde, ließen mich meine Müdigkeit bald vergessen. Ein Bild aus der Kinderzeit tauchte vor mir auf: das ferne Sankt Ruprecht unten in Krain. Erst sieben Jahre waren vergangen, seit ich zuletzt dort war, und schon dünkte mich's eine Ewigkeit.

Ich hatte in der letzten Zeit den Tisch im Restaurant »Strohsack« aufgegeben und mich fast nur vegetarisch genährt, zum Teil aus Sparsamkeit, zum Teil aber auch aus ethischen Gründen, da diesbezügliche Lehren schon damals leicht Eingang bei mir fanden und ich bis heute der festen Überzeugung bin und ihr auch praktisch folge, daß Mäßigkeit im Fleischgenuß für Körper und Geist von großem Nutzen ist. Der prächtige

Braten aber, der an jenem Abend auf dem gastlichen Tisch meiner Wirte stand, machte alle diesbezügliche Ethik verblassen und ich genoß in vollen Zügen, gutmütig verspottet von meinem Freunde, der eine recht sarkastische Ader im Leibe hatte, die er ebenso gerne gegen meine vegetarischen Neigungen wie gegen meinen österreichischen Dialekt losließ. Schon damals spürte man in Deutschland mitunter eine leise Ironie gegen den Österreicher.

Zunächst ging es mir im ländlichen Mengeringhausen, wie es mir in neuer Umgebung noch heute geht; ich beobachtete, suchte mich zurechtzufinden und wurde dabei äußerlich still und nachdenklich. Die lebhafte und überaus freundlich entgegenkommende Art meiner neuen Bekannten machte mich anfangs etwas zurückhaltend, was mir, wie ich später erfuhr, als Hochmut ausgelegt wurde. Dabei liegt mir nichts ferner wie gerade dieses von jedem Standpunkt aus unproduktive Gefühl. Da durch eine Briefadresse bekannt wurde, daß ich adlig sei, nannte man mich »edler Herr«, was mir höchst peinlich war und mich zu der wiederholten dringenden Bitte veranlaßte, mich einfach bei meinem Namen zu nennen. Mein Freund Böttcher liebte es auch hier, mich in kleine Verlegenheiten zu bringen und war erst zufrieden, wenn ich ungeduldig wurde. Allmählich aber gewann man mich lieb und ich erwiderte die Neigung der trefflichen Leute ebenso herzlich wie sie mir entgegengebracht wurde.

Der Winter war schön. Es lag dicker Schnee und die Temperatur war ständig unter Null, so daß man meist trockenen Fußes umhergehen konnte. Eines Nachmittags wanderten wir nach dem etwa zwei Stunden entfernten Corbach, wo eine Schwester meines Freundes verheiratet war. Da die Räume des Böttcherschen Hauses, im Gegensatz zu meinem lieben Leipziger Goethezimmer stets warm geheizt waren, empfand ich auch im Freien keine Kälte. Der Abend brach bereits herein, als wir uns dem Wanderziele näherten. Die Bäume waren mit Rauhreif bedeckt gewesen, den die Sonne abgeschmolzen hatte; die eisige Kruste selbst aber war übrig geblieben, so daß die laublosen Zweige wie von klarstem Kristallglas überzogen schienen. Rot leuchtend sank die Sonne in ihr winterliches Grab und ihre letzten Strahlen spielten über die Äste und ihre glasige Hülle, deren leises Krachen das Wehen eines kaum fühlbaren Windes verriet. Viel später erst, in der reinen Luft Nordamerikas, habe ich das märchenhaft schöne Phänomen der gläsernen Bäume wieder gesehen, und dort, im rauschenden Strom des rastlosen Lebens mußte ich wieder des abgelegenen deutschen Erdenwinkels gedenken, wo die an 'jenem Abende stille und doch übermächtige Sprache der Natur unser lebhaftes Gespräch verstummen ließ, bis nur noch das Knirschen des harten Schnees unter unseren Schritten hörbar blieb, die uns endlich in ein freundliches, hell beleuchtetes Städtchen hineintrugen und in ein Haus, das von derselben gesicherten Wohlhabenheit gegründet schien wie das der Eltern meines Freundes.

Zwei Tage verbrachten wir dort im hübsch gelegenen Corbach bei der Schwester meines Freundes, die eine freundliche, angenehme Frau war. Dann wanderten wir wieder heim. Ich schritt mit beflügelter Eile dahin, so daß mein Freund mir kaum folgen konnte. Eine seltsame Unruhe, die ich mir nicht erklären konnte, hatte mich erfaßt, wieder in Mengeringhausen zu sein. Kaum dort angekommen, lief ich aus dem Böttcherschen Hause fort zu einem der Nachbarhäuser und wartete dort, ob nicht ein junges Mädchen herauskäme, das ich kurz vorher kennen gelernt, mit dem ich aber noch nicht zwei Worte gesprochen hatte. Ich wartete lange, aber es kam nicht. Nicht einmal an einem Fenster war eine Spur von ihm zu erblicken. Schließlich glaubte ich zu bemerken, daß mein scheinbar absichtsloses Umherstreifen den Vorübergehenden auffiel. Ich schämte mich, lief nach Hause, warf mich auf mein Bett, und indem ich mein teils vor innerer Erregung, teils von der Winterkälte glühendes Haupt in die Kissen vergrub, war ich fest überzeugt, daß mir ein Unglück begegnet sei, weil ich das Mädchen nicht gesehen hatte. Wie schön hatte ich mir meinen Gruß und ihren Gegengruß ausgemalt. Mit ihr zu sprechen — daran hatte ich gar nicht einmal zu denken gewagt. —

Am ersten Weihnachtsfeiertag war ich zum erstenmal in einer protestantischen Kirche und hatte einen protestantischen Prediger gehört. In meiner streng katholischen Grazer Umgebung wäre mir der Besuch einer andersgläubigen Religionsgemeinschaft schwer verdacht und untersagt worden. Jetzt war ich frei und niemand hatte mir etwas zu verbieten. Trotzdem glaubte ich, als ich eintrat, das zürnende Gesicht meiner Mutter zu sehen, die mich fortwies. Die Predigt des Pfarrers aber zerstreute alle Bedenken. Er sprach so schlicht, so einfach, so menschlich, ohne alles Beiwerk. Jeder, ob hoch ob niedrig stehend, mußte diese

Worte verstehen, die gar nicht auf ein einzelnes Bekenntnis abgestimmt waren, sondern dasjenige aussprachen, was jeder fühlen muß, dessen Leben nicht völlig in der Arbeit und den Bedürfnissen des Tages aufgeht. Jude und Heide mußte hier ebenso den Hauch einer ewigen Wahrheit spüren wie der Christ, welcher Konfession er auch angehörte. Als der Pfarrer den Schluß seiner ergreifenden Predigt, deren Thema die allumfassende Liebe war, auf einem Ausspruch Goethes aufbaute, eröffnete sich ihm mein ganzes Herz. Wie kleinlich, wie töricht, ja wie frevelhaft erschien mir alles, was ich bisher über Religionskriege im weiten Rahmen der Weltgeschichte und im engen Kreise der Häuslichkeit erfahren hatte. Ist es denkbar, die Echtheit eines Glaubensbekenntnisses mit Feuer und Schwert zu verteidigen? Ist es nicht ein Verbrechen, zwei Liebende oder zwei Freunde nur deshalb auseinanderreißen zu wollen, weil sie nicht derselben Kirche angehören? Wo steht ein Wort in den vier Evangelien, das solche Ungeheuerlichkeiten rechtfertigen könnte? Man denke sich ein Geschöpf eines anderen Sternes, wo eine derartige Abart des Denkens und Handelns längst überwunden ist oder niemals bestanden hat, mit seinen klaren Augen auf unsere Erde schauend und betrachtend, was in dieser Beziehung hier vorgegangen ist und noch vorgeht; ganz zu schweigen von anderen Ungeheuerlichkeiten! Müßte ein solches Geschöpf nicht zur schaudernden Erkenntnis kommen, daß unser Planet die Hölle unseres Sonnensystems darstellt, in welche diejenigen zum Abbüßen der Sünden verbannt werden, die sie in anderen Daseinsformen begangen haben? Die wenigsten aber verstehen den Sinn des Abbüßens und wüten im Unsinn und Widersinn weiter und weiter fort, die Hölle erst recht zur Hölle machend, aus der es kein Entrinnen zu geben scheint. —

In ähnlicher Weise, wahrscheinlich nicht so ausgeprägt wie ich sie heute niederschreibe, aber doch schon in zweifelloser Bestimmtheit spannen sich meine Gedanken fort, als ich aus jener Predigt kam. Die allumfassende Liebe, die das Größte sowie das Kleinste durchdringt und ihr versöhnendes Band schließlich auch um den schlingt, der nicht fähig ist, sie zu begreifen, jene Liebe, die der Prediger am höchsten bewertete, als er Goethes Haupt mit ihrem Kranze umwand, diese Liebe fühlte auch ich in mir und ihr weihte ich mein Leben. Nichts sollte mich davon abbringen, dem Idealismus zu dienen. Diesen längst

geleisteten Schwur, ich erneuerte ihn an jenem Weihnachtsfeiertag und wußte sicher, daß ich ihn halten würde, obwohl ich
damals erst einen kleinen Vorgeschmack der Kämpfe erhalten
hatte, die der Idealist durchzufechten hat.

Mein Leben begann in rascherem Tempo zu gehen; es war
etwas da, was mich auftrieb. Die kleinen, beschränkten Verhältnisse, in denen ich aufgewachsen war, sowohl in materieller, wie
auch in geistiger Beziehung, hingen mir noch nach, lasteten auf
mir und beschwerten meine Flügel, so sehr ich auch bereits
wähnte, mich davon frei gemacht zu haben. Immer wieder stand
eine Anschauung, ein Gefühl da, das mir im Laufe der vergangenen Jahre mit zäher Energie eingeimpft worden war und
das mir mit jener Unduldsamkeit, die wohlmeinenden, aber nicht
weit blickenden Erziehern eigen ist, sein »du mußt«, »du sollst«
und »du darfst nicht« zurief. Ganz unbewußt war ich oft im
Banne ererbter und anerzogener Vorstellungen, die mir das
wirkliche Leben durch eine schlecht geschliffene Brille zeigten.
Jetzt aber begann sich etwas zu regen in mir, was nach Revolution
aussah. Über Bord mit allem Veralteten, über Bord mit allem
Ballast! Den Anker gelichtet und in die offene Welt hinaus!
Wieder stieg das Bild meiner herrlichen südlichen Heimat, das
in der Sonnenlosigkeit des Grazer gymnasialen Kerkers etwas
verblaßt war, in mir auf. Das leuchtende blaue Meer meiner
ersten glücklichen Kindheit flutete wieder heran und ich badete
meine Seele in der Erinnerung an diese frühesten starken Eindrücke. Ein günstiger Wind fuhr in die Segel meines Schiffes,
das erwartungsvoll im Hafen lag, und begann sie verheißungs-
voll aufzublähen. Noch war ich ein armer Konservatorist, der
froh war, wenn er zehn Mark in der Tasche hatte; aber ich
wußte, daß mein Schiff hinausfahren werde in die Hochflut, und
ich wußte, daß ich es würde steuern können. Ein Ziel aber lag
vor mir, unbestimmt freilich wie ein schimmernder Streifen am
Horizont, aber doch erreichbar; und erreichen m u ß t e ich es,
mochten auch viele gefährliche Klippen dazwischen liegen. Dieses
Ziel hieß nicht Reichtum, nicht Ruhm und nicht Stellung, sondern
es hieß: etwas leisten! — Daß ich erst am Anfang der Fahrt
war, empfand ich deutlich, aber keine Arbeit sollte mir zu viel
sein, keine Ermüdung wollte ich kennen, streng gegen mich sein
bis zum Äußersten und das Heranreifen der in meine Seele gelegten Saat sorgfältigst überwachen und fördern, um dereinst

das zu werden, was mir das Leben lebenswert machte: ein Meister meiner Kunst.

Ein warmer Strom war durch meine Adern geflossen, ein Hauch des Frühlings hatte mich mitten im kalten Winter gestreift und erfüllte alles, was mich umgab, mit knospendem Leben. Die allumfassende Liebe Gottes, von welcher der Prediger am Weihnachtstag gesprochen hatte, sie war auch in mein Herz eingezogen. Ganz heimlich und still, aber ohne daß ich es anfänglich merkte, richteten sich ihre Strahlen nach einer Stelle hin, auf ein einziges Wesen. Ich konnte es mir endlich nicht mehr verhehlen, so sehr ich mich auch anfangs gegen diese Erkenntnis sträubte: ich war verliebt, verliebt zum erstenmal in ein weibliches Geschöpf, das mir nicht aus der dichterischen Ferne der Bühne, sondern in der Nähe des täglichen Umgangs erschienen war, kein verschwommenes Idol, sondern ein Wesen, das ich sehen und sprechen, dem ich die Hand drücken konnte wie jeder anderen Person. Selige Zeit, da ein rätselhafter Zwang uns immer wieder zur Stelle führt, wo wir hoffen, die Geliebte zu erblicken, ein Wort, einen Blick von ihr zu erhaschen! Wir strebten ja ganz wo anders hin, aber die Füße gehen nicht, wie wir wollen; wir müßten dies oder jenes tun, aber unser Sinn erkennt dies Müssen nicht an. Ein Stärkeres als wir es sind führt uns am Gängelband, und wir sind noch glücklich, die Geführten zu sein. Traumhaft schönes Erinnern, wo jedes kleinste Erlebnis, das mit unserer Neigung zusammenhängt, uns von weltbedeutender Wichtigkeit dünkt!

Ich war einmal mit meinem Freunde Böttcher zum Nachmittagskaffee in ihrem Hause geladen. Am nächsten Nachmittag begegnete ich ihr auf der Straße: »Wie ist es Ihnen bekommen?« fragte sie mich freundlich. Mein Herz jubelte auf. Sie, gerade sie kümmerte sich darum, wie mir der Nachmittag bekommen sei; 'niemand sonst war es eingefallen, mich darum zu fragen. An einem der nächsten Abende war im Böttcherschen Hause ein Kränzchen arrangiert, bei dem auch getanzt wurde. Ungeschickt wie immer in dieser Kunst, hatte auch ich einige Mädchen im Kreise herumgedreht und es sogar gewagt, diejenige aufzufordern, die mir so licht und hoch erschien, daß es mir undenkbar schien, ihre Hand zu fassen und den Arm um ihre Taille zu legen. Als es doch geschah, war ich so verwirrt, daß ich, ich weiß nicht wie viele Paare anrannte und schließlich beinahe mit meiner Tänzerin über einen Stuhl gefallen wäre. Als ich sie mit einer tiefen Verbeugung wieder zu ihrem Platz führte, glaubte ich, einen leise spöttischen Zug auf ihren Lippen zu bemerken. Tief unglücklich setzte ich mich in eine Ecke, überzeugt, daß ich mich in ihren Augen lächerlich gemacht hatte. Ich beschloß, nicht mehr zu tanzen. Kurze Zeit darauf wurde »Damenwahl« ausgerufen. Wer beschreibt mein Entzücken, als die erste, die heraustrat, mich einzuladen, sie war, die ich vorhin beinahe umgeworfen hatte. Ich tanzte nun mit erstaunlicher Kühnheit, machte geradezu verwegene Sprünge, doch alles lief gut ab. Ich stammelte einige Worte der Entschuldigung über mein früheres Ungeschick. »Aber Sie tanzen ja ganz gut«, antwortete sie freundlich, nahm meinen Arm und promenierte einigemal mit mir auf und ab. Ob und wann ich an jenem Abend ins Bett kam, weiß ich nicht. Strahlende Wogen trugen meine Seele in weite Fernen, wo es keinen Schlaf gab, sondern nur Träume.

Sorgfältig hielt ich geheim, was mich bewegte; niemandem sollte verstattet sein, Einblick in mein Heiligtum zu gewinnen. Mein Freund hatte aber bald heraus, was in mir vorging, und machte mich in gutmütiger, aber mich dennoh begreiflicherweise verletzender Art auch vor anderen zur Zielscheibe seiner Witze. Nachdem ich ihn wiederholt gebeten hatte, mich in Ruhe zu lassen, und er nicht darauf hörte, sagte ich ihm einmal so heftig meine Meinung, daß nun er der Gekränkte war. Lange sprachen wir kein Wort zusammen. Als wir wieder nach Leipzig fuhren und in Kassel in das Coupé IV. Klasse gestiegen waren, hatte er bald eine lustige Gesellschaft gefunden, während ich düster bei einem Fenster hinausstarrte und jede Radumdrehung verwünschte, die mich weiter weg von dem Orte brachte, wo jene wohnte, die einen so tiefen Eindruck auf mich hervorgebracht hatte. Ein dunkel bewegtes Musikstück tauchte in mir auf. Draußen die winterliche, bereits nächtige Landschaft, über die ein kalter Wind dahinstrich, der die leuchtenden Funken der Maschine in phantastischem Wirbel über den Schnee sprudelte; in mir aber ein tönender Rhythmus, der bereits feste Gestalt gewonnen hatte, als ich in Leipzig ausstieg und mich in meinem Goethe-Zimmer zur Ruhe legte. —

Wenige Tage nach meiner Rückkunft fand die verheißene Aufführung von »Tristan und Isolde« statt. Zum erstenmal war ich nicht mit meinem Freunde Böttcher ins Theater gegangen, denn wir zürnten einander noch immer. Nach dem ersten Akt, der durch die phänomenale Leistung der Reicher-Kindermann eine fabelhafte Wirkung ausübte, begegneten wir uns und umarmten uns in ungestümer Herzlichkeit, beide im Innersten erregt durch das soeben Erlebte. Die Reicher-Kindermann war die verkörperte Tragödie. Die ersten Szenen bis zur Begegnung mit Tristan waren mit einer Ursprünglichkeit dargestellt, die alles übertraf, was ich bisher an dieser genialen Frau gesehen hatte. Vom Augenblick an, da das todgeweihte Paar den verhängnisvollen Trank getrunken hatte, setzte eine Steigerung ein und hielt bis zum Schluß des Aktes so ununterbrochen an, daß dem miterlebenden Zuhörer der Atem verging. Da war Anton Seidl in seinem Element; das verstand er wie kein anderer: aufzubauen von Grund aus und das bereits Aufgebaute immer höher zu treiben, bis ein strahlender Tempel vor uns stand, dessen Dach der Himmel selber ist. Was ich, gerade mit diesem ersten Aktschluß des »Tristan«, später erfuhr, konnte sich nicht zu der Höhe aufschwingen, die Seidl und die Kindermann damals in Leipzig erreichten. Das Band, das diese beiden Menschen verband, trat in dieser ungeheuren Doppelleistung, hinter der alles übrige verschwand, was sonst auf der Bühne stand, leuchtend in die Sphäre der künstlerischen Erscheinung.

Vielleicht war der Eindruck des ersten Aktes so stark, daß das spätere Werk nicht mehr voll zur Wirkung kommen konnte, vielleicht war mir »Tristan« noch nicht so in Fleisch und Blut übergegangen wie die anderen Werke Wagners, vielleicht war auch Herr Lederer, unser vortrefflicher, nie ermüdender Leipziger Wagner-Tenor, den ungeheuren Anforderungen, die der dritte Akt stellt, nicht gewachsen; ich erinnere mich nur, daß ich am Schluß mehr niedergeworfen als erhoben aus dem Theater ging und am nächsten Tag nach Graz schrieb, »Tristan« habe mir einen unklareren Eindruck gemacht als die »Nibelungen«.

Dies änderte sich jedoch sehr bald. Ich verschaffte mir sofort einen Klavierauszug des »Tristan«, den ich bisher nicht besaß, und studierte das schwierige Werk gründlich, und zwar so gründlich, daß ich meine Stunden am Konservatorium gänzlich versäumte und von dort eine Anfrage erhielt, ob ich erkrankt sei. In der zweiten Aufführung wußte ich bereits besser Bescheid. Von nun an enthüllten sich mir auch allmählich die Schönheiten des zweiten und dritten Aktes; sie enthüllten sich mir sogar dermaßen, daß sich mir, je öfter ich den ›Tristan‹ hörte, eine Kluft zu eröffnen schien zwischen diesem Werk und den übrigen Werken Wagners, aber nicht nur zwischen diesen, sondern zwischen aller Musik und aller Dichtung überhaupt. ›Tristan‹ erschien mir allmählich wie eine mystische Sonne, hervortretend aus dem Urnebel alles Seins, der sich in ihrer Nähe, aber in einiger Entfernung von ihr zu Gestalten formte, die sie ringförmig umschwebten, selbst einen dunklen Ring des Abstandes um die Sonne lassend, in dem sich gar nichts befand. So matt erschien mir einige Zeit alles neben diesem, meine Seele tief aufrüttelnden Werk. Es war ein ekstatischer Zustand, in welchem ich mich befand, hervorgerufen auch durch meine verliebte Stimmung, die, von den gewaltigen Vibrationen der Wagnerschen Musik aufgewühlt, Wogen schlug wie ein Meer, über das der Föhn dahinbraust, während diese aufgepeitschten Wogen selbst mich wieder und immer wieder jener mystischen Sonne entgegentrugen, die rötlich-golden über dem Horizont stand und bald Isoldens Züge trug, dann aber auch das Antlitz jenes Wesens zu sein schien, dem sich mein kaum erwachtes Herz so ganz ergeben hatte, daß es mein Empfinden und auch den Gegenstand meiner Neigung weit hinauf in überirdische Wolken entrückte. Ich war in jener Zeit der realen Umwelt völlig entfremdet, vermied Kollegen und Bekannte, sah sogar Böttcher oft tagelang nicht. Meine Mahlzeiten, die streng vegetarisch waren, nahm ich stets allein auf meinem Zimmer ein. Auf stundenlangen Spaziergängen, trotz der winterlichen Kälte, durchstreifte ich die Umgebungen Leipzigs, um dann, heimgekehrt, wieder den ›Tristan‹ auf das Pult meines Klaviers zu legen und mit meiner damals noch leidlich hübschen Gesangsstimme daraus zu singen und dazu zu spielen. In den Briefen an meine Mutter nahm ich einen ziemlich burschikosen Ton an, um meine wahre Seelenstimmung zu verbergen. Meine Arbeiten am Konservatorium machte ich rein mechanisch; auf der Universität besuchte ich nur mehr die Vorlesungen Dr. Wolfs über Schopenhauer, dessen düsteren Pessimismus ich mit der aus Tristans Blut erblühten Todesblume in so kindisch-egoistische Verbindung brachte, daß ich fest überzeugt war, selbst eine Wunde empfangen zu haben, die mich in kürzester Zeit dem Nirwana zuführen müsse. Hätte mir damals, da ich 18 Jahre alt war, jemand prophezeit, daß ich in meinem 57. Lebensjahr über jene halb glückselig-stürmische, halb weltennächtig-asketische Epoche mit gesammelter Objektivität wie ein Zuschauer schreiben würde, so hätte ich sicherlich mitleidsvoll gelächelt und dabei nicht ermangelt, eine schmerzliche Falte um meine Lippen spielen zu lassen.

Noch ein weiteres Werk Wagners gewann einen ungeheuren Einfluß auf mich, der sich mit demjenigen des »Tristan« vereinigte, um mein Wesen, wenigstens soweit es sich um dramatische Produktion handelte, jahrelang in Fesseln zu schlagen. Wie die Zeitungen berichteten, hatte Wagner am 12. Januar 1882 die letzte Note der »Parsifal«-Partitur geschrieben. Die Aufführung des neuen Werkes in Bayreuth war uns für den Sommer dieses Jahres versprochen. Bald wurde auch die Dichtung zugänglich. Andachtsvoll studierte ich die wundervollen Worte, die ich ihrem tiefen Sinne nach damals freilich noch nicht verstand, die sich mir aber doch soweit einprägten, daß ich deutlich fühlte, hier nicht etwa, wie Wagners freundliche Gegner von vornherein behaupteten, einer altersschwachen Wiederholung früherer Schöpfungen, sondern einer neuen Welt gegenüberzustehen, die sich keineswegs leicht, sondern vielleicht viel, viel schwerer erschließen würde als die übrigen Dramen Wagners. Von der Musik des »Parsifal« lernten wir zuerst ein Arrangement der Blumenmädchenszene von Josef Rubinstein kennen, das enttäuschte, da es ein wenig, auch in seiner verlagsmäßigen Erscheinung, einem Salonstück glich. Dann kam der unvermeidliche Leitfaden Ernst v. Wolzogens, aus dem uns die aus dem Zusammenhang herausgerissenen Themen wie Fischaugen anglotzten. Dann endlich — endlich — war der Klavierauszug da. Er kostete 30 Mark, eine für den einzelnen unerschwingliche Summe. So legten Böttcher, ein gemeinsamer Bekannter und ich jeder 10 Mark aus. Welches Gefühl, als ich den großen, blauen Band — so waren damals alle bei Schott erschienenen Wagner-Klavierauszüge ausgestattet — aus der Musikalienhandlung Klemm abholte und damit zu Böttcher hinaufeilte. E i n n e u e s W e r k R i c h a r d W a g n e r s! — Kann sich eine jüngere Generation vorstellen, was das bedeutete? — Und zwar keine Oper, die man innerhalb eines Jahres an allen Opernbühnen wird hören können, sondern das Werk eines in schweren Kämpfen ergrauten Meisters, das nur an einer einzigen Stelle zu Gehör kommen sollte, dort auf dem damals noch sagenumwobenen Festspielhügel in Bayreuth, der im Jahre 1882 bereits sechs Jahre, seit den denkwürdigen Nibelungenspielen, von den Genien des Schweigens bewacht war. Geheimnisvoll der Ort, geheimnisvoll das Werk, dessen Dichtung ich bereits hingebungsvoll verehrte, obwohl ich mir ihres vollen Wertes als ein mystisches Symbol ersten Ranges noch nicht bewußt sein konnte.

Bereits auf der ersten Seite des Klavierauszuges jubelten wir auf. Wir glaubten, in den ersten As-dur-Arpeggien bereits die Harfen zu hören, die das lange, weihevolle Anfangsthema umspielten. Erst in Bayreuth wurden wir belehrt, daß dieser Anfang darum so besonders herrlich ist, weil keine Harfen dabei sind. Hier sowohl wie im ganzen »Parsifal« hat Wagner Farben gefunden, die er selbst vorher nie gebrauchte und die ihm niemand nachzumachen vermochte. Es ist richtig, daß der Herbst über diesem Werke liegt, aber es ist kein Herbst, der ein Nachlassen der Kräfte und den nahenden Winter bedeutet. Das Aufflammen dieser Herbstfarben zeugt für die höchste Kraft und weist über den Winter hinüber auf einen fernen Frühling hin. Winter ist es wohl allmählich geworden und die Welt steckt noch tief drinnen in unfruchtbarem Eis, aus dem nur hie und da ein paar Schneeglöckchen herauslugen; aber mit Wagner, dem großen Idealisten, hat dieser Winter nichts zu tun. Er hat sich im »Parsifal« über sich selbst hinausgehoben und ein unbewußtes Sehnen zittert durch die unruhige und doch oft rätselhaft genügsame Menschheit, wieder einer ähnlichen Erscheinung zu begegnen, um sie dann, wenn sie einmal da ist, wieder mit Stumpfsinn und Haß zu verfolgen.

Von alledem wußte ich damals freilich noch nicht viel. Ich verbrachte täglich, allein und mit Freunden, mehrere Stunden über dem »Parsifal«-Klavierauszug. Bald konnte ich ihn nicht nur tadellos spielen, sondern wußte auch buchstäblich alle Rollen auswendig. So war ich für die kommenden Weihfestspiele gründlich vorbereitet und meine Sorge bestand jetzt nur noch darin, wie ich hinkommen und mir eine Eintrittskarte verschaffen solle. Aber auch das sollte mir schließlich gelingen.

Es war bekannt geworden, daß in beschränkter Zahl Frei- karten für Kunstjünger ausgegeben würden. Ich schrieb, den Ankündigungen folgend, an den Präsidenten des Wagner-Vereines in Mannheim, Herrn Emil Heckel, legte ihm meinen bisherigen Lebenslauf dar, wies auf meine bereits publizierten Kompositionen hin, wodurch ich meine Würdigkeit für Berücksichtigung darzutun glaubte, und ersuchte um freien Eintritt für eine »Parsifal«-Vorstellung, deren ungefähren Zeitpunkt ich bezeichnete. Ich mußte damit rechnen, den Umweg über Bayreuth auf der Fahrt von Graz, wo ich die Ferien zubringen sollte, nach Leipzig zu machen. Meine Hoffnung betrog mich nicht. Ich erhielt ziemlich bald ein Billett zur drittletzten Vorstellung mit einem freundlichen Begleitschreiben des Herrn Heckel, worin mir mitgeteilt wurde, wohin ich mich wegen Unterkunft zu wenden hatte. Ich sollte also wirklich die geheiligte Stätte betreten dürfen, den »Parsifal« hören und vielleicht sogar Wagner selbst zu Gesicht bekommen; es war zuviel des Glückes.

Allmählich wurde ich nun auch wieder umgänglicher, kam wieder mit Menschen zusammen, nahm eifrig an Disputen teil, die im Kreise meiner Kollegen und Kolleginnen für und gegen Wagner und in anderen Kunstfragen geführt wurden, besuchte wieder fleißig meine Stunden und übte auch mein einige Zeit lang stark vernachlässigtes Klavierspiel; denn die orchestral-impressionistische Wiedergabe der Wagnerschen Klavierauszüge förderte keineswegs die pianistische Technik.

Das Musikstück, das in der stürmischen Winternacht auf der Rückfahrt von Kassel entstanden war, arbeitete ich nunmehr aus und schrieb es auf. Nach und nach entstanden einige weitere Stücke, die sich um jenes erste, das jetzt die dritte Stelle der Reihe einnahm, gruppierten. Ein Zyklus von fünf Klavierstücken, den ich »Phantasiebilder« betitelte, war das Endresultat. Ich widmete ihn im Geiste derjenigen, der er seine Entstehung verdankte, schrieb aber nur den Vornamen über den Titel, um den gänzlich unpersönlichen und idealen Charakter dieser Widmung nicht zu zerstören. Noch schickte ich es keinem Verleger. Immer schien es mir nicht gut genug und der Heiligkeit der Gefühle, die mich belebten, nicht entsprechend. Immer und immer besserte ich daran herum, bis ich es wirklich für fertig erachtete. Es waren die umfangreichsten Stücke, die ich bisher geschrieben hatte. Sehe ich sie mir heute an, so bin ich erstaunt, wie wenig sie von Wagner beeinflußt sind, der doch damals mein ganzes Denken und Empfinden so stark beherrschte, daß gar nichts anderes daneben Platz zu finden schien. Eine Steigerung nach der modernen Seite ist darin wohl wahrzunehmen, aber der Ausgang, den ich in meinen damaligen Klavierkompositionen von Schumann genommen hatte, ist auch in diesen Stücken unverkennbar. Auch hier erblicke ich, trotz der starken, ja revoltierenden äußeren Einflüsse, jene organische Entwicklung des inneren Menschen, der mein ganzes späteres Leben gestaltet hat.

Anders freilich ging es mir auf dem Gebiete des musikalischen Dramas, dem ich mich nun nicht mehr ferne zu halten vermochte. Hier war ich gefangen und besaß noch nicht die Kraft, an ein Michlosmachen auch nur zu denken. Alle Prinzipien des Wagnerschen Schaffens bedingungslos anzunehmen und den von ihm geschaffenen Weg ohne einen Blick seitwärts zu werfen, weiterzuschreiten, das war es, was ich auf meine Fahne geschrieben hatte. Ich übersah in meinem jugendlichen Ungestüm damals nur das eine, daß eine solche gewollte und beinahe automatische Fortsetzung des Schaffens eines großen Meisters schließlich bei aller Beherrschung des Technischen doch nur zu einem Abklatsch führen könne. Und so kam es auch. Ich griff natürlich auf »Sakuntala« zurück. Der heilige Hain der Büßer ergab mir die Parallele zum Gralsgebiet, das Liebespaar die Parallele zu »Tristan«. Diese beiden, mich weitaus am meisten beeinflussenden Werke Wagners standen zu Gevatter, als ich in ungereimten Versen meine Operndichtung verfaßte. Anfangs ging ich sogar soweit, den nach dem Büßerhain zurückgekehrten König Duschyanta sterben und Sakuntala an seiner Leiche eine Art Liebestod erleiden zu lassen, änderte dies aber bald und gestaltete den Schluß, dem Original entsprechend, versöhnend. Ein Schimmer von dichterischer Begabung leuchtet mir aus den Zeilen dieses dramatischen Erstlingswerkes immerhin entgegen, doch sind die Verse von typisch Wagnerschen Redewendungen so durchsetzt, daß an ein freies Ausreifen eines derartigen Werkes nicht zu denken war und die Komposition höchstens den Wert einer Studie erhalten konnte, als was ich sie auch heute längst betrachte.

Im Leipziger Stadttheater war ich ein ständiger Besucher, aber fast ausschließlich nur bei Wagner-Vorstellungen, da ich bereits meinte, nichts anderes mehr wirklich genießen zu können. Nur »Fidelio«, in welchem die Reicher-Kindermann die Titelrolle in tief ergreifender Weise darstellte, bildete eine Ausnahme. Es ist ein großes Glück, daß ich von dieser Einseitigkeit bald zurückkam. Die Leipziger Wagner-Vorstellungen, solange Angelo Neumann Direktor war, waren allerdings vorzüglich. Neumann setzte seinen ganzen Ehrgeiz darein, hier das Beste zu bieten.

143

Einzelne Gestalten, wie das Zwergenpaar Alberich und Mime habe ich niemals wieder so vollendet verkörpert gesehen wie durch Schelper und Lieban. Besonders lebhaft in Erinnerung habe ich auch Schelpers prächtigen Hans Sachs, der nur durch die bisher unerreichte Leistung von Franz Betz übertroffen wurde. Eine junge Künstlerin, die später eine der ersten dramatischen Sängerinnen werden sollte, K a t h a r i n a K l a f s k y, sang damals noch kleinere Rollen, als größte die Brangäne in »Tristan«. Störend wirkten nur die oft recht sinnlosen Kürzungen. Es war gestrichen wo's eben gerade paßte, so wie Theaterroutiniers zu streichen pflegen. Was dabei wegfiel, war gleichgültig, wenn's nur kürzer wurde. Ich hatte einmal Gelegenheit, mit Anton Seidl in seinem Stammlokal, der Gosenstube gegenüber Wagners Geburtshaus zusammenzukommen. Seidl war ein ruhiger, schweigsamer Mann, der stundenlang hinter seinem Glase sitzen und zuhören konnte, anscheinend auch nicht gern gestört werden wollte. Ich wagte aber doch, ihn wegen dieser Striche zu befragen. Seidl fixierte mich scharf durch seinen Zwicker, den er stets trug, und sagte: »Glauben Sie denn, daß ein Sänger es auf die Dauer aushält, diese Riesenrollen ohne Striche zu singen? An einem alle Tage spielenden Theater hieße das ja, die Stimmen umbringen.« Als ich noch eine Einwendung machte, schnitt er mir kurz das Wort ab: »Übrigens bin ich von Wagner selbst autorisiert, zu streichen, wie ich es für richtig halte«, und wandte sich seinem anderen Nachbar zu. Wie recht Seidl damals hatte, erfuhr ich erst später, als ich längere Zeit selbst im praktischen Theaterdienst stand und die oft besprochene Stimmenverwüstung durch die jahraus jahrein den Sängern zugemuteten, ungekürzten Wagner-Vorstellungen durch die eigene Erfahrung bestätigt fand. Wie manche blühende Stimme wäre uns länger erhalten geblieben ohne diesen mit geradezu suggestiver Kraft verbreiteten Irrwahn, daß zur Vollkommenheit einer Wagner-Vorstellung ihre Strichlosigkeit gehöre. Freilich kann man besser kürzen, als es damals in den achtziger Jahren des vorigen Jahrhunderts und auch noch später üblich war, doch dazu gehört ernstes Nachdenken und gewissenhafte Arbeit, nicht bloße Routine. Man könnte auch erst dann ernstlich darüber reden, wenn einmal der Wagner-Fetischismus einer echten Wagner-Pflege Platz gemacht haben würde, die nicht von Tradition und Personenkultus zehrte, sondern ihre eigenen Wege ginge.

Während ich mich von der Oper, außer den Wagner-Vorstellungen, ziemlich ferne hielt und auch die mich wenig interessierenden Gewandhauskonzerte stark vernachlässigte, besuchte ich um so eifriger das Schauspiel, namentlich klassische Stücke. Zum erstenmal sah ich den zweiten Teil des »Faust« auf der Bühne. Ich hatte die Dichtung gelesen, mich aber in ihr wie in einem Labyrinth verirrt, ohne mich zurechtzufinden. Beide Teile wurden damals in der Einrichtung Devrients gegeben, die den Vorzug besaß, die Zahl der Verwandlungen sehr zu beschränken und durch Herausholen der wichtigsten Szenen eine Reihe dem Publikum verständlicher Bühnenbilder zu schaffen. Auch hier waltete mehr die Routine eines geschickten Schauspielers, als ein der Größe der Aufgabe würdiges Nachschaffen. Die melodiöse, gefällige Musik Eduard Lassens aber drückte Goethes Tragödie ein wenig in die Sphäre der Oper Gounods, allerdings ohne Gounods Anmut. Gleichwohl war Devrients Arbeit als erster Versuch, auch den zweiten Teil des »Faust« der Bühne zu gewinnen, verdienstlich, denn er regte viele, und auch mich, zum Nachdenken über dieses Problem an. Der Eindruck, den ich empfing, war sehr groß, wenn auch das Unzulängliche nicht Ereignis wurde, sondern das Ereignis meistens unzulänglich war. Ich vertiefte mich sofort wieder in den »Faust« und begriff jetzt auch den zweiten Teil besser. Einen der zahlreichen Kommentare zu benützen, habe ich stets verschmäht. Was ich nicht aus mir selbst verstand, konnte mir kein Lehrbuch geben. Goethe spricht eine klare Sprache. Ich sah einmal eine Ausgabe des »Faust«, in der seltene mythologische Ausdrücke, namentlich in der klassischen Walpurgisnacht, zum Beispiel »Arimaspen«, durch Fußnoten erklärt waren. Das genügt vollkommen; darüber hinaus sollte kein Kommentar gehen. ---

Hans v. Bülow kam mit der Meininger Hofkapelle nach Leipzig. Die Präzision des kleinen Orchesters war erstaunlich; es war wie ein einziges Instrument, auf dem der Meister spielte. Das Technische des ganzen reproduktiven Werkes bewunderte ich; die Willkürlichkeiten Bülows in Melodik und Tempoabstufungen verletzten mein musikalisches Empfinden. Nach einer unglaublich raffiniert ausgetüftelten Beethovenschen Symphonie — wenn mein Gedächtnis nicht völlig trügt, war es die Pastorale — rief mir ein Bekannter zu: »Fein!« Ich gestattete mir zu antworten: »Klein!« — Bülow gab einen Beethoven-, einen Brahms-Abend und als drittes Konzert einen Mendelssohn-Schumann-Abend. Brahms hatte am Neujahrstag, an dem ich noch nicht in Leipzig war, sein B-dur-Klavierkonzert zum erstenmal im Gewandhause gespielt und war, wie schon öfters im damaligen Leipzig, kühl aufgenommen worden. Bülow benützte diese Tatsache zu einem sensationellen Vorgehen. Er wiederholte im Brahms-Abend ohne äußeren Grund den dritten Satz der ersten Symphonie. Dann wandte er sich zum Publikum und sagte wörtlich: »Ich danke Ihnen für den Beifall und danke dem Herzog von Meiningen, daß er uns hierher gesandt hat, um dem Meister Johannes Brahms Satisfaktion zu geben für den ersten Januar.« — Ich war damals empört gegen Brahms, daß er sich eine solche Art der Propaganda nicht öffentlich verbat. Da außerdem — ob mit Recht oder Unrecht, weiß ich nicht — sehr abfällige Aussprüche Bülows gegen Wagner zu Brahms' Gunsten verbreitet wurden, so trug Bülows Verhalten wesentlich zur Entfremdung echter Wagnerianer von Brahms' Kunstschaffen bei. Dabei übersahen wir freilich, daß die Art, wie Wagner selbst gegen den um zwanzig Jahre jüngeren Brahms auftrat, weder gerecht noch vornehm war. Lange hat der Antagonismus Brahms-Wagner, der bei so verschiedenartigen Erscheinungen überhaupt gegenstandslos war, im Musikleben gespukt und belästigt. —

Das Frühjahr führte einige Grazer Musiker, die mir liebe Bekannte und Freunde waren, in meine Nähe. Heuberger kam nach Leipzig, um einer Aufführung seiner reizenden Schubert-Variationen im Gewandhaus beizuwohnen. Sein Antagonismus gegen Wagner — er verkehrte in Wiener Hanslick-Kreisen — war noch gewachsen, und wir gerieten oft hart aneinander. Aber er war ein geistreicher, unterhaltender Mensch, mit dem ich mich schließlich doch immer wieder gut verstand. Sein Stück hatte den verdienten Erfolg. Richard Sahla gab einige Konzerte in Deutschland und kam auch nach Leipzig, da von einer Änderung im Konzertmeisterposten des Gewandhauses die Rede war. Er war ein prachtvoller Geiger, für diese Laufbahn, die er nicht dauernd eingeschlagen hat, anscheinend geboren, und dabei ein warmblütiger, echter Musiker, mit dem ich jetzt noch viel mehr Berührungspunkte fand als vor einigen Jahren in Graz. Der mir von meinen, mir an Alter weit überlegenen Grazer Freunden am nächsten stehende Wilhelm Kienzl war ebenfalls in Deutschland, auf einer Konzertreise mit der berühmten Sängerin Aglaja Orgéni. Auch er kam nach Leipzig.

Für Ostern hatte Böttcher beschlossen, wieder nach seiner Heimat zu fahren, und lud mich ein, ihn zu begleiten. Mein Herz schlug hoch empor; sollte ich doch jenes Wesen wiedersehen, dem meine Seele seit Weihnachten mit aller Innigkeit huldigte. Wieder fuhren wir mit dem frühesten Personenzug von Leipzig ab; wir hatten Billette IV. Klasse, fuhren aber II., da sowohl die IV. wie die III. Klasse am Karsamstag derart überfüllt waren, daß eine halbe Stunde vor Abgang des Zuges niemand mehr dort einsteigen konnte. Gegen ein Trinkgeld von einer Mark ließ uns der gemütliche Schaffner auch bis Kassel in dem vornehmen Coupé sitzen.

In Cassel besuchte ich meinen neuen Verleger, Paul Voigt, der sehr erstaunt war, einen bartlosen Jüngling zu sehen, wo er sich einen Mann in gesetztem Alter vorgestellt hatte. Ich brachte ihm mein Opus 5, die »Phantasiebilder«, die inzwischen eine definitive Form erhalten hatten. Er nahm sie mit Freude an und zahlte mir gleich die hundert Mark aus, die ich dafür begehrte.

Der Tag war schön und warm; so schlug Böttcher vor, nicht die Post zu benützen, sondern über Wilhelmshöhe zu Fuß ins Waldecksche Ländchen hineinzuwandern. Unsere Köfferchen gaben wir mit der Post nach Mengeringhausen auf, und nach einem rasch eingenommenen Mittagmahl brachen wir auf. Herrlich war der Weg durch den Park von Wilhelmshöhe, hinauf am historischen Schloß vorbei bis zum Herkules. Die Sonne leuchtete in neu erwachter Kraft und Schönheit. Über dem Hügelland, das vom Herkules ab flach abfiel, lag ein lichtgrüner, jungfräulicher Schleier. Schon hatten die Bäume ausgeschlagen und ihre Äste waren über und über mit kleinen Blättchen bedeckt, die erstaunt in den Frühling hinauslugten und sich vom Wind ihrem neuen Leben entgegenwiegen ließen. Ein saftiges, dunkles Rasengrün bedeckte stellenweise bereits den Boden. Wie zwei richtige Gesellen schritten wir durch die blühende Landschaft dahin; es fehlte nur das Ränzel auf dem Rücken. Alle Erdenschwere war abgeworfen. Ich, das Herz voll Liebe und Sehnsucht, hatte allen winterlichen Pessimismus abgestreift wie ein ausgekrochener Schmetterling seine Puppe, und Böttcher mit seinem blonden Haupt und den strahlenden blauen Augen sah aus wie der Gott Froh im »Rheingold«. Die Tage waren schon ziemlich lang und wir kamen noch bei leidlichem Licht im traulichen Mengeringhausen an, freudig von allen Seiten begrüßt. Auch von ihr empfing ich, zitternden Herzens, einen kräftigen Händedruck und ein treuherziges »Grüß Gott«. Böttcher hatte wieder seinen sarkastischen Bogen gespannt und wartete nur darauf, allein und vor anderen seine Pfeile gegen mich abschießen zu können. Ich tat ihm aber diesmal nicht den Gefallen, ihm irgendwie aufzusitzen, sondern benahm mich so, daß niemand von meinem Seelenzustand etwas merken konnte. In ihrer Gegenwart vermied ich es sogar oft, sie anzusehen oder mit ihr zu sprechen, so daß sie einmal, wie ich nachher erfuhr, über mich äußerte, ich sei recht ungezogen, und mich nun auch ignorierte, als ich wieder in ihre Nähe kam. »Was ist's mit dir, Junge, du bist ja gar nicht mehr verliebt«, stichelte Böttcher öfter. Ich war es aber doch, und als sie, wenige Tage nach meiner Ankunft, mit einer Freundin nach Berlin fuhr, um dort ein Jahr zuzubringen, schien mir das liebe Mengeringhausen eine Muschel ohne Perle. Wohl wußte ich aber, daß ich nunmehr auch bald nach Berlin fahren würde: ein Entschluß, den ich auch ausführte.

In Mengeringhausen ging es diesmal hoch her. Sahla war schon einige Tage früher dort eingetroffen; bald kamen auch Fräulein Orgéni mit ihrer Schwester und Kienzl. Da zu Ostern im deutschen Konzertleben eine Pause eintrat, hatten alle Ferien, und wir beschlossen in lustiger Stimmung, in der Hauptstadt Arolsen und in Mengeringhausen gemeinsam zu konzertieren. Die Orgéni sang — und wie schön sang sie! — Sahla spielte mit erstaunlicher Bravour das Konzert von Paganini, Kienzl und ich spielten Klavier und übernahmen sämtliche Begleitungen. Der Gewinst wurde brüderlich geteilt. Noch erinnere ich mich, daß ich zum erstenmal in meinem Leben versuchte, auswendig zu spielen, dabei das Gedächtnis verlor, und das Stück, die G-moll-Ballade von Chopin, zu Ende improvisierte. Seit dieser Zeit berühre ich keine Taste, ohne die Noten vor mir zu haben, während sich mir das Auswendigdirigieren später ganz von selbst ergab.

Nach meiner Rückkehr nahm ich meine Studien mit allem Eifer wieder auf. Pianistisch übte ich vor allem das Es-dur-Konzert von Beethoven, das ich im Prüfungskonzert spielen sollte. Ein Lehrer des Konservatoriums, Herr Hermann, unternahm den kühnen Versuch, mit den vier begabtesten Schülern die

sechs letzten Quartette Beethovens in den sogenannten Abendunterhaltungen aufzuführen. Ich durfte den meisten Proben beiwohnen und wurde dadurch in eine mir bisher verschlossene
Wunderwelt eingeführt. Damals gab es noch Leute, die behaupteten, Beethoven sei schon halb verrückt gewesen, als er diese
Musik schrieb.

Die Gelegenheit, nach Berlin zu fahren, ergab sich schon
wenige Wochen später. Am Samstag vor Pfingsten ging nachts
ein Extrazug von Leipzig nach der Hauptstadt und man konnte
innerhalb acht Tagen beliebig zurückfahren. Der Preis für die
dritte Klasse war fünf Mark; das konnte ich mir nebst einem
dreitägigen Aufenthalt in Berlin leisten, da ich etwas Geld
verdient hatte. Ich bewog Böttcher, mit mir zu fahren. Er tat
es um so lieber, als im Königlichen Opernhaus »Tristan und
Isolde« angesetzt war und wir dadurch Gelegenheit bekamen,
den großen Albert Niemann zu hören. Pfingstsonntag früh kamen
wir in Berlin an. In der Charlottenstraße in einem kleinen Hotel
stellten wir unsere Kofferchen ab, dann wanderten wir frisch
und fröhlich ohne bestimmten Plan in die feiertägig belebten
Straßen der jungen Reichshauptstadt hinein. Die Museen waren
geöffnet, so zogen wir zunächst dorthin. In der Nationalgalerie
sah ich zum erstenmal ein Bild von Böcklin, und zwar gerade
dasjenige, das später in meinem Kunstschaffen eine Rolle spielen
sollte, das »Gefilde der Seligen«. Anfänglich zwar befremdet,
war ich mir doch bewußt, einen so starken Eindruck empfangen
zu haben, daß ich seit dieser Zeit aufhorchte, wenn der Name
Böcklin genannt wurde und keine Gelegenheit versäumte, Bilder
von ihm zu sehen. Ich verdanke diesem Meister künstlerische
Erhebungen, wie ich sie nur von den größten Werken der Musik
und der Dichtkunst empfing. Ich mache hier gewiß nicht den
Versuch, mich in einen Fachstreit einzulassen, in dem ich naturgemäß unterliegen müßte. Lediglich der Ueberzeugung möchte
ich Ausdruck geben, daß diejenigen im Unrecht sind, die heute
Böcklin auf das Niveau des Dekorationsmalers herabdrücken
wollen. Es gibt Erscheinungen, die dem Für und Wider der
irdischen Strömungen weit entrückt sind, und zu diesen gehört
— für mich — Arnold Böcklin. Wozu er für andere gehört, ist
mir, wie recht vieles auf diesem Erdenball, sehr gleichgültig. —

Nachmittags besuchten wir die Familie, in der die junge
Dame aus Mengeringhausen wohnte, deren Bild mich zu jeder

Stunde begleitete. Wir machten in größerer Gesellschaft einen Ausflug in die nähere Umgebung. Auf dem Heimweg ging ich zum erstenmal längere Zeit mit ihr. Das Gespräch, das sich sicherlich nur um alltägliche Dinge drehte, schien mir, durch meine eigene seelische Stimmung und den gestirnten Himmel über mir, ein Gedankenaustausch unsterblicher Wesen.

Die mannigfachen Erlebnisse im großen, rasch aufblühenden Berlin, die interessanten Parallelen mit dem älteren und jedenfalls schöneren Wien und vor allem die nahe Aussicht, Albert Niemann zu hören, alles zusammen schützte mich davor, mein seelisches Gleichgewicht so stark zu verlieren, wie ich es bereits einmal verloren hatte. Ein Freund Böttchers hatte uns zu »Tristan« eingeladen und wir nahmen auf den bequemen Parkettsitzen des Opernhauses erwartungsvoll Platz. Schon die Wiedergabe des Vorspiels entsetzte mich. Was war dies für ein zerschnittenes, ausdrucksloses Herunterhetzen im Vergleich zu Seidls herrlicher ausdrucksvoller Wiedergabe! Auch nach Hochgehen des Vorhangs Enttäuschung auf Enttäuschung. Eine stimmungslose Dekoration, eine stimmgewaltige, aber darstellerisch ganz versagende Isolde. Das Orchester stets viel zu laut, die Zeitmaße unmöglich. — Da teilte sich der Vorhang des Schiffes. Am Steuerruder, wo ich die Erscheinung unseres braven Lederer zu sehen gewohnt war, stand eine fast überlebensgroße Gestalt. Ein mächtiges Haupt krönte einen kraftvollen, aber doch schlanken Körper mit breiter, echt männlicher Brust. Von den Augen aber, die düster in die Ferne blickten, ging ein stählernes Leuchten aus, das sogar auf große Entfernungen noch sichtbar und fühlbar war. Das war »Tristan, der Held«, das war Albert Niemann. So wie die Reicher-Kindermann die weibliche Seite der Tragödie verkörperte, so er die männliche, noch ehe er ein Wort gesungen hatte. Die Stimme war weder besonders groß, noch schön, aber die wunderbare Beherrschung der Sprache und die Bedeutsamkeit, mit der jede Phrase wiedergegeben wurde, ließen die Frage nach der stimmlichen Qualität gar nicht aufkommen. Der Schiffsvorhang schließt sich wieder und die Aufführung geht rasch und inhaltslos vorüber. Niemann tritt wieder auf — wie klein und gleichgültig klingen hier die wuchtigen Schicksalsschritte des Orchesters! — und man ist im Banne dieser gewaltigen Persönlichkeit. Der zweite Akt ist geradezu trostlos. Auch Niemann schont sich ersichtlich und markiert nur. Unsicherheit oben und unten. Das

Fürchterlichste aber ist der Souffleur; er schreit derart, daß man die Worte von dorther besser versteht als von der Bühne. Nach Aktschluß halte ich mich nicht mehr; ich eile zur Bühnentür rechts und drücke sie auf. Ein grimmiger preußischer Portier hält mich an. »Ich muß den Herrn Kapellmeister in einer dringenden Angelegenheit sprechen.« Der Portier entfernt sich mit mißtrauischem Blick. Da öffnet sich links eine kleine Tür und eine martialische Erscheinung tritt heraus, die den Eindringling mit strengem Blick mustert. Es war der alte Herr v. Hülsen, der Generalintendant. Ich verbeuge mich, meinen Namen nennend: »Exzellenz, erlauben Sie einem aufmerksamen Besucher, auf einen Übelstand hinzuweisen. Der Souffleur schreit derart, daß man zu keinem Kunstgenuß kommt. Kann das nicht abgestellt werden?« Der Martialische sieht mich etwas erstaunt an und sagt dann kurz, aber nicht unfreundlich: »Wird geschehen, danke!« Zehn Jahre später, als meine Differenzen mit dem Nachfolger des alten Herrn v. Hülsen bereits begonnen hatten, hätte ich wahrscheinlich einen Verweis erhalten, wenn ich als angestellter »königlicher Kapellmeister« mir eine derartige Ausstellung erlaubt hätte. —

Der Vorhang öffnet sich wieder: Tristan auf seinem Sterbelager. Dumpf murmelt er die ersten Worte. Bei den irre aufsteigenden Geigen nach Kurwenals Worten »Nicht doch, in Kareol« öffnet er erst die Augen, und diese großen starken Augen blicken so schmerzlich und verloren in eine fremd gewordene Welt hinein, daß mir heute noch ein Schauder über den Rücken läuft, wenn ich daran denke. Mit unerhörter Kraft baut er diesen Akt auf; kein Wort kann die Größe seiner Leistung annähernd schildern. Als er sich vor dem letzten Ruf »Isolde!« noch einmal in Schönheit emporhebt und dann beinahe blitzartig zusammenbricht, in der Bewegungslosigkeit noch einen herrlichen Anblick gewährend, erheben wir uns wie in stiller Verabredung und verlassen leise das Haus, der Ernüchterung der noch folgenden Szenen willig entgehend. —

Der Juni des Jahres 1882 brachte mir ein bedeutsames Erlebnis: die erste Begegnung mit Franz Liszt.

Mein Kollege Konrad Ansorge erzählte mir eines Tages, er sei gerade von Weimar zurückgekommen und habe Liszt vorgespielt. Ich sah ihn erstaunt an: »Wie haben Sie es gemacht, zu ihm zu gelangen?« »Sie können ihm jederzeit schreiben und er empfängt Sie dann an bestimmten Tagen«, antwortete mir Ansorge. »Wenn es Ihnen recht ist, so begleiten Sie mich das nächste Mal. Sie haben dann eine Erinnerung fürs Leben, wenn Sie einmal bei ihm gewesen sind.«

Ich stellte mir Liszt vor wie einen König, in einem Palast wohnend und Hof haltend für wenige Auserwählte. Trotzdem faßte ich mir ein Herz und schrieb an ihn die Bitte, ihn besuchen und einiges meiner Kompositionen zeigen zu dürfen. Würde ich eine Antwort bekommen? Ich zweifelte daran. — Noch liegt ein schlichtes Briefchen vor mir mit der alten deutschen Reichsmarke und dem Poststempel Weimar. Es lautet: »Geehrter Herr! Bis zum 22ten Juni treffen Sie hier jeden Nachmittag von 3 bis 7 Uhr freundlich bereitwillig F. Liszt. 8ten Juni 82, Weimar.« Es war postwendend eingetroffen.

Ansorge und ich fuhren an einem der nächsten Tage nach Weimar. Orte, wo große Menschen gelebt haben oder noch leben, sind für mich, bevor ich sie betrete, stets mit einer Art von Unwirklichkeit umgeben. Ich kann sie mir nicht vorstellen, wenn ich auch Bilder davon gesehen habe. Es war mir fast undenkbar, daß Weimar, wo Goethe und Schiller wirkten, eine Stadt sein sollte wie andere auch. So ging es mir mit Bayreuth, so mit Salzburg. So würde es mir heute noch gehen, wenn ich Nazareth und Jerusalem oder halb historische, halb sagenhafte Heiligtümer Indiens besuchen sollte. Als ich auf dem Weimarer Bahnhof ausstieg und hinter der modernen Bahnhofstraße das alte, nüchterne Städtchen auftauchte, da frug ich mich, ob denn hier — wirklich hier — der über die ganze Erde strahlende Stern der deutschen Dichtung aufgegangen sei. Vor dem kleinen, inzwischen leider abgerissenen Theater erinnert das Doppeldenkmal, das ich schon durch Abbildungen kannte, an den unvergänglichen Ruhm dieser unscheinbaren Residenz. Noch wenige Schritte und wir stehen vor einem mäßig großen, etwas schiefen Hause mit grünen Jalousien. Am Anfang des Jahrhunderts stand es noch allein in einer Baumallee; jetzt ist es in andere, ebenfalls schon alte, aber im Vergleich zu ihm recht neue Häuser eingepfercht: Schillers Wohnhaus. Andächtig steigen wir in das zweite Stockwerk. Keine Annonce wird heute mehr in so primitiv eingerichteten Räumen geschrieben, wie diejenigen, wo »Maria Stuart«, »Die Jungfrau von Orleans« und »Wilhelm Tell« entstanden sind. Weimar hat, sehr im Gegensatz zu Wien, die Stätten, die durch seine Großen geheiligt sind, pietätvoll erhalten. Es ist keine Sentimentalität, wenn mir beim Anfassen der letzten Feder, mit der Schiller geschrieben hat, die Tränen in die Augen treten. Es ist Ehrfurcht, tiefe Ehrfurcht vor der göttlichen Macht, die unter Millionen ein Wesen geschaffen hat von solcher Reinheit und Größe wie den Dichter, der hier wohnte, schuf und starb. »Immer heiterer, immer besser« waren die letzten Worte, die seine Seele durch seinen irdischen Körper zu uns sprach, der alles Leiden bereits überwunden hatte. — Einfache, kunstlose Verse, die ich neulich las, kommen mir in den Sinn, wenn ich an die unscheinbaren Räume dort in jenem schlichten Hause denke. Sie lauten: »Und haben mutig wir gekämpft hienieden, vollendet unsres Lebens Lauf, kommen hehre Engel aus den sel'gen Fernen und nehmen uns in Gottes Frieden auf.« Vollendet sich ein Leben wie dieses, so heben sich alle Widersprüche und Dissonanzen der Sinnenwelt auf und eine große, unendlich einfache und erhabene Melodie zieht klingend durch den Weltenraum von Stern zu Stern, durch alle Zeiten. Auf der Erde aber leben einige wenige, die sie ahnen und auch hören, diese Melodie.

Wir gehen durch die nach Schiller benannte Straße hinunter und biegen rechts um die Ecke. Einige Häuser weiter, und vor uns liegt der alte Frauenplan mit einem ziemlich großen, breiten, gelblich gestrichenen Gebäude. Noch ist es kein Museum wie heute, noch liegt die Intimität, das Geheimnis des Privathauses über ihm, denn die Enkel seines einstigen Besitzers, die Enkel Goethes, leben noch und wohnen darin. Scheu und abgewandt von der Welt wohnen sie, getrennt voneinander, in kleinen Appartements des geräumigen Hauses. Die Räume im ersten Stock, wo einst der Mittelpunkt der intellektuellen Welt war, sind geschlossen. Noch ein Jahr und der eine Enkel zieht fort nach Leipzig. Der andere folgt bald, hält sich aber auch dort ferne von seinem Bruder. Beide sterben innerhalb zwei Jahren; in einen Mißklang klingt der Familienname Goethe aus. Ich stand vor der großen altertümlichen Türe und sah zu den Fenstern hinauf. Erst fünfzig Jahre waren es her, daß man den Schöpfer des »Faust« von hier hinaustrug nach der Fürstengruft, wohin wir jetzt wandern. Ziemlich viele lebten damals in Weimar, die ihn noch gesehen und gekannt hatten. Wird unser Erdball fähig sein, nochmals eine Erscheinung von so überwältigender Größe hervorzubringen? Sieht man sich heute um in unserer, durch den sinnlosen Krieg verwüsteten Welt, so möchte man für Jahrhunderte daran zweifeln. —

Gegen 3 Uhr gehen wir die Marienstraße hinauf, an deren Ende links ein kleines, einstöckiges Haus mit einem lässig gepflegten Gärtchen steht: die Hofgärtnerei. Dies ist der »Palast«, in dem der Künstler thront und Hof hält, den ich mir so unnahbar vorgestellt hatte. Nicht die kleinste Schildwache steht vor der Tür, aus dem geöffneten Fenster aber hört man Klavierspiel. Mit eigentümlicher Befangenheit steige ich die enge, gewundene Treppe hinauf. Ein loser, rundgerollter roter Filz ist durch Ringe aus Messing längs der Stufen gezogen. Ich fasse ihn fast ängstlich an, in der Erinnerung, daß der alte Herr hier vor kurzem einen gefährlichen Sturz erlebt und gottlob überlebt hat. So oft ich später hier hinaufschritt, mußte ich beinahe automatisch nach diesem primitiven Geländer greifen und habe das Gefühl davon heute noch in der Hand.

Die Tür öffnet sich. L i s z t steht mit dem Rücken dagegen am nahen Klavier und schilt einen Jüngling, der offenbar schlecht gespielt hat. Ich hatte ihn mir größer vorgestellt; er ist sogar etwas kleiner als ich. Freilich trägt der bereits stark gekrümmte Rücken und die verfettete Figur zu diesem Eindruck bei. Wie mag er als junger Mann ausgesehen haben, als er, schlank wie ein Götterliebling, seine magischen Zauberkreise um sich zog? — Der Jüngling entfernt sich wie ein armer Sünder. Liszt brummt etwas von »ungewaschener Wäsche« und wirft die Noten mißmutig auf das Klavier. Niemals habe ich ihn später so heftig gesehen wie in diesem ersten Augenblick. Er wendet sich um und sein Auge fällt auf den neuen Ankömmling. Nun sehe ich in sein Gesicht: Die von Bildern längst bekannten Züge, nur ebenfalls in die Breite gezogen. Leuchtend und unverschleiert schauen mich die hellen, blitzenden Augen an. Die großen Warzen fallen sofort auf; das Gesicht ist aber zu bedeutend, als daß es durch kleine Fehler entstellt werden könnte. Auf der bereits faltigen Stirne, beinahe in der Mitte, ist die eine Warze wohl einen halben Zentimeter lang. Liszt benützt sie als Brillenhalter, wenn er das Glas nicht benötigt. Er ist weitsichtig und kann ohne Brille nicht lesen. Ich nenne meinen Namen und berufe mich auf sein gütiges Schreiben; »'s ist gut«, sagt er, nunmehr sehr freundlich, und reicht mir die Hand, eine weiche, feine, warme Hand mit schmalen, ungewöhnlich langen Fingern.

Liszt brachte bekanntlich Dezimen-Glissandi auf dem Klavier heraus. Als ich diese Finger sah, begriff ich es.

Die Versammlung, die ich bei Liszt traf, hatte nichts von einer Schule an sich. Zwanglos bewegten sich die anwesenden zwanzig, höchstens dreißig Personen in einem schmucklosen, ziemlich großen Raum, in dem ein riesiger Konzertflügel und ein Pianino standen. Am Fenster ein einfacher Schreibtisch, eine Garnitur mit einigen Stühlen. An der Wand, sofort in die Augen fallend, ein Bild Beethovens. Nicht alle waren ausübend, viele hörten nur zu. Liszt verbesserte die Vortragenden, warf geistvolle, oft sarkastisch gefärbte Bemerkungen hin und spielte selbst wohl einige Takte. Gierig sah ich hin, wenn diese langen, schmalen Finger scheinbar absichtslos über die Tasten glitten und eine Schwierigkeit spielend überwanden, die anderen den Schweiß in das Antlitz trieb. Endlich trat er zu mir, nahm mich bei der Schulter und schob mich sanft, aber entschieden zum Klavier hin. Ich hatte die Skizzen meiner »Phantasiebilder« mitgenommen und begann zu spielen. Das erste Stück lobte er sehr, besonders eine unerwartete, harmonische Wendung fand seinen Beifall. Auch die folgenden Stücke schienen ihm zu gefallen, denn er sagte mir aufmunternde Worte. Einmal mißglückte mir eine Passage; ich war doch ein wenig aufgeregt, mit meiner keineswegs virtuosen Technik gerade vor Franz Liszt spielen zu sollen. Aber ich behielt meine Fassung, weil ich mir sagte, daß ich ja nicht als Pianist, sondern als Komponist zu ihm gekommen sei. Er hielt meine Hand auf, als mir das kleine Mißgeschick passierte. »Nicht puddeln!« rief er, »das tut man nur auf dem Konservatorium«. Sein Haß gegen diese Art von Erziehungsanstalten war geradezu typisch. Ich spielte die Stelle nochmals, die mir nun auch gelang. Er lud mich freundlich ein, öfter zu ihm zu kommen und ihm wieder was von meinen Sachen zu bringen. Ich dankte ihm mit stummer Verbeugung. Noch einmal, in der folgenden Woche, fuhr ich mit Ansorge zu ihm, verhielt mich aber diesmal nur zuhörend. Noch hatte ich keine Ahnung, daß mir der große Mann in seinen letzten Lebensjahren ein väterlicher Freund werden würde.

Ein Vortrag ist mir aus diesen zwei ersten Besuchen in Weimar in bleibender Erinnerung geblieben. Ein unscheinbarer, langhaariger, etwas an die Bilder des frühverstorbenen Lieblingsschülers Liszts, Karl Tausig, erinnernder junger Mann trat an den Flügel und spielte die große A-moll-Etüde von Chopin in einer Weise, die uns vor Erstaunen verstummen ließ. Liszt, außer sich vor Freude, hob den kleinen Mann förmlich vom Boden empor und küßte ihn wiederholt. Nicht lange danach klang der Name eines neuen pianistischen Genies in die Welt hinaus und hat bis heute von seinem Glanz noch nichts eingebüßt: Eugen d'Albert.

Nur flüchtig war meine Begegnung mit Franz Liszt gewesen, aber dennoch hat sie nachhaltig auf mich gewirkt. Zum erstenmal war ein Großer in mein Leben getreten, zum erstenmal war ich einem Fürsten im Reiche der Töne persönlich gegenübergestanden. Wieder mußte ich mich eines Traumes entsinnen, der, wie so mancher meiner kindlichen Träume, später prophetische Bedeutung gewonnen hat. Es war vor mehreren Jahren in Graz, als ich noch tief im Gymnasium steckte; da sah ich einen sanft ansteigenden grünen Hügel vor mir, hell von der Sonne beschienen, darüber ein strahlend blauer Himmel. Oben auf dem Hügel, an dessen Fuß ich mich befand, stand eine ehrwürdige hochaufragende Erscheinung im schwarzen Talar mit silberweißem, in der Sonne leuchtendem Haar: Franz Liszt, wie ich ihn damals von Bildern her kannte. Die Erscheinung winkte mir, aber ich konnte nicht zu ihr kommen. Nun war ich dieser Erscheinung tatsächlich begegnet; sie war freilich nicht so leuchtend und hoch aufragend wie im Traume, sah sogar recht behäbig aus, aber ein himmlisches, mitunter auch ein höllisches Feuer blitzte ihr noch immer aus den Augen und ließ erkennen, welche Gewalt einst von ihr ausgegangen sein mußte. Noch stand ich dem Meister meilenfern, noch konnte ich ihm tatsächlich nicht nahekommen, sondern ihn nur mit einem aus Staunen und Ehrfurcht gemischten Gefühle betrachten und mich seiner in gleicher Weise erinnern. Aber auch das hob meine Lebensgeister und stimmte mich zur Dankbarkeit gegen mein Geschick.

Die Zeit bis zu den Ferien war noch in mehrfacher Beziehung reich ausgefüllt, zunächst durch die Prüfungskonzerte des Konservatoriums, wo ich unter Leitung Reineckes das Es-dur-Konzert von Beethoven und dann auch meinen Zyklus »Aus vergangener Zeit« spielte. Ich dirigierte auch die reizende dritte Streichserenade von Robert Volkmann. Es war dies das erstemal, daß ich vor einem größeren Zuhörerkreis den Taktstock führte.

Das Hauptereignis aber war ein Wagner-Zyklus im Stadttheater, der zugleich den in der ganzen Stadt lebhaft bedauerten

Abschied des Direktors Angelo Neumann bedeutete. Vom »Rienzi« bis zur »Götterdämmerung« zog das Schaffen des Bayreuther Gewaltigen an uns vorbei. ˙Eine prachtvolle, ergreifende Aufführung des »Tristan« verwischte die peinlichen Eindrücke der Berliner Entstellung dieses Werkes, aus der sich nur die Erinnerung an den kolossalen Albert Niemann loslöste wie ein leuchtender Stern, der nun einmal in Leipzig nicht schien. Der Höhepunkt aber war der letzte Abend, die »Götterdämmerung«. Was die Reicher-Kindermann uns damals gab, übertraf alles Bisherige. Niemand, und die geniale Frau selbst gewiß am wenigsten, ahnte, daß es das letztemal war, daß sie in Leipzig auftrat. Es war auch das letztemal, daß ich sie hörte. Den zweiten Akt, namentlich den Schwur bei der Lanzenspitze Hagens und die Schlußszene habe ich niemals wieder in solchem Ausmaße von Größe dargestellt gesehen. Das war wirklich die Tochter eines Gottes, die in Liebe zum freien Helden ein Menschenweib geworden war.

Als die letzten Töne verrauscht waren und das Publikum jubelte und jubelte, hob sich der Vorhang. Direktor Neumann und sein ganzes Personal standen auf der Bühne. Neumann richtete einige einfache, herzliche Worte des Dankes an die atemlos horchende Zuhörerschaft. Eine große Epoche des Leipziger Theaters hatte mit diesem Abend ihr Ende gefunden. Durch die Aufführungen sämtlicher Werke Wagners war ihr das Siegel aufgedrückt. Wagner selbst gab seiner freundlichen Gesinnung für Angelo Neumann durch einen im »Leipziger Tagblatt« veröffentlichten Brief Ausdruck, der einen sehr gereizten Ausfall gegen die Väter seiner Geburtsstadt enthielt, weil man Neumann ziehen ließ. Dieser Theaterdirektor war eine ausgesprochene Persönlichkeit schon durch seine äußere Erscheinung. Die prachtvolle Gestalt, die imponierende, allerdings etwas theatralisch majestätische Haltung, der dunkle, edel geformte Kopf mit dem mächtigen Schnurrbart und den blitzenden schwarzen Augen gaben ihm ein aristokratisches Aussehen im besten Sinne des Wortes. Als ich ihn zum erstenmal sah, mußte ich an einen spanischen Granden denken, und mein geistiges Auge sah ihn in der schwarzen Uniform des Marquis Posa. Er hätte sie würdig getragen. Angelo Neumann gehörte zu den Menschen, die eine magnetische Atmosphäre um sich verbreiten. Er verstand es, zwingende Gewalt auszuüben. Wie viele schlichen in sein Bureau, den Dolch der Unzufriedenheit, ja des Hasses in ihrem Gewande und kamen wieder heraus, überzeugt, daß ihr Direktor doch recht habe, und gingen nun erst recht für ihn durchs Feuer. Ich kam später oft mit ihm gelegentlich der Aufführung meiner Werke in Berührung. Stets habe ich diese zwingende Seite seines Wesens empfunden, die er sich auch dann noch bewahrte, als sein Körper durch schweres Leiden seine frühere Straffheit verloren hatte. Er war Theatermensch durch und durch. Den Tücken der Kulisse war er gewachsen, nahm den Kampf mit ihnen unter Umständen auf, von denen jeder andere zurückgezuckt hätte, und — gewann ihn. Die Leipziger Zeit bedeutet den Höhepunkt seines Wirkens. Was später folgte, war ein Decrescendo.

Theater und Konservatorium hatten ihre Pforten geschlossen. So rüstete ich mich zur Abreise nach Graz. Mein op. 5, meine ›Phantasiebilder‹ waren erschienen. Ich sandte sie nach Berlin an die Person, der meine reine, schöne Neigung gehörte und schrieb einige bescheidene Zeilen dazu, worin ich mitteilte, daß ich abreiste, ohne jedoch eine Adresse anzugeben. Dadurch vermied ich es, eine Antwort oder gar einen Dank zu erhalten was mir banal erschienen wäre. Diese Liebe war ein luftiger Geist, der im Ätherglanz vor mir dahinflog; zu nahe der Erde, wäre er von ihr aufgesogen worden.

Denselben Weg, den ich vor zehn Monaten gezogen war, ging es nun wieder zurück über Dresden, die sächsische Schweiz und Böhmen. Nur blieb ich diesmal einen Tag in Prag, dessen alter Teil mich nach Bildern seit lange mächtig angezogen hatte. Der Augenschein aber übertraf alle Erwartung. Stundenlang streifte ich verträumt durch die Straßen dieser herrlichen Stadt, stand auf der Moldaubrücke, wo angeblich der heilige Beichtsiegelbewahrer Johannes in den Fluß geworfen worden ist, wanderte die Höhen des Hradschin hinauf und verlor mich in den Winkeln des Getto mit seinem denkwürdigen Kirchhof, der heute mit der kleinen Synagoge ganz verloren in ein modernes Stadtviertel hineinschaut und sich darin nicht mehr zurechtfindet. Vielleicht fährt das Riesenrasiermesser unserer sogenannten Kultur auch einmal über diese merkwürdige Stätte, ebenso wie man in Wien den Währinger Kirchhof beseitigt, wo alte Steine noch die einstmaligen Ruhestätten der irdischen Hüllen Beethovens und Schuberts bezeichnen.

In Wien stieg ich in der Grünangergasse Nr. 1 in der Wohnung meiner Verwandten ab, die offen war und durch ein Dienstmädchen verwaltet wurde. Am nächsten Tag fuhr ich nach Kaltenleutgeben, wo ich meinen Onkel und seine Familie überraschte und die Stätten wieder besuchte, die mir im Sommer des Jahres vorher, nach glücklich überstandener Matura belohnende Erholung gebracht hatten. Noch stand ich zu sehr im Banne des gewaltigen Leipziger Wagnerzyklus, als daß ich Sehnsucht empfunden hätte, irgendeine Theatervorstellung zu besuchen. Meine Seele bereitete sich auf den »Parsifal« vor, von dessen Erstaufführung uns nur noch Tage trennten. Bereits las man Berichte über den Fortschritt der Proben in den Zeitungen.

Meine Mutter hatte ich über den Tag meiner Ankunft mit Absicht nicht verständigt, sondern läutete, ziemlich früh am Morgen, unerwartet an ihrer Pforte. Auch meine Freunde Kadletz und Prelinger überraschte ich in ähnlicher Weise. Besonders rührend gestaltete sich das Wiedersehen mit meinem Lehrer Dr. Mayer. Er umarmte mich stürmisch und rief, indem er mich an seine Brust drückte: »Felix, einen Schüler wie S i e, krieg' ich doch nicht mehr!« »Warum Sie?« fragte ich erstaunt. »Ich kann dich doch nicht mehr duzen«, meinte er treuherzig. »Du bist ja jetzt ein erwachsener Mann.« Ich bat ihn, immer beim »Du« zu bleiben, und so blieb es auch.

Aus Bayreuth kamen die ersten Berichte über »Parsifal«. Die Kritik Dr. Hauseggers wurde von uns verschlungen. Höhnende Stimmen wurden laut, in Wien sowie in Deutschland. Aber der Spott klang abgedämpfter, entwaffneter wie in früheren Zeiten. Selbst die Frivolität mußte im Gralsgebiete etwas wie Demut empfinden. Prelinger hatte zu einer früheren Vorstellung ein Billet erhalten, fuhr daher, von uns Zurückgebliebenen mit grimmigem Neid betrachtet, schon vor uns nach Bayreuth. Zurückgekehrt, berichtete er nicht so enthusiastisch, wie wir es erwartet hatten. Er war damals schon ein kritischer Geist, und kleine Mängel, wie ein gelegentliches Zutiefsingen des Chores, verdarb ihm die Freude am großen Gelingen. Über das Werk selbst fand er keine Worte, um das Maß seiner Bewunderung auszudrücken. Ungeduldig erwartete ich die Abreise, die ich mit Kadletz gemeinsam zu unternehmen beschlossen hatte, da er zur selben Vorstellung den Eintritt erhalten hatte wie ich. Ich fand zu Hause keine rechte Ruhe. Der häusliche Zwang erschien mir drückend, da meine Mutter mich überhaupt nur ungern wieder fortließ und infolgedessen unwillkürlich die wenigen Wochen, die ich in Graz zubrachte, dazu benützte, die erzieherischen Zügel, denen ich mich entwachsen glaubte, doppelt straff anzuziehen. Es ging mir damals, wie es Kindern vielleicht öfters geht, daß sie in der Periode, die zur Reife führt, der Opfer vergessen, welche die Eltern gebracht haben, um sie dieser Reife überhaupt zuführen zu können. So erschien es mir unerträglich, mich kurze Zeit den kurzsichtigen Launen einer frühzeitig alternden Frau zu fügen, die noch immer im Kloster Sacre-Coeur Klavierstunden gab, um mich wieder, gegen ihre Neigung, nach Deutschland schicken zu können. —

Auf einsamen Spaziergängen und in den Morgenstunden hatte ich eine symphonische Dichtung »Romeo und Julia« entworfen, die ich auch gleich fertig instrumentierte. Nach längerer Zeit hatte ich wieder versucht, diesmal, wie ich später sehen sollte, mit unzweifelhaftem Gelingen, eine orchestrale Partitur zu schreiben.

BAYREUTH.

An einem regnerischen Sommerabend fuhren wir, mein Freund
Kadletz und ich, von Graz ab. Wir hatten auf der Fahrt
nach Salzburg zahlreiche Halte- und Umsteigstellen, doch brach
der Morgen früh an, so daß wir die schöne obersteirische Landschaft und die Teile des Salzkammergutes, die unser Zug berührte, noch genießen konnten. Ans Schlafen dachte doch keiner
von uns. In Salzburg besuchten wir Mozarts Geburtshaus und
versuchten mehrere Spaziergänge, doch scheuchte uns der
strömende Regen immer wieder in ein Kaffeehaus. Wir wollten
mit dem ersten Morgenzug nach München weiterfahren, nahmen
aber aus Sparsamkeitsgründen kein Nachtquartier. Endlich wurde
uns doch die Zeit lang. Ganz durchnäßt und müde wanderten
wir nach dem Bahnhof. Der Stationsvorsteher auf der bayrischen Seite schloß uns einen unbenützten Wartesaal auf und
versprach, uns zu wecken. Der Stationsvorstand war ein großer,
schöner Mann, dessen Züge an König Ludwig erinnerten. Viel
hatten wir von den merkwürdigen Lebensgewohnheiten dieses
an orientalische Märchenprinzen gemahnenden Fürsten gehört,
dem unser Herz wegen seiner großzügigen Förderung Wagners in
schwärmerischer Verehrung entgegenschlug. In unseren roman-
tisch angehauchten Gemütern setzte sich sofort der Gedanke fest,
daß es niemand anderer wie König Ludwig selber sei, der sich
wie weiland Harun Alraschid in ein niedriges Gewand gesteckt
hatte, um der Menschheit Schwächen und Vorzüge besser ergründen zu können. Lange flüsterten wir noch aufgeregt miteinander, schliefen aber doch endlich ein. Als uns der vermeintliche König pünktlich weckte und wir ihn dann auf dem noch
nächtlichen Perron seinen strammen Dienst versehend erblickten,
kamen wir doch zur Überzeugung, daß es ein wirklicher Stationsvorsteher und nicht der bayrische König sei, der uns zu einigen
Schlummerstunden verholfen hatte. Früh kamen wir in München
an, wo wir zwei Tage blieben. Die schöne, gemütliche Stadt

umspann uns mit dem ihr eigenen Zauber. Das anhaltende Regenwetter verwehrte uns, einen Ausflug in die berühmte Umgebung zu machen. Mit um so größerem Eifer besuchten wir die beiden Pinakotheken und die Glyptothek, aber auch die Bierstuben, wo wir stundenlang saßen und mit wahrhaft studentischem Durst Krug auf Krug des herrlichen, schäumenden Getränkes genossen, das die Kellnerin mit treuherzigem »Gott segn' es« kredenzte. Geradezu rührend war die Billigkeit des damaligen München. Ich erinnere mich, daß wir im Bamberger Hof ein hübsches zweibettiges Zimmer für 90 Pfennige pro Nacht bewohnten. Auch die Preise in den Restaurants waren verschwindend gering im Vergleich zu österreichischen Städten.

Abermals eine abendliche Abfahrt und ein mehrstündiger nächtlicher, diesmal weniger gemütlicher Aufenthalt auf dem Bahnhof in Treuchtlingen, dafür aber als schönste Entschädigung an einem strahlenden Morgen die Ankunft in Nürnberg. Das Herz ging uns auf, als wir durch das alte Tor in die Stadt der Meistersinger hineinschritten. Sonnenglanz lag auf den Dächern. Sonnenglanz vergoldete alle Schnörkel und stahl sich in die Ecken und Winkel der gewundenen Straßen. Wie ein kunstvolles Aquarell hing die vom blauen Schönwetterdunst leicht verschleierte alte Burg an der Wand des Himmels. Nur ein Tag war uns für Nürnberg vergönnt, denn bereits der kommende Morgen sollte uns zum Ziel unserer Reise, nach Bayreuth führen, wo um 4 Uhr nachmittags die Vorstellung des »Parsifal« begann. Plan- und ziellos wanderten wir von einem Fleck zum anderen, genossen die herrliche Aussicht vom Burgberg, stiegen wieder in das Häusergewirr hinab, fanden nach langem Suchen die Gedenktafel, die Hans Sachsens Wohnstätte bezeichnete und wunderten uns, daß die Lage des Hauses nicht im geringsten der Dekoration des zweiten Aktes der »Meistersinger« entsprach. Wir betrübten uns über die Profanierung der einstmaligen Katharinenkirche, des Zusammenkunftsortes der Meistersinger, und freuten uns schließlich, daß das Bier im Bratwurstglöckl ebensogut schmeckte wie in München. —

Der langersehnte Tag brach an. In feierlicher Stimmung stiegen wir in den Zug, der uns in zweistündiger Fahrt nach Bayreuth führte. Ich wußte, daß ich bei Austritt aus dem Bahnhof nach rechts schauen müsse, um das Festspielhaus zu sehen. Als ich es erblickte, schrak ich zusammen, denn ich hatte es mir nicht so groß und nicht so nahe vorgestellt. In erhabener Harmonie krönt es den Hügel über der Stadt und wird von dem ferneren, höheren Hügelzug eingerahmt. Keine schönere Lage für ein Festspielhaus kann es geben. Es ist bisher das einzige geblieben. Das Münchener Prinzregenten-Theater ist eine Nachahmung. Doch kommt es schließlich ja nicht auf das Haus an, sondern auf das, was darin geleistet wird. Hätte Wagner in einem kleinen Stadttheater Aufführungen veranstaltet, so wären es Festspiele geworden. Was man hingegen in späteren Jahren in Bayreuth zu sehen bekam, verdiente diesen Ehrentitel mitunter durchaus nicht. Der Gedanke Wagners, die dramatische Kunst vom Alltagsbetrieb loszulösen, das war und ist die Bedeutung Bayreuths.

Zahlreiche Freunde, unter ihnen Böttcher und Kienzl, trafen wir bald auf der Straße. Unser erster Gang führte zu Wagners Wohnhaus. Vielleicht glückte es uns, ihn zu sehen. Aber nichts regte sich. Mittägliche Ruhe lag auf der Heimstätte des Meisters.

Wir trafen uns alle im damals schon historisch gewordenen Restaurant Angermann. Dann stiegen wir bereits um halb drei den Festspielhügel hinan.

Allen nur möglichen Zuständen der Erwartung, der Neugierde, der Spannung, der Ungeduld war ich widerstandslos preisgegeben, während das Festspielhaus immer größer in mein Gesichtsfeld hineinwuchs, bis ich endlich davorstand. Kaum wagten wir, laut zu sprechen, als wir es umschritten. Unsere Blicke, meinten wir, müßten die Mauern durchdringen können; aber starr standen sie da in ziegelroter Undurchsichtigkeit und verschlossen waren noch die Pforten. Die Gedenktafeln der Nibelungenfestspiele lasen wir mit scheuer Andacht. Wäre man doch schon älter, dann hätte man das auch erlebt! Allmählich im späteren Leben erstirbt der Wunsch, älter zu sein, und es kommt die Zeit, die ihn in sein Gegenteil verkehrt, bis endlich die Erkenntnis aufgeht, daß nicht das Leben selbst, sondern die Art, wie man es lebt, den Menschen und seinen Wert ausmacht, womit jedes Verlangen, die Stationen der Lebenspilgerschaft zu verschieben, in sich zusammenfällt, da derjenige immer jung bleibt, der sein Leben wirklich lebt.

Schon meinten wir, alles betrachtet zu haben, auch den erst für die 82iger Festspiele angefügten Vorbau des Hauses, doch noch immer war es kaum einige Minuten nach 3 Uhr.

Also etwas in den Wald hinauf, der wenige Schritte hinter dem Theater bereits begann. Aber eine Viertelstunde nachher waren wir schon wieder auf dem Festspielplatz, der sich jetzt allmählich mit Besuchern füllte. Manches bekannte Gesicht tauchte neben uns auf. Wer zum erstenmal hier war, frug und frug; wer schon Vorstellungen gesehen hatte, erzählte und erzählte.

Endlich ertönten die ersten Fanfaren. Weit tönten sie dahin durch die sommerliche Luft und wohl noch weit oben im grünen Walde mochte man sie hören. Die Einlaßkarte wird hervorgezogen, auf der die Eingangstür verzeichnet steht. Einige Stufen geht es hinan und der Innenraum des Bayreuther Hauses tut sich vor uns auf. Welch wundervolles Ebenmaß, welch schöne, einfache Linien! Keine vordringliche Farbe, kein überflüssiger Zierat! Zwischen zwei Säulen tritt man ein und findet leicht seinen Platz. Mäßiges Licht erhellt den Raum. Hierher kommt man nicht, um sich zu zerstreuen oder Toiletten und Schmuck zu bewundern. Unten, vor der Bühne, wo man sonst störende Lichter, weiße, blendende Notenhefte und unruhige Musiker sieht, wölbt sich ein einfacher Schirm. Ein leises Summen, hier und da ein verlorener Ton dringt wohl aus der Tiefe herauf, aber er unterbricht nicht das halblaut gedämpfte mystische Schweigen, das über diesem Raume liegt und seine Besucher unwillkürlich zu leisem Sprechen zwingt.

Ich hatte meinen Platz in den rückwärtigen Reihen. Nicht weit hinter mir säumte den Raum die Reihe von Logen ein, die für Wagner und seine Familie und für fürstliche Besucher reserviert war. Dort hatte im Jahre 1876 der alte Kaiser Wilhelm zwei Abenden beigewohnt, dort wartete man — vergeblich — auf Ludwig II., der, bereits krankhaft menschenscheu, es vorzog, sich den »Parsifal« in seinem Münchener Hoftheater mit genau von Bayreuth kopierten Dekorationen, allein, bei sonst leerem Hause, vorspielen zu lassen. Hier wohnte Wagner den Vorstellungen bei. Würde er heute kommen? Würde er sichtbar sein? Noch lag undurchdringliches Dunkel über dem ganzen Logenkranze.

Nochmals ertönen die Fanfaren. Gleich soll es beginnen. Der Zuschauerraum ist nur etwas über die Hälfte gefüllt. In späteren Jahren, als die Vorstellungen weit unter das Maß jener Erstaufführungen herabsanken, blieb kein Platz leer. Bayreuth war damals im Jahre 1882 noch eine Wallfahrtsstätte, aber kein

Modeort für ausländische Globetrotters und den deutschen Mittelstand.

Der Zuschauerraum verdunkelt sich vollständig. Atemloses Schweigen tritt ein. Wie eine Stimme aus einer anderen Welt setzt das erste großlinige Thema des Vorspiels ein. Dieser Eindruck ist unvergleichlich und auch nicht verwischbar. Ich habe später den »Parsifal« in Bayreuth in Aufführungen gehört, die mich auf das schmerzlichste enttäuschten; die Weihe dieses Anfangs aber blieb dieselbe. Erfindung, Instrumentation, Akustik und in negativem Sinne auch die Optik wirken hier in einzigartiger und nirgends sonstwo möglicher Weise zusammen.

Der Vorhang teilt sich mäßig langsam und ein schönes, ernstes Bühnenbild entrollt sich dem Auge: Gurnemanz erwacht von den fernen Posaunentönen. Die herrliche Gestalt E m i l S c a r i a s steht vor uns und seine wundervolle Stimme weckt die Knappen. In der Besetzung der ersten Aufführung wird diese Vorstellung gegeben, und sie bedeutet einen Triumph nicht nur der Bayreuther, sondern auch der Wiener Kunst, denn fast alle Hauptdarsteller sind Künstler des Wiener Hofoperntheaters, die M a t e r n a , R e i c h m a n n , W i n k e l m a n n , Scaria. Nur der schwarze Magier Klingsor wird vom prachtvollen H i l l aus Schwerin, dem berühmten Alberich der Nibelungenspiele, dargestellt, und Titurels Stimme singt, dröhnend wie ein gewaltiger Ruf aus versunkenen Welten, K i n d e r m a n n aus München, der Vater der Reicher-Kindermann. H e r m a n n L e v i , anfänglich, weil er Jude ist, von Wagner abgelehnt, dirigiert. König Ludwig hätte dem Münchner Orchester die Mitwirkung versagt, wenn Wagner auf seiner Ablehnung bestanden hätte. Wie hoch die Leistung Hermann Levis stand, konnten Zuhörer, die keine blinden Parteigänger waren, erst später beurteilen, als Levi nicht mehr dirigierte.

Als Gurnemanz sich anschickte, Parsifal zur Gralsburg zu geleiten, ergriff mich ein leiser Schwindel. Was geschah? Mir war es, als ob sich das Haus mit allen Zuhörern in Bewegung setzte. Die durch eine Wandeldekoration bewerkstelligte Umgestaltung der Szene hatte begonnen. Die Illusion war vollkommen. Man schritt nicht, man wurde getragen. »Zum Raum wird hier die Zeit.« — Auf je zwei oder drei beiderseits der Bühne hintereinander aufgestellten Säulen wickelten sich entsprechend abgestimmte Prospekte ab, bis die letzte Felswand sich vorbeischob und das in herrlichen Dimensionen gemalte Innere der Gralsburg vor uns stand. Genau auf den C-dur-Akkord ergoß sich Licht über das majestätische Bild. Eine beispiellose Wirkung war mit den einfachsten Mitteln hervorgebracht. Als der »Parsifal« für die Theater frei wurde, hat man mit plastischen Säulen, massigen Kuppeln und stellenweise noch massiverer Reklame diese Wirkung nicht hervorgebracht und dabei noch die Wandeldekoration fallen lassen müssen, die man kurzerhand als »überwundenen Standpunkt« bezeichnete, weil man seine Sorgfalt auf Unwichtiges verwendete, Wagners für den Stil seines Werkes unerläßliche Vorschrift aber zu verwirklichen nicht fähig war.

Als wir nach dem ersten Akt ins Freie traten, blendete der Tag. Welcher Unterschied, ob ich hier in den Wald hinauseilen, und, wenn ich will, allein bleiben und meine Eindrücke verarbeiten kann, oder ob ich in einer gewöhnlichen Theatervorstellung zerstreuende Gespräche im Foyer anhöre! Lang, scheinbar allzulang dauert die Pause, aber gänzlich erfrischt wie zum Beginn der Vorstellung betreten wir das Festspielhaus wieder, als die weithin hallenden Fanfaren zum zweiten Akt einladen.

Während der ersten Szene wird rückwärts in der Loge auffallend laut gesprochen, so laut, daß die Aufmerksamkeit von der Musik und Hills Meisterleistung abgezogen wird. Es klingt wie Anordnungen, wie erregte Befehle. Sollte es Wagner selbst sein, der so wenig Rücksicht auf sein eigenes Werk nimmt? Ein Besucher in meiner Reihe dreht sich endlich um und zischt energisch gegen die Loge hinauf. Ein markanter Kopf mit einer Brille erscheint einen Augenblick an der Brüstung und blickt in die Richtung, wo das verweisende Zischen herkam. Meine erregte Phantasie läßt mich glauben, Wagner erkannt zu haben. Jedenfalls verstummt das störende Gespräch.

Überraschend wirkt die Verwandlung von Klingsors Turm, der mit einem Schlage versinkt, zum Zaubergarten, der ebenso plötzlich hervortritt. Einige Jahre später, als ich mehreren Proben und Vorstellungen des »Parsifal« auf der Bühne beiwohnte, hatte ich Gelegenheit, die Einfachheit und Zweckmäßigkeit dieses außerordentlich wirkungsvollen Verwandlungsmechanismus zu studieren und zu bewundern. Bei Aufführungen in unseren Theatern sah ich hier den Vorhang fallen. Wie armselig sind wir doch in vieler Beziehung geworden trotz unseres vielgepriesenen Fortschritts! Schwer und überladen ist unser ganzer dekorativer Apparat, unplastisch trotz aller Plastik und phantasielos, wenn er einfach sein will. Hier muß der Hebel zu gesunder Reform angesetzt werden, die einerseits nicht verhindert, daß des Zuhörers Phantasie selbstschöpferisch mitwirkt, anderseits aber ihn auch nicht mit erkünstelter Nüchternheit langweilt.

Die Blumenmädchen stürmen von allen Seiten herbei und umringen Parsifal. Ihre Kostüme sind geschmacklos, sogar unbegreiflich geschmacklos, aber ihr Gesang ist über alles Lob erhaben. Heinrich Porges, der »Blumenvater«, wie er allgemein genannt wird, hat sie einstudiert und damit seinem Namen ein schöneres Gedächtnis gesichert als durch seine Münchner kritische Tätigkeit. Bei dem holden Diminuendo »Wir welken und sterben dahinnen« ertönt aus der Loge ein warmes, herzliches »Bravo! Bravo!« D a s w a r w i r k l i c h W a g n e r s S t i m m e. Man hatte mir bereits erzählt, daß er bei jeder Vorstellung an dieser Stelle das Zeichen seiner Zustimmung gab. Ich hörte diesen Ruf auch in den beiden noch folgenden Vorstellungen, denen ich in diesem Jahr beiwohnte. — Selten habe ich so stark empfunden, welche Leere der Tod in unserem irdischen Leben zurückläßt, als es bei den »Parsifal«-Vorstellungen, die ich später in Bayreuth hörte, an dieser Stelle starr und stumm blieb.

Die große Szene zwischen Kundry und Parsifal löst den stärksten Eindruck aus. Auch der Schluß dieses Aktes, der Zusammensturz der Zauberburg Klingsors und das Verdorren des Blumengartens zur Öde ist ein Meisterstück der Inszenierungskunst. Wagners Gegner hatten behauptet, der »Parsifal« sei ein Abklatsch seiner früheren Werke und diese Szene eben auch ein Liebesduett wie seine früheren. Kein Vorwurf war törichter. W a g n e r h a t s i c h n i e m a l s w i e d e r h o l t, weder in diesem, noch in einem anderen Werke. Nur kleine Geister arbeiten nach Rezepten.

Ich glaubte nach diesem Akt den Höhepunkt erreicht, und dennoch brachte der dritte noch eine Steigerung. Diesen Akt in seiner vollen Bedeutung zu erfassen, war ich damals noch zu jung. Der Vermittler des gewaltigen Eindrucks, den ich empfing, war Scaria, der eine geradezu erhabene Leistung bot; sie ist, so weit meine Erfahrung reicht, durch niemand später übertroffen worden. Ein Riese an Erscheinung war dieser Gurnemanz, ein Kämpfer, dem man ansah, daß er einst Rüstung und Schwert geführt hat, und dabei doch ein Kind an Zartheit und Innigkeit.

Noch höre ich den leise gebrochenen Tonfall seiner Stimme bei den Worten, die vom Tode seines alten Waffenherrn Titurel berichten: »Er starb, ein Mensch wie alle.« — Aber auch Wagner ist in diesem Akt über alles hinausgegangen, was er früher geschaffen hat. Hier, in diesem Akt liegt für seine Erscheinung die Schwelle von der Zeitlichkeit zur Ewigkeit. — Das verstand ich damals freilich noch nicht. —

Von Wagner und Scaria war eine Erzählung in aller Mund, die zu natürlich, aber auch zu bedeutsam klingt, als daß ich sie für erfunden halten könnte. Bei der Stelle Parsifals »das Haupt nun salbe Titurels Genoß, daß heute noch als König er mich grüße«, soll Scaria zu Wagner geäußert haben, beim Worte »König« vermisse er im Orchester die feierlichen Pauken, und Wagner hätte tatsächlich die merkwürdig solistische Pauke, die heute in der Partitur steht, nachträglich hinzugefügt. Ist diese Erzählung wahr, und ich glaube, daß sie es ist, so spricht sie nicht nur für Scarias feinen künstlerischen Instinkt, sondern auch für Wagners Größe, der sich nicht auf das hohe Roß der Unfehlbarkeit setzte, sondern einer Stimme, deren Botschaft er für echt hielt, Gehör schenkte. Diese Stelle erscheint in der Tat geradezu farblos, wenn man sich die Pauken davon wegdenkt.

Auch Bayreuth hatte mit der Tücke des Objekts zu kämpfen. Die Wandeldekoration, die von der Frühligsaue des Karfreitags zur Gralsburg zurückführen sollte, war nicht fertig geworden. Hier, im dritten Akt, während der grandiosen Verwandlungsmusik, mußte der Vorhang fallen. Erst das folgende Jahr brachte auch in diesem Akt den geheimnisvollen Weg in die Tempelhalle bei offenem Vorhang. Die letzte Szene war von ergreifender Gewalt. Reichmann hob sich hier über sich selbst hinaus und die Stimme Winkelmanns wuchs in den letzten Worten zu einer Gewalt und Schönheit, die beinahe übermenschlich schien.

Mein Freund Prelinger hatte mit seiner Kritik nicht ganz unrecht. Die Chöre am Schluß ließen wohl etwas an Reinheit zu wünschen übrig; nicht alles gerät ja auf den ersten Wurf. Auch Reichmann liebte es, zu tief zu singen, was im ersten Akt hie und da störend bemerkbar wurde. Doch was wollten diese Unvollkommenheiten gegenüber der Größe des Erlebnisses bedeuten? Als sich der Vorhang über dem Schlußbilde schloß und wir den Hügel hinabschritten, glaubte ich Goethes Wort zu hören » . . . und ihr könnt sagen, ihr seid dabei gewesen«. Er sprach es zu seiner Umgebung bei einem bedeutenden Kriegsereignisse der französischen Kampagne. Die »Parsifal«-Aufführungen des Jahres 1882 waren ein künstlerisches Ereignis von seltenstem Wert. Noch heute erfüllt es mich mit stolzem Glück, daß ich einer von denen bin, die dabei sein durften.

Am nächsten Morgen erwachte ich mit der Sorge, wie ich mir zur folgenden »Parsifal«-Vorstellung ein Billett verschaffen könne, denn daß ich mich mit einem einmaligen Hören des Werkes nicht begnügen würde, war mir unzweifelhaft klar. Nach einigem Überlegen suchte ich Frau Materna auf, die als junges Mädchen im Hause meiner Eltern zu Besuch war, solange diese noch in Graz lebten. Sie erinnerte sich sehr wohl daran und händigte mir in liebenswürdigster Weise eine Eintrittskarte ein, sogar eine viel weiter vorn gelegene als die für die vergangene Vorstellung. Ich war so benommen über das herzliche Entgegenkommen der großen Künstlerin, daß ich, entgegen meiner ursprünglichen Absicht, nicht den Mut fand, sie zu bitten, mir in irgendeiner Weise Zutritt zu Wagner zu verschaffen. Ich wollte den Meister ja nur sehen und ein Wort von ihm erhaschen. Aber abreisen, ohne demjenigen in die Augen geschaut zu haben, den ich wie einen Gott verehrte, schien mir undenkbar. Im Jahre 1876 war es leichter. Damals, erzählte man, verkehrte er viel mit seinen Künstlern, kam auch mitunter zu einem Dämmerungsschoppen zu Angermann, wo man sich ihm zwanglos nähern konnte. Dieses Jahr zog er sich beinahe ängstlich zurück, zeigte sich nie auf der Straße oder im Restaurant, fuhr im geschlossenen Wagen zum Festspielhaus, das er bei verschiedenen Eingängen betrat und verließ, um nicht belästigt zu werden. So schien es mir nur im Bereiche eines günstigen Zufalls zu liegen, wenn ich ihn überhaupt zu Gesicht bekäme. Ich stellte mich zum Ausgang des Gartens der Villa Wahnfried und wartete, ob ich ihn nicht vielleicht in den Wagen einsteigen sehen könnte. Umsonst. Die Tür öffnete und schloß sich, aber nur gleichgültige Personen gingen ein und aus. Der Tag verging, ohne daß ich eine Spur von ihm erblicken konnte.

Am nächsten Tag war wieder »Parsifal«, diesmal in ganz anderer Besetzung. G u d e h u s aus Dresden gab den Parsifal, S i e h r aus München, der Scaria gegenüber den schwersten Stand hatte, den Gurnemanz. Die Kundry gab M a r i a n n e B r a n d t. Es war dies eine der größten Leistungen, deren ich mich auf der Bühne überhaupt erinnern kann. Ich hatte die Brandt als Fidelio, als Ortrud, als Fides bewundert. Wie sollte es dieser Frau, die von Natur keineswegs mit einer schönen Erscheinung bedacht war, gelingen, uns eine Verführungsszene glaubhaft zu machen? Und es gelang ihr, ja, gelang ihr in solchem Maße, daß mir die Gestalt der Kundry in völlig neuem Lichte erschien, so daß ich vieles begriff, was mir seither noch dunkel war und daß ich die Gefahr, in der Parsifal schwebte, unmittelbar an mir selbst empfand. Keine Kundry vermochte jemals wieder, mir diesen Eindruck hervorzurufen, wie dieses dämonisch geniale Weib. Die Brandt hat diese Rolle nur in diesem ersten Parsifal-Jahre und niemals später dargestellt. Ich freue mich, mitunter heute noch auf damalige Zuhörer zu treffen, die sich ihrer dankbar erinnern; sie gehört zu den großen Erscheinungen der theatralischen Vergangenheit und Bayreuths.

Einer unserer Bekannten hatte mit dem Hausinspektor des Festspielhauses Freundschaft geschlossen und der verriet ihm, bei welcher Tür Wagner heute das Haus verlassen würde. Wir sollten uns dort aufstellen, dann könnten wir ihn sehen. In atemloser Hast eilten wir nach Schluß der Vorstellung zur bezeichneten Tür. Das »Bravo« bei der Blumenmädchenszene hatte uns zwar verraten, daß der Meister im Haus war. Aber würde er bis zum Schluß bleiben? Ein Gerücht schwirrte umher, er fühle sich nicht wohl. Der Wagen, den ich schon vor Wahnfried hatte stehen sehen, war da. Einer von uns näherte sich dem Kutscher und frug, ob der Meister noch im Theater sei. »Weiß nicht«, war die mit unbeweglicher Miene gegebene Antwort; offenbar hatte er Befehl, nichts zu verraten. Es rieselte feucht vom Himmel herab und die Gaslaterne vor der Eingangstür flackerte im nächtlichen Wind. Wir warteten unter Regenschirmen in einiger Entfernung, stets erwartend, daß einer der Hausgeister erscheinen und nach unserem Begehr fragen würde. Es zeigte sich aber niemand. Wir waren auch nur etwa fünf oder sechs. Alle übrigen Neugierigen warteten bei einer anderen Türe. Das Geheimnis, das der Meister um seine persönliche Erscheinung wob, schien tatsächlich gut gehütet zu werden. Schon ziemlich lange hatten wir gewartet und nur flüsternd unsere Gedanken auszutauschen gewagt, als plötzlich lautes Sprechen aus dem Hause erscholl. Wir drückten uns so nahe als möglich heran und erkannten nun deutlich eine Stimme, die ausgesprochen sächsischen Dialekt redete. Das mußte er sein! Daß Wagner die Eigentümlichkeiten seiner Landessprache niemals abgelegt hat, wußten wir bereits. — Eine große schlanke Dame tritt aus dem Hause und steigt sofort in den Wagen ein, vermutlich Frau Kosima. Ein Herr hat sie begleitet; wir kennen ihn bereits: Josef Rubinstein, der Verfertiger des Parsifal-Klavierauszuges, einer der Vertrauten des Meisters. Er wechselt noch ein paar Worte mit der Dame im Wagen. Da kommt raschen Schrittes ein auffallend kleiner Mann aus der Eingangstür und tritt auf Rubinstein zu: »Nun, leben Sie wohl, mein lieber Rubinstein! Auf Wiedersehen, und grüßen Sie mir Ihren Vater!« So ungefähr lauteten die rasch hervorgesprudelten Worte. Einige Sekunden kann ich der Erscheinung in das vom Flackerlicht der Gaslaterne beleuchtete Antlitz sehen. Es ist Richard Wagner! Unverkennbar die scharf geschnittenen Gesichtszüge. Auf der stark hervorspringenden Nase sitzt eine Brille und auf dem Kopf ein Zylinderhut. Er trägt den hellgelben Überzieher, an den er, einer Legende zufolge, so anhänglich ist, daß er durch die inständigsten Bitten seiner Frau nicht zu bewegen ist, ihn gegen einen neuen umzutauschen. Kaum kann ich den Eindruck des langersehnten Anblicks in meinem Bewußtsein fixieren, als der Wagen mit seinem kostbaren Inhalt bereits in Bewegung ist und im Dunkel verschwindet. Ich starre ihm entgeistert nach. Welches ungeheure Leben, welche Riesenkraft rollt dort dahin im unscheinbaren Gehäuse eines gewöhnlichen Fiakers, den morgen sein Diener ebenso benützen kann wie er. Wie verschwindend und fast wesenlos ist die körperliche Erscheinung gegenüber dem gewaltigen Geist, der sich in ihr verkörpert hat! —

Das Leben in Bayreuth hatte damals noch einen beinahe familiären Charakter. Der ungewohnte Zustand, daß man nichts, gar nichts zu tun hatte, als den Darstellungen des »Parsifal« zu leben und sich in das Werk einzuleben, hob Schranken auf, gab dem gebundenen Dasein einen freieren Schwung und schuf jene Stimmung, die Wagner für seine Festspiele wollte und die im gewöhnlichen Theaterbetrieb höchstens vorübergehend, nie aber andauernd zu erreichen ist. Es gab nur das Heute; das Morgen existierte für uns jungen Leute nur noch in der Frage, woher noch ein Freibillett zu verschaffen sei. Fremde sprachen einander auf der Straße an. Fand man einen Gleichgesinnten, so war bald Freundschaft geschlossen, die allerdings nicht immer von Dauer war. Man ging in größerer Gesellschaft zu den einlaufenden Zügen nach dem Bahnhof. Ankommende wurden mit Hochrufen empfangen und wie Brüder begrüßt. Gemeinsam, von hohen Gedanken beflügelt, die in der Verehrung für den Meister und seine Ideen gipfelten, und meist übermütig lustig zogen wir in die schöne Umgebung Bayreuths hinaus. Wer nicht begeistert war, wurde als nicht vollwertig betrachtet und links liegen gelassen oder verhöhnt.

Für die dritte und letzte Vorstellung wandte ich mich vertrauensvoll an einen der Männer des Vorstands, Herrn Emil Heckel. Er war einer derjenigen, die durch kluges und energisches Vorgehen viel zur Gründung des Festspielhauses beigetragen hatten. Heckel, seinem Beruf nach Musikalienhändler in Mannheim, war eine markante Erscheinung, die auch in mein späteres Leben eingegriffen hat. Eine zähe, energische, kraftvolle Natur, war er Wagner ein treu ergebener, werktätiger Freund. Sein wallender, germanischer Bart hatte ihm im Jahre 1876 den Beinamen »Papa Wotan« zugezogen, was jetzt, da er bereits begann weiß zu werden, in »Papa Gurnemanz« verwandelt wurde. Er gab mir die erbetene Eintrittskarte.

Eine Freundschaft fürs Leben schloß ich damals in Bayreuth. Ein Geiger des Orchesters, der damals in Karlsruhe angestellt war, saß eines Abends bei Angermann neben mir. Wallendes Haar und schwärmerische blaue Augen ließen unzweifelhaft den deutschen Musiker erkennen. Er hieß Hans Schuster. Wir kamen in ein so ernstes und tiefes Gespräch, daß wir die anderen um uns her völlig vergaßen und beschlossen, uns wieder zu treffen, was auch geschah. —

Im Hause Wahnfried fanden wöchentlich zweimal Empfänge statt, zu denen, wie man erzählte, jeder geladen wurde, der seine Karte mit Adresse dort abgab. So faßten wir denn zu dritt, Kadletz, Böttcher und ich, den Mut, bis zur Eingangstür der Villa vorzudringen und dem öffnenden Diener unsere Visitenkarten zu übergeben, worauf wir unsere Adressen sorgfältig notiert hatten. Ein wehmütiges Erinnern ergreift mich, wenn ich das unscheinbare, an mich gerichtete Blatt betrachte, 'auf dem folgende Worte gedruckt stehen:

»Herr und Frau Richard Wagner geben sich die Ehre, zu melden, daß sie jeden Donnerstag und Montag vom 27. Juli bis 28. August abends um ⅓9 Uhr empfangen.« —

Eine mannigfach zusammengesetzte Gesellschaft bewegte sich in den Räumen Wahnfrieds am Abend, da wir uns dort einfanden. Die ehrwürdige Gestalt Franz Liszts stach aus allen anderen hervor; er war nach kurzer Abwesenheit am selben Tage wieder in Bayreuth angekommen. Ich erkannte Hans Richter, Hermann Levi und viele der mitwirkenden Künstler. Frau Cosima in einem eleganten Schleppkleide, das wundervolle, aschblonde Haar geschmackvoll frisiert, hielt Hof wie eine Fürstin. Junge Mädchen in weißen Kleidern, die Töchter Wagners und Bülows, huschten anmutig durch die Menge. Siegfried, noch ein Knabe, sprach mit ausländischen Besuchern englisch, und ich beneidete ihn um die Kenntnis dieser Sprache.

Wird Wagner kommen? — Oft blieb er diesen Gesellschaften fern. Heinrich Porges, der »Blumenvater«, hatte mir versprochen, mich ihm vorzustellen, wenn er käme. So bezwang ich meine Ungeduld und betrachtete die große, reichhaltige Bibliothek und den merkwürdigen Kopf Schopenhauers, der, von Lenbach gemalt, über einem Schreibtisch hing.

Ich sah Liszt in ein Nebenzimmer eintreten, das durch einen halbaufgezogenen Vorhang vom Empfangsraum getrennt war. Ich folgte ihm instinktiv; ohne in das Zimmer selbst einzutreten, konnte ich alles sehen, was dort vorging. Eine Tür öffnete sich — Wagner eilte Liszt entgegen, flog ihm um den Hals und übergoß ihn mit einem Schwall erregter, zärtlicher Worte. Diese rührende Szene, deren Zeuge ich durch einen Zufall wurde, war nur ein Vorspiel, denn gleich darauf trat Wagner, seine Gäste begrüßend, in den großen Saal. Er schien besonders guter Laune zu sein, denn er hatte sich, was er sonst nicht zu tun pflegte, einen Frack angezogen. In der Hand trug er einen Chapeau claque, den er öfters zugeklappt auf dem Kopfe balancierte. Was aber am meisten erstaunte, war ein großer exotischer Ordensstern, den er, der Verächter aller Orden und Auszeichnungen, um den Hals trug. Das Rätsel löste sich bald; er hatte ihn nur umgehängt, um ihn mit liebenswürdigen Worten dem ersten seiner Blumenmädchen, Fräulein Horson aus Weimar, zu schenken. Man erzählte, er hätte diesen Stern am selben Tag von einem orientalischen Potentaten erhalten und schon manchen Ulk damit getrieben, ihn auch seinem großen Lieblingshunde umgehängt, als er im Garten mit ihm promenierte.

Wagner war ungemein lebhaft und rasch in seinen Bewegungen; niemand hätte auf den bloßen Augenschein hin vermuten können, daß er kein Jahr mehr von seinem siebzigsten Geburtstag entfernt war, noch weniger, daß er diesen Tag nicht mehr erleben würde. Er war bereits etwas beleibt, der prachtvoll geformte, aber keineswegs übermäßig große Kopf stand ebensowenig in Widerspruch zur untersetzten Statur wie die kleinen Hände und Füße. Er sah unverhältnismäßig jünger aus als der bereits greisenhafte Liszt, trotzdem dieser nur zwei Jahre jünger war als er. Das Haar war erst mäßig ergraut. Die lebhaften Augen blitzten aus dem bleichen Antlitz in wechselnder Farbe hervor; bald schienen sie hell, bald dunkel zu sein. Rastlos schoß er herum, bald diesen, bald jenen in die Unterhaltung ziehend. Ich vermied es respektvoll, mich in seine Nähe zu drängen; so verstand ich vieles nicht, was er sprach. Einmal aber stand ich ganz nahe, als er über das Tempo des Tannhäuser-Marsches sprach, dessen häufiges Vergreifen ihm unerklärlich schien. Im Allabrevetakt schreitend, summte er die Melodie, wie er sie haben wollte. Hätte ich damals geahnt, daß ich nur dieses einzige Mal in seiner Nähe weilen würde, ich wäre weniger diskret gewesen und hätte mehr von seinen Äußerungen mit mir genommen.

Für kurze Zeit zog er sich in den Nebenraum zurück, aus dem er gekommen war, und ließ sich etwas zu essen servieren. Ein Blick auf die vor ihm stehende Platte zeigte, daß er sein Eintreten für das vegetarische Regime nicht in die Praxis übersetzte.

Man brach bereits auf, als ich mich Porges näherte und ihn an sein Versprechen erinnerte. Meine beiden Freunde standen neben mir. Porges stellte uns vor, Wagner reichte uns freundlich die Hand und frug, ob wir schon Aufführungen gesehen hätten. Er schien zu bemerken, daß ich aufgeregt war, denn plötzlich legte er die Hand auf meine Brust und rief: »Ihr Herz klopft ja.« Als ich überrascht und wohl auch etwas verlegen schwieg, sagte er in unverfälschtem Sächsisch: »Na, sehen Sie, für einen so jungen Mann sind im ,Parsifal' zunächst die Blumenmädchen die Hauptsache, aber 's Herz dürfen Sie dabei nicht verlieren.« Dann gab er uns nochmals die Hand. Wir waren bereits bei der Tür, als seine Stimme erscholl: »Aber 's Herz nicht verlieren!« Ich wandte mich um. Da stand Wagner allein mitten im Zimmer und winkte mir lächelnd mit der Hand. —

Bei der Trauung von Blandine v. Bülow saß Frau Cosima, die Mutter der Braut, zwischen Wagner und Liszt, dieser mit salbungsvoller Miene der Rede des katholischen Priesters lauschend, Wagner sichtlich nervös, weil die Rede sehr lange dauerte. Als die Zeremonie zu Ende war, stand Wagner, leicht in seine Frau eingehängt, ziemlich lange unter dem Portal der Kirche, bis sein Wagen vorfuhr. So konnte ich seine Erscheinung nochmals in der Nähe betrachten. — Es war das letzte Mal, daß ich ihn sah.

Noch einmal hatten wir uns im Bayreuther Festspielhause versammelt, noch einmal den Klängen des ›Parsifal‹ gelauscht, der in der herrlichen Wiener Besetzung gegeben wurde. Wir erfuhren lange nach Schluß der Vorstellung, daß Wagner die letzte Szene selbst dirigiert hatte. Unvermutet war er während der großen Verwandlungsmusik in seinem Orchester erschienen, leise aufs Pult gestiegen, hatte den Taktstock ergriffen und die letzte Vorstellung seines letzten Werkes, die letzte, die er noch erlebt hatte, bis zum Schlußakkord geleitet. War es eine Ahnung, daß schon von ferne, vom warmen Süden her, der Todesengel über das blaue Meer daherschwebte und ihn nach dem verträumten Venedig lockte, um ihn dort plötzlich in seine Arme zu reißen? War es ihm ein Bedürfnis, über das er sich vielleicht selbst keine Rechenschaft gab, auf diese Weise von seinem größten und reinsten Meisterwerke Abschied zu nehmen? —

Niemand der Besucher konnte von diesem Vorgang eine Ahnung haben, da das Orchester in Bayreuth völlig unsichtbar ist. Drollig war es aber, daß nach dem Bekanntwerden der Nachricht, Wagner habe selbst dirigiert, Äußerungen fielen, man hätte doch gleich gemerkt, daß der Schluß diesmal viel schöner war. Gegner Hermann Levis, deren es aus konfessionellen Gründen genug gab, behaupteten, Wagner habe Levi endlich das richtige Tempo des Schlusses zeigen wollen. — Wagner hätte gewiß Besseres gewußt, als bis zur allerletzten Vorstellung mit dieser Belehrung zu warten! — So werden Vorgänge hochgeistiger Art, sobald sie Beute der Öffentlichkeit werden, ins Materielle und kleinlich Persönliche herabgezogen.

Ein Blick noch auf das hochgelegene Festspielhaus, dann in die Bahnhofhalle — Bayreuth lag hinter uns! — Mein Freund Kadletz begleitete mich nach Leipzig. Er hatte das erste Jahr des medizinischen Studiums hinter sich, wollte sich in Deutschland umsehen, und vor allem Berlin besuchen. Er hatte bereits Schopenhauer studiert und neigte stark zum Pessimismus, der ihn bis zur Melancholie trieb. Ich ahnte damals nicht, wie bald sich dieser Einfluß auch bei mir fühlbar machen sollte. Vorerst sah ich noch lachend ins Leben hinein. Das erste Jahr, das ich fern vom Hause zubrachte, hatte mir viel gegeben. Ich war künstlerisch in aufsteigender Entwicklung, hatte, wenn auch in kleinem Rahmen, Erfolge erzielt und war mit den großen Meistern Wagner und Liszt in persönliche Berührung gekommen. Voll Tatenlust und das Herz von allen möglichen und unmöglichen Plänen geschwellt, kam ich wieder in Leipzig an.

Mein erster Gang war zum »Silbernen Bären«. Das Goethe-Zimmer war leider bereits vermietet. Ich holte mir ein großes Paket mit Büchern und Musikalien, das dort deponiert war, und schaffte es in meine neue Wohnung, die ich bald gefunden hatte. Ziemlich weit draußen, bei der Johannes-Kirche, bezog ich ein kleines, aber sehr freundliches Zimmer, das viel sonniger war als das etwas dunkle, nur einfenstrige Goethe-Zimmer und außerdem den Vorteil hatte, 13 statt 20 Mark zu kosten. Ein Pianino war auch bald hinausgeschafft. Ein Kachelofen gewährte mir die Aussicht, mit weniger Kostenaufwand und ausgiebiger als bisher heizen zu können, wenn erst der leidige Winter hereinbräche. So fühlte ich mich sehr behaglich und ging mit Mut und Freude an die Arbeit.

Am Konservatorium begannen die Unterrichtsstunden bei denselben Lehrern wie im vergangenen Schuljahr. Ich sah bald, daß ich nicht viel für meine Kunst gewinnen konnte und beschloß, keinesfalls länger zu bleiben als bis Ostern. Wirkliches Interesse hatten für mich nur die Dirigierstunden, und diese um so mehr, als mit diesem Jahre auch Klassen für Blasinstrumente eingerichtet worden waren, deren beste Schüler allmählich zu den Dirigierübungen, die Professor Paul und Konzertmeister Schradieck abwechselnd beaufsichtigten, herangezogen wurden. So hatte ich Aussicht, in nicht ferner Zeit ein vollständiges Orchester unter meinen Stab zu bekommen.

Früher jedoch als ich dachte, fiel mir diese Gelegenheit in den Schoß. Ich suchte nach der Möglichkeit, meine in den Ferien komponierte symphonische Dichtung ›Romeo und Julia‹ zu hören, wohl wissend, daß es für Anfänger keine bessere Schule gibt, als das Eigene sich wie ein Fremdes entgegentreten zu lassen. An das Gewandhausorchester war natürlich nicht zu denken.

Weingartner. 12

Aber auch der Dirigent der »Euterpe«, eines damals bestehenden, sehr verdienstvollen Orchesterkonzertvereines, lehnte mein Ersuchen aus dem begreiflichen Grunde des Zeitmangels ab. Ein Zufall führte mich mit Martin Krause zusammen, einem vortrefflichen, in Leipzig lebenden Klavierpädagogen, mit dem ich noch jahrelang später in den besten Beziehungen blieb. Ich spielte ihm meine Komposition vor und er versprach mir, den Dirigenten einer guten Militärkapelle, Herrn Jahrow, dafür zu interessieren. Dieser, ein freundlicher, offener Mann mit gerötetem, sonnigem Gesicht, erklärte sich sofort bereit, mir mein Stück in einer seiner Proben vorzuspielen. Da er keine Harfe in seinem Orchester hatte, erbot sich Martin Krause, die Harfenstimme auf dem Klavier zu spielen. Wir wanderten in die Kaserne hinaus. Das Herz klopfte mir, als die Orchesterstimmen aufgelegt wurden und Herr Jahrow ans Pult trat. Plötzlich wandte er sich um: »Wollen Sie nicht selbst dirigieren, Herr Weingartner?« — Ich wußte nicht, wie mir geschah. Plötzlich stand ich droben auf dem Pult und die Gesichter von etwa vierzig stramm uniformierten Musikern waren auf mich gerichtet. Instinktiv gab ich den Auftakt. Es flimmerte mir vor den Augen, aber schon nach wenigen Takten fühlte ich mich wie zu Hause. Das klang alles prachtvoll, ganz so wie ich es gewollt hatte. Als bei der ersten Steigerung die Posaunen einsetzten, kamen mir die Tränen in die Augen. Nun wußte ich, daß ich was konnte. Ich wiederholte einige schwierige Stellen; dann spielten wir das ganze Stück in einem Zuge durch. Die beiden Zuhörer lobten die Komposition. Jahrow frug mich, wo ich Kapellmeister sei: »Nirgends«, antwortete ich, »ich bin noch Schüler des Konservatoriums und habe soeben zum erstenmal im Leben ein volles Orchester dirigiert.« Der großgewachsene, robuste Mann schlug die Hände zusammen. »Na, dann müssen Sie mir erlauben, daß ich Sie umarme,« rief er und drückte mich schmächtigen Jüngling so kräftig an seine breite Brust, daß mir der Atem verging. Dann sagte er zu Krause: »'ne Ente setzt man aufs Wasser und sie schwimmt: den da stellt man vors Orchester und er dirigiert. Das sind die Richtigen!« — Seit dieser Zeit waren Jahrow und ich gute Freunde.

Ich schrieb im Herbst dieses Jahres ein kleines Stück für Streichorchester, eine »Serenade«. Sie zeigt im Gegensatz zu meinen sonstigen damaligen Kompositionen so wenig wagnerischen oder überhaupt modernen Einfluß, daß man meinen könnte, ich hätte mich hier von diesen Einflüssen mit Absicht freigemacht. Dem war aber nicht so. Wie ein Einfall kommt, ohne daß man weiß, woher, so kam auch diese kleine Serenade, die später oft gespielt wurde und viel Erfolg hatte. Ich finde sie heute noch mitunter auf Konzertprogrammen. Den besten Satz, das Adagio, schrieb ich eines Abends, als mir das Geld gänzlich ausgegangen war und ich keine Möglichkeit sah, mir das geringste für diesen Tag zu beschaffen. Recht hungrig setzte ich mich an meinen Tisch und brachte den bereits fertigen Satz zu Papier. Da war der Hunger verschwunden und lichte Gedanken geleiteten mich ins Traumland. Am nächsten Morgen traf der sehnlich erwartete Geldbrief von zu Hause ein. Ich danke dem Schicksal, das mich in der ersten Hälfte meines Lebens wohl sehr knapp gehalten hat, mich die Not aber nur andeutungsweise fühlen ließ.

Auch die kleine Serenade wurde bei Jahrows braven Musikern ausprobiert und als gut klingend befunden. Meine Lehrer im Konservatorium lobten sie und Professor Paul schlug das Werkchen für eine der Abendunterhaltungen vor, wo es aufgeführt wurde.

Mit aller Energie wandte ich mich nunmehr der großen Aufgabe zu, an deren Lösung ich bisher zögernd vorbeigegangen war: der Komposition der Oper »Sakuntala«. Meine ganze Kraft konzentrierte ich in dem einen Ziele, ein Musikdrama im Sinne Wagners zu schaffen. Das war der große Fehler, den ich beging. Kalidasas »Sakuntala« ist ein exotisches Märchenspiel mit allen Möglichkeiten und Unmöglichkeiten eines solchen. In diesem Sinne hätte eine Neudichtung und Vertonung wohl erfolgen können. Von den ungeheuren Eindrücken des »Tristan« und des »Parsifal« schwer belastet, schwebte mir aber nichts anderes vor wie eine Liebes- und Erlösungstragödie. Ich strich sogar die reizvollen Gestalten der Gespielinnen Sakuntalas, Anasuya und Prijamvada, sowie die halb ernste und halb komische Figur des Narren aus dem ursprünglichen Dichtungsentwurf weg und beschränkte die ohnehin dürftige Handlung auf vier Hauptpersonen und wenige Szenen, die nun, natürlich ebenfalls nach dem Vorbild des Meisters, stark in die Länge gezogen wurden. Ich ging sogar so weit, einem der Hauptthemen mit Absicht einen Anklang an die Gralsakkorde zu geben.

12*

Im Verlauf der Arbeit kam ich schon nach kurzer Zeit zur freudigen Erkenntnis, daß ich imstande war, zu formen. Die musikalische Deklamation und das thematische Gefüge wuchsen unter meiner Hand zu plastischen Gebilden, die auch bereits orchestral erfunden waren, so daß ich, ebenso wie bis zum heutigen Tag, nicht nötig hatte, der Instrumentation einen besondern Teil der Arbeit zu widmen. Wie die Partitur aussehen würde, stand bereits in der Skizze fest und ihre Niederschrift geschah ohne jedes Experimentieren, nach einem vollständig klaren und fertigen Bilde, das ich im Kopfe trug. Als Partitur kann meine Jugendoper »Sakuntala« auch heute noch vor der schärfsten Kritik, die am allerersten ich selbst stets ausgeübt habe, bestehen. Nur in der gesamten Anlage ist sie verfehlt und das drückt ihren Wert auf den eines Versuches herab. —

Im Herbst dieses Jahres veranstaltete die »Euterpe«, der zweite Konzertverein Leipzigs, unter Leitung ihres Dirigenten, Herrn Klengel, eine Aufführung von Liszts Faust-Symphonie. Dem Werk, das damals noch kaum bekannt war, ging der Ruf ungewöhnlicher Schwierigkeit und beispielloser Extravaganz voraus. »Täglich haben wir Proben,« jammerte der Kopist, der die Stimmen meiner Serenade ausgeschrieben hatte und zweiter Klarinettist im Euterpe-Orchester war, »und noch werden wir nicht klug daraus. Egal*) Taktwechsel, Fünfviertel — Siebenviertel! 's ischt grausam, was der Herr Abbé (Liszt) uns armen Orchestermusikern zumutet.« In gespannter Neugier, das Ungeheuer kennen zu lernen, betrat ich den Saal. Den Platz neben mir hatte zufällig Emil von Reznicek inne, der, ebenfalls ein ehemaliger Schüler Dr. Mayers in Graz, nunmehr auch am Leipziger Konservatorium seinen musikalischen Studien oblag oder vielmehr nicht oblag, denn man sah ihn höchst selten in diesen geheiligten Räumen. Das ganze erste Jahr meines dortigen Aufenthaltes war ich ihm vielleicht dreimal begegnet und darum fremd geblieben. Er war auch sehr begierig, die Faust-Symphonie kennen zu lernen, wußte er doch, ebenso wie ich, noch sehr wenig von Liszts Kompositionen. Geläufig waren uns nur der »Tasso«, den sogar Reinecke einmal im Gewandhaus aufgeführt hatte, und die damals schon ziemlich oft gespielten »Préludes«.

Das erste Thema setzte ein. Die flüchtige Ähnlichkeit mit

---

*) Sächsischer Ausdruck für »immer«.

einer Stelle aus dem dritten Akt der »Walküre« brachte mir eine Erzählung Kienzls in Erinnerung, der dabei war, als Liszt im Wahnfried dieses Thema spielte. »Das habe ich dir ja gestohlen!« rief Wagner humorvoll. (Tatsächlich ist die »Faust«-Symphonie früher komponiert als die »Walküre«.) »Nun, dann hört's doch jemand!« erwiderte Liszt auch humorvoll, aber sicherlich mit schmerzlichem Mittönen einer Saite seines Innern. Wagner war damals bereits der hochberühmte Meister, während man Liszt kaum anders kannte wie als früher gefeierten Klaviervirtuosen.

Nur flüchtig tauchte diese kleine Anekdote in meinem Bewußtsein auf, denn das Werk, das sich vor mir zu entrollen begann, forderte gründliche Aufmerksamkeit. Die nur auf dem übermäßigen Dreiklang aufgebaute Einleitung wirkte befremdend, aber keineswegs unschön. Überraschend zuckten die ersten wilden Geigenfiguren des Allegro auf. Nach kurzer Steigerung dröhnten die Posaunen das wiederum aus übermäßigen Dreiklängen bestehende Thema der Einleitung scheinbar ganz unvermittelt in ein sausendes Tremolo der Streicher hinein. Reznicek und ich packten einander unwillkürlich bei den Händen. Ich höre noch sein erregtes Murmeln: »Himmeldonnerwetter, das ist grandios!« Mit steigender Erregung verfolgten wir das bunte Mosaik des ersten Satzes, jenes merkwürdigen Monologs voll Mystik, Leidenschaft und unerfüllter Sehnsucht. Die Parallele des Schlusses mit Beethovens »Coriolan« fiel uns auf. Entzückt lauschten wir den lieblichen, oft berückenden Melodien des Gretchen-Satzes. Der letzte Teil aber löste eine völlige Ekstase aus. Liszts Eigentümlichkeit, sein ironisches Temperament, sein Witz, seine Fähigkeit, Themen so umzugestalten, daß man die Urform kaum wiedererkennt und die Variation für eine Neuschöpfung hält, tritt nirgends so glänzend hervor wie in diesem Mephistopheles-Scherzo, dem genialsten Stück, das er geschrieben hat. Eine eisige Kälte weht uns aus dieser Musik entgegen. Ein zynisches Lachen, ein grausames Zähnefletschen, ein höllisches Aufblitzen unheimlich starrer Glotzaugen, vor denen wir uns als Kinder gefürchtet haben; alles das tritt bei diesen Klängen vor unsere Phantasie. Das ist gewiß nicht Goethes Mephistopheles; es ist der richtige Teufel, wie ihn sich der gläubige Katholik vorstellt, aber großartig, überdimensional, elementar entworfen. Der Zusammenbruch der infernalen Klänge und der leise Einsatz der Orgel mit den Triolen des Streichquartetts, die zum Schlußchor

»Alles Vergängliche ist nur ein Gleichnis« hinüberleiten, wirkten schon beim ersten Hören überaus stark.

Betäubt, aber doch innerlich erhoben und unter dem Eindruck eines gewaltigen Erlebnisses stehend, verließen Reznicek und ich das Konzert. Reznicek brachte mich am nächsten Tag zu einem seiner Bekannten, Herrn Bohlmann, dessen Sohn Theodor ein Musikzimmer mit zwei Klavieren besaß. Wir verschafften uns die prachtvollen Arrangements, die Liszt selbst von seinen Orchesterwerken verfaßt hatte, und spielten sie so oft, daß wir bald darin ebenso gut Bescheid wußten wie in den klassischen Symphonien. Den größten Eindruck, weit größer als die symphonischen Dichtungen, machte mir neben der »Faust«-Symphonie die zweisätzige Illustration zur »Divina Commedia«, die sogenannte »Dante«-Symphonie.

Reznicek war damals schon weit vorgeschritten in seinem Können und ein äußerst intensiv empfindender Musiker. Seit jenem denkwürdigen Abend der »Faust«-Symphonie« waren wir gute Freunde und sind es geblieben.

Ich suchte ihn nunmehr auch in seiner, in der Sternwartestraße bequem gelegenen Wohnung auf. Wir machten einander gegenseitig mit unseren Kompositionen bekannt. Ich erinnere mich eines Streichquartetts, das originelle Züge aufwies. Meines Wissens ist es nicht im Druck erschienen; auch alles andere, was er in jener Zeit schrieb, blieb Manuskript. Das klug abwägende zeichnerische Talent, das Reznicek noch heute charakterisiert, besaß er damals schon. Partituren, die er mir von seiner Hand geschrieben zeigte, waren so klar entworfen, daß man ihnen die gute Klangwirkung förmlich ansah. Das zog mich noch mehr zu ihm. Schon damals fanden wir uns in der Überzeugung, daß nicht die Häufung der instrumentalen Mittel, sondern die Art, wie die verschiedenen Klangerzeuger ausgenützt und in ihren Wirksamkeiten verteilt und zusammengefaßt werden, den Meister der Instrumentierungskunst ausmache, und daß die Farbe aus der Zeichnung hervorgehe, nicht aber umgekehrt. Ich hatte gegen Weihnachten den ersten Akt der »Sakuntala« in Partitur vollendet und spielte ihn Reznicek und dann in kleinerem Freundeskreise, dem auch Martin Krause und Theodor Bohlmann angehörten, wiederholt vor. Am Konservatorium ließ ich von dieser Komposition nichts verlauten, da ich wußte, wie man dort im allgemeinen über das Bestreben, in Wagners Sinne zu wirken, dachte. Nur Oskar Paul zeigte ich den Akt in seiner Privatwohnung. Er sagte mir: »'s ist noch alles wild, noch nicht geklärt, auch lehnt sich's zu stark an Wagner an. Aber du wirst es noch zu was bringen, weil du ein Organiker bist; das merkt man auf jeder Seite.« Ich fühlte die Mahnung, die in diesen Worten lag. Trotz meiner glühenden Verehrung für Liszt, die sich noch steigerte, als ich dem großen, gütigen Manne später persönlich nahe trat, konnte ich die Art des willkürlichen, rhapsodischen Zusammenfügens musikalischer Momente im Sinne programmatischer Illustrationen nie zu der meinigen machen. Ich habe mich dadurch abseits der großen Heerstraße gestellt, wo der breit und laut dahinziehende Zug der Zeit die Auflösung der organischen Form auf seine Fahne geschrieben hatte. Unerkannt und meist mit Absicht gemieden wanderte ich über Wiesen und durch Wälder, pfadlos und auf unbetretenen Fußsteigen, wo ich hie und da Zwiesprache halten konnte mit Wesen, die auch nicht mit der großen Menge laufen wollten. —

Ich bat Oskar Paul, ihm meine kleine Serenade, die bei Paul Voigt in Kassel im Druck erscheinen sollte, als Zeichen meiner Dankbarkeit widmen zu dürfen. Er nahm die Widmung gerne an und sagte mir, wenn ich einmal nicht mehr Schüler des Konservatoriums sei, müsse ich ihn auch mit »Du« anreden und als väterlichen Freund betrachten. Das haben wir später wahrgemacht.

Mit meinem älteren Leipziger Freunde, Karl Böttcher, hatte ich manche kleine Eifersuchtsszene zu überstehen. Der gute, treue Junge fühlte sich zurückgesetzt, weil ich mehr mit Reznicek verkehrte als mit ihm. Außerdem war er besorgt um mich und hatte wohl auch einigen Grund dazu. Ich hatte durch ein paar Unterrichtsstunden und etliche kleine Honorare für Kompositionen und Arrangements meine Kasse auf einen etwas besseren Stand gebracht, der mir größere Bewegungsfreiheit gestattete. Die Einschränkungen, in denen ich erzogen war und die ich mir selbst stets auferlegen mußte, erweckten in mir den natürlichen Trieb, auch einmal über die Schnur zu hauen, wie ich es oft bei Altersgenossen sah. Als dann die Möglichkeit dazu gegeben war, bedeutete es nur einen Schritt, den geheimen Wunsch in die Tat umzusetzen. Ich blieb abends nicht mehr bei Tee und Käsebrot zu Hause, sondern traf mich mit Reznicek und einer kleinen Gesellschaft, die sich bald zusammenfand, täglich im Wirtshaus, wo wir oft bis spät in die Nacht sitzen blieben. Auch verwandte ich mehr Sorgfalt auf meine Kleidung, ging, zuerst schüchtern, dann zielbewußter, auf galante Abenteuer aus und geriet so allmählich in ein studentisches Bummelleben hinein, in dem ich mich einige Zeit sehr wohl fühlte. Böttcher fürchtete einen dauernden Schaden für meine damals noch zarte Konstitution und suchte mich, freundschaftlich besorgt, nach seiner Weise zu retten. Innerhalb seines Freundeskreises, in den ich schon länger eingeführt war und den ich seit diesem Winter etwas vernachlässigt hatte, bestand ein sogenanntes Lesekränzchen; es wurden Theaterstücke, ältere und neuere, mit verteilten Rollen gelesen. Daran sollte ich teilnehmen. Am ersten Abend wurde Scribes »Adrienne Lecouvreur« ausgeteilt und ich erhielt die Rolle des Liebhabers. Ich las mit Feuereifer und einem Pathos, das in einem Drama der Sturm- und Drangperiode vielleicht am Platze gewesen wäre. Allmählich merkte ich, das man leise um mich herum kicherte, wenn ich las. Nun stellte sich's heraus, daß ich außer dem falschen Pathos auch noch im österreichischen Dialekt gelesen hatte. Ich glaubte zwar feststellen zu können, daß die andern Herrschaften sächselten und berlinerten, doch waren ihre Ohren an die eigenen Dialekte gewöhnt, während der meinige ihnen auffiel. Für Freund Böttcher war nun wieder ein Anlaß gegeben, zu sticheln. Er hatte in mancher Beziehung, trotz seines teutonischen Äußeren, geradezu weibische Züge. Dies führte zu vorübergehenden Entzweiungen, die durch seinen ebenfalls fast mädchenhaften Unwillen über meinen Verkehr mit andern Freunden und Kollegen noch verstärkt wurden. Dauernd wurde die Freundschaft aber dadurch nicht getrübt. Jahrelang sahen wir einander im späteren Leben nicht. Trafen wir aber einmal wieder zusammen, zuletzt in Köln, wo Böttcher am Konservatorium als Lehrer wirkte, so waren wir die alten. Dann setzten wir uns irgendwo in eine Ecke zu einem guten Glas Wein und sprachen über vergangene Jugendzeiten, ihre Torheiten und Herrlichkeiten. Als Junggeselle von über sechzig Jahren ist der treffliche Freund, kurz vor Ausbruch des Weltkrieges, plötzlich gestorben. —

Im Lesekränzchen spielte ich wegen meines ersten Mißerfolges keineswegs den Beleidigten. Ich versuchte, es besser zu machen, las das nächstemal ruhiger und befleißigte mich der hochdeutschen Sprache, was aber zunächst sicher komischer war als mein ehrlicher österreichischer Dialekt. Nach einigen Versuchen gab ich es aber auf. Als ich einmal das Lächeln und Kichern über mein Lesen trotz redlicher Bemühung nicht zum Schweigen bringen konnte, brach ich ab, entschuldigte mich wegen Unwohlseins und eilte zu meinem Stammtisch, wo Reznicek und seine Genossen mich mit Freudengebrüll empfingen. —

Ich besuchte nunmehr häufiger das Schauspiel und auch Vorträge und achtete auf Deklamation und Vortragsweise der Schauspieler und der Lesenden. Dies stärkte mein Empfinden für die Bedeutung des Wortes und kam mir zugute, als ich später selbst Vorträge hielt.

Freundschaftliche Besorgnisse wegen meines etwas ungebundenen Lebens waren grundlos. Meine Nerven wurden vielleicht etwas überreizt, aber an meiner Gesundheit nahm ich keinen Schaden. Nicht einen Augenblick versäumte ich meine Arbeit. Trotz des späten Nachhausekommens stand ich ziemlich zeitig auf. Die Partitur der Oper schritt allmählich bis zur Mitte des zweiten Aktes vor. Am Konservatorium war ich allerdings nicht der Fleißigste. Die Kontrapunkt- und Kompositionsstunden vernachlässigte ich gänzlich. Aber am Klavier übte ich täglich mehrere Stunden. Mit wahrer Inbrunst studierte ich die letzten Sonaten Beethovens. Unergründliche Tiefen entschleiern sich dort den geistigen Sinnen; das ist keine Sprache dieser Welt. Rätselbücher werden diese Werke bleiben, trotz der von Bülow begonnenen, in ihrer Art verdienstlichen Versuche, sie der Allgemeinheit zugänglich zu machen. Und es ist gut, daß sie solche Rätselbücher bleiben. Ich beherrschte drei derselben, die op. 101, 106 und 109, vollkommen und habe sie auch in den Abendunterhaltungen des Konservatoriums zum Vortrag gebracht.

Wenn ich abends in der Katharinenstraße bei »Wachsmuth« oder im Gedenken Goethes in der »Feuerkugel« mit meinen Kollegen zusammentraf, hatte ich ein tüchtiges Tagespensum absolviert. Dieses Bewußtsein stählte mich und ließ mich verwinden, was mir an Schlaf entging. Bald genug lenkte ich das Schiff meines Lebens wieder in regelmäßigere Bahnen.

Das neue Jahr, 1883, hatte kaum begonnen, als ein Schatten auf mein Leben fiel, einer von denen, die liegen bleiben und erst langsam und zögernd weichen, wenn bereits eine geraume

Spanne des Daseins durch sie verdunkelt worden ist. Nachdem ich bei meiner ersten Militär-Assentierung in Graz infolge meines schmalen Brustkastens glücklich durchgerutscht war, trat jetzt die Pflicht, mich zu stellen, erneut an mich heran. Um die lange Reise nach Graz oder gar nach Zara zu ersparen, war ich auf mein Ersuchen nach der Grenzstation Eger für einen der ersten Januartage beordert. Eine Anzahl armseliger Opfer harrten in derselben Kaserne wie ich ihres Schicksals. Ein Oberleutnant mit roter Nase erschien und trieb uns in den Raum, wo die Kommission an einem Tische saß. Wir mußten die Kleider ablegen. »Nur schnell, schnell!« hieß es in einemfort; die Herren hatten offenbar wenig Zeit. Wir wurden kaum untersucht, nur ein paarmal hin und her gestoßen. Ich war damals noch genau so engbrüstig wie vor anderthalb Jahren und vielleicht noch magerer; trotzdem sauste das »Tauglich« auf mich hernieder, ebenso wie auf alle übrigen. Keiner war freigekommen. Einwände einzelner, mögen sie berechtigt gewesen sein oder nicht, wurden nicht einmal angehört. »'rüber zum Schwör'n!« lautete die Order. Ich hob mechanisch die Hand und sprach eine Formel nach, die man mir vorsagte. Aber in meinem Innersten rief es laut und deutlich: »Dieser Schwur gilt n i c h t, denn er ist e r z w u n - g e n!« — Wozu die Komödie des Schwörens? — Man zwingt uns zur Stellung, hat Mittel und Wege genug, uns mit Gewalt in den bunten Rock hineinzupressen und den Kugeln und Bajonetten derjenigen preiszugeben, die geradeso gezwungen und gepreßt worden sind wie wir. Wozu uns noch den falschen Schwur auf das Gewissen laden? Denn falsch ist jeder Schwur, der nicht freiwillig abgegeben wird und dessen Verweigerung mit schweren Strafen bedroht ist. Eine der ganzen Welt heilige und ehrwürdige, Treue und Glauben feierlich verbürgende Versicherung wird hier zu einer P o s s e herabgewürdigt.« So brodelten die Gedanken in mir, als ich voll tiefen Schamgefühls meine Kleider wieder anlegte.

Wohl las man hie und da von Helden im Sinne des großen Tolstoi, die alle Pein auf sich nahmen und bis zu ihrem Ende im Gefängnis oder am Richtplatz den Schwur nicht leisteten. Vielleicht waren es mehr als man wußte. Zu Tode hat man sie gequält, diese Pioniere einer höheren, reineren Weltanschauung, statt sie als Heilige zu verehren. Die Zukunft wird diesen ungenannten Märtyrern Kränze um die blutigen Häupter winden.

Ich fühlte keinen Beruf in mir zu einem Märtyrertum dieser Art; noch hatte ich anderes zu tun in dieser Welt. Aber eines wußte ich, als ich am Abend desselben Tages nach Leipzig zurückfuhr, daß ich alles tun müsse, um vom Militärzwang freizukommen. Ich war in meiner Entwicklung und in meiner Laufbahn im Aufsteigen begriffen. Die Unterbrechung eines ganzen Jahres hätte mich auf unabsehbare Zeit zurückgeworfen. Zunächst, da ich noch nicht zwanzig Jahre alt war, hatte ich das Recht, die Abdienung des sogenannten »Freiwilligenjahres« — auch dieses Wort war ein Hohn auf die Wahrheit — hinauszuschieben. Davon machte ich bis zum äußersten Termin Gebrauch. Inzwischen traf mein Militärpaß ein. Er war aus Zara, meinem Geburts- und Zuständigkeitsort, und in kroatischer Sprache abgefaßt. Ich hatte also noch das Vergnügen, mir seine Bestimmungen für teueres Geld übersetzen lassen zu müssen, um nicht durch eine eventuelle Nichtbeachtung einer Vorschrift verhängnisvolle Konflikte heraufzubeschwören.

Nichts habe ich mein ganzes Leben lang beschämender empfunden, als einem fremden Willen untertan zu sein. So gern ich mich fremder Ansicht unterwerfe, wenn ich sie der meinigen als überlegen empfinde, so wenig habe ich brutaler Willensmacht Einfluß auf mich gestattet. So setzte ich mich auch dem Militärzwang entgegen. Ich bin ein guter Schüler, aber ein schlechter Diener, und zum Schießen war ich nun einmal ganz gewiß nicht geboren. Unablässig machte ich mit größter Vorsicht Versuche, eine legale Befreiung zu erreichen. Zunächst schlug alles fehl. Gerade noch im letzten Moment, als ich bereits mit funkelnden Blicken über die Grenze blickte und allen Ernstes überlegte, ob ich den heimatlichen Landen nicht dauernd Lebewohl sagen solle, kam die Rettung. Ich war bereits als Kapellmeister tätig, verdiente etwas und war in der glücklichen Lage, meine kränkliche Mutter, anfangs mit kleinen, später mit größeren Beträgen, zu unterstützen. Diese Tatsache hatte meine in Triest lebende Tante Katherine zur Kenntnis eines hohen Offiziers gebracht, dem es gelang, meine Befreiung zu erwirken. Spätere neue Gesetze brachten mich wieder in ein militärisches Abhängigkeitsverhältnis, das aber zu lose war, um mich ernstlich zu gefährden. Nur im Kriegsfalle hätte ich einrücken müssen. Als der Krieg wirklich ausbrach, war ich zu alt. So scheint dieser Schatten endlich vollends vorübergezogen zu sein. —

Es bedurfte wahrlich nicht der Belehrung des Krieges, um zu wissen, daß, solange überhaupt noch die Möglichkeit von Kriegen besteht, jeder Mann die Fähigkeit besitzen muß, sein Land im Notfalle verteidigen zu können. Dies ist aber auf anderem Wege zu erzielen, als es in unseren Ländern geschah, wo der Militarismus Selbstzweck, Spielzeug der Hohen und schließlich insgeheim doch nur ein treffliches Mittel war, den Geist des Volkes auf ein niedrigeres Niveau herabzudrücken und Strömungen, die zu höherer und den bestehenden Verhältnissen gefährlicher Entwicklung hätten führen können, im Keime zu ersticken. In der Schweiz, die sich immer mehr als eines der am besten organisierten und regierten Länder darstellt, beginnt eine Art von militärischer Erziehung bereits in der Schule. Kein Mann aber wird länger als wenige Monate seinem Beruf und seiner bürgerlichen Arbeit entzogen und die allermeisten Offiziere sind Privatleute mit den verschiedensten Beschäftigungen, wenn sie die Uniform ausziehen. Und trotzdem hat die Schweiz eine Armee und Einrichtungen, die von militärischen Fachleuten sehr hoch eingeschätzt werden, und deren bloßes Dasein das Gelüste, einen Einbruch zu wagen, gründlichst fernzuhalten imstande war. Dort herrscht Wohlstand, Ordnung und Hochachtung der ganzen Welt. Und wie sieht es bei uns aus, in unseren gepriesenen ehemaligen Militärstaaten? — Wird man die Augen öffnen und sich bestreben, aus dem Unglück zu lernen? —

Die Wendung, die seit dem Tage in Eger eingetreten war und das Gefühl, mich gegen eine Gefahr verteidigen zu müssen, gab meinem Leben eine ernstere Richtung. Ich bummelte von da ab weniger, blieb wieder mehr für mich und widmete mich mit erhöhtem Eifer meinen Arbeiten. Die Oper besuchte ich weniger als im Vorjahre. Der Anfang der neuen Direktion Staegemann stach von den glanzvollen Zeiten Angelo Neumanns stark ab. Es fehlten gerade die Werke, die dieser Epoche ihre Bedeutung verliehen hatten, die »Nibelungen« und der »Tristan«, deren Aufführungsrecht der neue Direktor noch nicht besaß. Einige sehr fein einstudierte ältere Opern unter Leitung von Artur Nikisch, der jetzt musikalischer Alleinherrscher war, sind mir noch in guter Erinnerung, ebenso ein glänzendes Konzert, das Nikisch im Stadttheater dirigierte, bei welcher Gelegenheit er zum erstenmal Berlioz' phantastisches Orchesterscherzo »Fee Mab« aufführte. Er mußte es wiederholen, so stark war der Erfolg.

Auch ein Bruchstück aus »Tannhäuser« stand auf dem Programm. Als es vorbei war, sprach mich eine ältere, kleine Dame an, die neben mir saß und sagte: »Die Dichtung des Tannhäuser habe ich mir noch aus Wagners Manuskript abgeschrieben.« Ich starrte sie verwundert an. »Sie hören so aufmerksam zu,« fuhr sie fort, »daß ich mir denke, es wird Sie interessieren, einiges aus Wagners Dresdner Zeit zu hören. Ich lebte in den vierziger Jahren dort und war mit seiner Nichte, Johanna Wagner, der ersten Elisabeth, befreundet. Ich heiße Mathilde Pietsch, wohne Humboldtstraße 11. Wenn Sie mich besuchen wollen, wird es mich freuen.« Ich dankte der Dame und versprach, von ihrer Einladung Gebrauch zu machen. Das Konzert war aus und so blieb mir für heute nur übrig, mich vorzustellen und von ihr zu verabschieden. —

Wenige Tage nach dieser Begegnung, am 14. Februar, begab ich mich morgens zur Probe eines Gewandhauskonzertes. War der Nebel, der draußen herrschte, auch in den Saal gedrungen? Oder brannte weniger Licht als sonst? Kleine Gruppen sprachen leise miteinander. Man sah mich fragend an, als ich vorbeiging. War etwas vorgegangen? Ich achtete nicht darauf, begab mich wie sonst auf meinen Platz und lauschte der Musik, konnte aber nicht recht aufmerken. Es lag etwas in der Luft, das drückte und beängstigte. Da trat ein Kollege auf mich zu: »Wissen Sie's noch nicht?« — »Was denn?« — »Richard Wagner ist gestorben.« — Ich blickte verständislos zu ihm auf. »Das ist sicher nicht war!« mag ich wohl gestammelt haben, denn er antwortete: »Doch, gestern nachmittag, in Venedig.« Ich eilte, ohne mir eines Zwecks bewußt zu sein, die Treppe hinab und begegnete Oskar Paul, der eilig dem Ausgang zustrebte. »Herr Professor, ist es wahr?« »Ich gehe soeben auf die Redaktion; dort soll eine Depesche eingetroffen sein«, antwortete Paul. — So war es doch noch nicht gewiß; die Depesche konnte ja etwas ganz anderes enthalten. Nein, sicher war es nicht wahr! — Einen Schimmer von Hoffnung im Herzen stieg ich wieder auf die Galerie hinauf und nahm mechanisch meinen Platz ein. Unten wurde weitermusiziert. Da — plötzlich wurde dem Dirigenten Reinecke etwas gemeldet und er brach die Probe ab. Andere Noten wurden aufgelegt. Reinecke hob den Taktstock, — die ersten Töne erklangen schwer, lastend, düster, — mit Entsetzen erkannte ich die Trauermusik aus der »Götterdämmerung«. — Das war die Todesbotschaft! — Der gewaltige, rastlose Schöpfergeist hatte seine irdische Hülle abgestreift. — Nun war meines Bleibens nicht länger. Hinaus eilte ich, der Straße zu. Im Hof des alten Konservatoriums standen Schüler und einzelne Lehrer beisammen und besprachen das Ereignis. Eine schrille, frivole Stimme klang an mein Ohr: »Nun wird der Schwindel bald ein Ende haben.« Hämisch und frohlockend zugleich tönte es in die kühle Februarluft hinein. Einige Stunden später wäre ich vielleicht dem Rufer an die Gurgel gesprungen. Jetzt konnte ich nur vorübereilen, um meine hervorschießenden Tränen zu verbergen.

Unwillkürlich schlug ich den Weg zu Wagners Geburtshaus ein. Auf dem Marktplatz wurden Extrablätter ausgerufen. Ich griff nach einem. Da stand es, schreckhaft und unerbittlich: »Richard Wagner ist gestern nachmittags in Venedig gestorben.« — Wohin mich wenden? Alles, was ich tun konnte, erschien mir so leer, so überflüssig. Endlich gelangte ich zum Geburtshaus, dem mein erster Gang in Leipzig gegolten hatte. Um mich her wogte eine gleichgültige Menge. Überall Leben und wieder Leben — nur er allein, der große, der herrliche Meister war tot. —

Ratlos, gelähmt, unfähig, zu denken, stand ich, ich weiß nicht, wie lange, vor dem kleinen, verfallen aussehenden Hause, bis zwei Männer mit einer Leiter erschienen und die Gedenktafel mit einem schwarzen Tuche umkleideten. Da eilte ich fort. Schreckliches Schwarz, das uns den Tod als ein nächtliches, spukhaftes Ereignis verhaßt machen will! Wieviel schöner umkleidet im Orient die weiße Farbe den Übergang in das Jenseits mit der Reinheit des Lichtes! —

Ein klares Bild trat plötzlich vor mich: Die kleine, alte Dame, die ich neulich im Stadttheater getroffen hatte. Nur wenige Schritte waren es zur Humboldtstraße. Ich stieg die Treppe des bezeichneten Hauses empor und läutete bei der Tafel, die den Namen »Pietsch« trug. Sie öffnete mir selbst, erfreut, mich zu sehen, und offenbar nichts ahnend. Zögernd teilte ich ihr die erschütternde Nachricht mit. Ein anderes, ältliches Fräulein, ihre Schwester, kam herbei, und so saßen wir zu dritt zusammen, als ob wir einander längst gekannt hätten, kaum ein Wort sprechend, in Trauer und Schmerz versunken. · –

Oft habe ich später die stille Wohnung in der Humboldtstraße aufgesucht und den Worten der beiden gelauscht, die so beredt aus der Dresdner Zeit Wagners erzählen konnten, von seinem fortreißenden Temperament, mit dem er Sänger und Orchester zu außergewöhnlichen Leistungen anspornte, von der herrlichen Aufführung der damals noch fast unbekannten Neunten Symphonie Beethovens, die das Publikum begeisterte und die Zöpfe entsetzte, von der ausdrucksvollen Art, wie er eigene und fremde Dichtungen vortrug. Der »Tannhäuser« sei wie eine Sonne aufgegangen, aber nur für wenige. Das große Publikum hätte ihn nicht verstanden und sei nur dem »Rienzi« anhänglich gewesen, gegen den Wagner damals schon eine tiefe Abneigung empfand. Eine hübsche Anekdote von der ersten Aufführung des »Tannhäuser« erzählte das alte Fräulein oft und gern. Man hatte im dritten Akt einen hohen Aufbau auf die Bühne gestellt, um den Aufstieg Elisabeths zur Wartburg möglichst lange sichtbar zu machen. Die jugendliche Darstellerin, Johanna Wagner, eine Nichte des Meisters, besaß eine jüngere Schwester, die ihr ähnlich sah, nur kleiner war. Um die allmähliche Entfernung Elisabeths perspektivisch glaubhaft zu machen — ich sehe das Lächeln moderner Regisseure über diesen antiquierten Trick — ließ man Johanna bei einer Biegung des Weges verschwinden und ihre kleinere Schwester setzte den Weg auf einer höheren Staffel fort. Das Kind, halb verwirrt, halb glücklich im Gefühl seiner Wichtigkeit, wendete den Kopf, erblickte seine Familie im Zuschauerraum und — winkte ihr zu. Die Wut Wagners über diese unerwartete Improvisation der Duodez-Elisabeth soll unbeschreiblich gewesen sein; doch schließlich blieb ihm nichts übrig, als die Sache humoristisch zu nehmen. Umgeschaut hat sich die Kleine aber sicherlich nicht mehr. —

Ich war in den Tagen, die der Trauerbotschaft folgten, so niedergeschlagen und aus dem Gleichgewicht gebracht, daß ich zu jeder Arbeit unfähig war. Ich ging dahin, dorthin, besuchte diesen und jenen, las Zeitungen, die von der Überführung der Leiche und der Feier in Bayreuth berichteten, vernahm die damals fabelhaft klingende Kunde, daß Angelo Neumann die »Nibelungen« in Italien aufführen werde, aber es war mir, als ob ich alles nur automatisch täte und aufnähme, als ob ich selbst nur ein wandelnder Automat in einer Welt von Automaten wäre. Da nahm mich eines Tages Oskar Paul beiseite: »Hör' mal, mein Junge, das geht nicht so weiter, daß du deinem Trübsinn nachhängst. Du gehst heute abend mit mir in Auerbachs Keller. Bei einem guten Glase Wein werde ich dir die Kopfhängerei austreiben.‹ Ich war oft an Auerbachs Keller vorbeigegangen, hatte aber den durch Goethe geweihten Ort noch nie betreten, da die Preise für meine Verhältnisse zu hoch waren. Die Einladung des Professors nahm ich mit Dank an, obwohl ich fest überzeugt war, daß Wein nicht das richtige Mittel war, meinen herabgeminderten Lebensmut neu zu erwecken. Oskar Paul fand aber auch einen anderen, richtigeren Weg. In einem Winkel saßen wir abends beisammen, der etwa fünfzigjährige Lehrer und der noch nicht zwanzigjährige Schüler. ›Siehst du,‹ sagte Paul zu mir, »wir tun unrecht, Wagner zu betrauern. Gewiß ist der Tod eines großen Mannes immer ein ernstes Ereignis, aber vergleiche Wagners Leben mit dem anderer großer Meister. Ihm hat das Schicksal, trotzdem es ihn hart angefaßt und tüchtig durchgerüttelt hat, doch eine unschätzbare Gunst verliehen. Er konnte sich a u s l e b e n, seine Werke vollenden, seine Pläne ausführen. Denke an Mozart, an Schubert! Was hätten diese Männer noch geschrieben, hätte ihnen der Tod den Lebensfaden nicht vorzeitig abgeschnitten. Denke an Schiller, der seinen grandiosen ›Demetrius‹ unvollendet zurücklassen mußte und vieles andere gar nicht anfangen konnte! Auch Beethoven war noch nicht am Ende. Wagner hat den »Parsifal‹ vollendet; einen schöneren Abschluß seines tatenreichen Daseins hätte er nicht finden können. Der Traum seines Lebens, sein Festspielhaus, besteht und wird wohl auch weiter bestehen. Und hast du die rührende Geschichte seiner Jugendsymphonie gelesen, deren Stimmen Anton Seidl aufgefunden hat und die er kurz vor seinem Tod in Venedig vor einem kleinen Kreis von Freunden dirigiert hat? So ist ganz am Ende seines Lebens seine früheste Jugend vor ihm aufgestiegen und hat den mystischen Ewigkeitskranz um seine Stirne geschlungen. Darum, mein Junge, lerne dich zu f r e u e n, daß er da war und daß sein Leben voll erfüllt war und harmonisch geendet hat. Und nun werde ich dir etwas sagen. Du bist fertig mit der großen Sonate op. 106 von Beethoven; die spielst du in der nächsten Abendunterhaltung. Ich habe dich bereits auf das Programm gesetzt; also, bitte, keine Widerrede! Außerdem versprichst du mir, daß du an deiner Oper weiterkomponierst.‹

Tatsächlich warf ich mich zunächst mit allem Eifer auf das für kurze Zeit unterbrochene Üben der Sonate und bewältigte kurz darauf die riesige Aufgabe mit gutem Gelingen. Das weltentrückte Adagio gestaltete ich im verschwiegenen Innern zu einer Totenfeier für den Genius, der kürzlich von uns Abschied genommen hatte. —

Allmählich verhallten die dumpfen Schritte des Todeszuges; die Bilder der Sinnenwelt gewannen wieder Farbe und Bewegung. Aus Bayreuth kam die tröstliche Nachricht, daß die Festspiele weiterbestehen würden; sein Werk also schien gerettet. Arbeiten hieß es nun, den Kopf nicht hängen lassen, nicht zurück, sondern vorwärts schauen, auf daß das Dasein inhaltsreich und das Leben wert sei, gelebt zu werden.

Ich nahm meine Kompositionsskizzen wieder vor, suchte den Faden, den ich für abgerissen hielt, fand ihn und spann ihn weiter. Doch so stark war die Erschütterung der Katastrophe des 13. Februar, daß jener Tag mir noch lange Zeit wie ein düsterer Grenzpfeiler erschien, der trennte, was ich vorher und was ich nachher erlebte und tat. Und selbst heute noch, trotzdem Jahrzehnte seit diesem Tag verflossen sind, fühle ich, wenn ich eines frühen Erlebnisses gedenke, mitunter einen warmen Strom im Herzen, wenn mir zu Bewußtsein kommt, daß damals der große Mann von Bayreuth noch am Leben war. Vieles hat sich im Laufe der Zeit um die Erscheinung Wagners herumgerankt, was Schranken um sie zog, die immer undurchdringlicher wurden: Fanatismus, falsches Prophetentum, Heuchelei, Dilettantismus, flachste Popularität und alle sonstigen unerfreulichen Begleiterscheinungen, die wie Pilze emporwachsen, wenn eine hervorragende Persönlichkeit soviel von dem Moder der Verallgemeinerung an sich gezogen hat, daß das phosphoreszierende Leuchten des Messiastums aus ihrem Grabe aufflackert. Auch meine Stellung zu Wagners Werken selbst ist im Laufe der Zeit eine andere geworden als sie es damals in der Jugend und bis in meine Mannesjahre war, wo ich tatsächlich in ihnen den Kulminationspunkt alles bisher Geschaffenen erblickte, während ich heute in seiner Musik und in seinem gesamten Wirken neben dem gewaltigen Aufbau doch auch die zerstörenden Keime erblicke, die zu verderblicher Saat aufgegangen sind. Wagners Werk gleicht einem Tempel auf sonniger Höhe. Weithin sichtbar, ist er den Pilgern ein Wegweiser. Doch in seinem Innern ist ein Labyrinth endloser Gänge und Schluchten und aus jedem dieser Gänge schleichen dem Eingetretenen tausend Lügner entgegen, die den ihrigen als den richtigen Weg anpreisen. Wer in seiner Brust nicht die Zauberformel findet, die das Gelichter verscheucht, der findet nimmer zum Licht des Tages zurück. Hat er aber zurückgefunden, dann erkennt er erst die volle Schönheit des Tempels und seine Andacht wird um so inbrünstiger. Allerdings vom Labyrinth hält er sich fern. —

Für Ostern hatte ich meinen Austritt aus dem Konservatorium angemeldet; es galt also, mich für die Prüfungskonzerte vorzubereiten. Ich sollte meine Serenade dirigieren und außerdem einige meiner Klavierstücke spielen. Da inzwischen die Klasse des vollen Orchesters eine ständige Einrichtung geworden war, wurde ich auch beauftragt, die Zweite Symphonie von Beethoven zu dirigieren. Die Probenzahl war nicht beschränkt; ich konnte also meine ziemlich zahlreiche Schar streichender und blasender Kollegen gut in meinem Sinne abrichten. Bei einer der Proben dirigierte ich die Beethovensche Symphonie bereits auswendig, da ich das Werk vollständig im Kopf hatte. Plötzlich verlangte der anwesende Kapellmeister Reinecke in ziemlich gereiztem Tone, ich solle beim Dirigieren in die Partitur hineinsehen und schön brav die Blätter umwenden. Ich fragte, ob ich mich denn irgendwo geirrt hätte. »Nein,« antwortete Reinecke, »aber es schickt sich nicht für einen Schüler, Modetorheiten gewisser moderner Dirigenten mitzumachen.« Das war ein Hieb auf Hans v. Bülow, dessen phänomenales Gedächtnis berechtigtes Aufsehen erregt hatte. Obwohl mir Bülows Kunst, was ihren inneren Wert betrifft, schon damals Bedenken eingeflößt hatte, so empörte mich doch die kleinliche Überhebung eines Mannes, der sicherlich weit unter jenem stand, den er auf diese Weise angriff. Ich erwiderte: »Allerdings betrachte ich Bülow, auf den Sie anspielen, in dieser Beziehung als Vorbild, vor allem darin, daß er die Werke, die er dirigiert, gründlich kennt.« »Was nehmen Sie sich mir gegenüber heraus?« fuhr Reinecke auf. »Entweder Sie benützen die Partitur, oder Sie werden beim Prüfungskonzert nicht dirigieren.« — »Erlauben Sie, Herr Kapellmeister, daß ich einstweilen die Probe fortsetze,« erwiderte ich ruhig und ging an das Pult, markierte aber meinen Willen jetzt dadurch, daß ich die Partitur zumachte und gar nicht mehr benützte. Ich war fest entschlossen, nicht nachzugeben und lieber auf das Dirigieren zu verzichten. Täglich wartete ich auf einen Schritt der Direktion des Konservatoriums, zum mindesten auf eine freundliche Vorstellung, Reinecke zu gehorchen. Aber alles blieb ruhig und die Proben nahmen ihren Gang. Der Abend des Konzerts kam heran. Übermütig ließ ich mir sogar das Pult entfernen, was ich später nie mehr tat, wie ich überhaupt mit dem Auswendigdirigieren nie Sport getrieben habe. Die Symphonie ging prächtig, wurde lebhaft applaudiert und ich erhielt in den Zeitungen kräftiges Lob. Nur der damalige Kritiker der »Signale«, ein Freund Reineckes, verriß mich wegen der »Modetorheit« des Auswendigdirigierens.

Aber ein kleines Nachspiel sollte mir doch noch bevorstehen. Als ich einige Tage nachher auf das Podium stieg, um meine Serenade zu dirigieren, rief plötzlich einer der ersten Geiger halblaut, aber doch deutlich: »Sie d ü r f e n nicht auswendig dirigieren! Wenn Sie's dennoch tun, spielen wir nicht!« Er legte sein Instrument nieder, einige andere folgten seinem Beispiel und ich vernahm ein leises Murren. Ich nahm den Taktstock zur Hand und sah den Unwilligen ernst in die Augen. In diesem Augenblick fühlte ich, daß ich etwas wie magnetische Kraft besitze. Mit grollendem Blick nahm der Rädelsführer die Geige zur Hand, die anderen ebenfalls, und die Aufführung ging ohne Störung von statten, geriet aber matt und freudlos.

Ein mir sehr gewogenes Mitglied des Gewandhauses nahm mich beiseite: »Wissen Sie, junger Meister« — ich erschrak förmlich über diese Anrede —, »warum der Reinecke durchaus nicht wollte, daß Sie auswendig dirigieren?« — „Nun?« — „Weil er's eben selber nicht kann.« Und mit freundlichem Blick ging er lachend von dannen.

Man schien mir mein Verhalten nicht nachzutragen und auch Reinecke war offenbar beruhigt oder im Lehrerkollegium überstimmt worden, denn mein Abgangszeugnis lautete glänzend und man verlieh mir außerdem den Mozartpreis im Betrage von 130 Mark. Ich besuchte den Direktor und alle Lehrer und nahm freundlich dankend von ihnen Abschied. Reinecke traf ich nicht an und war froh, mit dem Hinterlassen einer Karte der Anstandspflicht genügt zu haben. Nun hatte ich vollauf Zeit, mich der Arbeit an »Sakuntala« zu widmen. Vorläufig blieb ich in Leipzig. Auf Anregung Sahlas, der Konzertmeister in Hannover geworden war, machte ich eine Reise dorthin und zeigte dem sehr tüchtigen Kapellmeister Ernst Frank die Partitur. Er erklärte das Werk für völlig unaufführbar, da kein Sänger imstande

13*

wäre, die Intervalle, die ich schrieb, zu treffen. Ein ähnliches Urteil hatte Nikisch abgegeben, dem ich den ersten Akt gezeigt hatte. Ich sah, daß es mir nicht leicht fallen würde, das Werk zur Aufführung zu bringen. —

Am 2. Juni, meinem zwanzigsten Geburtstage, traf die Nachricht ein, daß Hedwig Reicher-Kindermann in Triest verschieden sei. Einem tückischen Frauenleiden, das die herrliche Künstlerin schon lange gequält hatte, so daß sie oft nur mit größter Energie ihre Rollen zu Ende führen konnte, war sie unerwartet erlegen. Ein wundervoll klarer Himmel blaute hernieder, als wir, einige Freunde, betrübt und erschüttert vor dem Stadttheater, der Stätte ihrer Triumphe, standen. »Wagner hat seine Walküre nach Walhall gerufen!« sagte einer von uns. Und beinahe konnte man an einen magischen Wink von oben glauben, denn unergründlich für die Grenzen der menschlichen Vernunft war diese blinde Zerstörung einer wundersamen Blume, die Farbe und Duft noch lange hätte bewahren können.

Wagner sollte ich nicht mehr sehen, die Reicher-Kindermann nicht mehr hören. Mir schien an jenem Tage, als ob meine Jugend bereits vorüber sei. —

Der Sommer lag vor mir. Ich hatte mir einiges erspart und konnte daher meine Mutter bitten, die Zuschüsse einstweilen einzustellen. Im Herbst hoffte ich, bereits irgendeine, wenn auch kleine Anstellung gefunden zu haben. Ich schrieb an einige Berliner Theateragenten, legte die Kritiken, die ich über mein Dirigieren der Beethovenschen Symphonie bekommen hatte, bei, und empfing auch ziemlich umgehend die Antwort, man werde sich für mich »interessieren«. Tatsächlich erhielt ich einige Angebote, die sich aber zerschlugen, als die betreffenden Direktoren erfuhren, daß ich erst zwanzig Jahre alt war und keine Theaterroutine besaß. Ich setzte meine Hoffnung nunmehr auf meine Oper. Vielleicht, daß eine Aufführung an einer guten Bühne und ein Erfolg meinem Namen soviel Gewicht verleihen würde, daß man über die Jugend und den Mangel an Routine hinwegsehen würde. Nochmals kamen Ermahnungen von zu Hause, mich jetzt noch, bevor es zu spät sei, einem Fachstudium, am liebsten dem juristischen, zuzuwenden. Aber dafür, das sah ich klar, war ich verdorben. Auch hätte ich mich weder auf den Bänken der Hörsäle noch im häuslichen Kreise zurechtfinden können. In der großen Welt wollte ich leben, die mir damals im aufblühenden jungen Deutschland einen Brennpunkt zu bilden schien, Umgang mit geistig hervorragenden Persönlichkeiten finden, und dadurch sowie durch kräftiges Erfassen und richtiges Werten eigener Erlebnisse emporzuwachsen versuchen. Photographien aus der damaligen Zeit zeigen eine selbstbewußte Haltung und einen schwärmerisch in die Ferne schauenden Blick. Es mußte mir gelingen, in die Höhe zu kommen, innerlich und äußerlich; Zweifel wäre Todsünde gewesen.

Zunächst galt es, den noch fehlenden dritten Akt und das Vorspiel meiner Oper zu schreiben. Eine unbestimmte Sehnsucht zog mich nach dem stillen Landstädtchen Mengeringhausen, wo ich bedeutungsvolle Tage erlebt hatte. Die Gastfreundschaft des

Böttcherschen Hauses, die ich für kurze Zeit genossen hatte, konnte ich unmöglich für Wochen oder gar Monate in Anspruch nehmen. Jedoch erklärte sich der Postbeamte des Ortes bereit, mich für einen geringen Pensionspreis bei sich zu beherbergen. Ich packte also eines schönen Tages meine Sachen zusammen und fuhr die mir bereits wohlbekannte Strecke nach Kassel, wo ich mit meinem Verleger Paul Voigt zusammentraf und zwei Tage blieb. Voigt zeigte für »Sakuntala« das größte Interesse und erklärte sich, nachdem ich ihm die zwei fertigen Akte vorgespielt hatte, bereit, das Werk zu verlegen, allerdings ohne Honorar. Er versprach mir aber, mir ein solches zu zahlen, wenn sich der erwartete Erfolg eingestellt hätte. Das umfangreiche Erstlingswerk eines ganz unbekannten Komponisten auf eigene Kosten zu drucken, bedeutete immerhin ein tüchtiges Quantum Idealität. Auch half mir Voigt mit Beträgen von zusammen einigen hundert Mark aus, wenn mich in der späteren Weimaraner Zeit ein etwas übermütiges Leben in kleine Geldverlegenheiten gebracht hatte. Ich bewahre dem feingebildeten, liebenswürdigen Mann, der an mir tatsächlich nicht einen Pfennig verdient hat, ein dankbares Andenken. Später gingen der ganze Voigtsche Verlag und damit auch meine dort verlegten Kompositionen in den Besitz von Ries & Erler in Berlin über.

Wieder, wie zu Ostern vor einem Jahre, gab ich meinen Koffer mit der Post auf und wanderte an einem herrlichen Sommertage über Wilhelmshöhe in das Waldecksche Ländchen hinein. Einem Gerücht zufolge sollte das junge Mädchen, das auf meine Seele so tiefen Eindruck gemacht hatte, bald heimkehren. War das Bild dieser ersten, schönen Jugendliebe verblaßt oder lebte es noch in einer verborgenen Falte meines Innern? Sollten diese stürmischen Empfindungen wieder aufwallen, diese ekstatischen Träume mich aufs neue umflackern? War ich innerlich noch derselbe oder hatten die reichen Erfahrungen des vergangenen Lebensjahres mich bereits soweit verändert, daß diese Episode weiter hinter mir lag, als es der Zeit nach der Fall war?

Bei meinem freundlichen Postbeamten bezog ich ein sonniges, sauberes Zimmer und die guten Leute taten alles, mich wohnlich einzurichten. Hinter dem Hause war ein kleiner Garten; dort war bei gutem Wetter mein Arbeitsraum. Notenblatt auf Notenblatt füllte sich mit Skizzen, die sich allmählich zum letzten Akt der

»Sakuntala« formten. Im Hause der Eltern jenes Mädchens stand im ersten, wenig benützten Stockwerk ein Klavier. Ich erbat und erhielt die Erlaubnis, dort spielen zu dürfen, benützte das Instrument aber nur, um mir die in meinem Gärtchen skizzierten Partien vorzuführen und gelegentlich einiges abzuändern. Bisher stets gewohnt, ein Klavier zur Verfügung zu haben, hatte es für mich einen besonderen Reiz, auf mein inneres Ohr angewiesen zu sein und das leibliche Gehör nur zur Korrektur zuzulassen. Der dritte Akt schien mir der beste von allen zu werden, und er wurde es auch.

Eines Morgens erfuhr ich von ihrer Heimkehr. Ich bezwang meine Ungeduld, sie zu sehen und vermied ihr Haus, so daß die erste Begegnung erst einige Zeit nach ihrer Rückkunft zufällig auf der Straße erfolgte. Sie war noch hübscher geworden. Das Jahr in der Großstadt hatte ihr Auftreten sicherer, ihre Haltung selbstbewußter gemacht; sie hatte sich vom halben Kinde, das sie noch vor einem Jahre war, zur anmutigen Jungfrau entwickelt. Genau ein Jahr jünger als ich — sie war ebenfalls am 2. Juni geboren — war sie ein Bild jugendlich aufblühender Weiblichkeit. Sie begrüßte mich freundlich, wie einen alten Bekannten. Berlin hatte auch ihren Gesichtskreis erweitert und ihr dadurch eine ausgedehntere Fähigkeit der Unterhaltung gegeben, die einen Gedankenaustausch mit ihr in höherem Maß als bisher ermöglichte. Sicherlich hatte auch ich im vergangenen Jahre manches gewonnen. Die Trauer um den dahingeschiedenen Bayreuther Meister, den ich in geistiger Beziehung wie einen Vater liebte, obwohl ich ihn, sowie meinen wirklichen Vater, persönlich kaum gekannt hatte, mag meine Züge vertieft haben. Auch war ich wohl männlicher geworden. Nach Urteilen von Freunden soll das in reichen, langen Wellen meinen Kopf umrahmende dunkelblonde Haar und der schlanke Körper mich zu einer auffallenden und anziehenden Erscheinung gemacht haben. So ist es erklärlich, daß auch sie mir ihre Sympathie etwas wärmer als früher zuwandte. Unser Verkehr blieb äußerlich derselbe wie früher: ein Blick, ein Gruß, ein gelegentliches Zusammensein in Gesellschaft anderer.

Im übrigen setzte ich mein ziemlich einsames Leben fort. Die Arbeit an »Sakuntala« ging ihrem Ende zu; auch das Vorspiel war entworfen und ich instrumentierte bereits, auf einem Holztischchen im Garten bei schönem Wetter, in meinem mir lieb gewordenen Zimmer, wenn es regnete. Einige Bücher hatte ich mitgenommen, andere lieferte mir eine Leihbibliothek im benachbarten Arolsen. Stundenlange Spaziergänge in der Umgebung ließen mich erneut die liebliche Schönheit des Waldeckschen Landes erkennen. Goethes »Wahrheit und Dichtung« begleitete mich meistens auf diesen Streifzügen. Die Sesenheimer Episode las ich unzählige Male. Einige junge Leute, darunter auch jenes Mädchen, fanden sich mit mir zweimal in der Woche zusammen und wir lasen uns abwechselnd Felix Dahns damals neuen, weitschweifigen Sensationsroman »Der Kampf um Rom« vor. Der Verlockung, nach Bayreuth zu gehen, widerstand ich für dieses Jahr. Meine geringen Ersparnisse reichten gerade für den Sommer, aber nicht für eine Reise. Auch war die kurze persönliche Erinnerung an Wagner noch zu frisch; ich hätte die durch sein Hinscheiden geschaffene Leere kaum verwunden. So ließ ich mir brieflich und später von Böttcher, der Ende August in seiner Heimat eintraf, mündlich über die Aufführungen berichten.

Einmal, ein einzigesmal, war ich allein mit ihr, die mein ganzes Sinnen wieder so ganz erfüllt hatte, so daß ich meinte, sie, und niemand anders, sei das für mich geschaffene Wesen. Auf einem mit mehreren Anderen unternommenen Spaziergang waren wir auf dem Heimweg in ein Gespräch gekommen und dadurch unvermerkt auf einen Pfad gelangt, den die übrige Gesellschaft offenbar nicht eingeschlagen hatte. Wir lächelten über unser Alleinsein. Einen sanften, grünen Hügel hinab führte unser Weg, während die Abendsonne schwer und golden die Landschaft mit bereits leise herbstlich angehauchten Farben übergoß. Einige Minuten nur mögen wir so selbander dahingeschritten sein; in der Erinnerung schien es mir eine volle Ewigkeit. Schon nahe dem Städtchen gab sie mir die Hand und sagte leise: »Wir wollen nicht zusammen heimkehren.« Sie ging allein weiter, während ich auf anderem Wege meiner Behausung zuschritt.

Eine Idylle zartester Natur, ein feines Pastellbild war dieses Jugenderlebnis; es konnte keine lange Dauer haben. Gerade als einige Monate später »Sakuntala« ihre Aufführung erlebte, verschwanden seine Spuren, wie die eines auf weiße Leinwand geworfenen Zauberbildes, wenn das Licht der Laterna magica erlöscht. Oft mußte ich in innigem Gedenken an Goethes Vers denken vom »schnellempfundnen, ersten, kaum verstandnen Blick, der, festgehalten, überglänzte jeden Schatz«. Die harte

Wirklichkeit durfte nicht hineingreifen in dieses überzarte Gebilde; vor ihr zog es sich zusammen wie eine übersensitive Mimose, die sich bei einem rauhen Lufthauch ängstlich schließt und dahinstirbt, wenn sie sich nicht wieder öffnen kann. Auch die schöne, reine Empfindung meiner Jugendliebe starb diesen Mimosentod. —

Meine Bestrebungen, eine Kapellmeisterstelle zu bekommen, waren erfolglos geblieben; jedoch öffnete sich mir eine kleine Erwerbsquelle dadurch, daß mein Freund Sahla bei mir angefragt hatte, ob ich mit ihm und dem berühmten Tenoristen Anton Schott eine Konzertreise durch Holland, Belgien und einige deutsche Städte machen wolle. Ich sollte alle Begleitungen übernehmen und in jedem Konzert ein Solostück spielen. Das Honorar war verschwindend gering, freie Eisenbahnfahrt und 40 Mark pro Konzert. Doch stellte mich dieses Engagement wenigstens für kurze Zeit auf eigene Füße; also griff ich zu. Noch hatte ich etwa drei Wochen bis zum Antritt der Tournee vor mir.

Ich hatte inzwischen angefangen, einen möglichst gut spielbaren Klavierauszug der »Sakuntala« zu verfertigen, und war etwa bis zur Hälfte damit vorgeschritten, als ich von Mengeringhausen abfuhr. Zunächst machte ich wieder in Kassel Station und lieferte den fertigen Teil des Klavierauszuges an Paul Voigt ab, der ihn nach Leipzig zum Stich sandte. Eingehend beriet ich mit ihm die Frage, wo wir versuchen sollten, das Werk zur Aufführung zu bringen. Schließlich entschied ich mich, sowohl eigenem Empfinden wie dem Rate des Verlegers folgend, für Weimar. Direkt an Franz Liszt wollte ich mich wenden. Er hatte meine kleinen Klavierstücke freundlich aufmunternd begrüßt; vielleicht würde er auch diesem größeren Werke sein Interesse zuwenden. Ich fuhr nach Weimar und stieg im Gasthof »Zum schwarzen Adler« ab. Am nächsten Vormittag machte ich mich auf und wanderte, meine dreibändige Partitur unter dem Arm, klopfenden Herzens, aber mit gutem Vertrauen zur wohlbekannten Hofgärtnerei in der Marienstraße. Der Meister war allein zu Hause und ich wurde gleich vorgelassen. Er erinnerte sich meiner offenbar noch, denn er empfing mich wie einen Bekannten. Ich trug ihm die Bitte vor, ihm die Oper vorspielen zu dürfen. Er nahm die Partitur in Empfang und blätterte längere Zeit darin. »Ist das Ihre eigene Handschrift?«

fragte er mich endlich, mich mit seinen hellen Augen über die Brille hinweg anblickend. Auf meine bejahende Antwort klopfte er mir auf die Schulter: »Bravo, bravo! Ich liebe saubere Handschriften.« Er beschied mich auf den Nachmittag des folgenden Tages. »Die Partitur lassen Sie da. Wir wollen uns die Sache allein anschauen, nicht wenn tout le monde dabei ist.« — Gerührt und glücklich verabschiedete ich mich von dem gütigen Manne, und doch lag es wie der Schleier einer leisen Trauer über mir, als ich wieder meiner Herberge zuschritt. Er war seit dem vorigen Jahre merklich gealtert. Die Wangen waren schlaff, die Haltung gebeugter und der Körper noch mehr verfettet, seit ich ihn zuletzt gesehen hatte. Eine einsame Säule, einsam, seit sein großer Freund und Kunstgenosse Wagner aus dem Leben geschieden war, ragte er noch empor auf der Höhe, der wir Jungen damals zustrebten. Wie lange würde sie noch aufrecht stehen, diese Säule? Wie lange kann es dauern, daß der letzte Vertreter einer großen Epoche unserer Kunst noch lebend unter uns wandeln wird? — Bei Goethes Haus mußte ich sinnend Halt machen. Auch er war einst der Letzte. Als man seine sterbliche Hülle hinaustrug in die stille Fürstengruft, da stand die Uhr still, die einer der höchsten Emanationen des Menschengeistes zeitliche Dauer und damit irdische Erscheinungsmöglichkeit gegeben hatte. Goethe war über 82 Jahre, als er starb. Liszt zählte damals noch kaum 72. Durften wir hoffen, ihn noch zehn Jahre unter uns zu sehen? Sein Auge war frisch, seine Stimme klang kräftig. Hoffnung ist eines der schönsten Geschenke, welche die Gottheit den Menschen verliehen hat. Erst wer die Hoffnung verliert, ist wirklich unglücklich. So umspannen auch mich bald freundliche Bilder, Tagesträume, die wechselten wie die Träume der Nacht; doch durch jeden von ihnen schritt die Erscheinung Liszts wie ein König, von dem es sich von selbst versteht, daß er in jedem Zimmer seines Palastes heimisch ist. Auch das einfache Mittagmahl, das ich im »Schwarzen Adler« einnahm, dünkte mich ein Königsmahl. War es nicht geradezu wunderbar, daß ich, ein armer Junge, aus engen Verhältnissen hervorgegangen, mich den größten Meistern der damaligen Zeit nähern durfte? Wie hatte man in Graz über meine kindlichen Versuche, eine Oper zu schreiben, gelacht! Nun hatte ich eine geschrieben und die Partitur lag bei einem der berühmtesten Musiker aller Zeiten. — Wie würde er sie beurteilen? —

Am Abend dieses Tages hörte ich im alten, kleinen Hoftheater eine Aufführung des »Barbier von Sevilla«. Zwei Sänger fielen mir auf, beide jung, beide in weiteren Kreisen noch unbekannt. Der eine, der den Almaviva sang, nicht nur in seiner gesanglichen Leistung, sondern auch in seiner Erscheinung ein Kavalier vom Scheitel bis zur Sohle, war Alvary; der andere, der Darsteller des Figaro, mit berückend schöner Baritonstimme und sehr humorvoll, war Scheidemantel.

Den nächsten Nachmittag fand ich mich pünktlich in der Hofgärtnerei ein. Außer dem Meister waren noch zwei mir unbekannte Herren anwesend. »Ich habe Hofkapellmeister Lassen gebeten, zuzuhören,« sagte Liszt, »er kann Ihnen vielleicht im Theater nützlich sein. Mein Freund Leßmann«, fuhr er fort, auf den andern Herrn weisend, »ist gerade hier und interessiert sich auch, Ihr Werk zu hören.« — Eduard Lassen, von Geburt ein Belgier, ein älterer Mann mit stark geröteter Nase, war mir als Komponist populärer Lieder bekannt. Ich war überrascht, ihm unvermutet als ersten Dirigenten des Weimarer Hoftheaters gegenüberzustehen, und merkte erst jetzt, daß ich merkwürdigerweise bisher nie gefragt hatte, wer in Weimar der musikalische Chef sei. Der Name Franz Liszt hatte bisher alles verdunkelt; nun traten auch die Kleineren aus dem Schatten hervor. Otto Leßmann, Herausgeber der »Allgemeinen Musikzeitung« in Berlin, zählte damals kaum vierzig Jahre. Er war ein auffallend schöner Mann. Das jugendlich frische Gesicht war von schneeweißen Haaren und einem bereits stark ergrauten, damals in zwei Flügel abgeteilten Bart umrahmt. Charakteristisch für ihn war ein eigentümliches Vibrieren der fein geschwungenen Nasenflügel, was ihm mitunter einen etwas hochmütigen Ausdruck verlieh. Als er meine Verneigung mit einem nachlässigen Kopfnicken erwiderte, war dieser Ausdruck stark merkbar. Offenbar versprach sich der großstädtische Kritiker nicht viel von dem jungen Anfänger.

Ich hatte meine Skizze mitgenommen, aus der ich spielte, so daß Liszt, im Lehnstuhl sitzend, in der Partitur mitlas, während die beiden anderen Herren von den Seiten hineinblickten. Ich markierte mit einer damals noch leidlichen Singstimme alle Rollen. Aus der Haltung des Meisters und der beiden andern Zuhörer entnahm ich, daß der Eindruck sie nicht teilnahmslos ließ. Als ich den ersten Akt beendet hatte, rief Liszt wiederholt: »Das ist durchaus ungewöhnlich!« Und seine Nachbarn stimmten ihm lebhaft zu. Auf Leßmanns Gesicht war der überlegene Ausdruck verschwunden. Aus seinen schönen Zügen strahlte ein herzgewinnend warmer Blick, als er mir die Hand drückte und sagte: »Sie haben Wagners Reformwerk richtig verstanden.« Lassen sprach ebenfalls mit größter Anerkennung und meinte, es würde ihm jedenfalls gelingen, den Generalintendanten, Exzellenz v. Loën, für die Oper zu interessieren. »Sehen Sie, wie gut es war,« sagte Liszt, »daß ich Lassen gebeten habe, herzukommen.« Der Meister sprach dann an der Hand der Partitur noch über Verschiedenes, was ihm darin aufgefallen war.

Inzwischen war eine Dame eingetreten. Es war Frau v. Mayendorff, eine der ersten Frauen der damaligen Weimarer Hofgesellschaft und eine langjährige Freundin Liszts und des Großherzogs Karl Alexander. Liszt stellte mich vor und sagte, halb zu mir gewandt: »Unser junger Freund Weingartner wird jetzt bei der Whistpartie zusehen und dann mit uns zu Abend essen.« Ich bat um die Erlaubnis, Liszt in die Karten sehen zu dürfen, um etwas vom Spiel zu lernen. Ich verstand aber nichts davon. Es war ein sommerlich warmer Herbstabend. Ein Fenster stand offen und ich vernahm das Geräusch der leicht von einem feuchten Winde bewegten Bäume des herrlichen Parkes. Das soeben Erlebte, die hohe mir gewordene Anerkennung und die Zukunftsausblicke, die sich mir zu eröffnen schienen, zogen meine Aufmerksamkeit bald gänzlich vom Kartenspiel ab, trotzdem ich ihm zu folgen mich bemühte. Schließlich blieben meine Augen an Liszts Haaren hängen. Diese wundervollen, weißen Haare, wie weich und reich fielen sie beinahe bis zu den Schultern herab. Wie gern hätte ich mit der Hand leise dahingestrichen über dieses priesterliche Haar und dabei zu Gott gebetet, daß er uns das Haupt, dem sie angehörten, noch lange, recht lange am Leben erhalten möge. Liszt schien meinen Blick und meine Gedanken telepathisch zu fühlen, denn zweimal wandte er sich plötzlich nach mir um und brummte etwas vor sich hin, so daß ich schließlich, um ihn nicht zu stören, wieder starr in die Karten sah.

Liszt war zu vornehm, als daß er um Geld gespielt hätte. Dennoch liebte er zu gewinnen und seine vertrauten Mitspieler sollen öfter heimlich »gemogelt« haben, um eine sonst für ihn verlorene Partie zu seinen Gunsten zu entscheiden. Endlich erhob man sich. Frau v. Mayendorff, die beim Großherzog geladen war, verabschiedete sich. Auf dem Spieltisch wurde von Liszts Diener, einem Ungarn, der ihn überallhin begleitete, gedeckt und wir genossen ein einfaches kaltes Abendmahl mit einem Glase Bier. Liszt führte keine eigene Wirtschaft. Er aß auch Mittags meistens nur kalt. Abends trank er fast nichts. Daß er trotzdem ein starker Alkoholiker war, erfuhr ich erst später.

Lassen ging nachher noch an seinen Stammtisch im »Elephanten«, wo er allabendlich einige steife Grogs zu sich nahm, und lud Leßmann und mich ein, ihn zu begleiten. So schloß der für mich denkwürdige Tag in fröhlicher Tafelrunde. —

Liszt hatte mich für den nächsten Vormittag wieder bestellt, damit ich ihm die beiden letzten Akte der »Sakuntala« vorspiele. Diesmal war er allein; mit Lassen und Leßmann hatte ich zum gleichen Zweck den Nachmittag desselben Tages verabredet. Liszt war sichtlich müde und anscheinend nicht wohl, so daß ich vorschlug, ein anderes Mal kommen zu dürfen. Er bestand aber darauf, daß ich bleibe. Diesmal mußte ich aus der Partitur spielen; er setzte sich neben mich und wandte die Blätter um. In der Tempelszene setzt nach einer mächtigen Steigerung die volle Blechharmonie mit dem verbreiterten Königsthema ein, wobei der König die Bühne zu betreten hat. Plötzlich faßte Liszt unterbrechend meinen Arm: »Prächtig, prächtig! Diese Steigerung müssen Sie zweimal spielen lassen.« Ich glaubte, nicht recht gehört zu haben und wagte zu erwidern: »Aber, Meister, ich kann doch den König nicht zweimal auftreten lassen.« »Macht nichts,« antwortete Liszt, »schöne Stellen muß man wiederholen«, und ein paarmal murmelte er noch vor sich hin: »Wiederholen — wiederholen!« und machte dabei eine typische Bewegung, die ihm zur Gewohnheit geworden war, wenn er etwas in seiner Rede besonders unterstreichen wollte: er warf die rechte Hand gebieterisch so stark nach unten, daß der zweite und dritte Finger hörbar auf den Daumen schnappten, während er zugleich einen starken, kurz räuspernden Kehllaut von sich gab. Etwas verwirrt spielte ich weiter, da ich mir diese Äußerung nicht zurechtlegen konnte. Wiederholt hatte ich dann später Gelegenheit, wahrzunehmen, daß Liszt wenig Sinn für das Wesen des Dramas hatte. Die Bühne war ihm ziemlich gleichgültig. Auch den zweiten Akt lobte er in wärmsten Worten. Seine körperliche Erschöpfung war aber so sichtbar, daß ich nunmehr dringend bat, das Vorspielen des dritten Aktes auf einen späteren Termin verschieben zu dürfen, was er schließlich zugestand. Ich nahm diesmal die Partitur mit, da ich am Klavierauszug weiterarbeiten mußte.

Ich hatte vom überaus günstigen Ergebnis meines Vorspielens bei Liszt sofort an meinen Verleger nach Kassel berichtet, der selbst nach Weimar kam, um die offizielle Annahme meiner Oper ins Werk zu setzen. Selbst geborener Weimaraner, war er mit allen dafür in Betracht kommenden Persönlichkeiten gut bekannt. Er veranlaßte mich auch, mit ihm dem Generalintendanten einen Besuch zu machen. Herr v. Loën war von Lassen bereits unterrichtet und ließ sich einiges von mir vorspielen, hielt aber noch zurück mit seiner Entscheidung, die er aber möglichst bald zu geben versprach.

Eines Abends saß ich mit Paul Voigt im »Schwarzen Adler« beim Nachtmahl, als vom Nebentisch, wo Skat gespielt wurde, ein ziemlich wohlbeleibter Jüngling mit runden, aber ausdrucksvollen Zügen auf mich zutrat. »Sie sind Herr Weingartner, nicht wahr?« Ich erkannte Alfred Reisenauer, den ich einmal in einem Gewandhauskonzert gehört hatte. Er hatte schon in jugendlichem Alter von fünfzehn Jahren Aufsehen als Pianist erregt und galt als einer von Liszts Lieblingsschülern. »Ich habe von Liszt und Lassen so Außerordentliches über Ihre Oper gehört, daß ich begierig war, Sie kennen zu lernen. Wollen die Herren nicht an unseren Tisch herüberkommen? Dort ist mehr Platz«, so wandte er sich an Voigt und mich. »Ich fürchte, wir stören Ihre Skatpartie«, glaubte ich erwidern zu sollen. Reisenauer warf den Kopf in die Höhe und antwortete in etwas scharfem Tone, der ihm oft als Arroganz ausgelegt worden ist, während er tatsächlich einem ungehemmten Temperament entsprang: »Sie sind mir jedenfalls interessanter als meine Skatpartie.« — Wir folgten nunmehr der Einladung und nahmen an einem großen runden Tisch in einer gemütlichen Nische Platz. Voigt unterhielt sich mit den beiden andern Herren, während ich sofort in ein höchst anregendes Gespräch mit Reisenauer kam, der sich mir in jeder Beziehung als eine hervorragende Intelligenz offenbarte. Er war über ein Jahr jünger als ich, übertraf mich aber weit an Kenntnissen. Er beherrschte damals schon neben seiner Muttersprache vollkommen das Italienische, Französische und Englische und wußte erstaunlich viel von den einschlägigen Literaturen. Mit 15 Jahren hatte er in Königsberg, seiner Heimatstadt, das Maturitätsexamen bestanden. Er hatte einen Winter bei Liszt in Rom verbracht, kannte Paris und London. Als einziger Sohn eines damals noch begüterten Kaufmannes in Königsberg, konnte er seinen Neigungen ungehemmt folgen, was ihm große Sicherheit des Auftretens, aber auch eine nicht überall angenehm empfundene Präponderanz des Benehmens gab. Mit den älteren und neueren Meisterwerken der Tonkunst war er ebenso vertraut wie ich. Ich blickte bewundernd zu diesem Jüngling auf, der mir in so vielen Dingen überlegen war. Seine hohe Begeisterung für Wagner, bei dem er durch Liszts Empfehlung einen Abend verlebt hatte, als die Familie Wagner in Neapel weilte, und seine tiefe Verehrung für Liszt brachten uns bald einander nahe. Er schien sich auch durch meine Persönlichkeit wohltuend berührt zu fühlen, denn er verlor bald die anfänglich etwas gönnerhafte Miene und wurde warm und herzlich. Längst hatten sich die Andern empfohlen und die übrigen Gäste das Zimmer verlassen, da wir noch in eifrigem Gespräch miteinander saßen. Reisenauer hatte bereits viel und starke Getränke getrunken. Er schwankte ziemlich stark, als wir uns endlich erhoben und ich hielt es daher für gut, ihn zum »Russischen Hof«, wo er wohnte, zu begleiten. Den Grund seines frühen Todes legte dieser selten begabte Mann leider schon in seiner Jugend. Damals, an jenem ersten Abend, selbst erhitzt durch Gespräch und Getränk, maß ich seinem Zustand noch keine Bedeutung bei.

Für 10 Uhr des nächsten Vormittags hatten wir uns wieder verabredet und ich fand mich pünktlich mit Paul Voigt im »Russischen Hof« ein, wo Reisenauer ein geräumiges Zimmer bewohnte, in dem ein prachtvoller Bechstein-Flügel stand. Er schlief noch, als wir eintraten, schnellte aber empor, als wir uns zurückziehen wollten, und entschuldigte sich in beweglichen Worten. Ich ließ die Partitur meiner Oper, die ich zum Zweck des Vorspielens mitgebracht hatte, auf dem Flügel liegen und unternahm mit Voigt noch einen halbstündigen Spaziergang. Als wir zurückkamen, blieb ich gebannt an der Tür vor Reisenauers Zimmer stehen. Da klang mir meine Musik heraus, so vollkommen und fehlerlos gespielt, wie ich es selbst kaum fertig brachte. Minutenlang lauschte ich, ehe ich mich einzutreten entschloß. »Sie lesen ja fabelhaft Partitur!« rief ich aus, als Reisenauer sein Spiel unterbrach. Wieder das eigentümliche Zurück-

werfen des Kopfes und der etwas scharfe Ton: »Haben Sie
etwa daran gezweifelt?«

Ich setzte mich nun selbst ans Klavier und begann das
Vorspiel. Beinahe hätte unser gutes Einvernehmen eine vorzeitige
Trübung erfahren, denn Reisenauer erhob sich plötzlich, ging
in eine Ecke des Zimmers und steckte sich, während ich spielte
und sang, eine mächtige Havanna an. Ich empfand dies als
Rücksichtslosigkeit und war gerade im Begriff, aufzustehen und
das Spiel zu unterbrechen, als er sich wieder zu mir setzte und
mit unverminderter Aufmerksamkeit zuhörte. Ich verwies ihm
nachher seine Unart, worauf er gutmütig erwiderte: »Es war
doch gerade an der Stelle, die ich spielte, als Sie eintraten. Da
mir einige Seiten bekannt waren, benützte ich die Gelegenheit,
mir eine Zigarre anzustecken. Mir scheint, Sie sind kein Raucher,
sonst müßten Sie wissen, daß man bei einer guten Zigarre noch
viel besser zuhört als sonst.«

Der Eindruck, den meine Oper auf Reisenauer machte,
läßt sich schwer beschreiben. Es war nicht der laute Enthusiasmus,
kein konventionelles Lob; es war ein intimes Verstehen von
solcher Innigkeit, ein Miterleben von solcher Stärke, wie ich es
niemals wieder bei einem anderen Künstler erlebt habe. Nach
dem ersten Akt sprach dieser neunzehnjährige Jüngling über die
ganze Anlage und Einzelheiten des Werkes, als ob er es eingehend studiert hätte. Sein Gedächtnis war phänomenal. Er
wußte sich ganzer Partien so genau zu erinnern, daß er sie mir
richtig vorsang und die betreffenden Seiten der Partitur ohne
vieles Suchen aufschlug. Meine Bewunderung für diesen seltenen
Menschen wuchs immer mehr und eine echte freundschaftliche
Zuneigung gesellte sich hinzu. Wir schickten uns nunmehr an,
den zweiten Akt durchzunehmen. »Diesmal stecke ich mir aber
meine Zigarre vorher an«, rief Reisenauer mit halb ironischem,
halb liebenswürdigen Augenblitz. Abermals eine schwere Havanna
und dies am Vormittag! Ich beschloß, den Unvorsichtigen zu
warnen. Nach dem zweiten Akt derselbe, vielleicht ein noch
stärkerer Eindruck wie nach dem ersten. »Liszt sagte mir bereits,
daß der zweite Akt noch eine Steigerung bedeute; und er hat
recht«, versicherte mir Reisenauer.

Es war Mittag geworden. Mein neuer Freund war eingeladen und konnte in letzter Stunde nicht mehr absagen; so
trennten wir uns und beschlossen, um 4 Uhr wieder zusammen-

zukommen. Sein Benehmen, nachdem ich ihm den dritten Akt vorgespielt hatte, war rührend. Niemand kannte bisher diesen Akt, denn auch mit Lassen und Leßmann war ich nur bis zum Schlusse des zweiten gelangt. Reisenauer beurteilte ihn als den weitaus schönsten. Lange blieben wir an jenem Tage noch beisammen, in unseren Gesprächen von Ernst zur Heiterkeit, vom Humor zur Tragik schweifend. Er fuhr am nächsten Tag nach Königsberg zu seinen Eltern; ich hatte noch einige Tage bis zum Antritt meiner Tournee übrig. »Ich komme bald wieder nach Weimar und rechne bestimmt darauf, Sie zu treffen. Wir gehören zusammen!« sagte mir Reisenauer beim Abschied. Eine große, tiefe Freundschaft zwischen zwei jungen Künstlern war geschlossen. —

Reisenauer hatte mich in meinem Entschluß bestärkt, den Winter in Weimar zu verbringen. Jetzt noch eine Kapellmeisterstelle, selbst eine bescheidene, zu erhalten, schien mir aussichtslos. Liszt hatte, wie allgemein versichert wurde, für dieses Jahr beschlossen, seine Reise nach Rom später als gewöhnlich anzutreten; ich hatte also Aussicht, nach Rückkehr von meiner Tournee mit Anton Schott noch längere Zeit des Umgangs mit dem verehrten Meister teilhaftig zu werden. Auch durfte ich immerhin mit einiger Bestimmtheit hoffen, meine Oper im Hoftheater aufgeführt zu sehen. Mein Verleger Voigt mietete mich also im Hause seiner Mutter, Marienstraße Nr. 1, ein. Zwei hübsche, straßenseitige Zimmer standen zu meiner Verfügung. Die alte Frau Voigt erinnerte sich noch an Goethe. Sie erzählte oft und gern, wie der alte Herr ausgefahren sei, die Mütze mit dem großen Schirm auf dem Kopf. Der »Herr Eckermann« habe ihn meistens begleitet. Einmal, als Goethe von Karlsbad zurückkam, empfingen ihn junge Weimaraner Mädchen, und die spätere Frau Voigt hatte ihm einen Blumenstrauß überreicht. —

Unsere Tournee sollte in München beginnen. Mir war aufgetragen, an einem bestimmten Tag dort einzutreffen und im Hotel »Jahreszeiten« nach Herrn Juhasz, dem Impresario Anton Schotts, zu fragen. Ich hatte natürlich die Absicht, in der III. Klasse zu fahren, und hatte mir genau ausgerechnet, dann noch etwas Geld nach München mitzubringen. In Leipzig wollte ich in den von Berlin kommenden Nachtschnellzug steigen, erfuhr aber zu meinem Schrecken, daß er ab Leipzig nur II. Klasse führe. Den Termin durfte ich nicht versäumen, somit blieb mir nichts übrig, als den Zuschlag zu lösen, der meine kleine Barschaft fast ganz aufzehrte. Gerade reichte es nach der Ankunft in München noch für den Kofferträger nach dem mir wohlbekannten Bamberger Hof. Ich begab mich, nachdem ich meine Morgentoilette gemacht hatte, sofort nach den »Vier Jahreszeiten«; Herr Juhasz war aber ausgegangen. Ich wartete und wartete, da ich Geld brauchte und niemand in München kannte, der mir hätte aushelfen können. Schließlich begann sich der Hunger fühlbar zu machen, denn ich hatte seit Mittag des vorigen Tages nichts gegessen. Meine Barschaft von etwa 50 Pfennigen mußte nach meiner Meinung für eine Tasse Kaffee mit einem Brötchen reichen. Ich ging also in das Restaurant, nachdem ich beim Portier hinterlassen hatte, daß ich dort zu treffen sei. Meine Bestellung erwiderte der Kellner mit einem eigentümlichen Blick, den ich erst verstand, als er mit einer großen Platte erschien, auf der sich neben den Kannen für Kaffee und Milch und Broten verschiedener Sorten auch Butter und köstlicher Honig befand. Lieber Gott, was wird das kosten, dachte ich bei mir; da komme ich mit meinen 50 Pfennigen schlecht aus. »Ich habe ja nur eine Tasse Kaffee bestellt,« äußerte ich schüchtern, worauf der Kellner hochmütig erwiderte: »Bei uns gibt es nur komplettes Frühstück« und mich wieder mit dem eigentümlichen Blicke musterte, der die Ebbe in meiner Kasse intuitiv zu erraten schien. — Nun, Herr Juhasz mußte doch jeden Augenblick kommen und die Platte sah wirklich zu verlockend aus, als daß ich nicht mit Appetit zugegriffen hätte. Bald war die Platte leer, aber Herr Juhasz noch immer nicht da. Ich bestellte eine Zeitung, noch eine Zeitung und wieder eine, las sie zerstreut und heftete den Blick mit steigender Unruhe und Verwirrung auf die Eingangstür, durch die jetzt, da keine Mahlzeitstunde war, nur Angestellte des Hotels auf und ab gingen. Endlich trat der Kellner auf mich zu: »Darf ich den Herrn um Kasse bitten; es wird zum Mittagessen gedeckt.« Ich griff in die Tasche. »Was kostet das Frühstück?« »Eine Mark fünfzig Pfennig.« »Ich habe nur fünfzig Pfennig bei mir, biete Ihnen aber meine silberne Uhr als Pfand für die Mark, bis Herr Juhasz kommt, der Ihnen ja wohl bekannt ist.« »Ich muß es im Bureau melden; bitte, gehen Sie mit mir!« antwortete mit gravitätischer Miene der Kellner. Das Blut schoß mir ins Gesicht, als ich aufstand. Hätte ich doch lieber nichts gegessen! — In diesem Augenblick trat ein orientalisch aussehender Herr ein, der sich mir als der ersehnte Herr Juhasz zu erkennen gab und die unangenehme, mir noch heute in peinlicher Erinnerung stehende Situation sofort beseitigte. Er lieh mir zwanzig Mark als Vorschuß, der damals in München mindestens für zwei Tage reichte.

Mit Anton Schott, der am Nachmittag eintraf, probierte ich noch am selben Abend. Schott war ein Hühne an Erscheinung, so groß wie Albert Niemann, mit dem er mitunter verglichen wurde. Aus dem freundlichen, von blondem Haupt- und Barthaar umrahmten Gesicht blitzten ein Paar ausdrucksvolle blaue Augen und beim Lächeln eine tadellose Reihe auffallend schöner Zähne hervor. Er ließ sich »Herr Hauptmann« titulieren und war als waschechter germanischer Militarist sehr stolz auf seine soldatische Charge. Als Württemberger von Geburt sprach er unverfälscht schwäbischen Dialekt, was zu seiner offiziersmäßigen Strammheit im angenehmsten Gegensatz stand. Wenn er sang, hatte er eine tadellose, wundervoll klare Aussprache. Die Stimme war hell und durchdringend, wenn auch in der Höhe nicht mehr ganz frisch. Seine Leistungen waren durchdacht und ausgereift.

Den ersten Teil der Reise machte als Violinist nicht Richard Sahla, sondern sein Hannoveraner Kollege, Konzertmeister Hänflein mit, ein tüchtiger, wenn auch nicht durch ausgeprägte Persönlichkeit hervorragender Künstler. Ich spielte mit ihm auf dieser Tournee einige Male Beethovens Kreutzersonate und begleitete seine Solostücke sowie sämtliche Gesangvorträge Schotts, der mit Bruchstücken aus Wagners Opern seine größten Erfolge erzielte. Schott liebte die orchestrale Art, mit der ich diese Stücke begleitete, und zog mich, wenn er gerufen wurde, beinahe stets vor das Publikum. Konzertmeister Hänflein war ein vornehmer, liebenswürdiger Mann und der Impresario Juhasz mit seinem ungarischen Dialekt, der für ein westeuropäisches Ohr stets einen humoristischen Beiklang hat, fügte sich gut in unsere Gesellschaft ein, so daß bald jene fröhliche, gemütliche Stimmung eintrat, die meistens einen Vorzug derartiger Kunstreisen bildet und nur eine Unterbrechung erleidet, wenn der eine oder andere Künstler wegen einer wirklichen oder vermeintlichen Unterlassungssünde des Impresario über diesen herfällt. Auch Herr Juhasz hatte in dieser Beziehung manches von uns zu erleiden. Ich weiß noch, daß ich ihn immer »Uchatius« nannte, weil Schott, vormals Hauptmann der Artillerie, öfters von den

Uchatius-Kanonen gesprochen hatte. Schott liebte es, von seiner militärischen Karriere und seinen Erlebnissen im Krieg von 1870 zu erzählen. Öfter hatte ich den Eindruck, daß ihm diese Dinge näher lagen als seine Sängerlaufbahn.

Wir begannen mit einem Konzert in München. Dann kam Nürnberg an die Reihe. Allmählich dehnte sich unsere Reise bis Mainz und dann rheinaufwärts aus. Als meine Solonummer spielte ich abwechselnd Beethovens Sonate op. 109 und meine eigenen Phantasiebilder op. 5. In Düsseldorf ereignete sich ein allerliebstes, damals ziemlich viel besprochenes Ereignis. Unser Impresario ließ aus Sparsamkeitsgründen die Programme nicht in jeder Stadt drucken, sondern hatte in München zwei Sorten mit verschiedenen Programmen hergestellt, die er nun fallweise ausgab. Auf dem einen stand als meine Solonummer die Beethovensche Sonate, auf dem anderen meine Klavierstücke. In Düsseldorf hatte er sich geirrt und die Programme mit meinen Klavierstücken ausgegeben, während ich, ohne Kenntnis dieses Irrtums, die Sonate von Beethoven spielte. Am nächsten Morgen stand in einem Düsseldorfer Blatt, ich hätte die »Vorsicht« verschmäht, mit »unbekannten eigenen Kompositionen« vor das Publikum zu treten. »Man sieht,« so schloß das Referat, »daß man ein guter Pianist und ein schlechter Komponist sein kann.« Ich zögerte natürlich keinen Augenblick, diese köstliche Abkanzlung der Beethovenschen Sonate überall bekannt zu machen. Der Vorfall erschien in mehreren Blättern, und der betreffende Kritiker wurde tüchtig ausgelacht. Daß ich mir dadurch in journalistischen Kreisen viele geheime Feinde machte, ahnte ich damals noch nicht, sollte es aber bald genug erfahren. —

Ein gewaltiges Erlebnis stand mir auf dieser Reise noch bevor: der erste Anblick des Kölner Doms. Bereits als Kind hatte ich Abbildungen gesehen, die dieses wundervolle Bauwerk in seiner damaligen noch unvollendeten Gestalt zeigten. Ich gewann die Vorstellung von etwas Ungeheurem, über alle menschlichen Maße Hinausragendem. Ein flammendes Gedicht Heinrich Heines, das die Nichtvollendung dieses Domes prophezeite, erfüllte mich trotz meiner Liebe für Heine, die in meine frühe Jugend zurückreicht, mit Entsetzen. Es jubelte in mir, als ich hörte, daß er dennoch vollendet sei. Mit wahrer Andacht las ich die Berichte über die Einweihung. Die Schilderung, wie der alte Kaiser Wilhelm den Dom betreten hatte und am Altar zum

Gebet niedergekniet war, hatte mich tief ergriffen. Wie fern, wie unerreichbar fern lag damals für mich der Rhein und Köln und das Bedeutsame, das sich in jenen Tagen dort zutrug. Nun war ich nah, ganz nah und sollte in Wirklichkeit erschauen, was ich nur aus Bildern und Berichten kannte. Da in Köln selbst kein Konzert stattfand, fuhr ich mit einem Frühzug aus einer benachbarten Stadt hinüber. Mein Empfinden, als ich die Silhouetten der Türme am Horizont gewahrte, läßt sich nicht beschreiben. Allmählich wurden sie größer und größer und verschwanden infolge der Anlage der Bahn, als der Zug sich Köln näherte. Ganz langsam nur trat ich aus dem Bahnhof heraus, wußte ich doch, daß mir einer meiner nächsten Schritte das Wunder enthüllen mußte. Als ich sie nun wirklich erblickte, diese ragenden Pfeiler, diese schlank aufstrebenden Spitzbogen, und als sich mein Blick in den Höhen verlor, wo sich die Spitzen der Türme mit der Kuppel des Himmels vermählten, da war ich wie erdrückt. Warum standen so viele Häuser herum, die einen freien Überblick verwehrten? An einem Punkt des Domplatzes, in der Nähe der Stelle, wo die enge Straße zum Gürzenich einbiegt, gewann ich endlich einen Gesamteindruck. Da stand ich denn und schaute und schaute und dankte Gott für das Herrliche, das er mich schauen ließ. Allmählich näherte ich mich dem riesigen Bauwerk und begann, es zu umschreiten. Bei der kleinen Tür, die zum Turm aufsteigt, trat ich ein. Ich wollte mich erst mit der Außenseite abfinden, ehe ich es wagte, zum Innern vorzudringen. Durch die enge Treppe gelangte ich in die halbe Höhe des einen Turmes und dann auf das Dach, das, wie die meisten Dächer gotischer Kirchen, an stilisierte Polarlandschaften erinnert. Von dem kleinen Turm, der sich über dem Kreuzungspunkt der beiden Kirchenschiffe erhebt, dem sogenannten Dachreiter, hatte ich einen überwältigenden Blick auf die beiden Haupttürme, die sich in ihrer ganzen ungeheuren Masse in unmittelbarster Nähe vor mir erhoben. Von keinem anderen Punkte gewinnt man eine so anschauliche Vorstellung von der Größe des Kölner Domes wie von diesem Dachreiter. Ich verglich die riesigen, von hellster Sonne bestrahlten Türme mit dem Turm der Stephanskirche, dem einzigen großen gotischen Bauwerk, das ich bisher gesehen hatte. Mächtiger sind die Kölner Domtürme, aber schöner ist der Stephansturm, dieses alle irdische Schwere überwindende, leicht aufsteigende, in einem schöpferischen Moment zu Stein gewordene Lichtbündel. Dieser Turm erscheint mir als ein Symbol der Mission, die das alte Österreich und seine Hauptstadt zu erfüllen berufen waren und um die es sich endgültig in jenem Augenblick gebracht hat, als es, verführt und verblendet, den Krieg begann. —

Wieder stand ich auf dem Domplatz, der jetzt von einer wogenden Menschenmenge erfüllt war. Ich schritt zum Haupteingang und schob mit scheuer Empfindung den schweren Vorhang zurück, der das Heiligtum vom Alltag trennt. Dämmerung umfing mein, vom hellen Weiß des Tages noch etwas geblendetes Auge. Mächtige Steinsäulen traten aus dem Grau hervor, stiegen zu unwahrscheinlicher Höhe auf, bis sie sich oben, in Himmelsferne, zu sich kreuzenden, schlanken Bogen zusammenschlossen, in diesem Zusammenschluß aber noch weiter hinauf wiesen, bis in die Unendlichkeit, wo die Gottheit selber thront. Ich befand mich im Mittelschiff der riesigen Kirche. Es war leer; die Messen waren vorüber. Ganz leise rauschte es, wie es in einer Muschel rauscht, die man ans Ohr hält; nur tief, unergründlich tief. Und dann klangen wieder helle Töne herein wie aus höchster Höhe und leise Stimmen wie von riesigen Chören. Was war es, das ich hörte? — Endlich wußte ich's. — Noch nie hatte ich's wirklich gehört, nur andachtsvoll in der Partitur gelesen, das Benedictus aus Beethovens großer Messe: die unbeschreibliche Einleitung der Bratschen, tiefen Flöten und Violoncelle, dann der hohe Einsatz der Sologeige, und hierauf dieses dissonanzenlose Wiegen und Schweben im Weltall in der Einheit des Ewigen. Benedictus qui venit in nomine Domini! — Nicht in nomine Domini kommt diese Musik zu uns. Er selbst ist's, der in uns auflebt und zu uns spricht, der Eine, Unerschaffene, Raum- und Zeitlose, aus dem alles hervorgeht und zu dem alles zurückkehrt; in unablässigem Kreislauf, wie wir Menschen es meinen, in harmonischem Gleichgewicht, wie es höhere Augen sehen mögen. Als ich später das »Benedictus« im Konzert hörte, kam es mir klein vor im Vergleich zu jenem inneren Erleben im Dom von Köln. Es gibt eine Anzahl Werke von Beethoven, die ich mir von Riesen gespielt denken muß, wenn ich ihnen nahe kommen soll. Engel aber müßten dieses Benedictus und die ganze Messe aufführen. Das Problem, dieses Werk aus der Intuition in die Welt der Erscheinung zu übersetzen, ist noch nicht vollwertig gelöst. Jede Aufführung ist ja schließlich nichts anderes wie solch eine Übersetzung; nur der Weg, auf dem sie zustande gebracht wird, ist bei verschiedenen Werken verschieden, geradeso verschieden wie die Werke selbst. —

Es war mir, als müßte ich mich in einem fremden Lande zurechtfinden, als ich mich abends — ich glaube, es war in Krefeld — in den Frack werfen und Klavierspielen mußte. Der tiefe Gegensatz zwischen dem inneren und dem äußeren Beruf kam mir damals schon zum Bewußtsein. Das Leben gestattet es dem Künstler nur selten, diesen Gegensatz völlig zu überbrücken.

Zu meiner Freude traf ich Richard Sahla, der zu uns gestoßen war, um den zweiten Teil der Reise mitzumachen. Er hatte kürzlich ebenfalls zum erstenmal den Kölner Dom besucht und war des gewaltigen Eindruckes, seiner künstlerischen Natur entsprechend, ebenso voll wie ich. »Schau, wie merkwürdig,« sagte er zu mir, »auch ich mußte an das Geigensolo im Benedictus denken, als ich zum erstenmal in diesen Raum kam.« —

Am folgenden Tage fuhren wir nach Holland, wo Utrecht die nächste Station war. Zum erstenmal hatte ich das Gefühl, in einem fremden Lande zu sein: die unverständliche Sprache, die seltsamen Straßennamen, das ungewohnte Geld und alle die sonstigen gröberen und feineren Unterschiede in Aussehen und Lebensgewohnheiten wirkten zusammen, mir die Bedeutung der Überschreitung einer Landesgrenze klar zu machen. Begierig nahm ich das Neue auf, das sich mir bot. Utrecht bildete gewissermaßen ein Vorspiel, denn der Aufenthalt war zu kurz, um diese Stadt auch nur halbwegs genau kennen zu lernen. Die volle Eigentümlichkeit und Schönheit Hollands erschloß sich mir erst, als wir nach Amsterdam fuhren, wo wir einige Tage blieben. Anton Schott hatte mir für das teure Holland eine Erhöhung meiner schmalen Bezüge zugebilligt, so daß ich sorgenfrei, meist in Sahlas Gesellschaft, diese reiche Stadt durchstreifen konnte. Bereits im Wiener Belvedere, der damaligen Gemäldegalerie, hatte ich holländische und niederländische Meister bewundert. Jetzt schwelgte ich im Überfluß dieser herrlichen, eigentümlichen Kunst. Das Bild, das Amsterdam bot, war mir äußerst anziehend. Zum erstenmal sah ich lange Kanäle die Straßen durchziehen und reichbeladene Kähne darauf fahren. Die mannigfaltigen Farben der Trachten taten meinem Auge wohl. Zum erstenmal seit langer Zeit tauchte wieder eine Ahnung des Südens vor mir auf, die ich gerade hier, im feuchten, nebeligen Holland am wenigsten erwartet hätte. Von Haag, wo wir ebenfalls konzertierten, fuhr ich nach Scheveningen, um das Meer wiederzusehen. Aber ach, das war nicht der blaue Wunderspiegel, wie ich ihn aus meinen ersten Kindheitstagen in Erinnerung hatte. Grau und bereits winterlich lag es vor mir und ein scharfer Nordwind trieb zürnende Kämme auf die dunkle Oberfläche. Frierend fuhr ich nach der Stadt zurück, wo ich eine Botschaft vorfand, die alle Kälte in einem Augenblick aus mir hinaustrieb. Meine »Sakuntala« war vom Hoftheater in Weimar angenommen worden. Herr v. Loën hatte die Tatsache in einem schmeichelhaften Briefe meinem Verleger mitgeteilt. Schott drückte mich in aufrichtiger Freude an seine breite Brust und auch Sahla beglückwünschte mich warm und herzlich. Dieser Abend war einer der schönsten meines Lebens. Voll Ungeduld erwartete ich nunmehr das Ende der Reise, um wieder in Weimar sein zu können.

Noch hatten wir einige Tage in Belgien zuzubringen. Das Konzert im Circle Artistique in Brüssel ist mir besonders in Erinnerung geblieben. Zum erstenmal sah ich eine überaus glänzende und elegante Gesellschaft bei einer künstlerischen Veranstaltung. Ich habe nie die Ansicht vertreten können, daß das Bild des Zuschauerraumes gleichgültig sei. Festliche Kleider erhöhen die festliche Stimmung. Wären wir nur erst so weit, daß die Quantität unserer künstlerischen Darbietungen sich verminderte, dafür aber in Qualität umsetzte und daß jeder Besucher von selbst das Bedürfnis fühlte, bei solchen Gelegenheiten sein bestes Gewand anziehen zu müssen. Das wäre mehr wert als viele ästhetischen Deduktionen, mit denen wir heute überschwemmt werden und die den letzten Rest von Naivität, der vielleicht noch irgendwo zu finden ist, zu ersticken drohen.

In Antwerpen traf ich eine junge Dame, die ich flüchtig bei Liszt kennen gelernt hatte, Anna Mählig, eine treffliche Pianistin. Sie hatte sich jetzt verheiratet, hieß Falk-Mählig und wohnte mit ihrem Gatten in Antwerpen. Sie war mit Anton Schott befreundet und lud uns alle in ihr Haus ein, wo wir einen anregenden Mittag und Abend verbrachten. Noch Jahrzehnte später war ich bei meinen Besuchen in Antwerpen stets Gast des Hauses Falk, bis der unselige Krieg diese prächtigen Menschen, ebenso wie viele andere, aus ihrer zweiten Heimat vertrieb. —

Eines der letzten Konzerte war in Hannover. Es gewährte mir eine gewisse Genugtuung, dem Kapellmeister Ernst Frank, der meine »Sakuntala« als unaufführbar erklärt hatte, von der Annahme in Weimar zu erzählen. Frank meinte zwar, ich würde mein blaues Wunder mit den Sängern erleben, die meine Intervalle memorieren müßten, fügte aber hinzu, daß er sich für die Oper sicherlich interessieren würde, wenn sein Intendant, Herr v. B r o n s a r t, das Werk annähme. Bronsart, ein Schüler Liszts aus der Zeit, da Liszt auf der Altenburg residierte, und Autor eines damals noch viel gespielten Klavierkonzerts, hatte sich mit Ingeborg Stark, einer Komponistin, vermählt und leitete das Hannoveraner Hoftheater, das, ebenso wie die Theater in Wiesbaden und Kassel, der allmächtigen Berliner Generalintendanz und ihrem Chef unterstand. Bronsart war ein Mann von feiner Bildung, ein ausgezeichneter Musiker und durch und durch Kavalier. Er war intim befreundet mit Hans v. Bülow. Es spricht für die Vornehmheit seines Charakters, daß er sich zu Anton Schott, trotzdem dieser nicht lange vorher in eine tiefgehende Differenz mit Bülow geraten war, gelegentlich unserer Anwesenheit in Hannover sehr freundlich stellte, und er sowohl wie Frau v. Bronsart im Konzert anwesend waren. Ich versuchte, Bronsart für »Sakuntala« zu interessieren und spielte ihm auch einiges daraus vor. Merkwürdigerweise erklärte er mir, das Buch sei »unmoralisch«, weil eine Verführungsszene darin vorkäme. Weder könne er selbst es verantworten, einen solchen Stoff auf die Bühne zu bringen, noch dürfe er derartiges seinem obersten Chef, dem Generalintendanten in Berlin, vorlegen.

Herr v. Bronsart schien überhaupt für vermeintliche Unmoralitäten eine Art von Witterung gleich einem Sittenkommissär zu besitzen, denn auch die »Walküre« war ihm anstößig. Da man ein Wagnersches Werk nicht mehr wie das eines Anfängers ablehnen konnte, so beabsichtigte er eine Änderung dahin, daß Sieglinde nicht die Schwester, sondern die »Base« Siegmunds sein solle. Also etwa: »Die bräutliche Base befreite der Vetter.« Ernst Frank lehnte sich dagegen auf und rief nach einem ernsten Wortwechsel Herrn v. Bronsart zu: »Sie b l a m i e r e n sich!« Bronsart konnte als Leiter eines preußischen Hoftheaters und nach damals herrschenden preußischen Anschauungen nichts anderes tun, als seinen renitenten Kapellmeister in Berlin zur Anzeige zu bringen. Er wandte sich aber auch an seinen Freund Bülow um Rat. Kapellmeister Frank erhielt »von oben«, das heißt aus dem Bureau der Berliner Generalintendanz oder »Generalintendantur«, wie es seligen Angedenkens dort hieß, allerdings einen Verweis, aber auch Herrn v. Bronsart wurde die beabsichtigte sittliche Redaktion Richard Wagners untersagt. Bülow, der Geistreiche, aber soll auf Bronsarts Anfrage, ob er sich mit einer'solchen Änderung wirklich blamiere, nur das eine lapidare Wort telegraphiert haben: »Unsterblich«. —

Einen schönen, wirklich herzerquickenden Schluß fand unsere Reise in Karlsruhe, wo ich Gelegenheit hatte, der Generalprobe der »Walküre« beizuwohnen, die Felix Mottl leitete. Mottl zählte damals 26 Jahre. Von der Stellung eines Korrepetitors am Wiener Hofoperntheater hatte er das Glück, durch Empfehlung Dessoffs, als Nachfolger dieses Dirigenten, in die führende Stellung des ersten Hofkapellmeisters nach Karlsruhe berufen zu werden. Auf das innigste vertraut mit Wagners Werken, die, wie bei den meisten jungen Musikern der damaligen Zeit, sein ganzes Wesen erfüllten, hatte er sich im Jahre 1876 bei den »Nibelungen«-Festspielen in Bayreuth und bei den Vorbereitungen dazu einstudierend betätigt. Jetzt, da er selbst den Taktstock führte, war sein ganzes Sinnen und Trachten darauf gerichtet, den Werken seines geliebten Meisters in Karlsruhe eine würdige Stätte zu bereiten. Und es gelang ihm. Groß waren die Schwierigkeiten, die er zu überwinden hatte. Der Intendant des dortigen Hoftheaters war, wie damals und auch noch später die meisten aus dem aristokratischen Offiziersstande hervorgegangenen Leiter der deutschen Hoftheater, gerade dem abgeneigt, was für ihr Institut das Bedeutungsvollste war oder gewesen wäre. So mußte Mottl Überredungskunst und Schlauheit anwenden, um zunächst die »Walküre« überhaupt zur Aufführung bringen zu können. Sänger und Orchester hatten sich in einen neuen Stil einzugewöhnen. Obwohl das ganze Personal sehr an Mottl hing, hatte er doch zum Teil mit Beschränktheit der natürlichen Fähigkeiten zu rechnen, die ihm seine hingebungsvolle Arbeit sehr erschwerte. Als wir nach Karlsruhe kamen, hatte er sich buchstäblich die Gelbsucht angeärgert. Gewöhnlich macht diese Krankheit hypochondrisch und verdrossen; dem goldigen Temperament Felix Mottls aber konnte sie nichts anhaben. Er war von bezwingender Frische, von übersprudelndem Humor und dirigierte, als ob er der gesündeste Mensch wäre. Den Begriff Schonung kannte er nicht. Er war, auch abgesehen von seiner hervorragenden künstlerischen Befähigung, ein entzückender Mensch, ein Österreicher im besten Sinne des Wortes.

Die Aufführung der »Walküre« war hervorragend, sie übertraf in bezug auf Einheit des Stils und Zusammenwirken der Szene mit der Musik sowohl die Wiener wie die Leipziger Aufführung dieses Werkes, die ich gesehen hatte, wenn auch mehrere Einzelleistungen dort höher standen und auch die wundervolle Klangpracht des Wiener Orchester naturgemäß nicht zu erreichen war. Schmerzlich stieg die Erinnerung an Hedwig Reicher-Kindermann aus ihrem frischen Grabe hervor. Trotzdem vermochte die Darstellung der Brünhilde durch die jugendlich schöne Erscheinung des Fräuleins M a i l h a c einen bedeutenden Eindruck hervorzubringen. In der Abschiedsszene des dritten Aktes lag eine kindlich rührende Jungfräulichkeit über dieser Gestalt, die ich zum erstenmal, nicht zu ihrem Nachteil, in diesem Sinne dargestellt sah. Hervorragend war die Sieglinde des Fräuleins Belce, der späteren Frau R e u ß - B e l c e. An Poesie im ersten und an erschütternder Tragik im zweiten und dritten Akt leistete sie geradezu Unübertreffliches. Der Sohn des altberühmten Wiener Bassisten, Josef S t a u d i g l, ebenfalls Josef oder familiär »Pepi« genannt, sang den Wotan und das mit einer wunderschönen Altstimme begabte Fräulein K o p p m e y e r, die spätere Frau Staudigl, die Fricka. Noch ist der ziemlich jung verstorbene, stimmbegabte Tenor O b e r l ä n d e r als Siegmund zu nennen. Die Krone des Ganzen aber war der aufbauende, alles durchdringende und führende Feuergeist am Dirigentenpult, Felix Mottl.

Bis zum grauenden Morgen blieben wir nach jener Generalprobe, die abends stattgefunden hatte, noch in Ernst und Fröhlichkeit beisammen.

W E I M A R.

Von Karlsruhe kehrte ich nach Weimar zurück und bezog meine hübsche Wohnung im Voigtschen Hause in der Marienstraße, die blank geputzt zu meinem Empfang bereit stand. Noch nie hatte ich so bequem gewohnt. Daß ich mich in zwei Zimmern bewegen und zum morgendlichen Arbeiten einen anderen Raum benützen konnte als den, wo ich die Nacht zugebracht hatte, erhöhte meine geistige Frische. Auch das Bewußtsein, Besuche in einer Art von Salon empfangen zu können, trug zu meinem Wohlbefinden bei. Aus dem armen Studenten fühlte ich nach und nach einen jungen Mann entstehen, der auch äußerlich bereits eine gewisse Stellung einnahm.

Ich ließ mir von Leipzig meinen Koffer kommen, den mir Böttcher aufgehoben hatte; er enthielt meine kleine Bibliothek und einige für den Winter notwendige Kleidungsstücke. Eine Weimarer Firma stellte mir durch Voigts Vermittlung ein Klavier, ohne Mietsgeld zu beanspruchen, zur Verfügung. Als Komponist, dessen Werk am Hoftheater angenommen war, genoß ich diese Berücksichtigung, die mich nicht wenig erfreute, da ich gar nicht darauf gerechnet hatte. Bald war es sehr behaglich in meinem »Appartement«, wie ich es nannte, nachdem Liszt, der häufig in seine deutsche Unterhaltung französische Brocken mischte, mich einmal gefragt hatte, wo mein »Appartement« wäre. Ich wünschte, von Weimar nicht mehr fortzumüssen; so glücklich fühlte ich mich an dieser Stätte einer großen Vergangenheit, in der Nähe Liszts und im Kreise, den ich mir allmählich zu bilden begann.

Die pekuniäre Frage freilich machte mir große Sorgen. Das bißchen Geld, daß ich mir von der Reise mitgebracht hatte, langte nur für einige Wochen aus. Unterrichtsstunden zu geben, war nicht meine Sache; das fühlte ich deutlich. Bereits in Leipzig hatte ich mich redlich bemüht, pädagogisches Talent in mir zu entdecken und zu entwickeln, aber es war mir nicht gelungen. Bereits vorgeschrittenen Leuten Anregung und Verfeinerung ihres Kunstempfindens zu geben, ja das hätte ich wohl können; aber Anfänger zu drillen und ihnen das ABC der Kunst einzupauken, dazu, das fühlte ich deutlich, war ich nicht geboren. Ich wandte mich nochmals an meine Mutter und frug sie, ob sie mir noch für einige Monate Unterstützung gewähren könne. Zugleich versprach ich, daß es das letztemal sei, daß ich sie um derartiges anginge, denn für den nächsten Herbst würde ich sicher einen, wenn auch kleinen Posten als Kapellmeister finden. Die Antwort lautete über jedes Erwarten günstig. Meine Mutter schrieb mir, sie hätte vorausgesehen, daß ich noch nicht so bald eine Anstellung finden werde und hätte die Monatsraten, die ich jetzt einige Zeit nicht beansprucht hätte, beiseite gelegt. Sie war so glücklich und stolz, daß eine Oper von mir an einem Hoftheater angenommen war, daß sie versprach, mir etwas zuzulegen und mir monatlich 100 Mark zu schicken, da ich, wie sie schrieb, jetzt sicher mehr brauchte als früher in Leipzig. Ich habe meiner Mutter innig für diesen Beweis von Güte und Vorsorge gedankt und habe auch mein Versprechen gehalten. Es war das letztemal, daß ich ihre Unterstützung in Anspruch nahm. Nun war ich der Hauptsorge ledig und konnte offenen Herzens dem neuen Leben entgegenstreben, das sich vor mir eröffnete.

Wöchentlich zwei- bis dreimal, in den Nachmittagsstunden, versammelte Liszt seine Schüler und Freunde um sich. Der Begriff ›Stunden‹, wie wir diese Versammlungen der Kürze wegen nannten, mußte so weit als möglich gefaßt werden. Von Unterricht in gewöhnlichem Sinne des Wortes war keine Rede. Meistens waren es allerdings Pianisten, die ihm vorspielten, und Komponisten, die ihm ihre Werke unterbreiteten. Aber auch Geiger kamen, Cellisten und Sänger. Den berühmten Berliner Harfenisten P o s s e traf ich öfter bei Liszt. Einmal, als uns dieser Künstler mit seinen prachtvollen Vorträgen erfreut hatte, wandte sich der Meister zu mir, tippte mir, wie er öfter tat, mit seinem langen Zeigefinger auf die Brust und sagte mit feinem Lächeln: ›Ultra p o s s e nemo tenetur‹, fügte dann aber leise hinzu: ›Das ist wieder einmal ein Witz, den die wenigsten verstehen werden.‹

Liszt gab Anweisungen, verbesserte, lobte, tadelte und machte Bemerkungen allgemeinen Charakters. Wer aufmerkte und ihn richtig zu verstehen sich bemühte, konnte viel von ihm lernen. Wenn er körperlich wohl und gut bei Laune war, sprühte er geradezu von Einfällen, die er dann mit königlicher Freigebigkeit wie aus einem reichen Füllhorn ausstreute. Oft war er sarkastisch. Sein Lob mußte man sorgfältig abwägen, denn nicht selten barg es eine vergiftete Spitze. Freilich besaßen nur die höher Organisierten Empfänglichkeit für diese Seite seines Wesens, die ihn, neben vielen anderen seiner großen Eigenschaften, als Ausnahme unter seinen Zeitgenossen charakterisierte; denn feinste Ironie, wie er sie besaß, ist nur sehr wenigen Menschen verliehen, ist aber wegen ihres unbeschwerten, mühelosen Durchdringens der Materie eine der köstlichsten und erfrischendsten Gaben.

Eine Bewegung ging durch die Anwesenden, wenn Liszt mitunter selbst ans Klavier trat. Längere Stücke spielte er in diesen Stunden wohl niemals, aber auch die kurzen Illustrationen, die er persönlich gab, waren Perlen, die ein Fürst verschenkt. Spielend überwand er Schwierigkeiten, mit denen ein anderer sich die Finger zerbrach. Herrlich, geradezu traumhaft schön war sein Anschlag. Spielte er eine Melodie, so war es, als ob Blumen unter seinen Händen hervorsprießten. Dabei hielt er Arme und Körper so ruhig, daß man den Eindruck gewann, er spiele gar nicht, sondern magnetisiere das Klavier. —

Rührend war mitunter seine Unbehilflichkeit in praktischen Dingen. Einmal, als ich nach einer »Stunde« etwas länger blieb, beklagte er sich, er müsse Geld nach Budapest schicken und habe weder die vorgeschriebenen Kuverts noch Siegellack. Ich riet ihm, eine internationale Postanweisung zu senden. Er konnte es aber gar nicht begreifen, daß man Geld auf einem einfachen Blatt Papier senden könne. Schließlich bat ich ihn: »Meister, vertrauen Sie mir die Summe an und geben Sie mir die Adresse. Ich verbürge mich, Ihnen morgen früh die Quittung der Post zu bringen.« Als ich ihm am nächsten Morgen die regelrechte Bestätigung brachte, war er sehr erfreut. Er wies dann auf ein hübsch ausgestattetes Notenbuch, das er aus Mailand erhalten hatte; es enthielt nationale Melodien, von Burmein — ein Pseudonym für Ricordi —, in geschickter und gefälliger Form zu vier Händen arrangiert. »Wir wollen gleich einige davon durchspielen«, rief Liszt. Ich mußte den oberen Part spielen. »Die untere Stimme ist sehr einfach; dazu reicht meine Technik noch«, meinte er lachend. Mir klopfte gewaltig das Herz, als ich neben diesem wunderbaren Greis am Klavier saß. — Einer internationalen

Postanweisung verdanke ich es, mit Liszt vierhändig gespielt zu haben. —

Unter der Sonne Liszts blühte damals eine Generation von Pianisten heran, junge hochbegabte Menschen, alle ungefähr im gleichen Alter wie ich. Sie lebten in Weimar oder nahmen wiederholt dort Aufenthalt, um des Meisters Unterweisungen zu empfangen. Zwei von ihnen waren Russen, Artur Friedheim, der tieferen Problemen nachzugehen liebte und auch kompositorisch veranlagt war, und Alexander Siloti, ein Hüne, dessen titanische Kraftentwicklung Liszt mit liebevoller Hand in künstlerischem Sinne mäßigte und gestaltete. Der Österreicher Moritz Rosenthal erregte damals schon durch sein phänomenales Können Erstaunen. Emil Sauer, der bereits in jungen Jahren den geistreichen Künstler verriet, der er später geworden ist, und Bernhard Stavenhagen, dessen schöner, weicher Anschlag besonders auffiel, waren Deutsche. Mit Eugen d'Albert und Alfred Reisenauer bildeten sie einen siebenzackigen Stern, in dessen Erglänzen und immer stärkerem Aufleuchten Liszt mit väterlichem Stolz eine lebendige Fortsetzung dessen erblickte was er selbst als ausübender Künstler erstrebt, erreicht hatte und war. Wir alle waren gute Freunde und Kameraden. Besonders fühlte ich mich zu Artur Friedheim hingezogen, der sich seinerseits sehr innig an Reisenauer angeschlossen hatte und mir vielleicht dadurch von Haus aus sympathisch war. Ein leiser Hauch von Schwermut verband sich mit seinem derben, trockenen Humor in anziehender Weise. Er war der einzige von uns jungen Leuten, der bereits in Schopenhauer Bescheid wußte und uns wiederholt auf ihn hinwies. Ich hatte zwar aus Wagners Schriften eine dunkle Vorstellung dieses Philosophen; sein merkwürdiger, von Lenbach gemalter Kopf war mir im Hause Wahnfried aufgefallen, wo er über einem Schreibtisch im Empfangsraum hängt. Ein Versuch aber, seine Werke zu studieren, mißlang. Ich hatte damals noch nicht gelernt, bedächtig zu lesen, Schritt für Schritt vorzugehen; noch verschlang ich begierig, was mir in die Hände und vor die Augen kam, und was mich nicht sofort fesselte, legte ich bald beiseite. Die Abhandlung über »Die vierfache Wurzel vom zureichenden Grunde« erfordert selbst für einen reiferen Kopf, als damals einer auf meinen Schultern saß, ein gründliches Durchbeißen und dazu fehlte mir in meinem 21. Lebensjahre die Geduld. Die Atmosphäre, die Liszt um sich verbreitete, hatte soviel des Berauschenden in sich, daß selbst minder Beanlagte in eine geniale Sphäre gehoben wurden oder wenigstens meinten, es zu sein, während dem wirklich Genialen die Gefahr drohte, mit seiner überschäumenden Seele in den Himmel zu wachsen, dabei aber den wurzelhaften Grund zu verlieren, der ihn mit der Erde verband. Wenn ich dank meinem klaren, durch manche richtig verwertete Erfahrung bereits geschärften künstlerischen Blick dieser Gefahr, trotz meiner Verehrung für Liszt, entgangen bin, so darf ich es mir anderseits auch als Glück anrechnen, daß der gewaltige Eindruck von Schopenhauers Philosophie damals noch nicht in mein Leben getreten ist. Was meinen jungen Jahren entgangen ist, wurde reichlich dadurch aufgewogen, daß der lähmende Pessimismus, die gefährlichste Folgeerscheinung der Lehre jenes merkwürdigen Denkers, erst zu einer Zeit auf mich zu wirken begann, wo er mich zwar stark und keineswegs günstig beeinflußte, mich aber doch nicht mehr vollständig zu überwinden imstande war, was in der Knospenzeit meines Daseins vielleicht noch möglich gewesen wäre. Überblicke ich heute die ziemlich lange Strecke meiner Erdenpilgerschaft, die ich bereits zurückgelegt habe, so erkenne ich, trotz aller gehäuften Widerwärtigkeiten, eine waltende Hand; ihr darf ich mich auch weiter anvertrauen. —

Allmählich kam ich auch zu den Künstlern des Hoftheaters in Beziehung. Die Rollen meiner »Sakuntala« waren ausgeteilt und ich bot mich an, bei der Einstudierung behilflich zu sein, was angenommen wurde. Eine besondere Genugtuung gewährte es mir, daß Feodor v. M i l d e die Darstellung des Büßers Kanva übernommen hatte. Dieser verehrungswürdige Künstler war der erste Telramund in der von Liszt geleiteten Uraufführung des »Lohengrin« gewesen; seine Gattin, die seit langem schon nicht mehr auftrat, hatte damals die Elsa gesungen. Dieses Paar feiner, im höchsten Sinne des Wortes kultivierter Menschen stellte den Typus hochstehender Künstler der damaligen Zeit dar. Ich war stolz darauf, in ihrem Hause freundlich aufgenommen zu sein und ihren Erzählungen aus vergangenen Weimaraner Tagen zu lauschen. Die Gestalt des von Poesie umflossenen Dichterkomponisten Peter Cornelius erstand aus dem Munde Frau v. Mildes, die auch herrliche Briefe von ihm besaß, zu greifbar deutlichem Leben vor meinen Augen, ebenso der noch jugendliche Liszt, da er oben auf der Altenburg residierte, und seine letzte große Freundin, die Fürstin Wittgenstein.

Herr v. Milde war einer jener großen Künstler alten Schlages, die keine, auch nicht die kleinste Aufgabe ihrer unwert hielten. Er war einer der Letzten, die Sänger und Schauspieler zugleich waren. Heute sang er den Wolfram, morgen stellte er eine Gestalt eines Shakespeareschen Stückes dar, und an einem der nächsten Tage sang er vielleicht den Grafen in »Figaros Hochzeit«. Alle seine Rollen, gesungene und gesprochene, schrieb er eigenhändig in ein kleines Buch, das er beständig bei sich trug. Auf Spaziergängen im Weimarer Park memorierte er. Er brauchte kein Klavier, keinen Korrepetitor, nicht einmal einen Klavierauszug; denn mit diesem hatte er sich gründlich beschäftigt, bevor er an das Studium seiner eigenen Partie ging. Noch sehe ich seine schlanke, hohe Gestalt vor mir, wenn er mit großen, aber elastischen Schritten über die Wege wandelte, die jener Größte einst geschaffen hatte, den sein leibliches Auge freilich nicht mehr erblickt hatte, der seinem Leben aber der unwandelbare Leitstern war.

Trotzdem die Herrn v. Milde zugeteilte Rolle in meiner Oper nicht groß war, ging er doch sofort mit allem Eifer an deren Studium und hatte sie als Erster von allen in sich aufgenommen. Die Rolle der Sakuntala selbst war einer jungen Sängerin mit schöner, weicher Stimme, Fräulein Maibauer, zugeteilt. Die Rolle der Verführerin Wasumati hatte die Opernheroine, Fräulein Wülfinghof, übernommen. Den nicht unwichtigen ersten Büßer sang der Bassist Hennig. Leider enthielt meine Oper keine Rolle für die ausgezeichnete Altistin des Hoftheaters, Fräulein Schärnack.

Schwierigkeiten bereitete nur die Besetzung der Rolle des Königs Duschyanta. Ich erbat mir den feinsinnigen und künstlerisch hochstehenden Alvary; dem aber widersetzte sich Lassen, der behauptete, daß Alvary mit dieser umfangreichen und anspruchsvollen Partie seine Stimme verdürbe. Alvary war Lassens Lieblingssänger, und dadurch war jeder Versuch einer Umstimmung ausgeschlossen. Hätte Lassen, der mir sehr freundlich gesinnt war, damals gewußt, daß Alvary wenige Jahre später ein berühmter Tristan und Siegfried sein würde, so hätte er seinen Einspruch gegen meine wiederholt vorgebrachte herzliche Bitte wohl aufgegeben. Der König Duschyanta wurde dem eigentlichen Heldentenor des Hoftheaters übertragen. Er hieß Richter und war weder beim Publikum noch bei der Leitung des Theaters besonders beliebt. Sein Vertrag lief mit Ende der Spielzeit ab und sollte nicht erneuert werden. Das wußte der Sänger und empfand naturgemäß keine große Neigung, sich mit einer neuen Rolle zu beschäftigen, die seiner nicht sehr musikalischen Natur zuwider war. Er übte eine Art von passiver Resistenz, lernte ganz langsam und zögernd und erklärte auf jedes Befragen und Drängen: »Die Oper wird dann sein, wenn ich mit meiner Rolle fertig bin, nicht einen Tag früher.« Ich übte mich in Geduld, ging täglich zu ihm, suchte mit Freundlichkeit und Überredung seine spröde Haltung zu überwinden und ihm gleichzeitig Interesse für seine Aufgabe und die Einsicht von der Notwendigkeit eines beschleunigten Tempos beizubringen. Umsonst; er blieb stocksteif. Alle anderen Künstler waren längst mit ihren Rollen fertig, als Richter kaum den ersten Akt ablas. Dies hatte fortwährende Verschiebungen des Aufführungstermins zur Folge. Ich war unterdes nicht müßig, besuchte fast jede Vorstellung im Hoftheater und erweiterte dadurch meine Kenntnisse in bezug auf die Oper wie auf das Schauspiel. Eine schöne und stimmungsvolle Aufführung von Shakespeares »Der Sturm« ist mir besonders in Erinnerung. Schon damals faßte ich den Entschluß, zu diesem Märchenspiel eine Musik zu schreiben, führte diesen Entschluß, wahrscheinlich zum Vorteil für die Komposition, aber erst fünfunddreißig Jahre später aus. Ein zweites Stück des indischen Dichters Kalidasa »Malawika und Agnimitra«, das ich bereits in Graz gelesen hatte und jetzt wieder vornahm, bestärkte mich darin, den Versuch zu machen, eine Art von komischer Oper zu schreiben. Ich begann, ein Szenarium und Verse zu entwerfen. Die nachmittäglichen Versammlungen bei Liszt, die sogenannten »Stunden«, besuchte ich regelmäßig. Liszt, der große, gütige Mann, begann, mich lieb zu gewinnen und behielt mich und einige Auserwählte mitunter bei sich, nachdem die anderen fortgegangen waren.

Zu Weihnachten besuchte mich mein Leipziger Freund, Karl Böttcher, den ich zu meiner Freude in meiner Wohnung beherbergen konnte. Es war am Christtag morgens, etwa 7 Uhr. Ich war meiner Gewohnheit gemäß bereits auf und im vorderen Zimmer beschäftigt, als sich die Tür öffnete und Franz Liszt eintrat: »Ich bringe Ihnen gesegnete Weihnachten«, sagte er, noch unter der Tür stehend, dann schloß er mich väterlich in seine Arme und küßte mich auf die Stirn. Er wohnte jeden

Morgen einer Frühmesse in der katholischen Kirche bei; auf dem Rückwege hatte er an diesem hohen Festtage diesmal bei mir angehalten. Ich konnte vor Verwirrung kaum sprechen und mag seine teilnehmenden Fragen recht unvollständig beantwortet haben. Schließlich bat ich, ihm einen Freund vorstellen zu dürfen, und holte Böttcher aus dem Nebenzimmer herbei, der durch den Vorhang erspähte, wer da war und rasch Toilette gemacht hatte. Mit blutrotem Gesicht stand er sprachlos vor dem Gewaltigen. Nicht fassen konnte es der einfache, gute Junge, daß der große Liszt mir einen Besuch gemacht hatte. In mir aber leuchtete das verklärte Licht, das von jener Erscheinung ausging, die sich mit freundlichem Händedruck von uns verabschiedet hatte und mit dem ihr eigenen ruhigen Gang aus dem Zimmer hinausge-schritten war. —

Eines Vormittags wurde ich durch das Dienstmädchen zu meiner Wirtin, Frau Voigt, gebeten. Ich ging hinauf und fand — Alfred Reisenauer, der von Königsberg gekommen war, um den Winter in Weimar zuzubringen, solange Liszt dort blieb. An der Freude, die wir beide über das Wiedersehen emp-fanden, erkannten wir, wie nahe wir uns bereits standen. Am Abend desselben Tages, im Hotel »Elefant«, lange, nachdem sogar der sitzfeste Spätaufbleiber Eduard Lassen heimgegangen war, tranken wir Bruderschaft. Bei Liszt hatte ich nunmehr Ge-legenheit, meinen neuen Freund auch am Klavier kennen zu lernen. Wohl hatte ich ihn einmal im Leipziger Gewandhaus, als ich ihn noch nicht persönlich kannte, Beethovens Es-dur-Konzert spielen hören, damals aber keinen besonderen Eindruck empfangen. In die Wunderwelt Beethovens wuchs er erst später hinein. Schumann aber, Chopin und vor allem Liszt spielte er einzig schön. Sein wunderbar weicher und seelenvoller Anschlag erinnerte oft an den Meister selbst. Er war gewiß nicht der Fleißigsten einer; üben habe ich ihn in jener frühen Zeit nur selten gesehen. Sowie ihm die Beherrschung der fremden Sprachen und die reichen Kenntnisse, die er sonst besaß, zugeflogen waren, so war auch sein Klavierspiel nichts Angelerntes. Es wurde ihm leicht, die größten Schwierigkeiten, wie sie zum Bei-spiel Liszts Transskriptionen enthalten, ohne große Arbeit zu überwinden. Ursprünglichkeit zeichnete ihn vor allem aus. Er schwang sich oft zu geradezu titanenhafter Größe auf; dann spielte er wieder weich, verträumt, einschmeichelnd wie ein verliebtes Mädchen. Von Stimmungen sowohl wie auch von seiner Lebensweise war er allerdings, gerade weil ihm damals noch jenes Fundament des anhaltenden technischen Übens fehlte, sehr abhängig. Hatte er »gebummelt«, was leider oft vorkam, oder sich über etwas geärgert, so konnte er sehr schlecht spielen. Es war rührend, wenn er dann mit schüchternem, kindlichem Ausdruck seiner großen blauen Augen auf mich zutrat und sagte: »Gelt, Felixchen, heute hab' ich wieder einmal gespielt wie 'n Schwein?« Es war schwer, ihm böse zu sein, wozu ich oft sehr ernstliche Neigung verspürte. Wiederholt sprach Liszt mit mir über ihn und wünschte dringend eine Mäßigung seiner alkoholischen Ausschreitungen. Ich bot allen Einfluß auf, den ich besaß; es half für den Augenblick, hielt aber nicht lange vor. Was diesem reichen Leben, dieser ungewöhnlichen Begabung fehlte, waren starke Hemmungen; diese hätten ihn vielleicht dauernd retten können. Nicht einmal ein Schicksalsschlag, der ihn traf, war dazu ausreichend. Eines Tages fand ich ihn sehr ernst. Das Geschäft seines Vaters hatte falliert und er, der bisher über unumschränkte Geldmittel verfügte, war plötzlich auf eine kleine Sustentation angewiesen, der ähnlich, die ich von Hause bezog. Anfangs schränkte er sich ein, rauchte nur leichte Zigarren, trank abends, so wie ich, ein bis zwei Glas Bier. Aus dem teuren Hotel zog er in eine kleine Junggesellenwohnung in der Frauengasse 10, wohin auch ich bald übersiedelte, da das Voigtsche Haus verkauft worden war und der neue Eigentümer meine schönen bisherigen Wohnräume in ein Geschäftslokal umwandelte. Nach und nach aber gewannen die alten verderblichen Neigungen wieder Raum. Hatte er kein Geld, so verschaffte er es sich, blieb schuldig, suchte auch Gewinn im Spiel, wobei er natürlich auch verlor und sich in eine Kette mitunter schwer zu entwirrender Schwierigkeiten verwickelte.

Ein besonderes Glück für uns alle wollte es, daß Liszt diesmal ungewöhnlich lange in Weimar blieb. Sonst war er bereits spätestens im Dezember in Rom. Diesmal hielt ihn die Krankheit seines ungarischen Dieners, aber auch der Wunsch zurück, der Aufführung meiner »Sakuntala« beizuwohnen, die durch die Langsamkeit des Tenoristen Richter immer und immer wieder verschoben werden mußte. Während des ganzen Winters konnten wir uns durch diese einerseits widrigen Umstände der Gegenwart des großen Meisters erfreuen.

Eines Morgens ließ er mich holen. »Sie fahren heute nachmittags mit mir nach Eisenach«, empfing mich Liszt. »Sprechen Sie aber nicht darüber, weil ich sonst niemand mitnehmen will. B ü l o w ist drüben und konzertiert mit der Meininger Hofkapelle. Es wird Ihnen sicher wertvoll sein, ihn kennen zu lernen.« Ich bedankte mich für die Einladung und fand mich zur angegebenen Zeit auf dem Bahnhof ein.

Liszt war bereits auf dem Perron. Er fing sofort an, über »Lohengrin« zu sprechen: über Partien, die er besonders liebte, über Feinheiten des Chorsatzes und der Instrumentation, über die Leistungen des Ehepaares Milde in der ersten Aufführung, die an diesem Tag mit besonderer Stärke in seinem Gedächtnis zu leben schien. Er sprach lebhaft wie ein Jüngling; selten habe ich ihn so frisch und aufgeräumt gesehen.

Wir stiegen in ein Coupé II. Klasse. Liszt fuhr, auch auf weiten Strecken, niemals I. Klasse; seine Lebensgewohnheiten waren die denkbar einfachsten. Er freute sich, Bülow, seinen einstigen Lieblingsschüler, von dem er mit größter Wärme und rückhaltloser Anerkennung sprach, wiederzusehen. Plötzlich legte er die Hand auf mein Knie und sagte mit halbgeschlossenen Augen: »Bülow wird mir heute seine Frau vorstellen.« Ich wußte nichts von einer neuen Ehe des berühmten Künstlers, mußte im Augenblick nur der nahen verwandtschaftlichen Beziehungen denken, die Liszt und Bülow früher durch Liszts Tochter Kosima verbanden, und frug mit leiser Überraschung: »Hat er wieder geheiratet?« »Ja,« nickte Liszt, »eine Meininger Schauspielerin; wir werden sie kennen lernen.« Dann, als ob er sich von einer ihn drückenden Gedankenkette losreißen wollte, fuhr er in gänzlich verändertem Ton fort: »Wenn wir heute abends mit Bülow zusammen sind, so bringen Sie das Gespräch auf Anton Schott; Sie sind ja jetzt mit ihm gereist. Bülow wird dann sofort einen ausgezeichneten Witz machen, den ich Ihnen nicht vorher verraten will.« Dann legte er sich in die Ecke des Coupés zurück und schlummerte ein.

Kurz nach uns traf der Zug mit Bülow und der Meininger Hofkapelle auf dem Eisenacher Bahnhof ein. Herzlich umarmte der Meister den kleinen Hans v. Bülow, und begrüßte seine junge Frau, eine schlanke, interessante Erscheinung, mit einem Kuß. Dann stellte er mich dem Ehepaar vor. Bülow war sehr lebhaft und sprach unaufhörlich; auch ihm schien das Wiedersehen mit Liszt Freude zu bereiten. Liszt beauftragte mich noch, ihn rechtzeitig zum Konzert abzuholen, dann fuhr er mit dem Ehepaar ins Hotel.

Auf dem Wege zum Theater, wo das Konzert stattfand, fiel mein Blick auf die Ankündigung einer »Lohengrin«-Vorstellung. Liszts lebhafte Äußerungen vom Nachmittag, die mir unwillkürlich auftauchten, und das Bewußtsein, neben dem ersten Dirigenten dieses Werkes dahinzuschreiten, veranlaßten mich zur scherzhaften Frage, wie wohl eine »Lohengrin«-Aufführung in Eisenach aussehen möge. Liszt blieb stehen, räusperte sich in seiner Weise, tippte mir wieder einmal mit dem Zeigefinger auf die Brust und sagte mit feierlichem Ausdruck, der den Inhalt der Worte doppelt humoristisch erscheinen ließ: »Wenn man keine Trüffeln hat, nimmt man Kartoffeln und streicht sie mit Stiefelwichse an.« Oft, viel zu oft, mußte ich in meiner späteren Theaterlaufbahn an diesen Ausspruch zurückdenken. —

Die Proszeniumsloge links war für Liszt reserviert. Ich hatte meinen Platz hinter ihm und konnte das Orchester und seinen Dirigenten genau beobachten. Bülow war herrlich an diesem Abend. Nichts von den nervösen Willkürlichkeiten der späteren Zeit; einfach und großzügig führte er das wunderbar disziplinierte Orchester, das trotz der kleinen Besetzung eine erstaunliche Klangfülle entwickelte. Seine Stimmung schien rosig, denn er blickte oft mit feinem Lächeln zu unserer Loge herüber und freute sich sichtlich, wenn der große Meister ihm zunickte. Als in Berlioz' »Carneval Romain« die wundervolle Imitation des Gesangthemas mit der eigentümlich rhythmischen Begleitung der Trompeten und des Schlagwerks einsetzte, wandte sich Liszt mit großer Bewegung des mächtigen Hauptes zu mir um. Ich erschrak fast vor dem Leuchten seiner Augen. »Es klingt schön, es klingt schön!« sagte er leise, mit dem Ausdruck tiefster Befriedigung und versenkte sich von neuem in sein Zuhören. Könnte ich dieses Leuchten wieder einmal im Auge eines jungen Musikers erblicken, ich glaubte fester an die Zukunft unserer Kunst, als ich heute dazu imstande bin. —

Später, als Bülow ein Klavierkonzert von Raff spielte, befiel Liszt eine beinahe ausgelassene Lustigkeit. Man hatte sich erzählt, daß Bülow kürzlich in Köln sich habe den Flügel umstellen lassen, um Ferdinand Hiller, der in der ersten Parkettreihe saß, den Rücken zudrehen zu können. Ob dies nun tatsächlich geschehen war oder nicht, jedenfalls ließ Bülow an jenem Eisenacher Abend etwas an der Stellung des Flügels ändern, worauf Liszt so laut, daß es ein großer Teil des Publikums hören mußte, zu ihm hinüberrief: »Du, Hans! Es ist doch kein Hiller da?« und sich vor Lachen schüttelte über seinen Einfall. Während des etwas sentimentalen Andante wandte sich Liszt wieder zu mir um und sagte mit schalkhaftem Lächeln und besonderer Betonung: »Das sind die von der Familie erlaubten Zärtlichkeiten«. Dann murmelte er noch vor sich hin: »Raff — braver Junge — aber kühl — langweilig — stört mich —«; worauf er in ein Schläfchen von einigen Minuten zu verfallen schien, was ihm während Konzerten und namentlich bei Theatervorstellungen öfter begegnete. Er liebte es, bei Opern der Bühne den Rücken zuzukehren und in einer Partitur mitzulesen, die er sich mitunter aus meiner Bibliothek entlieh. Da konnte ich ihn öfter beobachten, wie er im Winkel seiner Loge eingenickt war, während meine Partitur zu Boden geglitten war.

Den Schluß des Eisenacher Konzerts bildete eine prachtvolle Aufführung von Beethovens C-moll-Symphonie. Damals schon behaupteten Dilettanten, der Anfang müsse in drei wuchtigen Adagioschlägen dirigiert werden und schoben für diesen Unsinn Bülows Namen vor. Ich atmete erleichtert auf, als Bülow dieses lapidare Thema in starkem Allegro wiedergab. So und nicht anders darf es sein. Liszt machte noch einige sarkastische Bemerkungen über die Art, wie »Hofkapellmeister« diese Symphonie dirigierten. Dann beteiligte er sich an dem rauschenden Beifall, der kaum den letzten Akkord von Bülows und seines Orchesters Meisterleistung abgewartet hatte, um loszubrechen.

Zum Souper, das Bülow im Hotel gab, hatte ich die Ehre, eingeladen zu sein. Wir waren nur fünf Personen: Liszt, das Ehepaar Bülow, Konzertmeister Fleischhauer und ich. Die Unterhaltung war lebhaft und angeregt. Bülow war unerschöpflich in Wortwitzen und Scherzen. Wärme strahlte er nicht aus; ich hatte das Gefühl, als ob er fortwährend auf der Schneide eines scharfgeschliffenen Messers balanciere. Ich nannte, Liszts Mahnung eingedenk, den Namen Anton Schott. »Schott«, rief Bülow sofort, »ausgezeichneter Sänger! Entweder Dis-toniert oder Des-toniert er; mitunter singt er richtig, da De-toniert er.« »Sehen Sie,« rief Liszt zu mir herüber, »was ich Ihnen gesagt habe! Diesen Witz macht er immer!« Tatsächlich sang Schott mitunter etwas zu tief.

Ich bat Bülow, die bevorstehende Aufführung meiner »Sakuntala« in Weimar mit seinem Besuch zu beehren. Er sah mich mißtrauisch an und meinte, ich sei gewiß auch ein »Kakophoniker« wie die Jungen von heutzutage. Ich hörte das Wort, dessen griechischer Ursprung mir nicht sofort klar war, zum erstenmal und frug, was denn das wäre, worauf Bülow nach kurzem Überlegen antwortete: »Nun, so einer, der immer Cis schreibt, wo C stehen muß.« Ich sandte Bülow später die Partitur meiner Streichserenade. Er scheint daraus ersehen zu haben, daß ich kein Kakophoniker sei, denn er hat das kleine Stück aufgeführt. — Mit einem späten Nachtzug fuhren Liszt und ich nach Weimar zurück. —

Das Leipziger Stadttheater brachte in jener Zeit den «Heliantus« von Adalbert v. Goldschmidt. Man erzählte sich vorher die fabelhaftesten Dinge von der Schwierigkeit des Werkes wie auch von der Pracht der Ausstattung. Reklame verstand man damals schon zu machen. Nach der Bayreuther Ausstattung des »Parsifal« sollte es nichts so Herrliches geben wie die Dekorationen für »Heliantus«. Goldschmidts früheres Werk »Die sieben Todsünden« war mir aus der Zeit bekannt, da ich es Hamerling vorgespielt hatte. Auch hatte ich Bruchstücke daraus bei einem Musikfest in Leipzig gehört. Die persönliche Bekanntschaft des Komponisten, eines geistreichen und lebhaften Mannes, hatte ich in Leipzig gemacht, wo er mich gebeten hatte, den Klavierauszug seiner neuen Oper zu verfertigen, was ich aber ablehnte. Die Leipziger Aufführung war hervorragend; das Werk aber enttäuschte. Damals schon kamen mir Zweifel, ob ein strenges Verfolgen des Wagner'schen Pfades zu großen Ergebnissen führen könne. Dunkel empfand ich, daß ich einmal davon abweichen würde.

Noch einige Male, wenn der große englische Tragöde Edwin Booth Shakespeare spielte, war ich nach Leipzig gefahren. Das waren unvergeßliche Eindrücke. Ein Kunststück von Booth war es, heute den Othello und morgen den Jago zu spielen; ein Virtuosenstück vielleicht, aber er löste es meisterhaft.

Im Gewandhaus dirigierte B r a h m s persönlich seine neue, Dritte Symphonie. Ich verstand wenig davon, erinnere mich aber eines Gespräches, das ich noch am selben Abend zu später Nachtstunde mit einem Bekannten auf dem Platze vor der Thomasschule führte. Ich sagte damals, daß dieser Musik eine starke erhaltende Kraft innewohne, die sich der durch Liszt angebahnten Auflösung der Formen in tönende Schilderungen zähe widersetzen und den Gegensatz zwischen zwei bereits bestehenden Richtungen noch verstärken werde. Die nächsten Dezennien zeigten mir, daß ich richtig vorausgesehen hatte. —

Eines Tages erhielt ich einen Brief von Anton Schott aus Königsberg mit der Nachricht, daß vom nächsten Herbst ab eine Stelle als Kapellmeister und Chordirektor am dortigen Stadttheater frei sei; wenn ich sie annehmen wolle, so möge ich mich mit Direktor Werther, den mir Schott in günstiger Weise schilderte, in Verbindung setzen. Die Sorge um meine fernere Existenz warf mitunter bereits ihre Schatten in jene lichten, glücklichen Weimarer Tage, denn alle Bemühungen, irgendwo meine Fähigkeiten als Dirigent verwerten zu können, waren bisher gescheitert. Nicht einmal in Graz, wo sich Dr. v. Hausegger für mich eingesetzt hatte, wollte man's mit mir versuchen. Dem einen war ich zu jung, dem anderen zu modern, dem dritten paßte nicht, daß ich komponierte; überall war irgendein Hindernis. So zögerte ich nicht, auf Schotts Brief hin an den Königsberger Direktor zu schreiben, von dem ich auch bald eine Antwort und einen Vertrag erhielt, der mir einen Monatsgehalt von 180 Mark für die Zeit vom September 1884 bis Ende April 1885 zusicherte. Ich stellte, um nicht ganz gegen den sogenannten »ersten« Kapellmeister zurückgedrängt werden zu können, die Bedingung, durch einen besonderen Paragraphen des Vertrags zur Leitung einer Anzahl von Opern ausdrücklich berechtigt zu sein. Dies wurde zugestanden; der Vertrag war somit abgeschlossen und ich konnte meiner Mutter mitteilen, daß ich vom nächsten Herbst ab keine Unterstützung mehr brauche. —

Wir hatten bereits gehofft, daß Liszt diesmal den ganzen Winter in Weimar bleiben werde. Ungefähr um die Mitte des Februar eröffnete er uns aber, daß er seine Abreise nach Rom für die nächsten Tage festgesetzt habe. Zum 25 jährigen Gründungsfeste des Allgemeinen Deutschen Musikvereins, dessen Ehrenpräsident er war, wolle er aber wieder in Weimar sein. Mir war recht schwer ums Herz. Durch die Faulheit des Tenoristen Richter war an die Aufführung der »Sakuntala« vor März nicht zu denken. Liszt konnte also nicht dabei sein. Es war ein schwacher Trost, daß er mich aufforderte, ihm einen Bericht über die Premiere zu schreiben und mir alles Gute dazu wünschte.

Am Tage seiner Abreise fanden wir uns am Bahnhof ein, alle Schüler und einige Freunde des Meisters. Ein originelles ältliches Schwesternpaar, die beiden Fräulein Stahr, die Liszt umschwärmten wie Motten ein Licht, fehlten auch nicht. Sie waren »inséparables«, man sah sie stets zusammen; ähnlich an Gestalt und Gesichtszügen, kleideten sie sich, vollständig gleich in den Farben, nach einer bereits weit zurückliegenden Reifrockmode. Sie sprachen meistens zugleich, hastig und wispernd, die eine das Echo der anderen. Wir nannten sie stets »die Stährchen«, diese beiden nicht unintelligenten, aber lemurenhaften Wesen, die Liszt mit unerschöpflicher Güte in seiner Nähe duldete. Einer der ältesten Freunde Liszts, Hofrat Gille, war aus Jena, seinem ständigen Wohnsitz, herübergekommen, um dem Meister das Abschiedsgeleit zu geben. Er war mir hauptsächlich deshalb interessant, weil er G o e t h e gesehen und gesprochen hatte. Als Knabe war er von seinem Vater öfter in das Haus des Dichterfürsten gesandt worden und hatte mitunter Gelegenheit, diesem selbst eine Botschaft zu überbringen. »Was treibt ihr auf dem Gymnasio?« hat ihn Goethe einmal gefragt und die Mahnung hinzugefügt, lateinische Fremdworte auch im deutschen Sprachgebrauch stets zu deklinieren. Als sich die Kunde von Goethes Tod verbreitete, eilte der junge Gille in das Haus auf dem Frauenplan und sah die Gestalt des großen Verblichenen, die man einige Zeit nicht zu berühren wagte, noch im Lehnstuhl sitzen, wo er den letzten Atemzug getan hatte. Auch Eckermann hatte er persönlich gekannt. Ich hatte die herrlichen »Gespräche« gelesen und betrachtete mit liebevoller Ehrfurcht den Mann, der die Zeit, in der sie entstanden waren, miterlebt hatte und mit der Frische eines Jünglings die Erscheinung Goethes und seiner Umgebung vor meinen Augen erstehen ließ. Er duzte Liszt und naturgemäß auch uns Jüngere. Einige Musiker der Hofkapelle hatten sich auf dem Bahnhof eingefunden und mit ihnen auch der Organist Gottschalg, ein langhaariger, salbungsvoller Herr, der nebenbei das Amt des Kritikers in einer kleinen Zeitung versah und dadurch auffiel, daß er schlecht auf Richard Wagner zu sprechen war, weil dieser ihn angeblich einmal beleidigt hatte, trotzdem er, Gottschalg, wie er gern und selbstgefällig erzählte, Wagner den Dienst erwiesen hatte, das »Tristan«-Vorspiel für Orgel zu arrangieren. Liszt erschien erst kurz vor Abgang des Zuges; schon glaubten wir, er werde nicht kommen. Er sah müde und angegriffen aus, sprach kaum und nahm sofort in der Ecke des Coupés Platz, die ihm sein Diener reserviert hatte. Schon tönte das Abfahrtssignal; ein Gruß mit der Hand, ein mattes Lächeln und er entschwand unseren Blicken. Arm in Arm gingen Reisenauer und ich durch die Kaiserin-Augusta-Straße nach der Stadt zurück. »Einmal wird er von seiner Reise nicht mehr zurückkehren«, sagte Reisenauer leise mit ernstem Aufschlag seiner großen Augen. Noch sollte es zwei Jahre dauern, bis diese Prophezeiung in Erfüllung ging.

Im Hoftheater waren wir endlich so weit, mit »Sakuntala« auf die Bühne gehen zu können. Die Arrangierproben begannen, bei denen Richter nach monatelangem Studium anfänglich noch aus dem Klavierauszug sang. Vorher hatte ich noch einige Kämpfe mit dem Oberregisseur Schmidt zu bestehen, einem alten, bereits halb zahnlosen Sänger, der im »Tannhäuser« stets eine gedämpfte Heiterkeit erweckte, wenn er als Biterolf zur Stelle kam »Wenn mich begeistert hohe Liebe«. Er hatte in seinem Klavierauszug meiner Oper zu einem Takt notiert »Auftritt des Chores«. Ich erlaubte mir, ihn zu bitten, den Chor nach und nach auftreten zu lassen, da die Büßer durch die Ankunft des Königs überrascht würden. »Was fällt Ihnen ein? Das ist gegen das Operngesetz!« rief Schmidt gereizt, »der Chor muß zusammen auftreten«. Ich machte die Einwendung, daß es ein solches Gesetz doch wohl nicht gebe, die Art des Auftretens eines Chores sich vielmehr nach der Handlung richten müsse. »Sie reden ja, als ob sie bereits zehn Opern geschrieben hätten«, warf sich der Oberregisseur in die Brust, ließ sich aber schließlich doch bewegen, den Chor in vier Gruppen einzuteilen, die nacheinander auftraten. So gab es wiederholt Zusammenstöße mit gänzlich veralteten Anschauungen, Gedankenlosigkeit und Trägheit. »Von solch jungen Bengeln sollte man überhaupt nichts aufführen«, brummte der alte Herr, als ich ihn wieder einmal um eine Änderung bitten mußte. Ich verbat mir den Ausdruck; wir wurden heftig. Schließlich reichten wir uns die Hände und Schmidt war seit diesem Tage freundlicher und nachgiebiger.

Auch mit dem Orchester gab es anfangs Schwierigkeiten. In der Hofkapelle saßen viele alte Musiker, denen selbst Wagner ein Greuel war. Einem jungen, unbekannten, modernen Autor gegenüber machten sie aus ihrer Abneigung kein Hehl. Bei der Bläser-Korrekturprobe erhob sich der erste, bereits schwerhörige

Flötist, rief laut: »So 'nen Blödsinn mach' ich nicht mit« und verließ das Theater. Es bedurfte Lassens Autorität und auch seiner aufrichtigen Liebe für mein Werk, um die Widerstrebenden doch schließlich im Zaum zu halten. Mit innerem Beben erwartete ich die erste Gesamtprobe, die mir den vollen Eindruck des Werkes vermitteln sollte. Voll und schön klang das Orchester; jeder Takt so, wie ich es gewollt hatte. Allmählich verstummten die Widersprüche. Freilich dauerte es lange, bis es einigermaßen zusammenging und oft verzweifelte ich daran, die Aufführung überhaupt noch zu erleben. Aber jetzt war es die ungewohnte Fassung des Werkes, die Schwierigkeiten bereitete, nicht mehr böser Wille. Die Sänger widmeten sich mit Feuereifer ihren Aufgaben, und selbst Richter überraschte mich einmal durch die mit ungewohnter Wärme vorgebrachte Erklärung, er freue sich jetzt doch, diese interessante Rolle bekommen zu haben. Ich konnte mir nicht versagen, ihm zu antworten, daß es besser gewesen wäre, wenn er sich etwas früher darüber gefreut hätte.

Noch auf der Generalprobe mußte so oft unterbrochen werden, daß ich und meine Freunde dem Abend mit ernster Besorgnis entgegensahen. Das Haus war gänzlich gefüllt und der Hof hatte in der großen Mitteloge Platz genommen, so daß eine Art von feierlicher Stimmung mein Erstlings-Bühnenwerk erwartete. Nach dem getragenen, in seinem Hauptthema stark an »Parsifal« anklingenden Vorspiel setzte, trotzdem es ohne Pause in die erste Szene überleitete, ein warmer Beifall ein. Auch der erste Akt ließ sich gut an. Nur der Schluß, der durch ein längeres stummes Spiel der drei Hauptpersonen gebildet wird, versagte, weil Richter, unbehilflich wie er war, auf alle Anweisungen vergessen hatte, steif dastand und schließlich zu früh abging. In den folgenden Aufführungen verkürzte ich dieses Nachspiel um zwei Drittel. Der dramatische zweite Akt aber schlug ein. Ein starker, einhelliger Beifall rief mit den Darstellern auch mich wiederholt auf die Bühne. Alle hatten ihr Bestes gegeben; auch Richters schöne, männliche Stimme tat ihre Wirkung. Der Großherzog beschied mich in seine Loge. Erst später sollte ich diesen trefflichen Fürsten genau kennen lernen. An jenem Abend war er ziemlich steif und brachte nur einige konventionelle Worte der Anerkennung hervor. Ich erfuhr, daß er Unbekannten gegenüber anfangs stets verlegen war. Sein feines, gütiges Gesicht und seine schlanke, biegsame Gestalt, die er sich bis in sein hohes Alter bewahrte, ließen ihn mir, trotz seiner scheinbaren Steifheit, sympathisch erscheinen. Man glaubte nach dem zweiten Akt überall an einen Erfolg; auch der Generalintendant, Exzellenz von Loën, beglückwünschte mich in herzlicher Weise. Der dritte Akt schien die günstige Fortsetzung bilden zu wollen, denn die größere Hälfte war bereits gut und stimmungsvoll vorübergegangen, als der Theaterteufel, der bisher geschlummert hatte, erwachte und mir mit hämischem Grinsen den bereits fast sicher errungenen Erfolg aus der Hand schlug. Und gerade den Allerbesten hatte er sich für sein heimtückisches Spiel ausgesucht. Herr v. Milde, dieser gewissenhafte Künstler, der bei keiner Probe einen Fehler gemacht hatte, schien plötzlich von einer Gedächtnisschwäche befallen zu sein, denn er vergaß auf eine wichtige Stelle gänzlich, glaubte aber die anderen im Irrtum und rief der Darstellerin der Titelrolle, die in der Kulisse ihres Stichworts harrte, solange »treten Sie doch auf!« zu, bis die junge Dame wirklich auftrat und dann erst merkte, daß sie ja noch gar nichts auf der Bühne zu tun hatte und ratlos vor sich hinstarrte. Lassen hätte die Situation durch ein stark beschleunigtes Tempo oder durch ein improvisiertes Ansagen eines Sprunges wohl retten können, aber auch er war verblüfft und winkte statt dessen Herrn v. Milde immer zu, die vergessene Stelle zu singen, was erfolglos blieb; denn Milde erklärte mir später, er sei wie von einer fremden, unheimlichen Macht besessen gewesen und hätte diese Stelle nicht herausgebracht, wenn es selbst sein Leben gekostet hätte. Der Souffleur schrie. Im Orchester gab es Unruhe und falsche Einsätze; es war ein vollständiges Durcheinander. Endlich war durch Lassens wohlmeinendes, aber in diesem Fall unangebrachtes Zögern die Pause so lange gedehnt, daß das Orchester bis zum nächsten Einsatz Richters allein weiterspielte. Die ohnehin wenig gefestigte Musikalität dieses Sängers war aber durch den abscheulichen Zwischenfall derart ins Wanken gebracht, daß er sich fortwährend irrte und auch die anderen verwirrte, so daß die Vorstellung mit Ach und Krach zu Ende ging. Ich war halb bewußtlos, als man mich einmal vor das Publikum zog und nachher zu trösten versuchte.

Ich glaube, daß auch ohne diesen verhängnisvollen Unfall »Sakuntala« keine starke Verbreitung gefunden hätte. Vor allem waren die Mängel des Buches zu empfindlich. Aber einige Bühnen hätten sich vielleicht dennoch zu einer Annahme entschlossen. Hermann Levi in München und Josef Sucher in Hamburg, denen ich Klavierauszüge gesandt hatte, gaben sich alle Mühe, Aufführungen an ihren Theatern zustande zu bringen, scheiterten aber am Widerstand ihrer Vorgesetzten, die weniger nach Wert oder Unwert, als nach der Zahl der bisherigen Aufführungen fragten.

In Weimar spielte inzwischen das Mißgeschick seine Rolle mit Erfolg weiter. Die zweite Vorstellung meiner Oper mußte wegen Indisposition zweier Sänger abgesagt werden. Da Novitäten, die man als »große Opern« einschätzte, stets nur am Sonntag gegeben wurden, zog es sich durch widrige Umstände volle vier Wochen hinaus, bis eine Wiederholung stattfinden konnte, für die zu lebhaftem Unwillen des Orchesters eine volle Probe stattfinden mußte. Schon rührten sich auch anonyme Gegner, die Zeitungsinserate veröffentlichten, man möchte mein Werk nicht mehr aufführen. Die zweite Vorstellung setzte, trotzdem szenisch und musikalisch manches auf der Probe verbessert worden war, bei halbvollem Hause recht matt ein, steigerte sich aber nachher, so daß vor allem der diesmal ohne Unfall vorübergegangene dritte Akt starken Beifall fand. Generalintendant v. Loën eröffnete mir an diesem Abend, daß er »Sakuntala« dem Allgemeinen deutschen Musikverein für das bevorstehende Musikfest als Festvorstellung vorgeschlagen habe und daß sein ¡Vorschlag angenommen worden sei.

Nach der unglücklichen ersten Vorstellung war ich einige Zeit wie vor den Kopf geschlagen, unfähig zu einem vernünftigen Gedanken oder zu irgendwelchem zielbewußten Handeln. Später hatte ich mich in meine Arbeit geflüchtet, schrieb am Textbuch meiner neuen Oper und entlehnte mir aus der Hoftheaterbibliothek alle möglichen Partituren, die ich als Vorbereitung für meine Königsberger Stellung eifrig studierte. Auch besuchte ich nach wie vor fast jede Theatervorstellung. Die Mitteilung, daß ich beim Musikfest zu Gehör kommen solle, richtete meinen Mut wieder vollends auf. Ich ging jetzt zu Lassen und bat ihn, mir die Leitung dieser Vorstellung zu übergeben. Lassen sträubte sich heftig und meinte, er wisse doch gar nicht, ob ich als Dirigent so befähigt sei, daß er mich an die Spitze der Weimarer Hofkapelle stellen könne. Ich wendete ein, daß für das Musikfest auch bereits andere Komponisten als Dirigenten ihrer Werke angekündigt seien und daß man mir die Erlaubnis zu dirigieren ja versagen könne, wenn sich bei der Probe, die ohnehin stattfinden müsse, herausstellen sollte, daß ich dazu nicht fähig sei. Daraufhin gab Lassen seine Zustimmung und ich sah dem Musikfest nunmehr mit doppelt froher Hoffnung entgegen.

Der Frühling war ins Land gekommen. Grüne Schleier überzogen die Hügel und Felder. Auf Ausflügen, die ich allein oder in Gesellschaft unternahm, lernte ich die Umgebung Weimars kennen, die lieblich und anmutig im einzelnen, jedoch weitlinig und großzügig im ganzen ist. Ich sah I h n diese Wälder und Fluren durchstreifen, der sie einst in seiner körperlichen Erscheinung durchstreift hatte und dem kein Blatt und kein Stein zu gering waren, als daß er nicht Bedeutsames darin erschaut hätte. Oft, wenn ich allein war, meinte ich, ich ginge an seiner Seite und vernähme jene wunderbaren gütigen und tiefen Worte, die er einst zu Eckermann gesprochen hatte, dessen »Gespräche« immer wieder meines Geistes Nahrung und Stärkung bildeten, und ich glaubte zu fühlen, wie der Glanz seiner herrlichen Augen in meine Seele leuchtete. Die ideale Welt, in der ich lebte, hinderte aber durchaus nicht, daß die ungestüme Jugend in mir mitunter recht drastisch überschäumte. Gar manche Nacht wurde im frohen Kreise durchgezecht, und der grauende Morgen sah uns, mehr oder minder schwankend, in ein Nachbardorf hinauswandern, dort einen dünnen Morgenkaffee nehmen und dann irgendwo auf dem Waldboden mehrere Stunden schlummern, um den Mittag wieder bei einer Bowle zu feiern. —

Eine originelle Figur des damaligen Weimar war der pensionierte Hofschauspieler Otto L e h f e l d. Man sagte boshafterweise von ihm, er hätte bereits zu Goethes Lebzeiten gespielt. Das war nicht richtig, aber jedenfalls reichten seine Erinnerungen weit zurück. Er muß ein impulsiver Künstler gewesen sein. Vorlesungen dramatischer Szenen, die er mitunter veranstaltete, ließen das vulkanische Feuer erkennen, das einst in dieser charakteristischen Gestalt gelodert haben mußte. Er war bereits schwerhörig und schrie daher laut, hatte aber offenbar das Gefühl verloren, wie weit seine Stimme trüge, da er auch bei den gewagtesten Äußerungen, die er mit besonderem Behagen vorbrachte, seine Stimme niemals dämpfte. Köstlich, aber kaum wiederzuerzählen waren die Anekdoten, die von und über ihn kursierten. Wenn er von seinen Bühnenerlebnissen erzählte, konnte man ihm stundenlang zuhören. Trotzdem er mit seiner noch am Hoftheater in älteren Rollen wirkenden Gattin, seinem »Klärchen«, in glücklichster Ehe lebte, hatte er doch eine eigentümliche Abneigung gegen Frauen und war namentlich ungehalten, wenn sich ein weibliches Wesen einmal an den Tisch verlor, an dem er saß. Dann blitzte es gefahrdrohend in seinen alten Augen und Bemerkungen kamen über seine nervös zuckenden Lippen von solcher Zweideutigkeit, daß alles aufatmete, wenn die Dame aufbrach. Dann war er zufrieden und meinte gewöhnlich, die »verfluchten« Weiber gehörten nicht ins Wirtshaus. Auch im Theater wollte er stets nur neben Männern sitzen, weil die »Weiber«, wie er behauptete, ihn durch ihr Schwatzen störten.

Das Leipziger Stadttheater brachte nach Goldschmidts »Heliantus« den »Trompeter von Säkkingen« von Neßler. Nikisch dirigierte das ihm gewidmete Werk. Viele wohlmeinende Freunde gaben mir damals den Rat, doch bald eine Oper zu schreiben, wie den Trompeter. Ich weiß nicht, ob ich dazu imstande gewesen wäre; jedenfalls habe ich diesen Rat nicht befolgt.

Von Liszt erfuhren wir, daß er aus Rom abgereist und in Budapest angekommen sei, wo er ebenfalls alljährlich einige Zeit zubrachte. Dies war das Zeichen seiner baldigen Wiederkehr. Auch rückte der Termin des Musikfestes immer näher, bei dem er keinesfalls fehlen durfte, da es ein Jubiläum des von ihm ins Leben gerufenen Vereins bedeutete. Zur Förderung neuer Musik und aufstrebender junger Komponisten, die sich anderweits nicht zur Geltung zu bringen vermochten, war dieser Verein gegründet worden, als Liszt noch auf der Altenburg residierte. In Weimar hatte das erste Musikfest stattgefunden und dort sollte auch das fünfundzwanzigste stattfinden.

Wieder hatten wir uns alle auf dem Bahnhof versammelt, auch Hofrat Gille, Gottschalg und die beiden »Stährchen«. Einer der Vereinsvorstände, der Verleger Kahnt, war aus Leipzig herübergekommen. Das Erscheinen eines Adjutanten des Großherzogs und des Generalintendanten v. Loën, den Eduard Lassen begleitete, gab den Vorbereitungen des Empfanges einen halboffiziellen Charakter. Der Zug fuhr ein. Hochrufe ertönten, als Liszts mächtiges Haupt am Wagenfenster sichtbar wurde. Frisch, beinahe elastisch, gelangte der Meister, kaum unterstützt, die Treppenstufen herab, alle herzlich begrüßend. »Ihr kommt morgen Nachmittag zu mir, zur gewohnten Stunde«, wandte er sich an uns Jüngere, bevor er in den Wagen stieg. Bereits waren viele Künstler in Weimar angekommen, die sich im Glanze Liszts sonnen wollten; die nachmittägigen Versammlungen in der Hofgärtnerei waren daher besonders stark besucht. Beinahe alle hatten die Absicht, zum Musikfest dazubleiben. Ausgesprochen konservative Kreise hielten sich natürlich vom Allgemeinen deutschen Musikverein fern. Brahms aber, der zu Liszt gerade so wenig Beziehungen hatte, wie dieser zu ihm, war dennoch Mitglied. Zwar erinnere ich mich nicht, daß er Liszt je besucht hätte, aber auf den Musikfesten des Vereines erschienen öfters Werke von ihm. Liszt war großherzig und ließ auch einen Gegner zu Worte kommen. Ich weiß noch, daß er im darauffolgenden Jahre ein Stück des Berliner Hochschulprofessors Bargiel trotz des Widerspruchs seiner Vorstandskollegen auf das Programm setzte, ja ihn sogar zum Dirigieren seines Werkes einlud. Bargiel war ein Schwager Robert Schumanns. »Man ehrt Schumann in ihm«, war der Ausspruch, mit dem er Gegenvorschläge entkräftete, und ich sehe noch den ernsten tiefen Blick, mit dem er diese Worte sprach. —

Goethes »Faust« in Devrients Bearbeitung mit Lassens Musik hatte um die Osterzeit die Kräfte des Hoftheaters in Atem gehalten. Wieder spielte Devrient selbst mit schalkhafter Behäbigkeit den Mephistopheles, wieder versetzte Lassens wohlklingende, etwas süßliche Musik seine zahlreichen Anhänger in sympathische Aufregung. Ich saß mit Reisenauer in allen Proben und Aufführungen. Er entwarf mir mit feuriger Beredsamkeit die Pläne einer großen Faust-Musik, die er komponieren wollte. Mit Goethes Dichtung auf das innigste vertraut, erkannte er, ebenso wie ich, die Vorzüge, aber auch die Schwächen von Bearbeitung und Musik. Vieles, was mir später zur Ausführung in dieser Hinsicht vorbehalten blieb, hat seinen Keim in jenen jugendlichen Gesprächen mit meinem hochbegabten Freunde, dem zur Verwirklichung seiner zahlreichen und weitfliegenden Pläne die Beharrlichkeit der Arbeitskraft fehlte. Allmählich begannen auch die Vorbereitungen für das Musikfest, das mit einer szenischen Darstellung von Liszts »Die heilige Elisabeth« eröffnet wurde. Liszt soll nur widerstrebend die Erlaubnis zur theatralischen Aufführung seines Oratoriums gegeben haben, und doch ist die Wirkung echt und schön, in manchen Partien sogar dramatisch, als ob dieses Werk für die Bühne geschrieben wäre. Man gab es in

Weimar ungekürzt, was ein großer Fehler war. Das Zwischenspiel nach dem Tode der Elisabeth ist musikalisch schwach und
das darauffolgende liturgische Finale rein konzertmäßig. Bei
szenischen Aufführungen muß mit dem Tode der Elisabeth und
den sphärenhaften Engelchören geschlossen werden. So gab es
einige Jahre später Direktor Jahn im Wiener Hofoperntheater.

Vom sonstigen Programm ist mir außer einem einsätzigen
Klavierkonzert von d'Albert, das der Komponist selbst spielte,
nur noch e in bedeutsamer Moment in Erinnerung. L i s z t b e t r a t
n o c h e i n m a l, z u m l e t z t e n m a l i n s e i n e m L e b e n, d a s
D i r i g e n t e n p u l t. Er dirigierte Bülows symphonische Dichtung
»Nirwana« und sein eigenes »Salve Polonia«, ein Bruchstück
seines niemals vollendeten Oratoriums »Franziskus«. Die Erscheinung des Meisters im priesterlichen Talar rief einen unvergeßlichen Eindruck hervor. Von tosendem Beifall und einem
Tusch des Orchesters begrüßt, erschien er auf dem Podium und
begrüßte mit langsamen, würdevollen Verbeugungen zuerst die
großherzogliche Loge, dann das Publikum. Die Stücke selbst
waren schwach und die Wiedergabe etwas ängstlich; Liszt war
nicht mehr daran gewöhnt, ein Orchester zu führen. Beim »Salve
Polonia« wurde sogar regelrecht umgeworfen und man hätte
unterbrechen müssen, wenn nicht der erste Cellist, Professor
Grützmacher, mit einer markanten Stelle energisch eingesetzt hätte
und das übrige Orchester ihm gefolgt wäre. Liszt machte eine
königliche Gebärde des Dankes gegen Grützmacher, dann eine
beruhigende Geste zum Großherzog, worauf das Stück ohne
Unfall zu Ende gespielt wurde. Wieder erhob sich tosender
Beifall, der den Meister immer wieder zu freundlichen Begrüßungen
des Publikums nötigte. Und doch lag über allem bereits der
winterliche Hauch des Abschiednehmens. Trotzdem die Reise
nach Rom ihn sichtlich gekräftigt hatte, durfte sich doch niemand
verhehlen, daß ein müder Greis vor uns stand, dessen Uhr im
Ablaufen war. —

Meine »Sakuntala« bildete den Schluß des Musikfestes. Mit
leisem Bangen begann ich die Probe, denn das Orchester war
durch die voraufgegangene Arbeit nervös und unlustig. Das
Uebersehen eines Taktwechsels, das mir in der Erregung passierte,
löste auch sofort Gelächter und unwillige Zurufe aus. Schon
meinte ich, man würde meine Entfernung vom Pult verlangen,
was einige mißgünstige Mitglieder vorbereitet zu haben schienen.

Ich verlor glücklicherweise die Geistesgegenwart nicht, rief etwas derb: »Aber, irren kann sich doch jeder einmal, meine Herren«, und dirigierte, nunmehr anscheinend zu allgemeiner Zufriedenheit weiter, denn schon nach dem ersten Akt applaudierte mir das Orchester.

Die Aufführung verlief gut und brachte mir viel Beifall und Anerkennung seitens der auswärtigen Gäste. In der Loge neben Liszt saß der berühmte französische Komponist S a i n t - S a ë n s, der dem ganzen Musikfest beigewohnt hatte. Er war auch Mitglied des Vereins und besuchte einmal die »Stunden« bei Liszt, der ihm seine besten Schüler vorstellte. Er setzte sich auch selbst ans Klavier und spielte eine Transkription aus seiner damals neuen Oper »Henry VIII.« und hierauf in unvergleichlich schöner Weise das A-moll-Rondo von Mozart. Wieder blitzte jenes herrliche Leuchten in Liszts Augen auf. »Das heißt Klavierspielen!« rief er wiederholt und umarmte seinen französischen Freund. — Nach der Aufführung der »Sakuntala« kamen beide Meister auf die Bühne. »Je vous fais mes compliments, mon jeune ami«, sagte Saint-Saëns. »Des choses très belles, vraiment, mais — les choses les plus belles sont de Richard Wagner.« Er hatte mit dieser sarkastischen Bemerkung nicht unrecht. Ich war damals im Französischen noch zu ungewandt, um seinem raschen Redefluß in allem folgen zu können, verstand nur soviel, daß er Liszt fragte, ob den jungen deutschen Komponisten denn die Liebe »une affaire affreuse« wäre, weil sie selbst in Liebesszenen soviel Dissonanzen schrieben. Liszt sagte mir ungefähr: »Das nächstemal einfacher halten — mehr geschlossene Nummern — von vier zu vier Takten — periodenweise —.« Er war sichtlich ermüdet und brummte mehr als er sprach. Ich zog aus allem meine Lehren. Nur das von Liszt allerdings stark befolgte Prinzip des »periodenweise« und »von vier zu vier Takten« konnte ich, im allgemeinen wenigstens, nicht zu dem meinigen machen.

Als ich am nächsten Tag zu Liszt kam, schenkte er mir die Partitur seiner »Faust«-Symphonie mit folgender Widmung: »Felix Weingartner, der ähnliches besser komponieren kann, freundschaftlich F. Liszt« Ich stammelte: »Meister, wenn ich etwas komponiere, so hat es vorläufig den Fehler, Ihren Werken z u ähnlich zu sein.« Die Antwort war vielleicht recht ungeschickt, aber ich brachte in diesem Augenblick nichts Gescheiteres heraus. Leider hatte Liszt, offenbar in der Zerstreutheit, »Januar

16*

1884« statt Mai 1884 geschrieben, so daß die Widmung, die ich als Heiligtum bewahre, eine historische Ungenauigkeit enthält.

Das Musikfest hatte für einen Tag die Pforten des sonst verschlossenen Goethe-Hauses geöffnet. Die Enkel, die man nie zu Gesicht bekam, waren abgereist und die Mitglieder des Allgemeinen deutschen Musikvereins hatten das Recht, gegen Vorweisung ihrer Legitimationskarte an einem bestimmten Tage die geweihten Räume zu betreten. Ich fand mich bereits vor der Eröffnungsstunde ein, um nicht mit dem ganzen Schwarm der Besucher zusammenzutreffen, hatte auch das Glück, mit nur wenigen Personen einzutreten. Ich ging still für mich, hielt mich zunächst in den vorderen Räumen auf und wartete dort, bis die übrigen Besucher aus Goethes Arbeitszimmer, dessen Lage ich aus einer Schilderung bereits kannte, zurückkamen. Dann erst, als ich sicher war, daß mir zunächst niemand folgte, ging ich hinüber. Was man sonst an Wohnungen, Sterbe- oder Geburtszimmern großer Männer zeigt, weicht an Bedeutung zurück gegen diese Räume, wo heute noch der Geist desjenigen zu walten scheint, der einstmals hier gewirkt und geschaffen hat, leuchtende Strahlen in die ganze Welt aussendend. Nicht leblos, keine leeren Erinnerungszeichen sind alle die Dinge, die wir hier sehen und die uns der Führer mit gutmütiger Geschäftigkeit erklärt; sie sprechen zu uns, sie erzählen uns von demjenigen, der mit ihnen vertraut war und ihrer zu den höchsten Erhebungen wie zu den kleinsten Alltäglichkeiten bedurfte. Wäre die Vorstellung erlaubt, daß seine Seele aus lichten Regionen von Zeit zu Zeit zur Stätte ihrer irdischen Wirksamkeit niederstiege, hier könnte sie weilen, unverscheucht, unbeleidigt vom Profanen, denn hier waltet in lebendigem Sinn, was sonst oft leere Form ist: Pietät. Sogar der eilige, zerstreute Besucher dämpft seine Stimme zu andächtigem Flüstern und tritt leise auf, wenn er sich vom unnennbaren Zauber dieser Räume umfangen fühlt. Ich hatte im Arbeitszimmer alles besichtigt und die Bibliothek durchschritten; dann erst fühlte ich mich soweit gesammelt, um an die Maueröffnung treten zu können, die zum kleinen Sterbezimmer führt. Eine einfache Schnur verbietet allzu Neugierigen den Eintritt. Der Führer kannte mich und als er mich andächtig am Eingang stehen sah, zog er die Schnur wortlos hinweg. Ein Schritt und ich stand im Allerheiligsten, wo sich das letzte große Mysterium dieses einzigen Menschenlebens vollzogen hatte. —

Man hörte die Stimmen neuer Besucher aus den vorderen Räumen herüberschallen; ich trat zurück, unwillkürlich die Augen schließend und der Führer zog die Schnur wieder vor. Wie der gläubige Muselmann vom Grab des Propheten, so schied ich von dieser Stätte, der heiligsten, die es in Deutschland gibt. —

Der Großherzog gab Liszt und allen, die beim Fest mitgewirkt hatten, ein Souper im Schloß. Ich hatte meinen Platz neben dem Erbgroßherzog, einem einfachen, schlichten Mann, der sichtlich erfreut war, mit mir von anderen Dingen reden zu können als von Musik. Mir ist folgender Ausspruch von ihm im Gedächtnis: »Sehen Sie,« sagte er mir in seiner etwas behäbigen, nachdenklichen Weise, ›Leute meines Standes glauben meistens, sie müßten so tun, als ob sie auch von Kunst was verstünden. Ich schäme mich nicht, zu bekennen, daß ich gar nichts davon verstehe.‹ Ich schätzte den hohen Herrn wegen dieser Aufrichtigkeit.

Die Gäste des Musikfestes zerstoben nach allen Richtungen und auch ich rüstete mich zur Abreise, die ich von Tag zu Tag verschob, da ich mich schwer von Weimar trennte, dessen Frühlingsblütenpracht mich mit ihren vielfarbigen, duftigen Schlingen gefangenhielt. Aber einmal mußte es doch sein. Ich verabschiedete mich von Liszt, von Lassen, von allen Künstlern, die bei den Aufführungen von »Sakuntala« mitgewirkt hatten, und von meinen Freunden. Reisenauer, der eine Art von Stolz empfand, daß ich in seiner Vaterstadt engagiert war, wich wie ein treuer Hund nicht von meiner Seite. Noch in den letzten Tagen hatte er Gelegenheit gehabt, eine Probe seines phänomenalen Gedächtnisses abzulegen. Der Tenor Richter hatte sich gerühmt, seine Rolle in meiner Oper in drei Monaten gelernt zu haben. »Drei Monate!«, rief Reisenauer, »ich lerne Ihnen die Rolle in zwei Tagen.« Eine Wette wurde abgeschlossen und Reisenauer »sieben Fehler« und die Benützung des Textbuches zugestanden. Nach pünktlich zwei Tagen sang er die ganze Rolle mit seiner wohlklingenden Stimme ohne Textbuch und ohne Fehler. Memoriert hatte er nur wenige Stunden. Bis an sein Lebensende freute es ihn, wenn ich von dieser Wette in seiner Gegenwart erzählte. —

Ich fuhr über Leipzig nach Wien, wo ich einige Tage bei meinen Verwandten zubrachte. Im Hofoperntheater hörte ich unter Direktor Jahns Leitung eine prachtvolle Aufführung des

»Lohengrin« mit Rosa Sucher und Heinrich Vogl als Gästen. Ich hatte noch den Klang der braven, kleinen Weimarer Hofkapelle im Ohr. Die überwältigende Schönheit, die melodiedurchtränkte, samtene Wucht, die jetzt aus diesem Orchester hervorquoll, ergriff mich derart, daß ich bei der großen Steigerung des Vorspiels mein Herz stillestehen fühlte und glaubte, ohnmächtig zu werden. Erst das Aufgehen des Vorhangs löste die atemlose Spannung. Welch ein meisterlicher Dirigent war doch Jahn! Welch feines Gefühl für die szenischen Vorgänge! Welch genaues Abwägen der Wirkungen und doch dabei welche Natürlichkeit! Kein Zersplittern, kein Tüfteln, keine falsche Nervosität! Ein großes, einheitliches Zusammenfassen und Aufbauen auf weite Distanzen, wie es eben sein muß! — Die schöne Rosa Sucher gab eine von reinster Poesie erfüllte Elsa und der nicht durch seine äußere Erscheinung, aber durch sein eminentes Können hervorragende Heinrich Vogl einen tongewaltigen Lohengrin. Zum erstenmal hörte ich diese beiden Künstler, zu denen ich später in herzliche Beziehungen treten sollte. —

Zwei Jahre hatte ich meine Mutter und meine Grazer Freunde nicht gesehen. Diesmal zeigte ich meine Ankunft an. Meine Mutter holte mich von der Bahn ab, sehr stolz auf ihren »berühmten« Sohn, wie sie sagte; denn daß man eines Tages einmal wirklich eine Oper von mir aufführte, sogar an einem Hoftheater, ja, daß ich selbst bei Hof eingeladen sein würde, hätte sie nicht für möglich gehalten, bis es nicht geschehen war. Meine Freunde waren eifrige Universitätsstudenten, Prelinger Historiker und Philosoph, Kadletz Mediziner. Es gab ein frohes, erquickliches Wiedersehen und jugendlich heitere Stunden fröhlichen Beisammenseins.

Ich vollendete das Buch meiner zweiten Oper, das ich mit hektographischer Tinte schrieb und in einigen Exemplaren an Freunde sandte. Schon damals erhielt ich Warnungen, daß für eine komische Oper zu wenig in dem Stück vorginge, daß besonders im zweiten Akt das in der Komödie unerläßliche Widerspiel fehle. Ich hörte nicht darauf. Die Musik, deren Komposition ich ebenfalls noch in Graz begann, lebte so stark in mir, daß ich mich mit dem Text nicht weiter abgeben wollte. Erst durch die Erfahrungen mit diesem Werk habe ich gelernt, auch Opernbücher liegen und ausreifen zu lassen, bevor die erste Note geschrieben wird.

Die spärlichen Tantiemen, die ich von den Weimarer Aufführungen bezogen hatte, ermöglichten mir, dieses Jahr wieder den »Parsifal« zu hören, zu dem mich eine tiefe Sehnsucht zog. Über Salzburg und München fuhr ich, diesmal ohne mich aufzuhalten, in die kleine Stadt, wo sich so Großes ereignet hatte und jetzt wieder ereignete. Festliche Flaggen wehten hernieder, sommerlich strahlte und wärmte die Sonne, fröhliche Menschen wogten durch die Straßen. Und doch schwebte für mein Auge ein Flor über allem. Ich wanderte hinunter bis zum Hause Wahnfried. Dort — weit hinten — bei den Bäumen — so wußte ich — lag ein Grab. —

Das Leben forderte seine Rechte, und so ging ich zurück bis zum Angermannschen Restaurant, wo ich Bekannte zu treffen hoffte. Der erste, der mir um den Hals fiel, war Reisenauer; er war am gleichen Tage angekommen. Noch waren die Festspiele nicht ausverkauft; so konnte er unschwer seinen Platz gegen einen neben dem meinigen umtauschen. Der Zuschauerraum verdunkelte sich und das herrliche Vorspiel begann. Während der Vorstellung hatte ich eine ähnliche Empfindung wie in Goethes Arbeitszimmer. Auch hier war der Gedanke möglich, daß Wagners Seele unverscheucht und unbeleidigt an der Stätte ihres irdischen Wirkens verweilen konnte; so rein und unberührt war die von ihm geschaffene Wiedergabe des »Parsifal« geblieben.

Am nächsten Morgen gingen wir zum Grabe Wagners. Schon bevor wir hintraten, hörten wir eine laute Stimme. Wenige Personen standen vor dem einfachen Stein, darunter ein kleiner, dicklicher Mann mit einem prägnanten Kopf. »Sagen Sie den verehrten Damen im Wahnfried,« rief er dem bewachenden Diener zu, »daß meine —te Symphonie in — mit großem Erfolg aufgeführt worden ist.« Zahl der Symphonie und Stadt der Aufführung sind mir entfallen. Als der Diener ihn offenbar nicht verstand, wiederholte er seinen Auftrag in noch dringenderem Tone. — »Wir wollen dieses Grab besuchen, wenn keine Leute da sind, die uns von ihren Symphonien erzählen«, rief ich ziemlich laut und zog Reisenauer, der ob diesem Mangel an Feingefühl ebenso verletzt war wie ich, am Arm hinweg. Später begegnete ich demselben kleinen Manne mit einer Schar von Jünglingen. »Bitte, wer ist dieser Herr?« wandte ich mich leise an einen von ihnen. Mich traf ein sehr unduldsamer Blick: »Kennen Sie Anton Bruckner nicht?« Ich hatte wohl von ihm, aber noch nichts von seiner Musik gehört. Bei späteren Begegnungen mit diesem Tondichter, als ich manche Partien seiner umfangreichen Werke bereits aufrichtig bewunderte, konnte ich anfangs ein Gefühl der Abneigung nur schwer niederkämpfen, wenn ich an den Vorgang bei Wagners Grab dachte.

Noch zweimal hörte ich den »Parsifal«, dann fuhr ich, um meine kleinen Ersparnisse gänzlich erleichtert, nach Graz zurück, wo meine Mutter mich ziemlich streng empfing. Sie fand, daß ich mein Geld lieber für die weite Reise nach Königsberg und für die erste Zeit dort hätte aufheben sollen, als nach Bayreuth zu fahren, was ich ja doch schon kannte. Von ihrem Standpunkte aus hatte sie gewiß recht, denn ich mußte ihre Hilfe in Anspruch nehmen, um nach dem Orte meines Engagements zu gelangen. Da ich aber fest versprach, daß ich nunmehr ganz auf eigenen Füßen stehen würde, erstarben allmählich ihre Vorwürfe.

Bald hieß es sich zur Abfahrt rüsten. Ich benützte den ersten Zug, der morgens früh gegen 4 Uhr Graz verließ. Etwas fröstelnd fuhr ich einer unbekannten Zukunft entgegen. — Meine Laufbahn als »Kapellmeister« lag vor mir. —

In Königsberg stellte ich mich am Vormittag nach meiner Ankunft auf dem Theaterbureau vor. Der Direktor Werther, ein Österreicher, war ein sympathischer junger Mann. Von Haus aus vermögend, hatte er sich, ohne hervorragend begabt zu sein, in den Kopf gesetzt, Schauspieler zu werden, und erreicht, die Leitung des Königsberger Stadttheaters in die Hand zu bekommen, wo er natürlich, wann und in welchen Rollen er wollte, auftreten konnte, von dieser Möglichkeit aber, wie ich ihm zu seiner Ehre nachsagen kann, keinen allzu aufdringlichen Gebrauch machte. Er hatte eine sehr hübsche Freundin, die ebenfalls theaterspielte und die er später geheiratet hat. Bald lernte ich auch den ›ersten‹ Kapellmeister kennen. Er hieß Kriebel, war einige Zeit in Dresden am Hoftheater engagiert gewesen, aber dann nicht wiederengagiert worden, weshalb er sehr schlecht auf Ernst Schuch zu sprechen war, an dem er kein gutes Haar ließ. Er sah durchaus nicht künstlerisch aus. Sein fortwährendes Husten deutete auf beginnende Schwindsucht, die seinen robust aussehenden Körper in raschem Fortschreiten zerstörte. Der wichtigste Mann des Theaters aber war der Regisseur Pichon, ein rotnasiger, dicker Gesell mit derben Manieren, der auch Baßbuffo-rollen darstellte. Ich erfuhr bald, daß er dem Direktor Werther heftige Vorwürfe über mein Engagement gemacht und ihm schlechte Erfahrungen prophezeit hatte, da auf diesen Platz ein Routinier, nicht aber ein moderner Künstler gehöre, der gar keine Erfahrung besäße. Das Wort »Künstler« sprach er stets mit einem Unterton von hämischer Mißachtung aus. Ihm war das Theaterspielen keine Kunst, sondern ein Handwerk. Ging alles seinen gewohnten Gang, so war er zufrieden, jede Störung seitens einer Intelligenz oder Inspiration empfand er als höchst widerwärtig. Ich merkte in der Art, wie er mich begrüßte und meine höflichen Fragen beantwortete, sofort. daß dieser Mann mein natürlicher Feind war.

Am Nachmittag desselben Tages suchte ich Reisenauers Elternhaus auf. Ein Viktualiengeschäft mit verlockend gefüllten Schaufenstern, das noch unter dem Namen »Louis Reisenauer« geführt wurde, ließ auf Wohlstand schließen, doch gehörte weder das Geschäft noch das stattliche Haus mehr den Eltern meines Freundes, die noch darin zur Miete wohnten, während das Geschäft nach Abwicklung des Liquidationsverfahrens in andere Hände übergegangen war. Als ich im oberen Stockwerk anläutete, öffnete sich die Tür und ich sah, wie eine junge Dame von einer älteren zärtlichen Abschied nahm. Die ältere Dame, deren Gesichtszüge mir sofort verrieten, daß es Reisenauers Mutter war, nahm mich bei der Hand und sagte: »Es ist ein merkwürdiges Schicksal, daß dieselbe Minute, die mir eine Freundin raubt, mir einen Freund gibt.« Sie stellte mich hierauf der jüngeren Dame, Fräulein Selma Berent, vor, die seit ihrer Kinderzeit mit der Familie Reisenauer befreundet war, jetzt Königsberg dauernd verließ und sich in diesem Augenblicke verabschiedete. Als sie um die Biegung der Treppe verschwunden war, lud mich Frau Reisenauer, in deren Augen Tränen schimmerten, ein, in ihr Zimmer zu kommen. Nun mußte ich ihr von ihrem Alfred erzählen. Sie wurde nicht müde, mir zuzuhören. Da ich reichlich Stoff zum Erzählen hatte, mag mein erster Besuch wohl recht lange gedauert haben. Ich mußte schließlich auf die Uhr sehen, da ich am selben Tage noch die Überführung meines Koffers aus dem Hotel in das inzwischen bei einem Posaunisten des Stadttheaterorchesters, Herrn Zabel, gemietete Zimmer bewerkstelligen mußte. Ich nahm aber die Einladung an, zum Abendessen wiederzukommen. Da lernte ich denn die ganze Familie kennen: den Vater Reisenauers, einen im Gegensatz zur üppigen Figur seines Sohnes sehr schmächtigen und bereits kränklichen älteren Herrn, dessen schöne, glänzende Augen die einzige, aber unzweifelhafte Ähnlichkeit mit Alfred bildeten, und ein der Familie Reisenauer verwandtes Geschwisterpaar, Wilhelm und Klara Pauly; er ein Mann mit feinen, von silberweißem Haar und Bart umrahmten Gesichtszügen, die noch jugendliche Farben trugen, zurückhaltend, aber klar in seiner Redeweise, seine Schwester voll aufgehend in der Wirtschaft, die sie für das ganze Haus führte, daher kaum ein Wort verlierend, nur geschäftig alles überwachend und meistens unsichtbar, außer wenn man bei Tische saß. Wir blieben lange beisammen. Die Mutter Alfreds, eine kluge, hochgebildete Frau, und ich führten die Unterhaltung fast allein, während die anderen zuhörten. Hier in dieser fremden Stadt, wo ich bereits ahnte, daß ich niemals heimisch werden könne, wo mich vom ersten Augenblick, da ich sie betreten hatte, ein Gefühl drückender Ungewißheit, künstlerischer Verkennung und die Furcht vor unfruchtbarer Vereinsamung nicht verließ, hier wirkte es doppelt beglückend auf mich, das Bild Weimars vor mir auferstehen zu lassen, das Bild jener Stadt, wo jeder Stein ein Zeuge der höchsten Kultur war, die Deutschland je erreicht hat, wo Liszt, der königliche Meister, residierte und Menschen lebten, denen ich mich verwandt fühlte und die mir teuer waren. Hier wirkte es doppelt beglückend auf mich, aus dem Munde der mir gegenübersitzenden Frau, deren Züge denen meines fernen Freundes immer ähnlicher wurden, Erzählungen und Schilderungen aus dem Märchenlande Italien, aus dem ewigen Rom und dem sonnigen Neapel zu vernehmen, wohin meine geheimen Wünsche mit einer Sehnsucht gezogen wurden, die um so schmerzlicher war, als diese Wünsche, denen sie galt, damals unerfüllbar schienen. Wie hätte der arme Musikant, der gerade den ersten Versuch machte, sich sein karges Brot zu verdienen, daran denken dürfen, jemals jene Gefilde zu betreten, die nur dem Freien und Wohlhabenden offen zu stehen schienen! — Als ich, von herzlichen Bitten, bald wiederzukommen, begleitet, das Haus meiner neu gewonnenen Freunde verließ, ging ich den Weg zu meiner nahegelegenen Wohnung nicht direkt, sondern machte noch einen Umweg durch die menschenleeren Straßen, deren Linien und Formen durch die phantasiebildende Kraft der Nacht von ihrer alltäglichen Nüchternheit verloren und den geheimnisvollen Reiz des Unbekannten gewannen. Die Sterne aber, die hie und da aus den grauen Ziehwolken hervorlugten, schienen, das wußte ich, auch dort im sonnigen Süden, wo meine Heimat ist, und leuchteten, heller und strahlender als hier, den herrlichen Städten und Gegenden, deren lebensvolle Beschreibung ich soeben vernommen hatte. Und ich wußte, daß auch ich mich einmal aufmachen würde, um hinunterzupilgern zur meerumspülten Halbinsel, über die ein himmlisches Füllhorn seine höchsten Schönheitsgaben ausgegossen hat. — Mit solchen Gedanken und Bildern schlief ich endlich ein. —

Nüchtern blickte der Tag zum Fenster herein, als ich am nächsten Morgen erwachte. Das einzige, was ich sofort unternehmen konnte, war, an Reisenauer einen langen Brief über den ersten Besuch bei seinen Eltern zu schreiben. Die Leute, bei denen ich wohnte, waren sehr freundlich und versorgten mich in aufmerksamer Weise mit allem Nötigen; so bekam mein einfaches Zimmer bald ein gefälliges Aussehen.

Meine Tätigkeit im Stadttheater begann ich mit einer Chorprobe des »Fidelio«, der unter Kapellmeister Kriebels Leitung die Eröffnungsvorstellung der Saison bilden sollte. Als »zweiter« Kapellmeister war ich verpflichtet, auch für meinen Oberkollegen Chorproben zu halten und Musik hinter der Szene zu dirigieren. In Weimar war das Chorpersonal klein, aber gründlich geschult. Hier war ich entsetzt über das zusammengewürfelte Material, das ich vorfand. Einige ältere Sänger und Sängerinnen verfügten über ein sicheres Repertoire, die Mehrzahl aber wußte vom »Fidelio« ebensowenig wie von anderen Opern und kannte nur Operetten, die auf dem Spielplan des Königsberger Theaters einen ziemlich breiten Raum einnahmen und deren Leitung ebenfalls mir oblag. Ich machte Beethovens herrliche Chöre so gut zurecht als es möglich war, empfing aber Vorwürfe, daß ich das Finale des ersten Aktes zu schnell einstudiert hätte. Auf meinen Einwand, daß Beethoven »Allegretto v i v a c e« vorgeschrieben habe, meinte Herr Kriebel, kein Mensch kümmere sich um eine solche Vorschrift; das langsame Tempo stünde durch Tradition fest. Um eine Erfahrung reicher, schwieg ich um so lieber, als ich für die Aufführung, die schlecht und recht vorüberging, keine Verantwortung trug. Herr Kriebel war das Bild des »Taktschlägers«, eines heute so gut wie ausgestorbenen Typus. Kein Viertel ging daneben und eines glich dem andern. Dafür war man aber auch vor jener spitzfindigen Nervosität bewahrt, die unsere moderne Kunstübung charakterisiert; und das war in mancher Beziehung kein Nachteil.

Die erste Oper, die ich dirigieren sollte, war »Der Troubadour«. Ich erregte auf dem Bureau des Stadttheaters ein sehr mißliebiges Aufsehen, als ich verlangte, eine Stunde mit dem Orchester allein probieren und außerdem vor der Gesamtprobe mindestens zwei Soloproben am Klavier halten zu können. »Sie werden beim Theater kein langes Leben haben, wenn Sie solche Forderungen stellen«, meinte Herr Regisseur Pichon; »Opern wie ‚Troubadour' gibt man mit höchstens einer Probe.« Und mit überlegenem Lächeln fügte er hinzu: »Allerdings muß man Erfahrung im Dirigieren haben.« Auf meine Antwort, daß vom gewissenhaften Probieren keine Erfahrung entbinden könne, maß er mich von oben bis unten und sagte, mir den Rücken zuwendend: »Sie werden ja sehen, wie weit Sie kommen.« — Ich wußte, was ich von dieser Seite zu erwarten hatte. Bei der Klavierprobe wuchs ich zunächst mit dem Baritonisten zusammen, der mir Vorwürfe machte, daß ich ihn für den »ollen Dreck« zweimal ins Theater bestellte. Das Orchester, an Mitgliederzahl der Weimarer Hofkapelle ungefähr gleich, aber an Qualität weit unter ihr stehend, machte mir, als ich mich einer feineren Ausarbeitung befleißigte, auch kein sehr freundliches Gesicht. Aber schließlich hatte ich doch recht gut und gründlich probiert, und da ich mich in das mir damals noch fern liegende Wesen der italienischen Oper redlich einzuleben bemühte, kam eine recht schwungvolle Wiedergabe des melodiösen Werkes heraus. Meine tiefe Verstimmung war aber damit nicht behoben. Der geschäftsmäßige, jeder Idealität bare Ton, der hier herrschte, der stumpfe Widerstand, der höheren Forderungen entgegengesetzt wurde, die nackte Routine und physiognomielose Gleichgültigkeit, mit der alles angepackt oder vielmehr fallen gelassen wurde, wirkten so abstoßend auf mich, daß ich allen Ernstes überlegte, ob ich nicht auf und davon gehen solle. Nur die Erwägung, daß ich endlich anfangen müsse, mir meinen Lebensunterhalt zu verdienen, hielt mich vor einem Gewaltschritt zurück. Ich bat sogar den Direktor Werther, mir die Kündigung, die nach den damaligen Verträgen in den ersten vier Wochen ausgesprochen werden konnte, zu streichen, was er nach der »Troubadour«-Aufführung bereitwillig tat. Dieser Mann war nicht ohne künstlerisches Empfinden und auch nicht ohne künstlerischen Ehrgeiz. Aber er war schwach und hatte gegenüber den hartgesottenen Kulissenschiebern und Quadratmusikanten, die in seinem Theater das große Wort führten, keine Autorität. Raffte er sich aber einmal zu energischem Handeln auf, so geschah es meistens, um sich selbst mit seiner schauspielerischen Persönlichkeit in den Vordergrund zu stellen.

Es war mir eine wahre Wohltat, außer den Freunden im Reisenauerschen Hause noch einen Mann in Königsberg zu finden, bei dem ich mein bedrücktes Herz ausschütten konnte und der jene Atmosphäre um sich verbreitete, die mir eine Lebensnotwendigkeit war und ist. Dieser Mann war Louis Köhler, der bekannte Klavierpädagoge. »Grüßen Sie mir meinen lieben Köhler, wenn Sie nach Königsberg kommen«, hatte mir

Liszt zugerufen, als ich mich von ihm verabschiedete. Mit diesem Gruß des Meisters trat ich bei ihm ein. Durch die Berichte über meine »Sakuntala« war ich ihm kein Fremder mehr. »Wie kommen Sie gerade in diese östlichste Ecke unseres lieben Deutschland?« fragte mich Köhler, ein älterer, schmächtiger Herr mit durchgeistigten Gesichtszügen, deren Ausdruck durch eine Brille noch erhöht wurde. »Ich habe mich gewundert, als ich Ihren Namen auf der Liste unseres Theaterpersonals las« meinte er dann, nachdem ich ihm in Kürze erklärt hatte, daß ich annehmen mußte, was sich mir bot, und auch nicht verhehlte, daß mir die hiesigen Verhältnisse gründlichst mißfielen. »Halten Sie aus!« ermahnte mich Köhler. »Es wird Ihnen leichter werden, weiter zu kommen, wenn Sie die ersten Anfänge überwunden haben, die ja den meisten schwer gemacht werden.« Er lud mich ein, ihn öfter zu besuchen. Ich nahm während meines Königsberger Aufenthaltes mitunter im Kreise seiner Familie den Tee. Durch die Heirat seiner Tochter mit dem ersten Cellisten des Stadt- theaterorchesters war er Großvater geworden und sprach von seinem Enkel nur als vom »Wunder' seines Lebens«. Mitunter machten wir auch in den ersten Abendstunden einen kleinen Spaziergang. »Das hat gut getan«, sagte er dann, wenn er mir unter seiner Haustüre zum Abschied die Hand drückte. Auch er fühlte sich in Königsberg künstlerisch vereinsamt. Er versah neben seinem ausgebreiteten Klavierunterricht das Amt des Kritikers bei der »Hartungschen Zeitung«, dem ersten Blatt Königs- bergs. Anläßlich meines ersten Dirigierens widmete er mir sehr freundliche Worte.

Meine zweite Oper war »Zar und Zimmermann«, die ich tatsächlich mit einer Probe so herausbrachte, daß mir niemand einen Vorwurf machen konnte. Eine sehr anmutige und begabte Opernsoubrette, Fräulein Horst, ragte aus dem übrigen Personal hervor. Eine köstliche Figur war der Komiker, Herr Pohl, der schon viele Jahre am Königsberger Stadttheater wirkte und bereits den Kranz der Popularität auf seinem Haupte trug. Mit ihm kam ich aber erst in Berührung, als ich mich auch mit der Operette zu beschäftigen hatte, was zuerst durch eine Auf- führung des »Bettelstudent« geschah. So groß anfänglich meine Abneigung war, eine derartige Aufgabe zu übernehmen, so ge- wann ich doch, wider Willen, im Laufe der Arbeit eine Art von Vergnügen daran. Mein österreichisches Naturell kam dieser

Rhythmik, dieser Melodik entgegen. Das lustige, graziöse Werk machte mir Spaß und ich fand in mir den Schwung, der zu seiner Wiedergabe gehört. Viel bedenklicher waren einige andere Aufgaben, die mir in dieser Hinsicht zufielen, die ich aber dennoch so gut als möglich zu lösen bestrebt war, weil ich fühlte, daß ich für die Technik des Dirigierens dabei profitierte. Noch heute gebe ich jungen Kapellmeistern, die sich der Theaterlaufbahn widmen, den Rat, die Operette nicht als unter ihrer Würde stehend zu betrachten. Man gewinnt dabei Sicherheit der Hand und auch Sicherheit des Auges. Meistens muß man aus recht schlechten Partituren dirigieren, wenn solche überhaupt vorhanden sind, und ist nebenbei durch die zahlreichen Improvisationen und Willkürlichkeiten der Darsteller genötigt, oft schärfer aufzupassen wie in schwierigen Opern. Das stärkt die Schlagfertigkeit und schafft einen leichten Arm, wenn man nicht unheilbar schwerfällig geboren ist. Wir sehen aber auch, daß Opernsänger, die von der Operette herkommen, meistens gute Schauspieler und, was in der Oper so unendlich wichtig ist, gute Sprecher sind.

Meine Mahlzeiten nahm ich im nahe dem Stadttheater gelegenen Wiener Café ein. Der Besitzer, selbst ein Wiener, führte österreichische Küche, die zu meinem körperlichen Wohlbefinden wesentlich beitrug. Ein kleiner Kreis hatte sich allmählich zu einem Stammtisch zusammengefunden, der sich in einer gemütlichen Nische rechts vom Buffet befand. Die hervorstechende Figur dieses Stammtisches war ein alter Bassist, der nach seinen Erzählungen eine erfolgreiche Laufbahn hinter sich haben mußte. Er nannte sich Professor Dal Aste, sprach außer dem Deutschen auch Französisch und Italienisch und war viel in der Welt herumgekommen. Wenn er, oft recht ausführlich, über sich und seine Abenteuer sprach, so hatte sein tiefes Organ noch immer Wucht und Wohlklang. Von den jetzigen, durch Wagner berühmt gewordenen Operngrößen wollte er nichts wissen. Er hielt sich für den letzten Vertreter wirklicher Gesangskunst. Fragte man ihn, warum er sein Engagement an einem ausländischen Hoftheater, von dem er besonders gerne erzählte, aufgegeben hatte, so neigte er sich gegen den Frager und sagte leise, aber doch so laut, daß es alle hören konnten: »Man traf mich in den Gemächern der — Königin.« Wir kannten diese Antwort und veranlaßten neue Besucher heimlich, die diesbezügliche Frage an ihn zu richten. Zurzeit gab er in Königsberg Gesangunterricht. Zwei junge Sänger, der Baritonist Mirus, ein Wiener, späteres Mitglied des Wiener Männergesangvereines, und der Bassist Schinkel, ein Großneffe des berühmten Berliner Baumeisters, waren die weiteren ständigen Mitglieder des Stammtisches. Später gesellten sich der Bariton Alexi, der weniger seine Stimme als seine intelligente Darstellungsgabe bewahrt hatte, und einige andere Mitglieder des Theaters dazu. Auch der in Königsberg residierende französische Konsul, der sehr gut Deutsch sprach und Musik leidenschaftlich liebte, kam öfter in unseren kleinen Kreis, der mir freundschaftlich ergeben war und mir manche der mir noch bevorstehenden Unannehmlichkeiten leichter zu ertragen half.

Die beste Gesellschaft Königsbergs verkehrte damals im Hause des russischen Konsuls, Herrn Feinberg, dessen Tochter, eine ernst strebende Pianistin, ich bei Liszt in Weimar kennen gelernt hatte. Sie veranlaßte ihre Eltern, welche die Pforten ihres reichen, schönen Heims Künstlern besonders gerne öffneten, mich einzuladen und herzlich zu empfangen. Sie sowohl wie ihre jüngere Schwester, beide auffallend schöne Mädchen, verliehen dem Feinbergschen Hause den Zauber weiblicher Anmut. Beide Damen haben sich später nach Wien verheiratet.

So hätte sich mein Leben in Königsberg, trotz der unerfreulichen künstlerischen Verhältnisse, wenigstens äußerlich angenehm gestalten können, wenn sich meine Begabung nicht stärker geoffenbart hätte, als denjenigen lieb war, die nur zu bald in meiner Anwesenheit eine Bedrohung ihrer höchsteigenen Interessen witterten.

Den ersten Anlaß, sich gegen ein Emporkommen meiner künstlerischen Persönlichkeit ernstlicher zu wehren, bot eine von mir geleitete Vorstellung des »Freischütz«, die ich laut meinem Vertrag, der mir einen größeren als sonst dem zweiten Kapellmeister zustehenden Wirkungskreis zusicherte, für mich verlangte und trotz Einspruch des Herrn Kriebel auch mit etlichen Klavier- und zwei Orchesterproben erhielt. Herr Pichon erwies mir nunmehr die Freundlichkeit, die tüchtige Vertreterin der Agathe aus dieser Vorstellung herauszunehmen und eine Anfängerin, die zum erstenmal die Bühne betreten sollte, hineinzusetzen. Mein Protest beim Direktor war erfolglos. Ich studierte eifrig mit dem ziemlich unbeholfenen Mädchen; sie gewann Vertrauen zu mir und machte ihre Sache recht anständig. Die Vorstellung gelang über Erwarten. Bereits die Ouvertüre schlug ein. Ich benützte Wagners wertvolle Hinweise für den Vortrag dieses wunderbaren Musikstückes. Da das Dirigentenpult, wie damals an allen kleineren Theatern, dicht an den Souffleurkasten gerückt war, so daß der Kapellmeister das ganze Orchester im Rücken hatte, was einer vollen Beherrschung, soweit es sich nicht um bloßes Begleiten handelte, hinderlich war, ich aber keiner Partitur für die Ouvertüre bedurfte, so drehte ich während dieser einfach dem Pult den Rücken und sah den Musikern ins Gesicht, wodurch sie sich meinem künstlerischen Willen nicht entziehen konnten. Dies empörte die szenischen und musikalischen Matadoren des Stadttheaters, die mir Selbstüberhebung vorwarfen, wie weiland Reinecke in Leipzig. Da aber auch die sonstige Vorstellung den Durchschnitt überragte, war der Erfolg nicht wegzuleugnen. Zum erstenmal vernahm ich aus dem Publikum eine Frage, die bei meinen späteren Direktionsleistungen typisch wiederkehrte und bis zum heutigen Tage wiederkehrt: »War das dasselbe Orchester, das sonst spielt?«

Mein Herr Oberkollege Kriebel und seine Gesinnungs- und Bildungsgenossen im Bureau des Stadttheaters mußten wohl ahnen, daß ich durch meine Begabung für sie eine Gefahr bilde, eine Rolle, die ich, gänzlich wider meinen Willen, nur durch mein Dasein allein, im späteren Leben noch öfters zu spielen verurteilt war. Es galt jetzt, diese Gefahr zu bekämpfen und man war, geradeso wie später in ähnlichen Fällen, mit den Mitteln durchaus nicht wählerisch. Zunächst empfand ich deutlich eine zunehmende feindliche Stimmung des Orchesters gegen mich. Den braven Leuten war die Art meines Probierens und Musizierens ungewohnt; ein feines dynamisches und rhythmisches Ausarbeiten brauchte Geduld, Zeit und Arbeit, und das ging ihnen um so mehr gegen den Strich, als Herr Kriebel sich bei jeder Gelegenheit etwas darauf zugute tat, daß er die Vorstellungen in der Hälfte der Zeit herausbrachte wie ich, dabei aber übersah, daß er mit seinen mechanischen Vierteln jeden Hauch von Poesie wegwischte. Es ging eben zusammen, wenn er dirigierte; mehr war man nicht gewohnt und mehr wurde nicht verlangt. Die stille, aber eifrig genährte Gegnerschaft brach offen gelegentlich der Vorbereitungen zu ›Egmont‹ aus. Die Beethovensche Musik war stets in kleiner Besetzung, jämmerlich zwischenaktmäßig heruntergehudelt worden. Ich forderte die volle Opernbesetzung und zwei Proben. Nachdem die erste Probe unter fortwährenden Äußerungen des Unwillens seitens mehrerer Orchestermitglieder wenig fruchtbringend verlaufen war, setzte ich, eine Stunde vor Beginn der Hauptprobe, noch eine Probe an. Zu dieser erschien nur die Hälfte des Orchesters. Ich ließ den fehlenden Musikern Strafzettel zustellen, die sie fanden, als sie zur Hauptprobe kamen. Als ich das Pult betrat, richtete man an mich die Frage, ob ich die Strafzettel zurücknehmen wolle. Ich antwortete überhaupt nicht, sondern erhob den Taktstock zur Ouvertüre, aber niemand setzte ein. Man hatte sich gut verabredet. Direktor Werther, diesmal energisch, da er im »Egmont« selbst den Brackenburg spielte, diktierte dem Orchester nunmehr den Abzug einer halben Monatsgage, wenn sie nicht sofort den Dienst aufnähmen und sich bei mir entschuldigten. Dies geschah denn auch, aber die Feindschaft des Orchesters war dadurch nicht beseitigt; sie brannte im stillen nur um so heftiger weiter und griff allmählich auch auf den Chor und einzelne Solisten über. Ich hatte das Gefühl, auf einem Vulkan zu stehen, wenn ich das Pult betrat.

Eines Tages wurde mir plötzlich, angeblich da Herr Kriebel erkrankt sei, die Direktion des »Nachtlager von Granada« übertragen. Die Gabriele sollte von derselben Anfängerin gesungen werden wie die Agathe. Eine Klavierprobe überzeugte mich, daß das arme Mädchen völlig unsicher war und die ganze Oper einer gründlichen Neustudierung bedurft hätte. Ich erklärte dies der Direktion und forderte dringend eine Verschiebung, die aber abgelehnt wurde. »Zeigen Sie, was Sie können!« meinte der Regisseur Pichon mit höhnischem Lächeln. Ich unternahm das Wagnis, die gänzlich unfertige Vorstellung zu dirigieren, und — das Wagnis schlug fehl. Ein Versagen des Gedächtnisses brachte im ersten Akte die Sängerin der Gabriele so außer Fassung, daß sie erst weitersang, als ich ihr Worte und Töne vom Pult aus hinaufsang. Ein dem Dirigenten freundlich gesinntes Orchester hilft in einem solchen Falle, die Lücke zu überbrücken. Hier geschah nichts dergleichen, ich sah nur einfältig und boshaft lachende Gesichter, die sich sichtlich der Gefahr freuten, in der ich schwebte. Daß in dieser Vorstellung der Vorhang »vorzeitig« habe fallen müssen, war zwar eine nachträglich böswillig ausgestreute Erfindung; aber tatsächlich brachte auch der zweite Akt mehrfache Unruhen und Entgleisungen, die ich nur mit dem Gewaltmittel des Hinaufsingens einrenken konnte. »Die Vorstellung glich höchstens einer Generalprobe« urteilte Louis Köhler, der stets bei der Wahrheit blieb. Merkwürdig war nur, daß Herr Kriebel an diesem Abend trotz seiner Erkrankung im Theater erschien und sich auf der Bühne und im Zuschauerraum darüber aufhielt, daß an einem Theater, an dem e r engagiert sei, eine derartige Aufführung stattfinde.

Jetzt hatten meine Gegner ein leichteres Spiel. Die mißglückte Aufführung des »Nachtlagers« wurde auf die Debetseite meines Kontobuches geschrieben und derart belastet, daß die Kreditseite wie ausgelöscht schien. Die Leitung der »Stummen von Portici«, die ich bereits einzustudieren begonnen hatte, wurde mir durch einen amtlichen Brief der Direktion entzogen. Ich hatte oft wochenlang nichts wie Possen, höchstens einmal eine Operette zu dirigieren. Endlich übertrug man mir wieder eine Oper, den »Postillon von Lonjumeau«, anläßlich eines Gastspiels des Tenoristen Heinrich Bötel, mit dem ich bereits den »Troubadour« dirigiert hatte. Plötzlich wurde mir auch diese Oper wieder »amtlich« entzogen und man erwiderte mir auf die Frage nach dem Grund, Herr Bötel habe sich geweigert, nochmals mit mir zu singen. Ich stellte den Sänger, den ich auch später stets offenherzig und frei von Falsch gefunden habe, zur Rede. »Was fällt Ihnen ein?« rief er. »Herr Kriebel erklärte in meiner Gegenwart die Oper als zu schwer für Sie und nahm sie für sich. Ich suche mir meine Kapellmeister nicht aus«, erwiderte mir Bötel. Mir lag am »Postillon« zu wenig, als daß ich gerade diese Angelegenheit weiter verfolgt hätte. Ich beschloß aber, mich nunmehr auf meinen Vertrag zu stützen, der mit einer Wirksamkeit, wie sie mir jetzt zugemutet wurde, im Widerspruch stand. Nach einer erfolglosen Unterredung mit Direktor Werther, der mir erklärte, mich sehr zu schätzen und zu lieben, aber gegen die Abneigung seiner »alten, bewährten« Beamten, mit mir zu arbeiten, nichts ausrichten zu können, suchte ich, zum ersten-, aber leider nicht letztenmal im Leben, einen Rechtsanwalt auf. Hier erfuhr ich in kleinem Maßstab, was ich später, als ich bereits »königlicher Kapellmeister« in Berlin war, in vollstem Ausmaß erfahren sollte, daß der Künstler nach den damals bestehenden Verträgen den Theaterleitern gegenüber r e c h t l o s war. Der Anwalt sagte mir, daß ich nur Anspruch auf

17*

meine Gage hätte; der meine Beschäftigung betreffende Paragraph sei aber so gut wie wertlos. Wenn ich den Prozeßweg beschritte, so sei es zweifelhaft, ob das Gericht eine diesbezügliche Klage überhaupt annehmen würde, da sich ein materieller Schaden aus einer Ignorierung dieses Paragraphen seitens der Theaterdirektion kaum konstruieren lasse. Selbst im günstigen Fall aber würde ein Prozeß so lange dauern, daß mein Engagement längst zu Ende sei, bis das Urteil fiele, so daß ich auch von einem guten Ausgang keinen Gewinn hätte. —

Als ich an diesem Abend nach Hause kam, lag ein Strafzettel wegen einer durch den Besuch beim Anwalt versäumten Probe auf dem Tisch, gleichzeitig aber eine Anfrage des Düsseldorfer Stadttheaters, ob ich in der nächsten Saison dort als Erster Kapellmeister eintreten wolle. Ich sagte sofort telegraphisch zu, beging aber in meiner Freude die Unvorsichtigkeit, überall von diesem Antrag zu erzählen. Ich hörte nichts mehr und erhielt auch auf eine Anfrage keine Antwort. Nach einiger Zeit verkündigte Herr Kriebel feierlich, er sei nach Düsseldorf berufen worden. Ich brachte später in Erfahrung, daß er sich, sofort nachdem ihm die an mich ergangene Anfrage zu Ohren gekommen war, nach Düsseldorf gewandt und die dortige Stellung ergattert habe. Viel Freude hat er nicht daran erlebt, denn sein fortschreitendes Lungenleiden hat ihn, etwa nach Jahresfrist, hinweggerafft. —

In dieser trüben Zeit, da mir weder der Verkehr mit der feingeistigen Mutter Reisenauers noch die Spässe meiner feuchtfröhlichen Stammtischgenossen Aufheiterung geben konnten, ging ein Gastspiel des Wiener Hofburgschauspielers J o s e f L e w i n s k y wie ein leuchtender Stern am Horizont meiner ostpreußischen Gottverlassenheit auf. Das war wieder Kunst, da lebte ich auf, da wußte ich, wofür ich auf der Welt war. Der Künstler gab seine größten und berühmtesten Leistungen. Vor allem sind mir Franz Moor und Richard III. in Erinnerung. Einige Zeit nach dem seinigen war ein Gastspiel Bernhard Baumeisters angekündigt. Als nach seinem letzten Abend das Publikum das Theater nicht verlassen wollte, sondern Lewinsky immer und immer wieder hervorjubelte, hielt er eine kurze Ansprache, in der er mit warmen Worten — auf die Bedeutung des nach ihm gastierenden B e r n h a r d B a u m e i s t e r hinwies. Solche Beispiele edler und wahrhaftiger Kollegialität sind sehr selten und werden immer seltener.

Bereits waren mir dunkle Zweifel aufgestiegen, ob es mir möglich sein werde, die Laufbahn als Kapellmeister fortzusetzen. Ich fühlte mich Umtrieben gegenüber, wie ich sie hier kennen gelernt hatte, machtlos. Daß ich etwas leisten konnte, wußte ich und hatte es bis zu einem nicht geringen Grad auch schon bewiesen, und zwar nicht nur in Königsberg. Ich sah aber voraus, daß die fortwährenden Herabsetzungen, die ich hier erfuhr, meinen Namen in Mißkredit bringen und mir ein Weiterkommen versperren müßten; zeitlebens aber als Operetten- und Possendirigent an kleinen Theatern geduldet zu sein —, da war es doch besser, mich in Graz noch einige Jahre nach der Decke zu strecken und ein guter Jurist oder tüchtiger Arzt zu werden. Mein Maturitätszeugnis hatte ich ja; die Universität stand mir offen. Schon begann ich allen Ernstes, solche und andere finstere Gedanken zu hegen, als eine unerwartete Wendung eintrat.

Eine Depesche des Konzertdirektors Hermann Wolff in Berlin, den ich flüchtig in Weimar kennen gelernt hatte, lud mich ein, nach Genf zu kommen, um dort die erste französische Aufführung des »Lohengrin« und mehrere Wiederholungen derselben zu dirigieren. Als Honorar waren 1500 Franken sowie freie Reise und freier Aufenthalt angegeben. Da Wolff keine Theatergeschäfte betrieb, so fügte er ausdrücklich hinzu, daß er aus Gefälligkeit eine direkte Anfrage aus Genf übermittle, wo man meinen augenblicklichen Aufenthalt nicht kannte. Ich eilte mit dieser Depesche zu Direktor Werther und bat ihn dringend, mir vom Zeitpunkt ab, der in der Depesche angegeben war, meine Entlassung zu geben. Der Direktor und sein Stab taten plötzlich, als ob ich unentbehrlich sei, und willigten erst ein, meine Bitte zu erfüllen, nachdem sich ein in Königsberg lebender und früher am Theater angestellter Musiker, Herr Heinken, bereit erklärt hatte, mein Amt für den Rest der Saison zu übernehmen. Frohen Herzens konnte ich nun nach Genf zusagen; löschte dieser Antrag doch alles aus, was ich in Königsberg Übles erfahren hatte.

Merkwürdigerweise änderte sich seit der Genfer Depesche mit einem Schlage auch in Königsberg das Betragen gegen mich. Sogar Herr Pichon tat sehr freundlich. Ich erhielt mehrere Opern zu dirigieren, ohne daß ich einen diesbezüglichen Wunsch ausgesprochen hatte. Dadurch bekam ich die erfreuliche Gelegenheit, zwei Vorstellungen zu leiten, in denen Mathilde M a l l i n g e r sang. Bereits in Graz hatte ich von ihrer Elsa einen tiefen Eindruck empfangen, und aus Wagners Biographie kannte ich sie als die erste Eva in den »Meistersingern«. Sehr begierig, ihr persönlich zu begegnen, ging ich zur Probe und fand eine nicht mehr junge, aber noch immer anmutige Frau, deren schöne, sprechende Augen mich lebhaft an jene »Lohengrin«-Vorstellung meiner Kinderzeit erinnerten, wo ich ganz im Banne dieser Augen stand. Die Stimme war nicht mehr frisch, wunderbar aber die Wahrheit und Innigkeit, mit der sie sang und spielte. Ihre Darstellung der Margarete in Gounods Oper war im Gartenakt von höchster Poesie und erschütternd in den folgenden Szenen; eine aus Goethes »Faust« geborene Gestalt, die sich nur aus Versehen in die Oper verirrt hatte. Mit einer köstlichen Wiedergabe der Frau Fluth in Nicolais »Lustigen Weibern« schloß ihr Gastspiel und gleichzeitig meine Königsberger Wirksamkeit; denn am nächsten Morgen fuhr ich, leichten Herzens und hoffnungsfroh, von dort ab. Vom Hause Reisenauer, von Louis Köhler und meinen Stammtischfreunden hatte ich mich herzlich verabschiedet, und auch im Theater schien man sich besonnen zu haben, daß das gegen mich eingeschlagene Verfahren nicht berechtigt war, denn man bemühte sich von allen Seiten, mir Aufmerksamkeiten zu erweisen. Sogar das Orchester sandte eine Deputation, die mir das Bedauern über mein Scheiden aussprach. Mein Hauswirt, der Posaunist Zabel, der auch in schlimmen Tagen getreulich zu mir gehalten hatte, war der Führer. Die zahlreichen Anerkennungen gelegentlich der letzten von mir geleiteten Vorstellungen und nicht zuletzt die warmen Komplimente, die mir Frau Mallinger machte, hoben mein Selbstvertrauen und meinen Lebensmut, die beide bereits bedenklich gesunken waren. —

Am Abend meines Abreisetages traf ich in Berlin ein, wo ich mich mit Hermann Wolff in der Philharmonie treffen sollte. Ich löste eine Karte zum Stehparterre, da kein Sitzplatz mehr zu haben war, und trat ein, ohne zu wissen, was gespielt wurde. Die erwartungsvollen Mienen der Zuhörer und das mit Orchestermitgliedern und Sängern dichtgefüllte Podium ließen etwas Besonderes erwarten. Ich beschloß, auch jetzt nicht nach dem Programm zu fragen, sondern mich überraschen zu lassen. Ein älterer, sehr vornehm aussehender Herr betrat das Dirigentenpult. Ich erkannte Karl Klindworth. Die ersten Töne erklangen und — ich traute meinen Ohren nicht — es war das Vorspiel zum dritten

Akt des »Parsifal«. Nach all den elenden Erlebnissen in Königsberg, nach den Unsauberkeiten eines künstlerischen Tiefstands, durch den ich mich seelisch, ja beinahe schon körperlich befleckt fühlte, wirkte diese Musik wie ein reinigendes Wunder. Der ganze dritte Akt in sehr guter konzertmäßiger Aufführung zog an mir vorüber. Ich schloß die Augen und die herrlichen Bayreuther Bühnenbilder erstanden in mir und hoben mich mit den Klängen der Musik weit empor über alle irdische Unzulänglichkeit. »Ich war, wo ich von je gewesen.« Diese Worte Tristans fühlte ich in mir lebendig geworden, als der letzte Akkord verhallt war und ich, verträumt und nichts um mich her beachtend, den Saal verließ. —

»Da sind Sie ja!« erweckte mich eine Stimme neben mir und eine Hand legte sich auf meine Schulter. Es war Hermann Wolff. Beinahe hätte ich die Verabredung vergessen. Wolff war ein sehr geistreicher, witziger und unterhaltender Mann, aber an diesem Abend hatte ich nichts von seiner Gesellschaft; nach dem »Parsifal«-Erlebnis bedurfte ich der völligen Einsamkeit. Beim Abendessen im Askanischen Hof, zu dem mich Wolff einlud, brachte ich nur mühsam einige Worte hervor. Wolff stellte mir einen Vertrag für Genf zu und gab mir noch einige Ratschläge. Ich entschuldigte mich mit großer Müdigkeit und suchte sofort mein Lager auf. »Das nächstemal soll Wolff einen besseren Eindruck von mir haben«, erklang eine Unterstimme in mir, die aber bald von den nachzitternden Ätherschwingungen der »Parsifal«-Musik, die mich ins Traumland hinüberleiteten, übertönt wurde. —

Mit dem Frühzug des nächsten Tages fuhr ich bis Erfurt und von dort nach Sondershausen, wo mich Alfred Reisenauer erwartete. Er hatte die erste Lehrerstelle für Klavierspiel am dortigen Konservatorium angenommen. Seine Mutter, die eine ständige Wirksamkeit für ihren Sohn auf das innigste wünschte, hatte mir vor einigen Wochen in Königsberg freudestrahlend diese Nachricht überbracht. Ich wollte wenigstens einige Stunden mit dem Freunde zusammen sein, ehe ich auf unbestimmte Zeit ins Ausland ging, denn, falls ich in Genf Erfolg hätte, war ich fest entschlossen, auszuwandern und mein Heil in der Ferne zu versuchen, vielleicht in Paris, vielleicht in Amerika, vielleicht in Italien, wohin mich, den Dalmatiner, stets eine tiefe, dem Heimweh verwandte Sehnsucht zog. Die in Königsberg gemachten

Erfahrungen hatten in mir eine Abneigung gegen deutsche Theaterverhältnisse hervorgerufen, die ich damals nicht überwinden zu können glaubte.

Reisenauer schien sich im kleinen, anmutig gelegenen Sondershausen sehr wohl zu fühlen. Er sagte mir, was sich auch später bewahrheitete, daß er ein starkes pädagogisches Talent in sich fühle. Ich konnte hier und nachher wiederholt an anderen Orten bemerken, daß er tatsächlich ein ausgezeichneter Lehrer war und daß seine Schüler mit großer Liebe an ihm hingen. Er hatte eine hübsche, ziemlich geräumige Wohnung in einem an der Grenze der Stadt gelegenen Hause gemietet, von wo man mit wenigen Schritten in ländlicher Umgebung war. Mehrere Stunden saßen wir dort zusammen. Er erzählte mir von unserem Weimar und von Liszt. Ich mußte ihm über seine Mutter, seine Familie berichten und auch über meine Königsberger Wirksamkeit, was ich jedoch nur in kurzen Worten tat, um auf erfreulichere Dinge überzugehen. Voll Stolz zeigte er mir ein Buch, das ihm ein gemeinsamer Freund, der treffliche Weimarer Schauspieler Felix Walter, geschenkt hatte. Es war das damals neue »Sinngedicht« von Gottfried Keller, in das Walter folgende übermütige Widmung geschrieben hatte: »Dieses Buch ist nicht für die Ochsen, — also ist es für dich!« Wenn Reisenauer mir später ein Buch empfahl oder überreichte, so liebte er es, mit humoristischer Emphase die Widmung unseres frühverstorbenen Weimarer Freundes zu wiederholen. —

Am Abend veranstaltete das unter Professor Karl Schröders Leitung stehende Konservatorium zu Ehren meiner Anwesenheit ein Abendessen, an dem die gesamte Lehrerschaft teilnahm. Bis zum frühen Morgen blieben wir zusammen, worauf ich mich mit wenigen Stunden Schlafes begnügte, um wieder zur Bahn zu eilen. Reisenauer begleitete mich bis Erfurt. Schon hatte ich ihm Lebewohl gesagt, als er noch im letzten Moment in den Zug sprang. Er hatte sich heimlich ein Billett bis Bebra gelöst. Unterwegs entdeckten wir einen guten Speisewagen im Zug. »Nun steige ich erst recht nicht aus«, rief Reisenauer und ließ sich vom Schaffner sein Billett bis Frankfurt verlängern. Wir ließen Champagner kommen, französischen natürlich, und saßen in Gesprächen von hohen Dingen, wie einst in Weimar, zusammen, der Stunden, die Minuten glichen, vergessend, bis uns der Kellner meldete, daß wir bereits in Frankfurt einführen. Reisenauer hatte knapp zur Rückfahrt Geld genug. Glücklicherweise hatte ich Reisevorschuß erhalten, konnte also die für unsere damaligen Verhältnisse sehr hohe Rechnung begleichen und erübrigte noch gerade genug, um bis Genf zu kommen. Nur dringende Vorstellungen des absoluten Geldmangels sowie Hinweise, seine Schüler in Sondershausen nicht warten zu lassen, hielten Reisenauer ab, für seine letzten Mark noch ein weiteres Billett in meiner Richtung zu lösen. Im Bewußtsein, einen glücklichen Tag verlebt zu haben, trennten wir uns endlich. —

Ein winterlicher Morgen — es war erst Februar — brach an, als ich in Basel mit dem freudigen Gefühl ankam, wieder ein neues Land kennen zu lernen. Weit lag Königsberg bereits hinter mir. Neugierig musterte ich die Plakate, die dreisprachigen Inschriften, das neue Geld, das ich mir am Schalter eingewechselt hatte, überhaupt alles, worin ich eine Verschiedenheit mit dem bisher Gewohnten erblicken konnte. Köstlich mundete der frische Kaffee mit all den hier üblichen, in blitzblanker Sauberkeit servierten Zutaten. Der mit einem Mittelgang versehene luftige Wagen, der mich nach Genf bringen sollte, fiel mir gegenüber unserer Abgrenzung in Abteile besonders angenehm auf. Ich hatte mir auf dem Frankfurter Bahnhof Kellers »Sinngedicht« gekauft, da Reisenauer sich von seinem Exemplar nicht trennen wollte. Im Anfang war die Landschaft in Nebel gehüllt, der jede Aussicht versperrte; so begann ich zu lesen und war bald auf das innigste berührt von der gedankenreichen, tiefen Poesie, die mich in ihrer sonnigen Klarheit und universellen Weitsicht an Goethe erinnerte, und die dennoch, bei aller Zartheit, etwas von jener gesunden Vierschrötigkeit in sich barg, die dem engbegrenzten heimatlichen Horizont des Dichters entspringt. Bald verzog sich der Nebel vor den kräftigen Strahlen der aufsteigenden Sonne und in taufrischer Beleuchtung enthüllte sich mir das Schweizer Land mit seinen weißen Dörfern und den tadellosen Straßen, über die damals noch keine Automobile dahinrasten. Spärliches Grün überzog die braune Erde und kahl zogen sich Baumreihen über das hügelige Land, das wenig mit der Vorstellung von Hochgebirgen und Gletschern übereinstimmte, nach denen ich unwillkürlich spähte, obwohl meine geographischen Erinnerungen mir sagten, daß dergleichen auf dieser Strecke nicht zu finden sei. Erst als wir in die Berner Gegend kamen, vermutete ich, daß dort, hinter jenen Wolkenbänken, wohl die Bergriesen liegen mußten, deren Namen seit früher Jugend meine Phantasie beschäftigt hatten. Aber erst bei späteren Reisen enthüllte sich mir die Herrlichkeit, die sich heute meinen forschenden Blicken beharrlich verbarg.

Allmählich wurden die Namen der Stationen französisch, und die Straßen, die ich von der Bahn aus gewahren konnte, trugen französische Namen. Das liebliche Fribourg breitete sich vor mir aus. Nach kurzem Aufenthalte ging es weiter. Am Horizont stiegen höhere, dunkle Gebirge auf. Wir fuhren durch einige Tunnels. Da plötzlich — ein Wunder — bei der Ausfahrt aus einem dieser Tunnels öffnet es sich links wie ein Abgrund und tief unten liegt, weithin gebreitet, eine schimmernde Wasserfläche. Dampfer ziehen scheinbar langsam darüber hin, die von hier oben noch kleiner erscheinen wie Kinderschiffchen, und Segelboote, die man mit ruhenden Möven verwechseln könnte. Kristallartig spiegelt die Flut das Blau des Himmels wider. Das Gestade aber, das bald steil, bald wieder sanfter zu den Ufern abfällt, zeigt bereits zum Teil immergrüne Pflanzen, die verraten, daß wir uns unter einem südlicheren Breitegrad befinden. Das ist der Genfer See, der schon bei den Römern berühmte Lacus Lemanus. Da drüben die dunklen Berge aber sind savoyisches Land: Frankreich. Lichtblau, mitunter beinahe milchweiß ist das Wasser dieses wunderbaren Sees. Noch trägt es die Farbe des riesigen Rhonegletschers, von dem es entspringt, noch hat es den alpinen Charakter seiner Herkunft bewahrt, mit den südlich angehauchten Ufern einen seltsamen Gegensatz, aber auch jene merkwürdige Vereinigung von Nord und Süd bildend, die diesem See seinen eigentümlichen, nirgends in dieser Weise wiederholten Zauber verleiht. Allmählich, als ob weit ausgebreitete Schwingen ihn trügen, senkt sich der Zug in tiefere Regionen und kommt dem Ufer näher. Eine große Stadt wird sichtbar: Lausanne. Gern möchte ich aussteigen, denn viel Reizvolles habe ich davon erzählen gehört; aber ich weiß, daß man mich in Genf erwartet, also widerstehe ich der Verlockung. Weiter geht die Fahrt, nunmehr meistens ganz nahe dem Seegestade. Nach und nach rückt auch das gegenüberliegende Ufer näher, so daß ich Einzelheiten deutlich unterscheiden kann. Der See wird wie ein breiter Fluß. Wieder taucht eine große Stadt auf. Es ist Genf — ich bin am Ziel.

Im Hotel de Russie sollte nach Hermann Wolffs Weisungen ein Zimmer für mich bestellt sein. Zwar ist nichts bestellt und man sieht mich etwas verwundert an, als ich mich auf jene Weisungen berufe, aber ich erhalte dennoch ein Zimmer, sogar ein sehr hübsches, mit Aussicht auf den Kai, von dem man den Montblanc sehen soll. Mein Herz schlägt höher, als ich zum Fenster trete. Heute aber ist in der angedeuteten Richtung auch nichts weiter sichtbar, wie eine weiße Wolkenwand. Prächtig aber breiten sich Stadt und Hafen vor mir aus. Gerade fährt ein Dampfer ein, landet, und eine zahlreiche Menschenmenge ergießt sich über den Kai. Warme Strahlen, beinahe schon frühlingskräftige, überfluten das lebhafte Gewoge der heiteren Straßen. Wie dankbar bin ich der Vorsehung, die mich aus dem frostigen Königsberg in dieses lichte, schöne Paradies führte. Hier muß ich ja Erfolg haben! —

Ich suchte nach dem Theater, das ich auf einem geräumigen Platz fand, und stieg zum Direktionsbureau hinauf. Der einzige anwesende Beamte horchte auf, als ich meinen Namen nannte, und musterte mich in auffälliger Weise. Auf meine Frage nach Direktor Gravière, so hieß der Leiter des Theaters, erwiderte er, »Monsieur le Directeur« sei nicht da und komme heute überhaupt nicht. Ich ersuchte um ein Billett für den Abend, worauf der Beamte auf einen Theaterzettel zeigte, auf dem in großen Buchstaben das Wort »Relâche« gedruckt war. Ich meinte zuerst, dies sei der Titel einer mir unbekannten Oper, erhielt aber die von ironischem Lächeln begleitete Aufklärung, dieses Wort bedeute, daß heute keine Vorstellung sei. Ich übergab dem Beamten nunmehr meine Karte und bat, mir nach dem Hotel de Russie Nachricht zukommen zu lassen, wann ich Herrn Gravière meinen Besuch abstatten könne. Nicht gerade angenehm berührt verließ ich das Theaterbureau, verwand aber den herabstimmenden Eindruck auf einem tüchtigen, bis zum Dunkelwerden ausgedehnten Spaziergang.

Als am nächsten Tag bis Mittag keine Nachricht im Hotel eingetroffen war, ging ich nochmals ins Theater und wurde sofort in das Zimmer des Direktors geführt. Herr Gravière, ein kleiner schwarzbärtiger Herr, der Typus des höflichen Franzosen, empfing mich mit der Frage, ob ich seine Depesche nicht erhalten hätte. Auf meine verneinende Antwort teilte er mir mit, er hätte mich leider bitten müssen, nicht zu kommen, da er auf seine Absicht, »Lohengrin« zu geben, verzichtet habe. Er erzählte mir dann eine lange Geschichte von einem Tenoristen, der, ich weiß nicht mehr, nicht eingetroffen, durchgebrannt oder krank geworden sei; kurz und gut: »Lohengrin« könne nicht gegeben werden, da kein Vertreter der Titelrolle da sei. Ich hörte nur mit halbem Ohr zu. Das Warum und Wie waren mir ziemlich gleichgültig. Vor mir stand die Tatsache, daß meine Hoffnungen, die ich auf dieses Engagement gesetzt hatte, die Aussicht, etwas Hervorragendes zu leisten, meinen Namen als Dirigent bekannt zu machen und dadurch zu besseren Stellungen, zu reicheren Erwerbsmöglichkeiten zu kommen, daß dies alles und auch die künstlerische Erhebung, die mir die Leitung eines Wagnerschen Werkes gewährt hätte, mit einem Schlage zerstört war. Ich sollte unverrichteter Dinge von hier wieder fort, wo ich erst gestern voll Zuversicht eingezogen war. — Wohin sollte ich mich wenden? Was beginnen? — Diese Gedanken zerrten in wirrem Durcheinander an meinem armen Gehirn, während der kleine Franzose vor mir sprach und sprach. Endlich brachte er seinen breiten Redefluß in ein schmäleres Bett und frug mich, was ich nun fordere. Dadurch gewann auch ich wieder festen Boden unter den Füßen und hatte die Geistesgegenwart, sehr bestimmt zu antworten: »Mon contrat, Monsieur!« Dieselbe Antwort gab ich wiederholt und ließ keinen Zweifel darüber, daß ich voll ausbezahlt werden müsse, denn ich hatte meine Stellung auf die Genfer Einladung hin aufgegeben und war rechtzeitig eingetroffen. Der Direktor antwortete mir, er werde sich die Angelegenheit überlegen und mir bald definitiven Bescheid geben. Ich erklärte, daß es für mich nur einen Bescheid gäbe, und der wäre die uneingeschränkte Anerkennung meines Kontraktes.

Als ich wieder in meinen vier Wänden war, brach ich in heftiges Weinen aus. Die Enttäuschung war zu groß. Ich begann zu merken, daß das Schicksal es mir nicht leicht machte, vorwärts zu kommen, daß ich hart zu kämpfen haben würde. Was mir in diesen jungen Jahren angedeutet worden ist und was ich in dieser traurigen Stunde in Genf vorausgesehen hatte, ist reichlich eingetroffen. Es ist mir schwer, s e h r schwer geworden, das zu erreichen, was ich bis jetzt erreicht habe, und nicht ohne bitteres Gefühl muß ich lächeln, wenn oberflächliche Beobachter mich nur deshalb als mit Glück belastet hinstellen, w e i l ich etwas erreicht habe. —

Am folgenden Tage ließ mich Herr Gravière wieder zu sich bitten und ersuchte mich, vorläufig in Genf zu bleiben, da man versuchen wolle, doch noch einen Sänger für den »Lohengrin« zu finden. Ich war über diese unerwartete Wendung sehr erfreut und schlug vor, sich an Alvary nach Weimar zu wenden, der das Französische ebensogut wie das Deutsche beherrschte. Alvary, an den telegraphiert wurde, forderte 750 Franken pro Abend, und das war dem Direktor zuviel. Herr Gravière ersuchte mich dann, mit einem Tenor, der den Johannes in Massenets »Herodias« sang, eine Probe zu halten. Ich erklärte mich nach der Probe bereit, das Experiment zu wagen, trotzdem der betreffende Sänger, vor allem in seiner äußeren Erscheinung, für den Gralsritter nicht geeignet war, machte aber darauf aufmerksam, daß das Studium mehrere Wochen in Anspruch nehmen würde. So wurde auch dieser Plan aufgegeben. Immerhin konnte ich die Hoffnung hegen, den »Lohengrin« doch noch zustande zu bringen.

Tage vergingen und ich hörte nichts aus dem Theater. Ich ging wieder einmal auf das Bureau und erkundigte mich, ob ein Tenorist gefunden sei. »Noch nicht«, lautete die Antwort. Nach einigen Tagen fragte ich wieder und erhielt dieselbe Antwort. Schließlich fragte ich nicht mehr, da ich merkte, daß man sich keine Mühe gab, jemanden zu finden.

Das Leben in Genf war so angenehm, daß ich die schwere Enttäuschung, die mir Untätigkeit anstatt künstlerischer Wirksamkeit und erhoffter Erfolge brachte, leichter überwand, als ich zuerst dachte. Die warme, meistens sonnige Witterung ermöglichte mir lange Spaziergänge und kleine Dampferfahrten, die ich in der Regel nach dem Dejeuner zu einem der Nachbarorte unternahm, um dann zu Fuß zurückzukehren. Länger wollte ich zunächst nicht fortbleiben, da ich die Möglichkeit im Auge behielt, von einer guten Nachricht aus dem Theater überrascht zu werden.

Gottfried Kellers »Sinngedicht« las ich nun zu Ende und fing gleich wieder von vorne damit an. Es war mir so vertraut, was ich da lesend erlebte, als hätte ich es schon längst gekannt und als läge das alles nicht außer, sondern in mir. Und doch war es neu, und war immer wieder neu, so oft ich es auch las. Die unscheinbarsten Vorgänge gewannen durch die Art, wie sie hier geschildert werden, eine eigenartige Bedeutung. Ich mußte an die Sage vom König Midas denken, der alles, was er berührte, in Gold verwandelte. Hier war es aber nicht totes Gold, sondern ein blanker, durchsichtiger Kristall, der alles, was der Dichter schilderte, in einem kleinen, wunderbar schönen und farbigen Spiegelbilde zeigte. Die liebste der durch das Band einer Erzählung lose und doch fest zusammengehaltenen Novellen war mir »Die arme Baronin«. Ich spürte nun den anderen Werken Gottfried Kellers nach und fand zunächst die »Züricher Novellen«. Nun war es an mir, meinen sehr belesenen Freund Reisenauer auf etwas aufmerksam zu machen, das er nicht kannte; das tat ich denn auch sofort brieflich in nachdrücklichster Weise.

Auch das Theater besuchte ich ab und zu. Ich hörte eine Aufführung der damals neuen »Manon« von Massenet, die der Komponist selbst dirigierte, und einige ältere französische Opern. Auch symphonische Konzerte wurden im Theater veranstaltet, die ein temperamentvoller deutscher Dirigent leitete. Es war ein älterer, schon lange in Genf ansässiger Herr, dessen Namen ich nicht behalten habe. Eine Aufführung der großen C-dur-Symphonie von Schubert, von der ich im Leipziger Gewandhaus nur ein verschwommenes Bild erhalten hatte, ist mir als besonders eindrucksvoll in Erinnerung.

Aber auch in anderer Beziehung war mir die unfreiwillige Genfer Muße von Vorteil. Ich hatte in Königsberg allmählich alle Schaffensfreude eingebüßt. Matt und glanzlos waren die Wochen und Monate dort vorbeigezogen. Die Mutlosigkeit, die mich in Beziehung auf meinen Dirigentenberuf ergriffen hatte, lähmte mir auch die Phantasie. Ich verlor meine Elastizität und ertappte mich bei der Erkenntnis, daß ich oft tagelang kaum etwas anderes getan hatte, als den notwendigsten, als Last empfundenen Theaterdienst, sonst aber im Bett gelegen oder bei meinem Stammtisch gesessen war. Blicke ich heute auf diese Zeit zurück, so begreife ich die Gefahr des Verbummelns, der begabte, aber vom Glück nicht begünstigte Leute ausgesetzt sind. Freilich verbummeln aber auch Glückspilze oder stumpfen seelisch ab, wenn sie schwache Naturen sind. Zuviel Erfolg, namentlich wenn er über Verdienst glänzend ist, ist oft gefährlicher als zu wenig. In irgendeiner Weise schafft die Natur ein Gleichgewicht. Ich nahm in Genf, nachdem ich das Mißgeschick der immer mehr im Nebel der Aussichtslosigkeit verschwimmenden »Lohengrin«-Vorstellungen einigermaßen überwunden hatte, meine Kompositionsskizzen wieder vor. Meine neue Oper »Malawika« war ungefähr bis zur Hälfte vorgeschritten. Ich arbeitete einiges um, setzte dann das Begonnene fort und gelangte in kurzer Zeit bis zum Schluß des zweiten Aktes. Auch vollendete ich die bereits begonnene Instrumentation des ersten Aktes. Im frohen Gefühl wiedererwachter Kraft wurde mir die Arbeit leicht, vielleicht zu leicht, denn aus diesem Werk hätte bei schärferer Konzentrierung und sorgsamerer Auswahl etwas Besseres werden können, als schließlich daraus geworden ist.

Allmählich bildete sich auch ein kleiner Kreis von Leuten, die sich für mich interessierten. Man warf der Direktion des Theaters Saumseligkeit vor, weil sie den bereits unter meiner Leitung angekündigten »Lohengrin« nicht herausbrachte, und bemühte sich, mir durch Gastfreundlichkeit zu beweisen, daß man meine Anwesenheit in Genf trotzdem schätze. Ein Arzt, Doktor Vuillet, ein lebenslustiger, freundlicher Herr, ist mir in besonders heller Erinnerung. Er arrangierte kleine Ausflüge, führte mich auf dem Dampfer nach Lausanne, wo wir einen Tag blieben, und dann, wieder zu Schiff, um den ganzen See bis nach Genf zurück. In Ferney, wo ich zum erstenmal französischen Boden betrat, zeigte er mir den Wohnsitz Voltaires, und an einem schönen Frühlingstag stiegen wir auf den nahen Mont-Salève, dessen breiter Gipfel damals noch nicht durch die Zahnradbahn erreichbar war. Als ausgesprochener Lebemann, der er war, wußte Doktor Vuillet solche Ausflüge sehr unterhaltend und genußreich zu gestalten. Unvergeßlich ist mir der Anblick des Montblanc, den ich, vollständig rein, zum erstenmal vom Salève aus genoß. Die wunderbar schöne, in dreimaligen Wellenlinien bis zum ehrwürdigen Gipfel ansteigende Profillinie dieses riesigen Berges erschien mir wie eine monumentale Darstellung des Aufbaues eines großen Lebens oder einer Tragödie. Erblickte ich in der ersten Erhebung, den »Grand-Mulets«, die Exposition, so ersah ich in der zweiten die Entwicklung und Steigerung zu einem Höhepunkt, dem in der letzten und höchsten Erhebung die Katharsis, die Reinigung, die Entsühnung folgt. Die bereits mit dem Himmelsblau sich vermählende, in ihrer fast wesenlosen Weiße unirdische Spitze schien mir wie ein Übergang aus dem Realen in das Transzendentale. Wie oft ich auch den Montblanc später wiedersah, immer, wenn ich ihn in seiner ganzen Ausdehnung und aus größerer Entfernung erblickte, stiegen mir die Bilder auf, die jenem ersten großen Eindruck entsprangen. Bereits als Kind hatte ich die Berge geliebt. Konnte ich in der Umgebung von Graz auf eine Höhe steigen, so war ich glücklich, denn stets war mir ein solcher Gipfelpunkt eine Annäherung an die Gottheit. Ich empfand eine Reinigung meiner Seele, wenn der Horizont sich erweiterte und die Geräusche der Ebene vor der Stille der Sphären zurückwichen, in denen andere, feinere und doch mächtigere Stimmen erklingen, als in den tieferen Regionen. Hügel waren es, die ich bisher erklommen hatte; hier aber trat die Bergwelt in ihrer ganzen Riesenhaftigkeit vor mich. Auch dort einmal einzudringen, dort einmal eine Höhe zu gewinnen und in jenen Firnregionen, wo kein irdisches Leben dauernd gedeihen kann, dem Raunen der Ewigkeit zu lauschen, dahin richtete sich meine Sehnsucht. —

In kleinen Gesellschaften, meistens Herrenabenden, die man für mich veranstaltete, spielte ich mehrere meiner Klavierkompositionen und auch einiges aus meiner neuen Oper. Das Lied der Malawika aus dem ersten Akt und das anschließende Ensemble mußte ich öfter wiederholen. Mit seiner auch später anerkannten fließenden Melodik entsprach es offenbar dem französischen Geschmack. Klavierauszüge der neueren Werke Wagners waren damals in Genf nicht zu haben. So spielte ich aus dem Gedächtnis, was mir darin haftete, und versuchte auf diese Weise, meine liebenswürdigen Freunde in die Welt des Bayreuther Meisters einzuführen, die ihnen damals noch verschlossen war.

Ungefähr einen Monat war ich bereits in Genf, als mich das Hotel, wo ich auch regelmäßig speiste, um die Bezahlung meiner Rechnung ersuchte. Da das Theater verpflichtet war, für meinen Aufenthalt zu sorgen, ging ich zu Direktor Gravière, den ich lange nicht gesehen hatte, und erbat definitiven Bescheid, ob ich noch in Genf bleiben sollte. Man sei nochmals mit einem Tenoristen wegen des »Lohengrin« in Verhandlung getreten, lautete die Antwort, und baldigst werde man mir die Nachricht geben. Einstweilen händigte mir der Direktor das Geld für meine Hotelrechnung ein. Ich hatte für den Fall des endgültigen Scheiterns bereits den Plan gefaßt, zunächst nach Kassel zu gehen, um mit meinem Verleger Paul Voigt über meine zweite Oper zu verhandeln. Nach zwei Tagen kam die Nachricht, daß auch die neuerlichen Verhandlungen zu keinem Resultat geführt hätten, ich somit meiner Verpflichtungen ledig sei. Ich erhielt ausbezahlt, was mir gebührte, verabschiedete mich von meinen Freunden und reiste ab, nicht ohne Wehmut im Herzen, daß alles so anders gekommen war, als ich gehofft hatte, und daß der herrliche, mit der zunehmenden Jahreszeit immer schöner gewordene Aufenthalt in Genf nun bereits zu Ende war. —

Paul Voigt nahm mich in seinem Hause gastlich auf. Trotzdem meine »Sakuntala« keine Aussicht auf weitere Verbreitung hatte, interessierte er sich doch lebhaft für meine neue, heitere Oper, von der er sich viel versprach. Er schloß einen Vertrag mit mir ab, dessen Bedingungen etwas besser waren als die der ersten Oper, und drängte mich, das Werk zu vollenden, damit wir in der folgenden Saison damit herauskämen. So nahm ich zunächst die Instrumentation des zweiten Aktes vor. Da ich in seiner Wohnung nicht die wünschenswerte Ruhe hatte, räumte er mir ein Hinterstübchen seines Musikaliengeschäftes mit einem bequemen Schreibtisch ein. Dort war ich ganz allein und saß täglich viele Stunden, Blatt auf Blatt der Partitur ausarbeitend. Damals gewöhnte ich mir das Rauchen an. Bisher hatte ich nur gelegentlich eine Zigarre versucht, aber kein besonderes Bedürfnis danach empfunden. Voigt, der selbst leidenschaftlich rauchte, behauptete, daß die Arbeit leichter vonstatten ginge, wenn man den duftigen Qualm von sich bliese, und stellte mir eine Kiste guter Qualität in mein Stübchen mit der Nötigung, fleißig zuzugreifen. Ich kam allmählich auf den Geschmack und paffte, während ich schrieb, eine Zigarre nach der anderen, bildete mir endlich wirklich ein, ohne diesen Anreiz nicht arbeiten zu können. Erst in meinem 56. Lebensjahr machte ich mit einem energischen Ruck ein Ende, da ich das Gefühl hatte, daß das starke Rauchen meine Gesundheit schädige, und ersah nun, daß nach einiger Überwindung das Arbeiten von der Tyrannei des Glimmstengels unabhängig ist. Jetzt rauche ich sehr mäßig.

Es dauerte nicht lange, daß die Partitur des zweiten Aktes fertig vorlag. Nunmehr ging ich daran, auch den Klavierauszug der beiden Akte zu schreiben. Zu landläufigen Arrangements hatte ich kein Vertrauen. Übernahm aber ein Künstler die klaviristische Einrichtung, so fürchtete ich eine überflüssige, die Klarheit beeinträchtigende Häufung von Schwierigkeiten. Bis zum heutigen Tag blieb ich, in dieser Beziehung dem Beispiel Liszts folgend, bei der Gewohnheit, die Klavierauszüge meiner Orchesterkompositionen selbst zu machen. Die Mühe des Schreibens wird durch eine damit Hand in Hand gehende Überprüfung des Werkes reichlich belohnt. Nur weniges von mir ist von anderer Hand für Klavier arrangiert.

Reisenauer forderte mich dringend auf, einige Zeit zu ihm nach Sondershausen zu kommen. Seine Wohnung war groß genug, um uns beide zu beherbergen, die Lage des Hauses aber zur Zeit des Frühlings so verlockend, daß ich meinem Herzenswunsch, den Freund wiederzusehen, nachgab und seine Einladung annahm, trotzdem Voigt mich sehr ungern von Kassel ziehen ließ. Er bewunderte Reisenauers Künstlerschaft in uneingeschränkter Weise, fürchtete aber, daß seine starke Neigung für alkoholische Getränke auch auf mich übergreifen könnte. Ich beruhigte Voigt und übergab ihm zur größeren Sicherheit mein Genfer Geld, von dem ich noch nichts verbraucht hatte, mit der Bitte, mir davon einen kleinen Monatsgehalt auszusetzen, den ich nicht überschreiten wolle. Ich versprach ihm auch, möglichst bald den dritten Akt zu liefern, an dem ihm besonders gelegen war. —

Sondershausen ist idyllisch schön. Grünende Hügel umrahmen von allen Seiten die freundliche kleine Stadt, die trotz ihrer beschränkten Verhältnisse den Zentren beigezählt werden durfte, wo sich geistiges und künstlerisches Leben entwickelte, jenen Zentren, denen Deutschland seine Kultur verdankt, und die ihm in weit höherem Maße eine Weltstellung sichern können, als alle seine waffenstarrenden Heere und seine gepanzerten Flotten es jemals fertig gebracht hätten. —

Das Konservatorium verfügte über tüchtige Lehrkräfte und eine ansehnliche Schülerzahl. Die Hofkapelle war klein, aber vortrefflich. Die Konzerte, die im »Loh«, einem hübschen Park, unter Leitung Professor Karl Schröders veranstaltet wurden, waren gut. Früher, als Erdmannsdörfer, ein Freund Liszts, dirigierte, waren sie sogar berühmt; sie fanden bei schönem Wetter im Freien statt. Im gut akustischen Hoftheater hatte man nicht lange vor meiner Ankunft, unter Hinzuziehung auswärtiger Kräfte, eine deutsche Opernnovität aufgeführt, von der einige Zeit viel gesprochen wurde: »Kunihild« von Cyrill Kistler.

Ich war erfreut, Reisenauers Einladung gefolgt zu sein, und begann sofort mit der Komposition des dritten Aktes, zu der mich auch mein Freund, dem ich die ersten beiden Akte vorgespielt hatte, lebhaft drängte.

Bald nach meiner Ankunft in Sondershausen fuhr ich für einen Tag nach Weimar. Ich hatte Sehnsucht, Liszt wiederzusehen. Mein Herz pochte, als ich zur Hofgärtnerei kam, und die wohlbekannte Treppe emporstieg. Der Meister umarmte und küßte mich wie ein Vater. »Sie haben böse Erfahrungen in Königsberg gemacht«, sagte er und erkundigte sich teilnehmend nach allem, was ich nunmehr vorhätte. Ich blieb den Nachmittag bei ihm. Es war die übliche »Stunde« und ich konnte viele alte Freunde und Bekannte begrüßen. »Machen Sie sich nicht zu selten bei mir«, lautete Liszts gütige Aufforderung, als ich mich verabschiedete. Am Abend ging ich für einen Akt der Vorstellung in das Hoftheater und dann zum Hotel Elefant, wo ich Lassen, Felix Walter und den alten Lehfeld traf. Mit dem letzten Zug fuhr ich nach Sondershausen zurück. Ich hatte einen Plan gefaßt, an dessen Ausführung ich sofort schreiten wollte. Liszts beide Schüler, Friedheim und Siloti, hatten die Faust- und Dante-Symphonie des Meisters in der prachtvollen, vom Meister selbst herrührenden Bearbeitung für zwei Klaviere in mehreren Städten öffentlich vorgeführt und große Erfolge damit errungen. Diese Tat war sehr verdienstlich, denn beide Werke waren damals noch wenig bekannt und die Konzertgesellschaften weiteiferten darin, sie zu ignorieren. Reisenauer und ich wollten das schöne Beispiel unserer Kollegen in Sondershausen nachahmen und den Meister dazu einladen. Er hegte, das wußte ich, viel Sympathie für die kleine Residenz, war früher oft dort gewesen und es war zu hoffen, daß er unsere Einladung nicht ablehnen würde. Reisenauer, dem ich noch in der Nacht von diesem Plane sprach, war davon geradezu begeistert. Der nächste Morgen sah uns bereits am Werk, unsere Absicht zu verwirklichen. In Sondershausen war nur ein großer Konzertflügel, den, glaube ich, das Konservatorium besaß. So schrieb ich an Bechstein nach Berlin von unserer Absicht und fügte die Bitte hinzu, uns einen Flügel zur Verfügung zu stellen. Bechstein, großzügig wie immer, sagte zu jeder gewünschten Zeit die Übersendung eines passenden Instruments zu. Die für beide Werke notwendigen Chöre versprach der erste Gesanglehrer des Konservatoriums, Herr Schulz-Dornburg, zusammenzustellen und einzustudieren. Das Tenorsolo der »Faust«-Symphonie übernahm der mir von Leipzig bereits wohlbekannte ausgezeichnete Konzertsänger Karl Dierich. Als Ort der Veranstaltung wurde aus verschiedenen Gründen der Saal des Hotel Tanne gewählt. So schien alles gut zu klappen; nur die Zusage des Meisters fehlte noch. Als der Tag feststand, den wir möglichst spät ansetzten, um genügend Zeit zur Vorbereitung zu haben, fuhr ich nochmals nach Weimar und überbrachte Liszt die Bitte, uns die Ehre seines Kommens zu schenken. Liszt war anfänglich ärgerlich über die Wahl des Saales, den er, wie er sagte, nicht leiden mochte. Als ich ihm aber die Gründe auseinandersetzte, die uns veranlaßt hatten, gerade diesen Saal zu wählen, wurde er freundlicher und versprach, zu kommen. Ich bat ihn, nicht im Hotel abzusteigen, sondern in unserem Haus die Wohnung Reisenauers zu benützen, die vollständig für ihn und seinen Diener, der ihn stets begleitete, eingerichtet sein werde. Auch das sagte er zu, und ich fuhr mit der frohen Botschaft sofort wieder zurück. --

Ein seltsamer Mensch lebte damals in Sondershausen, der Dichter Gustav Kastropp. Er hatte ein episches Gedicht »Kain« veröffentlicht, das nach meinem damaligen Urteil große Schönheiten enthielt. Auch seine lyrischen Gedichte zogen mich an. Ich komponierte zwei davon und sandte sie an Paul Voigt, der sie druckte. Diese und einer meiner früheren Gesänge aus Wolfs »Rattenfänger« waren die ersten Lieder von mir, die veröffentlicht wurden. Kastropp war fast täglich in unserer Gesellschaft. Sein starkes künstlerisches Empfinden machte ihn bald bei uns heimisch und seine anfangs durchaus nicht einnehmende äußere Erscheinung verlor das Abstoßende, wenn man ihn näher kannte. Er schien Schweres in seinem Leben durchgemacht zu haben und hegte eine nervöse Scheu vor großen Menschenansammlungen wie auch vor neuen Bekanntschaften. So war er anfangs sehr zurückhaltend gegen mich und gewann erst allmählich den Boden eines ungezwungenen geistigen Verkehrs, der eine besondere Farbe gewann, als ich durch Zufall erfuhr, daß er überzeugter Spiritist sei. Ich hielt mich niemals berechtigt, über Dinge zu lächeln, die ich nicht kannte; darum ließ ich mich von ihm belehren. In der Art, wie er über seinen Verkehr mit entkörperten Wesen sprach, lag weder Irrsinn noch Schwindel. Er war äußerst zurückhaltend, sprach nie über derartige Dinge, wenn gleichgültige Personen dabei waren. Der Verdacht, daß er etwa nach Art gewisser Medien einen Erwerb mit seinen Kenntnissen und Fähigkeiten trieb, war ausgeschlossen. Auch hatte er ersichtlich nicht das Streben, sich interessant zu machen. Er sprach sachlich, ruhig, objektiv, so wie ich etwa imstande wäre, mit einem Fachkollegen über eine Partitur zu sprechen, und belegte seine Ausführungen mit Zitaten aus Autoren, die mir damals bis auf den Namen des jüngst verstorbenen Leipziger Vierdimensionalisten Zöllnér unbekannt waren.

Wir beschlossen, eine Sitzung in seinem Sinne zu versuchen und fanden uns, fünf oder sechs Personen, in unserer Wohnung zusammen. Der Kreis um einen Tisch, auf den man die Hände legte, wurde geschlossen, aber nichts Bemerkenswertes ereignete sich, so daß wir die Sitzung aufhoben. Kastropp schlug vor, daß wir nur zu drei, er, Reisenauer und ich, zusammenkommen sollten, ohne sonst irgend jemand etwas zu sagen, damit störende Einflüsse vermieden würden. Wir trafen uns wieder in unserer Wohnung, die wir abgesperrt hatten, so daß keinerlei Vorbereitungen stattfinden konnten. Diesmal wurden allerdings im Tische, an dem wir saßen, merkwürdige, trockene Klopflaute hörbar, die sich wie Morsés Telegraphenzeichen zu einem Alphabet zusammenreihen ließen, aus dem man Namen und kurze Sätze herauslesen konnte. Auch sahen wir übereinstimmend eine auf dem Tische stehende metallene Schüssel regelmäßige wellenförmige Bewegungen machen, so daß sie in kurzen Zwischenräumen etwas über der Tischplatte schwebte, um sich lautlos immer wieder auf sie zurückzusenken. Eine in unserem Sinne natürliche Erklärung dieser Erscheinungen zu geben, war einfach unmöglich. Reisenauer, realistischer angelegt als ich, war unheimlich berührt und wollte von einer Wiederholung der Versuche nichts wissen. Er ahnte ihre Gefährlichkeit. —

Die Vorbereitungen zu Liszts Besuch nahmen uns voll in Anspruch. So traten die metaphysischen Probleme vor der aussichtsvollen Wirklichkeit ins Dunkel zurück.

Ein wunderschöner Bechsteinflügel war aus Berlin angekommen und neben dem in Sondershausen vorhandenen Instrument im Saal der Tanne aufgestellt worden. Wir gingen nun daran, unser Programm zu üben. Ein Berliner Handlungsreisender, der im Hotel wohnte, nahm an unserem Musizieren Anstoß, trotzdem wir niemals zu später Stunde übten. Als ihm der Besitzer des Hotels erklärte, uns bei Tag das Klavierspielen nicht verbieten zu können, stellte er sich hinter eine Bretterwand, die die Galerie des Saales an einer Stelle abschloß, und hieb mit einem schweren Gegenstand fortwährend dagegen. Auf den Hinweis, daß es sich um Vorbereitungen für den berühmten Franz Liszt handle, antwortete er, Liszt sei ihm »janz ejal«, und auf die Drohung, daß man sich an die Polizei wenden müsse, wenn er keine Ruhe gäbe, drohte er entgegen, daß er auch das Konzert auf irgendeine Weise stören würde. Schließlich nahmen wir den Burschen von der humoristischen Seite, und als beim nächsten Üben wieder der Spektakel hinter der Bretterwand begann, spielten wir mit stoischer Gelassenheit weiter. Da packte der freundliche Herr seinen Koffer und zog in ein anderes Hotel.

Der Chor unter Leitung Schulz-Dornburgs war ebenfalls fertiggestellt, die Gesamtproben ließen ein günstiges Resultat erhoffen und wir konnten dem Tag der Aufführung mit froher Erwartung entgegensehen. Am Morgen fuhr ich nochmals nach Weimar, um Liszt abzuholen, während Reisenauer die letzten Vorbereitungen zum Empfang traf. Unsere ganze Wohnung war für den Meister hergerichtet und wurde während des Tages mit Blumen geschmückt. Da wir wußten, daß Liszt stets sehr früh aufstand, waren wir sicher, diese Nacht überhaupt nicht zum Schlafen zu kommen und hatten für uns kein Nachtlager vorgesehen. Als ich Liszt in Weimar bat, mir seine Wünsche genau mitzuteilen, ersuchte er mich nur, ihm um 3 Uhr morgens sehr starken Kaffee bereiten zu lassen. Da er seinen Kaffee, wie mir sein Diener schon früher verraten hatte, stets mit viel Kognak trank, kaufte ich vor der Abfahrt eine gute dreisternige Flasche. Siloti, der einzige seiner bedeutenden Schüler, der augenblicklich in Weimar war, fuhr auf Einladung Liszts mit uns.

Der Empfang auf dem Sondershauser Bahnhof war schön und feierlich. Der Bahnsteig war gedrängt voll von Menschen, die den greisen Meister mit Hochrufen und Hüteschwenken begrüßten. Direktor Schröder hielt eine kurze Ansprache. Darauf trat ein sehr hübsches Mädchen vor, eine Schülerin des Konservatoriums, und überreichte Liszt, knixend und errötend, einen Blumenstrauß. Liszt, von der Anmut des Mädchens wie vom ganzen Empfang sichtlich angenehm berührt, dankte ihr mit Umarmung und Kuß. Dann fuhren wir nach unserer Wohnung. Liszt äußerte den Wunsch, etwas zu ruhen und erst zum Konzert abgeholt zu werden. Wir verabschiedeten uns, gingen nochmals nach dem Saal, um nachzusehen, ob alles in Ordnung sei. Dann zogen wir uns hinter einer spanischen Wand des Saales, wohin wir die notwendigen Kleidungsstücke geschafft hatten, für das Konzert um und fuhren wieder nach Hause, wo Liszt, bereits zum Aufbruch fertig, uns erwartete.

Das Konzert verlief ausgezeichnet. Das atemlos lauschende Publikum, unter dem sich auch Gäste aus der Umgebung befanden, empfing von beiden Werken, obwohl sie ihm so gut wie fremd waren, einen bedeutenden Eindruck. Den Beifall, der namentlich am Schluß beider Symphonien stark und anhaltend einsetzte, bezogen wir natürlich stets auf den Meister, der sich immer und immer wieder von seinem blumengeschmückten Sessel erhob und nach allen Seiten verneigte. Ich hatte die Freude, von Liszt ein besonderes Lob für mein Klavierspiel zu erhalten, das er von der virtuosen Seite bisher nicht kannte, da ich ihm stets eigene Kompositionen vorgespielt hatte, die derartige Anforderungen nicht stellen.

Wir zogen uns für kurze Zeit in ein reserviertes Zimmer zurück, während im Saal, der soeben noch von weihevollen und mächtigen Tönen erfüllt war, die Tische für das Bankett aufgestellt wurden. Wieder nahm Liszt auf einem blumengeschmückten Sessel in der Mitte des Saales Platz. Ungezwungene Fröhlichkeit umgab den Meister, der, selbst in bester Stimmung, sich nach allen Seiten lebhaft unterhielt und manches Scherzwort in seine Reden einflocht. Wer ihn an diesem Abend sah, dachte nicht, einen Siebziger vor sich zu haben. Begeisterte Worte wurden auf ihn gesprochen und die Stimmung hob sich zu jenem seltenen Erzittern eines die gewöhnliche Freudigkeit weit überragenden Glücksgefühls, von dem nach und nach alle ergriffen wurden, die dem seltenen Menschen und Künstler Franz Liszt an diesem Abend nahekommen durften.

Es war 1 Uhr nachts, als sich der Meister erhob. »Gewöhnlich stehe ich um 3 Uhr auf,« sagte er auf dem Wege zum Wagen, »da wir aber heute so spät daran sind, werde ich erst um 5 Uhr aufstehen. Dann«, so wandte er sich leiser an mich, »bitte ich auch um meinen Kaffee.« Die ganze Gesellschaft war vorausgeeilt, und als Liszt unter die Eingangstür des Hotels trat, erhob sich ein minutenlanger Jubelsturm. Schließlich mußten wir selbst zur Ruhe mahnen, da wir den Meister endlich zu Bett bringen wollten. Plötzlich sah sich Liszt um. »Wo ist das liebe Mädchen, das mir heute den Blumenstrauß überreicht hatte?« frug er. »Sie soll mit mir fahren.« Ganz verwirrt trat die Kleine vor und nahm neben Liszt im Wagen, einer großen, altertümlichen Kutsche, Platz. Wir, Reisenauer und ich, setzten uns gegenüber. Da brach ein neuer Sturm des Jubels los. In einer Minute waren die Pferde ausgespannt und eine Schar junger Leute hatte sich an die Deichsel gestellt. Der Wagen setzte sich in Bewegung und fuhr, trotzdem es bergauf ging, in raschem

Tempo dahin, umgeben von der jugendlichen Schar, die mit mänadenhaften Sprüngen und fortwährenden Hochrufen den Wagen im Laufschritt umschwärmte, bis er vor unserem Hause anlangte. Liszt verabschiedete sich mit einem Kuß von seiner jungen Begleiterin. Dann winkte er noch einen Abschiedsgruß und stieg die Treppe hinauf. Noch einmal mußte er sich am Fenster zeigen, dann wandte er sich um. Sein Antlitz war nachdenklich und er erschien sehr alt. In seinen Augen schimmerten Tränen. »Sind merkwürdige Leute in Sondershausen«, murmelte er mehrmals sinnend vor sich hin. Dann reichte er uns mit freundlich verklärtem Blick die Hand. Es war bei mehreren Personen seiner Umgebung Mode geworden, ihm die Hand zu küssen und er ließ es sich gefallen. Ich habe diese Mode nie mitgemacht. In diesem Augenblick aber konnte ich nicht anders: ich neigte mich vor dem ehrwürdigen Greise und drückte einen inbrünstigen Kuß auf seine herrliche Hand. Reisenauer folgte meinem Beispiel. —

Wir begaben uns nochmals nach dem Festsaal, wo auch der größte Teil der Konservatoristen und einige jüngere Lehrer wieder eingetroffen waren, während sich die älteren zurückgezogen hatten. Die stürmische Begeisterung hielt an. Da Liszt nicht mehr da war, bildeten Reisenauer und ich den Mittelpunkt, über den sich nun der ganze Sturm ergoß. Ich erinnere mich noch, daß ich auf einen Stuhl stieg und die Jugend ermahnte, das Ideal in der Kunst hochzuhalten, wobei ich auf das leuchtende Beispiel des Meisters hinwies, zu dessen Ehre der heutige Abend veranstaltet worden war.

Schließlich machte sich das Bedürfnis nach frischer Luft geltend, denn im Saal lag bereits ein dicker Nebel von Tabakdampf, der, mit dem Duft allmählich welkender Blumen durchsetzt, sich drückend auf die Atmungsorgane legte. Die Scharen lichteten sich; nur wenige waren noch übrig, die durch die stillen Straßen des kleinen Sondershausen plaudernd und lachend dahinschritten. Eine der gereifteren Schülerinnen, ein aufgewecktes nettes Mädchen, machte den Vorschlag, bei ihr noch eine Tasse Tee zu trinken, den sie selbst bereiten wolle. Der Vorschlag wurde angenommen. Aber — war es Zufall oder Absicht? — einer nach dem anderen verschwand und schließlich standen Reisenauer und ich allein vor ihrem Haustor. »Nun, der Tee wird uns auch zu dritt schmecken«, meinte die junge Dame und bereitete in ihrer Maschine rasch drei heiße Tassen, die uns nach dem reichlich genossenen Alkohol tatsächlich ausgezeichnet mundeten. Aber es war bereits ein Viertel nach vier Uhr; also erhoben wir uns, kaum daß wir ausgetrunken hatten, und eilten nach Hause, um das Aufstehen des Meisters nicht zu versäumen. Ich hatte schon tags vorher alles für den Kaffee zurechtgemacht und nahm nun alle meine österreichischen Kenntnisse zu Hilfe, um was Rechtes zusammenzubrauen. Als ich Punkt 5 Uhr mit einer großen Tablette in den Vorraum des Schlafzimmers trat, fand ich Liszt bereits vollständig angekleidet und anscheinend ausgeruht beim Tische sitzen. Reisenauer hatte sich umgezogen, während ich noch im Frack war, was Liszt zu scherzhaft anzüglichen Bemerkungen Anlaß gab, die ich aber bedauernd zurückweisen mußte. Liszt machte selten zweideutige Äußerungen; tat er es aber, so ließen sie an Deutlichkeit nichts zu wünschen übrig. An jenem Morgen aber schien er besonders dazu disponiert. Der Kaffee war wirklich gut geraten und die dreisternige Kognakflasche tat das ihrige, um Liszt in gute Laune zu versetzen. Ich erstaunte ob dieser Riesennatur, die es vertrug, zu früher Morgenstunde mehrere Tassen eines sehr starken Kaffees, fast zur Hälfte mit Kognak gemischt, zu trinken, ohne das Geringste dazu zu essen.

Nachdem wir etwas geplaudert hatten, spielte ich Liszt den ersten Akt meiner »Malawika« vor, den er sehr lobte. »Mit einer so melodiösen Oper werden Sie mehr Erfolg haben wie mit »Sakuntala«, prophezeite er, »die Welt braucht sowas«. Reisenauer zeigte ihm einige schöne Lieder eigener Komposition, die ihm ebenfalls sehr gut gefielen. Um 7 Uhr zog er sich in sein Schlafzimmer zurück, wie uns sein Diener mitteilte, um seine Morgenandacht zu verrichten, da er heute ausnahmsweise keine Messe gehört hatte. Der Wagen, jetzt wieder von seinem gewöhnlichen Pferdegespann gezogen, holte uns gegen 8 Uhr ab und führte uns in das Konservatorium, wo eine Abschiedsfeier für Liszt angesetzt war.

»Der alte Pudel wird heute noch einmal aufmarschieren«, sagte Liszt auf der Fahrt und machte seine charakteristische, mit einem Räuspern verbundene Handbewegung. Das hieß nichts Geringeres, als daß er selbst spielen würde; auf diese Weise wollte er für den Empfang danken und uns zugleich das köstlichste Geschenk geben.

Direktor Schröder dirigierte mit dem Schülerorchester die Coriolan-Ouvertüre, nachher folgten einige Vorträge begabter Schüler. — Endlich erhob sich Liszt und schritt langsam dem

Klavier zu. Atemloses Schweigen, das nicht durch den leisesten Versuch, zu applaudieren, unterbrochen wurde, legte sich über die ganze Versammlung. Die Erscheinung des silberhaarigen Meisters am Klavier hatte etwas Sagenhaftes, Unwirkliches. Kaum bewegten sich seine Arme, als die ersten Töne erklangen. Wieder hatte ich die Vorstellung, als spiele er nicht, sondern magnetisiere das Klavier, dessen tönende Seele zu uns sprach. Er begann mit einer freien Improvisation über eigene Werke, ging dann zum Chant polonais von Chopin über und schloß mit seiner Transskription einer Melodie Rossinis. Traumhaft schön wie die Märchenerzählung eines großen Dichters klang die Musik, die uns wie ein weiter, weicher Mantel aus unirdischem Stoff umhüllte. — Als er sich erhob, löste sich die Spannung in beispiellosem Jubel. Die Jugend stürzte sich geradezu über ihn, viele knieten und küßten seine Hände und die Schösse seines langen priesterlichen Kleides. Er stand, lächelnd und nach allen Seiten freundliche Blicke und Worte austeilend, inmitten der ungestümen Menge, aus der man ihn schließlich befreien mußte, da die Zeit der Abfahrt herannahte.

Nochmals hatte sich alles auf dem Bahnhof eingefunden, was zu Kunst und Musik Beziehungen hatte. Ein kurzer, warmer Abschied. — Liszt stieg in den Zug. Solange dieser in Sicht des Perrons blieb, sah der Meister aus dem Fenster und winkte mit der Hand. —

Nun hatten wir das volle Recht, müde zu sein. Wir legten uns zu Bett und schliefen bis in den Nachmittag hinein. Als wir am Abend in unseren Gasthof kamen, wo wir gewöhnlich speisten, fiel uns ein merkwürdig kühles, beinahe scheues Benehmen der dort anwesenden Personen auf, unter denen sich auch einige Lehrer des Konservatoriums befanden. Zunächst hörten wir, daß die Direktion des Konservatoriums von der Polizei ein Strafmandat wegen »nächtlicher Ruhestörung« erhalten habe. So lautete die amtliche Übersetzung der jugendlichen Huldigungen, die dem großen Franz Liszt in der vergangenen Nacht dargebracht wurden. Dieses Schildastücklein wurde zwar allgemein belacht, aber die Stimmung gegen uns änderte sich trotzdem nicht. Es lag etwas in der Luft, das irgendwoher aus einer feuchten Ecke hervorgekrochen war und nun grau und schleimig lidalag und nicht fortzubringen war. Wir bemerkten es zwar, ebten aber noch zu sehr in der Erinnerung an gestern und heute früh, als daß wir ernstlich darauf geachtet hätten.

Am nächsten Morgen unternahm ich einen längeren Spaziergang. Als ich vormittags zurückkehrte, fand ich Reisenauer, den ich bei seinen Stunden glaubte, in großer Erregung daheim. Ein Lehrer des Konservatoriums war bei ihm erschienen und hatte ihm unter dem Deckmantel kollegialer Freundschaft mitgeteilt, es sei bekannt geworden, daß Reisenauer die Nacht bei einer Schülerin verbracht habe, was eine Disziplinaruntersuchung nach sich ziehen werde. Der Lehrer hatte meinem Freunde geraten, durch Ersuchen um seine Entlassung einer solchen Untersuchung zuvorzukommen. »Und was hast Du getan?« fragte ich, der ich Reisenauers ungestümes Temperament kannte und daher Schlimmes ahnte. »Natürlich sofort brieflich meine Entlassung genommen.« — »Himmel, welche Übereilung! Ich bin doch ein einwandfreier Zeuge für die absolute Harmlosigkeit unseres kurzen nächtlichen Besuches.« Ich eilte sofort zum Direktor Schröder und legte ihm den Sachverhalt klar. Schröder meinte, Reisenauer hätte es unter allen Umständen, auch in meiner Gesellschaft, vermeiden müssen, um diese Zeit die Wohnung einer Schülerin zu betreten. Die Sache wäre noch leicht aus der Welt zu schaffen gewesen, wenn ihr Reisenauer durch sein umgehendes Demissionsgesuch nicht selbst eine Bedeutung beigelegt hätte, die sie, wie er mir gerne glauben wolle, gar nicht besitze. Mit diesem Bescheid kehrte ich zu Reisenauer zurück, der weniger seinetwegen als seiner Mutter wegen bestürzt war, die das größte Glück darin gesehen hatte, daß ihr Sohn eine feste Stellung innehatte. »Du mußt es ihr schreiben; ich bring's nicht fertig«, bat er in seiner treuherzigen Weise, und ich entledigte mich dieser wenig erfreulichen Aufgabe so gut ich konnte.

Allmählich fanden sich Schüler Reisenauers bei uns ein. Sie hatten von der unerwarteten Wendung gehört und waren außer sich, ihren Meister zu verlieren. Sie erzählten, daß schon seit längerer Zeit in der Lehrerschaft des Konservatoriums ein Komplott bestehe, das auf die Entfernung Reisenauers abzielte. Der Lehrer, der hinterlistig zur Demission geraten habe, sei der Rädelsführer gewesen. Sie beschworen Reisenauer, zu bleiben. Aber das war nunmehr unmöglich geworden. Der Zufall oder das Schicksal hatte den dunklen Elementen wieder einmal in die Hände gespielt. Nun kam Besuch auf Besuch. Schülerinnen brachten Blumen. Betrübnis herrschte überall. Ich ging zur jungen Dame, deren freundlicher nächtlicher Tee das ganze Unheil angerichtet hatte. »Ich bin auch schon 'raus«, begrüßte sie mich mit kräftigem Händedruck, »entlassen in aller Form! Mir macht's nichts. Ich bin verlobt und mein Bräutigam ist ein viel zu prächtiger Kerl, als daß er mir so 'ne Dummheit nachträgt. Ich hänge die Kunst an den Nagel und heirate.« — Ich wünschte ihr von Herzen Glück und verabschiedete mich.

Da Reisenauer und ich in der nächsten Zeit ohnehin in Kassel zu tun hatten, rüsteten wir uns zur Abreise dorthin. Der dortige Wagner-Verein hatte uns schon vor längerer Zeit eingeladen, das in Sondershausen geplante Liszt-Konzert in Kassel zu wiederholen, nur daß statt der einen Symphonie Liszts Bruchstücke aus den dort noch unbekannten »Meistersingern« zur Aufführung zu bringen waren. Wir hatten die Einladung angenommen. Der Abschied von Sondershausen gestaltete sich zu einer rührenden Feier für meinen unverdient gekränkten Freund. Wieder waren fast alle Schüler auf dem Bahnhof versammelt. Auch der treffliche Schulz-Dornburg, der Leiter unserer Chöre, ließ es sich nicht nehmen, trotzdem er zur Lehrerschaft gehörte, seinen scheidenden Kollegen zu begrüßen. Jeder wollte noch einen letzten Händedruck haben. Sträußchen wurden überreicht und in den Wagen geworfen, und als sich der Zug in Bewegung setzte, erscholl ein brausendes Hoch, das kaum demjenigen an Wärme nachstand, mit dem Liszt abgefahren war. Gewiß hatten auch die Sondershausener Lehrer und der Direktor mitunter Geduld mit Reisenauer haben müssen, der seinem starken Trinken nicht entsagen konnte und sich dadurch, wie ich selbst zu bemerken Gelegenheit hatte, manche Unpünktlichkeit zuschulden kommen ließ. Aber als die kleine Residenz, in der er durch einige Monate erfolgreich und sympathisch gewirkt hatte, unseren Blicken entschwand, durfte er dennoch mit Recht den Vorwurf erheben: »Zum Dank für den fabelhaften Liszt-Abend werde ich nun gegangen.« —

In Kassel wollten wir als Einleitung »Die Ideale« von Liszt auf zwei Klavieren spielen. Nachher sollten Teile der Werkstattszene, das Quintett und die Chöre der Festwiese folgen, deren Einstudierung und Leitung mir oblag. Als Schluß war die »Faust«-Symphonie geplant. Der Vorstand des Wagner-Vereines bat uns nun, nicht zweimal Liszt zu spielen, was dem Publikum zuviel werden müßte, sondern als Einleitung lieber ein klassisches Stück zu wählen. Entschlossen, für Liszt, wie und wo es ginge, einzutreten, beharrten wir um so energischer auf unserer Absicht, als von seiten des Vorstandes manche abfällige Bemerkungen gegen Liszts Kompositionen fielen. Als sich die Bitten um eine Programmänderung wiederholten und schließlich sehr dringend wurden, ergriff uns, die wir noch das Nachzittern der Sondershausener Vorgänge spürten, der Spaßteufel, und wir gingen scheinbar auf die Bitten des Vorstands ein, indem wir ein gar nicht existierendes Stück von Schubert auf das Programm setzten, am Abend aber stillschweigend die »Ideale« von Liszt spielten. Der vermeintliche Schubert wurde sehr warm aufgenommen und sämtliche Kritiken priesen die Melodik des Werkes, von dem nur ein einziger schrieb, daß es ein dem »Lyriker Schubert« sonst fremdes »grüblerisches« Element enthalte. Liszts Faustsymphonie wurde aber, gerade im Gegensatz zum vermeintlichen Schubert, heftig angegriffen. Heute würde ich über eine solche Entgleisung milder urteilen als damals, wo ich, ebenso wie zwei Jahre vorher von Düsseldorf aus, wo ein Kritiker Beethoven und mich verwechselt hatte, alles nur Mögliche für das Bekanntwerden des Vorgangs tat. Jeder von uns ist dem Irrtum ausgesetzt; einer der schlimmsten menschlichen Irrtümer aber ist der Unfehlbarkeitsdünkel. Obwohl in Kassel der Irrtum besonders kraß war, so muß doch zugegeben werden, daß keinerlei Böswilligkeit vorlag. Wohl aber ist dieses an sich belanglose Ereignis ein sprechender Beweis für die Macht des Vorurteils. Liszt war damals, im Jahre 1885, der berühmte »Pianist«, von dem man höchstens hoffte, daß er vielleicht doch noch einmal öffentlich spielen werde. Daß dieser Mann Werke geschrieben hatte, welche die eingehendste Beachtung schon deshalb verdienten, weil sie die Probleme der Ausdrucksfähigkeit und der Grenzen der Musik aufrüttelten, war den Hochweisen der damaligen Zeit nicht beizubringen. Man wiederholte lieber alte, längst abgedroschene Phrasen, als daß man Ohren, Kopf und Herz nur ein klein wenig aufgemacht hätte.

Oft in späteren Jahren, als man den Ruf, den ich mir als Dirigent erworben hatte, benützte, um das, was ich schuf, nicht zu b e urteilen, sondern zu v e r urteilen, hielt ich mir das Kasseler Erlebnis mit dem fingierten Schubert vor Augen und rief meiner Seele, die sich aufbäumen wollte, zu: »Ruhig! — Es wird auch einmal anders kommen.« —

WEITERE ENTWICKLUNG DER DIRI-
GENTENLAUFBAHN.

Am Kasseler Hoftheater wirkte damals Gustav Mahler neben dem Hofkapellmeister Treiber. Wir trafen uns öfter abends im Restaurant. Er trug einen Schnurrbart. Das Bild, das ich von ihm in Erinnerung habe, glich wenig seinem späteren Aussehen. Auch er empfand es peinlich, einem Durchschnittsdirigenten untergeordnet zu sein, und konnte sehr ärgerlich werden, wenn man ihn »Herr Musikdirektor« titulierte. Die Unterhaltung mit ihm geriet stets lebhaft und angeregt. Für ein bevorstehendes Musikfest in Kassel bereitete er den »Paulus« von Mendelssohn vor. Er vertrat die Ansicht, daß man Unrecht tue, Mendelssohn zu vernachlässigen, eine Ansicht, der ich heute vollkommen beipflichte.

Reisenauer wurde von der Nachricht einer schweren Erkrankung seines Vaters ereilt. Er fuhr sofort nach Königsberg, kam aber nur zum Leichenbegängnis zurecht.

Meine Zukunft war wieder einmal in Nebel gehüllt. Ich hatte von Sondershausen mehrfache Briefe an Berliner Theateragenten gerichtet und ersucht, mir zum Herbst eine Stellung zu verschaffen. Die Antworten waren aber so wenig aussichtsreich, ja stellenweise sogar brüsk ablehnend, daß ich an irgendeinen feindlichen Einfluß glauben mußte, den ich als vom Königsberger Theaterbureau ausgehend zu vermuten mehrfachen Anlaß hatte. Allerdings hatte ich in meinen Briefen betont, daß ich eine Stellung als »zweiter« Kapellmeister nicht mehr annehmen würde, wohl aber an das kleinste Theater ginge, wenn ich dort als erster oder meinetwegen alleiniger Kapellmeister wirken könne. Wieder war ich fest entschlossen, lieber eine andere Laufbahn zu ergreifen, als mich nochmals, um Wagners Ausdruck zu gebrauchen, einem »Vierfüßler«, wie ich einen in Herrn Kriebels Dirigieren kennen gelernt hatte, unterzuordnen. Ich hielt es für das beste, selbst nach Berlin zu fahren, um persönlich mit Agenten und eventuell auch mit Theaterdirektoren Fühlung zu nehmen. Partitur und

Klavierauszug von zwei Akten meiner »Malawika« waren an Paul Voigt abgeliefert. Mit der Skizze des halben dritten Aktes fuhr ich nach Berlin, wo ich in der Taubenstraße eine billige und recht angenehme Pension fand.

Mein Verdacht bezüglich Königsberg bestätigte sich. In allen Agenturen wußte man von der verunglückten Vorstellung des »Nachtlager«. Die übertriebensten Einzelheiten wurden hinzugefügt. Daß der Vorhang vorzeitig fallen mußte, war noch das Mildeste, denn es wurde auch ernsthaft behauptet, die Vorstellung sei überhaupt nicht zu Ende gespielt worden. Es war, als hätte ich in Königsberg nichts anderes dirigiert wie das »Nachtlager von Granada«. Kein Mensch wußte etwas vom Guten, das ich dort geleistet hatte. Mein Selbstbewußtsein begann, sich zu stärken. Es mußte doch wirklich recht viel an mir sein, wenn man es für nötig fand, in solcher Weise zu versuchen, mich unschädlich zu machen. Ich hatte glücklicherweise eine Anzahl Besprechungen über andere Vorstellungen aufbewahrt, mit denen ich den über mich ausgestreuten Erfindungen die Spitze abzubrechen versuchte, als plötzlich der Ausruf fiel: »Sie sind in Genf ja auch fortgeschickt worden!« — Ich horchte erschrocken auf. Hier hatte ich keine Gegenbeweise in der Hand; meiner Erzählung aber, wie sich meine Angelegenheit dort wirklich zugetragen hatte, schien niemand Glauben schenken zu wollen. Mir war zumute wie einem Fisch, den eine böse Welle an den Strand geworfen hat und der nun der Möglichkeit beraubt ist, in sein Element zurückzukehren. Ich ging zu Hermann Wolff. »Was Ihnen in Genf passiert ist,« meinte er, »ist ein scheußliches Pech. Wir wollen versuchen, es wegzubringen.« Er gab sich auch Mühe, mich bei einigen Konzertgesellschaften zu empfehlen; es war aber keine Stelle frei. Otto Leßmann, der in Charlottenburg in einem schönen Haus wohnte und dort sein Blatt redigierte, empfing mich sehr herzlich. Auch er erzählte mir, daß er ganz Abscheuliches über mein Dirigieren gehört habe. »Ich habe Sie verteidigt,« sagte er, »da ich Sie ja in Weimar am Pult gesehen habe; aber man wendet ein, daß dies nicht zähle, da es ein eigenes Werk gewesen sei.« — In den ersten Tagen meines Berliner Aufenthaltes hatte ich erfahren, wie leicht es ist, jemand gewissermaßen eine Etikette aufzukleben, nach der man ihn dann ausschalten oder auch einreihen kann, denn es gibt ja auch Etiketten im Sinne der gedankenlos fördernden Reklame. Die meinige lautete vorerst: »In Königsberg umgeworfen, in Genf nicht ans Pult gelassen.« Nun galt es, diese Etikette von mir abzulösen, aber der Leim, den meine Gegner ausgesucht hatten, war sehr, sehr zähe.

Am freundlichsten benahmen sich der Theateragent Selàr und seine Frau. Sie schickten öfter nach mir, wenn Theaterdirektoren da waren, denen Sänger vorsangen. Ich übernahm dann die Begleitung. Auf diese Weise, meinten die Selàrs, würden die Direktoren auf mich aufmerksam. Aber kein Versuch des wohlgesinnten Ehepaares führte zu einem Erfolg. »Wie können Sie mir so 'nen jungen Menschen vorschlagen!« hörte ich einen jener Zwingherrn ausrufen, als mich Selàr ihm empfohlen hatte. Als der einflußreichste der damaligen Agenten galt Herr Drenker. Bisher war ich nur zu seinem Vorzimmer, aber nicht bis zu ihm selbst vorgedrungen. Eines Tages, auf meine wiederholten Anmeldungen hin, empfing er mich und hörte mich eine Weile ruhig an. Endlich sagte er: »Sie sollen ein sehr gebildeter Mann und auch ein guter Komponist sein Warum aber wollen Sie durchaus die Kapellmeisterlaufbahn ergreifen, zu der Sie nach allgemeinem Urteil gar kein Talent haben?« — »Nach allgemeinem Urteil?« fuhr ich auf. »Woher stammt es denn, dieses sogenannte allgemeine Urteil? Von den Herren Kriebel und Pichon aus Königsberg. Ist nicht vielleicht Franz Liszt maßgebender wie diese Leute?« »Franz Liszt versteht nichts vom Theater«, antwortete Drenker mit einem Gleichmut, der mich in einer weniger ernsten Situation zum Lachen gebracht hätte. »Übrigens«, fuhr er fort, »schlagen Sie sich den ersten Kapellmeister aus dem Kopf. Ich habe gehört, daß Sie recht gut Klavier spielen. Vielleicht kann ich Sie irgendwo als Korrepetitor unterbringen.« — Es waren schwarze Gedanken, die mich erfüllten, als ich nach dieser Unterredung wieder auf die Straße trat und die gleichgültigen Großstadtgesichter in ewiger Hast an mir vorübereilen sah. Was hatte mein Leben für einen Zweck, wenn mir die Möglichkeit des Lebens abgeschnitten wurde? Hätte ich nur über ein kleines Vermögen verfügt, nur über ein Tausendstel von dem, was wohl mancher jener Lebemänner besaß, die ich im neugebackenen Berlin herumschlendern, die teuren Restaurants aufsuchen und in Equipagen herumfahren sah! Wie gern hätte ich mich nach meinem geliebten Weimar zurückgezogen, dort komponiert und an die Kapellmeisterlaufbahn überhaupt nicht mehr gedacht. Aber ich mußte ja verdienen, und die einzige Möglichkeit dazu sah ich in der Ausnützung meiner Dirigentenbegabung. Es war eine böse Zeit, die ich damals in Berlin durchlebte. —

Leßmann hatte mich dem Kommissionsrat Engel empfohlen, dem sogenannten »Kroll-Engel«, einer typischen Erscheinung des damaligen Berlin. Er war der Direktor des Krollschen Etablissements, eines großen Gartens, in welchem sich ein Theatergebäude befand, an derselben Stelle im Tiergarten, wo heute das Neue Operntheater steht. Während der Sommermonate wurde dort Oper gespielt. Das Ensemble war minderwertig, aber fast sämtliche Gesangsgrößen der damaligen Zeit, in- und ausländische, traten als Gäste auf der kleinen Bühne auf. Man hörte Marcella Sembrich, Sigrid Arnoldson, Perotti, Mirzwinski, das Ehepaar Artôt-Padilla und viele andere. Das war interessant und anregend. Der Herr Kommissionsrat engagierte mich zwar nicht, gab mir aber ein Passepartout, so daß ich stets freien Eintritt hatte. Viele Abende brachte ich bei Kroll zu, aß im Freien zu Abend, hörte einen oder mehrere Akte der Vorstellung und traf wohl auch einen Bekannten. Sonst war mein Leben ziemlich einsam. Das königliche Opernhaus besuchte ich nur zweimal, um den herrlichen Niemann zu hören und zu sehen. Ich versuchte, an meiner Oper weiterzuarbeiten, aber es gelang mir nicht. Kaum vermochte ich mich zum Besuch eines der Museen zu entschließen oder ein Buch zu lesen. Ich dämmerte Tag für Tag dahin und Frau Sorge war meine stete Begleiterin. Ich nannte Berlin nur mehr »das große Grab«. Es schien mir, als ob diese Häuser- und Menschenmassen alles verschlängen, was ich Hohes und Schönes erhofft und erstrebt hatte. Das Böse, das mich später dort getroffen hat, lag schon damals in der Luft.

Ein merkwürdiges Erlebnis riß mich vorübergehend aus der Lethargie, der ich immer mehr zu verfallen drohte. Ich hatte aus einem zufälligen Gespräch die Adresse einer Wahrsagerin erfahren und ging zu ihr, ohne meine Absicht irgend jemandem mitzuteilen. Sie wohnte in einer entlegenen Gegend Berlins, wo ich noch nie hingekommen war, und es war unmöglich, daß sie mich kannte. Außerdem zog ich mit Absicht einen alten, abgetragenen Anzug an, so daß ich alles eher als vornehm aussah. Die Frau las in meiner Hand und schlug Karten auf. *Sie sagte mir zuerst verblüffende Dinge aus meiner Vergangen-*

heit, die kaum meine nächsten Freunde wußten. Dann fuhr sie fort: »Sie sind in einer Seestadt geboren (Zara) und werden demnächst wieder in eine Stadt nahe am Meer gehen.« (Einige Zeit nachher erhielt ich das Engagement nach Danzig, von dem an diesem Tage und noch lange später keine Rede war.) »Nachher werden Sie sich wieder in einer Stadt nahe am Meere aufhalten.« (Hamburg.) »Nach einigen Jahren aber werden Sie hieher nach Berlin kommen, eine große Stellung, aber auch viele Feinde haben.« (Auch das ist eingetroffen) »Ein sehr berühmter alter Herr ist Ihr Gönner.« (Liszt.) »Er hat Sie an einen Hof gebracht.« (Weimar.) »Er wird aber im nächsten Jahre sterben.« (Liszt starb im folgenden Jahre.) So, Vergangenes und Zukünftiges durcheinandermischend, sprach sie ziemlich lange, sich im Vergangenen und, wie sich später herausstellte, auch im Zukünftigen nicht irrend. Ich habe noch einige Male in meinem Leben wahrsagende Leute besucht, aber niemals ein ähnliches Beispiel von Treffsicherheit gefunden. Diese Frau scheint wirklich eine Hellseherin gewesen zu sein. —

Eines Tages schickte Hermann Wolff zu mir, der mir schon wiederholt Beweise von Sympathie gegeben hatte. »Fahren Sie heute abends mit mir nach Karlsruhe zum Musikfest«, empfing er mich. »Sie sind mein Gast. Liszt wird sich gewiß freuen, Sie wiederzusehen, und es ist gut für Sie, wenn Sie alle die Leute kennen lernen, die dort zusammenkommen.« Es war wieder der Allgemeine deutsche Musikverein, der dieses Fest veranstaltete. Mein schmaler Geldbeutel ließ mich bisher nicht daran denken, hinzufahren. Mit herzlichem Dank nahm ich Wolffs liebenswürdige Einladung an und am Abend desselben Tages fuhren wir ab, wobei ich zum erstenmal die Annehmlichkeiten eines Schlafwagens kennen lernte.

Karlsruhe bot ein bewegtes Bild. Die Beteiligung war dieses Jahr besonders stark. Liszt war bereits eingetroffen und mit ihm die beiden jüngsten Töchter Wagners, Isolde und Eva. Fast alle Weimarer Freunde waren da, auch Reisenauer, der sich auf der Rückreise von Königsberg zwei Tage in Berlin aufgehalten hatte, ohne zu ahnen, daß ich dort war. Die Berliner Erlebnisse hatten mich so herabgestimmt, daß ich dem Freunde nicht einmal geschrieben hatte. Ich fand Liszt in einem großen Kreise von Männern und Frauen. »Ich will Sie nun gleich meinen Enkerln vorstellen«, sagte er nach der ersten Begrüßung und führte mich zu den jungen Damen Wagner, die ich in Wahnfried wohl gesehen, aber nicht gesprochen hatte. Auch Mottl war da. Unwillkürlich beneidete ich ihn. Welche Fülle von Glück hatte das Schicksal über diesen Künstler ausgestreut! In jungen Jahren an eine erste Stellung berufen, gestützt durch die Gunst des edlen und klugen Großherzogs, stand ihm nicht nur ein voll befriedigender Wirkungskreis zu Gebot, sondern lag auch die Aussicht auf eine glänzende weitere Laufbahn hemmungslos vor ihm. Schon erzählte er offen, die »Kinder« — gemeint waren die Töchter Wagners — hätten ihm versprochen, daß er im nächsten Jahre den »Tristan« in Bayreuth dirigieren werde. Das Gefühl des Neides war bei mir nie stark ausgeprägt, und fremdes Verdienst habe ich mich stets eher zu würdigen als zu leugnen bemüht. Hier aber, wenn ich an meine eigene Situation dachte, die so trost- und aussichtslos wie möglich war, hier fragte ich mich dennoch, warum wohl das Schicksal alle Gunst auf den Einen häuft und den Anderen leer ausgehen läßt. Was wußte man von Mottls Begabung, bevor er nach Karlsruhe kam? Dem Umstand, daß der dortige Hofkapellmeister Dessoff, der einen Nachfolger brauchte, ihn empfahl, verdankte er seinen plötzlichen, gewiß verdienten, aber ungewöhnlich raschen Aufschwung. Mir wollte sich nichts eröffnen. Die Quellen des Glückes schienen verstopft und vergiftet. Später fand ich wohl die Antwort auf solche Schicksalsfragen, wie ich sie jetzt in Karlsruhe stellte, und die Antwort lautete v e r s ö h n e n d, als ob große, weithin tönende Akkorde angeschlagen würden. Aber man muß andere Gebiete betreten haben als diejenigen, durch welche die zu Erfolg, Ruhm und Reichtum leitende Straße führt, um eine solche Antwort zu erhalten. —

Ich betrat den Festsaal, in dem Mottl gerade probierte. Klänge tönten an mein Ohr, die in mächtiger Steigerung zu einem gewaltigen Höhepunkt führten und dann leise verklangen. Wieder vernahm ich den Namen »Anton Bruckner«; diesmal aber klang er lieblich, denn was ich da hörte, war rein und groß. Es war das Adagio der neuesten, siebenten Symphonie Bruckners, das Mottl, getrennt von den übrigen Sätzen, beim Musikfest aufführte. Diesen schönsten aller Brucknerschen Sätze mit seinem weitgeschwungenen herrlichen Thema höre ich stets mit wahrer Andacht, die nicht im geringsten dadurch geschmälert wird, daß ich zur Gesamterscheinung Bruckners nie Stellung finden

19*

konnte. Hier ein wunderbarer Rumpf, dort ein Arm, ein Bein, ein Kopf, jedes wertvoll in seiner Art. Wie kommen aber alle diese Trümmer dazu, zu viersätzigen Riesensymphonien zusammengeschweißt zu werden, die Klumpen sind, aber keine organischen Gebilde? Außerdem sieht eine Symphonie der anderen zum Verwechseln ähnlich. In der Anlage der Themen dieselbe Faktur, dieselbe Art der Polyphonie, dieselben Übergänge und überall derselbe Mangel an aufbauender Kraft, der zur Edelqualität vieler Themen im Widerspruch steht. Mit besonderer Freude habe ich stets zur Kenntnis genommen, daß Verehrer Bruckners mich als Interpreten dieser Werke nicht schätzen, trotzdem ich mich gewissenhaft und ehrlich damit bemüht habe. Wo ich nicht aufrichtig mitgehen kann, wird auch meine Leistungsfähigkeit sich nicht restlos entwickeln können. Der Ruhm, große Bruckner-Interpreten zu sein, bleibe darum ein für allemal neidlos denen überlassen, die etwas anderes in diesen Werken zu erkennen glauben, als ich darin zu finden imstande bin.

Bei diesem Musikfest hörte ich zum erstenmal die Dante-Symphonie in orchestraler Aufführung und das große Requiem von Berlioz mit den vier Extraorchestern. Sonst ist mir nicht viel in Erinnerung geblieben, soweit es die musikalischen Darbietungen betraf, wohl aber, alles andere überstrahlend, ein Zusammensein mit Liszt, das letzte, in dem ich die volle Wirkung seiner Persönlichkeit empfand. Reisenauer und ich besuchten ihn eines Nachmittags im Hotel und fanden ihn bei einer Sitzung mit den übrigen Vorständen des Musikvereins in recht übler Laune. Wir wollten uns zurückziehen, er aber winkte uns, zu bleiben; so warteten wir in einer Fensternische das Ende der Sitzung ab, das bald eintrat, da Liszt offenbar keine Lust hatte, weiter zu verhandeln. Die Herren brachen auf und wir meinten, mit ihnen gehen zu müssen, als Liszt uns energisch zurief: »I h r bleibt da!« — Als wir zu dritt waren, atmete er tief auf, dann klingelte er, bestellte Kaffee und brachte Zigarren herbei. »So,« rief er dann, »jetzt sind wir unter uns, jetzt wollen wir plaudern.« Er begann über Sondershausen zu sprechen und über unser Konzert, das ihm in lieber Erinnerung war. Ich fragte ihn, ob ich eine Abweichung von der Partitur der »Faust«-Symphonie, die sich in seiner Klavierbearbeitung findet, später, wenn ich vielleicht einmal Gelegenheit hätte, das Werk zu dirigieren, instrumentieren und statt des Originals spielen dürfe. Er bejahte lebhaft und meinte, beim Arrangieren ergäben sich öfter Umdichtungen, die dem Original vorzuziehen seien. »Auch beim Übersetzen aus fremden Sprachen ist es so«, meinte er dann. »Viel Ärger habe ich da mit der Übersetzung von Benvenuto Cellini gehabt, trotzdem der treffliche Cornelius die Arbeit gemacht hat. Da ist es mit den lateinischen Texten angenehmer; die bleiben in jedem Land dieselben.« Dadurch kamen wir auf das Requiem von Berlioz zu sprechen und ich sprach meine Verwunderung darüber aus, daß Berlioz nach dem erschütternden Dies irae die vier Orchester in zwei Sätzen nochmals verwende, wo sie keine Beziehung zum Text hätten. »Sie haben recht«, sagte Liszt, »namentlich im Lacrymosa wünschte ich sie weg. Die Gelegenheit, diese vier Orchester mehrfach zu verwenden, war gewiß verlockend, aber Berlioz hätte ihr widerstehen sollen.« Er erzählte uns ferner, daß er mit Berlioz Wagners wegen stark auseinandergekommen sei. »Ich bin nicht mit allem mitgegangen, was Wagner geschrieben hat«, sagte er, »ich finde in den Nibelungen vieles rein Reflektierte, was mit Musik eigentlich nichts mehr zu tun hat. Aber Berlioz war Wagner gegenüber gehässig, und das vertrug ich nicht. Später trafen wir uns wieder einmal in Paris. Wir beschlossen, zusammen zu soupieren, verabredeten aber, daß über Wagner nicht gesprochen werden soll. Da vertrugen wir uns ausgezeichnet.« Über Berlioz' symphonische Werke sprach er mit wahrer Begeisterung, auch über die Oper Cellini, bei der er nur das schlechte Textbuch bedauerte. Frisch quoll ihm der Redestrom von den Lippen und auch uns war die Zunge gelöst. Wie lange wir geblieben waren, weiß ich nicht. Es war spät und Zeit, ins Konzert zu gehen, als wir uns verabschiedeten. »Lebt wohl, meine Lieben!« sagte er mit einer Innigkeit im Ton, die noch heute in meinem Herzen nachklingt. — Wir gingen nun aber nicht ins Konzert, sondern machten einen Spaziergang in die Umgebung, aßen in einem Landwirtshause zu Abend und spannen die Fäden des wunderbaren Gespräches fort. Für die musikfestliche Welt waren wir an jenem Abend verloren. —

Ich fuhr mit Wolff nach Berlin zurück, schaudernd vor dem, was mich dort erwartete. Wieder die demütigenden Besuche bei den Agenten, wieder die negativen Bescheide, wieder dieselbe Aussichtslosigkeit! — Voigt drängte wegen Vollendung der Oper. Da war wohl ein Vorschuß zu erhoffen, wenn sonst alles versagte. Wie lange würde der aber reichen? — Was dann? — Mottl hatte mich an Angelo Neumann nach Prag empfohlen, der mich aber auch ablehnte. --

Eines Tages traf ich den Bariton Alexi, der mit mir in Königsberg engagiert war und auch in unserem Kassler Konzert mitgewirkt hatte. Wir aßen zusammen und ich schilderte ihm meine Notlage. Vielleicht könne er helfen, meinte Alexi. Der Direktor Jantsch aus Danzig sei gerade in Berlin; ihn wolle er auf mich aufmerksam machen. Am Abend brachte mir Alexi den Bescheid. Jantsch war das letzte Jahr in Danzig und suche billige Kräfte. Er sei bereit, mich zu engagieren, wenn ich für eine Saison von sieben Monaten mit 150 Mark monatlich vorlieb nähme und mich mit dem anderen Kapellmeister, den er bereits engagiert habe und der dieselbe Gage beziehe, gleichmäßig in die Arbeit teilen wolle. Also beigeordnet, wenigstens nicht untergeordnet! Ich sagte zu und hatte bei der minimalen Gage doch den Vorteil, keine Agentprovision bezahlen zu müssen.

Nun hatte ich doch Aussicht, wieder in die schon halb aufgegebene Dirigentenlaufbahn hineinzukommen. Allmählich zogen hellere Gedanken in meine Seele und die Hoffnung nahm wieder Besitz von mir. Ich hatte jetzt nur den einen Gedanken: für einige Zeit hinaus aus Berlin, bevor ich mich in das Danziger Joch einspannen lassen mußte! Ich schrieb an Voigt um einen Vorschuß, den er mir bereitwilligst gewährte. In der Nähe von Eisenach, in einem stillen Gasthause, fand ich Unterkunft und gute Verpflegung. In den herrlichen Wäldern stärkten sich meine durch die Sorgen der letzten Zeit stark mitgenommenen Nerven. Hier vollendete ich den dritten Akt und schrieb auch die Partitur und den Klavierauszug dieses Aktes. Alles sandte ich an Voigt, der mir nun den Rest des Honorars auszahlte. Nachdem er eine Kopie der Partitur hergestellt und den Klavierauszug zum Stich gegeben hatte, sandte er die Partitur auf meinen Rat an Hermann Levi nach München, während ich Levi gleichzeitig schrieb und ihn an das Interesse erinnerte, das er für meine erste Oper gezeigt hatte.

Der Beginn der Saison rückte heran. Ich kehrte nach einigen glücklichen Wochen gestärkt nach Berlin zurück und rüstete mich zur Fahrt nach Danzig. Wenige Tage vor meiner Abreise überraschte mich Reznicek, den ich zwei Jahre nicht mehr gesehen hatte. Er war verheiratet und hatte einen reizenden

Jungen. Auch er wollte zur Kapellmeisterei übergehen und war deshalb nach Berlin gekommen. Es gelang ihm, in Mainz am Stadttheater eine Stellung zu finden. Er führte die Partitur einer Oper »Die Jungfrau von Orleans« mit sich, deren Text er selbst nach Schillers Drama sich zurechtgemacht hatte. Die Oper ist später in Prag zur Aufführung gelangt. Ich erinnere mich noch dunkel des ersten Monologs der Johanna, der harmonisch sehr originell war. Auch Reisenauer war wegen seines Winterengagements in Berlin eingetroffen und hatte in derselben Pension wie ich Wohnung genommen. Von ihm, Reznicek und Otto Leßmann an die Bahn geleitet, fuhr ich nach Danzig ab.

Mit zusammengebissenen Zähnen kam ich in dieser Stadt an, wußte ich doch, was mir bevorstand: die ganzen Verhältnisse noch armseliger wie in Königsberg, der Direktor ohne Interesse für sein Institut, nur vom Wunsch beherrscht, im letzten Jahr noch möglichst viel Geld herauszuschlagen, und die öffentliche Meinung sicherlich stark aus dem nahen Königsberg beeinflußt. »Ich habe ja entsetzliche Dinge über Sie gehört«, waren die trostreichen Worte, mit denen mich Direktor Jantsch empfing. »Warten Sie doch ab mit Ihrem Urteil, bis Sie mich am Pult gesehen haben, Herr Direktor«, erwiderte ich, resigniert und auf das Äußerste vorbereitet, »Sie können mich ja nach vier Wochen kündigen, wenn ich Ihnen nicht recht bin.«

Mein Kollege, dem ich beigeordnet war, hieß Salzmann, ein nicht unsympathischer kleiner Mann, der von allen Seiten, auch vom Direktor, mit der größten Hochachtung behandelt wurde, während man mich ziemlich mißtrauisch betrachtete. Am Nachmittag des ersten Tages — die Sonne strahlte noch beinahe sommerlich vom Himmel herab — machten wir, der Direktor und mehrere Mitglieder, einen Ausflug nach dem nahen Neufahrwasser. Als ich die Fluten der Ostsee erblickte und bald darauf darin herumschwamm, mußte ich der Berliner Wahrsagerin gedenken. Eine ihrer Prophezeiungen war jedenfalls in Erfüllung gegangen: ich war in einer Stadt nahe dem Meer.

Die Saison sollte mit einer Aufführung von Rubinsteins »Die Kinder der Heide« eröffnet werden. Mein Kollege, Herr Salzmann, fragte mich, ob ich die Oper kenne. Ich weiß nicht, was mir eingab, mit dem Brustton der Überzeugung »natürlich, sehr gut« zu antworten, während ich von ihrer Existenz hier zum erstenmal gehört hatte. »Dann könnten Sie mir einen großen

Gefallen tun,« sagte Herr Salzmann, »ich kenne sie nämlich nicht und möchte nicht mit einer mir fremden Sache anfangen. Wollen Sie die Eröffnung dirigieren und mir die zweite Oper überlassen?« — Als er dem Direktor seine Bitte vortrug, dachte dieser glücklicherweise nicht daran, meine Kenntnisse zu prüfen, sondern stimmte nach einigem Zögern zu. Ich holte mir noch am selben Abend die gut gestochene Partitur aus dem Theater, und am nächsten Morgen kannte ich die Oper wirklich.

Das Personal war nicht einmal so schlecht, wie ich erwartet hatte. Jämmerlich aber sah es im Orchester aus: vier erste Geigen, zwei Bässe, von denen nur einer spielte, während der andere kratzte oder schlief, von den Bläsern nur einer an jedem Pulte engagiert, während der andere aushilfsweise vom Militär genommen wurde. Was ich damit anfangen würde, war mir rätselhaft, aber ich war fest entschlossen, meine ganze Persönlichkeit einzusetzen, um das gegen mich künstlich geschaffene Vorurteil aus der Welt zu schaffen.

Die Koloratursängerin des Theaters, Frau v. Weber, die auch jugendlich dramatische Partien sang, war eine begabte Künstlerin, die durch ihre Darstellung zu fesseln verstand. Der Baritonist, Herr Strakosch, hatte eine schöne, weiche Stimme und auch die Altistin, Fräulein Rothe, war tüchtig. Ein sehr anmutiges Mädchen sang als erstes Auftreten auf der Bühne eine kleine Rolle in Rubinsteins Oper. Es war Fräulein Forster, die spätere Brandt-Forster der Wiener Hofoper.

»Die Kinder der Heide« hatten ein wirkungsvolles Buch und musikalisch manchen schönen Einfall. Die nachlässige Arbeit und Instrumentation verdarben aber das Gute und ließen das Schlechte doppelt schlecht erscheinen. Ich machte Striche und Retuschen aller Art und riß, wie man sagt, die Sache zusammen. Anfänglich hatte ich im Orchester manchen Widerstand zu besiegen, der sich aber legte, als die Leute merkten, daß ich auf die Fallen, die sie mir durch absichtlich falsches Spielen stellten, nicht hineinfiel und sie überhaupt fest in der Hand hielt.

Die erste Aufführung brachte mir einen schönen Erfolg, der überall anerkannt wurde. Selbst der gestrenge Direktor fand Worte des Lobes.

Die zweite Oper war »Der Troubadour«. Ich besuchte die Probe, neugierig, meinen Kollegen am Pult zu sehen, merkte aber bald, daß der arme Mann hilflos war. Mit einem scharfen

Augenglas bewaffnet, das ihm oft herunterfiel, stak er mit dem Kopf fortwährend tief in der Partitur und verstand weder das Orchester zusammenzuhalten noch den Zusammenhang mit der Bühne herzustellen. Der Eindruck war mir so peinlich, daß ich das Theater verließ. Nach einiger Zeit kam ein Bote der Direktion, der mich ersuchte, die morgige Probe und die Vorstellung des »Troubadour« zu übernehmen. Ich behielt seitdem die gesamte Opernleitung, während Herrn Salzmann, der mir übrigens sein Mißgeschick nicht nachtrug, sondern sich freundlich zu mir stellte, die Operetten und Possen zugeteilt wurden. So schien sich meinem Taktstock doch endlich das Glück zuneigen zu wollen.

Ich arbeitete mit wahrem Feuereifer, war der erste im Theater und der letzte draußen. Meine Chorproben mußte ich mir selbst halten, da niemand sonst dazu fähig war; der Chor aber war in einem kläglichen Zustand. Wie ich »Tannhäuser«, »Lohengrin« und andere Opern, in denen der Chor viel zu tun hat, herausbringen sollte, war mir ein Rätsel. Schließlich verfiel ich darauf, einen Extrachor zu gründen. Es waren freilich nur acht Herren, aber gute Stimmen, Mitglieder der auch in Danzig, wie in jeder deutschen Stadt, zahlreichen Chorvereinigungen, denen es Freude machte, auf einer Bühne zu stehen und die sich deshalb mit einer ganz kleinen Vergütung zufrieden gaben, die der Direktor nach mehrfachen Vorstellungen meinerseits endlich bewilligte. Mit diesen acht Sängern arbeitete ich nun jeden freien Abend, oft bis in die Nacht hinein und erreichte dadurch, daß die Männerchöre leidlich frisch klangen. Jahrzehnte später, in der Wiener Volksoper, habe ich die Einrichtung des Extrachors in viel vergrößertem Maßstabe wieder vorgefunden und mit Befriedigung bald festgestellt, daß sie sich auch hier besonders gut bewährt. —

Eine freudige Nachricht traf in den ersten Tagen meines Danziger Aufenthalts ein. Meine »Malawika« war vom Münchner Hoftheater angenommen worden. Levi schrieb mir einen sehr herzlichen Brief darüber. Ich sah daraus, daß sein Interesse für mein Schaffen dasselbe geblieben war, und konnte deshalb der Münchner Aufführung mit froher Hoffnung entgegensehen. Wenn meine Danziger Saison zu Ende sei, also im Frühjahr 1886, so schrieb mir Levi, solle ich nach München kommen und den Proben beiwohnen. — Als die Nachricht von dieser Annahme in München bekannt wurde, bot mir Direktor Jantsch an, meine erste Oper »Sakuntala« noch in dieser Saison in Danzig herauszubringen. Ich nahm das Anerbieten mit Dank an, ließ mir sofort die Partitur kommen und richtete sie für das kleine Danziger Orchester ein. So war jeder Tag mit Arbeit angefüllt und an eigenes Schaffen vorerst nicht zu denken; kaum daß ich ab und zu die Zeit fand, ein gutes Buch zu lesen.

Dieses erste Jahr in Danzig war für meine Dirigententätigkeit von besonderer Wichtigkeit. Indem ich den größten Teil des Opernrepertoires dirigierte und die Vorstellungen ohne jede Hilfe vorbereitete, sammelte ich Kenntnisse und Erfahrungen. Ich begann, mich zum Theaterpraktiker auszubilden, was mir nützte, da ich die erworbene Routine meinem mir angeborenen künstlerischen Naturell unterordnete, sie aber dieses nicht überwuchern ließ. Auch in späteren Jahren habe ich mich gegen dieses Überwuchern der Routine mit allen Kräften gewehrt und mir dadurch auch in Zeiten, wo ich mir hätte auf meinen Namen etwas zugute tun können, meine Gewissenhaftigkeit und auch meine Frische bewahrt. Nur wer stets von vorn anfängt, bleibt jung.

Bei allem Ernst der Arbeit fehlte doch der Humor nicht, und die reichste Quelle des Humors für uns alle war unser Chef, der Direktor. Herr Jantsch, selbst Schauspieler und Regisseur, stets pathetisch, bald gönnerhaft, bald vernichtend, stets auf hohem Roß, bald über den Wolken thronend, bald verzweifelt, wenn das Geschäft etwas weniger gut ging, war ein Musterexemplar des kleinen Theaterdirektors, wie man ihn in Lustspielen findet, ein Typus, der heute ausgestorben ist, denn seit die kleinsten Theater den »Parsifal« aufführen und Inszenierungen nach dem Muster Reinhardts unternehmen, gibt es keine »kleinen« Theaterdirektoren mehr. Wenn er selbst die Regie führte, waren im Parkett stets einige Mitglieder als boshafte Zuschauer, die seine Aussprüche vermerkten und dann zu allgemeinem Gaudium zum besten gaben. Daß nicht mitunter, nach dem Muster des berühmten »Striese«, Rollen in Briefe verwandelt wurden, unterschied ihn noch von seinem köstlichen Vorbild. »Sie sollen sehen, was ich für die Ausstattung getan habe«, sagte er einmal zu mir, als er »Emilia Galotti« einstudierte, und wies auf zwei für das Arbeitszimmer des Prinzen neugekaufte Büsten von — Goethe und Schiller. »Aber Herr Direktor,« rief ich mit wirbelndem Kopf, »welcher Anachronismus —«. Weiter kam ich nicht, denn Jantsch brüllte mich an: »Kleinigkeitskrämer!« und fügte im Abgehen hoheitsvoll hinzu: »Fremdwörter — grüner Junge — Fremdwörter!« — Für das Trauerspiel »Theodora«, einer Sensationskomödie des alternden Sardou, hatte er einen Vorhang mit großen byzantinischen Figuren malen lassen. Dieser Vorhang paradierte aber nachher in jeder seiner Inszenierungen, zuletzt sogar in der Berliner Posse »Die Mottenburger«. Da gaben wir ein Inserat in die Zeitung, worin »Viele Theaterfreunde« Herrn Direktor Jantsch ersuchten, nachdem er sein glänzendes Regietalent in den »Mottenburgern« bewiesen habe, nunmehr das Publikum Danzigs mit den »Königsdramen« Shakespeares zu erfreuen. Stolz wie ein Pfau erschien Jantsch am nächsten Tage. »Sehen Sie, was man mir zutraut!« apostrophierte er jeden, das Zeitungsblatt in der Hand schwingend. Schließlich kam doch heraus, daß wir die Verfasser waren. »Ich könnte euch entlassen, aber ich bin zu groß, um kleinliche Rache zu üben«, so sprach unser Brotgeber in napoleonischer Haltung. — Schade, daß kein Komödiendichter unter uns war, der ihn verewigt hätte!

Trotz der oft wirklich beschämend kleinen und beschränkten Verhältnisse des Danziger Stadttheaters gestaltete sich mein Leben und Wirken doch weitaus erfreulicher als in Königsberg. Nicht wenig trug dazu der äußere Schauplatz bei. Danzig ist eine schöne Stadt und war damals noch weit schöner als heute, wo die alten Stadtwälle niedergelegt sind, um modernen Villenvierteln Platz zu machen. Den malerischen Anblick einer alten Stadt mit bequemen und hygienischen Wohnungsbedingungen zu verbinden, ist ein bis jetzt noch selten gelöstes Problem. Es war mir ein eigenartiger Genuß, in freien Stunden aus einem der Stadttore in die Umgebung hinauszuwandern und bei beginnender Abenddämmerung heimzukehren. Wunderschöner Anblick, wenn sich die Kirchtürme über den hohen dunklen Mauern erhoben und ein leichter Rauch der Schornsteine phantastische Bilder und Farbenspiele am Horizont zeichnete! Hatte ich einmal Nachmittags frei, so fuhr ich bei gutem Wetter mit der Bahn nach dem Ostseebad Zoppot hinaus und ging bis nach Oliva zu Fuß. Der Weg führt auf kleiner Anhöhe durch einen Wald, durch den man fortwährend den Blick auf das Meer hat; eine Vereinigung, die ich bisher nur an der Ostsee getroffen habe. Öfters machte ich auch am Strand Spaziergänge und sammelte Bernsteinstückchen, die dort reichlich zu finden waren. Eines war groß genug, daß ich mir eine Zigarettenspitze daraus machen lassen konnte, die ich mehrere Jahre benützte, bis ich sie irgendwo verlor. Ein kleines Rettungswerk macht mir noch heute Freude. Ich sah es im Sande zappeln und krabbeln, als ob der Sand selber lebendig geworden wäre. Eine Welle hatte Tausende kleiner Fische aufs Trockene geschleudert und die armen Tierchen wanden sich und wuselten in vergeblicher Mühsal durcheinander. Ich raffte Klumpen auf Klumpen Sand mit dem lebenden Inhalt zusammen und warf sie ins Meer. Mancher der Fische war schon verendet und schwamm mit dem weißen Bäuchlein nach oben, aber der weitaus größte Teil schoß lustig von dannen, froh des heimischen Elements. —

Im Theater war ich niemandem im Wege, hatte etwas zu sagen und konnte trotz vieler materieller Hemmungen doch manche Aufführung zustande bringen, die den Stempel eines höheren geistigen Elements trug. Ein Erlebnis ersten Ranges war mir die nähere Berührung mit Mozarts »Zauberflöte«. Ich hatte das Werk seit meiner Kinderzeit nicht gehört. Wohl hatte ich öfter in der Partitur gelesen, aber die wahre Beziehung dazu nicht gefunden. Ich nahm das Studium jetzt wieder auf und fiel von einem Staunen in das andere, von einer Ergriffenheit in die andere. Ganz abgesehen von der überaus herrlichen Musik, die alle Phasen vom beschränkten Humor irdischen Wohlbehagens bis zur höchsten Feierlichkeit transzendentaler Erhebung durchschreitet, erkannte ich auch, welch schweres Unrecht man dem Text dieser Oper antut, wenn man ihn einfältig oder gar blödsinnig nennt. Zwar bin ich überzeugt, daß es dem Theaterdirektor und Impresario Schikaneder, als er dieses Buch schrieb, so ging wie dem blinden Huhn, das ein Korn findet. Aber er h a t es gefunden — und darauf kommt es schließlich an. Es gibt Widersprüche, Banalitäten und miserable Verse. Durch alle Unvollkommenheiten aber leuchten urewige Wahrheiten, die nicht gänzlich verhüllt werden können, so wenig, als das Licht des Tages durch trübende Wolken ausgelöscht wird. Eine verhältnismäßig geringe Redaktionsarbeit genügt, den reinen Kern von allen Schlacken zu befreien, ohne das Bild selbst zu verändern.

Ich arbeitete mit einer mich tief beglückenden Hingebung daran, eine leidliche Aufführung herzustellen, studierte mit jedem Sänger einzeln und beeinflußte auch den mir ergebenen Regisseur, der den Sarastro darstellte, daß er allzu Konventionelles abstellte. Die Musik hatte sich mir so tief eingeprägt, daß ich jede Note auswendig wußte, nun aber auch nicht davon loskommen konnte und Tag und Nacht von diesen wunderbaren Arien und Ensembles, diesen beispiellos erhabenen Chören verfolgt wurde. Ich verlor meinen Schlaf und mußte zu der mir verhaßten Hilfe eines Betäubungsmittels greifen, um wenigstens einige Stunden der Ruhe zu finden. Ich erlebte die große Freude, daß die Aufführung innerhalb der möglichen Grenzen gelang, Erfolg hatte und anerkannt wurde. Seit den ersten Eindrücken des »Don Juan« in Graz und des »Tristan« in Leipzig hat mich kein Bühnenwerk wieder so im Innersten aufgerüttelt wie die »Zauberflöte«. Merkwürdigerweise öffnete mir Mozarts letztes großes Werk auch die geheimen Wege, um allmählich tiefer in die Geheimnisse des »Parsifal« einzudringen und zu fühlen, was diese letzte Rätselschöpfung des Großen von Bayreuth von seinen früheren Tondramen unterscheidet. Verborgene Lebens- und Geistesfäden laufen da mit- und nebeneinander, vereinigen sich aber erst im Unendlichen. —

Unter mehreren Gästen, die Danzig in diesem Winter besuchten, kam auch Anton Schott und erfreute uns mit mehreren seiner prächtigen Leistungen, die stets ein persönliches Gepräge trugen. »Viele alte Freunde treffe ich hier, aber Sie sind mir der liebste«, sagte er mir beim ersten Wiedersehen, indem er mich umarmte. Wir riskierten, mit ihm den ersten Akt der »Walküre« zu geben. Es war eine heillose Arbeit, das Wagnersche Riesenorchester für die kleine Danziger Besetzung herzurichten, aber ich brachte es fertig, ein wenigstens erträgliches Klangbild herzustellen. Die Rolle der Sieglinde übertrug ich, trotz vielfachen Widerspruches, der Koloratursängerin Frau v. Weber, die zwar nicht die geeignete Stimme, aber eine poetische Kraft der Darstellung dafür mitbrachte, die im Verein mit Anton Schott begreifen ließ, daß diesem Bunde ein Siegfried entspringen mußte.

Ich erzählte Schott eines Tages von meinen Berliner Leiden und wie schwer es mir geworden war, die kleine Stellung in Danzig zu finden. »Nun hören Sie mal meinen Rat,« sagte Schott, nachdem er mich gutmütig angehört hatte, »befolgen Sie ihn aber auch! Sie sehen ja aus wie ein Bub mit Ihrem Milchgesicht. Kein Mensch glaubt Ihnen, was Sie können, wenn er Sie sieht. Lassen Sie sich einen Bart stehen und geben Sie sich für älter aus, als Sie sind. Dann werden Sie vorwärtskommen!« — Trotz meiner tiefen Abneigung gegen Haare im Gesicht benützte ich in den nächsten Ferien die Wochen, wo ich nicht vor ein Publikum zu treten hatte, um den häßlichen Übergang zu bewerkstelligen und mir einen Bart stehen zu lassen, der wild und üppig aus meinem »Milchgesicht« hervorsproßte. Einstweilen aber mußte ich noch die Folgen meiner Bartlosigkeit und der Königsberger Anschwärzungen ertragen, denn, trotzdem ich jetzt schon eine Wirksamkeit als erster Operndirigent und unleugbare Erfolge aufweisen konnte, kam für die nächste Saison von keiner Seite ein halbwegs annehmbarer Antrag. Ein Herr Rosé, der komische Rollen spielte und für die rechte Hand des Direktors Jantsch galt, hatte vom folgenden Spieljahr ab die Leitung des Danziger Theaters übernommen. Er trat an mich mit dem Anerbieten heran, mich für ein Spieljahr zu engagieren und meine Gage auf 200 Mark im Monat zu erhöhen. Mehr war nicht aus ihm herauszudrücken. Ich war schließlich froh, nicht wieder einen sorgenvollen Sommer wie den letzten durchmachen zu müssen und nahm den Antrag an. Obwohl ich nicht wußte, wie ich mich die Monate nach Theaterschluß durchschlagen würde, da meine Gage mit Ostern aufhörte, wußte ich nun doch, wo ich im nächsten Winter unterschlüpfen konnte. Als einzige Bedingung des Abschlusses hatte ich gefordert, daß der neue Direktor sechs statt der bisherigen vier ersten Geigen engagiere. Dies wurde mir feierlich zugesagt, und Herr Rosé erzählte nun überall mit großem Stolz, daß er mir zuliebe »ein großes Orchester« engagiert habe. —

Auch andere Gäste kamen, der Hofburgschauspieler K r a s t l, der einen Hauch der damals großen und echten Wiener Kunst mitbrachte, der Dresdner Bariton P a u l B u l ß, mit dem ich zu meinem großen Vergnügen die sehr lebensvolle, heute leider vollständig vergessene Oper »Zampa« aufführte, und H e i n r i c h V o g l, der berühmte Münchner Tenor. Ich hatte von Wien her sein Bild als Lohengrin im Gedächtnis und war auf das äußerste gespannt, ihn persönlich kennen zu lernen. Ich machte ihm bald nach seiner Ankunft meinen Besuch. Ein ziemlich kleiner, dicker Mann stand vor mir, im kragenlosen, doppelknopfreihigen Jägerkostüm. Die Haare glattgestrichen über das dicke Gesicht, in dem ein kleiner stacheliger Schnurrbart trotzte, glich er weit eher einem Landwirt, wie einem Künstler. Die dunklen Äuglein blitzten auch so schlau aus ihren beiden Verstecken hervor, wie man es bei bayrischen Bauern mitunter findet. Er sah aus wie ein richtiger »G'hauter«, wie man kluge Leute in jenen Gegenden nennt. »Warum sehen Sie mich so erstaunt an?« frug er mich freundlich. »Sie haben wohl gemeint, einen Adonis zu finden?« Ich verbarg meine Verlegenheit und erzählte ihm von dem tiefen Eindruck, den mir sein Lohengrin in Wien gemacht hatte. Wir waren bald in ein angeregtes Gespräch über alles mögliche geraten, als er plötzlich rief: »Bleiben Sie zum Essen bei mir! Es tut ja so wohl, frischer, unverdorbener Jugend zu begegnen.« Er bestellte einen vortrefflichen Wein und erzählte mir wie einem alten Freunde von seiner Familie und seinem großen Gut bei Tutzing am Starnberger See, das er selbst bewirtschaftete. Die neuen Bauten, die er aufführen ließ, und die neuen verbesserten Maschinen für Agrikultur, die er erworben hatte, schienen ihn viel mehr zu interessieren wie seine Kunst. So hatte ich doch nicht ganz unrecht mit meinem ersten Eindruck; er war ein richtiger, echter Landwirt. Er hatte gehört, daß eine Oper von mir in München am Hoftheater angenommen sei. Ich sagte ihm, welche Auszeichnung es für mich wäre, wenn er die Rolle des Gautama, der humoristischen Figur und einzigen Tenorpartie dieses Werkes, übernehmen wollte. Er versprach, sich dafür zu interessieren, und hat sein Versprechen gehalten. Die Proben und Aufführungen mit ihm waren ein Genuß seltener Art. Ich frage mich oft, ob eine so intensive Musikalität wie sie dieser Mann besaß, heute noch bei Sängern zu finden ist. Diese genaue Bewertung jeder Note, und, was genau ebenso wichtig ist, jeder Pause, diese sinnvolle Vereinigung des Tones und der Phrase mit dem Worte und der schauspielerischen Bewegung, dies alles war ebenso vollendet wie die Bewußtheit und Ökonomie der Atemführung. Gewiß war ihm die Schönheit der äußeren Erscheinung versagt, aber dennoch ging eine Poesie von ihm aus, die unbezwinglich war. Könnte ich die Stelle »Atmest du nicht mit mir die süßen Düfte?« noch einmal so hören wie von ihm! — Es wird heute auch noch schön gesungen, aber es ist ein kleineres Geschlecht, das jetzt die Bühne belebt. Nicht umsonst wählen kluge Komponisten keine Stoffe aus Heldensagen mehr, denn sie würden kaum geeignete Vertreter dafür finden. Das Entstehen der Wagnerschen Gestalten ist nicht zum wenigsten aus dem Umstande erklärlich, daß Wagner Künstler vor sich sah, die sie in seinem Sinne verkörpern konnten. Gewiß mußte auch er suchen und auswählen — und er tat es in anspruchvollster Weise — aber er konnte doch sicher sein, schließlich das Gesuchte zu finden. Was bedeutete allein ein Albert Niemann für die Bayreuther Festspiele! —

Das allerinteressanteste der damaligen Danziger Gastspiele war das des italienischen Tragöden Ernesto Rossi. Er war in »Othello«, »Kean«, einem damals viel gespielten Sensationsstück, und als Graf Thorane im »Königsleutnant« von Gutzkow angekündigt. Diese Rolle spielte er deutsch und französisch, so wie sie geschrieben war. Ich ging zur ersten Probe und saß erwartungsvoll im Zuschauerraum. Ein jüngerer Mann mit markantem Kopf ordnete in leidlichem Deutsch alles auf der Szene und spielte dann den Othello. Einige Zeit nachher kam ein dicker, mittelgroßer, ältlicher Herr, dicht in einen Pelz gehüllt, nahm auf einem Stuhle beim Souffleurkasten Platz und folgte scheinbar teilnahmslos dem Gang der Probe. Gewiß der Impresario, dachte ich, und achtete weiter auf den jüngeren, lebhaft agierenden Mann, den ich für Rossi hielt. Es war aber umgekehrt: dieser war der Impresario, und der bepelzte ältere Herr dort im Stuhle war Rossi. Ich merkte es erst, als dieser sich erhob und nun selbst einige Szenen spielte oder vielmehr leise markierte, an der respektvollen Art, wie ihn der vermeintliche Rossi und die Schauspieler behandelten. Der Impresario bereitete alles vor und übte in Rossis Weise mit den Schauspielern, wodurch diesem die ermüdende Probenarbeit erspart blieb. Es war so, als wenn mir heute ein Kapellmeister eine Aufführung, die ich leite, vorbereitet. Eine Hauptschwierigkeit für die deutschen Schauspieler estand darin, der italienischen Rede des großen Gastes folgen und die Stichworte richtig erfassen zu können. Rossis Kunst war aber so fabelhaft deutlich, daß trotz des fremden Idioms keine Störungen vorkamen. In seiner Darstellung erfuhr ich wieder einmal mit zwingender Deutlichkeit, wie der wahre Künstler mit den kleinsten Mitteln die größten Wirkungen hervorbringt, dasselbe, was ich bereits beim Gastspiel von Edwin Booth in Leipzig erfahren hatte. Der Durchschnitts-Othello rast und brüllt. Rossi machte so gut wie nichts dergleichen. Der Übergang von blinder Liebe zum verhängnisvollen Mißtrauen vollzog sich unmerklich. Wie eine lästige Fliege summten ihm anfangs Jagos giftgeschwängerte Worte ums Ohr, bis die heimtückische Fratze Gestalt gewann und ihn wie ein todbringendes Reptil umschlang, so daß er zu erstarren schien, bis er nichts mehr war wie eine menschliche Maske, die von unirdischen, dämonischen Kräften beherrscht wurde. Starr wie eine Bildsäule empfing er die Botschaft des Dogen, starr traf er die Anordnung, Cassio zu töten, und starr, wie das Schicksal in der alten Tragödie, nur mit einem fürchterlichen Tigergriff, mordete er Desdemona. Und doch habe ich diese Szene niemals mit solcher Bestialität spielen gesehen wie von ihm. Hätte er doch noch eine zweite Shakespeare-Gestalt dargestellt! — Sein »Kean« war ja im höchsten Maße interessant, doppelt interessant, weil ihn kurz vorher unser braver Direktor Jantsch gespielt hatte. Aber das Stück war zu minderwertig, als daß ein künstlerisches Erlebnis damit erzielt werden konnte. Eine Szene ist mir allerdings unvergeßlich. Ein junges Mädchen kommt zum Schauspieler Kean und erklärt ihm ihren Wunsch, zum Theater zu gehen. »Ah — poveretta!« ruft Kean und streicht ihr zärtlich über das Haar. Der Ausdruck dieses Ausrufes war tief ergreifend. Wie manche »poveretta« mag Rossi die verlockenden Bretter der Bühne hoffnungsselig betreten und enttäuscht wieder verlassen gesehen haben! — Im Rührstück Gutzkows wirkte seine fremde Art, das Deutsche zu sprechen, ungemein sympathisch. Wunderbar, daß es ihm, der kein Wort dieser Sprache verstand, gelang, eine abendfüllende Rolle in so fesselnder Weise durchzuführen. Ich hatte einige Male Gelegenheit, am Wirtshaustisch mit ihm zusammenzukommen. Mein Italienisch der Kindheit hatte ich fast vergessen und Französisch noch nicht genügend gelernt. So war meine Unterhaltung mit ihm auf ein Mindestmaß beschränkt.

Inzwischen hatte ich begonnen, die Aufführung meiner »Sakuntala« vorzubereiten, die gegen Schluß der Saison stattfinden sollte. Nach den günstigen Erfahrungen mit der Sieglinde übertrug ich die Titelrolle wiederum Frau v. Weber und hatte dies nicht zu bereuen. Mit dem Heldentenor stand es hier freilich ebenso schlimm wie in Weimar, aber doch insoferne besser, als der Danziger guten Willen mitbrachte und dadurch über seine sonstigen Leistungen in meiner Rolle hinauswuchs. Die übrigen Partien waren ausreichend besetzt und das kleine Orchester tat sein möglichstes. Mein spezieller Freund war der Theatermeister. Ich ersah die unbedingte Notwendigkeit, für meine Oper elektrisches Licht verwenden zu können, was damals am Danziger Stadttheater gänzlich fehlte. Da der Direktor Jantsch aus pekuniären Gründen mein diesbezügliches Ersuchen rundweg ablehnte erklärte sich der Theatermeister bereit, für etwa vierzig Mark eine Batterie herzustellen, mit der wir bereits ganz hübsch arbeiten konnten, und verlangte nur, daß er auf dem Theaterzettel genannt würde. Dort stand denn auch zu lesen: »Die elektrischen Beleuchtungseffekte von Theatermeister —«. Verzeihe, wackerer Mann, daß ich deinen Namen vergessen habe, ihn daher hier nicht nennen kann! Ich bin der Überzeugung, daß der Erfolg meiner Oper nicht so warm gewesen wäre, wenn nicht die ungewohnte Lichtquelle, die wir durch farbige Scheiben mannigfach abtönten, das Publikum überrascht und in Stimmung versetzt hätte. Allerdings bot Frau von Weber eine wirklich bedeutende Leistung.

Nach der Vorstellung führte mich der Heldentenor als »Pilger« in die »Schlaraffia« ein, wo ein kleines Fest für mich vorbereitet war. Zum erstenmal lernte ich die Gebräuche dieser heiteren Brüderschaft kennen.

Wir gaben »Sakuntala« noch einmal am nächsten Sonntag. Dann war die Saison so gut wie zu Ende. Über Berlin, wo ich mich diesmal nicht aufhielt, fuhr ich nach München, nachdem mir Hermann Levi geschrieben hatte, daß die Proben zu meiner Oper bereits im Gange seien.

Ich traf Levi vor dem Hoftheater. Soeben sollte eine Probe von
»Malawika« stattfinden. Levi nahm mich mit sich und stellte
mich dem Künstlerpersonal vor. Vogl hatte tatsächlich die Rolle
des Gautama übernommen. Den König Agnimitra stellte E u g e n
G u r a dar, der herrliche Lieder- und Balladensänger. Die Titelrolle war Frau Schoeller übertragen, einer schönen, graziösen Frau.
Ich hatte brieflich um Fräulein Lilli Dressler gebeten, erfuhr aber,
daß der Generalintendant, Freiherr v. Perfall, diesem Wunsche
nicht zugestimmt hatte. Der boshafte Theaterklatsch raunte mir
sofort ins Ohr, daß Herr v. Perfall das sehr beliebte Fräulein
Dreßler für seine eigene Oper »Raimondin« reserviert halte und
sie zurzeit keinem anderen modernen Komponisten gönne.

Am nächsten Tage wurde ich dem Chef vorgestellt. Das
erste Wort, das er an mich richtete, war die Frage, warum ich
meine Partitur mit violetter Tinte geschrieben habe. Er erzählte
mir, daß der Kopist der Orchesterstimmen darüber eine Beschwerde eingebracht habe. Damit war die Audienz, bei der ich
begreiflicherweise nicht viel zu sagen hatte, zu Ende. In den
nächsten Tagen hörte ich die freiherrliche Oper. Von meiner losen,
damals noch recht ungezähmten Zunge sprang das Wortspiel, der
»Raimondin« von Per-fall sei eine Persi-flage auf den Parsi-fal.
Sicher hat der hochgeborene Komponist und Generalintendant
davon erfahren, denn sein Benehmen gegen mich war und blieb
von ausgesuchter Unfreundlichkeit.

Die Proben von »Malawika« nahmen einen guten Verlauf.
Namentlich Gura war von seiner Aufgabe höchst begeistert.
Er lud mich in sein Haus ein und ich hatte in stundenlangen
Gesprächen Gelegenheit, mich an der tiefen Geistes- und Herzens-
bildung dieses ausgezeichneten Künstlers zu erfreuen. Ihm ver-
danke ich auch die Kenntnis von Gottfried Kellers »Der grüne
Heinrich«. Gura besaß noch eines der damals schon seltenen
Exemplare der ersten Fassung dieses Romanes. Die zweite, in

20*

die Gesamtausgabe aufgenommene, zeichnet sich durch intensivere Konzentration und Abrundung aus. Eigentümlicher und dadurch wertvoller ist, trotz ihrer Weitschweifigkeit, wohl die erste. —

Ich hatte mir in der Neuhauserstraße ein kleines Zimmer bei einer mürrischen alten Witwe gemietet. Es war dunkel und hofseitig, aber sehr billig, und darauf mußte ich sehen, denn was ich mir von meiner Gage in Danzig und einem sogenannten Benefiz erspart hatte, war so spärlich, daß ich bei mäßigsten Ansprüchen nur für wenige Wochen Geldvorrat hatte. Glücklicherweise war im damaligen München zu leben ein geradezu rührend einfaches Problem. Es kostete im Verhältnis zum deutschen Norden fast nichts. Was Wunder, daß alles so gern nach München zog! Und wie schön war die Stadt und wie herrlich ihre Umgebung! Man sah Fremde aus aller Herren Ländern, schöne, elegante Frauen und eine Menge bedeutender Menschen, die dauernd dort Wohnung genommen hatten. Da die warme Jahreszeit eingetreten war, legte ich auf ein behagliches Heim kein Gewicht. Mir genügte zu wissen, daß ich ein Bett hatte, wo ich die Nacht schlafen konnte.

Vor allem zog mich naturgemäß die Persönlichkeit Hermann Levis an, der sich freundlich zu mir stellte und mir bis an sein Lebensende in dieser Gesinnung verblieben ist, trotzdem eine schwere Differenz, die zwischen uns später getreten ist, ein minder ehrliches Gemüt wie das seinige wohl von mir abgewendet hätte. Fleißig besuchte ich das Hoftheater und vor allem die von ihm dirigierten Vorstellungen, von denen zu lernen ich reichlich Gelegenheit hatte. Zwei Elemente bewunderte ich in Levis Direktionsweise; seine Universalität, mit der er den Stil der »Stummen von Portici« mit derselben Überlegenheit beherrschte wie die »Nibelungen« oder den »Don Juan«, und die Durchgeistigung seiner Interpretationen. Das Materielle war abgestreift, die Technik auf ein Minimum reduziert. Er machte meistens nur kleine, scharfe, aber äußerst charakteristische Gebärden. Aber der Inhalt der von ihm dirigierter Werke trat mit unvergleichlicher Plastik vor uns hin. Sein schöner Kopf mit den wunderbaren Augen war ausgesprochen jüdisch und doch so neutestamentlich, daß ihn Lenbach einmal als Modell für ein Jesusbild benützte. Man konnte sich ihn wohl als rabbinischen Weisheitslehrer denken. Goethe war sein Lebenselement und im Geiste Goethes war ihm seine Weltanschauung erwachsen. Er war ein lieber, guter Mensch.

Von ihm habe ich für mein Dirigieren vieles gelernt, was mir damals noch fehlte. Hans Richter war der blonde, kräftige Germane, Bülow der scharf entwickelte Verstandesmensch, der vielleicht auf jedem Gebiet, das er mit der ihm eigenen Energie kultiviert hätte, zu bedeutenden Leistungen fähig gewesen wäre, Felix Mottl der vollblütige, junge Draufgänger mit stärkstem österreichischem Einschlag, Hermann Levi aber der vom Geiste der Kunst unmittelbar Erleuchtete, der äußerlich die Vorzüge seiner Kollegen in sich vereinigte, innerlich aber viel weiter vordrang wie sie alle. Unser Verhältnis wurde immer herzlicher, bis er, der dem Alter nach hätte mein Vater sein können, mir eines Tages das brüderliche »Du« anbot.

Er brachte mich zu den ihm befreundeten Familien Fiedler und Pringsheim. Frau Pringsheim, die Gattin des bekannten Universitätsprofessors, mit ihrer zierlichen, dunklen, fast zigeunerhaft zu nennenden Anmut, und die hochgewachsene, blonde Frau Fiedler mit ihren aristokratischen Zügen und Bewegungen bildeten die hervorstechendsten weiblichen Erscheinungen des damaligen München. Frau Fiedler ist später, nach dem Tode ihres Gatten, Hermann Levis Frau geworden und ist heute Frau Generalmusikdirektor Balling.

Levi führte mich auch bei L e n b a c h und P a u l H e y s e ein. Der berühmte Maler empfing mich mit seiner natürlichen, warmherzigen Freundlichkeit, der berühmte Dichter etwas formell und reserviert. Ihm war ich als »Wagnerianer« verdächtig. Wie mir Levi nachher erzählte, hatte er sich in eine solche Abneigung gegen den Bayreuther Meister hineingesteigert, daß er verbot, in seinem Hause das Klavier mit einer Note von Wagner zu berühren, was jedoch den Freundschaftsbund zwischen ihm und Levi nicht ernstlich zu trüben vermochte. Lenbach traf ich oft, sowohl in seinem Atelier wie auch in der »Hölle«, einem Kreis von Männern aus allen Berufskreisen, die sich an bestimmten Abenden bei etlichen Gläsern köstlichen Bieres zwanglos zusammenfanden. Heyse sah ich erst etwa zwanzig Jahre später wieder. Er urteilte dann viel milder über Wagner, obwohl er die ungeheure Popularität seiner Werke immer noch nicht begriff und noch weniger billigte.

Ich machte auch die Bekanntschaft des berühmten Literarhistorikers, Professor Bernays. Durch seine merkwürdig häßliche, oft vernachlässigte Erscheinung und seine pathetische Redeweise fiel er überall auf und war Gegenstand mancher Anekdoten, die einer leisen Bosheit nicht entbehrten. Aber sein Wissen war von verblüffendem Reichtum und die Art seines Vortrages farbenreich und bezwingend. Ich hörte einige Kollegien von ihm über die vorgoethesche Epoche der deutschen Literatur. Wie er die Fäden der Entwicklungen und Zusammenhänge heraushob und deutlich vor Augen zu führen wußte, war bewundernswert. In seinem Hause wurde viel musiziert. Durch den ausgezeichneten ersten Cellisten des Hoforchesters, Karl Wihan, lernte ich die Violoncellsonaten Beethovens kennen und konnte über die Herrlichkeiten dieser Tondichtungen nicht zur Ruhe kommen. Wir spielten einige davon im Hause Bernays. — »Das erinnerte mich an Hans v. Bülow!« Mit diesen Worten trat nach einem dieser Vorträge ein jüngerer Mann mit dichtem Kraushaar und einer charakteristischen Nase auf mich zu. Ich hatte ihn schon in Leipzig gesehen. Es war Dr. Paul M a r s o p, der sich bereits damals einen gut klingenden Namen als Schriftsteller erworben hatte. Er hatte stets ein Problem oder eine Person, für die er mit rückhaltlosem Temperament eintrat. Damals war es Bülow, dem der Eifer seines Lebens galt. Das Wihan und mir gemachte Kompliment hatte daher doppelten Wert. Er schien mich nicht ungern zu sehen, und auch ich fühlte mich zu seinem scharf geschliffenen Intellekt und der etwas gallischen Natur seines Humors hingezogen. Wir waren damals in München viel zusammen und trafen uns auch später an den verschiedensten Orten und in den verschiedensten Umgebungen. Zu denjenigen, die er mit seiner nicht einflußlosen Feder gefördert hat, habe ich nie gehört, habe die Möglichkeit einer solchen Förderung allerdings auch meinerseits nie herbeizuführen gesucht. Meine Unabhängigkeit von Hans v. Bülow, die zu einem Zerwürfnis mit diesem Meister des Taktstocks führte, hat einen Riß zwischen Marsop und mir herbeigeführt, der nach meinem Gefühle niemals gänzlich verheilt ist.

Auch mit den Künstlern des Hoftheaters verkehrte ich viel und herzlich. Gura besaß ein schönes Landhaus in Leoni am Starnbergersee. Dort versammelten wir uns öfter. Die Besitzung des damals noch immer stimmgewaltigen Tenors Franz N a c h- b a u r, des ersten Walter Stolzing, lag in der Nähe. Auch dort traf sich mitunter die ganze Gesellschaft. Harmlose Fröhlichkeit herrschte über unseren Zusammenkünften. Oft waren wir, alt und jung, ausgelassen wie Kinder. Einmal beschlossen wir, ein lebendes Kegelspiel zu veranstalten. Wer die Kugel sein sollte, wurde ausgelost. Es traf Nachbauer, oder »Nazi«, wie wir ihn nannten. »Natürlich,« meinte er gutmütig, »als Tenor bin ich ja eh' der Dümmste.« Neun Personen, Herren und Damen, stellten sich nun in Kegelpositur, und die andern schoben »Nazi« in die Gruppe der Kegel hinein, die sich alle am Boden kugelten. »Ja, ja,« lachte Levi, »der Dümmste trifft immer alle Neune.« —

Bei Vogls verlebte ich drei Tage. Ein hübscher Wagen holte mich von Tutzing ab und brachte mich zum hoch über dem See auf freier Ebene gelegenen Gut Deixelfurt, von dem mir Vogl bereits in Danzig erzählt hatte. Als wir vor dem geräumigen Wohnhause vorfuhren, meldete mir ein Diener, der »Herr Kammersänger« sei beim Kartoffelsetzen und habe ihn beauftragt, mich dorthin zu geleiten. Über grünende Wiesen und prächtig in den Halmen stehende Getreidefelder schritten wir dahin, bis wir zu einem Stück dunkler Erde kamen, in das frische, aber bereits wieder geschlossene Furchen gezogen waren. Ein Gespann von starken Ochsen zog eine Maschine, die an zwei Handhaben vom »Herrn Kammersänger« selbst gehalten und geleitet wurde. In Stiefeln, nur mit Wollhose und Jägerhemd bekleidet, schritt der berühmte Künstler, bedächtig seines Amtes waltend dahin, während ein Herr, den er mir als seinen Verwalter vorstellte, aufmerksam daneben ging. »Diese Maschine habe ich heute bekommen,« empfing mich Vogl, »und bin gerade dabei, sie auszuprobieren; sie pflügt, setzt in genau gleichen Abständen die Kartoffeln in die Erde und ebnet dann wieder den Boden. So macht sie drei verschiedene Arbeiten gleichzeitig und erspart mir Zeit und Geld. Die Saat aber geht sicher viel besser auf, wenn man die Kartoffeln regelmäßig einsetzt, als wenn sie aufs Geratewohl in die Furchen geworfen werden.« Es war lehrreich und unterhaltend zugleich, das prompt arbeitende Ding zu beobachten. »Nun kommen Sie aber,« rief Vogl, nachdem er das Feld noch einigemal hin und zurück abgegangen und nunmehr die Maschine mit einigen Anweisungen seinem Verwalter übergeben hatte, »wir wollen meine Frau aufsuchen, die sich sicher auch irgendwo hier draußen herumtreibt«. Und lebhaft über seine Wirtschaft weiterplaudernd, ging er mit mir über das blühende Gelände dahin, von dem man einen prachtvollen Ausblick auf die Berge und über den See genoß. Nicht lange, so kam uns Frau Vogl hoch zu Roß entgegen. Sie sprang von dem ungesattelten Pferde herab, als sie uns nahe gekommen war.

»Das ist Grane«, sagte sie, auf das schöne Tier weisend, das mit klugen Augen ruhig neben ihr stand, als ob es ihren Worten lauschte. Es ging frei auf dem Gut herum und hatte keine andere Aufgabe, als »Grane« zu sein. Kein Sattel drückte es je und keine Feldarbeit hatte es zu verrichten. Wenn aber in München die »Nibelungen« angesetzt waren, so wurde es nach der Stadt geschafft, und zwar in einem besonderen Wagen, der für Vogls in Tutzing bereitstand, und wurde dort in den Hofstallungen eingestellt. So genau war es von Frau Vogl auf die Vorschriften Wagners dressiert, daß es auch auf der Bühne, unerschreckt durch die Klänge des Orchesters, seine Rolle spielte, wie ein vernünftiger Schauspieler. »Freilich muß ich das alles oft mit ihm hier draußen üben,« erzählte Frau Vogl. »Ich habe es aber auch fertig gebracht, mich tatsächlich auf der Bühne hinaufzuschwingen und in den Scheiterhaufen hineinzuspringen. Ich brauche keine Contre-Figur dazu.« Und kaum hatte sie ausgesprochen, so saß die damals bereits ziemlich starke Dame mit einem leichten Sprung auf dem Rücken des Pferdes, das mit einem mächtigen Satze enteilte, während ihr Gatte ihr mit stolzer Freude nachblickte. Auf solche Art ist Grane auf der Bühne möglich. Die Jammerfigur, die das Götterpferd gewöhnlich in den heutigen Aufführungen spielt, sollte man feiner empfindenden Zuschauern ersparen. —

Ich erneuerte auch die Bekanntschaft mit Heinrich Porges, der mich vor vier Jahren Richard Wagner vorgestellt hatte. Auch er lud mich in sein Haus ein, das durch zwei anmutige Töchter auf das wohltuendste belebt war. Eines der blonden Mädchen ist später die Gattin des berühmten Rechtsanwalts Bernstein geworden.

Ein junger Musiker, Adolf Sandberger, der soeben von einer Studienreise aus Frankreich und Italien zurückgekommen war, schloß sich mit unverhohlenen Zeichen der Bewunderung an mich an. Ich mochte ihn gut leiden, zog ihn in meine Nähe und schenkte ihm meine Freundschaft. Er ist München treu geblieben, wo er heute als Professor der Musikgeschichte an der Universität wirkt.

Mit meiner Oper waren wir ohne Aufenthalt soweit gekommen, daß die Arrangierproben beginnen konnten. Ein junger, sehr begabter Regisseur, Herr F u c h s, der auch als Sänger am Hoftheater wirkte, leitete den szenischen Teil. Zum erstenmal war ich Zeuge eines planvollen Arbeitens zur Herstellung des Bühnenbildes und machte mir die so gewonnenen Erfahrungen zunutze. Es gab hübsche Dekorationen und geschmackvolle Kostüme im Archiv des Hoftheaters, die Fuchs auf das beste zu verwerten wußte.

Eines Tages fragte mich Levi, ob ich in Danzig auch Opern dirigiert hätte. »Aber natürlich,« erwiderte ich etwas erstaunt, »das ganze Opernrepertoire«. Nun war das Erstaunen auf Levis Seite. »Bis heute habe ich geglaubt, du seist in Danzig Korrepetitor gewesen,« sagte er mit beinahe entschuldigendem Ausdruck, »aber du bist ja bereits Kapellmeister. Da könntest du hier deine Oper selbst dirigieren. Es wird dir für deine Karriere nützen, wenn du im Münchner Hoftheater am Pult gestanden bist.« Ich war nun wirklich stolz und dankte meinem verehrten Freunde von ganzem Herzen für dieses günstige Angebot. Die Orchesterproben hielt ich fortan selbst und fand bei der Hofkapelle freundliches Entgegenkommen. Nur der Cellist Menter, ein Bruder der berühmten Pianistin Sophie Menter, stichelte fortwährend über die Anklänge an Wagner. Ich ließ ihn ruhig seine Witze machen; mußte ich mir doch selbst sagen, daß er nicht ganz unrecht hatte. Gleichwohl bin ich noch heute der Ansicht, daß »Malawika«, meine zweite dramatische Jugendsünde, bereits viel selbständigere Züge aufweist, als »Sakuntala«, meine erste. —

Bald sollte Levi noch in anderer Weise für mich sorgen. »Ich will dich nach Bayreuth bringen«, sagte er eines Tages zu mir. »Du hilfst beim Einstudieren, machst auch Dienst auf der Bühne und dirigierst eventuell Orchesterproben. Weiß Gott, was daraus für dich entsteht. Frau Wagner kommt in den nächsten Tagen nach München. Ich spreche mit Porges, der ihr Vertrauter ist und gewiß gern für dich eintreten wird.« Tatsächlich erhielt ich in den nächsten Tagen von Porges die Aufforderung, mit ihm zu Frau Wagner zu gehen, die im Hotel Marienbad abgestiegen war.

Ich hatte Cosima Wagner in Erinnerung, wie ich sie 1883 im Wahnfried gesehen hatte, eine noch jugendliche Erscheinung, wie eine Fürstin gekleidet und mit einer Art von Unnahbarkeit Hof haltend und Gnadenbeweise austeilend. Die im schwarzen, faltenlosen Gewande beinahe überlebensgroß erscheinende Frau mit der nonnenhaften, das Haar völlig verdeckenden Witwenhaube hatte mit jener strahlenden Gestalt wenig Gemeinsames, wirkte aber in ihrer trauernden Einfachheit bezwingend. Die geistvollen, schmalen Gesichtszüge erinnerten mehr denn je an Liszt. Die nicht großen, aber durch eine Art von Kurzsichtigkeit oder Sehschwäche merkwürdig verschleierten Augen hatten eine geheimnisvolle Anziehungskraft, der man sich schwer entziehen konnte. Aus dem ersten Gespräch, das die Gattin des Meisters mit mir führte, ist mir nur noch die Mitteilung in Erinnerung, daß sie auf die Mitwirkung Albert Niemanns als Tristan verzichten mußte, da Niemann sich außerstande erklärt hatte, diese Rolle ungestrichen darzustellen. Mir lag die Bemerkung auf der Zunge, daß mir ein gestrichener »Tristan« mit Niemann immer noch lieber wäre als ein ungestrichener ohne ihn. Ich empfand es aber als nicht taktvoll, bei der ersten Unterredung eine derartige Äußerung zu machen und hielt meine Zunge im Zaum. Tatsächlich war es ja auch eine Aufgabe der Festspiele, die Werke im Original zu geben, was, außer in München, damals nirgends der Fall war. Levi, dem ich am selben Tage von der Unterredung mit Frau Wagner erzählte, zeigte mir zwei Kürzungen, die ihm Wagner selbst für die Aufführungen des »Tristan« angegeben hatte. Levi hatte sie gewissenhaft in der Partitur als Nachtrag vermerkt, und ich fand sie noch, als ich viele Jahre später einmal den »Tristan« im Münchener Hoftheater als Gast dirigierte. Levi erzählte auch, Wagner hätte, als er einmal auf der Durchreise den »Tristan« nach langer Zeit wieder gehört habe, ganz erregt ausgerufen: »Streichen Sie doch die Posaunen aus dem Duett heraus! Das ist ja alles viel zu stark instrumentiert!« — Wir wissen heute nicht, in welcher Weise Wagner seine Werke in Bayreuth aufgeführt hätte, wenn er länger am Leben geblieben wäre. Für den lebendig Schaffenden sind die eigenen Vorschriften keine steinernen Gesetzestafeln. —

Als ich mich von Frau Wagner verabschiedet hatte, bat mich der finanzielle Leiter der Festspiele, Herr Groß, der mit Frau Wagner gekommen war, in sein Zimmer und machte mir das Angebot, mich in der Weise, wie es Levi angedeutet hatte, an den Festspielen zu beteiligen. Ich sollte freie Wohnung mit Frühstück und 600 Mark Honorar empfangen. Nun war ich der Sorgen für den Sommer so gut wie ledig, denn in Bayreuth konnte ich mich für die Hälfte dieses Honorares gut verpflegen; also blieb mir noch etwas übrig, um wieder nach Danzig zu gelangen. Die Aussicht, die ganze Zeit der Festspiele an dieser geweihten Stätte zu verbringen und mich, wenn auch in bescheidenen Grenzen, an den Aufführungen zu beteiligen, erfüllte mich mit hoher Freude. —

Die Aufführung von »Malawika« war auf den 28. Mai festgesetzt und alle Beteiligten lebten in guter, erwartungsvoller Stimmung. Am Tage der Generalprobe fand ich das Personal vor dem Theater, statt darinnen. »Gura plötzlich erkrankt, die Premiere auf den 3. Juni verschoben!« — Ein böses Omen! — So weit hinein in die schlechte Theaterzeit! — Wer weiß, ob Gura in acht Tagen gesund sein würde! — »Am Tage der traurigen Generalprobe, der lustige Komponist«, so unterzeichnete ich mit krampfhaftem Humor eine Widmung, die ich dem jungen Sandberger in den Klavierauszug schrieb.

Münchens Kunstleben war damals noch in jene romantische Atmosphäre getaucht, die König Ludwig II. um sich verbreitete. Die Persönlichkeit dieses merkwürdigen Monarchen war von einem sagenhaften Nebel umhüllt. Man wußte, daß er bei Tag schlief und nur nachts ausfuhr oder ausging, um keinem Menschen zu begegnen. Seine Minister sogar, so hieß es, bekamen ihn nie zu Gesicht, da sie ihm ihre Vorträge hinter einer spanischen Wand halten mußten. Fabelhafte Dinge erzählte man von der Pracht seiner einsamen Schlösser, denen man sich nur auf eine gewisse Distanz nähern durfte. Ein Märchenprinz im XIX. Jahrhundert! — Sein Eintreten für Wagner sicherte ihm die schwärmerische Verehrung aller jener, die den Spuren des großen Meisters folgten. Freilich verstimmte es, daß er bereits im Jahre 1882 nicht mehr zu den Festspielen nach Bayreuth gekommen war, sondern sich den »Parsifal« mit genauer Nachahmung der Bayreuther Dekorationen im Münchner Hoftheater hatte vorspielen lassen, in Vorstellungen, denen niemand außer ihm beiwohnte.

Daß sich der König für meine Oper interessieren würde, hatte ich nie gehofft, denn es war bekannt, daß schon seit längerer Zeit in diesen königlichen Separatvorstellungen, die stets nachts stattfanden, nur Stücke zur Aufführung kamen, deren Abfassung der König selbst bestellt hatte, meist Verherrlichungen des Königtums aus der Zeit Ludwigs XIV. von Frankreich, dessen Lilienbanner Ludwig II. in die Stühle und Vorhänge seiner Schlösser einsticken ließ. Aber auch diese Separatvorstellungen waren nunmehr aufgegeben, da sich der König gänzlich von jedem Verkehr zurückgezogen hatte und überhaupt nie mehr nach München kam. Dunkle Gerüchte flüsterten von einem angegriffenen Geisteszustand des Monarchen. Aber noch dachte niemand an die Möglichkeit einer ernsten Wendung.

Die Verschiebung meiner Premiere ergab einige freie Tage. Levi schlug eine Partie auf den Wendelstein vor. Damals ging noch keine Bahn hinauf. An einem sonnigen Tage zogen wir mit unseren Rucksäcken aus, Levi, der Cellist Wihan, Dr. Marsop und ich. Wir fuhren, ich weiß nicht mehr zu welcher Bahnstation und stiegen zum damals kleinen Unterkunftshaus empor. Nachts sah ich ein Phänomen, das mir nie wieder in ähnlicher Weise begegnet ist. Der Tag war sehr heiß gewesen, und gegen Abend senkte sich ein dichter, warmer Nebel nieder. Als es vollkommen finster war, zuckten überall Lichterscheinungen auf, so daß uns zeitweilig ein leuchtender Mantel einzuhüllen schien. Es waren harmlose, unfühlbare, elektrische Entladungen, in die wir eingetaucht waren wie in ein phosphoreszierendes Bad. — Bei klarem Wetter stiegen wir am nächsten Morgen zur Spitze hinauf und erfreuten uns der herrlichen Fernsicht, die allmählich von der aufgehenden Sonne vergoldet wurde. Levi war wie ein großes Kind, wenn starke Eindrücke auf ihn wirkten. Auf dieser Partie übertraf er uns alle an Ausgelassenheit. Beim Abendessen kamen wir in Streit, weil er plötzlich Chopin, dessen Namen einer von uns genannt hatte, als unwichtigen Musiker erklärte, der sich kaum über das Niveau eines Salonkomponisten erhebe, während ich die Ansicht vertrat, daß Chopin einer der größten Tondichter sei, den unsere Erde getragen habe. Wenn ich einmal tiefer in den »Parsifal« eingedrungen sein würde, meinte Levi, würde ich von selbst zu seiner Ansicht kommen. Diese Prophezeiung ist bis jetzt nicht eingetroffen. —

Eine bedeutsame Begegnung hatte ich in der Zeit dieses Münchner Aufenthaltes. Levi hatte in einem Akademiekonzert eine Suite von Franz Lachner aufgeführt. Ich war am nächsten Vormittag bei Levi, als der alte Lachner persönlich erschien, um sich für die Aufführung zu bedanken. Es machte mir Freude, diesen prächtigen, charakteristischen Kopf mit den großen, blauen Augen zu betrachten. Das war aber keineswegs das Bedeutsame dieser Begegnung. Wohl aber fühlte ich es wie Wogen eines großen Geschehens durch meine Seele rauschen, als Lachner beim Frühschoppen, zu dem wir uns von Levis Wohnung aus zu dritt begaben, anfing, von seinem ersten Wiener Aufenthalt zu erzählen. Kaum hielt ich es für möglich: ein Duzfreund Franz Schuberts saß mir gegenüber und erzählte, als ob es gestern gewesen wäre, wie sich der arme »Franzl« halt immer in Geldnöten befunden hätte. »Geh, Franzl, das Wetter ist heute so schön«, so trat Lachner einmal in das Stübchen seines Freundes, »laß uns eine Landpartie machen!« »Ja, von was denn?« meinte Franzl, »ich hab' ja kein'n Kreuzer in der Tasche.« Für zwei langte es auch bei Lachner nicht. »Weißt was«, sagte Franzl, »nimm das Heft Lieder und geh' zum Haslinger oder zu 'nem andern. Vielleicht geben s' dir was. I trau mi schon nit mehr hin zu die g'strengen Herrn Verleger.« Lachner wußte nicht mehr, welche Lieder in dem Heft waren, erinnerte sich aber, daß sicher eines oder das andere davon später populär geworden ist. Er nahm das Heft und trat damit die Rundreise an. »Wieder 'was von dem Schubert, den kein Mensch kauft!«, so wurde er von den »G'strengen« empfangen. Schließlich kam er mit — fünf Gulden zum Franzl zurück, der kreuzvergnügt war, nun doch den Ausflug mitmachen zu können, auf dem er wieder einige Lieder in sein Notenbuch skizzierte. Aus dem Munde des greisen, kleinen Lachner entquoll diese Erzählung mit so anschaulicher Lebhaftigkeit, daß wir meinten, sie in der wirklichen Gegenwart zu erleben und uns kaum gewundert hätten, wenn der göttliche Franzl selbst an unsern Tisch getreten wäre. Eine Erzählung aus Künstlernot und Künstlerelend, aber dennoch voll des Hauches einer begnadeten Zeit, da überirdische Wesen auf der Erde wandelten und Gaben ausstreuten, deren Wert nicht auf allen Märkten angepriesen und nicht nach Aufführungsziffern und Tantiemen abgeschätzt wurde, die aber trotzdem und vielleicht gerade darum auch keine Aussicht haben, abgegriffene Münze oder gar schlechtes Papiergeld zu werden, sondern ewig jung bleiben in der Urkraft ihrer Schönheit. —

Und erschauernd hörten wir zu, wie uns Lachner mit derselben Anschaulichkeit von dem andern Überirdischen erzählte, der damals noch in leibhaftiger Erscheinung im begnadeten Wien einherging — von Beethoven. Diesem stand er begreiflicherweise nicht so nahe wie dem um siebenundzwanzig Jahre jüngeren Schubert. Nanette Streicher, die Freundin Beethovens, hatte es unternommen, den jungen deutschen Musiker bei dem schon stark ertaubten, wenig zugänglichen Meister einzuführen. Sie traten in ein Zimmer, wo ein Flügel stand, auf dem das große B-dur-Trio lag. Nanette Streicher spielte den Anfang des Finales in ziemlich raschem, leichtem Tempo. Plötzlich sprang die Tür auf und Beethoven erschien, das bereits ergraute Haar wirr um das gerötete, blatternarbige Gesicht flatternd, aus dessen dunklen Augen ein unwilliger Ausdruck blitzte. Er mußte doch etwas von Nanettens Spiel gehört haben, denn er rief wiederholt: »Nicht so, nicht so!« Dann trat er selbst ans Klavier und spielte das Thema in kräftigem, aber mäßigem Zeitmaß, die Sechzehntelfigur des fünften Taktes äußerst markiert mit einem Finger. »Das war mein erster Eindruck von Beethoven«, sagte Lachner mit Rührung in der Stimme, und die Augen blitzten ganz besonders hell auf. »Hie und da durfte ich ihn wiedersehen,« fuhr er fort, »aber nicht oft. Was konnte ihn ein so junger Mensch viel interessieren, ihn, der in seinen hohen Welten lebte! Nicht einmal der Franzl hat sich zu ihm getraut. Aber bei der Leich',« sagte er feierlich, »da haben der Franzl und ich 's Bahrtuch tragen helfen dürfen.« Der alte Herr war vom lebhaften Erzählen angegriffen. Levi und ich brachten ihn nach seiner nahen Wohnung. Dann trennten wir uns mit schweigendem Händedruck. —

Drei Personen habe ich in reiferen Jahren getroffen, die noch persönliche Erinnerungen an Beethoven hatten: Liszt, der aber nie über seine Begegnung mit ihm sprach und auf Fragen keine Antwort gab, so daß bereits die Meinung auftauchte, diese Begegnung sei eine spätere Erfindung eines geschickten Impresario, — dann den früheren Hofkapellmeister Louis Schlösser in Darmstadt, den ich in Karlsruhe kennen gelernt hatte und der mir ein Album zeigte, in das ihm Beethoven eigenhändig einige freundliche Worte geschrieben hatte, und endlich jetzt Franz Lachner.

Nur einer Zeugin aus jener großen Zeit sollte ich später noch begegnen. —

Ich hatte meinen Münchner Aufenthalt nach Kräften ausgenützt. Oft war ich in die herrlichen Pinakotheken und in die Glyptothek gewandert. Von der Umgebung Münchens kannte ich bereits ein gutes Teil. Im Hoftheater sah ich eine Anzahl guter Schauspielvorstellungen. Der Oberregisseur Savits, den ich von Weimar her kannte, wirkte jetzt in gleicher Stellung in München. Er machte mich auf die bemerkenswerten Vorstellungen aufmerksam und nahm mich auch zu Proben mit. Calderons

»Dame Kobold« entzückte mich. Ich wußte damals schon, daß ich später einmal eine Oper daraus machen würde. Zum erstenmal sah ich den berühmten Ernst Possart im »Fallissement« von Björnson. Der Eindruck seiner Darstellung des alten Advokaten wurde von nichts übertroffen, was ich später von diesem großen Künstler sah. Einige Zeit darauf spielte er den König Lear. Ich bewunderte die merkwürdige Modulationsfähigkeit seines oft beinahe singenden Organs. »Warum war der Herzog von Albany wie ein Orientale angezogen?« frug ich Savits, der diese Vorstellung nicht inszeniert hatte. »Wahrscheinlich hat der Herr Kollege g'meint, der Herzog wär' ein Albanés« lautete die witzige Antwort.

Am 2. Juni, meinem 23. Geburtstag, fand nunmehr die Generalprobe von »Malawika« mit dem wiedergenesenen Gura statt und am folgenden Tag die Aufführung. Der Erfolg war freundlich, aber nicht besonders warm. Die Mängel des Buches, die ich schon bei den Proben erkannte, verhinderten eine stärkere Bühnenwirkung. An einem der folgenden Tage wurde die Aufführung wiederholt. Ich ersuchte den Generalintendanten Perfall, noch eine Vorstellung am Sonntag stattfinden zu lassen, was er mürrisch ablehnte. Plötzlich ließ er mich holen, wies auf einen Artikel in einer Münchner Zeitung, der die schlechte Behandlung von Novitäten seitens der Intendanz beklagte, und sagte mir, er habe »Malawika« nun doch am Sonntag angesetzt, um nicht immer beschuldigt zu werden, moderner Musik abgeneigt zu sein. Ich war zufrieden, denn die Motive, die Herrn von Perfall zur Wiederansetzung meines Werkes bewogen hatten, waren mir ziemlich gleichgültig. Noch waren nicht zwei Stunden vergangen, als ich einen Brief Perfalls erhielt, ungefähr des Inhalts, daß das »unvorsichtige« Eintreten eines journalistischen Freundes für meine Oper ihn bewogen habe, das Werk vom Sonntag wieder abzusetzen, da er sich keine Vorschriften in Zeitungen machen lassen könne. In einem höflichen Brief lehnte ich jede Verantwortung für den Zeitungsartikel ab, sprach dann aber meine Verwunderung darüber aus, daß derselbe Artikel, der soeben die Ansetzung meiner Oper bewirkt habe, nunmehr, fast im gleichen Augenblick, deren Absetzung herbeiführe. Er verbitte sich, von mir des kurzen Gedächtnisses beschuldigt zu werden, antwortete mir Herr v. Perfall in einem Briefe, dessen Ton entschieden weniger aristokratisch war wie der meinige.

Damit war diese Angelegenheit und meine Oper erledigt. Perfall war einer jener Bühnenleiter, die glaubten, etwas zu sein, weil sie sich eine mehrzackige Krone in ihre Wäsche sticken durften. Daß der Krieg die deutschen Theater von dieser Spezies befreit hat, mag ihm auf seine sonst recht leere Kreditseite geschrieben werden. —

Levi hatte sich nach der ersten Aufführung meiner Oper nach Berchtesgaden begeben. Wir hatten verabredet, daß ich ihn besuchen und er mit mir einen Ausflug machen wolle, bevor ich nach Bayreuth abreiste.

Am Tag, da ich diese Verabredung wahr machen wollte, wurden wir durch eine erschütternde Nachricht geweckt: König Ludwig war abgesetzt und eine Regentschaft unter Prinz Luitpold hatte die Regierung übernommen. — Unheilbar geisteskrank, daher regierungsunfähig! — So lautete der offizielle Bericht. — War es möglich? Konnte das wahr sein? Ich starrte auf das Blatt, das in fetten Buchstaben das Unglaubliche verkündigte, und überzeugte mich, ob ich nicht noch träume. Dann begab ich mich auf die Straße. Das Bild des gemütlichen, etwas behäbigen München war vollkommen verändert. Alles rannte in wirrer Aufregung dahin. Gruppen bildeten sich und stoben auseinander. Die wildesten Gerüchte flogen auf und verschwanden wieder. Eine Frage aber blieb bestehen und bäumte sich drohend auf: Warum war man in der Nacht beim König eingedrungen? — Hatte das, was man angeblich tun mußte, das Licht des Tages zu scheuen? — Schon hörte man, daß die Offiziere der Regentschaft Luitpolds den Fahneneid verweigerten. Dann kam wieder eine neue Botschaft. Der König habe, um seine ungeheure Schuldenlast zu tilgen, ein Darlehen von Frankreich empfangen und dafür, im Falle eines Krieges, Bayerns Neutralität zugesagt. Unglaublich war sie, diese Botschaft, aber Tatsache war, daß daraufhin der Fahneneid abgelegt wurde. Der König war schutzlos. Im festverschlossenen Wagen, so hieß es, sei er nach Schloß Berg am Starnbergersee gebracht worden. Irrenwärter seien fortwährend um ihn. Jedes klare Denken war unmöglich. Alle Augenblicke wurde ein neues Extrablatt ausgegeben oder klebte ein neuer Anschlag an den Mauerecken. Die tiefe Sympathie des bayrischen Volkes für seinen märchenhaften König trat überall zutage. Man hörte wilde Verwünschungen gegen die »Kronenräuber«, ohne daß die Polizei einzuschreiten wagte.

Am 12. Juni entschloß ich mich zur Abreise; ich hielt es nicht länger in München aus. Noch hatte ich einige Tage Zeit bis zur Abfahrt nach Bayreuth. Ich telegraphierte Levi, daß ich nach Berchtesgaden zu ihm käme. »Ich gehe mit Ihnen«, sagte Dr. Marsop, dem ich meinen Entschluß mitteilte, »denn auch auf mir liegt München wie ein Alb.« — Mit dem Abendzug fuhren wir nach Reichenhall und am nächsten Morgen bei trübseligem, unserer Stimmung entsprechenden Wetter nach Berchtesgaden. Levi, tief erschüttert wie wir, beruhigte uns doch einigermaßen. Er hatte von vertrauter Seite aus München Nachricht erhalten, daß es sich beim König um eine momentane Verwirrung handle, die möglicherweise bald behoben sein könne, so daß die Regentschaft nur interimistisch wäre. Dies versetzte uns in freudige Stimmung und wir faßten den Plan, am nächsten Morgen zum Königssee hinüberzuwandern, den ich noch nicht kannte. Die Pension, in der Levi wohnte, war ziemlich leer. Ein Herr saß abends in einer Ecke an einem Tisch und starrte vor sich hin. Er fiel uns auf, doch beachteten wir ihn nicht weiter.

Levi hatte einen Neffen bei sich, der sehr zum Reden neigte und deshalb von seinem Onkel zum periodischen Schweigen verurteilt wurde. »Nimm ihm seine Dummheit nicht übel,« sagte er leise zu mir, »er ist ein Zwilling, hat daher nur ein halbes Gehirn.« Aber dennoch war er von rührender Güte und Freundlichkeit zu dem armen, von der Natur nicht verwöhnten Jungen.

Zeitig am Morgen des 14. Juni brachen wir auf. Durch einen wunderschönen Wald schritten wir schweigend dahin. In mir kochten die Gedanken. Der Plan einer großen Trilogie, in der »Jesus von Nazareth« das Mittelstück, »Kain« den Prolog und »Ahasverus« den Epilog bilden sollten, beschäftigte mich schon seit längerer Zeit. Aber auch ein anderer Entwurf gewann Form und Farbe. In einem antiquarisch erstandenen Buche, der »Christlichen Symbolik« von Menzel hatte ich die Legende des Schauspielers Genesius gefunden, der, im Begriff, das Christentum zu verhöhnen, sich zum Christentum bekehrt. Zwar schien mir, als wäre ich einmal einem ähnlichen Vorwurf bereits auf der Bühne oder in einem Buch begegnet; ich konnte mir aber keine Rechenschaft darüber geben. Die Legende der Christin Pelagia, die ich ebenfalls bei Menzel fand, verwob ich mit der Genesius-Legende zu einer Einheit, die sich in Szenen und Vorgänge zu gliedern begann. »Siehst du nicht, daß er etwas denkt?«, herrschte Levi in gutmütigem Zorn seinen Neffen an, wenn dieser versuchte, mit mir ein Gespräch anzuknüpfen.

Wir gelangten an eine kleine Waldlichtung, wo sich eine Bank befand. Neben der Bank sahen wir den einsamen Herrn am Boden liegen, der uns gestern aufgefallen war. In der Meinung, er schliefe, wollten wir vorübergehen, als ich eine Wunde an seiner rechten Schläfe bemerkte. Ich trat näher und sah, daß seiner Hand ein Revolver entfallen war, der dicht dabeilag. — Er hatte sich erschossen. — Überzeugt, daß jede Hilfe vergeblich war, stiegen wir so rasch als möglich zum Königssee hinab und meldeten in einem von uns allen unterzeichneten Telegramm der nächsten Polizeistation unseren traurigen Fund. —

Um nach Möglichkeit den lastenden Eindruck abzuwälzen, mieteten wir eines der bereitstehenden breiten Boote, um nach St. Bartholomä hinüberzufahren. »Sind keine neuen Nachrichten vom König da?« — fragte Levi den Schiffer, der mit düsterer Miene seines Amtes waltete. Der Mann hob sein durchfurchtes Gesicht und sah uns erstaunt an. »Ja, wißt Ihr's denn noch nicht?« — »Was?« — »Der König ist ertrunken im Starnberger See!« — Dann hob er die Faust in die Höhe und rief mit einem Ausdruck, den ich nie vergessen werde: »Umbracht haben s' ihn, unsern guten König, die — —« und ein unwiedergebbares Wort flog wie eine furchtbare Anklage über die leise erzitternden Fluten des herrlichen Hochgebirgsees. —

Wir ließen das Boot wenden und betraten sprach- und fassungslos das Ufer. Levi mußte nach München zurück; seine Stellung als Hofbeamter erforderte seine Anwesenheit. Die schnellste Möglichkeit der Heimkehr ergab sich über Salzburg. Am Königsee war kein Wagen zu haben. Wir wanderten also zu Fuß nach der Richtung des sogenannten Drachenlochs, der Grenze zwischen Bayern und Österreich. In einem Dorfe kamen uns die Kapellmeister Riedel und Franck, der eine in Braunschweig, der andere in Hannover angestellt, entgegen. »Da ist er ja!« riefen beide wie aus einem Munde, als sie Levi gewahrten. Nun stellte sich heraus, daß unsere Depesche über den von uns aufgefundenen Selbstmörder bereits das Gerücht erzeugt hatte, Levi habe sich erschossen. Glücklicherweise war ein Telegraphenamt in der Nähe, so daß Levi seine Verwandten und Freunde, und vor allem seinen in Essen lebenden alten Vater von der Grundlosigkeit des Gerüchtes in dringenden Telegrammen verständigen konnte. Er war in größter Aufregung und trank eine halbe Flasche Champagner in wenigen Schlucken aus, um sich auf den Beinen zu halten. Wir fanden nun auch einen Wagen und fuhren, ohne eines klaren Gedankens fähig zu sein, nach Salzburg. Bereits in Freilassing, der ersten bayrischen Station, füllte sich der Zug mit Abgeordneten und Beamten, die alle ganz schwarz angezogen waren und auf die Nachricht der Königstragödie hin nach München fuhren. Nun erfuhren wir etwas Näheres über den grausigen Hergang, ohne daß es möglich war, aus den sich widersprechenden Gerüchten ein sicheres Bild zu gewinnen. Bis heute ist das Dunkel nicht völlig gelüftet. Nur eines stand fest: Ludwig II., der Romantiker auf dem Throne, der großherzige Beschützer Richard Wagners, war aus dem Leben geschieden. Lange hat das Gerücht eines beabsichtigt gewaltsamen Endes, vor allem in der Landbevölkerung, weitergegärt. Sicherlich hatte niemand das Recht, einen so entsetzlichen Vorwurf zu erheben, aber die Art, wie man gegen den edlen und hochstehenden König vorgegangen ist, wird dem scharfen Tadel der Geschichte nicht entgehen können. War er wirklich regierungsunfähig, so gab es andere Mittel, das Volk vor Schaden zu bewahren, als diejenigen, die man angewandt hat. Allerdings war dieses jähe Ende der Persönlichkeit Ludwigs II. entsprechender, als wenn er, wie sein Bruder Otto, nach jahrelangem Siechtum zwischen Mauern und Irrenwärtern verschieden wäre. So haben seine Sterne vielleicht gütig über ihm gewaltet, als sie auch den Tod dieses vom Gewöhnlichen weit abstehenden Mannes mit dem Schleier des Geheimnisses umgaben. —

München war völlig verändert. Glich es am Tage, da die Absetzung bekannt wurde, einem brodelnden Kessel, der jederzeit überlaufen konnte, so schien jetzt jedes Leben erstorben. Man hörte kein lautes Wort. Es war so still, daß das Klingeln der Pferdebahn wie eine Verhöhnung der Totenruhe klang. Schwarz wallten schwere Trauerfahnen herab, die meisten Häuser waren an Fenstern und Türen schwarz behängt und viele Geschäfte geschlossen. Man hatte ihn geliebt, diesen König, trotzdem man ihn nie sah. Aber das Bild einer idealen Jünglingserscheinung, die vor mehr als zwanzig Jahren den Thron bestiegen und sich damals bei feierlichen Gelegenheiten in aller Pracht und Schönheit gezeigt hatte, lebte in den Herzen seiner Untertanen fort. Wenn man sich auch erzählte, daß der herrliche

Jüngling jetzt einer verfetteten und alles eher wie poetisch aussehenden, vorzeitig gealterten Männergestalt Platz gemacht hatte, so sah man ihn doch so, wie er auf den Bildern zu sehen war: das schmal zulaufende Kinn mit den vollen, sprechenden Lippen, die schwärmerischen, großen Augen und das üppige, edel gewellte Haar über der breiten, ausdrucksvollen Stirn.

Militär zog in zahlreichen Trupps mit hallenden Schritten durch die von Menschen überfüllten und doch öden Straßen Münchens. Die Überzeugung, daß der König nicht irrsinnig gewesen sei, war nicht auszutilgen. Man sprach aber nur mehr ganz leise darüber, denn man merkte, daß die Patrouillen, die immer wieder, scheinbar absichtslos durch die Straßen streiften, scharfe Augen und Ohren hatten.

Ich ordnete mein Gepäck ein und bezahlte meine kleine Rechnung, da ich nicht länger in München bleiben wollte und überdies in Bayreuth zu den vorbereitenden Proben erwartet wurde. —

Es war bekannt gegeben, daß die Leiche des Königs in der Schloßkapelle aufgebahrt und dem Publikum zu bestimmten Stunden der Zutritt gestattet sei. — Sollte ich hingehen? — Geheimnisvoll hatte sich dieser Mann von seinen Mitmenschen zurückgezogen. Nun hatte er nicht mehr die Macht, sich zu verbergen. Jeder konnte seine Neugier am Anblick seiner entseelten Hülle befriedigen. — Sollte ich mich an dieser Profanierung beteiligen? — Schließlich siegte doch die innere Nötigung, die letzte Ehrung eines stillen Gebetes demjenigen zu erweisen, der Wagner in so herrlicher Weise geholfen hatte, sein hohes Ziel zu erreichen. Ich machte mich also auf den Weg. Beim Eingang zur Kirche traf ich Herzog Ludwig, den Bruder der Kaiserin von Österreich. Er lebte als Privatmann in München und unterschied sich weder in seinem Wesen noch in seinen Lebensgewohnheiten von einem solchen. Schon wiederholt hatte er sich freundlich mit mir unterhalten, Interesse für meine Kunst gezeigt und auch die beiden Aufführungen meiner Oper besucht. Er nahm mich stillschweigend bei der Hand und führte mich in die Hofloge, in der sich nur ein Diener befand. Die Tränen schossen ihm in die Augen und mit einem tiefen Seufzer trat er an die Brüstung. Lange Zeit sah er hinab, mitunter das Haupt wiegend, als sähe er etwas Unbegreifliches. Dann senkte er sich, das Gesicht mit den Händen verhüllend, auf die Knie. — Nun trat auch ich leise an die Brüstung und blickte hinab. Dicht vor mir, nur wenige Meter entfernt, stand der Sarkophag. Ein Riese, majestätisch ebenso durch seine Gestalt wie gekrönt von der Hoheit des Todes, war darauf gebettet. Ein schöner Kopf, freilich nicht der des Jünglingsbildes, aber edel und mächtig in seinen Linien, lag, leicht zur Seite geneigt, auf dem Kissen, noch so lebendig erscheinend, als müßte er jeden Augenblick die Augen öffnen. Man war geschmackvoll genug gewesen, diesen König nicht als General gekleidet auf das Paradebett zu legen. Die Uniform des höchsten spanischen Ordens, dessen Inhaber er war, erhöhte durch die tiefschwarze Farbe und ihren feierlichen Zuschnitt den erhabenen Eindruck der Erscheinung, die nur schwer mit der Vorstellung des Todes in Einklang zu bringen war. Der Degen und der mit einer Diamantagraffe verzierte Hut lagen zu Füßen der Leiche. Die Kerzen ragten wachsgelb aus einer betäubenden Fülle von Blumen hervor. In den großen, aber schön geformten Händen hielt der König einen Strauß einfacher Feldblumen. Den hatte ihm Elisabeth gesandt, die ihm stamm- und seelenverwandte Kaiserin des damals noch großen und mächtigen Österreich, die sich auf ihrem Throne ebenso einsam fühlte, wie er auf dem seinigen. Gegenüber der verhängnisvollen Stelle bei Schloß Berg, wo man angeblich die Leiche des Königs in den dunklen Fluten schwimmend gefunden hatte, drüben, am anderen Ufer des Starnbergersees, hatte Elisabeth ihren Sommersitz. Man raunte sich leise Kunde von einem Rettungsversuch zu, den die hohe Frau für ihren gekrönten Vetter und Freund unternommen hätte. Ein Boot habe in der Mitte des Sees gewartet. Hätte es der König schwimmend erreicht, so wäre er gerettet gewesen. Keine Macht der Welt hätte ihn seinem Volk wieder entrissen, wenn er sich ihm gezeigt und vertrauend in seine Hand gegeben hätte. Man wußte, was man tat, als man ihn bei Nacht und Nebel in Gewahrsam brachte.

Der Diener der Loge näherte sich mir. »Sehen Sie den Strich dort an der Kehle?« — Bei schärferem Zusehen hob sich der untere Teil des Halses, merklich röter als das bleiche Antlitz, in gerader Trennungslinie von diesem ab. »Über das Gesicht hat man eine leichte Wachsmaske gezogen, um die Spuren der Vergewaltigungen zu verdecken,« flüsterte der Diener nahe bei meinem Ohre.

Der Herzog erhob sich, und der Diener trat sofort in seine Stellung zurück. Dadurch war das kurze, unheimliche Gespräch zu Ende, das sich wahrscheinlich auf die Erzählung vom Kampfe des Königs mit dem ihn bewachenden Arzte bezog, den man ebenfalls tot aufgefunden hatte.

Ich verabschiedete mich vom Herzog und trat in die Sonne hinaus. Dahinschreiten meinte ich ihn zu sehen, der dort bleich und starr unter gelben Kerzen und welkenden Blumen lag, dahinschreiten, von Leben und Kraft erfüllt, das strahlende Auge weithin blickend über die Herrlichkeiten seines Landes, die er so liebte, daß er den Menschen nicht begegnen mochte. — War er wirklich geisteskrank? —

Am nächsten Morgen fuhr ich nach Bayreuth und machte nachmittags meinen Besuch in Wahnfried. Zunächst waren die jungen Damen Isolde und Eva anwesend, denen ich in Karlsruhe durch Liszt vorgestellt worden war. Sie erinnerten sich meiner sehr wohl, waren auf meine Ankunft vorbereitet und empfingen mich mit jener verbindlichen Liebenswürdigkeit, die in vielartiger Gesellschaft verkehrenden Personen eigen ist. Siegfried, damals etwa 16 Jahre alt, war mir durch sein schlichtes, herzliches Wesen besonders sympathisch. Bald erschien auch Frau Cosima Wagner, wie ich sie in München gesehen hatte, die Witwenhaube auf dem Kopf und die große, überschlanke Gestalt in ein faltenlos herabfallendes, ungegürtetes schwarzes Gewand gehüllt. Das Gespräch kam naturgemäß sofort auf das uns alle tief bewegende Ereignis. Frau Wagner vertrat merkwürdigerweise die Ansicht, daß König Ludwig freiwillig in den Tod gegangen sei, nachdem er erkannt habe, daß seine Herrschaft nicht aufrechtzuerhalten sei. Drei große Momente habe es in diesem Leben gegeben, so lauteten ihre Ausführungen, die Berufung Wagners, der Anschluß an Preußen im Jahre 1870 und das »heroische« Ende. Sie sehe den König, so sagte sie mit visionärem Gesichtsausdruck, wie er mit großen Schritten in das Wasser gegangen sei. Dabei ging sie selbst mit großen Schritten durch das Zimmer. Als ich sie später mit Frau Sucher die Isolde studieren sah, erkannte ich diese Schritte wieder, die ihr offenbar schon vorher in Sinn und Gliedern lagen.

Es fiel mir bald auf, daß Frau Cosima niemals persönlich von Richard Wagner sprach. »Dies wurde gesagt«, hieß soviel, als »mein Mann hat dies gesagt«; »damals, als dieser Akt instrumentiert wurde«, bedeutete: »damals, als der Meister diesen Akt instrumentierte«. Als wäre Wagner niemals menschlich auf dieser Erde gewandelt, so klang es in der Ausdrucksweise seiner Witwe. Die Kinder hielten in ihrer Gegenwart diesen Ton streng ein, ließen ihn aber sofort fallen, wenn die Mutter abwesend war. Dann sprachen die Mädchen ganz einfach vom »Papa«, während Siegfried meistens mit dem ihm eigenen, etwas melancholischen Tonfall »mein Vater« sagte.

Frau Wagner lud mich ein, zum Abendessen zu bleiben und forderte mich auf, nach Wahnfried zu kommen, wann und für solange ich wollte. Ich suchte die Stelle im Bibliothekssaal auf, wo ich damals gestanden hatte, als Wagner mit mir sprach und ging wieder den Weg zur Tür, wohin er mir mit scherzhafter Freundlichkeit nachgerufen hatte, ich solle mein Herz nicht an die Blumenmädchen verlieren. In der Dämmerung schien es mir, als müßte ich den kleinen Mann wieder vor mir sehen und seine sächsische Stimme hören. Groß und ernst, beinahe unheimlich lebendig blickte der von Lenbach gemalte Kopf Schopenhauers von der Wand herab. Bei Tisch saß ich im engsten Familienkreise; niemand sonst war anwesend. Wehmütig mußte ich daran denken, welches unendliche Glück es für mich gewesen wäre, hier sitzen zu dürfen, solange Richard Wagner noch lebte. —

Nach Tisch kam Herr Groß, den ich schon im ersten Festspieljahre kennen gelernt hatte. Er leitete die finanziellen Angelegenheiten und verwaltete auch das aus den Tantiemen von den übrigen Theatern sich allmählich anhäufende Vermögen der Familie Wagner. Bald war er mit Frau Wagner, die er stets ehrfürchtig »Du Edle!« nannte, in ein Gespräch über die bevorstehenden Festspiele vertieft, während wir Jüngeren uns in Haus und Garten ergingen.

Am nächsten Vormittag wanderte ich allein und gedankenvoll den Weg zum Schloß Eremitage hinaus. Dort hatte König Ludwig gewohnt, als er zum letztenmal in Bayreuth war. Jetzt, um diese Stunde, sollte er in München bestattet werden. Es war mir weh ums Herz, als ich in die Gegend der Rollwenzelei, dem Wohnhaus Jean Pauls kam, und unten in der Stadt alle Glocken ihr dumpfes Geläute begannen. Jetzt spielte sich der letzte Akt der Tragödie ab, die ein ideal veranlagtes Wesen, das an hohe Stelle berufen war, um die Menschheit mit königlicher Kunst und Gunst zu beglücken, in die unfruchtbare Einsamkeit und einen vorzeitigen Tod getrieben hatte. Sein Bild stieg vor mir auf, wie ich ihn auf der Bahre liegen gesehen hatte, in betäubendem Kerzen- und

Blumenduft, angetan mit dem schwarzen, spanischen Ordens-
gewande. War vielleicht doch alles nur Täuschung und der
König nicht wirklich tot? Hatte er sich vielleicht noch im letzten
Augenblick, als man ihn in den Sarg legen wollte, erhoben und,
vom Jubel des erschütterten und hingerissenen Volkes umtost,
diejenigen ins Gefängnis gesteckt, die ihn vom Thron gestoßen
hatten? Wenn es so war — und es war ja nicht ganz unmöglich,
daß es so war —, dann läuteten ja die dumpfen Glocken dort
vergeblich; aber bald würden sie wieder läuten und dann hell
und freudig klingen, denn von jedem Fenster müßten blau-weiße
Fahnen herniederwehen und die Menschen ihre lichtesten Feier-
tagskleider anziehen. Dann käme eine goldene Zeit für die Kunst,
denn dann würde er sich nicht mehr von den Menschen ab-
schließen. Voll und ganz würde er das Amt, zu dem er geboren
war, übernehmen und dafür sorgen, daß das Erbe seines großen
Freundes echt und ehrlich verwaltet werde. Hört auf mit dem
Trauergebimmel, ihr Glocken! Wartet, bis die Freudenbotschaft
kommt! Sie wird, sie muß kommen!

Hinter der Rollwenzelei steigt die von Baumreihen eingefaßte
Straße leicht an. Oben am äußersten Ende erscheint ein Reiter
und sprengt in gestrecktem Galopp auf mich zu. Wie merkwürdig!
Er ist ganz schwarz gekleidet und auch das Pferd ist ein kohl-
schwarzer Rappe. Wenige Sekunden und schon ist er dicht bei mir
und sieht mich starr an. Mein Gott, ist das nicht — die schwarze
Uniform, der Degen, die Diamantagraffe am Hut — des Königs
Gesicht — ? — Alles dies ist ein Augenblick. Der Reiter ist
vorbei, biegt bei der Rollwenzelei nach links ab — und ist verschwunden. Auf der Straße dort kann er nicht weitergeritten sein,
denn diese ist gleich nach dem Haus wieder sichtbar, nach der
Stadt zu ebensowenig. Ich springe einige Schritte vor. — Auch
auf dem Felde ist nichts zu sehen. Ich höre kein Getrappel. —
Habe ich überhaupt eines gehört? — Ich stehe wie gelähmt. —
Eine Möglichkeit gibt es noch: der Reiter ist bei der Rollwenzelei abgestiegen. Ich eile zum Haus und frage, ob ein
schwarz gekleideter Reiter eingetreten sei. — ›Nein.‹ — Ist ein
solcher vorbeigekommen? — Niemand hat etwas gesehen. —
Ich schaue verlorenen Blickes um mich und bemerke, daß das
Läuten dort unten verklingt und aufhört. — — Nun wußte ich,
daß der König im Grabe ruht und wartete auf keine Freudenbotschaft mehr. —

Nach Wahnfried zurückgekehrt, erzählte ich Frau Wagner, was ich gesehen hatte. »Es ist nicht unmöglich, daß Ihnen der König erschienen ist«, sagte sie nach sinnendem und aufmerksamem Zuhören. Sie sprach über ähnliche Fälle, von denen sie gehört hatte, und meinte, daß mein Seelenzustand, der jetzt seit Tagen durch das Ereignis aufgerüttelt sei, und meine durch den Anblick des toten Königs aufgeregte Phantasie das Zustandekommen einer solchen Erscheinung sicher begünstige. Schließlich holte sie ein Buch aus der Bibliothek. Es war ein Band der »Parerga« von Schopenhauer, in welchem sie mich auf einen Aufsatz verwies, betitelt: »Über das Geistersehen und was damit zusammenhängt.« Dies war das erste, was ich von Schopenhauer las. Auch einige andere der im Buch enthaltenen Aufsätze versuchte ich mir zu eigen zu machen, kam aber nicht weit damit. Ich sagte dies Frau Wagner ganz offen, die meinte, die Zeit müsse kommen, wo ich diesen großen Geist verstehen lernen würde, dem sich kein Unbefangener dauernd verschließen könne. Ich sollte mir aber einstweilen nicht den Kopf damit zerbrechen.

Als ich später von der rätselhaften Erscheinung des schwarzen Reiters bei der Rollwenzelei zu einigen Personen sprach, lachten diese mich einfach aus. Da mir der Anlaß und auch das Erlebnis selbst zu heilig waren, schwieg ich fortan zu jedermann darüber. Man hat heute begonnen, derartigen Erscheinungen ernste Aufmerksamkeit zu schenken, da auch sie natürlichen Gesetzen unterstehen, aber eben solchen, die wir noch nicht kennen. Ich habe daher heute keinen Grund mehr, darüber zu schweigen. —

An diesem Tage lernte ich auch den intimsten Freund der Familie Wagner, Herrn von Wolzogen, kennen. Ein stiller, feingeistiger Mann, dessen Leben vollständig in Bayreuth und seinem Gedanken- und Interessenkreis aufging. Er hatte etwas von einer Mimose an sich. Was fremd an ihn herantrat, verletzte ihn, so daß er sich scheu in sich selbst zurückzog. Ich fühlte mich sympathisch zu ihm hingezogen, trotzdem ich seine Leitfäden mit den abenteuerlichen Motivbenennungen schon damals für überflüssig hielt. Später habe ich sie als schädlich erkannt.

Zwischen den Kindern Wagners und mir bestand bald ein freundschaftlicher Verkehr. Für die Festspiele hatte ich bisher nur einige Chorproben mit den im »Parsifal« beschäftigten Knaben gehalten. Sonst brachte ich fast den ganzen Tag im Wahnfried zu. Wir machten kleinere Ausflüge zusammen und lasen uns gegenseitig vor. Ich spielte Klavier und sang mit meiner damals noch leidlichen Stimme. Frau Wagner war häufig bei uns. Sie wünschte, einiges aus meiner jüngst in München aufgeführten Oper zu hören; ihre Bemerkungen über die Schwächen und Vorzüge meiner Dichtung und Komposition waren sehr feinsinnig.

Einige Tage nach mir traf die älteste Tochter Frau Wagners, Fräulein Daniela v. Bülow, in Bayreuth ein, eine geistvolle, lebhafte, ihrem Vater, Hans v. Bülow, innerlich und äußerlich ähnliche Dame. Sie war mit dem Kunsthistoriker Henry Thode verlobt, der ebenfalls bald nach Bayreuth kam. Die Hochzeit wurde in kleinem Kreise gefeiert, zu dem auch ich zugezogen war. Frau Wagner war, wie immer, in ihr langwallendes Witwengewand gekleidet, das jedoch an diesem Tage nicht von schwarzer, sondern von mattgrauer Farbe war. Die weiße Freude erhellte vorübergehend die tiefe Trauer. Diese Frau verstand es meisterlich, das zu tun, was Eindruck machte. Alle Anwesenden und ich bewunderten ihren Geschmack in der Wahl dieses hochzeitlichen Witwenkleides und die Art, wie sie sich darin bewegte.

Von den jungen Damen zog mich am meisten die zweitjüngste Tochter Isolde an. Sie war sehr hübsch und besaß viel natürliche Anmut. Auch entdeckte ich im Verlauf der Wochen, die ich in Bayreuth zubrachte, bei ihr mehr Ansätze zu selbständigen Meinungen und auch mehr Mut, diese zu äußern, als bei den andern. Daß dieses liebe Mädchen später einen Prozeß zur Feststellung ihrer Herkunft werde führen müssen, ahnte damals wohl niemand. Sie hieß offiziell »v. Bülow«, aber jedermann wußte, daß sie Wagners Tochter war, wofür auch ihre Gesichtszüge sprachen. Auch nannte sie den ersten Gatten ihrer Mutter stets »Herr v. Bülow« und nicht wie Daniela »mein Vater«. Ihre Abstammung vom Schöpfer des »Tristan« war ein offenes Geheimnis, das, wie ihr späteres Verhalten zeigte, auch ihr selbst bewußt war.

Allmählich kamen die Mitwirkenden der Festspiele an. Der erste war Levi, der eines Abends ohne vorherige Ansage im Wahnfried eintrat. Mir fiel sein geradezu unterwürfiges Wesen nicht nur Frau Wagner, sondern auch den Kindern gegenüber auf. Es war ein fortwährendes seelisches und körperliches Verbeugen, das mich peinlich berührte, da ich Levi, den großen Künstler und freigeistigen Menschen, von dieser Seite nicht kannte und auch bald merkte, daß die Mitglieder der Familie Wagner ihm abgeneigt waren und ihn sogar leise verhöhnten, was sich unter der lächelnden Maske der Freundschaft nur ungenügend verbarg. Als wir an diesem Abend Wahnfried verließen und zusammen heimgingen, war Levi in sehr gedrückter Stimmung. Ich hatte aber noch nicht den Mut, ihn darüber anzusprechen. Als aber das hochfahrende und ironische Betragen ihm gegenüber sich fortsetzte und eines der Kinder ihm in Gegenwart mehrerer Personen einmal zurief: »Ach, Levi, Sie reden ja lauter Unsinn«, ohne daß er zu erwidern wagte, da nahm ich ihn beiseite und frug ihn, wie es möglich sei, daß ein Mann seiner Bedeutung sich derartig behandeln lassen könne. Trüben Blickes sah er mich an und stammelte mit rauher Stimme: »Du hast es freilich leicht in diesem Hause, du — Arier!« — Teilweise durch ihn, teils durch andere erfuhr ich, daß Richard Wagner sich auf das heftigste gegen die Übernahme der Leitung des »Parsifal« durch Levi gesträubt hatte, aus keinem anderen Grunde als den, daß Levi einer Rasse angehörte, gegen die Wagner Stellung genommen hatte. König Ludwig aber gab das Münchner Hoforchester nur unter der Bedingung frei, daß Wagner auch den ersten Dirigenten dieses Orchesters übernahm. Ludwig II. war noch einer jener Monarchen, der treue Diener zu schätzen und zu schützen wußte. So schützte er seinen Hofkapellmeister auch gegen eine Laune seines großen Freundes, und Levi dirigierte den »Parsifal«. Wagner konnte auf die Dauer die hohen künstlerischen Fähigkeiten Levis nicht verkennen und sein Verhalten zu ihm soll aus der anfänglichen Abneigung in aufrichtige Hochachtung übergegangen sein. Nachdem aber der Meister die Augen geschlossen hatte, war die Diadochenzeit angebrochen. Die großen Schwingungen, die eine mächtige Hand zu einem Strahlenbündel vereinigte, verloren an Kraft, und die kleinen, quer laufenden und hüpfenden Irrlichter gewannen freieres und oft zersetzendes Spiel. So konnte auch die längst begrabene Gegnerschaft gegen den durchgeistigten ersten »Parsifal«-Dirigenten wieder aufleben. Levi war von unbegreiflicher Duldsamkeit. Er verlor jeden Halt gegenüber der Familie seines Meisters. Wohl fühlte er heraus, daß man ihn gern entfernt hätte, was man ohne äußern Anlaß noch nicht wagte, fürchtete aber, durch die kleinste Entzweiung diesen Anlaß herbeizuführen. Nicht nur für seinen Ruf, sondern auch für sein seelisches Leben mußte er sich Bayreuth erhalten, an dem er mit jeder Faser seines Daseins hing. »Dirigiere ich nicht mehr hier, so lebe ich auch nicht weiter«, sagte er einmal zu mir im Tone dumpfer Verzweiflung. So duldete er denn und duldete in einer Weise, die sich oft mit der Würde des Mannes und Künstlers nicht vertrug. Am Schluß von Proben liebte es Frau Wagner, zu Fuß vom Festspielhaus nach Wahnfried zu gehen und forderte mich öfter auf, sie zu begleiten. Bei einem solchen Heimgang sprach ich mich einmal offen zu ihr über ihr Verhalten zu Levi aus. Sie hörte mich ruhig an und bemerkte endlich, daß zwischen arischem und semitischem Blut kein Band zustandekommen könne. Ich erlaubte mir die Gegenbemerkung, daß dagegen einerseits die Erfahrung spreche, anderseits aber nach meinem Gefühl die Frage der Rasse nicht über diejenige des Individuums gestellt werden dürfe. »Darin werden wir uns wohl nicht verstehen, lieber Weingartner«, erwiderte Frau Wagner mit kühler Ruhe. Wir waren zum Tor des Wahnfried gelangt; ich verabschiedete mich, respektvoll wie immer, und sie gab mir die Hand, freundlich wie immer. Und doch hatte ich das Gefühl, daß zwischen uns eine Kluft sich aufzutun begonnen hatte. Vielleicht war diese Unterredung der Anlaß, daß später von Bayreuth aus das Gerücht aufflackerte und sich einige Zeit in Schwebe erhielt, ich sei nicht arischer Abstammung.

Kurz nach Levi war Felix Mottl eingetroffen, der für »Tristan« bestimmte Dirigent. Sonnig, heiter, verbindlich nach allen Seiten, das echt österreichische Naturell mit einer nicht geringen Dosis von Schlauheit durchsetzt, hatte er sich im Wahnfried ebenso wie überall bald alle Herzen gewonnen. Auch seine Devise war, wenn auch in anderer Art wie bei Levi, die unbedingte Unterwerfung. Hätte ihm Frau Wagner befohlen — und ihre Lust am Befehlen stieg nach dem Maße des ihr entgegengebrachten Gehorsams —, eine im Dreivierteltakt geschriebene Stelle im Viervierteltakt zu dirigieren, so hätte er den genialen Einfall der »Meisterin« gepriesen und wenigstens so getan, als folgte er dem Befehl. Bald sollte ihm sein Verhalten gleißende Früchte tragen. Auch Artur Seidl, der inzwischen nach New York übergesiedelt war, war zur Leitung des »Tristan« eingeladen worden. In einer in kleinem Kreise geführten Unterredung äußerte Frau Wagner, daß sie nicht wisse, wie sie sich Seidl gegenüber verhalten solle; es sei schwer für sie, ihm, dem viel Älteren, die zweite Vorstellung des »Tristan« anzubieten. »Er soll die erste dirigieren«, rief Mottl mit großer Lebhaftigkeit, »ich ordne mich gern unter, denn — in Bayreuth heißt es nur — dienen!« Und seine schönen, blauen Augen blickten mit unbeschreiblicher Demut zur »Meisterin« auf. »Nein, das werde ich meinem Mottl nicht antun!« rief Frau Wagner gerührt und drückte Mottl an ihr Herz. Am selben Tage wurde Seidl telegraphisch mit vielen schönen Worten ausgeladen. — »Es ist alles so anders geworden«, war in seiner kurzen Antwortdepesche zu lesen. Er kam trotzdem als Zuhörer zu einigen Vorstellungen und machte mit seiner hübschen blonden Frau auch einen Besuch im Wahnfried. »Es hat mich noch einmal zur alten Stätte zurückgezogen«, sagte er mit leiser Wehmut, als wir eines Abends bei Angermann zusammensaßen. Ob es ihn später nochmals dahin zurückgezogen hat, weiß ich nicht. Sein Stern ging jenseits des Ozeans auf.

Die Proben waren allmählich in vollen Gang geraten. Wir brachten die Vor- und Nachmittage, oft bis spät abends, im Festspielhause zu. Die Besetzung des »Parsifal« war dieselbe wie in den Vorjahren — bis auf eine klaffende Lücke. Emil Scaria war von einem unheilbaren Gehirnleiden befallen worden. Wir alle wußten, daß wir diesen einzigen Gurnemanz nie wieder hören würden. An seine Stelle war Wiegand aus Hamburg engagiert, ein tüchtiger, stimmungsvoller Bassist, der aber Scaria in dieser Rolle nicht ersetzen konnte. Wer hätte das aber überhaupt gekonnt? —

Marianne Brandt, vielleicht die größte Kundry, die es gab, war schon seit 1883 nicht mehr eingeladen worden. Ihre Stelle vertrat seither Therese Malten aus Dresden, die in diesem Jahre auch die Isolde darstellen sollte.

Bei den »Tristan«-Proben erstrahlte das Licht, das von R o s a S u c h e r ausging, in immer hellerem Glanz. Diese Frau war keine sogenannte »denkende« Künstlerin; viel überlegt, was sie auf der Bühne tat, hat sie nicht. Sie besaß jenen merkwürdigen sechsten Sinn, der halb unbewußt das Richtige trifft und es plastisch nach außen bringt. Frau Wagner hatte sich vollständig zurechtgelegt, wie sie die Isolde von ihren beiden Sängerinnen dargestellt wissen wollte, und arbeitete unermüdlich mit ihnen. Die Sucher machte alles nach, was Frau Wagner ihr vorspielte, aber man merkte, daß ihr nur das wenigste in Fleisch und Blut überging, denn auf der nächsten Probe machte sie es ganz anders und meistens so, wie sie es ursprünglich gemacht hatte. Das Lächeln ihres wunderschön geschnittenen Gesichtes

und ihr lebhaft für Frau Wagners Unterweisungen dankendes
›Ja‹ zeigten eigentlich nur, daß sie diese Unterweisungen trotz
besten Willens nicht recht begriff. Frau Wagner sah endlich,
daß die Sucher eine starke Natur war und ließ sie gewähren;
das sichere Gefühl aller Anwesenden, daß uns hier eine außer-
ordentliche Leistung bevorstünde, konnte auch ihr nicht entgehen. Die Malten war gelehriger und stellte die Isolde im Rahmen
Frau Wagners dar. Sie war vortrefflich, aber in anderem Sinn
als die Sucher, deren Leistung von einem primären Strahl durch-
glüht war, den kein außerhalb des Künstlers Stehender diesem
geben kann.

Ein neuer herrlicher Sänger war für den Kurwenal gewonnen
worden, Fritz Plank aus Karlsruhe: eine riesige Gestalt, die
Stimme unbeschreiblich schön und eine Kraft des Ausdrucks,
die an Scaria erinnerte.

Auf den Bühnenproben mit Klavier waren wir eines Tages
bis zum dritten Akt gelangt. Ein Sofa bildete das improvisierte
Bett, auf dem Vogl in seinem Jägerkostüm lag. Plank, der sehr
von der Hitze litt, hatte nur ein dünnes Lüsterröckel über dem
Hemd. Mottl saß am Klavier. Dekorationen waren nicht gestellt.
Die beiden Künstler begannen ihre Rollen darzustellen — und
niemand sprach ein Wort. Sogar Frau Wagner, die sicherlich
eine Fülle von Unterweisungen vorbereitet hatte, saß regungslos
in sinnendem Zuschauen. Erst als Vogl das letzte Wort gehaucht
hatte und zusammengesunken war, konnte sich Mottl nicht
länger halten und sprang mit dem Ruf ›Das war ungeheuer!‹
vom Klavier auf. — An diesem Tage wurde nicht weiter probiert.
— Bei den späteren Aufführungen frug ich mich, warum trotz
Orchester und Dekorationen der beispiellose Eindruck, den uns
der dritte Tristanakt auf jener primitiven Probe gemacht hatte,
auch nicht annähernd erreicht werden konnte. Die Antwort war
nicht schwer zu finden. Bei dieser Probe war jedes Wort zu
verstehen und durch die Nähe des Darstellers auch jeder
Gesichtszug in seiner ausdrucksvollen Bedeutung erfaßbar, wobei
es ganz gleichgültig war, ob diese Darsteller im Kostüm waren
oder nicht, und ob bemalte Leinwand herumhing oder nicht.
Ja, es war sogar gleichgültig, daß die wundervollen Orchester-
farben dieses Aktes fehlten. Man sah und hörte Tristan und Kurwenal, und fühlte die Seele des dramatischen Vorgangs. —
Immer mehr zog ich später aus der mächtigen Erfahrung dieser

einen Probe die Lehre, daß die Stärke der Wirkung eines musikalischen Dramas weder im Orchester noch im szenischen Beiwerk, sondern darin liegt, daß der Zusammenhang des Wortes mit der Musik verständlich wird. Was hilft es mir, wenn das Orchester noch so schön klingt, aber das Wort totgeschlagen wird? —

Besondere Aufmerksamkeit zog auch Eugen Gura auf sich. Ich hatte in München den Wotan in der »Walküre« von ihm gehört und die hohe Kunst bewundert, mit der er, der keineswegs eine gewaltige Stimme besaß, die Länge des zweiten Aktes nicht nur vergessen ließ, sondern gerade diesen Akt zum Gipfelpunkt der Aufführung gestaltete. Die ergreifende Trostlosigkeit dieser von Gott verlassenen Gottheit habe ich später, auch von bedeutenden Künstlern, kaum jemals wieder mit solcher Meisterschaft dargestellt gesehen wie von ihm. — Eines Tages traf ich ihn in größter Aufregung. »Vor diesem Schuster soll ich zurücktreten!« rief er immer wieder mit Tränen in den Augen. Ich erfuhr endlich, daß für die erste Aufführung des »Tristan« ein anderer Vertreter des König Marke in Aussicht genommen war, während Gura an zweite Stelle gerückt werden sollte. »Ich war Wagners erster Gunther und hab's i h m recht gemacht. Wenn ich seiner Familie nichts mehr gelte, so reise ich ab,« erklärte er mit großer Bestimmtheit. Ich beruhigte den verehrten Künstler und setzte durch, daß er für die nächste Probe des zweiten Tristan-Aktes angesetzt wurde. Die Art, wie er Markes fragwürdige Gestalt gab, war so überzeugend, daß fortan kein Zweifel bestand, wer diese Rolle in der ersten Aufführung darstellen solle.

Auch Frau Gisela Staudigl aus Karlsruhe, gegen die im Anfang so großes Mißtrauen bestand, daß Levi rasch die bildschöne Frau Sthamer-Andriessen aus Leipzig herbeiholen mußte, eroberte sich bald allgemeine Anerkennung, so daß sie zur ersten Vertreterin der Brangäne bestimmt wurde. Die Besetzung der Hauptrollen versprach somit das Höchste.

Frau Wagner war unermüdlich mit der Arbeit des Einstudierens. Sie verband einen scharfen, elastischen Geist mit einer zwingenden Art des Überzeugens, die es schwer machte, ihr zu widerstehen, auch wenn man nicht ihrer Ansicht war. Ich empfand naturgemäß einen tiefen Respekt vor der Witwe des großen Meisters, und zwar nicht nur deshalb, weil sie seine Witwe war; aber jedes ihrer Worte, jede ihrer Bewegungen als eine höhere

Offenbarung zu betrachten, dazu war ich nicht geschaffen. Ich bin sicher, daß ich diese Art von Unterwürfigkeit, die jeder, von oben bis unten, Frau Cosima und sogar ihren Kindern erwies, nicht einmal Richard Wagner gegenüber aufgebracht hätte. Aber ich bin ebenso sicher, daß Er eine solche Unterwürfigkeit nicht geduldet hätte. Die Erzählung von Scaria mit den Pauken kam mir oft in den Sinn. Daß Frau Wagner schließlich vielleicht an eine Art von Gottgesandtschaft ihrer Person glaubte, war weniger tragisch, als das niemand den Mut fand, diese Frau, die nicht nur den besten Willen, sondern auch seltene intellektuelle Eigenschaften besaß, auf ihre verzeihlichen, begreiflichen und natürlichen Irrtümer aufmerksam zu machen, denen bei Übernahme eines neuen Amtes auch der Hochbegabte ausgesetzt ist.

In Bayreuth lernte ich die ersten Anzeichen einer Wendung kennen, die später nicht nur der Kunst, sondern dem ganzen deutschen Volke unheilvoll geworden ist. Die inhaltschweren Worte Bismarcks »Wir Deutsche fürchten Gott und sonst Niemand«, die bis zum Kriegsende besinnungslos nachgeheult wurden, waren schon damals, als er sie sprach, nicht mehr ganz wurzelecht. »Wahr ist es, aber sagen darf man's nicht«, konnte viel eher als Wahlspruch gelten. Er wob einen falschen Glorienschein ebenso um Frau Cosima wie später um die höchste Persönlichkeit des Reiches, die dadurch allen Ernstes ebenfalls an ihr Gottesgnadentum glaubte. Als dann der große Kehrbesen kam, fegte er viel mehr hinweg, als dieses Gottesgnadentum, um das es wahrhaftig nicht schade gewesen wäre. Er zog auch auf geistigen Gebieten die Unaufrichtigkeit groß. Furchtbar schwer ist es heute geworden, die Wahrheit zu vertreten, weil tausenderlei Interessen verletzt, wer sie ausspricht und verteidigt. Die Begriffe »deutsch« und »echt« sind im Sinne Hans Sachsens schon lange nicht mehr identisch. Jeder, der die Schuld am jetzigen deutschen Elend immer und immer wieder auf andere häufen will, möchte doch einmal gründlich in sich hineinschauen und zu erforschen suchen, wie weit er selber dazu beigetragen hat, daß es so weit gekommen ist, denn: Einkehr ist die erste Sprosse zum Aufstieg. Diejenigen aber anzupöbeln oder gar totzuschießen, die ihre durch tiefe Einsicht gewonnene Erkenntnis offen darlegen, treibt nur noch weiter in den Sumpf hinein. —

Ein kleines Ereignis während der damaligen Bayreuther-Proben gewann vielleicht eine Bedeutung, die ihm an sich gar nicht zukam. Ich hatte eines Abends Frau Wagner, wie öfter schon, vom Festspielhaus zum Wahnfried begleitet und war diesmal mit ihr eingetreten. Niemand war sonst daheim und Frau Wagner ersuchte mich, etwas aus »Tristan« zu spielen. Ich begann das Vorspiel zum zweiten Akt. Bei den großen verminderten Septimenakkorden, wenige Takte, ehe das Aufgehen des Vorhangs vermerkt ist, finden sich im Arrangement Bülows klaviermäßige Baßgänge, die ich, orchestral spielend, als überflüssig wegließ. Frau Wagner saß mitlesend und die Blätter wendend neben mir. Plötzlich hielt sie mich an. »Wenn Sie später den Tristan dirigieren, sehen Sie doch ja darauf, daß diese Baßgänge deutlich hervortreten!« sagte sie und wies auf die betreffende Stelle im Klavierauszug. Statt mich nun für die Unterweisung zu bedanken und mir im stillen mein Teil dabei zu denken, antwortete ich: »Gnädige Frau, diese Baßgänge sind im Orchester gar nicht da; die hat Herr von Bülow hineinarrangiert.« Frau Wagner widersprach heftig. Ich holte die Partitur herbei und verwies sie auf die betreffende Stelle, worauf sie natürlich nichts erwidern konnte. Sie war aber sichtlich verstimmt und ich bat, mich empfehlen zu dürfen. Als ich hinaustrat, hatte ich das deutliche Gefühl, diejenigen Fähigkeiten nicht zu besitzen, deren es hier jetzt bedurfte.

In der sommerlichen Dämmerung ging ich, während wechselnde Gedanken mein Gehirn durchstürmten, den weiten Bogen zur rückwärtigen Seite des Wahnfried, wo unter dem Schatten alter Bäume Wagners Grab liegt. Ich dachte an meine früheste Kindheit und an den Stern auf der Zimmerdecke, über den ich mich damals gewundert hatte, wenn ich zu ihm aufblickte. Auch heute blickte ich zu einem Stern auf und er leuchtete heller denn je. Aber ich wunderte mich darüber, daß gerade hier, wo er am hellsten leuchten sollte, Wolken über ihn hinwegzogen, die seinen Glanz zeitweilig trübten. Lange hat mich dieses Gefühl des Sich-Wunderns nicht verlassen. Meinen Freunden fiel es auf, daß ich sehr still und nachdenklich wurde. Die Besuche im Wahnfried schränkte ich ein. Die mir zugewiesenen Arbeiten des Einstudierens führte ich mit unverändertem Eifer aus. —

Die Zeit der Aufführungen rückte immer näher heran. Bereits trafen Besucher von auswärts ein. Einer der ersten war Alfred Reisenauer, der, von ungestümer Sehnsucht erfüllt, den »Tristan« in Bayreuth zu hören, einige Tage zu früh eingetroffen war. Es gelang mir, ihn zu den letzten Proben mitzunehmen.

Weingartner.   22

Einmal, ein einzigesmal habe ich das Dirigentenpult des Festspielhauses betreten. Die Verwandlung des letzten »Parsifal«-Aktes sollte bezüglich genauer Übereinstimmung mit der Musik ausprobiert werden. Da Levi und Mottl den Wunsch äußerten, den Vorgang von außen zu betrachten, erbot ich mich, das Orchester zu dirigieren. Levi war so nervös, daß er glaubte, einige gleichsam entschuldigende Worte an die Musiker richten zu müssen, was dort ein überraschtes Lächeln hervorrief, da die meisten mich von München her kannten. Merkwürdigerweise genau an derselben Stelle, an der Wagner bei der letzten Vorstellung des »Parsifal« im Jahre 1882 den Taktstock ergriffen hatte, begann ich, dirigierte die Verwandlungsmusik und einen Teil der Chöre, bis das Erscheinen Levis im Orchesterraum mir Anlaß war, das Pult zu verlassen. Ich bewahre diese wenigen Minuten als ein kostbares Angedenken. Versunken waren alle Kleinlichkeiten. Ich stand dem Kunstwerk und dem Geist seines Schöpfers in dem von ihm geweihten Tempel in reiner Wirksamkeit gegenüber und nahm beides in mich auf wie der gläubige Priester die Hostie. —

Während »Parsifal« durch die vielen Vorstellungen der vergangenen Jahre in geebneten Geleisen lief, war der Weg, den der »Tristan« nehmen mußte, um zur Darstellung zu gelangen, oft recht holperig. Frau Wagner, die allein die Zügel führte, schien sich über ihre Absichten nicht immer klar zu sein. Die Erinnerung an die Münchner Uraufführung war ihr in Einzelheiten vielleicht verblaßt; auch zeigte zwei Jahre später ihre Umwandlung der Parsifal-Zeitmaße, daß sie sich keineswegs an eine durch Wagners Willen festgelegte Tradition binden wollte. Aber auch vorausgesetzt, daß sie sich selbst ein vollkommen sicheres Bild gemacht hatte, wie sie den »Tristan« einstudieren wollte, so ist der Unterschied zwischen Wissen und Wirken doch zu groß, als daß er bei diesem ersten Versuche nicht hätte fühlbar werden sollen. Auf der Bühne standen ausgereifte, ihrer Aufgaben bewußte Künstler, die zwar auf die Weisungen der Gattin des Meisters mit aller Hochachtung einzugehen versuchten, aber doch stark genug waren, nicht in sklavische Nachahmung zu verfallen. Das Orchester und sein Leiter wurden nun das eigentliche Feld für Frau Wagners gestaltende Betätigung. Mottl folgte unterwürfig und geduldig wie eines jener Kinder, die das unglückliche Geschenk der Willenlosigkeit mitbekommen haben. Hieß es »schneller!«, so beschleunigte er, hieß es »langsamer!« so hielt er zurück, immer folgsam und — anbetend. Seine Beliebtheit im Wahnfried stieg denn auch bald bis zum Siedegrad. Freilich war er trotz alledem Felix Mottl, eine ausgesprochene künstlerische Persönlichkeit, und was er tat, wenn es ihm auch von außen eingeflößt war, trug einen deutlicheren Stempel der Eigenart, als wenn ein Automat am Pult gestanden wäre. Aber sicher hätte Mottl in anderer und noch höherer Weise gewirkt, wenn er, selbst auf die Gefahr hin anzustoßen, weniger nachgiebig gewesen wäre. Noch war »Tristan« an wenigen Bühnen gegeben. Es war das am wenigsten bekannte und am meisten problematische von Wagners Werken. Der erste Dirigent, Hans v. Bülow, der hier eine unbedingte Autorität gewesen wäre, mußte aus persönlichen Gründen ferne bleiben. Die wenigen der hier Versammelten, die den »Tristan« unter Seidls ursprünglicher Leitung in Leipzig gehört hatten, sahen sich verwundert und oft bedenklich an. Aber schon war jenes undefinierbare Etwas aufgetaucht, was kein Leben gewinnen kann, wo das Vollkommene lebt, aber dem in irgendeiner Weise Unvollkommenen, Angekränkelten, Aufgebauschten, Dilettantischen mit seiner parasitischen Existenz sofort zur Seite steht: das Schlagwort. Hier hieß es ungefähr: »Tristan in Bayreuth ist das Vollkommenste, was je geleistet wurde.« Und aus feucht verklärten Augen triefte es: »Welche Todsünde, daran zu zweifeln!«, während bereits, wie giftige Pilze, die Pfeile hervorschossen, mit denen derjenige getroffen werden sollte, der etwa dennoch zweifelte oder gar den Zweifel laut werden ließ. Wenige Jahre nachher war es so weit, daß ohne Widerspruch öffentlich verkündigt werden konnte, daß die Künstler der ersten Bayreuther Aufführungen für Wagners Absichten bereits »verdorben« gewesen wären, wodurch die Überlegenheit der späteren Festspiele über die monumentalen Großtaten der Jahre 1876 und 1882 der urteilslosen Menge suggeriert wurde.

Am Tage der ersten Aufführung des »Parsifal«, womit die diesjährigen Festspiele eröffnet wurden, traf eine Trauerbotschaft ein. Einer jener herrlichen »Verdorbenen«, der große Emil Scaria, war gestorben — »ein Mensch wie alle«. — —— Die Aufführung unter Levis Leitung war schön. Alle waren sie da wie vor vier Jahren, Winkelmann, Reichmann, die Materna. An Stelle des erkrankten Hill gab Fritz Plank einen dämonischen Klingsor, der dem seines Vorgängers nichts nachgab. Aber ein fremder Gurnemanz stand auf der Bühne, gewiß ein trefflicher Künstler, aber kein Scaria. Es war mir, als sei diese Rolle mit ihrem Darsteller ins Grab gesunken.

Isolde, Cosimas Tochter, mit der ich noch öfter sprach, während die übrigen Mitglieder der Familie mir immer ferner rückten, erzählte mir in einer Pause dieser »Parsifal«-Vorstellung, sie sei einmal im dritten Akt auf der Bühne gestanden, als Gurnemanz die erstarrte Kundry erweckt. Die Tränen seien Scaria über die Wangen gelaufen und sie habe ihn murmeln hören: »Arme, arme Kundry! — Schau! — Du wirst ja erlöst werden! — Gewiß!« — So lebte dieser gewaltige Künstler in seiner Rolle. Dem Mädchen selbst traten die Tränen in die Augen, als sie mir dies erzählte. —

Liszt war eingetroffen. Sein Aussehen war nicht gut; er sah müde und verfallen aus. Noch einmal, nach langen Jahren, hatte der greise Meister Paris und London besucht und sogar in größeren Kreisen Klavier gespielt. Wir alle, die wir seine Zurückhaltung in dieser Beziehung kannten, waren höchst erstaunt und wurden das dumpfe Gefühl nicht los, das dieses halb öffentliche Auftreten eine Art von ahnungsvollem Abschiednehmen bedeutete.

Auf der Rückreise, in einem zugigen Wartesaal, wo er mehrere Stunden in der Nacht zubringen mußte, hatte er sich eine Erkältung zugezogen, die er nicht los wurde. Dies war in seinem Alter sehr gefährlich. Die Gefahr wurde noch dadurch erhöht, daß sein Körper an starken Alkoholgenuß gewöhnt war, der zwar niemals bei ihm einen berauschten Zustand erzeugte, seinen Organismus aber schwächte, so daß eine leichte Störung verderblich wirken konnte.

Er hatte noch eine Freude erlebt. Sein Schüler, mein alter Freund Martin Krause, hatte, dem Beispiel der bereits zahlreichen Wagner-Vereine folgend, in Leipzig einen Liszt-Verein gegründet, der eine stattliche Anzahl Mitglieder zählte und bereits eine Veranstaltung gegeben hatte. Liszts Werke waren noch so wenig bekannt, daß wir diese Gründung freudig begrüßten.

Der Zustand des greisen Meisters verschlimmerte sich sichtlich. Trotzdem hielt er sich mit aller Kraft aufrecht. Bei einer zu seiner Zerstreuung arrangierten Whistpartie ließ er die Karten fallen und mußte, halb bewußtlos, zu Bett gebracht werden. Am nächsten Tag waren mehrere Schüler und ich bei ihm. Er lag in einem Lehnstuhl und hatte eine dicke Decke über den Knien. Er fror trotz der Julihitze, als der Besuch einer Gräfin gemeldet wurde. Liszt riß die Decke von seinen Füßen und erhob sich. »Aber, Meister, bleiben Sie doch liegen!« rief ich besorgt und ergriff seine fieberisch heißen Hände. Er ließ sich aber nichts sagen, vertauschte rasch seinen bequemen Hausanzug mit dem Priestergewand und empfing den Besuch mit der ihm angeborenen königlichen Galanterie.

In der »Tristan«-Aufführung, die mit ungeheurem Erfolg in Szene ging, saß ich neben ihm in einer Loge der sogenannten Fürstengalerie. »Was macht Ihr Husten, Meister?« erlaubte ich mir einmal zu fragen, als längere Zeit eine fast beängstigende Unterbrechung seines Räusperns und Keuchens eingetreten war. »Er ist zivilisiert«, antwortete er mit mattem Lächeln, »während der Musik läßt er mich in Ruhe. In der Pause wird er wieder anfangen.« Gerade dieses lange Aussetzen war der Anfang vom Ende. Er konnte die sich ansammelnden schleimigen Stoffe nur mehr ungenügend auswerfen und die Lungenentzündung war die Folge.

Ich fragte ihn, wie er mit der Aufführung zufrieden sei. Er sah mich mit bedeutsamem Blick an und sagte langsam, mit jener besonderen Betonung, mit der er wichtige Dinge auszusprechen pflegte: »Ich glaube nicht, daß es — unter den obwaltenden Umständen — besser sein konnte.«

Dieser, von leiser, echt Lisztscher Ironie durchtränkte Satz war das Letzte, was ich von ihm hörte. Nach dem dritten Akt sprach er nicht mehr. Ich brachte ihn zum Wagen, der bald in der Dunkelheit verschwand. Ich mußte daran denken, wie ich vor vier Jahren Wagner, in vollster Gesundheit, vor dem Festspielhause in den Wagen steigen sah, der in der Dunkelheit verschwand, und fühlte, daß Liszt von seinem großen Freunde nur mehr durch eine kurze Spanne Zeit getrennt war. — —

»Der Doktor Liszt ist die Nacht g'schtorbe,« so weckte uns, Reisenauer, den ich bei mir beherbergt hatte, und mich, am Morgen des 31. Juli unser schwäbisches Dienstmädchen. —

Seit jener »Tristan«-Vorstellung hatte ich Liszt nicht mehr gesehen. Die Krankheit war mit voller Heftigkeit ausgebrochen. Niemand durfte zu ihm. Wir waren auf Nachrichten angewiesen, die wir uns an der Tür des dicht bei Wahnfried gelegenen Hauses wo Liszt wohnte, abholten. Sie lauteten immer trübseliger. Die vorige Nacht hatten wir bereits erfahren, daß der Meister das Bewußtsein verloren habe und mit dem Tode ringe.

Nun war die Katastrophe eingetreten. Reisenauer weinte wie ein Kind. Ich starrte durchs Fenster zum grauen Himmel hinauf. Wagner, König Ludwig, Liszt — um alle drei hatte der Tod nunmehr sein mystisches Band geschlungen. Eine große Epoche der Kunst gehörte vom heutigen Tag der Vergangenheit an. — Wir kleideten uns an und begaben uns zum Trauerhause. Die Leiche des Meisters war bereits aufgebahrt. Die eingefallenen Züge und das, offenbar von der Waschung, noch feuchte, glatt anliegende Haar ließen das Bild eines alten Männchens erscheinen, das nur schwer mit der Vorstellung dessen zu vereinigen war, was in dieser Hülle noch vor kurzem lebendig war und die Faust- und die Dante-Symphonie geschaffen hatte. Die feinen langen Hände, die einst alle Welt durch ihr wundersames Spiel bezaubert hatten, waren leicht gefaltet und hielten ein Kruzifix. Die Enkelin des Meisters, Frau Thode, kniete, in stilles Gebet versunken, auf dem Schemel vor der Bahre. Nur wenige Personen waren sonst anwesend. Die Todesnachricht schien sich mit trägen Schritten zu verbreiten. Nach wenigen Stunden mußte bereits der Deckel des Sarges geschlossen werden, da der Prozeß des Verfalls infolge der sommerlichen Wärme rasch einsetzte. Verschwunden für immer war unseren irdischen Augen die teure Erscheinung. —

Zwei Tage später bewegte sich der Leichenzug zwischen brennenden und mit schwarzem Flor verhüllten Laternen zum Kirchhof hinaus. Liszt hatte sich wiederholt entschieden gegen eine Überführung seiner körperlichen Reste ausgesprochen. Darum wurde, da auch keine diesbezügliche Verfügung des Großherzogs Karl Alexander eintraf, von dem naheliegenden Gedanken einer Bestattung in Weimar Abstand genommen.

Friedheim, Siloti, August Göllerich, Otto Leßmann, Reisenauer und ich trugen das Bahrtuch. Tiefe Wolken hingen trübselig herab, doch fiel nur spärlicher Regen. Hofrat Gille aus Jena und viele Weimaraner waren herbeigeeilt. Gille sprach in tiefer Bewegung. Die Geschwister Stahr, die beiden »Stährchen«, standen, eng aneinandergeschmiegt und wortlos trauernd am offenen Grabe, in ihren altmodischen Kleidern Schatten gleichend, die eine längst vergangene Zeit in die Gegenwart hineingehaucht hatte. Der Sarg wurde hinabgesenkt. Man hörte das Fallen der drei üblichen, nachgeschaufelten Schollen, zuerst noch klirrend, solange sie auf das Metall auffielen, dann nur mehr leise rasselnd, da sie nur mehr die Erdschicht berührten. — Fahr' wohl, was sterblich war an Dir, edler, gütiger, großer Franz Liszt! — Nur Deinem Geiste werden wir noch begegnen. —

Die Familie Wagner zeigte kein äußeres Zeichen der Trauer. Die Töchter gingen in schwarzen Kleidern, das war alles. Wir erwarteten bestimmt, daß wenigstens eine der Festvorstellungen ausfallen werde. Da der größte Teil der Besucher von auswärts kam, mußte man schließlich zugeben, daß ein Schluß des Theaters unmöglich war. Wir hofften auf eine musikalische Feier im Festspielhause; aber auch davon verlautete nichts. Wäre doch wenigstens die wehende Flagge des Festspielhauses entfernt oder auf Halbmast gesetzt worden. Aber nichts, nichts von ;allem geschah, was auf ein pietätvolles Gedenken hätte hindeuten können. Nicht einmal die üblichen Empfänge im Wahnfried unterblieben für einige Zeit. Es war, als wollte man mit Absicht betonen, daß das Hinscheiden Franz Liszts nicht wichtig genug sei, um die Glorie der Festspiele vorübergehend mit einem Trauerschleier abzudämpfen. Diese absolute, beinahe ostentativ zur Schau getragene Teilnahmslosigkeit verletzte diejenigen aufs tiefste, in deren Bewußtsein lebte, was Liszt für Wagner und für Bayreuth bedeutete. Für den Einzelnen mag gelten, daß ihm überlassen bleibe, in welcher Weise er um einen teuren Verblichenen trauern will. Für die Leitung der Bayreuther Festspiele war es unbedingtes Gebot, in irgendeiner Weise zum Hinscheiden des selbstlosen Förderers des Schöpfers dieser Festspiele Stellung zu nehmen, auch wenn man von der eigenpersönlichen Bedeutung des verblichenen Meisters ganz absah. »Liszts Tod ist eben kein welterschütterndes Ereignis«, wagte mir einer jener Frechlinge, die alles Wahnfriedliche speichelleckend belobhudelten, ins Gesicht zu sagen, als ich in einem größeren Kreise meine Ansicht zum Ausdruck brachte. »Hol' Sie der Teufel mit Ihren eingelernten Phrasen,« war meine Antwort; »ein Haar von Liszt war mehr wert, als Ihr alle miteinander!« Beinahe wäre es zu Tätlichkeiten gekommen, da sich zwei Parteien bildeten, deren andere jedoch zu klein war, um gegen die unsrige aufkommen zu können.

Seit jener Zeit habe ich Wahnfried nicht mehr betreten. Meine Obliegenheiten bei den Festspielen, die aus der Leitung der Glocken und einiger Bühnenmusik im »Parsifal« sowie aus gelegentlichem Abhalten von Auffrischungsproben bestanden, führte ich mit bisheriger Pünktlichkeit um so lieber aus, als ich beim »Parsifal« im Bayreuth Richard Wagners und nicht in dem seiner Nachfolger lebte. Ich brachte dies Levi einmal zum Ausdruck, der sinnend vor sich hinblickte aber nicht antwortete. —

Auf dem Festspielhügel lernte ich eines Tages Richard Strauß kennen, der damals mit einer im klassischen Stil geschriebenen Symphonie hervorgetreten war. Er war noch höher aufgeschossen und trug einen noch wilder aufstehenden Haarschopf als ich. Er hatte »Malawika« in München gehört und war sympathisch davon berührt worden. Merkwürdigerweise hat er gerade für dieses Jugendwerk, wie er mir später wiederholt erklärte, eine Art von Vorliebe bewahrt. —

Nicht lange nach Liszts Tod traf aus Prag eine telegraphische Einladung Angelo Neumanns an Reisenauer ein, bei der dortigen Totenfeier für den verstorbenen Meister mitzuwirken. Reisenauer nahm an. Da ich zur nächsten »Parsifal«-Aufführung, bei der ich benötigt wurde, leicht wieder zurück sein konnte, beschloß ich, ihn zu begleiten. Am Tage dieser Feier war ein besonderer Empfang im Wahnfried angesetzt, zu dem Frau Wagner, wie sie mir ausrichten ließ, mein Erscheinen wünschte. Ich schrieb an Frau Wagner — mit einem tiefen Gefühl innerer Genugtuung —, daß ich nicht kommen könne, da ich zur Liszt-Feier nach Prag führe.

Als wir in Prag ankamen, stellte sich heraus, daß durch ein Versehen das Datum um einen Tag zu früh angegeben war. Reisenauer blieb dort, während ich, der Bayreuther Vorstellung wegen, der Feier nicht mehr beiwohnen konnte.

Im Bureau des Theaters begegnete ich seit den Leipziger Tagen zum erstenmal wieder Angelo Neumann, der noch nichts von seiner fesselnden Persönlichkeit und seiner imperatorischen Haltung eingebüßt hatte. Ich war ihm auch durch Levi empfohlen worden und hoffte im Stillen, er würde auf diese Empfehlung zu sprechen kommen, denn damals galt es noch beinahe als Bürgschaft einer erfolgreichen Zukunft, bei Neumann engagiert zu sein. Er blieb aber ganz kalt und formell, und so erwähnte auch ich nichts. Neumann, der die meisten der jüngeren Dirigenten einige Zeit bei sich beschäftigte, ging an mir vorüber und begann erst, sich für mich zu interessieren, als ich für ihn nicht mehr zu haben war. Gelegentlich meines Besuches bei ihm lernte ich auch den neuen Kapellmeister des Prager Landestheaters, Dr. Karl M u c k, kennen, dem von Graz ein glänzender Ruf vorausging. Er besaß schon damals ein reserviert kühles Wesen und den scharfen Verstand, der auch für seine Kunstübung das beherrschende Element bildet.

In Bayreuth hatte ich bei Liszts Leichenbegängnis den berühmten sächsischen Hofkapellmeister Ernst S c h u c h kennen gelernt. Er lud mich ein, nach Dresden zu kommen und dort die von ihm neu einstudierten »Nibelungen« anzuhören. Da ich bereits für die »Allgemeine Musikzeitung«, deren Redakteur Otto Leßmann war, einiges geschrieben hatte, was mir den Ruf eines guten Stilisten eintrug, so wünschte Schuch, daß ich auch einen Bericht über seine Aufführungen an dieses Blatt schicken möge. Ich lehnte damals ab, da die Dresdner Daten mit den letzten Bayreuther Vorstellungen zusammenfielen.

Als ich von Prag zurückgekehrt war, erkannte ich immer deutlicher, daß ich zum jetzigen Bayreuth keine innerlichen Beziehungen mehr hatte. Schuchs Einladung kam mir wieder in den Sinn. Mein Dienst bei den zwei letzten Vorstellungen des »Parsifal« konnte leicht von einem anderen versehen werden. Ich trat, rasch entschlossen, im Festspielhaus an Frau Wagner heran und bat sie, unter Angabe des Grundes, mich einige Tage früher zu dispensieren. Sie sah mich mit ihren merkwürdig verschleierten, kurzsichtigen Augen an und fragte mit ironischem Ausdruck, was ich von Dresden erhoffe. »Eine Bereicherung meiner künstlerischen Erfahrungen und vielleicht auch eine weitere Möglichkeit des Fortkommens.« — »Und das können Sie hier nicht?« — »Nein!« — »Nun, dann leben Sie wohl!«

Frau Wagner hatte in den ersten Tagen meines Bayreuther Aufenthalts den Gedanken ausgesprochen, mich aus der Kapellmeisterlaufbahn herauszunehmen und nur für die Festspiele zu beschäftigen. Ob ihr dieser Gedanke bei unserem kurzen Abschiedsgespräch nochmals auftauchte? Ein leises Bedauern meines Fortstrebens schien ich bei ihr wahrzunehmen. Vielleicht hätte ein Wort der Unterwerfung mein Schicksal völlig gewendet. Ich sprach es nicht aus und zog aufrechten Hauptes von dannen. —

EIN ÜBERGANGSJAHR.

In Dresden, wohin ich noch am Tage des Abschieds von Frau Wagner fuhr, fühlte ich mich vorerst fremd. Schuchs Wiedergabe des Nibelungenwerkes war so verschieden von dem, was ich unter Richter, Levi, Seidl und Mottl gehört hatte, daß ich mich anfangs gar nicht hineinfinden konnte. Alles war klein, zierlich, elegant, weltmännisch frisiert, so wie Schuch selber. Nichts von der vulkanischen Urgewalt, die in dieser Musik steckt. Allerdings fiel mir schon im »Rheingold« die wundervolle Präzision und Klangschönheit des Orchesters und die für damalige Vorstellungen ausgezeichnete dekorative Ausstattung auf. Aber vom Wesen des Werkes sprach nichts zu mir, ob es nun Götter, Zwerge oder Riesen waren, die auf der Bühne standen. Ich kam aus der ersten Vorstellung ganz bestürzt heraus und war erschrocken, Reisenauer, der mich nach Dresden begleitet hatte, in hellstem Entzücken zu finden. Daß das Orchester virtuos spielte, bestritt ich nicht, aber über die Auffassung des Dirigenten gerieten wir in heftigste Widersprüche, so daß wir schließlich, ohne ein Wort miteinander zu reden, wie zwei Feinde zu Bett gingen. Diese unglücklich entzweite Stimmung hielt an, da ich mich auch nach der »Walküre« noch nicht zur Begeisterung meines Freundes aufschwingen konnte. Es war mir nicht möglich, Schuch irgendeine Schmeichelei zu sagen. Ich ging ihm aus dem Wege, was er merkte und sich zu Reisenauer darüber aussprach. Da ich in größter Verlegenheit war, wie ich meinen Artikel für die »Allgemeine Musikzeitung« abfassen sollte, nicht scharf gegen den berühmten Dirigenten schreiben wollte und nicht für ihn sprechen konnte, so beschloß ich, abzureisen. Ich teilte dies Reisenauer brieflich mit, da wir nicht zusammen sprachen, trotzdem wir in einem Zimmer wohnten, und bat ihn, mich bei Schuch unter irgendeinem Vorwand zu entschuldigen. Nun gab Reisenauer seine geschwollene Haltung auf, näherte sich mir in alter Freundschaft und bat mich dringend, wenigstens noch den

»Siegfried« anzuhören. Er habe diese Vorstellung bereits einmal in Dresden gehört und es sei ganz unmöglich, daß sie mir nicht gefiele. Ich zog nun auch bessere Saiten auf die Violine meiner Stimmung und versprach ihm, zu bleiben. Unsere Versöhnung feierten wir mit einem reichhaltigen Mittagmahl auf der Brühl-schen Terrasse, das ein gefährliches Loch in unseren Geldbeutel riß, namentlich, da Reisenauer heimlich eine Flasche sehr alten Rheinweines bestellt hatte. Nachmittags fuhren wir auf dem Dampfer die spätsommerlich beleuchtete Elbe hinauf bis Schandau. Verflogen waren die Wolken der vergangenen Tage.

Der nächste Morgen brachte mir ein Erlebnis, dessen Schwingungen sich bis zum Ende meines Lebens nicht verlieren können. — Ich sah zum erstenmal R a f f a e l s S i x t i n i s c h e M a d o n n a. —

In der bisherigen seelischen Verstimmung wollte ich die Galerie nicht besuchen. Jetzt ging ich mit Reisenauer dorthin, durchschritt die ersten Säle, bald da, bald dort vor einem Meisterwerk verweilend, und stand endlich vor dem halb ge-öffneten grünen Samtvorhang, der das Heiligtum von der übrigen Galerie trennt. Als ich eingetreten war und das von einem schweren Goldrahmen umfaßte, mir durch Reproduktionen be-kannte Gemälde Raffaels erblickte, da war es mir, als ob die ganze Welt hinter mir läge. Ich stand auf lichter Wolkenhöhe, Klänge von unirdischer Schönheit klangen leise aus dem mich umgebenden Äther. Ein unfühlbarer Wind hob die beiden Flügel eines verhüllenden Tuches zu beiden Seiten und auf schmalen, schlanken Füßen kam die wundersame Mutter schwe-benden Schrittes heran, das göttliche Kind auf dem Arm. Sie sieht alles vor sich, mich selbst und was in meinem Rücken ist, das dunkle, ungestüme, fürchterliche Gewoge des in der Materie verhafteten irdischen Lebens. Mit unendlichem Mitleid schaut sie hinein in das trostlose Gewühl und der erste Schimmer von Tränen verdunkelt ihren strahlenden Himmelsblick. Das Kind auf ihrem Arm aber sieht noch mehr wie die verklärte Mutter. Es weiß bereits seine Sendung, es fühlt bereits das Opfer, als welches es sich selbst darbringen wird, und Entsetzen ergreift seine kindliche Seele. — Diese Welt soll ich erlösen, diese Menschheit von der Sünde befreien? Wird mein Opfer nicht zwecklos sein? — Das Haupt weicht etwas zurück, das Haar sträubt aufwärts. Schrecken malt sich im Blick und in den straff gespannten

Muskeln des jugendlichen Körpers. Aber es weiß auch, dieses Kind, daß es nicht zögern wird, das Opfer zu bringen, nachdem es im höchsten Ratschluß ihm auferlegt worden ist. Die ewig Unschuldigen aber, die Leichtgeflügelten, die Engel fliegen weiter durch den unendlichen Raum und singen — singen —. Zwei von ihnen haben sich vom Schwarm getrennt, zu Füßen der Madonna verirrt und staunen sie an, ohne die Tragödie zu ahnen, die sich in ihr und ihrem Kinde vorbereitet.

So sah ich dieses Bild und sehe es heute noch — kein Bild, sondern eine Botschaft aus der Ewigkeit. — Für mich gab es fortan nur zwei Arten von Besuchen der Dresdner Galerie. Ich genieße entweder die reichen Kunstschätze, die sie in sich birgt und betrete den Saal der Sixtina nicht, oder ich schreite blinden Auges an allen Herrlichkeiten vorbei und verweile nur vor der Sixtina. — — —

Die Vorstellung des »Siegfried« war mit einer technischen Vollendung herausgebracht, die mich den sich immer noch regenden Widerspruch des Gefühls gegen Schuchs Auffassung oft vergessen ließ. Die herrlichen Holzbläser der Hofkapelle und das weiche, vielleicht nur allzu weiche Blech halfen dieser äußerst fein ziselierten Partitur zu einem klingenden Leben von berauschender Schönheit. Es tat wohl, nirgends ein rohes Forte zu hören. Der prächtige Siegfried des aus Bayreuth zurückgekehrten Heinrich Gudehus half, die Vorstellung über die beiden vorausgegangenen hinauszuheben. Schuch besaß viel Temperament, viel Schwung; doch hatten dieses Temperament, dieser Schwung für mich immer etwas Äußerliches. Wie oft huschte er glatt und glänzend über Stellen tiefen Gehaltes hinweg. Dem stark mitempfindenden Zuhörer war plötzlich etwas Wertvolles entglitten, darüber er, indem er es festhalten wollte, den Zusammenhang mit dem Folgenden verlor und dadurch zerstreut wurde. Diese Eigenschaft des hochbegabten Dirigenten blieb nicht unbemerkt. Man schob sie auf seine Herkunft aus der italienischen Schule, der er in seiner Jugend angehört hatte. Tatsächlich dirigierte er italienische Opern geradezu virtuos. Aber eines schließt das andere nicht aus. Ich habe den italienischen Maëstro Mancinelli die »Meistersinger« so wundervoll dirigieren sehen, wie es nur wenige deutsche Kapellmeister vermochten, und bin sicher, daß man deutsche Aufführungen italienischer Opern hören kann, die in bezug auf die Leitung sich mit echt italienischen sehr wohl messen können. Jene temperamentvolle Glätte, die er nie ganz verlor, lag in Schuchs Wesen. Vielleicht wurde er gerade dadurch der vielgerühmte »Theatermann«. Wo sich so viele Vorzüge fanden wie bei ihm, durfte bei Fehlern nicht derselbe Maßstab angelegt werden, wie kleineren Dirigenten gegenüber. Glücklich wie immer, wenn ich aus vollem Herzen anerkennen kann, eilte ich nach der »Siegfried«-Vorstellung zu ihm und sprach ihm meinen Dank aus. »Im ‚Rheingold‘ und in der ‚Walküre‘ hat er sich über mich geärgert«, sagte Schuch in seinem österreichischen Dialekt zu einem neben ihm stehenden Herrn, indem er auf mich wies, und wandte sich hierauf mit seinem reizenden Lächeln zu mir: »Sind S’ jetzt versöhnt?« Ich gestehe, daß diese große Liebenswürdigkeit des bereits weltberühmten Künstlers gegenüber einem jungen Anfänger, der ich damals noch war, mir ein leichtes Rot der Beschämung auf die Wangen trieb. Wir blieben diesen Abend noch bei einem Glas Bier zusammen.

Für den nächsten Mittag hatte der Baritonist Paul Bulß, den ich von Danzig her kannte, Reisenauer und mich nach seiner außerhalb der Stadt gelegenen Villa eingeladen. Am Nachmittag kam auch Schuch mit seiner Frau, der graziösen Schuch-Proska. Ich hatte die Partitur meiner »Malawika«, einer Verabredung gemäß, mitgenommen und spielte das ganze Werk vor. Schuch äußerte, es sei Ehrenpflicht, so etwas zu geben und führte mich am nächsten Tag zum Grafen Platen, dem Generaldirektor der Hoftheater, einer sächsischen Ausgabe der preußischen, bayrischen Undsoweiter-Intendanten. Da meine Oper in München nur zweimal gegeben war, existierte sie für den hochgeborenen Herrn nicht. »Wissen S’ was,« sagte mir Schuch, »ich hab’ eine Idee. Demnächst heirat’ unsere Prinzessin Josefa den Erzherzog Otto. Ich möcht’ dafür eine recht glänzende Instrumentation von der österreichischen Volkshymne haben, nicht die gewöhnliche, die immer g’spielt wird. Machen S’ mir das! Ich unterbreit’s dann an die geeigneten Stellen. Vielleicht kann ich damit die ‚Malawika‘ durchdrücken und am End’ kriegen S’ gar noch an Orden.«

Ich hatte inzwischen auch die »Götterdämmerung« gehört, deren Aufführung gegen die des »Siegfried« nicht abfiel. Mein Artikel für die Musikzeitung war geschrieben und abgesandt. Die Volkshymne hatte ich instrumentiert und, da Schuch verreist war, im Hoftheater für ihn abgeliefert. — Später las ich von der Vermählung des hohen Paares und von der Volkshymne, die bei Eintritt der Herrschaften intoniert worden sei. Ob es meine Instrumentation war, habe ich nicht erfahren, übrigens auch nicht danach gefragt. Schuch traf ich erst viele Jahre später in Berlin wieder. —

Noch eine andere Bekanntschaft hatte ich in Bayreuth gemacht. Ein Mainzer Kaufmann, Karl Voltz, der einige von den Aufführungsrechten Wagners gemeinsam mit einem Herrn Batz vertreten hatte, näherte sich mir und versprach mir goldene Berge, wenn ich ihm meine beiden Opern zum Vertrieb überließe. Er hatte mich bereits in Bayreuth eingeladen, nach Mainz zu kommen und wiederholte diese Einladung brieflich nach Dresden. Da ich bis zu meinem erneuten Amtsantritt in Danzig noch einige Zeit hatte, fuhr ich nach Mainz, wo ich als Voltzens Gast etwa zehn Tage blieb. Bezüglich meiner Opern wurde ein Vertrag bei einem Notar abgeschlossen, worin sich Voltz auch verpflichtete, mir auf Verlangen Vorschüsse zu leisten. Sonst benützte ich diese letzten freien, nachsommerlichen Tage reichlich zu Ausflügen. In Wiesbaden lernte ich den berühmten Geiger August W i l h e l m i kennen. Er hatte im Jahre 1876 als Führer der ersten Violinen in Bayreuth gewirkt und wußte höchst anregend von diesen denkwürdigen Tagen und von Wagner selbst zu erzählen. Er besaß einen kostbaren Weinkeller, aus dem er gern eine Flasche und noch mehrere hervorholte. Das großzügige Antlitz rötete sich bald, die blauen Augen strahlten doppelt hell und der Redestrom floß mit ununterbrochener Lebendigkeit, aber doch kernig und gehaltvoll dahin. Spielen gehört habe ich ihn leider nicht.

Ich unternahm auch die herrliche Fahrt den Rhein bis Koblenz hinauf und wieder zurück. Der Abend war bei der Heimfahrt so dunkel, daß das Wasser etwas abseits vom Schiffe völlig schwarz erschien. »In solch einer nächtigen Flut hat der edle Bayernkönig untergehen müssen,« sagte eine Stimme halblaut neben mir. Ich konnte den Sprecher nicht erkennen. Es standen einige Personen in meiner Nähe, die sich aber von ganz anderen Dingen unterhielten. War es vielleicht mein eigenes Ich, das so lebhaft gesprochen hatte, daß ich es von außen zu hören vermeinte? —

In Mainz lernte ich auch Dr. Strecker kennen, den Inhaber des Verlagshauses Schott. Wir trafen uns gewöhnlich in den

Nachmittagsstunden im Schwimmbad des Rheins und kamen auch, da er gerade Strohwitwer war, öfters zum Abendessen in einem Gasthaus zusammen. Er führte mich durch die Räume seines großen Geschäftes und ich lernte dort die Technik der Notenstecherei und des Druckes kennen.

Zu meiner Überraschung traf ich unvermutet meinen Leipziger Freund Reznicek, der als Kapellmeister am Mainzer Stadttheater engagiert und zur Eröffnung der Spielzeit eingetroffen war. Seine hübsche, junge Frau und sein allerliebster Junge, die er beide frühzeitig verlieren sollte, waren mit ihm. Er war übler Laune, da er neben Emil Steinbach, der die Oper fast ausschließlich beherrschte, nicht aufkommen zu können meinte. Ich versuchte, ihn mit meinen Königsberger Erlebnissen, die auch vorübergehender Natur waren, zu trösten. Da ich am nächsten Tag abreiste, verabschiedete ich mich bald von dem Ehepaar, das ich erst viele Jahre später wiedersah, als sich Reznicek als Komponist bereits einen Namen erworben hatte.

Von meinem Vertrag mit Voltz habe ich wenig Freude erlebt. Er war durchaus nicht mehr der Mann, die Interessen eines Künstlers zu vertreten, da er sich, wie ich später erfuhr, bereits damals finanziell auf abschüssiger Bahn bewegte. Ich hatte im ganzen 500 Mark Vorschuß von ihm bezogen, die ich ihm, außer den Zinsen, später von Mannheim aus doppelt zurückzahlen mußte, da ich, in völliger Unkenntnis des betreffenden Gesetzes, einen Wechsel unterzeichnet hatte, den er nicht einlöste, trotzdem er sich schriftlich dazu verpflichtet hatte, ich also, ungeachtet der bereits von mir bezahlten vollen Summe, dafür haftbar wurde. Wenigstens wurde ich damit von einem wertlosen Vertrag befreit, der mir doch auf irgendeine Weise später hätte zu einer Fessel werden können.

Von Mainz fuhr ich nach Berlin, wo ich mich einige Tage aufhielt, und von dort nach Danzig, wo mir mein bisheriges Zimmer in der Heiligen-Geist-Straße bereitstand. —

Bald erfuhr ich, daß sich eine kleine Intrige gegen mich angesponnen hatte. Mein Kollege Salzmann hatte den neuen, gänzlich unerfahrenen Direktor Rosé auf seine Seite bekommen und von ihm das Versprechen erhalten, daß er nunmehr mir zum mindesten gleichgestellt sein würde. Außerdem hatte er ihm eingeflüstert, daß ich zu wenig und außerdem nachlässige Proben abhielte. Der Direktor eröffnete mir bei meinem Eintreffen, daß

ich fortan in der Leitung der Opern mit Herrn Salzmann abzu-
wechseln hätte. Ich nahm diese Eröffnung ruhig hin, da mir
einerseits mein Vertrag keinen Schutz gegen eine derartige Maß-
regel gewährte, ich anderseits aber sehr gut voraussah, wie die
Angelegenheit schließlich verlaufen müsse. Eine Zuspitzung trat
erst ein, als ich auf der ersten Klavierprobe, die ich für die Eröffnungsvorstellung »Hugenotten« hielt, einen mir fremden Mann
in einer Ecke des Zimmers erblickte, der mich unausgesetzt beobachtete. Nach kurzer Zeit unterbrach ich die Arbeit und fragte
den Herrn, was er wünsche. »Ich überwache die Probe«, lautete
die mürrische Antwort. »Mit welchem Recht?« — »Ich bin Stellvertreter des Direktors.« — »Sie sind mir als solcher nicht vorgestellt und außerdem dulde ich auf meinen Proben keine Polizei.
Verlassen Sie das Zimmer!« — Mit einem giftigen Blick entfernte
sich die Erscheinung und ich setzte die Probe fort. Nachher
wurde ich zum Direktor beschieden. Herr Rosé lief wütend im
Zimmer herum, während sein »Vertreter« mit triumphierender
Miene seine Augen von meinem Kopf zu meinen Füßen und
wieder zurück spielen ließ. »Wie können Sie wagen, jemandem
die Tür zu weisen, den ich auf Ihre Probe schicke?« schnaubte
mich mein neuer Chef an. Ich trat hoch aufgerichtet vor den
kleinen dicken Herrn mit seinem verschmitzten Komödiantenkopf
hin: »Herr Direktor! Ich kenne den Zusammenhang ganz genau
und sage Ihnen nur das eine, daß ich, wenn Sie mir noch einmal einen Spitzel auf meine Proben schicken, das Theater verlasse,
mit dem nächsten Zug abreise und Sie dann mit Ihrer ganzen
Saison dort sitzen werden, wohin Sie gehören.« Damit verließ
ich das Bureau, während der Direktor mir nachschrie: »Passen
Sie auf, was mit Ihnen jetzt geschieht!« — — Ich wartete und
wartete, aber es geschah nichts. Die Eröffnungsvorstellung verlief zu allgemeiner Zufriedenheit; Herr Rosé aber kam nicht
in meine Nähe. Nun war Kapellmeister Salzmann mit der
»Weißen Dame« an der Reihe. Nach der leidlich gespielten
Ouvertüre ertönte schwacher Beifall; sonst ging die Oper
herzlich schlecht und lief öfter Gefahr, gänzlich zu scheitern, da
dem armen Dirigenten jede Technik mangelte. »Was sagen S'
zu der gestrigen Vorstellung?« fragte mich am nächsten Morgen,
als ich die Bühne betrat, die Stimme des Direktors, der im Halbdunkel neben mir aufgetaucht war. »Mich geht die Vorstellung
doch nichts an«, erwiderte ich. »Ja, wie kommt's denn aber,

daß die Press' den Salzmann lobt?« — Tatsächlich hatte er gute Kritiken bekommen. — Ich antwortete gar nichts und ging an meine Arbeit.

Abermals war Herr Salzmann mit einer Oper an der Reihe. »'s wird nicht geh'n mit ihm. Sie müssen die Oper dirigieren,« ließ sich Herr Rosé wieder vernehmen, der mich in immer engeren Kreisen umschlich. »Fällt mir nicht ein,« antwortete ich, »essen Sie die Suppe nur aus, die Sie sich eingebrockt haben!« »Ja, dann schauen S' aber doch, daß mir die Zeitungen den Kerl nicht mehr loben!« rief Herr Rosé ziemlich kläglich. Wenn er gemütlich wurde, sprach er österreichisch. »Bin ich zum Dirigenten engagiert oder zum Intriganten?« antwortete ich sehr scharf.

Die gefürchtete Katastrophe des Umwerfens schien an jenem Abend eingetreten zu sein, denn am nächsten Tag erklärte mir Direktor Rosé, der seine würdigste Amtsmiene aufgesetzt hatte, daß der Zustand der vorigen Saison wieder eintrete, wonach ich die Opern und Herr Salzmann die Operetten dirigieren werde. Eine Weigerung meinerseits müßte er mit einer Kontraktbrucherklärung beantworten. Er bot mir gleichzeitig an, zu wesentlich erhöhten Bedingungen für eine weitere Saison abzuschließen. Meine Verpflichtung nahm ich zur Kenntnis; einen weiteren Abschluß lehnte ich ab.

Meine dieswinterliche Tätigkeit in Danzig gestaltete sich im wesentlichen der vorjährigen ähnlich. Drückend kleine Verhältnisse, unter denen es oft unglaublicher Anstrengungen bedurfte, um halbwegs anständige Vorstellungen zustande zu bringen. Der neue Direktor, der sein ganzes Leben in niedriger Theatersphäre verbracht hatte, kultivierte mit Vorliebe Operetten und Possen, wodurch er allerdings seine Kasse besser füllte als sein Vorgänger, in dem, bei aller Verschrobenheit, doch noch etwas vom Kunstbewußtsein des alten, guten Wiener Schauspielers schlummerte und gelegentlich durchbrach. Ich tat, was ich konnte, die Opernaufführungen wenigstens einigermaßen dem Bilde zu nähern, daß ich davon in mir trug, mußte aber bald erfahren, daß ich gerade mit diesen Bestrebungen meinem Direktor zur Last fiel, der alles nur »herausgehaut« haben wollte, um es nach einer oder höchstens zwei Vorstellungen abzusetzen und dann noch auf die »dummen Opern« zu schimpfen, die ihm kein Geld einbrachten. Tatsächlich hatte er den Geschmack des

Publikums bald so weit gebracht, daß es gut einstudierte Opern ignorierte und selbst berühmten Gästen gegenüber versagte. Anton Schott, der uns wieder mit seinem Besuch erfreute, hatte die halbe Einnahme nach Abzug der auf 400 Mark berechneten Tageskosten zu beanspruchen und erhielt einmal drei Mark auf seinen Teil ausbezahlt, da die Gesamteinnahme nur 406 Mark betragen hatte. In ausgelassener Stimmung lud er mich nach der Vorstellung zu einer Flasche Wein ein, die damals für drei Mark bereits von trefflicher Qualität war. Es blieb aber nicht bei der einen Flasche an diesem Abend.

Trotz allem fehlte es auch in diesem Winter nicht an Lichtblicken. Ich erinnere mich einer gelungenen, beinahe ungestrichenen Aufführung des »Tannhäuser«. Die Einrichtung des Extrachors bewährte sich gut; die Pilgerchöre klangen recht voll und sogar rein. Ich hatte mich selbst als Kopist betätigt, da die Orchesterstimmen manche Partien des Werkes nicht enthielten und der Direktor die geringen Kosten der Ergänzungen nicht übernahm, so daß ich sie nach einigen Debatten selbst ausschrieb. Die zweite Vorstellung gewann noch erhöhten Reiz indem das anmutige Fräulein Forster die Rolle der Elisabeth übernommen hatte. Ich freute mich des Aufblühens dieser gesanglich und schauspielerisch begabten Künstlerin, die schon in mehreren Aufgaben Proben ihres wachsenden Könnens abgelegt hatte. Sie hatte damals bereits einen Vertrag an die Wiener Hofoper in der Tasche, wo sie nach erfolgreichem Gastspiel dauernd engagiert wurde.

Dem Schauspiel war eine bedeutende Kraft in der Person des Heldendarstellers Karl Ernst zugewachsen. Ich hatte mich mit diesem Künstler, der auch an Bildung und menschlichen Eigenschaften über dem Durchschnitt stand, bald befreundet. Wir suchten uns einen kleinen Kreis aus und bildeten im Theaterrestaurant einen Stammtisch, zu dem niemand Zutritt fand, der nicht die einhellige Billigung erlangte. Indem Ernst auf die Regie der Schauspielvorstellungen Einfluß nahm, gelang es ihm, dort manche Wirkung höherer Art zu erzielen. Der Besuch solcher Vorstellungen und der rege Gedankenaustausch im abendlichen Kreise erfrischte Herz und Geist, und half, die elenden Verhältnisse, unter denen ich arbeiten mußte, weniger lästig zu empfinden.

Eines Tages erhielt ich von einer Berliner Agentur den Antrag, nach Hamburg zu dem damals vielgenannten Direktor Pollini zu gehen. Im Briefe war betont, daß sich Pollini für mich interessiere; die Angelegenheit schien also kein bloßes Agentenmanöver zu sein. Ich erkundigte mich genauer, um was es sich handle, und erfuhr, daß Hermann Zumpe von Hamburg fortginge. Er hatte mit der Komposition einer Operette Glück gehabt und glaubte, auf diesem Wege soviel zu verdienen, um des Taktstocks entraten zu können. Zu seinem Nachfolger war ich nunmehr ausersehen. Es war zwar keine ausgesprochen erste Stellung, da Josef Sucher der musikalische Führer des Hamburger Stadttheaters war und blieb, aber die Arbeit an diesem Institut war so umfangreich, daß auch ein neben Sucher wirkender Dirigent genügende und anregende Tätigkeit finden mußte. Ich hatte Sucher in Bayreuth kennen gelernt und einen sympathischen Eindruck von ihm empfangen, wozu nicht in geringem Maß die Verehrung beitrug, die ich für die hohe Künstlerschaft seiner Frau empfand. Auch erschien mir die Aussicht verlockend, endlich an ein Theater von reicheren Dimensionen zu kommen und das schöne, große Hamburg kennen zu lernen, von wo ich, wenn ich mich bewährte, mehr Aussicht hatte, emporzukommen, als von dem künstlerisch ganz unbedeutenden Danzig. Die Gage, die mir Pollini bot, war 400 Mark monatlich und stieg im dritten Vertragsjahre auf 600 Mark. Obwohl diese Gage nur während der neun Monate der Spielzeit bezahlt wurde, bedeutete dieses Angebot doch im ersten Jahre schon mehr wie das Doppelte meines nur auf höchstens sieben Monate berechneten Danziger Einkommens. Ich unterschrieb also den mir übersandten Hamburger Vertrag und erhielt auch umgehend den Gegenvertrag.

Am darauffolgenden Tag traf eine Depesche Felix Mottls bei mir ein, worin er mich frug, ob ich sein Nachfolger in Karlsruhe werden könne und wolle. Ich fuhr auf, als ob mich ein elektrischer Schlag getroffen hätte. Welche Aussichten eröffneten sich mir, wenn nicht der gerade abgeschlossene Hamburger Vertrag sie versperrt hätte! Ein Theater, das durch Mottl auf eine hohe künstlerische Stufe gehoben war, eine erstklassige Pflegestätte der Werke Wagners, die mir damals vor allem am Herzen lagen, eine lebenslängliche, fortlaufend bezahlte, leitende Stellung und endlich der Aufenthalt im südlichen Deutschland, das meinem Empfinden stets näher stand wie das nördliche. Welche Aufgabe, dort das Werk Mottls fortzusetzen, der durch Vermittlung des Prinzen Wilhelm, des späteren Kaisers, nach Berlin berufen

23*

worden war. O, wäre Mottls Depesche einige Tage früher eingetroffen! — Aber es war ja noch nicht alles verloren; vielleicht
war der Hamburger Vertrag lösbar. Ich telegraphierte Mottl, daß
ich gerade soeben nach Hamburg abgeschlossen hätte, aber versuchen würde, den Vertrag zu lösen und schlug ihm vor, daß
die Karlsruher Generalintendanz ihrerseits diesbezügliche Schritte
unternehmen möge, die wahrscheinlich wirkungsvoller sein würden
als die meinigen. Ich schrieb an die Berliner Theateragentur,
legte ihr die Verhältnisse klar und erbot mich, ihr im Falle der
Aufhebung des Hamburger Vertrages von meinem Karlsruher
Einkommen durch drei Jahre die Prozente zu bezahlen. Die
Antwort lautete ablehnend. Nun schrieb ich an Pollini selbst
und bat ihn mit beweglichen Worten, meinem Glück nicht im
Wege zu sein. Ein Telegramm Pollinis, das mir in einiger Zeit
Antwort versprach, ließ Hoffnung auf eine glückliche Lösung
zu, die jäh zerstört wurde, als wenige Tage darauf ein zweites
Telegramm eintraf, das meine Bitte unwiderruflich ablehnte. Ich
erfuhr nachher durch Mottl, daß Pollini für meine Freigabe
einen hohen Orden verlangt habe, der ihm nicht gegeben
werden konnte.

Denke ich der auf diesen Zwischenfall folgenden Zeit, so
scheint sie mir in eine dumpfe, trübe Wolke gehüllt. Die Empfindung, ein Pechvogel zu sein, ist wohl die traurigste und nieder-
drückendste von allen; und in meinem damals noch recht kurzen
Erdenleben hatte ich Erfahrungen genug gemacht, die mich zum
farblosen, unfrohen Dasein eines solchen Pechvogels, trotz der
mir angeborenen Frohnatur, ausersehen zu haben schienen. Graue
Gespenster wuchsen von allen Seiten aus der Erde. Dazu kam
ein wütender Groll gegen den Hamburger Handelsmann, der
einem Orden zuliebe ein Menschenglück, und wie ich damals
fest überzeugt war, eine Künstlerlaufbahn zerstört hatte. Mit
Grauen und Abscheu dachte ich an den Augenblick, da er mir
als Vorgesetzter gegenübertreten würde.

Nicht sehr viel später trat allerdings eine unerwartete Wendung ein. Der alte Herr v. Hülsen in Berlin war gestorben und
der hocharistokratische Graf Bolko von Hochberg sein Nachfolger
geworden. Dieser hatte aber schon seinen früheren Musiklehrer,
den als Dirigenten völlig unfähigen Herrn Deppe, als ersten
Kapellmeister bereit stehen und führte die Verhandlungen mit
Mottl anscheinend widerwillig. Kurz und gut: Mottl ging nicht

nach Berlin, sondern blieb in Karlsruhe und wurde Generalmusikdirektor, was damals noch ein seltener und darum begehrenswerter Titel war. Ich sah nun, daß ich vielleicht doch kein Pechvogel war, denn hätte mich Pollini freigelassen, so wäre ich trotzdem nicht nach Karlsruhe gekommen. Ob ich aber noch ein wenigstens dem Hamburger gleichwertiges Engagement gefunden hätte, war bei der bereits vorgerückten Zeit zweifelhaft.

Den Weihnachtsabend hatte ich in Königsberg im Reisenauerschen Hause verbracht. Alfred war für einige Zeit heimgekehrt, hatte sich auch in Danzig ein paar Tage aufgehalten und bestand darauf, daß ich zum Fest hinüberkäme, was gar nicht so leicht war, da Direktor Rosé mir die zwei Tage Urlaub nicht geben wollte. Schließlich setzte ich's aber durch und benützte den frühesten Morgenzug, um keine Stunde zu versäumen. Die Familie lebte seit dem Tode des alten Reisenauer still und zurückgezogen in der mir bereits bekannten und vertrauten Wohnung. Wohlig umspann mich vom ersten Augenblick an der Zauber gemütlicher Häuslichkeit. Alfred war geistig und körperlich in bester Verfassung und die übrigen schienen zufrieden und glücklich. Kein Mißton trübte unser kurzes Zusammensein. Am liebsten wäre ich gar nicht wieder abgereist.

Wir besuchten am Nachmittag gemeinsam Louis Köhler. Er war gealtert und sprach oft mit sichtlicher Anstrengung. Wieder sagte er beim Abschied: »Das hat gut getan«, aber es klang matt, nicht mehr frisch und kräftig wie früher. Ich fühlte, daß hier eine Lebensuhr im Ablaufen sei und hatte mich nicht getäuscht. Wenige Monate nachher erhielt ich die Todesnachricht.

Alfred hatte sich aus Schweden einen schönen Hund mitgebracht, ein ungewöhnlich großes Exemplar englischer Rasse. Er nannte ihn Charley. Das Tier, mit dem ich bald befreundet war, schien für Musik empfänglich zu sein. Wurde Klavier gespielt, so legte es sich unter das Instrument und hörte unbeweglich zu. Machte man sich aber den Scherz, falsch in die Tasten zu greifen, ja, selbst wenn man eine triviale Melodie in der ihr gebührenden Weise spielte, so erhob es sich schweigend und legte sich in die entfernteste Ecke. Ich glaubte zuerst an eine geschickte Dressur, vielleicht an irgendein heimliches Zeichen meines Freundes, und bestand darauf, daß alle sich entfernten und ich bei versperrten Türen mit dem Hunde allein blieb. Aber auch jetzt trat dieselbe Wirkung ein. Ich ging, ohne das Spiel zu unterbrechen, allmählich aus edlen Harmonien in einen Gassenhauer über. Augenblicklich verließ Charley seinen Platz. Als ich wieder etwas Schönes zu spielen begann, kehrte er unter das Instrument zurück, immer langsam und vornehm. Nur, als wir das Experiment dann oft hintereinander wiederholten, ging er zur Tür und begehrte kratzend, hinausgelassen zu werden. Beinahe schämten wir uns nun vor dem merkwürdigen Tiere. —

Gegen Schluß der Saison studierte ich noch meine »Malawika« ein und gab sie zu meinem Benefiz, das mir aber nicht einmal volle 150 Mark einbrachte. Der Direktor hatte mir geraten, zu diesem Zwecke überhaupt keine Oper, sondern eine Operette zu wählen, die mir ja sicher eine bedeutendere Summe gewährt hätte. Ich freute mich der lieblichen Leistung, die Fräulein Forster in der Titelrolle bot, starrte aber allerdings am anderen Morgen ziemlich ratlos auf den Zettel, der die Abrechnung mit dem kläglichen Resultat enthielt. Eine neue schwere Sorge stand als Gespenst vor mir. Wohl war ich vom September ab durch das Hamburger Engagement in Sicherheit. Jetzt aber war es erst April. Wie sollte ich den Sommer hinbringen? Ich hatte an Theateragenturen geschrieben und mich angeboten, unter verändertem Namen an eines der Operetten spielenden Sommertheater zu gehen. Ich wollte jedes Opfer bringen, denn der Gedanke, nach Graz zu fahren und dort — wenn auch nur einige Monate — vom Gelde meiner Mutter zu leben, war mir entsetzlich. Und doch mußte ich mich dazu entschließen. — Langsam, in Personenzügen III. Klasse, um möglichst wenig von meinem Benefizgeld zu verbrauchen, legte ich den langen Weg bis Graz zurück.

Ich hatte richtig vorausgesehen. Meine Mutter war herzlich froh, mich nach drei Jahren wiederzusehen, erschrak aber auf das tiefste, als ich ihr klarlegte, daß ich fast ohne Barschaft sei und nicht nur zum vergrößerten Hausstand während der Monate meiner Anwesenheit nichts beitragen könne, sondern sie auch für die bevorstehende Reise nach Hamburg um einen Beitrag bitten müsse. Ich bewies ihr, daß ich von meinen bisherigen Einkünften selbst bei mäßigster Lebensweise nichts ersparen konnte und daß anderseits eine ungenügende Ernährung und ein Verzicht auf die harmlosesten geselligen Freuden, zum Beispiel des Zusammenseins mit einigen Genossen am Wirtshaustisch, mir die schwere Arbeit, die ich leisten mußte, unmöglich gemacht hätte. Es war vergebens. In ihren Augen war und blieb ich ein Verschwender. Sie war von Natur aus schwarzseherisch und durch das wenig glückliche und immer mehr vereinsamte Leben, das sie führte, vorzeitig gealtert. Sie glaubte voraussehen zu müssen, daß ich auch in Zukunft mit meinem Gehalt nicht auskommen und ihr wieder zur Last fallen würde und malte sich und mir fortwährend die trübseligsten Bilder vor, während sie gleichzeitig ihr altes Steckenpferd, die Juristerei, hervorholte und mir immer aufs neue bewies, daß ich jetzt schon den Doktortitel und eine, wenn auch kleine, so doch sichere Staatsanstellung haben könnte. Obwohl ich ihr vorrechnete, daß mein Hamburger Engagement mir mindestens das Fünffache einer solchen Staatsstellung einbrächte, so war sie doch nicht zu beruhigen. Am Theater gibt's keine Sicherheit, meinte sie, und an ein »Hoftheater« (sie sprach das Wort stets mit besonders verehrungsvollem Ausdruck) sei ich nicht gekommen. Sie bildete sich allen Ernstes ein, man habe in Karlsruhe von meinem nach ihrer Vorstellung »ungeordneten« Lebenswandel gewußt und mich deshalb nicht engagiert.

Mit diesen schwarzen Schatten, mit denen meine Mutter sich und mich nutzlos quälte, mußte ich nun andauernd kämpfen, denn sie kam hartnäckig auf dasselbe Thema zurück, bis ich schließlich müde wurde, meine vernünftigen Gegengründe und Tatsachen ins Endlose zu wiederholen und es erträglicher fand, die graue Flut der Befürchtungen und Vorwürfe stillschweigend über mich hingehen zu lassen und zu versuchen, sie durch vollständige Ablenkung in sonnigere Stimmung zu versetzen, was mir aber nur selten gelang.

Mein Kompositionstalent schien beinahe erloschen. Seit dem Schlußakkord von »Malawika« hatte ich nichts mehr geschrieben. Die oft niederdrückende Arbeit am kleinen Danziger Theater und die gänzliche Erfolglosigkeit meiner beiden Opern wirkten lähmend auf mich. Auch die Umstände, unter denen ich in Graz lebte, boten mir alles eher als eine musikalische Anregung. Und doch machte sich der schöpferische Drang in anderer Weise Luft. Ich hatte die Mängel meiner bisherigen Textbücher deutlich erkannt und war mir klar geworden, daß nur eine wirklich gehaltvolle Dichtung mir die Gewähr eines musikalisch-dramatischen Kunstwerkes geben könne. Ich war auch entschlossen, nicht eher wieder an die Komposition einer Oper zu gehen, bis mir nicht eine solche Dichtung gelungen wäre.

Kühn griff ich zum Allerhöchsten. Der Entwurf eines zyklischen Dramas, den ich im vergangenen Sommer in den bayrischen Bergen gefaßt hatte, war in Unterströmungen in mir lebendig geblieben. Ich schrieb auf die erste Seite eines Notizbuches das vielsagende Wort »Kain« und begann eine Dichtung zu entwerfen, deren Grundlage der Streit der beiden ersten Menschenbrüder um eine Schwester war, die ich »Ada« nannte. Den Namen entlehnte ich Lord Byron, der ihn seinerseits den ersten Gesängen der Bibel entnommen hatte. Wich ich darin von Byrons »Kain« ab, wo das Motiv der Eifersucht fehlt, so ließ ich mich von diesem großen Dichter doch insoferne beeinflussen, als ich seinen Luzifer in einen Dämon verwandelte, der, echt opernhaft und parsifalisch zugleich, bei mir die Gestalt eines schönen Weibes annahm, das Kain in seine sündigen Netze zog, heimlich aber doch seine Liebe zu Ada nährte, um dem reinen Abel dadurch den Todesweg zu bereiten. Ich befleißigte mich einer gewählten Sprache und einer konsequenten Entwicklung, und hielt das Versmaß und sogar den Reim strenge aufrecht.

Die Arbeit schritt gut vorwärts. War es schönes Wetter, so setzte ich mich mit meinem Notizbuch irgendwo in den Stadtpark oder auf eine einsame Bank des Schloßberges, mußte aber zu Hause immer hinterlassen, wo ich war. Wir wohnten in unserer alten Wohnung in der Realschulgasse (jetzt Hamerlinggasse). Meine Bitte, mir das kleinere unserer beiden Zimmer allein zu überlassen, schlug meine Mutter ab. Tag und Nacht mußte die Verbindungstür offen stehen. Sie sagte, sie müsse stets beobachten können, was ich triebe. Da es viel regnete, war ich genötigt, an meinen Versen, oft unter Störungen, so gut es ging, zu Hause herumzuschmieden, mitunter zum Verdruß meiner Mutter, die der Ansicht war, ich solle mich lieber mit nützlichen Dingen beschäftigen, als mit dem Dichten.

Ich schrieb zwei Akte dieses »Kain«, der einiges Gelungene enthielt. Der Dämon (das schöne Weib) spricht von zwei Göttern, welche die Welt beherrschen, und als Kain fragt, wo der andere Gott wohne, antwortet sie:

> »Wo Abendröte die Nacht verkündet,
> Steht meines Herrn gewaltiger Thron.«

Das könnte auch ein Reiferer, als ich damals einer war, geschrieben haben. —

Eine sehr liebevolle Einladung meiner Wiener Verwandten unterbrach das äußere Einerlei des Grazer Aufenthalts. Ich vertraute meine Geldnot meinem Onkel in einem Briefe offen an, der mir mit einigen freundlichen Zeilen das Reisegeld hin und zurück und noch etwas mehr dazu übersandte. Da ich auf die eventuellen Vorteile hinwies, die mir erwachsen könnten, wenn ich mit Wiener Musikern in Fühlung käme, erhob meine Mutter keine Einwendung gegen die Reise und ich dampfte eines Morgens hocherhobenen Herzens ab, um noch am selben Nachmittag im wohlbekannten Hause Nr. 1 der Grünangergasse herzlichst empfangen zu werden und abends mit meinem Vetter Max einen längeren Spaziergang durch die von Licht und Leben erfüllten Straßen der herrlichen Stadt zu unternehmen.

Am nächsten Vormittag stattete ich dem Direktor der Hofoper, Herrn Wilhelm Jahn, meinen Besuch ab und überreichte ihm persönlich die Partitur meiner »Malawika«. Einen Bescheid habe ich nie erhalten, so daß ich viele Monate später, nach zwei vergeblichen Anfragen, um Rücksendung der Partitur ersuchte. Der Besuch bei Jahn hatte aber die angenehme Folge, daß mir für die Zeit meines Aufenthalts in Wien gute Parkettsitze in der Hofoper zur Verfügung standen, was ich reichlich ausnützte, um mir in den Tonfluten des wunderbaren Orchesters die Danziger Unreinlichkeiten aus den Ohren und aus der Seele zu waschen.

Ich lernte einen der Wiener Kritiker, Herrn Dr. Theodor Helm, kennen, der entweder selbst Vorstand des Wagner-Vereins war oder ein gewichtiges Wort dort zu sprechen hatte. Er vertrat die damals noch in den Windeln liegende moderne Richtung der Musik, interessierte sich daher für meine Oper und veranstaltete im Wagner-Verein einen Abend, an welchem ich Bruchstücke daraus, spielend, erklärend und selbst singend, vorführte. Fräulein Forster, die bereits Mitglied der Hofoper war, hatte von ihrer Direktion die Erlaubnis erhalten, mitzuwirken und unterstützte mich mit ihrem schönen Gesang. Dieser, in angeregter Stimmung verlaufene Abend ist das einzige künstlerische Erlebnis, das mir von meinem damaligen Wiener Aufenthalt in bleibender Erinnerung geblieben ist. Sonst frischten mich kleinere Ausflüge und lustige gesellschaftliche Zusammenkünfte im Bekanntenkreise meiner Verwandten auf das angenehmste auf.

Zufällig erfuhr ich, daß mein künftiger Direktor, Herr Pollini, sich in Kaltenleutgeben zur Kur aufhielt. Trotzdem ich von der Karlsruher Ordensgeschichte her eine noch nicht überwundene Abneigung gegen ihn empfand, hielt ich es doch für richtig, ihn zu besuchen. Der persönliche Eindruck war nicht unangenehm. Pollini war klug und in der Unterhaltung anregend. Er machte auch, besonders über Gesangkunst, einige feinsinnige Bemerkungen, die mich vermuten ließen, daß vielleicht doch etwas mehr hinter ihm stecke als der hartgesottene Geschäftsmann, als den man ihn allseitig beurteilte. Er lud mich ein, mit ihm zu Mittag zn speisen und erzählte mir bei dieser Gelegenheit von einer fabelhaften Vorstellung der ›Carmen‹, die Hans v. Bülow in seinem Theater dirigiert. habe. Er erzählte mir auch, daß er Bülow für dreißig Vorstellungen, hauptsächlich klassischer Opern engagiert habe. Ich war zwar ebenso neugierig wie erfreut, den berühmtesten aller damaligen Dirigenten in der Nähe kennen zu lernen, konnte aber doch die Frage nicht unterdrücken, was wohl für mich übrig bliebe, wenn Sucher in Wagners Werken und Bülow in der klassischen Oper dominiere. ›Wenn Sie in Hamburg gefallen,‹ erwiderte Pollini, »so werden Sie sich wundern, mein lieber Kapellmeister, wieviel Sie auch in bezug auf Wagner und die Klassiker bei mir zu tun haben werden. Es liegt nur an Ihnen.‹ Und er hat mit dieser Antwort recht behalten. —

Allmählich wurde es Zeit, an die Abreise von Wien zu denken. Es schmerzte mich, mit so wenig freudigen Gefühlen nach Graz kommen zu müssen. Leicht wäre es gewesen, von Pollini einen Vorschuß zu erbitten und dadurch der demütigenden Abhängigkeit ein Ende zu bereiten. Aber die Herkunft des Geldes hätte ich doch nicht verschweigen können und dann wäre meiner Mutter, aber auch mir die neue Sorge erwachsen, wie ich von einer verhältnismäßig geringen Gage diesen Vorschuß zurückzahlen solle. Direktoren und Mitglieder wissen leider zur Genüge, daß Vorschüsse eine ewig lastende Kette bilden. In dieser Erwägung unterließ ich die Bitte an Pollini. Bereits als ich mit meiner Mutter beim Abendessen saß und recht vollen Herzens von Wien erzählen wollte, ging das alte Gesprächsthema von meiner Verschwendung und der Aussichtslosigkeit meiner Zukunft wieder an. Ich verschloß mich nun ganz in mich selbst und faßte den festen Vorsatz, die mir noch bevorstehende Grazer Zeit geduldig auszuharren, wußte aber auch bestimmt, daß ich nicht zurückkehren würde, wenn ich nicht in jeder Beziehung als selbständiger Mann auftreten könnte. Bereits im folgenden Jahre sollte mir diese Genugtuung beschieden sein.

Der Wiener Aufenthalt hatte mich musikalisch angeregt. Ich komponierte einen Zyklus von neun Liedern, »Harold« betitelt, nach Gedichten des mir von Sondershausen her bekannten Gustav Kastropp. Auch setzte ich Heinrich Heines herrliche »Wallfahrt nach Kevlaar« für eine Altstimme mit Klavierbegleitung. Meiner kompositorischen Tätigkeit stand meine Mutter viel sympathischer gegenüber als meiner dichterischen, so daß mein Vorspielen dieser Kompositionen freundliche Zwiegespräche nach sich zog, die sonst in jener Zeit überaus selten waren. Ein unerwarteter Vorfall warf die mühsam erreichte günstigere Stimmung wieder über den Haufen.

Ich erhielt von Alfred Reisenauer die Nachricht, daß sich seine Mutter mit Herrn Pauly, der schon zu Lebzeiten von Alfreds Vater mit seiner Schwester lange Jahre im Reisenauerschen Hause gewohnt hatte, verheiraten würde. Alfred schrieb äußerst glücklich über diesen bevorstehenden Ehebund, der zwei Menschen, die sich stets in idealer Verehrung zugetan waren, noch an ihrem Lebensabend — beide zählten bereits über sechzig Lebensjahre — dauernd vereinigen sollte. Gleichzeitig teilte er mir auch mit, daß die Hochzeit so angesetzt worden war, daß ich, bevor ich nach Hamburg führe, nach Königsberg kommen könne, weil ohne mich, so schrieb er im Namen aller, diese Hochzeit nicht stattfinden dürfe.

Mir war dies auch sofort klar und ich gab meiner Mutter von dem Briefe Kenntnis, mit der Erklärung, daß ich nicht einen Kreuzer mehr von ihr beanspruchen würde, als sie mir für die Reise nach Hamburg bereits zugesagt habe. Die Frage der späteren Fahrt von Königsberg nach Hamburg war für mich leicht zu erledigen. Alfred und ich hatten uns schon öfter mit Kleinigkeiten ausgeholfen, ohne gegenseitig ein Schuldenregister zu führen. Wir nannten dies scherzweise das »goldene Buch«. Dieses goldene Buch konnte ich für die Reise III. Klasse von Königsberg nach Hamburg ruhig in Anspruch nehmen und hatte auch bereits an Alfred in diesem Sinne geschrieben.

Meine Mutter verurteilte nicht nur mit harten Worten, daß eine Frau von sechzig Jahren sich nochmals verheirate und meinte, bei einer solchen Eheschließung hätte ich nichts zu suchen, sondern fand es auch lieblos von mir, daß ich früher abreisen wollte, als ich ursprünglich beabsichtigt hatte. Schließlich schrieb ich schweren Herzens nach Königsberg ab und bat, mich nicht nach den Gründen zu fragen. Umgehend traf von dort eine Depesche von so überquellender Herzlichkeit ein, daß ich meinen Entschluß rückgängig machte. Diese Depesche in der Hand, trat ich vor meine Mutter hin: »Ich war jetzt, mit der kurzen Wiener Unterbrechung, vier Monate bei dir. Kein Mensch in der Welt kann es lieblos finden, wenn ich fünf Tage früher abfahre, um einem Familienfeste im Hause meines liebsten Freundes beizuwohnen. Was das Geld betrifft, so verlange ich überhaupt nichts von dir. Ich depeschiere jetzt nach Hamburg um Vorschuß; dann kannst du mir keine Vorschrift mehr machen, wann und wohin ich reise.«

Auf die schwache Natur, die meine Mutter doch im Grunde war, wirkte diese in ruhiger, aber bestimmter Form abgegebene Erklärung offenbar sehr stark, denn sie erklärte nunmehr, meiner Reise nach Königsberg nichts entgegensetzen zu wollen, wenn mir soviel daran gelegen wäre, und mir auch die versprochene Summe nicht vorzuenthalten. Die letzten Tage verliefen harmonischer wie alle vorhergegangenen. Ich erreichte es vor der Abreise sogar, daß sie mir versprach, ein Glückwunschschreiben an Frau Reisenauer zu richten, was sie auch in sehr höflicher und feiner Form tat. —

Ich nahm den möglichst kurzen Weg, den mir Alfred, der im Kursbuch glänzend Bescheid wußte, zusammengestellt und brieflich mitgeteilt hatte. Einen Vormittag hatte ich in Breslau Zeit, die schöne, einstmals österreichische Stadt in ihren Hauptstraßen zu besichtigen und auch einige Mußestunden auf der hübsch angelegten Liebig-Höhe zu verbringen.

Nachmittags ging es im Bummelzug weiter bis Allenstein, wo ich in der Nacht ankam und mehrere Stunden Aufenthalt hatte. »In Allenstein guter Grog!« hatte mir Alfred — echt reisenauerisch — geschrieben. Ich mag diesen Wink während der langen Wartezeit wohl benützt haben. Beim Morgengrauen konnte ich wieder in den Zug steigen, der etwa um 9 Uhr in Königsberg einfuhr. Alfred erwartete mich. Er hatte Tränen in den Augen. »Wir haben wirklich schon geglaubt, du brächtest es fertig, zu dieser Hochzeit nicht zu kommen.« — »Glaub' mir, ich habe keinen schönen Sommer hinter mir. Aber sprechen wir nicht davon! Ich bin ja da.« —

Im Reisenauerschen Hause war alles schon in festlicher Vorbereitung. Ein letzter Schimmer später Jugend umglänzte das würdige Brautpaar. Lange Jahre hernach sah ich ein Bild von Böcklin: die beiden Alten in der Laube ihres Gartens. Hätten jene beiden Alten, die jetzt den Bund der Ehe eingingen, dazu Modell gesessen, die innere Ähnlichkeit — allerdings nicht die äußere — hätte nicht vollkommener sein können.

Alfred war von rührender Fürsorge für sein »Muschchen«, wie er seine Mutter nannte. Bald nannte auch ich sie mit diesem Kosenamen und sie bot mir das »Du«, dem sich »Onkelchen«, der weißhaarige Bräutigam, anschloß. Nun war ich nicht mehr der Freund, sondern der »zweite Sohn« des Hauses. Auch »Tantchen«, des Bräutigams Schwester, die jahraus jahrein ihr häusliches Amt still und treu verwaltete, wurde in den Duzbund einbezogen. Schließlich frug ich auch Charley, den musikalischen Hund, ob er mit mir Bruderschaft machen wolle, und er stemmte seine mächtigen Pfoten auf meine Knie und kam mit seiner guten Schnauze so nah an mein Gesicht, als ob er meine Frage verstanden hätte.

In den letzten Grazer Tagen hatte ich ein Stück für zwei Klaviere komponiert, das ich als Hochzeitsgeschenk mitbrachte. Ein feierliches, langes Thema setzte in C-dur ein, dann kam ein leichtbeschwingter, scherzoartiger Dreiachteltakt, der sich schließlich mit einer Wiederholung des ersten Themas vereinigte, so daß beide Klaviere in verschiedenen Taktarten spielten. Mir schwebten bekränzte Genien vor, die diese Ehe segneten und ihr den Bestand verliehen, der ihr auch tatsächlich bis an die Grenze hohen Alters beschieden war. Das Stück war gut gemacht, trotzdem ich nur kurze Zeit an seine Ausarbeitung verwendet hatte. Wir ließen es sofort abschreiben, da wir zwei Exemplare benötigten, und übten es ein, um es als Einleitung zum abendlichen Familienfestkonzert vorzutragen. Das Manuskript befindet sich wahrscheinlich noch im Nachlaß meines verstorbenen Freundes.

Große Aufmerksamkeit wandte Alfred dem hochzeitlichen Mahle zu. Er war stets ein Feinschmecker, einer von jenen, denen Brillat-Savarin ein Evangelium bedeutete. Unermüdlich gab er

Anordnungen, um das Menü nicht nur reichlich, sondern auch auserlesen zu gestalten. Mir trug er auf, die Tischkarten zu schreiben. Zu einem der zahlreichen Gänge hatte er sich in den Kopf gesetzt, Curaçao servieren zu lassen. »Weißt du, wie man dieses Wort schreibt?« frug er mich, und sah mich dabei mit seinen blauen Augen so tief und wichtig an, als ob es eine ernste Aufgabe zu lösen gälte. Um ihn zu ärgern, schrieb ich auf eine der Karten »Kürassow«. »Du glaubst wohl, es käme von einem Küraß her«, schnautzte er mich an. »Wie kann man nur so ungebildet sein!« Ich schrieb es nunmehr richtig auf einen Zettel und hielt es ihm unter die Augen; da war er wieder versöhnt. Er war ein liebes, großes Kind, dieser hochbegabte Mensch.

Die Trauung wurde nach protestantischem Ritus an einem im Hause errichteten Altar vorgenommen. Selten habe ich ein junges Mädchengesicht vom Myrtenkranz so verklärt gesehen wie das Antlitz dieser Frau, deren stiller Sehnsuchtstraum sich nunmehr erfüllte. Die Gäste waren sämtlich Verwandte des Paares, biedere, brave Ostpreußen mit ihrem breiten, etwas breiigen, aber nicht unsympathischen Dialekt. Alfred, der sonst so bequeme, erhob sich öfter vom blumenbesäten Tisch, wenn ihm etwas in der Bedienung nicht recht war, und sorgte für unser leibliches Wohl wie ein richtiger Maître d'Hotel. Die Lobsprüche für das köstliche Mahl empfing er mit überlegenem Schmunzeln. Der größte Konzerterfolg hätte ihn kaum so glücklich machen können.

Für den 19. August war eine Sonnenfinsternis vorausgesagt, die in der Königsberger Gegend total sichtbar wurde. Bereits in Graz hatte ich davon gelesen und sah dem seltenen Ereignis mit größter Spannung entgegen. Am Tage nach der Hochzeit ging um 12 Uhr Mitternacht ein Extrazug zu einer ostwärts auf freiem Feld gelegenen Station, wo das Phänomen besonders gut zu sehen sein sollte. Alfred und ich benützten diesen Zug nach einer kleinen, reichlich von schöner Musik gewürzten Nachfeier der Hochzeit und kamen in der ersten Frühe am Bestimmungsorte an. Flaches Weideland mit natürlichen Mulden dehnte sich, soweit das Auge reichte. Die Menschenmenge nahm instinktiv die mehr oder minder breiten Kämme ein, welche die Mulden umzogen, ließ diese selbst aber frei, um ungehinderten Ausblick zu haben. Von oben gesehen, hätte die dunkle Masse auf dem helleren Grunde wohl das Aussehen eines komplizierten chinesischen Schriftzeichens geboten.

Der Himmel war ziemlich stark bewölkt. Blutrot und dunstig erhob sich die Sonne über dem Horizont, bereits etwas angefressen von der dunklen Mondscheibe. Bald verkroch sie sich gänzlich hinter den träge lastenden Wolken, die wie schwere, feuchte Vorhänge herabhingen und jede Aussicht versperrten. Man hörte bereits ein besorgtes Flüstern, daß man umsonst herausgefahren sei. Längere Zeit war keine Veränderung zu merken. Plötzlich aber nahmen die Wolken eine bleigraue Farbe an und schienen sich noch tiefer herabzusenken. Eine Totenstille verbreitete sich über alle Zuschauer, die bereits in ihr gewohntes Schwätzen verfallen waren. Immer düsterer wuchtete es vom Himmel herab, dessen Gewölbe' wie eine schwere Last auf uns niedersank. Plötzlich ein hundertstimmiger Schrei! Ein Rudel Wild, Rehe und ein prächtiger Hirsch, stürmten über die Felder daher und geradewegs in den Leuteschwarm hinein. Die Tiere fühlen es, wenn das große Lebenslicht am Himmel droben auslöscht, und es treibt sie, beim Menschen Schutz zu suchen. So vergaßen auch diese furchtsamen Wesen alle Scheu und liefen uns zu wie Haushunde, prallten aber zurück vor dem überraschten und zum Teil wohl auch erschrockenen Lärm, mit dem sie empfangen wurden. Sie kehrten blitzschnell um, liefen nach einer anderen Richtung und stießen wieder auf eine lebende Mauer, bis sie nach einigen nochmaligen Versuchen das Weite fanden. Nur ein junges Reh war unter den nach ihm greifenden Händen durchgeschlüpft und lief nun in der Mulde, an deren Rand wir standen, wie irrsinnig umher, überall einen Ausweg suchend, der ihm aber versperrt war. Schließlich warf es sich keuchend auf den Boden und hätte den Kopf darin vergraben, wenn dies möglich gewesen wäre.

Ein Windhauch fegte trotz des Sommertages eiskalt über die Erde. Mit unerhörter Schnelligkeit wurde es finstere Nacht. Die Luft selbst schien sich schwarz zu färben. Man hatte jeden Augenblick das Gefühl, der Himmel müsse einstürzen und uns begraben. Einen kurzen Augenblick teilten sich die Wolken und wir sahen eine finstere Kugel dahingleiten, die ein merkwürdig matter Lichtring umgab. Das war unsere Sonne. Man sagt, daß Kinder, die während einer Finsternis geboren werden, nicht leben können; und ich glaube es. Mit einem Schlag wurde es wieder hell, nur ein wenig, aber es war schon viel nach der vorhergegangenen beängstigenden Dunkelheit. Ein Aufatmen ging durch die Menge wie nach einer überstandenen schweren Gefahr.

Unter dem wachsenden Licht des Tages begaben wir uns wieder zur Station.

Die nächste totale Sonnenfinsternis war für das Jahr 1912 prophezeit. Wir verabredeten uns, dann wieder zusammenzukommen, wenn wir auch weit voneinander wären. »Wenn wir's erleben«, sagte Alfred, mit einem Male sehr ernst. — Er hat es nicht erlebt. — Ich sah diese zweite Finsternis bei klarstem Wetter von meinem Garten in St. Sulpice-Vaud in der Schweiz. Aber sie war bei weitem nicht so eindrucksvoll und gewaltig wie jene auf dem öden Feld bei Königsberg unter dem grauen, schweren Himmel dieses unvergeßlichen Augusttages.

H A M B U R G.

Wieder einmal überkam mich das drückende Gefühl der
Ungewißheit, als ich von meinen Freunden Abschied
genommen hatte und der Bahnhof mit Alfreds winkender Gestalt
verschwunden war. Was wird mich in Hamburg erwarten? Werde
ich den dortigen Ansprüchen genügen? Werde ich ihnen vielleicht in solchem Maße genügen, daß meine Anwesenheit eine
Gefahr für anderweitige Interessen bildet? Auch solche Erfahrungen und die damit verbundenen heimtückischen Folgen
waren bereits an mir vorübergegangen. Pollini war mir als
Gewaltsmensch geschildert worden. Sein Verhalten gegen einen
Sänger Schindler, der eine Broschüre gegen ihn veröffentlicht
hatte, wurde in verschiedenen Zeitungen besprochen. Mein Vertrag gab, wie die meisten damaligen Verträge, dem Direktor
das Recht der einseitigen Kündigung nach vier Wochen. Wenn
er es ausübte? — Blieb mir dann etwas anderes übrig, als freiwillig aus dem Leben zu scheiden? — Ich wunderte mich, wie
leicht ich mit diesem Gedanken spielte, wie ich ohne jedes Bangen,
beinahe lächelnd, die möglichen Arten der Ausführung erwog.
Niemand sollte merken, daß dieses Scheiden ein freiwilliges war,
am wenigsten die Versicherungsgesellschaft, bei der ich mein
Leben einkaufen wollte, um meiner Mutter eine Rente zu sichern.

Mit solchen Totenkopfgedanken kam ich in Hamburg an.
Tatsächlich meldete ich mich sofort zu einer Lebensversicherung,
wurde aber abgelehnt, weil mein Vater in jungen Jahren an
Tuberkulose verstorben war und man mir daher kein langes
Leben zutraute. Als die Ablehnung eintraf, waren meine Toten-
kopfgedanken längst verflogen; ich machte mir also weiter keine
Skrupel darüber und vertraute auf meine feste Gesundheit.

Ich wurde bald froher Laune, als ich Hamburg betrat.
Diese reiche, schöne Stadt verfehlte ihren Eindruck auf mich
ebensowenig wie auf die meisten Besucher. Als ich zum erstenmal von der Lombardsbrücke die beiden Alsterbecken gewahrte

und mich dann in einem Schiffchen über das im Sonnenschein glitzernde Wasser nach Uhlenhorst hinaustragen ließ, kehrte mein Mut, mein Selbstvertrauen wieder. Es müßte doch mit dem Teufel zugehen, wenn ich nicht durchdringen sollte.

Ein mir sehr ergebener Danziger Chorherr, der ebenfalls nach Hamburg engagiert war, hatte sich noch in Danzig angeboten, mir eine Wohnung zu besorgen und ich hatte das Angebot dankbar angenommen, da ich mir dadurch die Hotelkosten und das Suchen ersparte. Er hatte auch wirklich zwei hübsche, kleine Zimmer bei freundlichen Leuten gemietet. Die Gegend war aber so wenig erbaulich, daß ich bald auszog und mich in dem Eckhause der Dammtorstraße, das dem Stadttheater gegenüberlag, einquartierte. Im Erdgeschoß dieses Hauses befand sich ein Restaurant, das von meinem Hausherrn bewirtschaftet wurde. So war ich auch in bezug auf meine Verpflegung gut aufgehoben.

Allmählich versammelte sich das ganze Künstlerpersonal und bildete kleine, lebhaft diskutierende Gruppen vor dem Theatereingang, der Befehle harrend, die aus dem Bureau des allgewaltigen Direktors herauskamen. Josef Sucher begrüßte mich auf das herzlichste. Ich fühlte bald, daß er kein Intrigant war wie Herr Kriebel in Königsberg, sondern ein Künstler von echtem Schrott und Korn, den ich mir zum Freund gewinnen konnte. Wir standen bald auf bestem Fuß miteinander und sind es auch geblieben, trotzdem manches in unser Leben trat, was das gute Einvernehmen hätte stören können. Seine Frau, die durch ihre Bayreuther Isolde Weltruf gewonnen hatte und sich ohne Eitelkeit darin sonnte, bezauberte durch ihre klassische Schönheit und ihre natürliche Liebenswürdigkeit.

Ein ausgezeichnetes Personal hatte Pollini zusammengebracht; diese Anerkennung konnte ihm niemand versagen. Vielleicht hatte nur Wien ein ähnliches Ensemble aufzuweisen. Neben Rosa Sucher wirkte als erste dramatische Sängerin die geniale Katharine Klafsky, die sich aus kleinen Anfängen zu ihrer bedeutenden Stellung emporgerungen hatte. Die weniger durch Erscheinung und Darstellung als durch Vollendung ihrer Gesangkunst hervorragende Frau Brand-Götz bildete das dritte Glied dieses prachtvollen Kleeblattes. Als Altistinnen wirkten die bildhübsche Marie Götze und die stimmgewaltige Frau Heink, die später den Schauspieler Schumann heiratete und als Schumann-

Heink jenseits des Ozeans und dann auch hier berühmt wurde. Der erste Vertreter der Wagnerschen Heldengestalten war Albert Stritt, der durch seine Erscheinung und seine hervorragende schauspielerische Begabung die Mängel seiner Stimme vergessen ließ. Albert Landau sang in vorzüglicher Weise Don Octavio, Tamino und die wichtigsten lyrischen und Spieltenor-Partien. Der noch immer mit einem unverwüstlichen hohen C begabte Heinrich Bötel war eine Spezialität des Theaters. Der erste Bariton war Fritz Lißmann, dessen Frau die Soubretten und leichteren Koloraturpartien innehatte. Neben ihm wirkten Dr. Kraus und der junge, mit einer herrlichen Stimme begabte Josef Ritter, dessen volle Künstlerschaft später im Wiener Hofoperntheater erblühte. Erster Baß war Heinrich Wiegand, dem zwei köstliche Baßhumoristen, Ehrke und Freny, zur Seite standen. Eine neuengagierte schöne, junge Ungarin, Fräulein Teleky, überraschte durch ihre blühende Stimme und erzielte im Koloraturfach bald die freundlichsten Erfolge. Eine Menge kleinerer Sänger und Sängerinnen vervollständigten diese überaus stattliche Künstlergemeinschaft.

Mein erster Besuch galt naturgemäß Hans v. Bülow, der im selben Hause wie Sucher, am Alsterglacis wohnte. Der berühmte Künstler war gealtert, seit ich ihn zum letztenmal gesehen hatte. Er sprach lebhaft und ausführlich über seine künstlerischen Absichten, die darin gipfelten, daß er mit vollendeten Einstudierungen klassischer Opern — die erste Neueinstudierung sollte Spohrs »Jessonda« sein — Wagner ein »Paroli« bieten wolle. Frau v. Bülow hat bei späterer Gelegenheit erklärt, es sei unmöglich, daß ihr Gatte eine solche Äußerung gemacht habe. Ich wiederhole hier noch einmal, daß er sie gemacht hat. Er tat es keineswegs in gehässiger Weise. Wer mein literarisches Wirken einigermaßen verfolgt hat, wird wissen, daß ich der Überpopularisierung von Wagners Werken ebenso entgegengetreten bin, wie ich ein erneutes Aufleben der theatralischen Meisterschöpfungen unserer klassischen Periode herbeigewünscht, ja, daß ich geradezu ein tiefes Bedauern darüber ausgesprochen habe, daß die starken Reize der Wagnerschen Riesendramen das Feingefühl des Publikums für jene hochgeistigen Wundergebilde abgeschwächt haben. Wenn ich also jene Äußerung Bülows wiedergegeben habe und sie heute abermals wiedergebe, so geschah und geschieht es nicht, um Bülow anzugreifen.

Ich verstehe eine gewisse Art von Gegnerschaft gegen Wagner sehr wohl und es ist nicht nötig, sie auf persönliche Motive zurückzuführen, die bei Bülow allerdings sehr nahe lagen. Auch gebietet mir die Wahrheit, zu erklären, daß ich keine einzige der antiwagnerischen Äußerungen, die Bülow damals in den Mund gelegt wurden, von ihm persönlich gehört habe. Die wenigen Worte, die Bülow in meiner Gegenwart über Wagner sprach, waren stets von Hochachtung erfüllt, wenn er auch einmal erklärte, bis zum »Parsifal« nicht mitzugehen. Wohl aber erinnere ich mich, daß er gelegentlich dieses ersten Hamburger Besuches zu mir sagte, der Einzige, der fähig gewesen wäre, das Problem einer Inszenierung des »Don Juan« zu lösen, sei »Meister Wagner« gewesen. Hätte Bülows Wirksamkeit am Hamburger Stadttheater länger gedauert, so hätte er auch den »Fliegenden Holländer« dirigiert, für den bereits vorbereitende Proben angekündigt waren. —

Die Eröffnungsvorstellung der Saison war »Fidelio«. Die Klafsky war eine herrliche Vertreterin der Leonore. Ich mußte an meine Leipziger Tage und die Reicher-Kindermann denken, zu der die Klafsky mit jener innigen Verehrung aufblickte, die ganz große Künstler auszeichnet. »Das bissel, was ich kann,« sagte sie mir einmal, »verdank' ich ja doch nur meiner herrlichen Hedwig.« — Sucher dirigierte. Er war der Typus des »Kapellmeisters«. Mit seinen damals noch blonden Locken, dem germanischen Bart und den Augengläsern ähnelte er etwas Hans Richter, dem er auch in der Art der Stabführung verwandt war, obwohl er an die Bedeutung Richters nicht heranreichte. Feine Nuancierung, intime Wirkungen suchte man vergeblich bei ihm, auch wenn er seinen geliebten Wagner dirigierte. Er war der Mann der großen Momente. Kamen Steigerungen, so erhob sich die ganze Gestalt, die Locken flogen und mit weitausholenden, überaus kräftigen Bewegungen beider Arme und einem Schütteln des Taktstocks bei ausgehaltenen Akkorden erzielte er mächtige dynamische Wirkungen. Der sonst gemütliche, etwas behäbige Mann glich dann einem Löwen, der sich auf seine Beute stürzt. Trotz manchem, was man gegen ihn einwenden konnte, war er doch eine jener immer seltener werdenden Vollnaturen, bei denen die primäre Empfindung den sekundären Kunstverstand überwiegt. Heute ist dieser sekundäre Kunstverstand der Herrscher, während ihm nur die Aufgabe des Wächters zukommt, der ein krankhaftes

Überwuchern der primären Empfindung zu verhüten hat. Er ist lediglich regelnd und formend im eindämmenden Sinn, niemals aber schöpferisch. —

Am zweiten Spieltage kam ich mit den »Hugenotten« an die Reihe. Ich hatte die Vorstellung mit zahlreichen Klavier- und einigen Orchesterproben gut vorbereiten können. Pollini stellte, wie die italienischen Impresarii, alles auf die Gesangskräfte ein. Dafür gab er Geld aus. Orchester, Chor und szenische Ausstattung waren ihm gleichgültig, weil er behauptete — und dies nicht einmal mit Unrecht —, daß das große Publikum nur mit guten Sängern, nicht aber mit dem »Beiwerk«, als welches er alles sonstige bezeichnete, ins Theater zu ziehen sei. Er wollte Millionen verdienen, hat sie verdient, und, nachdem die meisten Theaterleiter seinem Beispiel zu folgen sich bemühten, und, ohne Pollinis Erfolge zu erreichen, in ihren Instituten das kommerzielle Interesse unheilvoll in den Vordergrund stellten, hat er sie — merkwürdige Ironie des Schicksals! — verloren und ist gestorben. Der Finanzteufel aber hatte die Theater bis hinauf zu den größten Hoftheatern ergriffen und ließ sie nicht mehr los. Nicht umsonst nannte man Pollini den »großen Handelsmann«.

Das Hamburger Stadttheaterorchester war im Verhältnis zu anderen großen Bühnen nicht besonders groß und nicht besonders gut, aber doch unvergleichlich besser als die armseligen Kapellchen in Königsberg und Danzig. So dünkte ich mich bereits im Himmel, als ich acht, mitunter sogar zehn erste Geigen unter meinem Stab hatte und auch nicht mehr notwendig hatte, mir die Chöre selbst einzupauken.

Der Eindruck meiner ersten Vorstellung war sehr herzlich. Die Hauptpartien wurden ausnahmslos von prächtigen Stimmen gesungen. Das junge Fräulein Teleki, das die Margarethe von Valois gab, schon in ihrer Erscheinung eine Königin, ersang sich mit ihrer kolorierten Arie im zweiten Akt einen glänzenden Erfolg. Von allen Seiten wurde meine Leitung anerkannt. Sogar der wortkarge Direktor drückte mir die Hand und sagte, er freue sich, mich engagiert zu haben. Nach meiner zweiten Vorstellung »Die Jüdin«, die ähnlich verlief wie die »Hugenotten«, teilte er mir mit, daß er von nächster Saison ab mein Gehalt um hundert Mark monatlich erhöhen werde.

Ein wichtiger Mann war der Oberregisseur, Herr Bittong, der das unbedingte Vertrauen des Chefs genoß und sich dessen auch würdig zeigte, indem er ihm nie opponierte, was dem eigenwilligen und launenhaften Pollini gegenüber ein wahres Kunststück war. Er war früher Schauspielregisseur gewesen und erst kürzlich zur Oper übergegangen, inszenierte aber noch hie und da Schauspiele, die ab und zu im Stadttheater, meistens aber in dem ebenfalls unter Pollinis Direktion stehenden Theater in Altona gegeben wurden. Bittong war im Anfang sehr zurückhaltend gegen mich, wurde aber sofort freundlicher, als er merkte, daß ich Pollinis Gunst gewonnen hatte. Ich bin gut mit ihm ausgekommen, da er nicht gewöhnliche Bildung und auch angenehme Umgangsformen besaß. Unmusikalisch war er gänzlich, sogar anti-musikalisch. Aber wer frug danach? Routine genügte vollkommen.

Viel mehr als zu Bittong fühlte ich mich gleich im Anfang zum zweiten Regisseur, Edmund Kreibig, hingezogen. Der Name war mir wohlvertraut. Kreibigs Vater war Direktor des Grazer Landestheaters, als ich dort Gymnasiast war. Nachher übernahm er die Leitung des deutschen Theaters in Prag, die er später seinem Sohn Edmund abtrat. Als Angelo Neumann Direktor in Prag wurde, war Edmund stellenlos und nahm, um etwas zu verdienen und sich auch theatralisch betätigen zu können, den Ruf nach Hamburg an. Ganz anders wie Bittong war er in die Opernwerke eingedrungen, beherrschte sie musikalisch wie ein guter Kapellmeister und sah die Szene mit den Augen eines mit Phantasie begabten Menschen. Ich merkte dies, als er mir von einigen Inszenierungen erzählte, die er in Prag geleitet hatte, und merkte es noch mehr, als er in einer von mir dirigierten Vorstellung der »Mignon« die Regie führte. Sofort war auf der Bühne eine mit der Musik gehende und nicht eine ihr entgegenwirkende oder ihr überhaupt fernstehende Bewegung bemerkbar. Zu Kreibig fand ich bald tiefere Beziehungen. Wir unterhielten uns oft bis spät in die Nacht über szenische Probleme, die keineswegs auf die Oper beschränkt blieben, und fanden uns auch in unseren Gedanken über Welt und Menschen. Er war ein Urösterreicher; auch das war mir sympathisch. Als er nach Hamburg kam, sprach er so sehr im Dialekt, daß ihn die Einheimischen öfters nicht verstanden. Er zog in dasselbe Haus wie ich, eine Etage tiefer. »Bringen S' mir a Kerz'n« hatte er am Tage seiner Ankunft, als es dunkel wurde, dem Stubenmädchen zugerufen. Schon war es Nacht, als, nach wiederholten vergeblichen

Aufforderungen, das Mädchen erschien, auf dem Arm — eine Katze. Als Kreibig mir die kleine Anekdote erzählte und mir halb ernst, halb humoristisch schilderte, wie traurig und schauerlich es ihm im finsteren Zimmer gewesen sei, fiel mir ein Vers aus Grillparzers »Ahnfrau« ein, den ich etwas emphatisch zitierte: »Und mit tausend Flammenaugen starrt die Nacht mich glotzend an.« Immer hatte ich die poetische Gewalt dieses Verses bewundert, der das fürchterliche Dunkel einer gespenstigen Nacht im Bilde glotzender Flammenaugen verkörpert. Kreibig sprang auf, rief, ich sei ein ganzer Kerl und wir müßten uns duzen. Meiner Freundschaft mit ihm danke ich's nicht zum kleinsten Teil, daß ich mich im ersten Jahre in Hamburg sehr wohl fühlte. Freilich, seine Begabung nützte ihm nur wenig, denn der brave Bittong ließ ihn nicht aufkommen und gab ihm nur die Opern ab, die er selbst nicht behalten wollte.

Oft schon hatte ich mich gefragt, was die Theater denn eigentlich von Wagner gelernt hätten. War auch anzuerkennen, daß Bayreuth unter ganz besonderen Bedingungen arbeitete, also dem Beispiel, das Wagner mit der herrlichen szenischen Verkörperung des »Parsifal« im Jahre 1882 gegeben hatte, seitens der anderen Theater nicht unbedingt gefolgt werden konnte, so hätte man doch annehmen müssen, daß die Regisseure allmählich Wagners Schriften studiert und daraus Anregung für ihre Wirksamkeit, auch für andere als Wagners Werke gewonnen hätten. Statt dessen waltete selbst hier, im großen Hamburg, nur der typische Schlendrian. Kreibig war eine Ausnahme, und darum konnten wir uns gegenseitig aufrichtigste Freundschaft entgegenbringen.

Als Kapellmeister war neben Sucher und mir noch Leo Feld engagiert, ein richtiges Berliner Jüngelchen, aber ein sympathischer, frischer Bursche, der auch tüchtig in seinem Fache war. Selten habe ich einen Menschen getroffen, der stets so zufrieden war wie er. Neidlos gegenüber den Erfolgen anderer, froh, wenn man ihn nicht angriff, was auch beinahe nie geschah, war er glücklich, wenn er viel zu dirigieren hatte, aber auch glücklich, wenn er von Zeit zu Zeit kaltgestellt wurde, weil er sich dann ausruhen konnte. Fühlte er sich nicht wohl, so war er glücklich, daß ihm nicht schlimmer zumute war, und war er wieder gesund, so war er glücklich, krank gewesen zu sein, denn jetzt konnte er sich erst recht seiner Gesundheit freuen. Wäre er achtzig

Jahre alt geworden, so hätte er sein langes Leben mit Behagen genossen. Da er aber jung verstarb, so bin ich sicher, daß er sich in seinen letzten hellen Augenblicken gefreut hat, der ganzen Komödie des Daseins bald ledig zu werden. Auch mit ihm war ich viel und gerne beisammen. Ich nannte ihn öfter »Schulmeisterlein Wuz« in Erinnerung an Jean Pauls köstliche Erzählung.

Unter den Schauspielern ragte Matkowsky hervor, der später in Berlin zu hohen Ehren gelangte. Schön und männlich war sein ausdrucksvolles Gesicht, jugendlich und schlank seine Erscheinung. Seine Stimme hatte wunderbare Kraft, die er vielleicht nie ganz zu mäßigen gelernt hat, ebenso wie sein überschäumendes Temperament ihn oft über jene Grenzen hinausriß, die zwar weit gezogen sind, aber doch nicht aus dem Bewußtsein des Künstlers verschwinden dürfen. Matkowsky war und blieb elementar in seinem ganzen Wesen, und das war es, was ihm die persönliche Note verlieh und ihm den Erfolg sicherte. Zuerst sah ich ihn als Hamlet, der ihm in seiner damaligen Jugend weniger lag und durch den Hamlet von Josef Kainz in den Schatten gestellt wurde. Herrlich aber war er als Egmont, den ich öfter in seiner Darstellung genoß, da ich die Musik Beethovens dirigierte.

Eine bedeutende Künstlerin war Franziska Elmenreich. Im ganzen stand aber das Schauspiel gegen die Oper zurück. Ich besuchte an freien Abenden lieber das Thaliatheater, das unter Leitung von Direktor Maurice, namentlich im feinen Lustspiel, Ausgezeichnetes bot. Bozenhard und seine Partnerin Babette Reinhold, die später an das Burgtheater engagiert wurde, waren dort die Sterne.

Mit größtem Interesse erwartete man die von Hans v. Bülow geleiteten Vorstellungen. Seine Einstudierung der »Carmen« hatte weit über Hamburg hinaus Aufsehen erregt. Der kleine Mann mit dem geistreichen Gesicht war viel im Theater zu sehen, hielt sich oft lange im Bureau des Direktors auf oder besprach sich mit dem Oberregisseur Bittong, von dem er mit derselben, beinahe überschwenglichen Anerkennung sprach, wie Bittong von ihm. »Du, mir scheint, der Bülow und der Bittong haben eine gegenseitige Lobes-Versicherungs-Gesellschaft gegründet«, sagte mir Kreibig mit seinem österreichischen Humor, der ihn witzige Bemerkungen mit ernster Miene vorbringen ließ.

Die Klavierproben zur »Jessonda« hatten begonnen. In einem Probezimmer, das im Parterre eines dem Bühneneingang des

Theaters gegenüberliegenden Hauses gemietet war, sah man Bülow mit etwas vorgebeugtem Kopf, einer für ihn charakteristischen Stellung, am Klavier sitzen und, den Klemmer auf der Nase, mit den Sängern üben. Er war von erstaunlichem Fleiß und scheute keine Arbeit.

Er erzählte mir eines Tages, daß er auch die »Königin von Saba« dirigieren wolle. Ich konnte mir dies mit der sonstigen Richtschnur seines Wirkens nicht zusammenreimen und mag mein Erstaunen vielleicht ausgedrückt haben, denn Bülow sagte, die Oper interessiere ihn und er halte sie für das bedeutendste Werk, das seit Wagner geschrieben worden sei; ein Urteil, dem ich im stillen widersprach, indem meine Gedanken unwillkürlich zur herrlichen »Widerspenstigen« von Götz flogen.

Die Bühnenproben zur Spohr'schen Oper verliefen unruhig, da Bülow sehr nervös war und niemand es ihm recht machen konnte. Es war nicht leicht für die Sänger, unter seiner Leitung zu singen. Er forderte — mit Recht — die allergrößte Korrektheit, die ihm auch gegeben wurde, denn für seine Vorstellungen wurden stets die erlesensten Kräfte ausgesucht. Im Augenblick aber, da er am Theaterpult saß, schien für ihn nur das Orchester zu existieren, die Bühne aber nur insoweit, als er dort musikalische Fehler korrigierte. Das unerläßliche Mitatmen des Dirigenten mit dem Sänger, das bei aller Korrektheit doch jene Freiheit gewährt, die sowohl der physischen Natur der Menschenstimme als dem Ausdruck der Vorgänge entspricht und auf sicherer rhythmischer Grundlage Farbe, Melos und Leben gewährt, dieses Mitatmen war Bülow versagt. Er dirigierte die Opern wie symphonische Stücke, in die sich die Stimmen der Sänger als Instrumente einzufügen hatten. So großartig sein Gedächtnis im Konzertsaal funktionierte, hier schien es ihn im Stich zu lassen. Er starrte fortwährend in die Partitur, kein Blick fiel auf die Bühne, kein Einsatz wurde jemals nach dort gegeben. Es fehlte vollständig diejenige Fühlung zwischen Szene und Orchester, die das Band zwischen dem realen Drama und der transzendentalen Musik bildet und dadurch eine Einheit schafft, die begrifflich unmöglich erscheint, aber dennoch existiert und durch die Wunder, die sie schafft, das dem bloßen Verstand lächerlich erscheinende Zwittergebilde der Oper in die Sphären höchster Kunst erhebt. Bei Bülows Leitung blieb alles auf der rein musikalischen Ebene. Sogar die notwendigsten Unterbrechungen des Regisseurs erregten seinen Unwillen, und bald war das gute Einvernehmen zwischen ihm und Bittong gestört. »Mir scheint, die Lobes-Versicherungs-Gesellschaft hat Konkurs ang'sagt«, ließ sich Kreibig mit vielsagendem Lächeln gelegentlich vernehmen.

Eines Tages beschied mich Pollini zu sich und trug mir auf, die »verschlampte« Vorstellung der »Königin von Saba« mit einigen Proben herzurichten. Ich erschrak über diesen Auftrag und machte Pollini auf Bülows mir geäußerte Absicht, dieses Werk selbst zu dirigieren, aufmerksam. »Ja, ich dachte auch daran,« meinte Pollini, »aber ich fürchte, bei dieser Oper bringt mir Bülow die Leute vollständig außer Rand und Band. Seien Sie unbesorgt, ich arrangiere es mit Bülow in aller Freundschaft, so daß er Ihnen nichts nachtragen wird. «Ich hielt mich aber dennoch verpflichtet, Bülow nochmals zu besuchen und ihm vom Auftrag meines Chefs Kenntnis zu geben. »Es ist alles in Ordnung,« sagte Bülow sehr freundlich. »Sie dirigieren die Oper und ich werde kommen, Ihnen zu applaudieren.« Tatsächlich hatte er mir schon öfter seine Anerkennung über meine Vorstellungen ausgesprochen. Ich machte mich also daran, die Goldmark'sche Oper herzurichten. Der eigentümlich exotische Charakter einzelner Partien nahm mich gefangen. Auch war es mir eine besondere Freude, zum erstenmal mit Rosa Sucher zu arbeiten. In der Vorstellung begegnete ich Bülow an der Treppe, die zum Orchester hinabführt. »Es geht vortrefflich,« rief er, »aber wissen Sie, daß ich Sie bedaure?« — »Warum, Herr v. Bülow?« — Weil Sie diese elende Musik dirigieren müssen.« ... Und eilig lief er davon ... Vom bedeutendsten nachwagnerischen Werk zu — —! So sprunghaft war er, ebenso wie in seinen Zu- und Abneigungen, auch in seinen Urteilen und Meinungen.

Die erste Vorstellung der »Carmen« unter Bülows Leitung löste bei mir das Gefühl des größten Unbehagens, ja des Erschreckens aus. Ich habe mich in späteren Jahren wiederholt und unumwunden über jene ebenso seltsame wie unheilvolle Abirrung geäußert, verweile daher hier nur solange dabei, als es notwendig ist, um keine Unterbrechung im Zusammenhange dieser Erinnerungen eintreten zu lassen. Warum in diesem natürlichen Werk solche Absonderlichkeiten? Warum diese Mätzchen, diese Luftpausen, diese Nuancen, für die weder in den Vorschriften des Komponisten noch in der Musik selbst eine Rechtfertigung zu finden ist? Warum diese geradezu lächerliche Verschleppung des

Anfangs und vieler anderer Partien dieser sprühenden Oper? Die Partitur der »Carmen« ist eine der durchsichtigsten, die es gibt. In jeder Tempovorschrift, in jedem Vortragszeichen erkennt man die Hand eines Meisters, der sich über die beabsichtigte Wirkung vollkommen klar ist. Hier gibt es keine Auslegung, keine Tüftelei. Hier heißt es einfach, den Spuren eines im höchsten Sinne plastisch formenden Geistes zu folgen, wenn man die Ehre hat, diese Partitur in klingendes Leben umsetzen zu dürfen. Es sei nicht wahr, daß Bülow die Vorschriften des Komponisten vergewaltigt habe, wurde mir später entgegengerufen. Ja, ja und nochmals ja, es ist wahr! Wenn ich den mit Allegro giocoso bezeichneten Anfang Andante maestoso nehme — und daß Bülow dies getan, war damals nicht nur allen Mitwirkenden, sondern auch in viel weiteren Kreisen bekannt —, so vergewaltige ich den Komponisten. Dasselbe gilt von allen derartigen Willkürlichkeiten, an denen Bülows »Carmen«-Interpretation überreich war. Die Rechtfertigung mit dem in Grandezza einherschreitenden »Stolz des Spaniers« ist doch nicht ernst zu nehmen. Schon aus der Meininger Zeit Bülows waren anekdotische Erzählungen in die Öffentlichkeit gedrungen, die von seiner Neigung zu allerhand Späßen erzählten. War diese Wiedergabe der »Carmen« ein Spaß großen Stils? — Ich finde auch heute kaum eine andere Erklärung.

Nicht allein über Bülow erschrak ich, sondern auch über die Urteile, die ich hörte. Hier war Ablehnung am Platz, unzweideutige, gesunde Ablehnung. Statt dessen überbot man sich gegenseitig in Lobpreisungen. Hier sah ich in voller Blüte, was sich in Bayreuth angebahnt hatte: demütige Unterwerfung, Mangel an Mut und, als neues Moment, eine blind zutappende Freude an irgend etwas Neuem, ohne zu fragen, ob das Neue auch gut sei. »Mit Bülow begann die Sensationsmacherei in der Musik und der leidige Persönlichkeitswahn, der jeden Knirps aufstachelte, Sonderrechte für sich in Anspruch zu nehmen, wenn er sich nur recht unartig gebärdet, und der auch den talentvollen Schwächling zu unsinnigen Taten verblendet.« So schrieb ich später in meiner Schrift über das Dirigieren. Hätte Bülow eine derartige Wiedergabe der »Carmen« in Paris unternommen, so wäre er gesteinigt worden.

Bald genug tauchten sie auf, die kleinen Bülows, die um so verderblicher wirkten, weil sie den Geist nicht besaßen, der selbst in den Verirrungen des großen Bülow noch fühlbar war. Ich erinnere mich eines humoristischen Vorfalls. Mein Freund, der Kapellmeister Leo Feld, dirigierte einmal die Wiederholung der früher von ihm einstudierten »Regimentstochter«. Ich war zufällig im Theater und traute meinen Ohren nicht, als plötzlich schleppende Tempi und alle möglichen sonstigen Überraschungen an mein Ohr drangen. »Aber Menschenskind, was haben Sie denn heute mit der harmlosen Oper gemacht? fragte ich Feld, als wir uns beim Abendessen trafen. »Ich wollte doch zeigen, daß ich es auch so machen kann, wie Bülow«, antwortete der gute Mensch mit seinem seligen Lächeln, das ihn kaum jemals verließ. Ich schalt ihn gehörig aus und er versprach, die Dummheiten zu lassen.

Einmal aber mußte er doch noch Bülow kopieren. Auch im Altonaer Stadttheater wurden Opernvorstellungen gegeben, was zu den Schattenseiten meiner Wirksamkeit gehörte, wenn die Reihe an mich kam. Im kleinen Orchesterraum des Altonaer Theaters hatten so wenig Musiker Platz, daß bei größerer Besetzung die Proszeniumslogen zur Aufstellung von Pulten herhalten mußten. Die Sänger strengten sich »draußen« auch gewöhnlich nicht besonders an, sondern erledigten die auch ihnen unangenehmen Verpflichtungen mit Gleichmut und Schonung ihrer Stimmen. Auch »Carmen« dirigierte ich in Altona. Man setzte voraus, daß ich Bülows Willkürlichkeiten genau nachmachen werde. Mir stand aber Bizet höher als Bülow und ich dirigierte zur allgemeinen Überraschung und auch zur Freude der meisten Beteiligten so, wie ich es verantworten konnte und um kein Haar anders. Die nächste Vorstellung der »Carmen« in Altona wurde meinem Kollegen Feld übertragen, da Bülow sich meine Leitung, die er mit Recht als oppositionell empfand, verbeten hatte. »Jetzt muß ich doch wirklich ganz wie Bülow dirigieren, sonst wird auch mir die Oper weggenommen«, sagte mir Feld treuherzig, und wieder lächelte er so glücklich, so namenlos glücklich. »Fate pure!« (Genier' dich nicht!) rief ich und klopfte ihm auf die Schulter. Die Oper wurde ihm aber doch weggenommen. Gelegentlich einer Verhinderung Bülows, einige Monate später, berief mich Pollini, nunmehr sogar im Stadttheater, für »Carmen« ans Pult. Als aber kurze Zeit darauf Bülow wieder dirigierte, blieb durch ein Versehen des Setzers mein Name stehen. Es hieß also auf dem Theaterzettel zuerst, wie stets, in besonderer Ankündigung: »Unter Leitung des Herrn Dr. Hans v. Bülow«, dann kam die Anzeige der Oper und darunter stand: »Dirigent: Kapellmeister Weingartner.« Dieses Kuriosum wurde viel belacht. —

Ich erinnere mich nur einer sehr schönen Aufführung in Altona. Es war »Fidelio«, der zu Beethovens Geburtstag gegeben wurde. Ich hatte dafür probiert und Pollini hatte die erste Parkettreihe zur Schaffung eines würdigen Orchesters geopfert. Gleichzeitig wurde »Fidelio« auch in Hamburg unter Suchers Leitung gegeben. So reich war damals das Personal.

Beinahe hatte ich in der unausgesetzten Theaterarbeit vergessen, daß ich auch noch etwas anderes konnte wie Opern dirigieren. Einige Balladen Loewes, die mir höchste Bewunderung erweckten, gaben mir willkommene Anregung, wieder eine Partitur zu schreiben. Ich setzte die drei Mohrenfürsten-Stücke für Orchester und instrumentierte dann auch meine im vergangenen Sommer komponierte »Wallfahrt nach Kevlaar«. Im Anhang zu einer Orchesterprobe spielten wir dieses Stück und Frau Heink mit ihrem tiefen Glockenorgan übernahm die Singstimme. Ich mußte für diese große und hochbegabte Künstlerin kämpfen, denn Pollini war ihr nicht gewogen. Auf meine dringenden Vorstellungen wurde ihr die Fides übertragen. Dann erhielt sie auch den Orpheus. Ich studierte das in seiner Einfachheit ergreifende Werk Glucks mit Liebe und Hingabe ein und erinnere mich einer guten Vorstellung. Der Abfall des dritten Aktes nach der wunderbaren Szene im Elysium konnte mir nicht verborgen bleiben. Ich schlug vor, statt des üblichen Schlußtableaus die in der Partitur vorhandene Ballettmusik zu verwerten und mit einer feierlichen choreographischen Szene die Oper zu schließen, endigte doch zu Glucks Zeiten jede Oper mit Tanz. Die mir geeignet erscheinenden Stücke waren auch schon ausgewählt. Unsere brave Ballettmeisterin hatte aber, trotz meiner Anweisungen, etliche Hopser einstudiert und so mußte meine Absicht unausgeführt bleiben.

Von Wagnerschen Opern dirigierte ich zunächst den »Lohengrin« und die »Meistersinger«. Sucher hatte bisher alles von Wagner dirigiert, trat mir aber diese beiden Werke und später auch den »Holländer« in freundschaftlicher Weise ab. In den »Meistersingern« bot der Baßbuffo Freny eine Darstellung des Beckmesser mit so urwüchsigem Gemisch von Bosheit, Dummheit und unfreiwilliger Komik, wie ich es wohl im Leben, kaum aber auf der Bühne in ähnlicher Weise gesehen habe. Auch unser anderer Baßbuffo, Herr Ehrke, war als Beckmesser in Leipzig berühmt gewesen, gab aber hier auf seinen eigenen Wunsch diese Rolle nicht mehr. »Ich habe den Beckmesser immer sehr gerne gesungen,« sagte er mir einmal, »aber seit ich hiehergekommen bin und den Freny gesehen habe, will ich nicht mehr, denn da reiche ich nicht heran.«

Freny war auch im Leben ein drolliger Kauz. Wenn er abends an unseren Tisch kam, den wir uns in einer Ecke des Theaterrestaurants gemütlich eingerichtet hatten, so gab es fast immer etwas zu lachen. Dabei war er jedoch ein ernster, tiefer und kluger Mensch, der, wie die meisten echten Komiker, mitunter Anfällen von Melancholie unterlag. Dann saß er wie verfallen in einer Ecke und war nicht aufzuheitern, oder er kam überhaupt nicht und sagte uns nachher, er habe wieder einmal seinen schlechten Tag gehabt. Besonders gern erzählte er von einer Vorstellung der »Meistersinger« in Hamburg, der Wagner beigewohnt hatte. Beim Bankett, das man dem Meister zu Ehren nach der Vorstellung gab, habe er verlangt, daß Freny neben ihm sitze und habe ihm die größten Lobsprüche erteilt. Schlecht aber sei der Kapellmeister, Suchers Vorgänger, weggekommen. »Sie haben ja den Andante-Arm«, habe Wagner gerufen. »So darf man doch die »Meistersinger« nicht dirigieren; das ist ja ein Lustspiel!« — Als später von Bayreuth die Mode der verschleppten Tempi ausging und beinahe alles, jung und alt, berühmt und unberühmt, diese Mode mitmachte, fiel mir die Erzählung des alten, guten Freny ein und schützte mich davor, der allgemeinen Versuchung zu unterliegen, soweit mich nicht schon meine Eigenart davor schützte. Das alte, typische Andante des biederen Durchschnittsdirigenten, das Wagner mit prächtiger Ironie als das »deutsche Tempo« bezeichnete, hatte wenigstens noch etwas von ehrlicher Biertischbehäbigkeit an sich. Das neudeutsche Andante, mit seinen Schmachtaugen, seiner schleimigen Lauheit und seiner teils koketten, teils brutalen Impertinenz, war eine eklige Entartung jeder wahrhaftigen Empfindung und erstickte nicht nur Schwung und Geist, sondern auch jene großzügigen, weiten Schwingungen, denen die wahrhaftige Breite entspringt. Ich verweise auf das, was ich hierüber in meiner vorhin erwähnten Schrift »Über das Dirigieren« *) geschrieben habe.

Bülow veranstaltete mit dem Theaterorchester eine Reihe von Konzerten im Konventgarten, dem wegen seiner vorzüglichen Akustik noch heute berühmten Hamburger Musiksaal. Hier bot

---

*) Verlag: Leipzig. Breitkopf & Härtel, 5. Auflage.

er oft Genüsse seltener Art. Bülow war ein Orchesterdisziplinator allerersten Ranges. Hier hatte er nicht die unumschränkte Zeit wie in Meiningen; hier mußte er, wenn auch weitgehende Rücksicht auf seine Wünsche genommen wurde, doch mit einer mäßigen Anzahl von Proben auskommen, da das Orchester im Theater stärkstens beschäftigt war. Und doch brachte er Leistungen von unübertrefflicher Präzision zustande. Er war auch noch nicht derartig von seinem überreizten und offenbar erkrankten Nervensystem abhängig, wie später in der Zeit seiner letzten Berliner Wirksamkeit. Noch hielt er die Willkürlichkeiten seiner Auffassung im Zaum, in den Konzerten jedenfalls in weit höherem Maße, als er es gelegentlich der ›Carmen‹-Einstudierung getan hatte. Freilich, jene unmittelbare Wärme, jene Sprache von Seele zu Seele, die man vernahm, wenn Levi, Richter oder Mottl am Pult standen, war bei Bülow nicht zu finden. Er war ein Rhythmiker erster Größe, aber kein Melodiker. Sein Geist, sein Kunstverstand waren viel zu scharf geschliffen, als daß er hätte ein Vollblutmusiker sein können.

Einmal fand auch, zu einem wohltätigen Zwecke, ein Konzert im Theater statt. Sucher dirigierte Wagners Jugendsymphonie, die nicht mehr wie historisches Interesse erwecken konnte. Bülow war eingeladen worden, Beethovens Es-dur-Konzert zu spielen und hatte zugesagt, verbat sich aber die Leitung sämtlicher am Theater angestellten Kapellmeister und verlangte, daß der Chordirektor, Herr Erdmann, das Konzert dirigieren solle. Dieser Versuch, uns zu beleidigen, war komisch, noch komischer freilich die Gestalt des Herrn Erdmann, der seither herumging wie der Haushofmeister Malvolio in Shakespeares ›Was ihr wollt‹, nachdem er Olivias gefälschten Brief erhalten hat. Es fehlten nur die gelben Strümpfe und die kreuzweise gebundenen Kniegürtel. Als der wohl als Chordirigent tüchtige, des Dirigierens aber ungewohnte Mann zitternd am Pult stand und die schwierige Aufgabe hatte, Bülows Spiel zu begleiten, konnte ich nur Mitleid mit ihm, aber auch mit Bülow empfinden, der wahrscheinlich weniger nervös gespielt hätte, wenn sein Orchester einer sicheren Hand anvertraut gewesen wäre.

Bülows Wirksamkeit in der Oper gestaltete sich immer weniger erfreulich. ›Jessonda‹ und die ›Perlenfischer‹ von Bizet waren gute, aber nicht besonders eindrucksvolle Vorstellungen. Alles wartete nun auf die unter seiner Leitung angekündigten

Neueinstudierungen des Mozart-Zyklus. Die Proben waren der Schauplatz ärgerlicher und überflüssiger Auftritte, die Pollini einmal sogar nötigten, seinen Anwalt zu Hilfe zu rufen. Die Leitung der meisten Werke legte Bülow nieder und behielt schließlich nur den »Don Juan« und »Figaros Hochzeit«. Die Sänger, die ihre Rollen auf das gewissenhafteste unter seiner Leitung studiert hatten und über die Art seines Spiels bei den Klavierproben nicht genug Worte der Begeisterung fanden, waren unglücklich, sobald die Bühnenproben begannen, da er sich immer wieder nur um das Orchester kümmerte und alles, was auf der Szene vorging, gänzlich vernachlässigte. Es war ersichtlich, daß er sich im Theater nicht mehr zurechtfand. Um zu helfen, stellten Sucher und ich uns öfter, ungesehen von Bülow, in die erste Kulisse und unterstützten von dort aus die ratlosen Künstler. »Ich brauche keinen zweiten Kapellmeister!« schrie Bülow einmal wütend hinauf, als Sucher bei seiner Hilfsarbeit so weit vorgetreten war, daß ihn Bülow bemerkte. »Aber einen ersten!« erwiderte Sucher mit drastischer Ruhe, und aus seiner Haltung und Miene war zu ersehen, daß er es auf einen Kampf ankommen ließ. Der sonst so schlagfertige Bülow aber fand keine Antwort und vergrub das Antlitz mürrisch in der Partitur. Zur Vorstellung des »Don Juan« waren einige Berliner Gäste gekommen, darunter auch Otto Leßmann. Man erzählte sich, daß Bülow äußerst aufgeregt sei und im Bureau Pollinis ein furchtbarer Auftritt stattgefunden habe. Sogar von einem bevorstehenden Abbruch der Vorstellung wurde gemunkelt. Als dann Bülow, äußerlich ruhig, erschien und nichts Auffallendes passierte, steigerte sich die Wärme des Publikums von Szene zu Szene und der Abend schloß mit einem Triumph für den berühmten Dirigenten, aber auch für die Sänger, die sich in ähnlicher Vollkommenheit für Mozarts großes Werk nur höchst selten zusammenfinden. ——

Mein Leben war äußerlich nicht besonders abwechslungsreich. Pollini nahm mich übermäßig in Anspruch, was für meine Stellung und auch für mein Können günstig war, da ich mir nach und nach universelle Kenntnis und Praxis erwarb. Aber der maschinelle Betrieb des Theaters wirkte lähmend auf meine ohnehin schon so gut wie eingeschlafene schöpferische Tätigkeit. Ich komponierte im ganzen Spieljahr nur einige Lieder, von denen ich später drei auswählte und als Opus 13 erscheinen ließ.

Probenfreie Tage gab es für mich nicht, und in manchem Monat dirigierte ich über zwanzig Vorstellungen. In Gesellschaften verkehrte ich nur wenig. Ich war in einigen reichen Kaufmannsfamilien freundlich empfangen und mitunter zu sehr üppigen Diners eingeladen. Am wohlsten fühlte ich mich, wenn ich nach einer Vorstellung oder an einem freien Abend mit Kreibig in der Ecke unseres Restaurants zusammensaß und wir dann über alle möglichen guten Dinge plauderten, vor allem über das Theater, nicht wie es war, sondern wie wir beide es uns vorstellten. Dann kamen öfters Sucher, Freny und einige andere, und einer half dem anderen, daß das Zubettegehen immer wieder aufgeschoben wurde. Oft war es eher früh morgens als spät abends, wenn ich meine kleine Wohnung im zweiten Stock aufsuchte.

Sucher war ein starker Trinker. War er, nach einigen Gläsern Bier, bei seinem geliebten Rotwein angelangt, so schien er auf seinem Stuhl angenagelt. Mitunter dehnte er seinen Frühschoppen, den er in der Weinstube Timm unter den Kolonnaden abhielt, bis zum Abend aus und kam dann in nicht einwandfreiem Zustand ins Theater. Hatte er eine Wagner-Oper zu dirigieren, so konnte es geschehn, daß er beim Betreten des Pultes in tränenvolle Begeisterung geriet und dann Pollini, der viel auf pünktlichen Beginn der Vorstellung hielt, zur Verzweiflung trieb, indem er, trotz wiederholter Anfangszeichen, nicht begann, sondern sich in den Anblick der Partitur vertiefte und dabei auf das umständlichste seine feucht gewordene Brille putzte, bis er sich endlich entschloß, den Taktstock zu ergreifen. Zahllos waren die Anekdoten, die über ihn umliefen. Ich konnte Sucher gut kopieren. Wenn wir recht ausgelassen waren, mußte ich Sucher spielen und er bog sich dann vor Lachen.

Die alkoholischen Genüsse, denen ich mich in den ersten Monaten meines Hamburger Aufenthalts in ungewohnt starker Weise hingegeben hatte, aber auch die Notwendigkeit, meine etwas herabgekommene Garderobe durch allerhand Neuanschaffungen aufzubessern, hatten meine Kasse stärker in Anspruch genommen, als sie es vertrug. Um die Jahreswende hatte ich soviel zu bezahlen, daß ich nur einen kleinen Betrag übrig behielt, der für den Monat keinesfalls ausreichte. Eine andere Einnahmequelle stand mir vorerst nicht offen. Die sommerlichen Vorwürfe meiner Mutter begannen, mir in den Ohren zu klingen. War ich wirklich ein Verschwender? Unregelmäßigkeiten in Geldangelegenheiten waren mir stets höchst zuwider. Es war ein trübseliger Neujahrstag, der von 1888, als ich, zögernd und errötend, meinen Hauswirt bitten mußte, mir diesmal meine Miete für einige Zeit zu stunden, und meine Beschämung wuchs, als er mir in überaus freundlicher Weise versicherte, ich solle mir keine Gedanken machen, er werde mich nicht drängen. Trotzdem sah ich für den Monat kein Auskommen. Als ich abends, sehr niedergeschlagen, in unser Restaurant kam, hatte sich in einem Nebenraum eine kleine Gesellschaft zum Hazardspiel zusammengetan. Ich sah einige Zeit den mir unbekannten Kartenmanipulationen zu — man spielte »Vingt et un« — und widerstand der Aufforderung, mich zu beteiligen. Endlich aber, in katzenjämmerlicher Stimmung, nahm ich ein Fünfzigpfennigstück, den niedrigsten Satz, aus der Tasche und ließ mir Karten geben. Ich gewann, setzte nochmals und gewann wieder. Einige Mark lagen vor mir, die ich bis auf einen kleinen Rest wieder verlor. Ich spielte aber weiter, anfangs mit wechselndem, später mit steigendem Glück, so daß ich höhere Einsätze riskierte. Als wir uns endlich erhoben, hatte ich über vierhundert Mark in blanken Goldstücken gewonnen. Die Freude, mit der ich am nächsten Morgen meinen Hauswirt bezahlte, war unbeschreiblich. Ich zog aber aus dem unerwarteten Glücksfall mehrere Lehren. Zunächst schränkte ich mein bisheriges Bummelleben ein, ging wieder früher zu Bette und trank mäßig. Ein leiser Schauer, der mich überlief, wenn ich daran dachte, was geschehen wäre, wenn ich an jenem Neujahrstage die letzten paar Groschen verloren hätte, gab mir eine dauernde Kühle allem gegenüber, was Spiel heißt. Wiederholt traf ich mich mit derselben Gesellschaft wieder, spielte wohl auch später im Leben einige Male, verlor und gewann, jedoch ohne jemals den klaren Kopf und die Beherrschung meiner selbst zu verlieren. Nicht einmal im Kasino von Monte Carlo, viele Jahre später, wurde ich leidenschaftlich. Ich spielte mehr um jener Aufregung willen, die das Hazardspiel erzeugt, als um zu gewinnen, und bewahrte mich dadurch vor Katastrophen, die nicht nur auf das Vermögen, sondern auch auf das Seelenleben eine zerstörende Wirkung ausüben. Auch das hübsche Skatspiel lernte ich gelegentlich, ohne es zu einer besonderen Fertigkeit darin zu bringen. Ich habe kein Verhältnis zu Karten und erblicke im stundenlangen Sitzen beim Kartentisch kein günstiges Zeichen für geistige Veranlagung. —

Allgemeine Bestürzung erregte die plötzliche Nachricht von der unheilbaren Erkrankung des deutschen Kronprinzen. Um diesen populären Fürsten, den ich öfter in Berlin gesehen hatte, wob sich seit seiner Orientreise ein Schein der Barbarossa-Legende. Neben den Erzählungen vom gewaltigen Eindruck, den seine prachtvolle Erscheinung auf die Bevölkerung Jerusalems hervorgebracht haben soll, trug auch das bekannte und oftmals reproduzierte Gemälde in der Berliner Nationalgalerie, das seinen Einzug in diese Stadt darstellt, zu den Vergleichen mit dem sagenumwobenen, kreuzfahrenden Kaiser bei. Nun würde er vielleicht gar nicht den Thron besteigen können, den ihm sein siegreicher Vater bereitet hatte; so flüsterte man sich gegenseitig in ungeheuchelter Teilnahme zu, die sich den immer ungünstiger lautenden Krankheitsberichten mit fieberhaftem Interesse zu-wandte. Am 9. März aber starb, beinahe unerwartet, der alte Kaiser. Auch ihn hatte ich wiederholt in Berlin gesehen. Er war ebenso ehrwürdig, wie sein Sohn, der jetzige Kaiser Friedrich, majestätisch. Beide schienen zum Herrschen geboren. Nun wußte man bestimmt, daß wiederum ein neuer Thronwechsel bevor-stünde, und bereits setzte eine starke Reklame für den jungen Prinzen Wilhelm ein, von dessen Geistesgaben erstaunliche Dinge erzählt wurden. Man erwartete von seiner Regierung ein ungeahntes Aufblühen des Deutschen Reiches.

Anläßlich des Todes Kaiser Wilhelms schloß das Stadttheater nur drei Tage. Der republikanische Charakter dieser Stadt prägte sich auch in dieser, uns Theaterleute sehr angenehm über-raschenden Verfügung aus, denn wir hatten bereits gefürchtet, unsere Gagen viel länger zu verlieren. Pollini aber, in Anwandlung einer großherzigen Regung, wie sie ihn mitunter überkam, wenn er gute Geschäfte gemacht hatte, trug den Verlust der drei Spieltage allein und zog niemandem etwas ab, wofür er ein gebührendes Dankschreiben des ganzen Personals erhielt. Einen ebenso vornehmen wie liebevollen Beweis seiner Freundschaft gab mir Alfred Reisenauer, von dem ich durch ein Telegramm, tief aus Rußland, 200 Mark erhielt, die mich vor Verlegenheit durch eventuellen Gagenverlust schützen sollten.

Am ersten Spieltag nach dem Theaterschluß gaben wir — allerdings nicht gerade passend — »Hoffmanns Erzählungen«, das Meisterwerk Offenbachs, hinter dem noch immer, wie ein unheimliches Gespenst, die Erinnerung an den grauenhaften

Wiener Ringtheaterbrand hervorgrinste. Kreibig führte die Regie und ich dirigierte; so gab es ein ersprießliches Zusammenwirken und einen guten Klang. Ich fühlte mich der recht naiven Aneinanderkettung unzusammenhängender Motive aus den Novellen E. T. A. Hoffmanns gegenüber anfangs sehr unwohl, wurde aber durch die schöne, oft zu großer Stärke der Phantasie sich aufschwingende Musik bald versöhnt. Die Aufführung war gut. Das Publikum verhielt sich infolge der Trauerstimmung zurückhaltend. Nur nach dem venezianischen Orchesterintermezzo brach ein Sturm des Beifalls los, so daß ich es wiederholen mußte.

Nach der Märchengestalt, die uns, bald anmutig, bald fratzenhaft, mit dieser seltsamen Oper heimsuchte, erhob sich bald ein anderes Werk am künstlerischen Horizont wie eine mächtige, düstere Sonne: Verdis »Othello«.

Hamburg sollte die erste deutsche Aufführung haben, nachdem die Première oder, wie man später sagte, die Uraufführung, in Mailand stattgefunden hatte. Bereits gelegentlich der Erscheinung von »Aïda« hatte man vom Einfluß Wagners auf Verdi gesprochen, wahrscheinlich, weil »Aïda« mit geteilten Violinen beginnt wie »Lohengrin«. Aber gerade im Vorspiel zu »Aïda« ist die Thematik und die feine Harmonisierung ein so typischer Spät-Verdi, daß nicht vom leisesten Anklang, viel weniger von einer Beeinflussung die Rede sein kann. Bei »Othello« kehrten die Bemerkungen und zum Teil Vorwürfe über die Abhängigkeit von Wagner in verstärktem Maße wieder. Nun sollte der greise Meister sogar abgeschrieben haben. Allerdings fand sich für die damals und auch noch einige Zeit später besonders stark grassierende Seuche der Reminiszenzenjägerei eine ganz flüchtige Erinnerung an das erste Thema des »Parsifal«. Was bedeuteten aber diese im Charakter von Wagners Melodie ganz verschiedenen paar Takte und die nach Wagners Beispiel aufgelassene Bezeichnung der einzelnen Musiknummern gegen die erdrückende Fülle des Neuen und dabei Schönen und Echten, das uns aus dieser Partitur entgegenleuchtete. Das alles war italienisch durch und durch, so ganz der Verdi, wie man ihn aus seinen Jugendopern und später aus »Aïda« kannte, aber verfeinert, verschärft, zu herrlicher Farbenbrechung geschliffen, wie ein kostbarer Diamant, den ein kundiger Schleifer von den letzten Schlacken befreit hat. Der Schleifer aber, der diesen Diamant geschliffen hatte, war der Meister selbst. Welche Einfachheit der Mittel!

Alles mit wenigen Strichen gezeichnet und doch so ausdrucksvoll und dabei so gewaltig! Verdi, der in Boito einen würdigen Mitarbeiter gefunden hatte, durfte nach einem solchen Stoff greifen. —

Sucher hatte die Einstudierung in Händen und ich erbot mich, ihm dabei zu helfen, da ich mitarbeiten wollte an einer würdigen Aufführung. Wurde die Partitur nicht gebraucht, so hatte ich sie bei mir und staunte stundenlang die Wunder an, die sich mir mehr und mehr daraus enthüllten. Etwas ganz Großes war wieder einmal geschaffen worden. Dem Glücksgefühl, das dieses seltene Ereignis in mir erweckte, gab ich mich rückhaltlos und die Kraft verehrend hin, die hier das Alter zur Jugend gewandelt hatte. Die Proben glichen gottesdienstlichen Handlungen, denn alle Künstler waren auf das tiefste von ihren Aufgaben ergriffen. Albert Stritt hatte sich Pollinis Ungnade zugezogen und sollte zur Strafe die Titelrolle nur in zweiter Besetzung singen. Sein Vertreter aber erkrankte. Stritt sprang ein und schuf durch seine meisterliche Darstellung eine prächtige Leistung, die ihm, als Vertreter seines Vertreters, einen großartigen Erfolg, Pollinis Gnade und den dauernden Besitz der Rolle sicherte. Eine rührend schöne Desdemona schuf Rosa Sucher, und Lißmann war als Jago dämonischer als gewöhnlich. Im dritten Akt verfehlten die Bühnentrompeter den Einsatz und es entstand eine peinliche Pause. Sucher weinte vor Wut über diesen Unfall, der aber den Triumph, den er mit der Leitung dieser Oper errang, nicht zu trüben vermochte. Es war der letzte, den er in Hamburg erlebte. Bereits war es kein Geheimnis mehr, daß er sowie seine Frau mit Berlin unterhandelten, und eines Tages vertraute er mir an, daß sie beide dorthin abgeschlossen hätten. Bald wurde dieser Abschluß öffentlich bekanntgegeben. Man gönnte dem Künstlerpaar sein Glück, war aber aufrichtig betrübt über sein Scheiden von Hamburg. —

An Verdi war nach der ersten Aufführung des ›Othello‹ ein von uns allen unterzeichnetes Huldigungstelegramm abgesandt worden, das der Meister herzlich an Sucher erwiderte. —

Ein Besuch von Brahms in Hamburg ist mir in lebhafter Erinnerung. Es war nicht lange nach dem Tode des alten Kaisers, als Bülow ein Beethoven-Brahms-Konzert veranstaltete, in welchem von Beethoven die Coriolan-Ouvertüre und die Achte Symphonie, von Brahms die Akademische Festouvertüre und die damals neue Vierte Symphonie zur Aufführung kamen. Bülow dirigierte Beethovens, Brahms seine eigenen Werke. Es war vielfach, auch im Kreise der unbedingten Anhänger dieses Meisters, die Ansicht verbreitet, daß Brahms ein schlechter Dirigent sei, und ich, der ich damals seiner Musik noch sehr ferne stand, ging mit diesem Vorurteil behaftet ins Konzert, konnte aber in der Art, wie Brahms den Stab führte, nichts finden, was dieses Vorurteil bestätigte. Im Gegenteil, die schlichte Art seines Auftretens, seine ruhigen großlinigen Bewegungen wirkten auf mich, gegenüber der quecksilberartigen Unruhe Bülows, sogar sehr wohltuend. Einmal bereits hatte ich ihn im Leipziger Gewandhaus von fern am Pult gesehen. Diesmal hatte ich meinen Platz links über dem Orchester, so daß ich ihn ganz nahe vor mir hatte und ihm sogar ins Gesicht schauen konnte. Der schöne, patriarchalische, schon stark ergraute Kopf und die großen blauen Augen, die so warm und offen über das Orchester hinleuchteten, machten mir einen tiefen Eindruck. Von seiner Musik verstand ich nicht viel. Ich war noch einseitig verwagnert und schwamm im uferlosen Meere dieser aufpeitschenden Klänge, aus dem nur die Werke der alten Klassiker wie liebliche und gewaltige Inseln hervorragten. Brahms' Musik lag für mich damals noch unter der Oberfläche dieses Meeres. Erst viel später, als ich mich, anfänglich mit einiger Überwindung, daran machte, die Vierte Symphonie selbst zu dirigieren, wurde mir, zuerst durch den grandiosen letzten Satz, der Star gestochen und ich erblickte neben den mir schon vertrauten Inseln ein neues schönes Eiland, auf das ich mich vor dem völligen Untersinken rettete, gerade aber dadurch die Macht jener aufschäumenden und in tausend Farben glitzernden wagnerischen Meereswogen um so eindringlicher erfühlen konnte, als sie mich nicht mehr unmittelbar berührten. Bis dahin hatte es damals freilich noch eine gute Weile; der Dirigent und Mensch Johannes Brahms war mir aber bereits an jenem Hamburger Abend nahe gekommen.

Dieses Konzert gab mir überdies noch Gelegenheit, eine der berühmten und berüchtigten Konzertreden Bülows zu hören, von denen ich bereits vor einigen Jahren in Leipzig einen kleinen Vorgeschmack erhalten hatte. Brahms war, von Beifall überschüttet, vom Dirigentenpult abgetreten, das nunmehr Bülow zur letzten Nummer des Programms, der Achten Symphonie Beethovens, betrat. Er klopfte auf und wandte sich zum Puklikum.

In der allgemeinen Trauer, so führte er aus, die jeden Deutschen über den Tod des Kaisers erfüllen müsse, richte sich der Blick vertrauensvoll nach dem nahen Friedrichsruh, wo der große Kanzler weile. Aber noch aus einem anderen Grunde könne Hamburg besonders stolz sein. — Jedermann erwartete nun, daß er auf Brahms, den Sohn Hamburgs, zu sprechen kommen werde. Er machte jedoch im Gedankenfluß seiner Rede einen unerwarteten Sprung. Hier in Hamburg, so fuhr er fort, habe dereinst ein Meister das Licht, oder vielmehr »den Nebel der Welt« (Gelächter!) erblickt, ein Meister, der unterschätzt worden sei, aber trotzdem noch lebe, trotzdem er schon lange tot sei. — Mendelssohn! — Man horchte erstaunt auf. Wie kam er gerade auf Mendelssohn? Wie hing dies mit dem Programm zusammen? Wo wollte er hinaus? — Bülow wartete, bis das begreifliche Tuscheln sich etwas gelegt hatte. Dann sprach er noch einiges über Mendelssohn, um bald dennoch auf Brahms überzugehen, den er als den zweiten großen Hamburger bezeichnete, wodurch er sowohl in seiner Rede wie im Auditorium den halb verlorenen Boden wieder gewann. Plötzlich kam er aber doch wieder auf Mendelssohn zurück, den er — abermals zu befremdlichem Erstaunen — mit Kaiser Wilhelm verglich, worauf er eine immerhin näher liegende Parallele zwischen Brahms und Bismarck zog. Er schloß seine kuriose Rede mit den tiradenhaft hinausgestoßenen Worten: »Mendelssohn ist tot; Kaiser Wilhelm ist tot! Bismarck lebt; Brahms lebt!« Blitzschnell wandte er sich um, dem Publikum keine Zeit zu irgendwelcher Stellungnahme lassend. Der Taktstock flog in die Höhe, sauste nieder und das auf Bülows Extemporale offenbar vorbereitete Orchester warf das erste Thema von Beethovens heiterster Symphonie in den Raum hinaus. Das Publikum, anfangs noch etwas unruhig, vergaß bald die oratorische Abschweifung des berühmten Dirigenten und gab sich um so freudiger dem Genusse der wohldisziplinierten und scharf präzisierten Aufführung hin, die Bülow an diesem Abend mit besonderer Hingabe leitete. —

Der Frühling trieb Knospen und junge Blätter aus den Bäumen. Der trübe Dunst, der im Winter oft wochenlang Lungen, Gehirn und Gemüt beschwert hatte, wich klaren und frischen Winden, die durch die immer noch tief herabhängenden Wolken Stücke des blauen Himmels sehen ließen. Auf den Gesichtern der Bewohner dieser feuchten Stadt spiegelte sich die Vorfreude über die zu erwartende wärmere Jahreszeit. Ich machte mich fast täglich früh auf die Beine und wanderte längs der großen Alster hinaus gegen Uhlenhorst oder bestieg eines der kleinen Dampfbote, fuhr, so weit es ging, nahm irgendwo draußen den Morgenkaffee, spazierte noch etwas in der immer stärker ergrünenden Ebene herum und war zum Beginn meiner Proben wieder im Theater. Freie Vormittage ließ Pollini höchstens einmal am Sonntag zu.

Ohne äußere Veranlassung befiel mich in diesen schönen Tagen plötzlich ein quälendes Leiden. Genau um die zehnte Vormittagstunde setzte ein leiser Schmerz oberhalb des linken Auges ein, nahm allmählich die Stirnhälfte bis zum Ohr ein und steigerte sich zu großer Heftigkeit, so daß ich hätte glauben müssen, stark geschwollen zu sein, wenn mich der Spiegel nicht vom Gegenteil überzeugt hätte. Essen konnte ich nur mit Widerwillen. Nachmittags wurde der Schmerz so heftig, daß ich mich nicht mehr auf den Beinen halten konnte und apathisch auf meinem Sofa lag. Gegen vier Uhr verlor ich das Bewußtsein und schlief etwa eine halbe Stunde ein, worauf ich frisch und munter, völlig schmerzfrei erwachte und mich den Rest des Tages überaus wohl und arbeitsfreudig fühlte, auch gut aß und schlief. So ging es Tag für Tag. Man versuchte alle möglichen Kuren mit mir, Bäder, Nasenduschen, heiße und kalte Umschläge, innere Medikamente. Ein Nervenspezialist behandelte mich elektrisch und gab mir so starke Ströme, daß ich oberhalb des linken Auges an der schmerzenden Stelle eine kleine Brandwunde erhielt, welche die Empfindlichkeit noch vergrößerte. Nichts half. Zufällig kam ich einmal mit unserem Theaterarzt Dr. Piza auf die merkwürdige Erkrankung zu sprechen. »Kommt davon, wenn man zu Spezialisten geht und nicht zu mir,« sagte der freundliche Arzt in scheinbarem oder wirklichem Zorn. »Lassen Sie mal Ihr Herz sehen!« Er untersuchte mich lange und gründlich. »Mit Ihnen kann ich eine Roßkur wagen,« meinte er. »Ich gebe Ihnen acht Gramm salizylsaures Natron; die nehmen Sie vor dem Schlafengehen auf einmal. Sie werden Herzklopfen kriegen und Ohrensausen; das soll Sie aber nicht beirren. Die Hauptsache ist, daß Sie kolossal schwitzen werden. Morgen wollen wir dann weiter sehen.« Ich nahm die Pulver. Es stellten sich keine unangenehmen Erscheinungen, sondern nur der prophezeite starke Schweißausbruch ein. Am anderen Morgen erwartete ich die zehnte

Stunde mit einigem Bangen. Es trat aber kein Schmerzgefühl ein, weder um zehn Uhr noch später. So blieb es diesen und alle folgenden Tage. Ich war geheilt. »Nun lassen Sie hoffentlich künftig die Spezialisten beiseite«, brummte Dr. Piza, als ich mich herzlichst bei ihm bedankte.

Fast gleichzeitig mit Kapellmeister Sucher war der hervorragende Schauspieler Matkowsky von der Generalintendantur der Königlichen Schauspiele nach Berlin verpflichtet worden. Je weiter die Saison ihrem Ende zuging, desto länger wurden die allabendlichen Abschiedsfeiern für beide Künstler. In höchster Weinseligkeit lagen sich Sucher und Matkowsky einmal in den Armen und schwuren, sobald sie in Berlin seien, dem Alkohol zu entsagen, und einer über den anderen zu wachen, daß keiner mehr der Versuchung unterläge. Leider haben beide ihren Schwur nicht gehalten. —

Als Abschiedsvorstellung, die zugleich ein Benefiz war, hatte Sucher »Figaros Hochzeit« gewählt, die Oper, mit der er vor neun Jahren seine Stellung angetreten hatte. Es war eine schöne, rührende Feier. Die Grüße des dankbaren Hamburger Publikums flogen dem scheidenden Künstler entgegen, dessen Herz sich krampfhaft zusammenzog im Gedanken, die Stadt verlassen zu müssen, wo er und seine Frau unzählige Beweise von Gunst und Liebe empfangen hatten, aber doch gleichzeitig von freudigem Stolz geschwellt war, seine Kunst nunmehr bald in der Reichshauptstadt ausüben zu können, wo — man wußte es nur zu gut — bald ein neuer, junger Kaiser die Herrschaft antreten sollte. »Du mußt auch nach Berlin kommen«, rief er plötzlich, mir mit beinahe väterlicher Zärtlichkeit um den Hals fallend. Er ahnte nicht, wie bald sein Wort in Erfüllung gehen sollte.

WIEDERAUFNAHME DER
KOMPOSITORISCHEN TÄTIGKEIT.
NOCHMALS HAMBURG.

Wieder schickte ich mich an, nach Graz zu fahren, diesmal aber mit freudigeren Gefühlen als im vergangenen Jahre. Ich hatte mir über 500 Mark gespart. Das reichte nicht nur für die Reisen, sondern auch für eine Beisteuer zum Haushalt meiner Mutter und für meine eigenen kleineren Bedürfnisse. Ich machte kurze Unterbrechungen, zuerst in Berlin und dann in Dresden, wo ich die Galerie besuchte und eine andachtsvolle Stunde vor Raffaels Sixtina verbrachte. Auch in Wien blieb ich einige Tage und hörte im Hofoperntheater eine Vorstellung von Verdis »Othello«, die aber, diesmal nicht von Direktor Jahn dirigiert, nicht an die Hamburger Aufführungen heranreichte.

Meine Mutter war freudig überrascht, als ich ihr nach meiner Ankunft hundert Gulden für meine Ferienverpflegung übergab und ihr sagte, daß sie sich auch sonst um nichts für mich zu sorgen brauche. Da ich ihr auch von Hamburg allmonatlich kleinere Beträge geschickt hatte, so war sie nunmehr wirklich überzeugt, daß ich kein Verschwender sei. Auch die Erfolge, die ich in einer großen und angesehenen Stadt wie Hamburg erzielt hatte, trugen dazu bei, ihr Mißtrauen vor meiner Künstlerlaufbahn allmählich verschwinden zu lassen. Pollini hatte mich über die anfänglichen drei Jahre hinaus mit steigender Gage engagiert und mir außerdem keinen Zweifel gelassen, daß er mich als Suchers Nachfolger betrachte. Er hatte zwar den mir von Sondershausen her bekannten früheren Direktor des dortigen Konservatoriums, Professor Karl Schröder, engagiert, der ein Jahr an der Berliner Oper als Kapellmeister gewirkt und sich dadurch etwas Namen gemacht hatte. Auf den Ankündigungen für die nächste Spielzeit setzte Pollini aber meinen Namen an die oberste Stelle und teilte mir auch sehr frühzeitig mit, daß ich als Eröffnungsvorstellung »Fidelio« dirigieren würde. Der Gastspielvertrag Bülows war nicht erneuert worden. Bülow blieb aber in Hamburg wohnen und kündigte unter der Ägide der immer stärkere Macht gewinnenden Berliner Konzertdirektion Hermann Wolff seine Konzerte im Konventgarten an.

Ich erfreute mich des friedlichen und freundlichen Tones, der bei mir zu Hause herrschte. Selten habe ich meine Mutter so zufrieden gesehen, wie in diesem Sommer. Ich gönnte ihr von Herzen, daß die grundlose Sorge um meine Zukunft allmählich von ihr wich. Ich hatte jetzt auch das eine unserer beiden Zimmer für mich allein, wofür sich die Notwendigkeit auch dadurch ergab, daß die jüngste Schwester meiner Mutter einige Zeit bei ihr zubrachte und die beiden Frauen gemeinsam das anstoßende Zimmer bewohnten.

Täglich, wenn es das Wetter erlaubte, unternahm ich vormittags weite Spaziergänge, immer ein Notizbuch in der Tasche, in das ich Verse einer Operndichtung eintrug. Die Legende des Schauspielers Genesius, aus Menzels Christlicher Symbolik, hatte so feste Gestalt angenommen, daß ich an die Ausarbeitung gehen konnte. Daß ich nicht in den Worten, wohl aber in der Reihenfolge der Szenen, zum Teil einer Operndichtung des Dichters Hans Herrig folgte, die einen ähnlichen Stoff behandelte, war mir damals nicht gegenwärtig. Durch Nachforschungen kam mir später in Erinnerung, daß mir mein Lehrer Oskar Paul in Leipzig gelegentlich der Aufführung der Oper eines schwedischen Komponisten, der ebenfalls einen Text Herrigs vertonte, ein Buch übergeben hatte, das einen dem ›Genesius‹ ähnlichen, ebenfalls der Menzelschen Symbolik entlehnten Stoff zur Grundlage hatte, wovon offenbar Bruchstücke in meinem Unterbewußtsein haften geblieben waren. Es genügte anläßlich der vier Jahre später erfolgten Berliner Erstaufführung meiner Oper ein Hinweis der Witwe des inzwischen verstorbenen Hans Herrig, daß ich diese Nachforschungen einleitete und mit ihr ein Übereinkommen schloß, wie der nicht schwerwiegende Anteil Herrigs am Urheberrecht sich ins Reale umzusetzen habe. Ein Berliner Kritiker, der den Titel eines Hauptmanns führte, im Bureau der königlichen Intendantur bis zum obersten Chef hinauf persona gratissima war und später wegen eines Sittlichkeitsvergehens urplötzlich verschwand, versuchte, eine mich persönlich angreifende Bewegung gegen mich zu inszenieren, in die sich leider auch Frau Herrig hineinziehen ließ. Die vornehm denkende Frau sah aber ihren Irrtum ein und hat mir dies in überaus herzlicher Weise in Briefen, die ich aufbewahre, zum Ausdruck gebracht.

Ich baute die Handlung auf drei Prüfungen auf, welche die Christin Pelagia zu bestehen hat. Die erste, als der heimlich Geliebte, der Heide ist, sie verleitet, ihm zu folgen, die zweite, als die Lockungen des Kaisers an sie herantreten, und die dritte, als in ihrer jungfräulichen Seele der Lebens- und Liebestrieb mächtig erwacht. Die ersten zwei besteht sie; bei der dritten droht sie zu unterliegen. Diesen drei Prüfungen stehen die drei markanten Vorgänge in der Erscheinung des Genesius gegenüber, sein aus Rache am greisen Cyprianus verübter Verrat, seine Buße durch Bekenntnis zum Christentum in Gegenwart des Kaisers und endlich sein der hohen Erkenntnis seiner Sendung entspringender Widerstand, als die blühende, glühende Pelagia ihn in das Leben zurücklockt. Folgte er zuerst ihren lichten Spuren, so wird er jetzt zum heiligen Führer, der ihr hilft, auch die dritte der Prüfungen zu überwinden und gemeinsam mit ihm in das Reich des Jenseits einzutreten. Die Gestalt der Straßensängerin Claudia, die im dritten Akt große Bedeutung gewinnt, half mir, den Fortgang der Handlung auch äußerlich zu festigen.

Ich fühlte, jetzt doch etwas ganz anderes geschaffen zu haben, als meine ersten beiden Opernbücher. Manchen Vers würde ich heute nicht mehr schreiben; aber das Ganze hatte Schwung, einen Zug ins Große und eine eigentümliche, nach oben blickende Physiognomie, die niemand, dem ich damals Einblick in meine Arbeit gewährte, verkannte und die auch der Unrat, der von Berlin aus über dieses Werk ausgegossen worden ist, nicht gänzlich zu zerstören vermochte. Schnell hatte ich diese Genesius-Dichtung hingeworfen, arbeitete sie dann aber gründlich um und begann noch im selben Sommer mit der Komposition, die ich zunächst bis zur Hälfte des ersten Aktes führte.

Noch in anderer Beziehung war dieser Sommer für mich von größter Bedeutung. Ich hatte, kurz vor meiner Abreise aus Hamburg, Artur Schopenhauers Werke erstanden und begann in Graz, sie zu studieren. Gewissenhaft arbeitete ich mich durch die erste Schrift von der »vierfachen Wurzel des zureichenden Grundes« durch, die Schopenhauer als unerläßlich zum Verständnis seiner späteren Werke bezeichnet. Zwar empfing ich den Eindruck einer gewaltigen Verstandesarbeit, aber verhältnismäßig wenig, was unmittelbar zu meiner Seele sprach. Sein Hauptwerk aber, »Die Welt als Wille und Vorstellung«, von dem ich zunächst den ersten Band mir zu eigen zu machen versuchte, erschütterte mich aufs tiefste. Bereits der erste, lapidare Satz: ›Die Welt ist meine Vorstellung‹ sprang wie ein Blitzstrahl aus dem Buch in meine Augen und mein Wesen über, so daß ich zunächst nicht weiterlas, sondern sann und sann über die ungeheure Tragweite dieser Behauptung. Als ich dann aber weiterlas, so schien es mir, als höbe sich nur ein Schleier von etwas, was ich längst gewußt hatte, als seien diese Wahrheiten, diese Gedankengänge mir von Urzeiten her vertraut gewesen. Als ob ein Prophet, der Tausende von Jahren diese Erde durchwandert und hineingeschaut und hineingeleuchtet hatte in die verborgensten Zusammenhänge und Regungen, so klang mir die dröhnende, furchtbare und doch harmonische Glockenstimme desjenigen, der dieses Buch geschrieben hatte. Bald verfolgte ich langsam die einzelnen Sätze, damit ich ihren Kern nur gewiß recht und ganz erfaßte, dann flog mein Auge wieder fiebernd über Seiten und Seiten dahin. Immer klarer trat die Gestalt der verkündeten Weisheit aus den sie umhüllenden Wolken hervor, immer höher fühlte ich mich begnadet, sie erschauen zu dürfen. Die mächtigen Schwingungen der Erkenntnis dieser eigentümlich düsteren Philosophie, verbunden mit dem schöpferischen Prozeß des Wachsens meiner neuen Oper, versetzten mich in einen Zustand ständiger Erregung, andauernden beschwingten Glücksgefühls. Mein Blick bekam einen ekstatischen Ausdruck, was den Personen, die mit mir verkehrten, auffiel. Ich wünschte oft einen plötzlichen Tod herbei, damit dieser beseligende Zustand nicht aufhöre.

Lange, lange Zeit blieb Schopenhauers Philosophie die Richtschnur meines Denkens, so wie Wagners Musik, seine Dichtungen und Schriften, mein künstlerisches Wirken beherrschten. Noch das Jahr 1894, in welchem ich mein erstes Buch ›Die Lehre von der Wiedergeburt und das musikalische Drama‹ schrieb, fand mich fast vollständig im Banne der Lebens- und Kunstanschauungen dieser beiden Führer, deren Ideenkreise zu vereinigen und im Entwurf eines umfangreich angelegten Wort-Ton-Werkes lebendig zu machen, die Aufgabe dieser unruhig brodelnden Erstlingsschrift war. Auch als Schriftsteller habe ich dem Schicksal zu danken, daß es mir eine stetige und darum organische Entwicklung vergönnt hat, die mich aus unsicheren Anfängen bewußter Gestaltungskraft zugeführt hat.

Alles Denken, selbst das schärfste, ist Menschenwerk. So ist auch vieles vom scheinbar ewigen Tempel, den Artur Schopenhauer erbaut hat, abgebröckelt. Sein Pessimismus hat sich überlebt. Eine Art von Resignation mußte ihn diesem Pessimismus in die Arme treiben, weil er, auf seiner Erkenntnistheorie fußend, das transzendentale Reich, auch was jene Gebiete betrifft, die heute der streng wissenschaftlichen Forschung bereits offen stehen, nur an seinen allerersten Grenzen betrat. Sein Versuch aber, den Willen, als Urgrund aller Dinge, mit der Vorstellungswelt zu verbinden, weist klaffende Lücken auf, die er schließlich erkannte und vergeblich überbrücken wollte. Wie aber auch ein Torso, eine Ruine unser höchstes Entzücken erwecken kann, so leuchten auch aus Schopenhauers Werken soviel Wahrheit, Geist und Schönheit heraus, daß wir sie bewundern, wo wir folgen können, wo dies aber unmöglich ist, uns der Patina erfreuen, die großen Erzeugnissen der Literatur in ihrer Art ebenso eigentümlich ist wie bedeutenden Skulpturen. —

Meine alten Freunde, Kadletz und Prelinger, waren beide in Graz. Beide hatten bereits das Doktorat gemacht. Kadletz war Assistenzarzt im Krankenhaus am Paulustor. Ich leistete ihm in Abend- und Nachtstunden, wenn er die Wache hatte, öfter Gesellschaft und begleitete ihn auf seinen Inspektionsgängen, wo ich mir das Wesen mancher Krankheit erklären ließ und einiges Wissen darüber in mein späteres Leben mitnahm. Mein Kindheitshang für Medizin und Naturwissenschaft fand dadurch neue Nahrung. Auch die Räume, wo ansteckende Kranke untergebracht waren, betrat ich einmal, trotz der Warnung meines Freundes. Ich habe heute noch das Gefühl, gegen derartige Gefahren geschützt zu sein, wenn ich jede Furcht verbanne und gewissermaßen mein ganzes Wesen immunisiere, in abwehrender Spannung erhalte und dadurch die Gefahr überhaupt nicht an mich herankommen lasse. Kadletz kannte damals Schopenhauers Werke besser als ich, da er sich bereits völlig durch sie durchgearbeitet hatte, während ich noch am Anfang stand. Meist bildete die Gedankenwelt dieses Philosophen den Gesprächstoff bei unseren Zusammenkünften im Krankenhause.

Prelinger schwankte noch in seiner Berufswahl. Er dachte teils an die Habilitierung an einer philosophischen Fakultät, teils an die Sängerlaufbahn, da ihm die Natur eine hübsche, kräftige Tenorstimme verliehen hatte. Schließlich wurde er Dirigent, betätigte sich aber auch literarisch und landete nach manchen Irrfahrten am sicheren Strand des Kritikeramtes.

Wir erneuerten auch die gemeinsamen Zusammenkünfte mit den Brüdern meiner Freunde. Der alte Bund der »Hexadelphis« bestand ja immer noch, wenn auch nur mehr fünf von den »sechs Brüdern« am Leben waren.

Kienzl mit seiner jungen Frau war ebenfalls in Graz. Das Paar wohnte bei Kienzls Eltern im schönen, geräumigen »Brodschimpel«, einem Bauernhause am Plattenweg. Man kam ohne Einladung hinaus und wurde immer freudig willkommen geheißen. Gewöhnlich hatten sich im Laufe des Nachmittags mehrere Gäste zwanglos zusammengefunden. Die prächtige Mutter Kienzls bat, zum Abendessen zu bleiben, machte aufmerksam, daß man vorlieb nehmen müsse und überraschte dann durch die Vortrefflichkeit und den Reichtum der Bewirtung. Über den herrlichen Rosenberg wurde, meistens zu später Stunde, der Heimweg angetreten, der mit besonders hohen Gedanken und Gesprächen gesegnet war, wenn der Schein des silbernen Mondes die uns durch das strahlende Tageslicht vertraute Gegend in ein phantastisches Traumland verwandelte.

Auch Gustav Starke, der frühere Grazer Schauspieler und spätere Dresdener Hofschauspieler, gehörte zu unserem Kreise. Jeden Sommer kam er wieder nach seinem geliebten Graz und bewohnte sein originelles, hoch auf der Südwestseite des Schloßberges gelegenes Häuserl. Auch hier trafen wir mitunter, mehrere Freunde, zusammen, saßen im kleinen, in schmalen Terrassen angelegten Gärtchen, ließen den Blick über die anmutige Stadt und die fruchtbare Ebene bis zu den fernen Wildoner und den noch ferneren Kärntner Bergen schweifen, und tranken von den würzigen Weinen der südlichen Steiermark. Ich gönne der heutigen Jugend solche von Idealität erfüllte Stunden. —

An einem herrlichen Juniabend saßen Starke, Kadletz und ich auf der Veranda des Restaurants beim alten Thaliatheater, als Extrablätter verteilt wurden. — Kaiser Friedrich war gestorben. — Wir waren auf das tiefste bewegt. Immer trüber hatten die Nachrichten gelautet über diesen Fürsten, dessen herrliche Erscheinung noch in blühender Kraft in unserer Vorstellung lebte. Die Operation, der Streit der Ärzte, die mehr oder minder verschleierten Berichte über den fortschreitenden Verfall der Kräfte ließen keinen Zweifel über den Ausgang zu. Und doch wirkte dieses Ende nach nur 99 tägiger Regierungszeit wie eine Tragödie, die nicht nur eine Person, sondern ein großes Land betraf. Sein ganzes Leben hatte er hohe Pläne und Gedanken für sein Volk gehegt. Das überlange Leben seines Vaters hinderte ihn an deren Ausführung, und als er sie hätte ausführen können, schnitt ihm der Tod die Möglichkeit ab. Das war es, was den Eintritt der Katastrophe besonders erschütternd gestaltete. — Was würde nun werden? — Man sagte dem jungen Kaiser, der soeben den Thron bestiegen hatte, viel Gutes voraus; aber er war eben doch noch ein unbeschriebenes Blatt. — »Wir wollen nach altem Römerbrauch dem Abgeschiedenen eine Libation bringen!« rief Starke plötzlich und bestellte Champagner, als ob es ein Fest zu feiern gälte. Er erhob sein Glas und rief mit glänzenden Augen, die ihm ein prophetisches Aussehen verliehen: »Ich trinke darauf, daß mein geliebtes Deutschland seinem toten Kaiser nicht ins Grab nachfolgen möge!« Dann leerte er sein Glas auf einen Zug und schleuderte es auf den Boden, wo es klirrend zersprang. — Dreißig Jahre später mußte ich an diesen Juniabend in Graz denken, an die Veranda beim alten Thaliatheater und an das Glas, das in Scherben am Boden lag. —

Von meinen reichsdeutschen Freunden begrüßte ich Albert Stritt, den trefflichen Hamburger Tenor, der Graz von früher her kannte und gekommen war, seine Erinnerungen an Stadt, Land und Menschen wieder aufzufrischen. Wir unternahmen gemeinsame Ausflüge in die Umgebung. Ein schöner Aufstieg auf den langgestreckten Rücken der Gleinalpe ist mir in besonderer Erinnerung geblieben, nicht zum wenigsten durch eine kleine Episode, welche die glücklichen Zustände charakterisiert, die damals noch herrschten. Wir machten Mittagsruhe bei einem Bauernhause und fragten die Frau, was sie uns zu essen geben könnte. »Schöne Forellen hätt' i' halt,« war die Antwort, »mei' Mann hat's heint im Bach g'fangen«. Wir sahen uns bedenklich an. Stritt, der eine Familie zu erhalten hatte, war ein sparsamer Mann und ich mußte naturgemäß meine Ausgaben berechnen. Und doch schämten wir uns beide voreinander, nach dem Preise zu fragen, und bestellten die Forellen. Nach einiger Zeit brachte die Wirtin eine dampfende Schüssel voll dieser köstlichen jungen Fische und dazu ein großes Stück herrlichster Butter. Uns schauderte. »Liebe Frau« platzte ich endlich heraus, »was wird denn das kosten?« Sie sah uns treuherzig an. »Wer'n eppa vierzig Kreuzer den Herren z'viel sein?« — Wir lachten nur und schüttelten die Köpfe; schon hatte jeder von uns eines der anmutig gebogenen Tierchen auf dem Teller. Ein prächtiger Wein wurde bestellt, dazu duftendes Kornbrot. Noch keinen Gulden machte die ganze Zeche aus.

Rasch verflog dieser Sommer, über dem ein günstiger Stern zu walten schien. Die kompositionsreife Dichtung meines »Genesius« und musikalische Skizzen des ersten Aktes im Koffer, schickte ich mich zur Abreise nach Hamburg an, wo die Spielzeit wie alljährlich am 1. September begann.

Ich nahm den Umweg über Bayreuth. Man gab »Meistersinger« und »Parsifal«. Seit den ersten »Parsifal«-Aufführungen des Jahres 1882 hatte ich kaum einen so starken Eindruck einer musikalisch-dramatischen Darstellung empfangen, als wie er mir hier in den »Meistersingern« vergönnt war. Das war nicht mehr Wollen; das war Erfüllung. Richter leitete die Aufführung mit jener großzügigen Einfachheit, die in seinem Wesen lag. Auf das innigste vertraut mit den künstlerischen Absichten seines Meisters, eine unbedingte Autorität seit der ersten Aufführung des Werkes im Jahre 1868, hatte er sich offenbar auch von niemandem etwas dreinreden lassen und gab die »Meistersinger« so wieder, wie sie in ihm lagen, ohne Falsches von außen hineinzutragen. Zum erstenmal sah ich den berühmten Franz Betz, den Ur-Sachs. In späteren Jahren eng befreundet mit diesem großen, echten Künstler, hatte ich oftmals das Glück, am Pult zu sitzen, wenn er den Sachs darstellte. Vielleicht waren andere poetischer als er. Den überlegenen Humor dieser Meistergestalt brachte keiner so zum Ausdruck wie Betz. Ein neuer, bisher unbekannter Künstler, Fritz Friedrichs, gab den Beckmesser in hervorragender Weise. Jede, auch die kleinste Rolle war erstklassig besetzt. Geradezu unübertrefflich sangen die Chöre. Ich hatte meinen Platz zufälligerweise neben dem Hamburger Oberregisseur Bittong. Der etwas kühle, keineswegs musikalische Mann war so aufgeregt, als wir nach dem Jubel der letzten Szene das Festspielhaus verließen, daß er mich plötzlich umarmte und abküßte, als ob ich ein Verdienst an dieser herrlichen Aufführung gehabt hätte.

Der »Parsifal« dieses Jahres war ein Zerrbild durch die unerhört verschleppten Zeitmaße, zu denen sich Mottl unbegreiflicherweise hergegeben hatte. Das Widerlichste dabei war, daß man diese Verzerrung eines von Richard Wagner erst sechs Jahre vorher geschaffenen Originals mit einer Rassenfrage zu verquicken suchte und von einem »christlichen«, sogar von einem »erlösten« Parsifal sprach. Der alte Erbhaß gegen Hermann Levi, der heuer — freiwillig oder unfreiwillig — ferngeblieben war, kam dadurch zum Ausdruck. Andererseits wirkte diese Art konfessionell-sentimentaler Sensation auf die leicht verführbare Menge, die sich in der endlos gedehnten Vorstellung langweilte, vor dem »christlichen« Parsifal aber das Knie beugte und sich wahrscheinlich selber »erlöst« vorkam. — Einen Lichtpunkt der Aufführung bildete die Titelrolle, die in van Dyk einen alle Vorgänger übertreffenden Darsteller gefunden hatte.

Da mein Aufenthalt in Bayreuth nicht unbemerkt bleiben konnte, gab ich im Wahnfried meine Karte ab, vermied es aber, einen Besuch zu machen. —

Als ich nach Hamburg zurückkam und mich im Theaterbureau meldete, erfuhr ich, daß nicht ich, sondern mein neuer Kollege, Professor Schröder, den »Fidelio« als Eröffnungsvorstellung dirigieren sollte. Die Verordnung des Herrn Direktors Pollini mußte in jüngster Zeit erfolgt sein, denn selbst der in alle Absichten seines Chefs eingeweihte Oberregisseur Bittong, mit dem ich zusammen nach Hamburg gereist war, hatte nichts davon gewußt und mit mir noch auf der Fahrt die Einzelheiten der Aufführung besprochen. Die auffallend kühle Art, mit der mich Pollini empfing, und die ebenso auffallende Abnahme des »Fidelio« zugunsten eines Kollegen, der sich in Berlin nicht bewährt hatte und für Hamburg noch neu war, rief mir eine Warnung Albert Stritts vom letzten Sommer ins Gedächtnis, daß ich mich vor Pollini in acht nehmen solle, weil er mir aus einem außerhalb der künstlerischen Sphäre liegenden Anlaß nicht gut gesinnt sei. Ich hatte bisher an diese Warnung nicht mehr gedacht. Pollini sorgte aber dafür, daß sie mir immer wieder ins Gedächtnis kam. Sein Verhalten gegen mich war völlig verändert. Er goß das ganze Füllhorn seiner Gunst über meinen Kollegen Schröder aus, der plötzlich zu einer Höhe hinaufgeschraubt wurde, die ihn schwindlich machen mußte, weil in ihm nichts lag, das ihn in solcher Höhe tragen konnte. Er war ein guter Musiker, aber das Gegenteil eines genialen Dirigenten. Durch eine Verkettung von Umständen, die oft den einen ebenso unverdient emporheben wie sie den andern unverdient niederhalten, war er in Berlin und Hamburg in erste Positionen gekommen. In Berlin konnte er sich nur für ein Jahr halten. In Hamburg dauerte die Pollinische Gloriole etwas länger, verblaßte aber bald, besonders als Pollini nach meinem Abgang niemanden mehr hatte, gegen den er ihn ausspielen konnte. Schröder kehrte in sein kleines Sondershausen als Direktor des Konservatoriums zurück, wo er vortrefflich am Platze war.

Daß der treffliche Sucher neun Jahre seines Lebens in Hamburg gewirkt hatte, schien vergessen. Alles lag seinem Nachfolger, als der Schröder nunmehr offen erklärt wurde, zu Füßen. Dieser Undank empörte mich noch mehr als Pollinis feindliches Verhalten gegen mich. — Die Ursache dieses Verhaltens? — Er vermutete mich — ohne den geringsten tatsächlichen Grund — von einer Dame begünstigt, der er selber nachstellte. Den Anlaß seines Verdachtes, der sich in seinem sinnlich überhitzten Kopf zu vielgestaltigen Gewißheiten umformte, gab ein Zufall in den letzten Tagen der vergangenen Spielzeit. Ich wollte nach einer Vorstellung gerade das Theater verlassen, als die betreffende Dame mit sichtlicher Erregung auf mich zutrat. »Bitte, begleiten Sie mich nach Hause! Mein Mädchen ist nicht da und Pollini will mich durchaus in seinem Wagen heimbringen. Ich will aber nicht allein mit ihm fahren.« Ich bot der Dame den Arm. Kaum hatten wir uns einige Schritte vom Theater entfernt, als Pollini vor uns stand und in zudringlicher Form sein Angebot erneuerte, während die Dame meinen Arm ängstlich festhielt. »Der Weg ist weit,« schrie endlich Pollini, mehr als er sprach, zu mir. »Sie müssen auch einen Wagen nehmen und ich habe den meinigen da. »Nein, ich will zu Fuß gehen!« rief die bedrängte Dame. »Sie sehen doch, Herr Direktor,« ergriff ich nunmehr das Wort, »daß die gnädige Frau mich gebeten hat, sie zu begleiten.« Dabei zog ich höflich grüßend den Hut und wandte mich mit bestimmter Wendung zum Gehen, immer die Dame am Arm, die mir nun herzlich dankte, daß ich sie in dieser peinlichen Situation nicht im Stich gelassen hatte.

Seit dieser Zeit hatte ich Pollinis Gunst verloren, wodurch meine Laufbahn eine wesentlich andere Entwicklung nahm, als wenn ich der begünstigte Kapellmeister des Hamburger Stadttheaters geblieben wäre. So nehmen unausweichliche Schicksale unbedeutende Kleinigkeiten zu Hilfe, um sich durchzusetzen, und das nennt man dann gemeinhin einen Zufall. — Der Herbst war noch nicht stark vorgeschritten, als der neue Kaiser, Wilhelm II., Hamburg besuchte. Flaggen wogten in bunter Farbenfülle auf und nieder, von einem leichten, frischen Wind bewegt, und die Sonne spendete fast sommerliche Strahlen. Ich stand mit Frau Sucher am Fenster ihrer Wohnung im Hotel »Vier Jahreszeiten« am Jungfernstieg, und sah auf die erwartungsvolle Menschenmenge hinab. Frau Sucher erzählte mir in beinahe leidenschaftlicher Weise von der bezaubernden Liebenswürdigkeit des jungen Monarchen, dem sie in Berlin vorgestellt worden war. Als ich später wiederholt Gelegenheit hatte, vom Kaiser in persönliche Unterhaltung gezogen zu werden, fand ich bestätigt, daß er das besaß, was die Franzosen »Charme« nennen. — Brausende Hochrufe näherten sich und schwollen betäubend an. Hüte und Tücher flogen in die Luft. Ziemlich langsam näherte sich die Staatskarosse, in der die blitzblanke Uniform des Kaisers vom schwarzen Gewande des ihn begleitenden Hamburger Bürgermeisters lebhaft abstach. Niemand hätte in dem hübschen, jugendlich schmalen Gesicht mit den großen blauen Augen das fressende Unheil ahnen können, das sich von diesem gekrönten Dilettanten über die Erde verbreitet hat. »Große Talente kommen von Gott, kleine vom Teufel«, sagt ein Sprichwort, das für den letzten Hohenzollernkaiser gemacht worden zu sein scheint.

Am Abend wurde als Festvorstellung »Lohengrin« gegeben, dessen Leitung Herrn Schröder übertragen wurde, trotzdem diese Oper seit Anfang meiner Hamburger Tätigkeit zu meinem Repertoire gehörte. Bei aller seiner mir stets erneut bewiesenen Abneigung kam aber Pollini doch nicht darum herum, mich viel zu beschäftigen. Schröder konnte nicht alles machen, war außerdem schwerfällig, da er keine ausreichende Theaterpraxis besaß, und mußte bezüglich mancher ihm dargebotenen Aufgabe um Abnahme bitten. So hatte ich die große Freude, Verdis herrlichen »Othello« zu leiten. Meine Aufgabe erschien mir in keinem geringeren Lichte, weil ich hier nichts anderes zu tun hatte, als zu erhalten, was Sucher geschaffen hatte. Auch »Tristan« fiel auf mich, nachdem mir nach dem »Lohengrin« auch die »Meistersinger« abgenommen worden waren. »Tristan«, damals nicht abgespielt wie heute, strahlte noch den eigentümlichen Reiz des Seltenen aus. Die Aufführung war etwas vernachlässigt; ich machte mich also daran, sie zu restaurieren. Rosa Sucher, die Bayreuther Isolde, obwohl mit ihrem Gatten nach Berlin engagiert, kam für einen Teil der Spielzeit nach Hamburg und sollte auch in meiner Aufführung auftreten. Dies erhöhte meinen Eifer. Zunächst galt es, einen für jeden Kenner des »Tristan« geradezu komischen Strich im dritten Akt zu beseitigen, der sich jahrelang über die deutschen Bühnen geschleppt hatte. Ich wußte aber, daß Pollini, wenn er von irgendeiner Verlängerung einer Vorstellung erfuhr, Wutanfälle wegen der erhöhten Beleuchtungskosten erlitt, und wußte, daß er diesen Wutanfall sofort in besonderer Weise gegen mich richten würde. Ich sah mich also vor. Zwar stellte ich die gestrichene Stelle zum größten Teil wieder her und sprach mit Absicht möglichst viel darüber, machte aber stillschweigend im ersten Akt einen weniger störenden Strich, der aber vier Takte mehr umfaßte als die im dritten Akt mit sehr viel Selbstlob meinerseits aufgemachte Stelle. Ich rechnete nämlich damit, daß einer der Liebediener meines Herrn Direktors diesem von meiner prahlerisch kundgegebenen Absicht einer Verlängerung, und zwar n u r von dieser, erzählen würde, und hatte mich darin nicht getäuscht. Zwei Tage vor der Aufführung erhielt ich aus dem Bureau den Befehl, unverzüglich den Strich im dritten Akt zuzumachen, da mir die Leitung des »Tristan« sonst abgenommen würde. Zufrieden über das Gelingen meiner Absicht schickte ich nun an Pollini ein Blatt, auf dem folgende Rechnung stand:

Aufgemachte Stelle im dritten Akt — — Takte.
Hingegen zugemachte Stelle im ersten Akt — — Takte.
Dauer des »Tristan« gegen bisher somit um vier Takte k ü r z e r.

Wahrscheinlich hat Pollini den Hohn meiner Sendung verstanden, konnte aber füglich nichts darauf erwidern noch unternehmen.

Die Vorstellung gelang in besonderer Weise. Ich mußte, was damals in Hamburg nicht alltäglich war, am Schluß mit den Darstellern auf der Bühne erschienen. Sucher war von Berlin herübergekommen. Er und seine Frau wurden nicht müde, mich in herzlichster Weise zu beglückwünschen. Trotzdem wurde mein Verhältnis zu Pollini immer unerträglicher.

Eine unerhoffte Freude widerfuhr mir um die Zeit dieser ersten »Tristan«-Aufführung. Ich erhielt eines Morgens ein Telegramm Reisenauers aus Moskau mit der Nachricht, daß sein Impresario nach Hamburg käme — die Ankunftszeit war der Nachmittag desselben Tages — und der Bitte, ihn abzuholen. Ich begab mich zur angegebenen Zeit an die Bahn, aber statt des erwarteten Impresario stieg — Alfred selbst aus dem Zug. Sein Impresario hatte, von ihm instruiert, das Telegramm mit Alfreds

Unterschrift so aufgegeben, daß es mich erst am Morgen des Ankunftstages erreichen konnte.

Die Neigung zu einem sehr anmutigen weiblichen Wesen, das damals in Hamburg weilte, hatte meinen Freund diese Reise unternehmen lassen, die ihn um eine große Anzahl einträglicher Konzerte in Rußland brachte. Ich hatte in einer Unterredung mit diesem Mädchen Zeichen einer Zuneigung auch ihrerseits zu bemerken geglaubt, an Alfred in diesem Sinne geschrieben und dadurch Veranlassung zu seinem Entschluß gegeben, sich Klarheit zu verschaffen. Er trug sich allen Ernstes mit Heiratsgedanken. Eine Unterredung zwischen beiden fand statt. Doch plötzlich trat, leider einigermaßen durch Alfreds Schuld, ein Bruch ein und die junge Dame verließ Hamburg in den nächsten Stunden. Ich hatte viel zu tun, das erschütterte seelische Gleichgewicht meines Freundes einigermaßen wieder herzustellen. Vorstellungen, daß diese Ehe doch wahrscheinlich kein Glück für ihn gewesen wäre, nützten weniger als die künstlerischen Eindrücke, die er von Aufführungen unter meiner Leitung empfing. Er wollte sich gar nicht von mir und Hamburg trennen und ich mußte ihn schließlich mit sanfter Gewalt fortdrängen, da sein Impresario Telegramm um Telegramm aus Moskau sandte, die seine Rückkehr dringend verlangten. Alfred stand vor dem kühnen Wagnis einer Reise durch Sibirien. Damals ging noch keine Bahn; diese ungeheuren Distanzen mußten in Wagen und Schlitten zurückgelegt werden, was den Reiz, aber auch die Gefahren einer solchen Reise erhöhte.

Ich sah ihn diesmal nicht ohne Bangen scheiden. Sein Hang zum Trinken hatte sich, seit wir das letzte Mal beisammen waren, in bedenklicher Weise gesteigert. Der längere Aufenthalt in Rußland hatte eine ihm offenbar vererbte Anlage noch weiter entwickelt. Mir schauderte oft, wenn er mit der ihm eigenen phantasievollen Beredsamkeit die kulinarischen und alkoholischen Genüsse schilderte, die seine Reisen im Zarenreich und die Einladungen seiner dortigen Freunde ihm boten. In Hamburg setzte er das russische Leben fort. Er wohnte bei mir. Oft, wenn ich früh aufwachte, fand ich sein Bett noch leer. Um die Zeit, da ich zu meinen Proben ins Theater ging, schwankte er dann heim, schlief den Tag über, um abends wieder ein Zechgelage zu beginnen. Mein Einfluß auf ihn erstreckte sich nur so weit, als ich in seiner unmittelbaren Gegenwart weilte. Da gelang es mir mitunter, ihn in leidlich gutem Zustand heimzubringen. Suchte ich, von Müdigkeit überwältigt, mein Heim zu normaler Stunde auf, so konnte ich sicher sein, ihn erst am anderen Morgen wiederzusehen. Noch am Tag, da er wieder nach Moskau abreiste, war er in einem verzweifelten Zustand, und als er mir mit verglasten, geröteten Augen aus dem Zug den Abschiedsgruß zuwinkte, hatte ich das Gefühl, einen Verlorenen in die Ferne ziehen zu sehen. — Und ein Verlorener war er, trotzdem die Katastrophe viel später eintrat, als ich damals fürchtete. Seine überaus gesunde Natur rang sich aus den schwersten Angriffen immer wieder siegreich empor. Es kamen Perioden wunderbarer Klarheit, künstlerischen Hochschritts und zielbewußter Mäßigkeit in dieses reichbegabte Leben. Doch der böse Stern gewann immer wieder und jedesmal in verstärktem Maß die Oberhand, der Widerstand wurde immer geringer, bis endlich im Oktober 1907 der Zusammenbruch erfolgte. Psychologisch merkwürdig war es, daß dieser Mensch, der an mir mit geradezu zärtlicher Liebe und Verehrung hing, mich, wenn die alkoholische Umnachtung begann und ich ihn zurückhalten wollte, als seinen Feind betrachtete und mich mit haßerfüllten Worten, ja sogar tätlich angriff. Die letzten zwei Jahre seines Lebens bin ich ihm nicht mehr in die Nähe gegangen. Trotz seiner verderblichen Leidenschaft, die mir oft geradezu eine Quelle des Ekels war, ist mir doch kein Freund jemals so nahe gestanden, wie er. Je ferner die Zeit entrückt, da er noch auf der Erde war, desto näher fühle ich sein Wesen. Wenn ich künstlerisch wirke, wenn ich Eindrücke empfange, die über das Gewöhnliche hinausgehen, aber auch in ernsten und humorvollen Augenblicken des täglichen Lebens weiß ich, daß er bei mir ist. Die Bande, die uns verbunden haben, sind durch den Tod nicht zerrissen worden. —

Als Alfred abgereist war, empfand ich die Leere meines jetzigen Hamburger Aufenthalts doppelt stark. Josef Sucher, der mir ein lieber Freund war, kam selten und dann nur für ein oder zwei Tage von Berlin herüber. Kreibig, mein täglicher Genosse des vergangenen Jahres, hatte eine Stelle als Regisseur am Frankfurter Opernhaus erhalten. Ich fühlte mich einsam. Niemand war da, an den ich mich enger anschließen konnte. Eine kleine Gesellschaft, in der wir uns allwöchentlich einmal versammelten, konnte mir keinen Ersatz geben für das, was ich sonst entbehrte.

Eines Tages erhielt ich einen Brief von Max Martersteig, dem damaligen Oberregisseur des Mannheimer Hof- und National- theaters mit der Anfrage, ob ich die durch Emil Paurs Abgang freiwerdende Stelle des ersten Hofkapellmeisters dort annehmen wolle. Wie gern hätte ich ja gesagt, aber die Art, wie sich Pollini meinem Ersuchen um Vertragslösung für Karlsruhe ent- gegengestellt hatte, ließ es mir aussichtslos erscheinen, mit einer ähnlichen Bitte an ihn heranzutreten. Mannheim war noch weniger in der Lage, einen Orden zu verleihen, als Karlsruhe. Ich freute mich, daß Martersteig, den ich vor mehreren Jahren in Kassel durch meinen Verleger Paul Voigt flüchtig kennen gelernt hatte, sich meiner erinnerte, schrieb ihm aber unter Hinweis auf meinen bestehenden Hamburger Vertrag bedauernd ab.

Obwohl ich im Theater meistens viel zu tun hatte, so kamen doch Zeiten, in denen ich kaltgestellt wurde, und diese Zeiten benützte ich, um an »Genesius« zu arbeiten, von dem ich all- mählich den ersten Akt fertigstellte und den zweiten begann. So wurde es mir schließlich eine Freude, wenn das Repertoire herauskam und ich wenig für mich darauf angestrichen fand.

Immer größer wurde Pollinis Zorn gegen mich, obwohl ich meine Pflichten stets pünktlichst erfüllte. Nach der ersten Aufführung einer Novität, die ich dirigiert hatte, kam ich vom Pult auf die Bühne, und die Sänger waren gerade im Begriff, mich an die Rampe zu holen, als Pollini wie ein gereizter Tiger herbeisprang. »Sie werden n i c h t hinausgehen«, schrie er mich an. »Der Beifall gilt den Sängern, nicht Ihnen. Sie haben über- haupt nichts geleistet!« — Ich maß ihn von oben bis unten. »Glauben Sie, daß ich besonderen Wert darauf lege, auf I h r e r Bühne zu erscheinen?« sagte ich ruhig und verließ das Theater.

Trotz alledem faßte ich den Entschluß, den Versuch zu machen, Pollini zu versöhnen. Es war ja unmöglich, einen jahre- langen Vertrag auszuhalten, wenn es in dieser Weise weiterging. Ideal denkend, wollte ich ihn nicht durch Worte, sondern durch eine Tat versöhnen. Er sollte sehen, was ich für sein Theater zu leisten imstande war. Die vollständige Aufführung der »Nibe- lungen« stand bevor. Im vergangenen Spieljahr hatte mir Pollini die Leitung übertragen. Zwar sagte mir eine dunkle Ahnung, daß er jetzt andere Absichten habe, aber immerhin hatte ich keinerlei offizielle Nachricht einer Abnahme. Der »Ring« war stark verwahrlost. Wotan, Brünhilde und Alberich wurden in jedem Werk von einem anderen Künstler dargestellt, Brünhilde erwachte in einer anderen Dekoration, als sie am Schluß der »Walküre« einschlief, und die Kürzungen waren sinnlos. Ich arbeitete nun ein klares Exposé aus, worin ich zeigte, wie diese Übelstände zu beseitigen waren und wie durch künstlerisch zu rechtfertigende Striche und ein Netz systematischer, den übrigen Betrieb nicht wesentlich einschränkender Proben eine stilistisch abgerundete Darstellung der Tetralogie zustande zu bringen sei. Mit diesem Exposé begab ich mich zu Pollini und bat ihn höflich, es durchzusehen. Lange hatte ich sein Bureau nicht mehr betreten. Er warf einen Blick auf das Blatt und murmelte, mich giftig über seinen Klemmer anstarrend: »Ring? — Ring? — Sie werden sich doch hoffentlich nicht einbilden, daß ich Sie den Ring dirigieren lasse?« — In mir stieg es siedeheiß auf. »Sie haben ihn mir übertragen, Herr Direktor.« Er lachte höhnisch auf: »Nun ja, vielleicht einen Teil, aber doch nicht das Ganze!« »Ich verzichte auf einen Teil«, erwiderte ich, »Sie haben mir das Ganze übertragen«. Da sprang er wütend auf: »Wie kommen Sie überhaupt dazu, mir Vorschläge machen zu wollen? Von Ihnen nehme ich überhaupt keine Vorschläge entgegen!« Dabei warf er mir mein Exposé vor die Füße. Ich hob es auf, zerriß es in Stücke, die ich in seinen Papierkorb warf und rief mit erhobener Stimme: »Herr Direktor, jetzt bitte ich um meine Entlassung!« — »Gehen Sie,« schrie Pollini, »gehen Sie gleich, wenn Sie wollen!« — »Nein, aber ich gehe am Schluß dieser Saison!« — »Also gut, am Schluß dieser Saison!« — »Ich danke!«

Wie ein abgeschossener Pfeil flog ich auf das nahe Telegraphenamt und depeschierte an Martersteig: »Nachgesuchte Entlassung Hamburg erhalten. Ist Mannheim noch frei?« Noch am selben Tag kam die Antwort: »Mannheim noch frei. Melden Sie sich sofort.« — Dieses Telegramm habe ich geküßt. —

Ich schrieb sofort einen ausführlichen Brief an Emil Heckel, den mir schon von Bayreuth her bekannten Freund und Förderer Wagners, der jetzt als Präsident eines dreiköpfigen Komitees das Mannheimer Theater leitete, legte meinen bisherigen künstlerischen Entwicklungsgang dar und bewarb mich um die freigewordene Stelle.

Bald aber stiegen mir schwere Bedenken auf. Was geschah, wenn Pollini die mir im Zorn gegebene Entlassung zurücknahm oder überhaupt ableugnete? Ich hatte nichts in Händen. Kein

Zeuge war da, der mir den Inhalt der betreffenden Unterredung hätte bestätigen können. Ich sann hin und her, wie ich es anfangen solle, Sicherheit zu erlangen. Plötzlich leuchtete mir der richtige Weg auf. Ich hatte schon von verschiedenen Seiten gehört, daß Pollini von Zeit zu Zeit Anfälle von Gewissensbissen erlitt, die er durch wohltätige Spenden oder andere gute Handlungen zu beschwichtigen suchte. Hier war er zu packen. Ich ging am nächsten Vormittag in sein Bureau, wartete, bis er allein war, schob den anmeldenden Diener beiseite und trat rasch vor ihn hin, den Blick mit ruhiger Kraft auf ihn gerichtet. »Herr Direktor,« sagte ich, »Sie haben mich, ohne daß ich das Geringste verschuldet habe, in einer Weise behandelt, daß ich gezwungen bin, Ihr Institut zu verlassen. Ich beschwöre Sie beim Heil Ihrer Seele, legen Sie mir nach auswärts kein Hindernis in den Weg! Es würde Ihnen keinen Segen bringen.« — Pollini war blaß und machte den Eindruck eines Leidenden. »Ich denke gar nicht daran«, antwortete er beinahe schüchtern. »Wie kommen Sie darauf? Wenn man bei mir anfrägt, werde ich gut über Sie aussagen.« — Ich wandte aber den Blick noch nicht von seinen ausweichenden Augen. »Ferner bitte ich Sie, die mir gestern mündlich gegebene Entlassung schriftlich zu bestätigen.« »Sie werden den Brief bekommen«, antwortete er leise. Ich fixierte ihn noch einige Augenblicke, grüßte dann kurz und ging hinaus. Am selben Tag erhielt ich ein Schreiben Pollinis, daß unsere vertraglichen Verbindlichkeiten mit Ende dieser Saison erloschen seien.

Von Heckel traf umgehend ein Brief ein, der mich einlud, zu einem zweimaligen Probedirigieren nach Mannheim zu kommen. Den Urlaub erhielt ich anstandslos. Auch Martersteig schrieb ausführlich und legte mir die Verhältnisse des Mannheimer Theaters mit dankenswerter Offenheit dar. Er bat mich, ihm nach seiner Privatwohnung zu schreiben, da die beiden Komiteekollegen Heckels, wenn sie von seinem Briefwechsel mit mir erführen, sofort eine Konspiration gegen sich vermuteten, was meiner Anstellung hinderlich sein könnte. So war ich auch für dort auf Schwierigkeiten vorbereitet und zur Vorsicht ermahnt.

In Hamburg tat ich einstweilen meinen Dienst wie bisher. Ich freute mich des aufrichtigen Bedauerns der Mitglieder über mein unerwartet bevorstehendes Scheiden. Als ich nach Bekanntwerden meiner Entlassung wieder das Pult betrat, empfing mich das Publikum mit einer warmen Sympathiekundgebung. Es fehlte nicht an Vermittlungsvorschlägen, um die abgebrochenen Beziehungen mit Pollini wieder herzustellen; beinahe schien mir, als ob sie von Pollini selbst ausgingen. Ich lehnte aber rundweg jede Annäherung ab. Mit Ungeduld erwartete ich mein Mannheimer Gastspiel. Wieder einmal dirigierte ich die Erstaufführung einer Novität. Wieder stand am Schluß plötzlich Pollini neben mir. »Gehen Sie hinaus,« sagte er sehr freundlich und wollte mich auf die Bühne schieben, »das Publikum verlangt Sie.« »Ein einmaliges Verbot meines Direktors gilt mir für die ganze Engagementsdauer,« antwortete ich ebenso freundlich, wandte mich aber entschieden auf die andere Seite.

Auf meiner Reise nach Mannheim brachte ich einen Tag in Frankfurt zu, freudig empfangen von Kreibig, der über Pollinis Benehmen gegen mich die Hände über dem Kopf zusammenschlug. »Ich habe den Kerl wohl für bös, nicht aber für so dumm gehalten,« meinte er. Kreibig nahm mich zu einer Probe in das Opernhaus mit, wo er eine starke und befriedigende Beschäftigung gefunden hatte. Er zeigte mir auch die mir noch unbekannten Innenräume und Einrichtungen dieses schönen Gebäudes und stellte mich dem Intendanten Emil Claar vor, einem eleganten und liebenswürdigen Manne.

Nachmittags besuchten wir den berühmten Kapellmeister Otto D e s s o f f, der, von meinem Kommen benachrichtigt, uns zur Jause eingeladen hatte. Neben seinen mit Recht anerkannten künstlerischen Eigenschaften hatte ihn seine für die damalige Zeit unerhört hohe Gage von 15.000 Mark berühmt gemacht. Er war in Wien Kapellmeister am Hofoperntheater und Dirigent der Philharmonischen Konzerte gewesen. Von dort, wie die Geschichte erzählt, hinausgeärgert, wirkte er am Karlsruher Hoftheater, wo später Mottl sein Nachfolger wurde, und hatte jetzt in Frankfurt eine Lebensstellung gefunden, die ihm außer der hohen Gage auch eine Pension zusicherte. Er war ein kleiner, bereits ältlicher, auffallend sächsisch sprechender Herr, der sprühenden Geist und sehr viel Humor besaß. Ihm zuzuhören, wenn er seine reichen Erinnerungen auskramte, oder, meistens sarkastisch, über zeitgenössische Personen und Verhältnisse urteilte, war ein Vergnügen besonderer Art. Häufig mischte er einen französischen Satz in seine Rede. Er schien überhaupt stark französisch zu empfinden, auch in seinem musikalischen Geschmack. Das Höchste aber waren ihm die Klassiker und unter diesen besonders Mozart. Den neuen Werken Wagners stand er fremd gegenüber und beschäftigte sich nicht gerne mit ihnen. Geradezu zärtlich sprach er über das Wiener Orchester, die Philharmoniker. Seine Frau sagte mir, sie habe bitterlich geweint, als sie ihren Mann zum erstenmal an der Spitze eines anderen Orchesters sah. Nach fast zweistündigem anregendem Besuch verabschiedete ich mich von Dessoff mit aufrichtigem Dank für den freundlichen Empfang, den er mir bereitet hatte.

Spät abends kam ich in Mannheim an und stieg im Pfälzer Hof ab. Martersteig hatte mich von der Bahn abgeholt. Wir saßen noch lange zusammen und ich erfuhr manches, was mir Martersteig brieflich nicht hatte anvertrauen wollen. Eine Intrige gegen Emil Heckel war im Werk, der, eine Kraftnatur, manchem zu selbständig vorging. Martersteig riet mir, im Einverständnis mit Heckel, mich scheinbar mehr an die beiden anderen Herren des Komitees anzuschließen, die, wenn sie eine Harmonie mit Heckel merkten, sofort gegen mein Engagement stimmen und es dadurch unmöglich machen würden.

Als ich mich am nächsten Vormittag im Nationaltheater vorstellte, empfing mich Heckel sehr gemessen und keineswegs wie einen alten Bekannten. Von den beiden anderen Herren sprach der eine, Herr Sauerbeck, der ziemlich finster dreinsah, überhaupt kaum ein Wort, während der andere, Herr Sepp, sich sehr redselig erbot, mich zu den beiden Kapellmeistern Paur und Langer, und zu den Kritikern zu führen. Kaum waren wir auf dem Weg, als Sepp mir versicherte, er und sein Kollege Sauerbeck schätzten mich sehr und wünschten mein Engagement auf das lebhafteste. Ich solle mich aber nur gewiß nicht an Herrn Heckel halten. Auf meine absichtlich harmlos gestellte Frage nach dem Grund dieser Warnung versicherte Sepp sehr angelegentlich, Heckel sei nicht beliebt, weder in der Gesellschaft noch bei den Stadträten: er werde deshalb auch nicht lange Komiteepräsident bleiben. Da ich durch Martersteig von Heckel selbst instruiert war, ging ich scheinbar auf Sepps Ausführungen mit Interesse ein, beschloß aber, doppelt fest zum trefflichen Heckel zu stehen, der durch sein Wirken für Wagner und Bayreuth für die Kunst mehr getan hatte als alle Stadträte Mannheims und vieler anderer Städte zusammen.

Emil Paur empfing mich sehr gnädig. Er äußerte später

über mich, es müsse nicht viel an mir sein, da ich es in Hamburg zu nichts gebracht hätte. Er war mit großer Gage zu Staegemann nach Leipzig engagiert und sah auf Mannheim, trotz der überschwenglichen Gunst, der er sich seitens einiger Kreise der Gesellschaft erfreute, bereits geringschätzend herab. Ferdinand Langer, der zweite Kapellmeister, betrachtete mich anfangs wenig freundlich. Schon als Paur kam, hatte er gehofft, an die erste Stelle vorzurücken, und hegte jetzt, bei Paurs Abgang, naturgemäß denselben Wunsch. Bei jedem folgenden Wechsel hoffte er wieder dasselbe, ohne je ans Ziel zu gelangen. Er blieb bis an sein Ende der ›zweite Kapellmeister‹ des Mannheimer Hoftheaters. Er ist mir bald nach Beginn meiner dortigen Tätigkeit ein lieber, ergebener Freund geworden und ist es weit über mein Mannheimer Wirken hinaus geblieben. Auch den pensionierten Hofkapellmeister Vinzenz Lachner besuchten wir, bei dem ich nur wenig Ähnlichkeit mit seinem Bruder Franz fand, der mir in München so wunderbar von Beethoven und Schubert erzählt hatte.

Nach meinen unter Herrn Sepps Führung abgestatteten Besuchen hielt ich eine Klavierprobe des »Fidelio«. Abends war die Orchesterprobe. Zu meiner größten Freude begrüßte ich meinen Bayreuther Freund, Hans Schuster, der von Karlsruhe hieher als Konzertmeister übersiedelt war. Seine Persönlichkeit am ersten Geigenpult gab mir gleich von Anfang an das Gefühl des Vertrautseins mit dem kleinen, aber guten Orchester, das mir sichtlich mit Neigung entgegenkam. Heckel saß auf der rechten Seite der Bühne. Mit seinem ehrwürdigen weißen Haar und Bart sah er aus wie Gurnemanz, der den heiligen Gral bewacht. Er wandte den Blick nicht von mir. Nach der Probe traf ich ihn auf der bereits verdunkelten Bühne. »Ganz vorzüglich!« sagte er leise, und ich fühlte seinen warmen Händedruck, den ich erwiderte. Wir hatten uns verstanden.

Am Abend brachen Martersteig, Schuster und ich mancher Flasche guten Pfälzerweins den Hals. Wir waren in zukunftsfroher Stimmung und schmiedeten Pläne über Pläne, was wir alles in dem durch Schiller geweihten alten Theater ins Leben rufen wollten. Die Atmosphäre Mannheims wirkte wohltätig auf mich. Ich fühlte, daß hier noch Kunst zu Hause sei. Jung und hoffnungsgrün lag das Leben vor uns, als wir in später Nachtstunde der Statue des großen Schiller unsere Huldigung darbrachten.

Das Mannheimer Theater verfügte über eine Anzahl prächtiger Stimmen. Heckel hielt gerade darauf sehr viel. »Zum Singe«, sagte er in seinem badensischen Dialekt, »gehört e Stimm und noch emol e Stimm und zum drittemol e Stimm.« Und er hatte das Glück, Künstler gefunden zu haben, die dieser Forderung in reichem Maße entsprachen. Die dramatische Sängerin, Fräulein Mohor, besaß einen stählernen, über mehr als zwei Oktaven vollkommen ausgeglichenen Sopran. Ihre schöne, charakteristische Erscheinung war den Darstellungen der Wagnerschen Frauengestalten sehr günstig. Auch ihre Leonore im »Fidelio« war eine vortreffliche, von Inbrunst durchströmte Leistung. Sie war aber auch imstande, die Leonore im »Trobadour« zu singen. Da der Heldentenor, Herr Götjes, erkrankt war, sang in meiner Antrittsvorstellung Herr Erl, ein Sohn des berühmten Wiener Erl, den Florestan. Seine gute Gesangskunst verriet die Schule des Vaters. Den Bassisten, Herrn Mödlinger, kannte ich bereits von Graz. Er war schon viele Jahre in Mannheim, ein echter basso profondo, wie sie heute immer seltener werden, und ein vorzüglicher Schauspieler. Besonders schön war das Baritonfach vertreten. Herr Knapp, der vorwiegend die lyrischen Baritonrollen einschließlich des Hans Sachs gab, hatte eine Stimme, die, wenn sie heute auftauchte, ihren Besitzer unfehlbar in das Dollarland, zum mindesten aber nach München, Dresden oder Berlin entführt hätte. Knapp blieb sein ganzes Leben für eine kleine Gage in Mannheim und war zufrieden und glücklich im engen Kreis. Die Bodenständigkeit vieler Künstler sicherte den kleineren deutschen Theatern, namentlich den Hoftheatern, oft eine große künstlerische Bedeutung. In meiner »Fidelio«-Vorstellung sang Knapp den Minister, während sein Kollege Neidl, der eine ebenso kräftige, aber viel härtere Stimme besaß als Knapp, den Pizzaro gab. Neidl war der Wotan des Mannheimer Theaters. Die Marzelline sang die treffliche Soubrette, Fräulein Sorger.

Noch ein anderer Umstand sicherte den kleineren Theatern Vorzüge vor den großen. Es wurde nicht alle Tage gespielt. Mannheim, und andere deutsche Theater ähnlichen Ranges, gaben Sonntag und Mittwoch Opern, Montag und Freitag Schauspiele, und zwar in der Regel Mittwoch eine leichtere Oper und Montag ein Lustspiel, während der Sonntag der sogenannten großen Oper und der Freitag der Tragödie gewidmet war. Heckel achtete streng auf diese Einteilung, von der nur in besonderen

Fällen abgegangen wurde. Er gab nur an einigen Donnerstagen des Jahres Vorstellungen, für die ein besonderes Abonnement für auswärtige Besucher eröffnet war. Meistens aber blieben drei Abende der Woche für Proben frei. Wie intensiv und gewissenhaft da gearbeitet werden konnte, läßt sich leicht ermessen. Abendproben ermüden, wie die Erfahrung lehrt, weit weniger wie Vormittagsproben. Wir kamen im ersten Jahre meines Mannheimer Engagements um sechs Uhr, mitunter schon um fünf Uhr zusammen, machten später eine Pause von etwa einer Stunde und arbeiteten dann wieder bis gegen elf Uhr nachts und noch später, ohne Abspannung und ohne daß sich jemand beklagte. Heute ist gar nicht mehr vorstellbar, wie fördernd ein solcher nur der vorbereitenden Arbeit gewidmeter Tag auf die Entwicklung und die Qualität der Vorstellungen wirkt. Mit dem Zwang des täglichen Spielens, das die kleinsten Theater allmählich einführten, und neuerdings mit der limitierten Probenzeit wird die Kunst mit erstaunlicher Sicherheit ihrem Grabe zugeführt.

Ich hatte bald Gelegenheit, mich von der Art, wie damals in Mannheim gearbeitet wurde, zu überzeugen. Eine Vorstellung der »Braut von Messina«, die Martersteig leitete, ist heute noch nicht in meiner Erinnerung verblaßt. Tief erschüttert von der Wucht dieser ungeheuren Tragödie verließ ich damals das Haus und habe es seither nicht vermocht, wieder einer Bühnenaufführung dieser Dichtung beizuwohnen. Ich sehe die höchst einfache und überaus gewaltige Mannheimer Darstellung vor mir, wenn ich ab und zu meinen Schiller zur Hand nehme und die bedeutungsvollen Blätter aufschlage, auf denen dieses einzigartige Drama verzeichnet ist. —

Als meine zweite Vorstellung war der »Fliegende Holländer« bestimmt, zu dessen Vorbereitung ich einen ganzen Tag zur Verfügung hatte. Bereits nach der Probe wurde ich in das Bureau des Komitees gebeten, wo mir mitgeteilt wurde, daß meine Anstellung einstimmig beschlossen sei. Die Gage war klein, 4200 Mark pro Jahr, also 350 pro Monat. Mir wurden aber aus dem Ertrag der von mir zu leitenden Akademiekonzerte jährlich 1200 Mark zugesichert, und außerdem wurde mir gestattet, die gewöhnlich dem ersten Dirigenten zufallende Leitung des Musikvereins, der Chorkonzerte gab, zu übernehmen. Hieraus resultierten wieder 1000 Mark, so daß ich mich immerhin etwas besser stand als im gegenwärtigen Hamburger Jahre. Was wollte dies aber gegen das Glücksgefühl bedeuten, endlich eine Stätte gefunden zu haben, wo ich Künstler und nicht Handlanger eines Geschäftsmannes war. Und das Mannheimer Hoftheater war wirklich ein Kunstinstitut, damals, als der alte Heckel, den Wagner nicht umsonst seinen »Strategen« nannte, das Zepter führte. Bald folgte man auch in Mannheim dem »Zuge der Zeit«, wollte verdienen und nur verdienen, und das Theater mußte vom Piedestal herabsteigen, das es dank einer kräftigen und doch idealistischen Führung eingenommen hatte. Von dieser nahen trüben Zukunft ahnte ich damals noch nichts. Ich war überzeugt, in Mannheim eine dauernde Wirkungsstätte gefunden zu haben und, um meine äußeren Schicksale unbesorgt, nur meiner inneren Entwicklung leben zu können.

Mein Vertrag war vorläufig auf drei Jahre abgeschlossen. Mit besonderer Befriedigung teilte ich meiner Mutter telegraphisch mit, daß ich nunmehr den Titel eines Hofkapellmeisters führen würde. Ich wußte, welche Freude ich ihr damit bereitete. Aus der kurfürstlichen Zeit war dem Mannheimer Nationaltheater der Charakter eines Hoftheaters und eine kleine Subvention seitens des badischen Hofes verblieben.

»So, nun brauche mer nimmer Verstecke spiele!« rief Heckel vergnügt und laut, als der Vertrag beiderseitig unterzeichnet war, und warf einen giftigen Blick auf seine beiden Komiteekollegen, die nicht wußten, was sie mit diesem Ausruf ihres Präsidenten anfangen sollten. Heckel lud mich dann ein, mit ihm nach Heidelberg hinauszufahren. Wir verließen Mannheim am nächsten Morgen mit einem Frühzug, gingen auf das Schloß und von da auf den Königsstuhl hinauf, kamen dann auf einem Umweg durch die fast noch laublosen Wälder wieder nach Heidelberg zurück, wo wir zu Mittag aßen. Dann fuhren wir heim, da ich abends den »Holländer« zu dirigieren hatte. Heckel war wie ein Jüngling, stieg ohne Zeichen von Ermüdung die Berge hinauf und sprach mit erquickender geistiger Frische. »Nun wird aus unserem Theater was Recht's werde, weil Sie da sind,« sagte er wiederholt. »Der Rothaarige (gemeint war mein Vorgänger Paur, der rote Haare hatte) hat ja viel könne, is aber immer in de G'sellschafte herumg'hockt und hat g'macht, was die Leut g'wollt habe, statt zu mache, was ei'm die Stimm' in der eigene Brust sagt.« — Ich erzählte ihm von meinen Bayreuther Erfahrungen.

»Ja, ja,« meinte er, »anders ist ja vieles g'worde, seit der Meister die Auge g'schlosse hat, aber Bayreuth is Bayreuth, und wir müssen's hochhalte.« — Er wurde immer aufrichtiger. »Besonders gut sind S' dort nit ang'schriebe«, vertraute er mir endlich an. »Als bekannt worden is, daß Sie nach Mannheim kommen werde, hat man mich von Bayreuth her g'warnt, weil Sie nit de nötige Ernst für de Sach' hätte. Ich hab' Sie mer drum auch genau ang'schaut. Aber gleich nach der »Fidelio«-Prob' hab' ich g'sehe, daß ma sich in Bayreuth mit Ihne geirrt hat. Das muß auch anders werde. Ich bring' Sie mit der Frau Wagner wieder z'samm'. Sie gehöre dorthin, wo ma wahre Kunst macht, und das ist Bayreuth und unser altes Mannheimer Hoftheater.«

Ich konnte mir doch nicht versagen, an Frau Wagner zu schreiben, ihr meine Mannheimer Anstellung mitzuteilen und die Hoffnung auszusprechen, dort in weit höherem Maß für Wagners Werke wirken zu können, als mir dies in Hamburg möglich gewesen war. Ich schloß aber mit ungefähr folgenden Worten: »Auch Sie, gnädige Frau, haben Einfluß auf mein Mannheimer Engagement genommen und ich danke Ihnen für die Art, w i e Sie es getan haben.« Wie zu erwarten war, ignorierte Frau Wagner diese Spitze und schrieb mir einen sehr freundlichen, glatten Brief, worin sie »gut begriff«, daß ich Hamburg gern verließ, und mir für Mannheim das Beste wünschte.

Meine Freundschaft mit Schuster hatte in diesen wenigen Tagen noch tiefere Wurzeln gefaßt. Er hatte sich verheiratet, und seine junge Frau, eine bildhübsche, geistig aufgeweckte Frankfurterin, war bald meine Freundin im gleichen schönen Sinn, wie er mein Freund war. Martersteig war weniger glücklich. Er hatte ein blondes, elfenhaftes Wesen geheiratet, das aber später von einem unheilbaren Nervenleiden befallen wurde, dessen erste Spuren sich schon damals in zerrüttender Weise zeigten.

Auch die Leitung des »Holländer« brachte mir allseitige Anerkennung. Mit recht schwerem Herzen, aber hoffnungsfroh, bald wiederzukehren, fuhr ich am nächsten Morgen, diesmal den Rhein entlang, nach Köln und von da über Bremen nach Hamburg.

Als ich das Stadttheater wieder betrat, schien es mir, wenn ich an Mannheim dachte, als sei ich aus der Heimat in die Fremde geraten. Ich verstand nicht, daß ich es nun schon bald zwei Jahre hier ausgehalten hatte. Nachdem ich dort unten, zwischen Rhein und Neckar, echte Kunst gesehen und erlebt hatte, empörte mich diese Gleichgültigkeit gegen alles, was nicht den Geldbeutel betraf, doppelt. Auch das Personal wurde allmählich abgestumpft und arbeitete nach der kontraktlichen Verpflichtung, aber mit wenig innerer Anteilnahme. Pollini war tatsächlich einer der großen Kunstverderber. Hamburg ist mir später, bei vorübergehenden und längeren Aufenthalten, ein lieber Wirkungskreis geworden und auch dem Stadttheater verdanke ich in den Jahren 1912 bis 1914 die Erinnerung an künstlerisch bedeutungsvolle Vorstellungen. Damals aber versetzte es mir den Atem, wenn ich in dieses Haus eintreten mußte, und ich machte einen Umweg, um nicht an dem ebenerdigen Bureaufenster vorbeigehen zu müssen, wo hinter dem Gazevorhang Pollinis Antlitz nur allzu häufig zu sehen war.

Ich war noch nicht lange von Mannheim zurückgekehrt, als ein Brief aus Frankfurt eintraf, der mir einen mich hoch erfreuenden Vorschlag Dessoffs übermittelte. Dessoff, der in Frankfurt nur vier Wochen Ferien hatte, war genötigt, einen längeren Erholungsurlaub zu nehmen und fragte, ob ich ihn in dieser Zeit, die den Juni bis halben August umfaßte, vertreten wolle. Er bot mir dafür aus seiner Tasche 800 Mark. Ich fühlte mich durch das Vertrauen des berühmten Dirigenten geehrt und antwortete zustimmend. Mit verdoppelter Sehnsucht zählte ich nunmehr die Tage bis zum 31. Mai, wo mir die Abreise winkte.

Ein interessantes Erlebnis hatte mir aber die letzte Hamburger Spielzeit dennoch gebracht: das Gastspiel von P a u l i n e L u c c a. Ich hatte diese merkwürdige Künstlerin in Graz gesehen, als ich noch im Knabenalter stand, und später nicht wieder, bis sie nach Hamburg kam. Durch einen Zufall waren alle drei Opern, in denen sie auftreten sollte, mir zugeteilt: »Carmen«, »Afrikanerin« und »Der Widerspenstigen Zähmung« von Götz. Als ich ihr im Hotel meinen Besuch abstattete, fand ich, daß das Alter an den mir durch Photographien wohlbekannten Zügen nicht spurlos vorbeigegangen war. Doch die großen, seltsamen Augen, die diesem Antlitz seine magnetische Anziehungskraft verliehen, hatten offenbar nichts von ihrer Kraft eingebüßt, denn ich fühlte, wie stark sie auf mich wirkten, und die kleine, noch immer zierliche Figur nahm sich im eleganten Morgenrock sehr graziös aus. Ihr Benehmen war von einfacher, bestrickender Freundlichkeit.

418

Sie kannte die nachkomponierten Rezitative der »Carmen«
nicht. Man gab die Oper damals in Wien und an den meisten
Theatern mit dem ursprünglichen Dialog, den wir für sie her-
stellen mußten. Die modernen Darstellerinnen der Carmen drehen
meistens die vulgäre Seite dieser Gestalt nach oben. Oft sieht
man kaum mehr wie ein Straßenmädel mit den harten, fast häßlichen Zügen, die dieser Art von Frauen im südlichen Spanien
eigentümlich sein sollen. Die Lucca gab einen Teufel, aber einen
Teufel der feinsten Art, verführerisch und tödlich zugleich, einen
Teufel, der zu Zeiten auch die Miene eines Kindes aufzusetzen
verstand, dadurch aber doppelt gefährlich war. Sie war zugespitzt,
mokant, spielerisch, erhob sich dann aber plötzlich zu tragischer
Größe, als ob das Schicksal selber aus ihr spräche. Sie war wie
eine rätselhafte Blume, deren Farben zwischen dem Weiß der
Unschuld und blutigem Rot schillerten; ihr Duft aber verlieh
eine Betäubung, aus der man nur mit Schrecken erwachte. Nur
eine ganz große Persönlichkeit konnte die Carmen in dieser
Weise geben. Der Lucca verdankt das in Paris bei seiner Erstaufführung durchgefallene Werk seinen Welterfolg, den der
geniale Bizet nicht mehr erlebt hat.

Zu dirigieren, wenn sie auf der Bühne stand, war nicht
leicht. Sie kümmerte sich wenig um Takt und Rhythmus. »Der
Komponist hört's ja doch nicht mehr«, soll sie einmal einem
Kapellmeister geantwortet haben, der ihr darüber Vorwürfe machte.
Wo soviel Licht war, mußte man über einen Schatten hinwegsehen können. Ich betrachtete mich als Zuschauer, genoß die
atemlos fesselnde Leistung und half mit der Technik, die ich
mir bereits angeeignet hatte, leichter Hand darüber hinweg, wenn
sie eine Pause oder einen Punkt hinter einer Note ignorierte.
Sänger und Sängerinnen von heute mögen sich nun aber nicht
etwa auf diese Zeilen berufen, wenn ihnen ihr Kapellmeister
ähnliche Fehler korrigieren will. Ist man als Pauline Lucca geboren, so hat man — vielleicht — auch ein Recht auf kleine
Schwächen, sonst aber gewißlich nicht.

Mit »Carmen« war der Höhepunkt dieses Gastspiels erreicht.
In der »Afrikanerin« hatte sie darstellerisch tief ergreifende Momente, besonders im Kerkerakt und in der Schlußszene. An den
Stellen dieser Rolle aber, wo eine strahlende stimmliche Ent-
faltung gefordert ist, wie im Duett des vierten Aktes, konnte
nicht verborgen bleiben, daß die Blüte der Kehle vorüber war.

Die Katherine in der ›Widerspenstigen‹ hatte sie sich mit Punktierungen und allen möglichen Strichen vollständig nach eigenem Bedarf zurechtgelegt. Die letzte Szene mußte ganz wegbleiben. Unbegreiflich, daß man diesen unkünstlerischen Virtuosentrick später in Wien nicht nur beibehielt, sondern in die Sphäre der Lösung eines dramatischen Problems hinauflobte, während die Lucca mit ihren stark ausgeprägten Künstlerlaunen einfach fand, daß ihre Rolle mit dem versöhnenden Duett zu Ende sei und daher auch die Oper. Das war nicht gerade schön, aber wenigstens aufrichtig.

Ich hegte seit meiner Kindheit eine innige Liebe für diese wertvolle Oper des frühverstorbenen Hermann Götz, und ich empfand es schmerzlich, sie jetzt, da ich sie zum erstenmal dirigieren sollte, in manchen Teilen, sogar in der herrlichen Arie des vierten Aktes, verunstalten zu müssen. Gern hätte ich die Leitung auf meinen Kollegen Schröder abgewälzt, der aber das Glatteis, mit der Lucca zu dirigieren, wohlweislich nicht betreten wollte. So fügte ich mich in das Unvermeidliche. Abgesehen von diesen musikalisch störenden Arrangements schuf die Lucca mit ihrer Katherine eine Gestalt von köstlicher Lebendigkeit, deren Trotz das echte weibliche Liebesempfinden mit rührender Gewalt durchbrach. — Eine vollständige Erfüllung bot in dieser Rolle für mich viele Jahre später die Gutheil-Schoder in Wien. —

Tschaikowsky, der damals schon berühmte russische Meister, war in diesem Winter nach Hamburg gekommen und hatte eine Anzahl seiner symphonischen Werke in Konzerten aufgeführt, nach denen wir in kleinem Kreise mit ihm zusammen waren. Die Symphonie, mit der dieser ebenso reichbegabte wie sympathische Mann in sein Grab stieg, die ›pathetische‹, war zu jener Zeit noch nicht geschrieben.

Viel zu langsam für meine Ungeduld ging das Spieljahr zu Ende. So wie Josef Sucher im vergangenen, so nahm ich dieses Jahr mit ›Figaros Hochzeit‹ Abschied vom Hamburger Publikum. Man rief am Schluß laut meinen Namen. Nun trat ich aber hinaus und nahm an der Hand der Künstler die herzlichen Grüße und Beifallskundgebungen entgegen. Am nächsten Tag holte ich in möglichst früher Stunde meine letzte Gage und fuhr abends nach Frankfurt. Pollinis Herrschaft über mich war zu Ende.

Und doch habe ich seinen unheilvollen Einfluß noch einmal verspürt. Es war einige Jahre später. Ich war bei dem auf der Berliner Generalintendantur allmächtigen Herrn Henry Pierson und dadurch auch beim schwächlichen Generalintendanten, Grafen Hochberg, in Ungnade gefallen. Bei einem Besuch des Direktors und späteren ›Hofrates‹ Pollini bei den beiden genannten Herren kam das Gespräch auch auf mich. Pollini zuckte auf, als mein Name genannt wurde. »Ausgehen lassen wie ein Licht!‹ rief er. ›Nicht beschäftigen, bis niemand mehr von ihm spricht! — Ausgehen lassen wie ein Licht!‹ — Mit Dank wurde dieser Rat von den beiden ›königlichen‹ Beamten angenommen, vom Puppendrahtzieher Herrn Pierson und von der Puppe selbst, Herrn Grafen Hochberg. Ein zufällig anwesender Vorstand des Orchesters, der ausgezeichnete Klarinettist Oscar Schubert, hat mir diese empörende Szene ehrenwörtlich und schriftlich bezeugt. — Noch empörender war es, daß die beiden ›königlichen‹ Beamten diesen Rat auch treulich befolgt haben und meinen Namen und künstlerischen Ruf nicht nur in Berlin, sondern auch auswärts zu vergiften suchten. Nicht ihr Verdienst ist es, daß mein Licht eben doch nicht ausgegangen ist, sondern weitergeleuchtet hat und noch heute leuchtet, für manche immer noch zu stark. — — —

In Frankfurt hatte ich noch am Vormittag meiner Ankunft eine Verständigungsprobe von Gounods ›Margarete‹. Das ausgezeichnete und von Dessoff vortrefflich geschulte Orchester konnte ich bald dankend entlassen.

Die Zeit, die nun folgte, war eine der glücklichsten meines Lebens. Frankfurt in der Blüte des Juni war ein herrlicher Aufenthalt. Ich hatte eine hübsche kleine Wohnung, nicht zu weit zum Theater und doch mit Ausblick auf Wiesen und Felder. Das Personal hatte einzelne vorzügliche Kräfte. Anna Jäger, die ich von Graz her als temperamentvolle Operettensängerin kannte, sang jetzt Elsa, Sieglinde und Rollen im gleichen Fach in hochpoetischer, echt künstlerischer Weise. Eine sehr gute dramatische Sängerin war Frau Luger, ein mit Erscheinung und Stimme begabter Tenor Herr Brandowsky. Das Ensemble als Ganzes war in Hamburg besser. Aber hier herrschte nach der ersten Vorstellung eine solche Freude über meine Anwesenheit, daß alle sich mit höchstem Eifer bemühten, meinen Absichten gerecht zu werden, und das Orchester war dem Hamburger so weit überlegen, daß eine Reihe höchst befriedigender Vorstellungen unter meiner Leitung zustande kam.

Nach der zweiten Vorstellung, die ich leitete — es war »Tannhäuser« —, ließ mich der Intendant, Herr Claar, zu sich rufen und fragte mich, ob ich in den zwei Augustwochen, die ich noch für Frankfurt verpflichtet war, eine Neustudierung der »Nibelungen« herausbringen könne. Vor allem war die lange nicht gegebene »Götterdämmerung« vollständig neu zu stellen. Ich erklärte mich bereit, wenn ich sofort mit der Arbeit beginnen könne, was mir der Intendant zugestand. Dann aber hielt ich es für richtig, Dessoffs Zustimmung einzuholen. Es war dies auch wegen Aufmachung einiger Striche erforderlich. Die herrliche Szene der Waltraute war in Frankfurt noch nie gehört worden, trotzdem in Frau Luger eine ausgezeichnete Vertreterin vorhanden war. Dessoff, an den ich sofort schrieb, antwortete mir umgehend in durchaus entgegenkommender Weise; ich traf also sofort meine Dispositionen. Eine vollständig einheitliche Besetzung, wie ich sie für Hamburg ausgedacht hatte, war in der kurzen Zeit nicht durchzuführen. Es mußte für den jungen Siegfried sogar ein Gast verpflichtet werden. Ich entschied mich für Stritt, mit dem die Intendanz alsbald einen Vertrag abschloß.

Mit größtem Eifer gingen alle Künstler an ihre Aufgaben heran. Die Vorstellungen des laufenden Repertoires wurden von mir übernommen, wie sie standen, so daß ich alle Zeit auf die »Nibelungen«, besonders auf die neu zu studierende »Götterdämmerung« verwenden konnte. Ich brachte täglich viele Stunden im Theater zu, auf das willigste unterstützt von allen Sängern und in fortwährender Zusammenarbeit mit dem trefflichen Kreibig, der eine szenische Umgestaltung der beiden letzten Teile vorbereitete, während »Rheingold« und »Walküre« aus zeitlichen Gründen so bleiben mußten wie sie waren. Kreibig war einer jener echten Theatermenschen, die sich nur wohl fühlen, wenn sie Bühnenluft atmen. Sogar in den Ferien, so gestand er mir, mußte er wenigstens einige Male im Tag um das geschlossene Theater herumgehen; sonst fühlte er sich nicht wohl. Er war höchst mißvergnügt, daß es überhaupt Ferien gab und gedachte wehmütig der alten Grazer und Prager Zeiten, wo noch durchgespielt wurde. Trotzdem bekam ich ihn dazu, mit mir kleinere Ausflüge im Frankfurter Wald zu machen und einmal sogar mit mir auf den Feldberg zu steigen.

Wie im Traum verflog dieser Juni im frühlingsgrünen Frankfurt, Arbeit, Erfolg und Entspannung in sich vereinigend. Unsere Mahlzeiten nahmen Kreibig und ich in einem Gartenrestaurant unweit des Opernhauses ein, wo alte Bäume standen, die heute, wie das ganze Lokal, einem Neubau zum Opfer gefallen sind. Man führte dort eine gute bürgerliche Küche und schenkte ein sehr frisches, leicht nach Rauch schmeckendes Bier, das in Holzkrügen serviert wurde. Wir meinten oft, es könne nichts Böses mehr in die Welt kommen, wenn wir an den langen Sommerabenden unter diesen Bäumen saßen, vor uns die Holzkrüge mit dem würzigen Inhalt und ein leise flackerndes Windlicht auf dem Tisch.

Eines Morgens früh wanderte ich zum Kirchhof hinaus, wo sich das Grab Schopenhauers befindet. Es war nicht leicht, es zu finden, da, wie der Wärter sagte, »der Herr« schon lange tot sei. Endlich aber stand ich davor. Ein einfacher dunkler Stein und darauf der Name. Kein Datum, keine Widmung. So hatte er es gewollt. Zeitlos wie die ewigen Gedanken sollte dieser Name seinen Träger überdauern. Und doch verletzte mich diese schmucklose Verlassenheit. Ich kaufte blühende rote Rosen, ließ sie zu einem kleinen Kranz winden und legte diesen auf den dunklen Stein unterhalb des Namens. Als ich später einiges von den Rosenkreuzern und ihren mystischen Symbolen erfuhr, kam mir dieses Grab mit meinem Kranz in Erinnerung. Die Farben, Schwarz und Rot, waren da; das Kreuz freilich fehlte.

Trotzdem ich mich gerade in dieser kurzen Epoche so harmonisch und befriedigt fühlte, wie selten in meinem Leben, so wuchs doch meine Bewunderung für Schopenhauers Lehre und seine Weltverneinung mit jedem Tag. Ich glaubte steif und fest, ein Pessimist zu sein, wenn ich mich im Weltschmerz badete und fühlte eine Art von Wollust, wenn sich in den glücklichsten Augenblicken mein Gesicht in düstere Falten legte. Es liegt ein verborgener Flagellantismus in all diesen Entsagungstheorien, und die Lust an der Selbstquälerei, der, wie Schopenhauer, viele große Geister unterlagen, hat jenen Theorien Verbreitung und Popularität verschafft, im Orient sowie bei uns. Als später wirklich Hartes über mich gekommen war, hatte ich den Pessimismus überwunden. Und trete ich heute wieder mit Schopenhauer in Berührung, so genieße ich, da ich ihm gegenüberstehe, die Eigentümlichkeit seines Genius in weit höherem Maße als früher, da ich von ihm gänzlich umfangen war. —

Nach meiner letzten Vorstellung fuhr ich nach Graz, wo ich etwa drei Wochen blieb. Dieser kurze Ferienaufenthalt wurde mir verbittert durch ein neues Militärgesetz, das wieder einmal über Österreich hereingebrochen war und das auch mich betraf. Trotzdem mir meine Militärfreiheit verbrieft und zugesichert war, erhielt ich plötzlich die Aufforderung, mich wieder zu melden. Wieder erhielt ich einen von Zara datierten Militärpaß mit der Verpflichtung, wo ich auch sei, mich »in Evidenz« zu halten. Als geradezu furchtbares Gespenst stand die Möglichkeit vor mir, nachträglich zur Abdienung des Freiwilligenjahres gezwungen zu werden und dadurch meine kaum errungene Mannheimer Stellung, an der ich von ganzem Herzen hing, zu verlieren. Niemand konnte mir sichere Auskunft geben. Man wußte selbst an den zuständigen Stellen mit dieser neuen Schikane nichts anzufangen. In finsteren Gedanken flossen mir die Ferientage dahin, hatte ich doch noch keine Gewißheit, inwieweit mich das vortreffliche Gesetz in Mitleidenschaft ziehen würde. Viel später erst erfuhr ich, daß meine Befürchtungen grundlos waren. Es blieb beim Paß und der Evidenzhaltung, die mir keine besondere Mühe machte, bis meine fortschreitenden Lebensjahre mich endlich auch davon befreiten. —

Während der Tage, die ich in Graz zubrachte, starb Robert Hamerling. Noch im vergangenen Sommer hatte ich ihn einige Male in seiner Klause im Stiftingtal besucht. Schon damals wurde es ihm schwer, sich aufrecht zu halten. Dieses Jahr war kein Besuch mehr gestattet. Ein langsam verzehrendes Leiden war in das Endstadium getreten. Sein letztes größeres Werk, das satirische Epos »Homunkulus«, hatte mich nachhaltig ergriffen. Heute erscheinen mir, mit Ausnahme einer Anzahl von Gedichten, sowohl seine epischen wie seine Romandichtungen verblaßt. Der »Homunkulus« aber ist nicht alt geworden. Wäre dieses Werk besser bekannt, so würde man erstaunen über seine Prophetie. Wie treffend charakterisiert das Kapitel, da Homunkulus »Billionär« wird, unsere heutige Zeit. Unter satirischen Werken nimmt es eine erste Stelle ein; man sollte sich mehr damit beschäftigen.

Noch einmal wanderte ich zum Stiftinghaus hinaus und blickte mit sinnender Wehmut in die bleichen abgemagerten Züge des Dichters, die ich so oft in geistvoller Lebendigkeit vor mir gesehen hatte. An einem blauen Sommertag wurde er auf dem Kirchhof Sankt Leonhard beerdigt. Kienzl stand neben mir, als der Sarg hinabgesenkt wurde, und wir blieben noch am Grabe, nachdem sich die Menge bereits verzogen hatte. Plötzlich flog ein kleiner Vogel auf den frischen Erdhügel, zwitscherte fröhlich, drehte sich einige Male um sich selbst und flog wieder zwitschernd in die Lüfte. »Ist es nicht, als hätte dieser Vogel die Seele unseres Hamerling mit sich genommen?«, sagte Kienzl — und schweigend verließen wir den Kirchhof.

Genau dreißig Jahre später, kurze Zeit nach dem Gedenktage seines Todes, suchte ich Hamerlings Grab wieder auf. Weißer Marmor und eine gelungene Porträtbüste blinkten mir entgegen. Schwer lastete die Zeit. Hatte man vergessen, das Grab zum Gedenktag zu schmücken oder war der Schmuck bereits wieder weggeräumt? Wieder kaufte ich rote Rosen, ließ sie zu einem Kranze winden und legte sie auf den weißen Marmor, wo sie wie große Blutstropfen leuchteten. Das marmorne Weiß des Parthenons stieg in meiner Phantasie auf, das Hamerling in seinem Griechenroman »Aspasia« mit beredten Worten schildert, aber auch das dunkle Grab in Frankfurt kam mir in den Sinn, an dem ich in längstvergangener junger Zeit ebenfalls einen Kranz von roten Rosen niedergelegt hatte. So bitter hatte der das Leben bejahende steirische Dichter den pessimistischen Philosophen gehaßt, daß ihm kein Wort des Tadels und der Ablehnung zu scharf war. In weiten Distanzen aber hören Haß und Gegnerschaft auf. Es kommt nur auf die Distanz an, die wir in uns tragen. —

Als die Ferienzeit verflossen war, fuhr ich auf schnellstem Wege nach Frankfurt zurück wo mich Kreibig auf dem Bahnhof empfing, glücklich, daß das Theater seine Pforten wieder geöffnet hatte.

Die Neustudierung der »Nibelungen«, die, nach den vorbereitenden Proben vor den Ferien, nunmehr sofort in Angriff genommen werden konnte und ohne Störung verlief, brachte mir den ersten Dirigentenerfolg, der sich nicht auf enge Grenzen beschränkte, sondern in weiten Kreisen die Aufmerksamkeit auf mich zog. In vielen großen deutschen Blättern und sogar in Wien, das damals von auswärtigen künstlerischen Ereignissen wenig Notiz nahm, weil es selbst das Wertvollste besaß, wurde berichtet. Was meinen eigenen Eindruck betraf, so glaube ich, daß die »Götterdämmerung«, die ich gänzlich neu einstudiert hatte, tatsächlich vortrefflich gegeben war und daß manche Unzulänglichkeiten in den früheren Teilen, die ich nicht ausmerzen konnte, den Gesamteindruck nicht wesentlich störten. Es waren Festtage, die ich damals in Frankfurt erlebte; sie gaben mir nach den Hamburger Erlebnissen Selbstvertrauen und Mut für die Zukunft.

Otto Dessoff zeigte sich mir gegenüber von einer menschlich und künstlerisch vornehmen Gesinnung, die mir unvergeßlich bleiben wird. Es lag sehr nahe, daß die Art, wie man mich in Frankfurt feierte, ihn gekränkt hätte. Aber nicht eine Spur davon war zu bemerken. Er kürzte sogar seinen Erholungsurlaub ab, um den letzten Proben und Aufführungen beiwohnen zu können. Ein Gefühl ganz besonderer Hochachtung für diesen mir an Alter und Ruhm weit überlegenen Kollegen überkam mich, als ich ihn bei einer Probe der »Götterdämmerung« in einer Ecke der Bühne still und aufmerksam mit einem Klavierauszug sitzen sah. Er beobachtete mein Dirigieren und machte sich dabei

Notizen. »Sie wissen ja,« sagte er mir nachher, »daß ich mich diesen Werken gegenüber fremd fühle. Da ich sie nach Ihnen wieder dirigieren muß und Sie auf das innigste mit ihnen vertraut sind, kann ich nichts Besseres tun, als Sie nachzuahmen.« Selten habe ich soviel Erkenntnis seiner selbst in so schlichter und ehrlicher Form aussprechen hören, wie damals von diesem berühmten Meister des Taktstocks. Zeigte dieses Nachahmen in richtiger Weise nicht viel mehr vom Bewußtsein des eigenen Wertes, als wenn er durch krampfhaftes Herbeiholen von scheinbaren Originalitäten der Auffassung versucht hätte, mich zu überbieten? — Ich bewahre Dessoff nicht nur ein sympathisches, sondern auch ein dankbares Angedenken. Er hat dadurch, daß er mich für kurze Zeit zu seinem Stellvertreter berief, meine aufsteigende Laufbahn um ein bedeutendes Stück vorwärts gebracht.

Es wurde mir nicht leicht, von Frankfurt zu scheiden, trotzdem ich mit vollster Zuneigung nach meinem neuen, nur zwei Eisenbahnstunden entfernten Wirkungskreise hinüberzog. Nachrichten, die ich von dorther empfing, hatten mich auf eine bald bevorstehende Krise in der Leitung des Theaters vorbereitet. Gegenüber den ruhigen, geklärten Verhältnissen im Frankfurter Opernhause, wo alle Fäden in der Hand des sehr vornehmen Intendanten Claar zusammenliefen, war mir die Aussicht auf Streitigkeiten und Umwälzungen höchst zuwider, da ich davon eine Beeinträchtigung der mir gegebenen künstlerischen Möglichkeiten fürchtete. Vorerst war von einer drohenden Gefahr nichts zu bemerken. Heckel, der alte Wächter, begrüßte mich mit seiner frischen, treuherzigen Freundlichkeit. Herr Sauerbeck sprach ebensowenig und sah ebenso verdrießlich drein wie im Frühjahr, und Herr Sepp tat und fühlte sich ebenso wichtig wie damals.

Ich begann sofort mit der Arbeit. Nunmehr lernte ich auch die übrigen Mitglieder des Personals kennen. Frau Seubert-Hausen, ein wunderschöner, weicher Mezzosopran, war ebenfalls, wie der Bariton Knapp, eine jener Erscheinungen, die ein stilles, befriedigendes Wirken an einem Orte der Rastlosigkeit einer sogenannten großen Karriere vorzogen. Der Heldentenor Götjes war weder durch Erscheinung noch durch besondere Darstellungsgabe, wohl aber durch eine prachtvolle, unverwüstliche Stimme ausgezeichnet, die ihn befähigte, strichlose Wagner-Aufführungen ohne Ermüdung durchzuhalten. Eine anmutige junge Sängerin,

427

Fräulein Milena, vervollständigte die nicht große, aber treffliche Künstlergenossenschaft.

Eine besonders schöne Aufführung des »Holländer« am 9. September ist mir in Erinnerung geblieben. Ich gab das Werk ohne Verkürzung; man hörte zum erstenmal den vollständigen Doppelchor des dritten Aktes, der durch Verstärkungen sowie durch Neugestaltung des szenischen Bildes zu besonderer Wirkung gelangte.

Schusters hatten mir eine hübsche zweizimmerige Wohnung, nahe beim Theater, gemietet. Heckel überraschte mich mit einem herrlichen Bechstein-Flügel, den er mir unentgeltlich zur Verfügung stellte. Auch meinem Vorgänger, sagte er, habe er einen Flügel besorgt, aber, wie er mit sehr verschmitztem Lächeln hinzusetzte — keinen so schönen. Als das prächtige Instrument in meine Wohnung befördert werden sollte, zeigte sich, daß die Treppe zu schmal war. Der Flügel mußte also in Heckels Magazin wandern und ich mich mit einem Pianino begnügen.

Heckel hatte auch seine Absicht, mich Frau Wagner zu nähern, nicht aufgegeben. Eines Tages nahm er mich beiseite. »Die Familie«, sagte er, »is jetzt in Frankfurt.« (Unter »Familie« verstand er stets Frau Wagner mit Siegfried und den beiden noch unverheirateten Töchtern.) »Se habe von Ihrem schöne Ring dort gehört und mir darüber sehr freundlich g'schriebe. Die gute Stimmung wolle mer ausnütze.« Er meinte, wir sollten die Herrschaften zu einer Aufführung einladen; es fragte sich nur, zu welcher. Ich schlug »Tristan und Isolde« vor. Das Werk war im vergangenen Jahre von Kapellmeister Paur mit großem Erfolg herausgebracht worden und sowohl Heckel wie mir lag sehr viel an einer baldigen Wiederaufnahme. Heckel meinte aber, unser Tristan-Darsteller sei zu wenig poetisch; man dürfe es ihm aber gerade bei besonderer Gelegenheit nicht antun, einen Gast kommen zu lassen. Mit beiden Erwägungen hatte er recht; so wurde der Plan mit »Tristan« für diese Gelegenheit fallen gelassen.

Inzwischen hatte ich mit dem ersten Akademiekonzert den dieswinterlichen Zyklus dieser Veranstaltungen begonnen. Es war das erste Orchesterkonzert, das ich überhaupt dirigierte. Nichts Schöneres wußte ich zu diesem für mich bedeutungsvollen Ereignis, als Alfred Reisenauer als Solisten zu gewinnen. Es war nicht leicht, da er bestehende Verpflichtungen dafür auf andere Daten verlegen mußte, aber endlich erhielt ich seine

Zusage und konnte bald darauf den Freund begrüßen. Wenn ich ausdrücken soll, wie er an jenem Abend das Es-dur-Konzert von Liszt spielte, so finde ich nur das eine Wort: monumental! Er war noch von jenem Schlag, aus dem die ganz Großen herkommen. War er in keiner Weise gehemmt, so spielte er so, wie eben nur er es konnte, einzig und unvergleichlich. So spielte er an jenem Abend, ganz Individualität, Kraft und Geist, ganz — Alfred Reisenauer! —

Das Programm enthielt außerdem die Achte Symphonie Beethovens, die Faust-Ouvertüre von Wagner und die »Hungaria« von Liszt. Meine Wiedergabe dieses Stückes machte auf Alfred, der Liszt noch mehr vergötterte als ich, einen solchen Eindruck, daß er bis in seine letzten Jahre darüber sprach und mich schilderte, wie ich damals am Pult stand, die dünne Figur scheinbar zu doppelter Höhe gewachsen und die üppige Mähne das bleiche Gesicht wild umflatternd. »König der Zigeuner« nannte er mich oft noch später in Stunden heiteren Beisammenseins.

Die Bezeichnung »elegant« für mein Dirigieren tauchte erst später auf, als ich nicht jeden Bocksprung einer neuen Richtung mitmachte. In der Taufe war mir der Name »Felix« beigelegt worden, derselbe, den auch der große Meister Mendelssohn trug, den Wagner in tadelndem Sinne als »elegant« bezeichnet hatte. Da mich die Natur mit einer leidlichen Gestalt und gerader Haltung bedacht hatte, so war die Brücke leicht gefunden, mit stiller und lauter Beihilfe des Namens den Tadelsbegriff des Wagnerschen »elegant« auch auf mich zu übertragen und mich dadurch zu recht amüsanten Betrachtungen anzuregen, ob die Brücke ebenso leicht gefunden worden wäre, wenn ich durch Zufall etwa »Ludwig« oder anders benamset worden wäre. Des Mephistopheles Ausführungen über das Wort in der Schülerszene lassen sich auch auf den Namen anwenden, der die Bedeutung einer Himmelsleiter oder eines Uriasbriefes gewinnen kann — wenigstens für eine Spanne Zeit! —

Die Tatsache, daß mein erstes Konzertprogramm zwei Stücke von Liszt enthielt, erregte die sonderbare Wut eines Kritikers, mit dem ich mich in eine Kontroverse einließ, da ich eine Verhöhnung Liszts, die außerdem ihr Echo in Mannheimer Gesellschaftskreisen fand, nicht ruhig hinnehmen konnte.

»Jetzt hab' ich's g'funde«, rief mir Heckel zu, als ich ihm kurz darauf im Theater begegnete; »der Wagner-Verein wird

en Extrakonzert an eme Sonntag vormittag veranstalte und dazu
lade mer de Frau Wagner ein, und dann soll de ganze Bande
zerspringe.‹ Damit meinte er natürlich den betreffenden Mannheimer Kritiker und seinen Anhang. Ich griff den Gedanken
sofort auf und entwarf das folgende Programm: Dante-Symphonie
von Liszt, Faust-Ouvertüre, Venusberg-Musik und Kaisermarsch
von Wagner. Heckel übersandte das Programm und die Einladung an Frau Wagner, die zusagte, mit ihren Kindern zu
kommen.

Inzwischen hatte ich reichlich Gelegenheit, mich zu über-
zeugen, daß die Gerüchte von einer drohenden Krise in der
Leitung des Nationaltheaters auf Tatsachen beruhten. Die beiden
Komiteekollegen Heckels hintertrieben, wo sie konnten, die
reiflich überlegten Beschlüsse dieses Mannes, der, obwohl er
nur ein einfacher Musikalienhändler war, mehr vom Theater
verstand als mancher sogenannte Theaterfachmann. Da die beiden
Herren stets solidarisch vorgingen, wenn es galt, sich gegen
Heckel zu stellen, so wurde es ihnen leicht, ihn, der auch als
Präsident nur primus unter pares war, zu überstimmen. Es war
ein offenes Geheimnis, daß im Mannheimer Stadtrat der Plan
aufgetaucht war, die Führung des Theaters, das sich seinen
höfischen Rang bewahrt hatte, einem Intendanten anzuvertrauen,
um dadurch in repräsentativem Sinne nicht gegen die übrigen
Hoftheater zurückzustehen. Es war bald ebenso bekannt, daß
der finstere Herr Sauerbeck diesen Posten anstrebte. Martersteig,
der mir ein lieber Freund geworden war, und ich sahen in der
Möglichkeit dieser Ernennung den Untergang des Theaters,
denn Sauerbeck war zwar ein kluger und belesener Mann, aber
im Innersten seines Wesens Geschäftsmann und darum kunst-
feindlich. Wir versuchten, jeder von einer anderen Seite, im
Stadtrat dahin zu wirken, daß Heckel der Führung erhalten
bliebe und, falls wirklich die Stelle eines Intendanten geschaffen
werden sollte, er dafür ausersehen würde. Ehe wir aber ermessen
konnten, ob unsere Versuche einen Erfolg zu erhoffen hätten,
überstürzten sich die Ereignisse. Den direkten Anlaß der Katastrophe bildete eine Repertoiresitzung. Heckel schlug den
›Tristan‹ vor, nachdem er vorher mit Martersteig und mir den
ganzen Probenplan entworfen hatte. Die beiden anderen Herren
opponierten; sie wußten, daß sie gerade mit der Verhinderung
einer ›Tristan‹-Aufführung Heckel am empfindlichsten treffen

konnten. Warum dieses Werk nicht gegeben werden solle, fragte Heckel mit äußerer Fassung. »Weil es nicht herauskommt,« antwortete einer der verschwornen feindlichen Brüder; »voriges Jahr ist es monatelang am Repertoire gestanden und immer verschoben worden.« Nun mischte ich mich hinein. »Meine Herren,« sagte ich, »ich verbürge mich, daß mit dem hier vorliegenden Probenplan die Aufführung zu dem angesetzten Termin herauskommt, natürlich wenn keine Erkrankungen eintreten.« »Mit dem ‚Fidelio' haben Sie uns neulich auch hineingelegt«, erhob sich plötzlich ein beinahe drohender Vorwurf. Ich hatte mit einigen Schwierigkeiten durchgesetzt, daß von der scheußlichen Gewohnheit, die große Leonoren-Ouvertüre während der Aufführung zu spielen, abgegangen und nur eine Ouvertüre am Anfang gespielt wurde. »Wieso habe ich Sie hineingelegt?« fragte ich. »Die letzte ‚Fidelio'-Vorstellung ist nicht so gut besucht gewesen wie die früheren, weil die Leut' zwei Ufertüre für ihr Geld höre wolle,« lautete die Antwort. »Und das sage mer Ihne«, fuhr der Betreffende fort, »das nächste Mal werde Se wieder de zwei Ufertüre spiele!« — »Es wird Ihnen schwer werden, mich dazu zu zwingen«, antwortete ich, »aber bitte, bleiben wir beim nächstliegenden. Ich wiederhole also meine Erklärung, den Tristan zum angegebenen Termin herausbringen zu können.« »Und trotzdem wird er nicht gegeben werden,« ließ sich die zweiköpfige Stimme wieder vernehmen. »Und ich sage, er wird gegeben werden!« rief jetzt Heckel wie ein gereizter Löwe und sprang auf, indem er mit beiden Händen auf den Tisch hieb. Es entspann sich ein heftiger Wortwechsel, der damit endete, daß die drei Herren das Zimmer verließen. Nicht lange nachher kam Heckel allein wieder. »Ich laß mer'sch nit g'falle«, rief er immer wieder, ließ sich das Repertoire geben und setzte den »Tristan« aus eigener Machtvollkommenheit darauf mit dem Befehl, es sofort zu drucken.

Am Nachmittag kamen wir wieder zusammen, um die unterbrochene Repertoiresitzung fortzusetzen. Das Gewitter lag in der Luft. Jeder von uns sprach mit erzwungener Ruhe und wunderte sich, daß der andere ebenso sprach. Einige minder wichtige Dinge wurden mit nervöser Hast erledigt. Da brachte der Diener das gedruckte Repertoire herein. Jetzt wußten wir, daß die Bombe platzen müsse. Herr Sauerbeck überflog es zuerst. Er verfärbte sich. Mit drohendem Blick sah er uns alle an.

»Wieso stehen Opern hier, die nicht gegeben werden?« fragte
er mit einer Stimme, die durch seine verhaltene Wut heiser
klang. — Keine Antwort. — »Wer hat den ‚Tristan‘ hier darauf-
gesetzt?« — »Ich!« antwortete Heckel. — »Der ‚Tristan‘ wird
gestrichen!« — »Er wird nicht gestrichen!« — »Ihren ganzen
Wagner sollte man streichen«, schrie endlich Sauerbeck, der
immer mehr die Fassung verlor, auf Heckel ein. »Er verdirbt
uns doch nur das Repertoire.« — Das war mir zu toll. »Streichen
Sie auch mich!« rief ich Sauerbeck zu. »Und mich!« sekundierte
Martersteig. — An ein Zusammenarbeiten war nicht mehr zu
denken.

Das Komitee reichte beim Stadtrat seine Entlassung ein,
Heckel mit bewußter Resignation, die beiden anderen in der
stillen Hoffnung, als unentbehrlich zurückgehalten zu werden.
Der Stadtrat nahm aber die Entlassung in corpore an. Sauerbeck
und Sepp tobten sich noch in einer ihnen ergebenen Zeitung
aus, dann verschwanden sie spurlos vom verwüsteten Schauplatz.

Als das von Heckel ins Leben gerufene Extrakonzert an
einem Sonntag Vormittag stattfand, war der treffliche Mann
nicht mehr Komiteepräsident. Ich holte mit ihm die Familie
Wagner von der Bahn ab. Gerade hatte ich noch Zeit, mich
umzuziehen. Das Konzert fand außerordentlichen Beifall. Frau
Wagner gab sich so herzlich zu mir wie in den Tagen, da ich
im Jahre 1886 Wahnfried zum erstenmal betreten hatte. Sie
schloß mich nach dem Konzert sogar in ihre Arme und küßte
mich »wie eine Mutter ihren Sohn«. Im Hause Heckels nahmen
wir das Mittagmahl ein. Seit seinem Rücktritt von der Leitung
seines geliebten Theaters sah ich ihn zum erstenmal wieder
fröhlich. Er sah mich neben Frau Wagner sitzen und angeregt
mit ihr sprechen. Sein Plan war gelungen, so dachte er in seinem
großen, naiven Herzen, und zu den nächsten Festspielen würde
meine Berufung erfolgen. Aber er, der sonst sehr klar sah,
täuschte sich hierin. Frau Wagner schrieb mir einen sehr schönen,
warmen Brief, den ich mir als Andenken aufhob. Eine Annäherung ihrerseits aber erfolgte in keiner Weise und meine Erfahrungen mit ihr hatten eine zu deutliche Sprache gesprochen,
als daß ich eine solche Annäherung meinerseits versucht hätte.
Es blieb wie es war, und ich gewann dadurch die Freiheit, in
späteren Jahren, als es mir notwendig schien, mit einem offenen
Wort über Bayreuth nicht zurückzuhalten.

Bei Tisch wurde auch der jüngste Vorfall im Hoftheater lebhaft besprochen. Isolde, die auch hier das Herz auf dem rechten Fleck hatte, rief mit ihrer frischen Stimme, man solle doch Herrn Heckel zum Intendanten machen. Wir alle gaben der Hoffnung Ausdruck, daß man den verdienstvollen Mann, der schon einmal seine Stellung im Komitee niedergelegt hatte und wieder berufen worden war, auch jetzt nicht dauernd ziehen lassen werde. Aber Heckel schüttelte mit vielsagendem Lächeln das Haupt. »E zweites Mal hole se mich nicht wieder!« sagte er. — Und er behielt recht. Heckel hat das Mannheimer Theater nur einmal, gelegentlich der Aufführung einer meiner Opern, wieder betreten.

Wir geleiteten die Familie Wagner zur Bahn. Ein freundlicher Abschied und ein grüßendes Winken. Zuletzt, als der Zug schon im Fahren war, wurde noch einmal Isoldens hübscher Kopf am Fenster sichtbar. Ich habe sie nicht wieder gesehen. Ein Ereignis, das außerhalb der regelmäßigen Veranstaltungen lag, war vorüber. Die täglichen Sorgen nahmen mich wieder mehr als ich geahnt hatte, in Anspruch.

Im Direktionsbureau des Theaters saßen wieder drei Männer, ein provisorisches Komitee, wackere biedere Leute, denen Bühnenbetrieb und Kunst so fremd war, wie mir ein Großkaufmannsgeschäft. Es war ein Glück, daß sie sich darauf beschränkten, die Ziffern zu überprüfen, sonst aber nicht hineinsprachen. Sie saßen jeden Abend in der Komiteeloge, sichtlich glücklich, sich vom Publikum als Regenten anstaunen zu lassen, stifteten aber in der ganzen Zeit ihres Wirkens durch ihr stilles, bescheidenes Auftreten nicht nur kein Unheil, sondern ermöglichten es Martersteig und mir, die durch die fortwährende Opposition der beiden Gegner Heckels aufgehaltene Arbeit wieder in Fluß zu bringen.

Eine sympathische Gestalt des Mannheimer Theaters war Dr. August Bassermann. Er wirkte als Schauspieler und Regisseur und wurde auf Vorschlag Martersteigs jetzt mehr als bisher zur Leitung herangezogen. Mit seiner gründlichen Bildung und seinem gleichzeitig energischen und verbindlichen Wesen hat er jetzt und später seiner Vaterstadt wertvolle Dienste erwiesen, bis ihn der Großherzog von Baden als Generalintendant nach Karlsruhe berief.

Zunächst galt es, die ereignisreiche, vielbesprochene Aufführung des »Tristan« herauszubringen. Nicht nur eine würdige

Feier des Bayreuther Meisters sollte damit begangen, sondern auch unserem Heckel eine Huldigung dargebracht werden. Zwar wußten wir, daß er die Aufführung nicht besuchen würde; aber der ganzen Stadt sollte bewiesen werden, wie kleinlich die Bedenken und wie bösartig das Vorgehen seiner Gegner war, die aus Eitelkeit, Streberei und Haß eine solche Aufführung hintertreiben wollten, aber nur erreichten, eine ausgesprochene Persönlichkeit aus dem Theater zu entfernen, was durch das Glück, auch von der Gegner Gegenwart befreit zu sein, nicht aufgewogen wurde.

Die Proben waren in bestem Gange, als ein neues Gespenst am Horizont auftauchte, eine epidemische Krankheit, heute jedem vertraut, damals weniger in den begleitenden Erscheinungen als im Namen neu: die Influenza. Zuerst lachte man darüber, später hatte man allen Grund, sie ernst zu nehmen. Von Tag zu Tag mehrten sich die Erkrankungen und sogar die Todesfälle. Auch im Theater wurde einer nach dem anderen von der »Infaulenza« ergriffen; so hatte unser sehr origineller Orchesterdiener, der immer voll witziger Einfälle steckte, die neue Epidemie getauft. Er empfahl aller Welt reichlichen Genuß von Alkohol als Universalmittel, folgte seinem eigenen Rate und blieb tatsächlich von der Krankheit verschont.

Von den »Tristan«-Darstellern erkrankte zuerst der Heldentenor, Herr Götjes. Mottl, der im nahen Karlsruhe wirkte, versprach, mir seinen Tristan zu senden. Lücken im Orchester, die rapid einrissen, ergänzte ich durch Mitglieder einer Militärkapelle, mit denen ich fortwährend Spezialproben hielt. Es war für mich Ehrensache, die Aufführung aufrechtzuhalten, weil ich wußte, wie die Gegner in ihren Höhlen bereits lauerten, um über eine neue Verschiebung spottend triumphieren zu können. Auch Knapp-Kurwenal meldete sich krank, und auch für ihn war bereits Ersatz geschafft. Als aber auch die Isolde, Fräulein Mohor, sich kampfesunfähig erklärte und weder Mottl mir die ebenfalls erkrankte Karlsruher Isolde senden konnte, noch sonst ein Ersatz aufzutreiben war, da mußte auch ich die Waffen strecken. Und es war ein Glück, daß es so kam, denn auch ich war bereits von der Krankheit ergriffen. Nur weil ich um keinen Preis die Aufführung verschieben wollte, hielt ich mich mit größter Energie aufrecht. Die letzte Probe hatte ich bereits zähneklappernd, in Filzschuhe und Decken eingehüllt, dirigiert. Als ich die Unmöglichkeit einsah, eine Isolde zu bekommen, verließ ich das

434

Theater und begab mich zu einem Arzt. Beim Gehen mußte ich stets nach ein paar Schritten anhalten, um Luft zu schöpfen. Der Doktor schlug die Hände zusammen. »Was fällt Ihnen denn ein, noch herumzugehen! Sie haben hohes Fieber und die Bronchien sind bereits angegriffen. Sie stehen dicht vor einer Lungenentzündung!« Er ließ einen Wagen kommen und brachte mich nach meiner Wohnung. Meine hellen freundlichen Zimmer hatte ich verlassen müssen, da die Vermieter fortzogen. Im Durcheinander der Heckel-Krise nahm ich, was sich mir bot: ein Parterrezimmer, das feucht und recht unfreundlich war. »Hier dürfen Sie nicht bleiben!« erklärte der Doktor kategorisch. Es wurden Freunde und Angestellte des Theaters mobilisiert, die überall nach einer passenden Wohnung suchten. Noch am selben Tage wurde ein dreizimmeriges Appartement gefunden, das ziemlich weit vom Theater entfernt war, aber allen sanitären und gemütlichen Anforderungen entsprach. Dorthin begleitete mich der freundliche Arzt, brachte mich sorgsam zu Bett, bestellte eine Krankenschwester und gab meiner Wirtin alle Vorschriften. Für angemessene Verpflegung sorgten Freunde in liebevollster Weise. Auf Rat des Arztes ließ ich einen Dauerbrandofen kaufen, der alsbald gesetzt wurde, und auch der große Bechstein-Flügel, der noch bei Heckel stand, konnte herausgeschafft werden. So verdankte ich meiner Krankheit wenigstens eine angenehme Wohnung.

Das Fieber schüttelte mich nun einige Tage tüchtig und meine Lunge hatte viel zu arbeiten, um alles auszuwerfen, was nicht hineingehörte. In meiner halb wachen, halb traumhaften Gedankenwelt tauchte ein Bild, eine Erinnerung immer wieder aus dem Nebel des Unbewußten empor. Es war in jenen Tagen, da ich noch im Wahnfried verkehrte. Mottl war gerade angekommen und wir waren nur wenige Personen um Frau Cosima versammelt. Sie zeigte uns das wunderbar klar geschriebene Manuskript der »Tristan«-Partitur, in dem wir andachtsvoll blätterten. Dann holte sie Skizzen und Entwürfe zu diesem Werk hervor. Auf einem Blatt stand vom wunden Tristan auf seinem Lager und von Parsifal, der auf seiner Irrfahrt kommt, um Tristan zu trösten. So lebte die Gestalt des Gralsritters schon im Geiste seines Schöpfers, als er den Tristan entwarf. Was von diesem irrenden Parsifal im Tristan übrigblieb, ist offenbar die »Traurige Weise« des Hirten. Dann lasen wir von einer Vision Tristans, in der er Isolde über ein Meer von Blumen zu sich herschreiten sieht. Diesem Bilde entsprang offenbar die herrliche E-dur-Melodie mit der Begleitung der Hörner »Wie sie selig, hehr und milde wandelt durch des Meers Gefilde«. Dann tauchte mir wieder das Bewußtsein auf, daß der Tod den großen Schnorr von Karolsfeld, den ersten Tristan, kurz nachdem er diese Gestalt zur Bewunderung Wagners dargestellt hatte, in sein Reich zog, wie er auch der größten Isolde, der Reicher-Kindermann, nicht erlaubte, nach der grandiosen Lösung dieser Aufgabe noch an eine neue heranzutreten. Sollte auch für mich das dunkle Tor bereits offenstehen, nachdem ich vermessen genug war, einem höheren Ratschluß zum Trotz, diesen Hymnus an die Nacht mit aller Gewalt in das Flackerlicht des Theatertages zerren zu wollen? — Noch war es nicht soweit. Meine Lunge begann wieder regelmäßig zu arbeiten und das Fieber verschwand. Etwa acht Tage hatte mein Bettarrest gedauert. Dann durfte ich aufstehen und bald auch wieder in die frische Luft hinausgehen. Allmählich fanden wir uns auch, mehr oder weniger gebleicht und abgemagert, im Theater zusammen, wo nun tatsächlich eine wohlgelungene und enthusiastisch aufgenommene Aufführung des »Tristan« stattfand.

Mit besonderer Liebe nahm ich die Ausgestaltung der Akademiekonzerte in die Hand. Endlich konnte ich Symphonien von Beethoven so aufführen, wie sie in mir lebendig waren. Das Mannheimer Orchester war nicht groß, aber gut und gutwillig, und der kleine Saal, in welchem damals die Konzerte stattfanden, ließ durch seine treffliche Akustik die numerische Schwäche der Besetzung nicht allzu stark empfinden. Mein Freund Schuster am ersten Pult spielte für Zehn und riß durch sein echtes Künstlertemperament die kleine Schar der ersten Violinen und dadurch auch die übrigen Spieler mit sich fort. Geradezu eine neue Welt ging mir auf, als ich in einem der ersten Konzerte die Symphonie phantastique von Berlioz aufführte. Ich stand Berlioz bisher mit einer Art von erstaunter Neugier gegenüber, merkte wohl, daß da bedeutende Dinge vorgingen, wußte aber nicht recht, wie ich ihnen nahe kommen sollte. Jetzt sprang ich mit einem Male mitten hinein und sah, daß ich von Wesen und Gedanken umgeben war, die mir nahestanden und vertraut waren. Mit beseelter Hingabe sah ich mich weiter um, empfing und ergriff in dieser neuen Welt, und wußte seit dieser Zeit, daß ich für Berlioz zu wirken hatte. —

Ein Baumeister aus Frankfurt, der später der glückliche Gatte unseres Fräuleins Mohor wurde, war von der Aufführung der Berliozschen Symphonie so begeistert, daß er, ohne seinen Namen zu nennen, den Museumssaal in Frankfurt mietete und die Mannheimer Hofkapelle in entsprechender Verstärkung herüberkommen ließ. Auch dort führte ich die Symphonie phantastique auf, außerdem die große Leonoren-Ouvertüre und die Venusbergmusik, und unsere Primadonna sang mit ihrer herrlichen Stimme die Fidelio-Arie und Isoldens Liebestod.

In den Chorproben des Musikvereins, die ich zweimal wöchentlich abhielt, machte sich die geringe und unregelmäßige Beteiligung der Herren störend bemerkbar, während die Damen zahlreich vertreten und pünktlich waren. Auch in anderen Städten bin ich demselben Übelstand begegnet. Die singlustige deutsche Herrenwelt bleibt lieber unter sich, wo ungeniert getrunken und geraucht werden kann. Ohne diese das Leben verschönernden Reizmittel zwei Stunden lang sitzen und studieren zu müssen, scheint den meisten zu langweilig; darum leiden viele deutsche Chorvereinigungen unter einem im Verhältnis zur Beteiligung der Damen verschwindend geringen Prozentsatz von Herrenstimmen, und die unerläßliche Verstärkung muß von Berufschören, meistens vom Theater, herbeigeholt werden. Um einigermaßen Abhilfe zu schaffen, entschloß ich mich, auch noch die mir angebotene Leitung des Lehrervereins zu übernehmen, wofür sich eine größere Anzahl von Mitgliedern dieses Vereines verpflichteten, bei den Proben und Konzerten des Musikvereins mitzuwirken und diese Verpflichtung auch brav einhielten. Im ersten Konzert führte ich, wenn ich nicht irre, ein Oratorium von Händel auf. In besonderem Andenken aber ist mir das Requiem von Cherubini geblieben. Die Aufführung fand in einer Kirche statt. Da sie in früher Nachmittagsstunde begann, war für Beleuchtung nicht vorgesorgt worden. Das Programm, das als erste Nummer den »Actus tragicus« von Bach enthielt, dauerte aber länger, als ich vorausgesehen hatte. Es wurde am Schluß so dunkel, daß die Mitwirkenden kaum mehr die Noten lesen konnten und ich bereits fürchtete, die Aufführung unterbrechen zu müssen. Gerade aber dieses allmähliche Hereinbrechen der Nacht verlieh dem leise verklingenden Schluß dieser großen, schönen Totenmesse eine mystische Feierlichkeit, die, wie ich aus baldigen Mitteilungen erfuhr, nicht nur uns, die Ausführenden, sondern auch das Publikum unbezwinglich in ihren Kreis zog. »Noch nie habe ich eine Kirche in solcher Stimmung verlassen, wie heute«, sagte mir eine Frau beim Ausgang. — Für den Schluß der Saison bereitete ich die Matthäus-Passion vor. —

Der Plan, einen Intendanten zu ernennen, schien für einige Zeit eingeschlafen zu sein. Man hörte nur, daß die Besoldung, welche die braven Stadtväter für diese Stellung aussetzten, so gering sei, daß niemand auf den ausgeworfenen Köder anbeißen wolle. Schon hofften wir auf ein völliges Verschwinden der diesbezüglichen Absichten, denn durch die einsichtsvolle Indifferenz des provisorischen Komitees war der gegenwärtige Zustand durchaus erträglich, und die Aussicht, Heckel wieder zu inthronisieren, stand immerhin noch offen. Aber ein Unheil, das einmal eintreten soll, tritt ein, auch wenn alles dagegen spricht. Diesmal war es der ausgezeichnete Hermann Levi, der nolens volens der Übermittler dieses Unheils wurde. Er befand sich auf einer Dienstreise in Brünn, wo ein Freiherr v. Stengel Direktor des Stadttheaters war. Dieser muß es verstanden haben, den leicht erregbaren Künstler teils durch Liebenswürdigkeit, teils durch geschickt zur Schau getragene wagnerianische Kunstbegeisterung für sich zu gewinnen. Tatsache war, daß eines schönen Tages ein Brief Levis beim Stadtrat eintraf, der besagten Freiherrn von Stengel auf das wärmste empfahl.

Mannheim horchte auf. — Eine Empfehlung des berühmten Dirigenten; das war gewiß etwas wert. Aber ein Freiherr! ein »Baron« als Intendant des Hoftheaters; das war noch viel mehr. Wie ein Lauffeuer verbreiteten sich die Nachricht dieser Empfehlung Levis und der adlige Name des Intendantenaspiranten in der Stadt. Es dauerte nicht lange, so verkündete uns einer der Herren des provisorischen Komitees mit salbungsvoller Miene, es sei »gelungen«, den Herrn Baron Stengel zu einer Reise nach Mannheim zu »bewegen«.

Und wieder dauerte es nicht lange bis zum Eintreffen des Wundermannes. Ein hochaufgeschossener, stets mit einem schwarzen, langen, hie und da etwas fadenscheinigen Gehrock bekleideter Herr; das leicht ergraute Haar glatt und glänzend um das fahle Gesicht gestrichen, das eine Auge halb eingefallen: der dekadente und zugleich verarmte Aristokrat wie er im Buche steht, mit dem verbindlichen Wesen und den guten Manieren, die solchen

Leuten zu eigen sind. Er wurde empfangen wie ein König. Im Theater, wenn er gemessenen Schrittes und würdevoll einherschritt, machten ihm viele die tiefsten Bücklinge. Sogar die sogenannten Hofknixe bemerkte ich bei Mitgliedern des weiblichen Personals. In den Gesellschaften war er der Löwe des Tages. Ich hatte mich bisher gerade von den reichen Familien Mannheims ferne gehalten; nicht etwa aus irgendeiner Abneigung, sondern weil man meinem Vorgänger nachsagte, daß er seine Position zu einem nicht geringen Teil seinen gesellschaftlichen Beziehungen und seiner Bereitwilligkeit, in Privathäusern zu musizieren, verdankte, ja sogar ganz offen von pekuniären Unterstützungen und Tilgung von Schulden sprach. Ohne diese Gerüchte auf ihre Richtigkeit zu prüfen, wollte ich mich der Möglichkeit ihres Entstehens in Beziehung auf meine Person gar nicht erst aussetzen und vermied es, so manche Pforte zu überschreiten, die sich mir gewiß gern und gastfreundlich geöffnet hätte. Jetzt, anläßlich der Feiern für den neuen Herrn, konnte ich nicht ferne bleiben, da ich sonst den Verdacht der Animosität ihm gegenüber erweckt hätte. Ich nahm also einige der in liebenswürdiger Form ergangenen Einladungen an. Einer Aufforderung, zu musizieren, begegnete ich mit einer höflichen Ablehnung, worauf man taktvoll genug war, nicht mehr mit ähnlichen Wünschen an mich heranzutreten. Ich habe auch in meinem späteren Leben die Auffassung vertreten und durchgeführt, daß Einladungen meiner Person, nicht aber meiner Kunst gelten.

Obwohl sich mein Umgang nun etwas erweiterte, blieb doch das Ehepaar Schuster mein liebster Verkehr. Hier war ich zu Hause; bei diesen einfachen Menschen fand ich die Idealität, den Humor, die Freundschaft, die mein Leben und Wirken verschönte. Jeden Donnerstag, so hatte sich's Frau Ottilie ausgemacht, mußte ich bei ihnen zu Mittag essen, und auch sonst, mitunter noch nach einer Vorstellung, ging ich mit ihnen in ihr trauliches Heim in H, 7, 21. (Das innere Mannheim ist nämlich nicht in Straßen, sondern in Häuserquadrate eingeteilt.) Dort saßen wir oft bis in die späte Nacht in ernsten oder heiteren, aber nie in gleichgültigen Gesprächen zusammen.

Nachdem Freiherr v. Stengel gebührend durchgefeiert worden war, erfuhr man, daß es ›gelungen‹ war, ihn als Intendanten des Hof- und Nationaltheaters zu ›gewinnen‹, und er reiste nach Brünn zurück, das er nie hätte verlassen sollen.

Martersteig hatte zu unser aller Leidwesen die Direktion des damals deutschen Stadttheaters in Riga übernommen. Ihm waren, entgegen den Empfehlungen Hermann Levis, Informationen über die wahren Qualitäten des Baron Stengel zugegangen. Trotzdem er am Mannheimer Theater kein Interesse mehr zu haben brauchte, war er doch so ehrlich, aber auch so unvorsichtig, eine Warnung an die zuständigen Stellen gelangen zu lassen. Dies entfesselte einen Sturm der Entrüstung gegen Martersteig, als ob er gewagt hätte, einen Gott anzutasten. Es wurde eine Disziplinaruntersuchung gegen ihn eröffnet. Eine geradezu scheußliche Denunziation, an der sich leider zwei Mitglieder des Theaters beteiligten, trat hinzu und das Ende war, daß Martersteig Knall und Fall entlassen wurde.

Baron Stengel hatte vor seiner Abreise ein Wort hingeworfen, das ihm seine augenblickliche Popularität noch erhöhte. Er versprach, auch die Operette zu pflegen. Wieder horchte Mannheim auf und — jubelte. Schon öfter war der Wunsch nach diesem oberflächlichen Genre aufgetaucht; auch eine Zeitung war ihr Fürsprecher. Am eisernen Widerstand Heckels scheiterten diese Bestrebungen. Nun war der Widerstand gebrochen. Ich erschrak auf das tiefste. Einerseits wußte ich aus meinen Erfahrungen in Königsberg und Danzig, daß die Operette, wenn man von genialen Ausnahmen, wie zum Beispiel der »Fledermaus« absieht, den Geschmack des Publikums für die gehaltvolle Oper verdirbt. Dann sah ich aber auch, daß selbst für diese besten Erzeugnisse der Operette das geeignete Personal fehlte. Was herauskommen konnte, war eine Halbheit, welche die Kräfte für höhere Aufgaben brachlegte. Das waren keine erfreulichen Aussichten. Heckel war weggedrückt, Martersteig entlassen. Mit beiden hatte ich auf ein langjähriges, erfolgreiches Zusammenwirken gehofft. Ich kam mir vor wie eine einsame Säule und begann vorauszusehen, daß auch für mich die Zeit des Abschieds von einer Stätte, die ich mit den frohesten Hoffnungen erst vor kurzer Zeit betreten hatte, nahe bevorstünde.

Auch sonst machte sich ein Abbröcklungsprozeß bemerkbar. Der Baritonist Neidl war schon seit einiger Zeit an das Wiener Operntheater engagiert. Nun drohte auch der Verlust des vorzüglichen Bassisten Mödlinger, der einen Antrag an das Berliner Königliche Opernhaus erhalten hatte. Gern wäre er in Mannheim geblieben, forderte nur eine verhältnismäßig geringe Aufbesserung seiner Gage. Damit stieß er aber trotz unseren Gegenvorstellungen auf den Widerstand der damals noch amtierenden beiden Komiteekollegen Heckels. »Der Mödlinger wird sich wundern,« erklärte Herr Sepp, stets im Einverständnis mit seinem Freund Sauerbeck, »ob sie ihn in Berlin engagiere. Dann wird er bitte komme, daß wir ihn behalte, und dann können mer'n drücke.« Mödlinger schloß nach Berlin ab, hatte bei seinem Gastspiel glänzenden Erfolg, und Mannheim war um eine Kraft ersten Ranges ärmer. So werden durch Unverstand Reichtümer verschleudert.

In Martersteigs Funktionen als Oberregisseur trat nunmehr Dr. Bassermann dauernd ein. Da das provisorische Komitee indifferent blieb wie bisher, so bestand die Aussicht, in dieser Saison noch künstlerische Dinge vollbringen zu können. Ich ergriff diese Gelegenheit, verband mich mit Dr. Bassermann, in dem ich jetzt und auch stets in späteren Jahren einen verständnisvollen Kunstgenossen fand, und wir beschlossen, gegen Schluß der Spielzeit eine Aufführung des Nibelungenringes herauszubringen. Die einzelnen Teile waren unter Emil Paurs Leitung bereits gegeben, auch einmal in der Reihenfolge, aber mit so großen Zwischenräumen, daß andere Opern dazwischen gestellt wurden. Unsere Aufführung sollte ohne Unterbrechung im Laufe einer Woche stattfinden. Es wurde sofort an die Arbeit gegangen, denn unsere Mohor mußte noch die Brünhilden im »Siegfried« und in der »Götterdämmerung« lernen. Auch sonst war manches neu zu besetzen und szenisch herzurichten. Bassermann stand mir treulichst mit seiner ganzen Arbeitskraft zur Seite und die Künstler ebenfalls. Kleine humoristische Episoden verdankten wir meinem Kollegen, Kapellmeister Langer. Er war die gutmütigste Natur, die man sich denken kann; wir waren Freunde und Duzbrüder. Er hatte nur die Leidenschaft, eine Autorität zeigen zu wollen, die er nicht besaß, und liebte es, wohlerwogenen Beschlüssen störende Vorschläge entgegenzusetzen. Natürlich wurde er immer überstimmt und fügte sich ohne Groll in sein Schicksal. Schließlich aber, wenn ich eine diesbezügliche Absicht in Repertoiresitzungen oder sonst bei ihm merkte, ließ ich ihn erst gar nicht reden, sondern unterbrach ihn mit den Worten: »Ferdinand, du bist schon wieder dagegen«, was stets allgemeine Heiterkeit auslöste. Bis zu seinem Tode blieb diesem trefflichen Menschen im Freundeskreise das Epitheton des »Ferdinand, der immer dagegen ist«.

Zweimal war ich nach Karlsruhe hinübergefahren, wo ich unter Mottls Leitung die ›Meistersinger‹ mit Plank als Hans Sachs und eine besonders schöne Aufführung von Liszts ›Heilige Elisabeth‹ mit Pauline Mailhac in der Titelrolle hörte.

Für einige Tage fuhr ich nach Eisenach zur Tonkünstler-Versammlung des Allgemeinen Deutschen Musikvereins, der ersten, die ich seit Liszts Tode wieder besuchte. Ich dirigierte dort das Zwischenspiel aus dem dritten Akt meiner Oper ›Malawika‹, das ich für Konzertaufführungen arrangiert hatte. —

Als ich die Matthäus-Passion und die ›Nibelungen‹, genau wie es in meinem Plan lag, herausgebracht hatte, konnte ich daran denken, mir etwas zu gönnen, wonach ich schon lange die größte Sehnsucht empfand. Ich wollte hineinblicken in das Wunderland Italien, wollte wieder einmal das südliche Meer sehen, das seit unserem Fortzug von Zara wie ein ferner Traum vor meinem geistigen Auge stand. Meine Barschaft reichte zu mehr als einem flüchtigen Blick nicht aus; den aber wollte ich endlich tun. Über meine Ferien hatte ich bereits disponiert. Seit den Tagen, die wir in Grailach verbracht hatten, war meine Mutter nicht von Graz fortgekommen. Bereits seit längerer Zeit hatte ich sie brieflich gebeten, für uns beide einen Landaufenthalt zu wählen und erhielt die Nachricht daß sie uns für zwei Monate in Krieglach in Obersteiermark im Pfarrhause eingemietet hatte und daß auch das Klavier, dessen Besorgung ich ihr auf die Seele gebunden hatte, bereits bestellt sei.

Ich fuhr von Mannheim die liebliche Schwarzwaldbahn hinunter bis Konstanz, überquerte von dort den Bodensee, landete in Bregenz, und fuhr bis Innsbruck, wo ich zwei Tage blieb. Die Brennerbahn enttäuschte mich, da ich mir etwas dem Semmering ähnliches vorgestellt hatte. Als ich das erste Immergrün gewahrte, das sich in dunklen Streifen über den steinigen Boden hinzog, wußte ich, daß das ersehnte Land vor mir lag. Auch sprachen die italienischen Namen der Stationen eine deutliche Sprache. Man hatte mich in unkundigen Kreisen auf allerlei Gefahren aufmerksam gemacht, so daß ich glaubte, gut zu tun, einen Revolver mitzunehmen, nicht ahnend, daß mir daraus ernste Unannehmlichkeiten hätten erwachsen können, da das Waffentragen in Italien ohne besonderen Paß verboten war. Als ich in Ala in den italienischen Zug stieg, war ich ganz allein im Abteil. Der abnehmende Mond stieg blutrot am Horizont auf und warf sein ungewisses Licht über die sich leise senkende Ebene, durch die unsere Maschine ohne Aufenthalt dahinsauste. Mir wurde unheimlich zu Mute und ich sah nach meinem Revolver, ob er auch in Ordnung sei. An der Porta Nuova in Verona stieg ich aus. Ein recht armseliger Einspänner führte mich in sehr mäßigem Trab durch ein keineswegs neu aussehendes Tor eine lange Straße entlang auf einen großen Platz. Im weißen Licht der elektrischen Bogenlampen wogte eine bunte Menschenmenge auf und nieder, aus der die buntfarbigen eleganten Uniformen der Offiziere besonders hervorstachen. Die Tische vor den Restaurants waren weit über die Kolonnaden hinausgeschoben und dicht besetzt. Musik tönte von überall her. Dort aber — ganz nah und doch so weit entfernt — lag sie vor mir, eine stumme Zeugin mächtiger Vergangenheit, die römische Arena. Der bereits höher gestiegene Mond beleuchtete diese wunderbare Ruine, deren Schönheit durch die schrägen, in der klaren Luft doppelt scharfen Schatten noch erhöht wurde. Was waren alle Abbildungen gegen diese unerhörte Wirklichkeit! — Ich ließ meinen Einspänner rasch vor einem der zahlreichen Alberghi vorfahren, stellte mein Gepäck ab und eilte wieder auf den Platz zum großen kreisrunden Wunder, dessen Anstaunen ich nur zeitweilig unterbrach, um mich ihm nachher mit doppelter Inbrunst hinzugeben. Die Sterne schienen zu singen, so harmonisch leuchteten sie herab. Zum erstenmal fühlte ich wieder Schwingungen des Lichtes, wie sie meiner ersten Kindheit glänzten und empfand den Hauch jener warmen Luft, die meine Stirn in der frühesten Zeit meines Daseins umwehte. Sollte ich es Heimatsgefühl nennen, dieses halb frohe, halb schmerzliche Empfinden, das jahrelang verschüttet war und nun emportauchte aus rätselhaften Tiefen und meine Augen mit Tränen füllte?

Nur einen halben Tag hatte ich für Verona vorgesehen. Am nächsten Morgen nahm ich mir wieder einen Einspänner, der besser aussah und fuhr wie der gestrige, und durchstreifte mit ihm die Stadt, an besonders sehenswerten Punkten verweilend. Aber nicht nur diese, sondern das ganze, mir neue und doch aus den frühesten Erinnerungen vertraute Bild einer südlichen Stadt nahm mich derart gefangen, daß ich nicht wußte, wie ich es anstellen würde, dieses kaum betretene Zauberland nach wenigen Tagen wieder zu verlassen.

Mit einem Nachmittagzug fuhr ich nach dem sagenhaften

Venedig. Beinahe wäre ich zu spät gekommen, da ich den Kutscher beauftragt hatte, den Weg über die Piazza d'Erbe zu nehmen, die ich nochmals sehen wollte, und mich dort verträumt hatte. Ich konnte aber doch noch gerade im Augenblick der Abfahrt in den Wagen springen. Nach zwei Stunden atmete ich den eigentümlichen Geruch der Laguna Morta, und als der Zug über die große Brücke fuhr und ich den Kopf so weit als möglich hinaussteckte, stieg die ›Königin des Meeres‹ vor meinen Blicken empor. Aus dem Bahnhofperron heraustreten und eine Straße vor sich sehen, wo es kein Trottoir und keine Fußgänger gibt und statt der lärmend dahinrasselnden Kutschen die schwarzen, schweigsamen Gondeln auf und nieder gleiten — welch einzigartiger Anblick! — Ich stieg in eines dieser dunklen, stillen Fahrzeuge und ließ den Gondolier den Weg über den Canal Grande nehmen. — Bald tauchte links ein vertrautes Denkmal auf: der Palazzo Vendramin. Eine von der bereits abendlichen Sonne glühend erleuchtete Wolke schwebte für kurze Augenblicke gerade darüber am Himmel. Bedeutsam berührte mich die Inschrift ›Non nobis‹. — Ja wahrlich, nicht für uns, sondern für alle Zeiten und alle Kulturvölker hast du Großes gewirkt, Meister, dem hier die Last des irdischen Lebens von den Schultern genommen worden ist! —

Weiter und weiter enthüllten sich mir die herrlichen Bilder dieser unvergleichlichen Wasserstraße. Unter dem Rialto, über den ich meinte, das Gespenst Shylocks dahinschleichen zu sehen, fuhr die Gondel rasch dahin, ein neues und wieder ein neues Panorama enthüllend, bis sie vor dem kleinen Hotel Monaco hielt, wo ich ein Zimmer bestellt hatte. Jetzt merkte ich erst, daß ›Monaco‹ nicht den Felsenvorsprung an der südfranzösischen Küste mit dem berühmten und berüchtigten Kasino, sondern das biedere München bedeutete. Der Padrone des Hotels war ein vierschrötiger freundlicher Bajuvare und versicherte mir sofort, daß er echtes Bier ausschenke.

Wieder stellte ich rasch mein Gepäck ab und ging die enge Straße stadtwärts, bis ich rechts auf eine Kolonnade stieß, die ich durchschritt. — Der Markusplatz lag vor mir.

Es dauerte lange, bis ich wagte, weiter zu schreiten und das steinerne Spitzengewebe des Dogenpalastes zu betrachten, der hinter dem Campanile bei jedem meiner Schritte mehr und mehr hervortrat. Dann auf die Piazzetta und links über einige

444

Brücken auf die Riva dei Schiavoni. Dann wieder zurück zum Dogenpalast zur Markuskirche, die schillernde, malerische Merceria hinein und wieder zurück zum Platz, von dem jetzt die Klänge einer vorzüglich spielenden Militärmusik herübertönten. Es war Nacht, als mich ein starkes Hungergefühl mahnte, daß ich über Schauen und Träumen das Essen vergessen hatte. Im ersten Stock des Café Quadri an einem Fenster sitzend, genoß ich ein auf italienische Art zubereitetes köstliches Abendmahl und trank zum erstenmal roten Chianti.

Ich hatte mir an der Hand meines Baedecker einen genauen Plan für die drei Tage zurechtgelegt, die ich in Venedig zubringen wollte. Jede Stunde war vermerkt und eingeteilt, um möglichst an keiner Sehenswürdigkeit vorüberzugehen. Was ich aber nunmehr sah, warf meinen Plan vollständig über den Haufen. Ich schlenderte einfach drauf los, kam in kleine Gassen, wo ich nicht weiterkonnte, da ich auf eine der trottoirlosen Wasserstraßen stieß, kehrte um, stieg anderswo in eine Gondel und ließ mich irgendwohin fahren, um von dort weiter zu schlendern. Ich hielt beim Gemüsemarkt, nahe beim Rialto, kaufte mir und verzehrte ein paar Orangen. Dann erinnerte ich mich, daß es eine Accademia gab, wo herrliche Bilder zu sehen seien. Ich fuhr also dorthin, stand staunend vor der »Assunta«, deren wunderbarer Glanz mir mit unirdischen Farben gemalt schien, und sah auch die kleine Maria Tizians mit schon göttlicher Hoheit und Anmut die Tempelstufen hinaufschreiten. Bald aber trieb es mich wieder hinaus in die im heißen Sonnenglanze zitternde Luft, die, vom strahlenden Blau des Himmels durchtränkt, jedes Haus zu einem Palazzo und die kleinen, eingestreuten Gärtchen zu Ecken des Paradieses umformte.

Es war vielleicht 11 Uhr, als ich den Vaporetto bestieg, der zum Lido führt. Die schmale Landzunge war mit der damals anders wie heute gelegten Tram in wenigen Minuten durchquert. »Da lag es vor mir, endlos wie der Himmel, ihm vermählt im Glanz« — das blaue Adriatische Meer, das Entzücken meiner ersten Kinderzeit, der nie erloschene Traum meiner späteren Jahre. Endlich — endlich sah ich es wieder! — Kaum hörte ich das Lärmen der badenden Scharen dort am weißen Strand. Ich schaute nur hinaus, weit hinaus, atmete tief und lange, und auf meinem Gesicht mag vielleicht etwas von jenem Staunen über die Wunder der Erdenwelt gelegen haben, das meine junge Seele schon damals erfüllt hatte, als ich von der Zaratiner Bastei, noch im Kinderwagen sitzend, hinausgelugt hatte in die blaue Unendlichkeit. Es hatte mich tief ergriffen, als ich später in der Schule von den griechischen Kriegern vernahm, die, aus den persischen Wüsten heimkehrend, wieder von ferne das Meer erblickten und in den Jubelruf »Thalatta! Thalatta!« ausbrachen. Auch in mir jubelte es auf »Thalatta! Thalatta!« Nur durfte ich es nicht so laut hinausschreien wie seinerzeit jene glücklichen Griechen. Endlich aber war es genug des Schauens. Ich sprang zu einer der Badehütten, entkleidete mich und schwamm in den nächsten Minuten bereits weit draußen, wo man allmählich den Grund unter den Füßen verliert. Dann wieder zurück, auf seichteren Stellen hüpfend und plätschernd, um mich hierauf, etwas ermüdet vom ersten Seebad, in den heißen Sand hinzustrecken und von der Sonne abtrocknen zu lassen.

Nachdem ich, beinahe unwillig, meine Kleider wieder angelegt hatte, saß ich oben auf der Terrasse, verzehrte einen köstlichen Risotto con crustacci und trank ein Glas des würzigen, etwas bitteren Vermouth di Torino dazu. Dann legte ich mich, wie ich war, in den Sand, stülpte den Hut als Schutz der Augen über das Gesicht und schlief, sogar recht lange. Kaum erwacht, ging es wieder in die Badehütte, die Kleider herunter und hinaus ins Meer, diesmal schon länger und vertrauter. Dann in den Sand und nochmals ins Meer, und wieder und wieder so in seligem, sorglosem Wechselspiel. — Die Sonne neigte sich bereits zum Horizont, als ich abermals den Vaporetto bestieg und mich über die Lagune zur Wunderstadt zurücktragen ließ, die jetzt, schon vom leisen Goldglanz des Abends berührt, mir noch verführerischer entgegenkam, als sie mir im Überlicht des Tages erschienen war. Vom Markusplatz klang wieder, stärker und stärker, die Musik herüber. Nun begann abermals das Schlendern, das planlose glückselige Hin- und Herwandern, Stillsitzen und Schauen. Die elektrischen Lichter wurden allmählich zu Fackeln und großen Laternen, die reichgekleidete Diener ihren Herrschaften vortrugen. Verschwiegene Sänften schwebten lautlos durch die engen` Gassen. In den Gondeln saßen reichgekleidete Frauen mit ihren Kavalieren und aus den Palästen leuchteten Tausende von Kerzen. Ich war im Venedig von früher, da es noch die glänzende, mächtige Hauptstadt eines großen Reiches war. — Da fiel mein Blick auf die dunkle »Bocca di Leone‹ am Dogenpalast, wo jeder seine Denunziationen hineinwerfen konnte gegen jemand, der ihm mißliebig war; und all das Fürchterliche kam mir in den Sinn, was aus diesem kleinen, finsteren Schlund hervorgebrochen war gegen Hoch und Niedrig, gegen arme Teufel und Männer von Genie. Verschwunden mit einem Schlag war die strahlende Vision und es kam mir zum Bewußtsein, daß ich heute jedenfalls furchtloser hier herumwandern konnte als zur Zeit des höchsten Ruhmes dieser Stadt. Ich merkte aber auch, daß der Wein, den ich in einer kleinen Trattoria getrunken hatte, offenbar recht stark gewesen war und entschloß mich endlich, meinen bayrischen Albergo aufzusuchen und mich zu Bett zu legen.

Ich hatte diesmal das Fenster offen gelassen und auch gar nicht darüber nachgedacht, warum das breite Bett mit einem Schleiervorhang umgeben war, den ich so weit als möglich aufzog. Am anderen Morgen aber wußte ich's, denn ich war von Moskitos derart zerstochen, daß ich erschrak, als ich mich im Spiegel betrachtete. Ich fuhr baldigst wieder zum Lido hinaus und badete im reinen Meer das unangenehm fiebrige Gefühl ab, das die Insektenstiche in meinen Körper geimpft hatten. Diesmal kehrte ich aber zu Mittag nach Venedig zurück und fuhr nach dem Mittagessen nach Murano hinaus, um die Glasbläsereien zu besichtigen. Den Abend verbrachte ich wieder mit Schlendern und Schauen, diesmal ohne Visionen, denn ich hatte mir nur ein Viertel eines leichteren Weines gegönnt.

Noch ein Tag lag vor mir; ich verbrachte ihn wie die beiden anderen. Am Abend packte ich mit wehmütigen Gefühlen meinen kleinen Koffer und ließ mich von einer Gondel zum Schiff führen, das nach Triest fuhr. Venedig versank allmählich und entschwand, so wie mir damals Zara entschwunden war, als wir es nach dem Tod meines Vaters verließen. Die See war bewegt. Anfänglich freute mich das Schaukeln. Später aber wurde es unbehaglich. Ich hörte eine Frau stöhnen. Auch ich erlitt einen leichten Anfall von Seekrankheit, konnte mich aber nicht entschließen, in die Kabine zu gehen, sondern ließ mir Decken und ein Kissen heraufbringen und legte mich auf eine Bank, wo ich bald einschlief.

In Triest holte mich meine Tante Katherine, die ältere Schwester meiner Mutter, vom Landungsplatze ab. Ich hatte sie viele Jahre nicht gesehen. Sie brachte mich zum gastlichen Hause der Familie Sigmundt, wo sie dauernd wohnte und wo ich ungefähr vor einem Vierteljahrhundert als Kind zum letztenmal gewesen war. Die Menschen waren noch dieselben; eine neue Generation aber war der Familie des einzigen Sohnes erblüht und mahnte mich an das unaufhaltsame Fortschreiten der Zeit. Der weite Fernblick über Stadt und Hafen von der Via Rossetti, den ich gut in Erinnerung hatte, war freilich verschwunden. Die Sigmundtsche Villa lag jetzt in einer langen Häuserreihe und hatte ein Gegenüber erhalten, das jede Aussicht versperrte. Nachmittags frischte ich eine weitere Jugenderinnerung auf. Ich besuchte das Schloß Miramare, die Residenz Maximilians von Österreich, von der er als mexikanischer Kaiser auszog, um nicht wieder zurückzukehren.

Noch ein Blick auf das Meer, das sich von der Südbahnstrecke noch einmal in voller Schönheit darbietet — dann ging es wieder dem kühleren, farbloseren Norden zu. —

In Krieglach, wo meine Mutter bereits eingetroffen war. bewohnten wir zwei geräumige, saubere Zimmer. Auch das Klavier war angekommen. Die große Arbeit in Mannheim und die Unruhe, die durch die verschiedenen Wechsel in der Leitung des Theaters hervorgerufen worden waren, hatten meiner schaffenden Tätigkeit keinen Raum gegönnt. Jetzt nahm ich die Skizzen meines ›Genesius‹ wieder vor, vollendete den zweiten Akt und begann den dritten. Die Vormittage bis zum Mittagessen arbeitete ich regelmäßig, während ich die Nachmittage und Abende meiner Mutter widmete, die trotz ihres fortschreitenden Alters noch eine rüstige Frau war und weite Spaziergänge ohne Ermüdung unternehmen konnte. Wir machten einmal sogar einen Ausflug ins Semmeringgebiet und bestiegen den Sonnwendstein.

Besondere Bedeutung für mich gewann der Krieglacher Aufenthalt durch die Nähe Peter Roseggers. Ich war ihm nie persönlich begegnet, kannte und liebte aber seine Dichtungen, in denen tiefste Wahrheiten aus einfachen Gestalten und schlichten Umgebungen zu uns sprechen. Man hatte mir erzählt, er sei menschenscheu und unzugänglich. Ich beschloß aber dennoch, ihn aufzusuchen und wanderte eines Tages nach seinem Hause hinaus. Er empfing mich wie einen alten Bekannten und versprach mir, abends ›ein bißl‹ ins Wirtshaus zu kommen, wo ich zu Abend speiste. Er kam auch wirklich, setzte sich an unseren Tisch und plauderte ruhig und natürlich mit seiner wohlklingenden Stimme, während die ausdrucksvollen, großen Augen durch die Brille, die er immer trug, aufmerksam auf demjenigen ruhten, mit dem er sprach. Diese Abende wurden nun bald zur Gewohnheit, denn er kam ziemlich oft. Der Pfarrer, bei dem wir wohnten, ein gemütlicher und — wenigstens äußerlich — sich gar nicht klerikal gebärdender Herr, liebte es ebenfalls, zu einem Glase Bier zu gehen, bei welcher Gelegenheit er gewöhnlich seiner die Wirtschaft führenden Schwester zum häuslichen Abschied zurief: »Schwester, bete für deinen Bruder; er geht schon wieder saufen!« — Mein Jugendfreund Kadletz, der im nahen Wartberg als Arzt wirkte und bereits Familie hatte, kam auch öfter auf seinem Fahrrad herüber. So saßen wir zu dritt und öfter auch zu mehr Personen mit Rosegger zusammen, während meine Mutter nach dem Abendessen meistens nach Hause ging, da sie sich, wie sie sagte, in der »Herrengesellschaft« nicht recht wohl fühlte. Rosegger war damals kein Freund Wagners und schwärmte nur für italienische Musik. Später sollen ihn die »Meistersinger« auf die Spuren des großen deutschen Genius geführt haben. Ich habe Rosegger seit den Krieglacher Tagen nicht wieder gesehen, mich aber mit immer steigender Liebe mit seinen Schriften befaßt. —

Meine Ferien schlossen gegen Ende August und ich kehrte nach Mannheim zurück.

Verschwunden war das Triumvirat, das Drei-Männer-Komitee. Am Tisch des Direktionszimmers saß ganz allein der »Herr Baron« mit dem halbeingefallenen Auge und dem unveränderlichen schwarzen Gehrock. Dieser Mann hat mir niemals Böses zugefügt, er hat sich während der kurzen Zeit, die ich noch in Mannheim wirkte, stets anständig und freundlich gegen mich benommen. Aber er war unfähig, durchaus unfähig, einem Institut vorzustehen, das bisher immer nach künstlerischen Gesichtspunkten geleitet worden war und durch Rang und Vergangenheit den Anspruch erheben durfte, auch weiter so geleitet zu werden. Zudem lag kein Grund vor, eingreifende Änderungen vorzunehmen, denn das Mannheimer Theater war von Haus aus nicht dazu angelegt, eine »Goldgrube« zu sein; der unselige Versuch aber, es zu einer solchen umzuformen, hat es damals an den Rand des Abgrundes geführt.

Bereits die erste Maßnahme des neuen Herrn war ein Fehlschlag. Er erhöhte die Zahl der Spieltage. Ein dritter Abonnementzyklus, das Abonnement »C« wurde den bisherigen

Zyklen »A« und »B« angefügt. Am ersten Samstag der neuen Saison, statt, wie sonst an den Samstagen abends, eingehende Proben zu halten, gaben wir den ›Barbier von Sevilla«. Nur wenige Plätze waren besetzt. Das Gähnen des leeren Hauses übertrug sich auch auf die Vorstellung. Das Publikum wollte von dem neuen Abonnement nichts wissen und das Personal auch nicht. Statt daraus eine Lehre zu ziehen und das Abonnement »C« baldigst verschwinden zu lassen, warf der schlecht beratene Intendant, wo er nur konnte, auch an bisher noch spielfreien Tagen Vorstellungen ein, die natürlich ungenügend vorbereitet waren, während gleichzeitig die Möglichkeit, die bisherigen vier Vorstellungen des ursprünglichen Abonnements auf künstlerischer Höhe zu halten, immer geringer wurde, da die dafür zu Gebote stehende Zeit durch die neuen Vorstellungen stark verkürzt war.

Am Tag nach dem verunglückten ›Barbier« dirigierte ich ›Tristan und Isolde«. Noch einmal strahlte der alte Glanz durch die alten Räume. Alle gaben ihr Bestes, als ob sie fühlten, daß wir von Vorstellungen dieser Qualität bald Abschied nehmen müßten. Am nächsten Morgen begegnete ich Heckel. »Gestern, lieber Herr Heckel«, sagte ich ihm, »haben Sie erst wirklich aufgehört, im Theater zu wirken. Bisher ging's noch unter Ihrer Ägide. Jetzt treiben wir der Sintflut entgegen.« Heckel gab mir die Hand. »Schade um das schöne Institut,« sagte er leise, mehr zu sich selbst als zu mir, und seine Augen waren feucht, als er weiterschritt. —

Als Regisseur war Stengel ebenso unfähig wie als Theaterleiter. Seine ganze Kunst bestand darin, »effektvolle« Schlußbilder zu stellen, zu denen er den Vorhang möglichst oft aufziehen ließ. Er hatte sich ein paar unmögliche Operettenkräfte mitgebracht, mit denen er ›Hofmanns Erzählungen« aufführte. Die Proben dauerten unerträglich lange, weil er seine eigenen Anordnungen immer wieder umwarf. Allgemeine Unlust griff Platz. Man fühlte und sah, daß auf diese Weise alle Arbeit zwecklos war. Die prophezeiten großen Erfolge blieben aus, sowohl in künstlerischer wie in materieller Beziehung. Meine Akademiekonzerte waren dem Herrn Baron ein Greuel; er behauptete, durch sie im Theaterbetrieb geschädigt zu sein und hielt das Orchester immer grade dann für unabkömmlich, wenn ich es zu einer Konzertprobe brauchte. Ich mußte um jede solche Probe kämpfen und war dadurch in meinem Bestreben, wenigstens die Konzerte auf der Höhe des vorigen Jahres zu halten, vor eine schwere Aufgabe gestellt. Baron Stengel hatte die Gewohnheit, Opern anzusetzen, ohne zu fragen, wieviel Proben dazu nötig seien und wann sie gehalten werden könnten. Wenn ich ihm dann an der Hand des Kalenders nachwies, daß seine Wünsche in dieser Weise unmöglich zu erfüllen seien, so war er schwer verstimmt. »Sie bringen aber auch gar nichts heraus!« seufzte er und das eine Augenlid fiel noch tiefer herab. Daß er mir durch seine Dispositionen die Möglichkeit nahm, etwas »herauszubringen«, und vor allem es gut herauszubringen, war dem beschränkten Manne nicht klar zu machen. Er wollte einen »fixen« Arbeiter haben, der noch mehr verspricht, als er hält und dabei sich genial gebärdet, wie ein Schnellmaler im Varieté. Das war meine Art nun eben nicht.

Die Auffassung meines damaligen Herrn Intendanten über Möglichkeiten im Theater fand ergötzlichen Ausdruck in einem kleinen Zwischenfall, der sich anläßlich eines großen künstlerischen Ereignisses zutrug, eines Ereignisses, das nicht in Mannheim, sondern in Karlsruhe ins Leben trat. Felix Mottl hatte dort in monatelanger eifriger Vorbereitung »Die Trojaner« von Berlioz einstudiert. Das zwei Abende umfassende Werk, dessen zweiter Teil zu Berlioz' Lebzeiten ungenügend in Paris, dessen erster Teil überhaupt noch nicht gegeben war, kam hier zum erstenmal vollständig zum Gehör. Zahlreiche Fremde, auch Franzosen, waren dazu nach Karlsruhe gekommen. Die Aufführungen waren vorzüglich. Das Werk, dessen dramatische Unmöglichkeiten nicht verborgen bleiben konnten, wirkte in vielen Partien, namentlich des zweiten Abends, durch die höchst eigentümliche, von allem Gewohnten weit abliegende Musik. Und was schwächer oder veraltet war, überbrückte die großartige Aufführung. Wir saßen nach dem zweiten Abend in zahlreicher Gesellschaft mit dem für seine prachtvolle Tat gefeierten Mottl zusammen. Auch Baron Stengel war mitgekommen. »Sagen Sie, Herr Generaldirektor,« wandte er sich laut und mit deutlichem Seitenblick auf mich an Mottl, »wie lange haben Sie gebraucht, um diese zwei Aufführungen herauszubringen?« Mottl, der stets gern Schabernack trieb und bereits herausgefunden hatte, wessen Geisteskind Stengel war, antwortete mit dem ernstesten Gesicht in seinem breiten österreichischen Dialekt: »No, halt acht Tag'«. »Sehen Sie, acht Tage!« jammerte Stengel zu mir herüber, der ich jeder Antwort durch das brüllende Gelächter enthoben wurde, das diesem Hereinfall meines Chefs unmittelbar folgte. —

Einer meiner Freunde, Amtsgerichtsrat Dr. Grohe, der sehr musikalisch war, erzählte mir oft von einem neuen Liederkomponisten, der in Wien aufgetaucht sei. Der Name Hugo Wolf schlug an mein Ohr. An einem freien Abend setzten wir uns über einen dickleibigen Band zusammen, der Kompositionen Mörikescher Gedichte enthielt. Das erste, das wir aufschlugen, ›Christblume‹, fesselte mich sofort durch seine eigentümliche Harmonik und die ausdrucksvolle Behandlung des Wortes. Wir nahmen noch viele Lieder an jenem Abend durch. Es schien mir hier der Versuch gemacht, Wagners dramatische Prinzipien auf das Lied zu übertragen. Dr. Grohe lud Wolf ein, nach Mannheim zu kommen. Nach einer Theaterprobe sollten wir uns im Lesezimmer des Pfälzer Hof treffen. Trotzdem mehrere Personen anwesend waren, gingen wir ohne Überlegung aufeinander zu. ›Ich habe mir absichtlich kein Bild von Ihnen verschafft,‹ sagte mir Wolf, »um zu sehen, ob mir Ihre Erscheinung auffiele.« Auch ich hatte, ohne zu wissen, wie er aussah, in dem kleinen Mann mit den tiefen, melancholischen Augen den Gesuchten erkannt. Ich brachte ihn noch am selben Tag zu Schusters. Auch er fühlte sich dort wohl. Er hatte viele Manuskripte bei sich, die mit kleinen Notenköpfen, aber sehr sauber und deutlich geschrieben waren. Er spielte wundervoll Klavier und sang mit leiser, aber wohlklingender und ausdrucksvoller Stimme. Wir musizierten oft stundenlang. Wolf war eine höchst sensitive, nervöse und reizbare Natur. Ausgelassene Lustigkeit konnte bei ihm durch einen geringfügigen Anlaß in mürrische Schweigsamkeit und selbst in hoffnungslose Traurigkeit umschlagen. Einmal wurde er sehr böse auf mich, weil ich bekannte, daß mir diejenigen seiner Lieder, die melodisch und strophisch im alten Sinne komponiert sind, lieber seien, als die vorwiegend auf Deklamation gestellten. Auch ein anderes Mal verdarb ich es mit ihm, als ich äußerte, daß für mich in den meisten Gedichten Goethes eine Vollendung liege, die mir eine Vertonung überflüssig erscheinen lasse, so daß ich, mit wenigen Ausnahmen, in den betreffenden Kompositionen, und nicht nur in denen Wolfs, bestenfalls ein interessantes Anhängsel, aber nicht den Ausdruck zwingender Nötigung erkennen könne. So empfindlich er in allem war, was seine Lieder betraf. so leicht sprach es sich mit ihm über seine Orchesterpartituren, deren er einige mitgebracht hatte, darunter auch die später von Max Reger redigierte »Penthesilea«. Er hörte nicht nur ruhig zu, als ich ihm Bedenken über seine schwerflüssige Instrumentation äußerte, sondern nahm einzelne Hinweise mit beinahe kindlichem Dank an. »Sie sagen mir alles in so lieber Weise,« sagte er, indem er warm meine Hand ergriff. »In Wien kanzelt man mich zurecht, und das vertrag' ich nicht.« Gegen Brahms nährte er einen glühenden Haß. Gar nichts ließ er von ihm gelten, am wenigsten seine Lieder. Ich stand Brahms damals auch noch fern, aber wies einmal doch darauf hin, daß selbst sein größter Gegner, Franz Liszt, über das zweite Klavierkonzert freundliche Worte gefunden hätte. »Ein Beckenschlag von Liszt ist mehr wert als der ganze Brahms!« schrie Wolf und rannte wütend davon. Am Abend war »Tannhäuser«. Wolf fiel mir nach der Vorstellung weinend um den Hals. »In Wien kriegen sie mit ihren reichen Mitteln nicht fertig, was Sie heute gemacht haben!« rief er ein um das andere Mal. Dabei hatte ich gar nicht das Gefühl, daß gerade diese Vorstellung besonders gut gewesen war. Auf Wien war er nun einmal schlecht zu sprechen. Er fühlte sich dort verkannt, und das verbitterte seine empfindsame Seele.

Eines Nachmittags waren wir zu zweit nach dem nahen Heidelberg gefahren. Von einem längeren Spaziergang kamen wir in der Dämmerstunde in die Nähe des Schloßhotels. Eine schlanke, ganz in Schwarz gekleidete Dame kam uns raschen, leichten Schrittes entgegen. Unwillkürlich mußten wir ihr nachsehen. Ein Schutzmann folgte in einiger Entfernung. »Wer ist jene Dame?« frugen wir. — »Die Kaiserin von Österreich.« — »Eine Unglückliche!« murmelte Wolf düster vor sich hin. —

Als ich ihn später in Berlin traf, lag über seinem Namen schon der Schimmer des Ruhmes. Aber er war noch sprunghafter, noch nervöser. Die Katastrophe seines Lebens stand bereits vor der Tür. —

Eine künstlerische Freude erlebte ich in Mannheim noch dadurch, daß es mir gelang, Baron Stengel zur Annahme von Verdis »Othello« zu bewegen. Ich studierte das herrliche Werk so rasch ein, daß die erste Aufführung bereits um die Weihnachtszeit stattfinden konnte. Seit längerer Zeit aber hatten sich unangenehme Störungen meiner Körperfunktionen bemerkbar gemacht, die mich endlich nötigten, einen Arzt aufzusuchen, denselben, der sich mir gelegentlich meines Influenzaanfalles so freundlich und hilfreich erwiesen hatte. Organische Erkrankungen lägen wohl nicht vor, lautete der Befund, aber das Nervensystem habe offenbar durch starke Überarbeitung und sonstige Aufregungen gelitten. Ich brauche einige Zeit der Ruhe und, wenn irgend möglich, Aufenthalt in einem südlichen Klima. Nun war guter Rat teuer. Zu meiner kurzen Venediger Reise hatte es ja gelangt, aber für längere Zeit nach dem Süden zu gehen, dazu reichte meine Mannheimer Gage nicht. Ich sprach am Abend, da ich beim Arzt gewesen war, recht niedergeschlagen mit einem mir treu ergebenen Sänger über meine Lage, ohne daran zu denken, daß gerade durch ihn mir Hilfe würde. Am nächsten Morgen lud mich ein eiliger Brief des Sängers zu einer Zusammenkunft ein. Ein reicher Mannheimer Fabrikant, Herr Stockheim, war ebenfalls anwesend. »Ich bin ein Verehrer von Ihnen,« sagte der mir bis jetzt nur flüchtig bekannte Mann, »und es ist mir eine Freude, Ihnen dreitausend Mark zu Ihrer Erholungsreise zur Verfügung zu stellen.« — »Ja, aber?« — »Sie haben Kapital in Ihrer Kunst; Sie werden mir das Geld zurückgeben, wenn Sie können.« — Sprachlos und gerührt nahm ich das Anerbieten an, das mir nicht weniger großherzig erscheint, weil ich das Geld tatsächlich einige Jahre später zurückgezahlt habe. Nun ließ ich mir die Verordnung des Arztes schriftlich bestätigen und reichte um einen mehrwöchigen Urlaub ein, den ich in freundlichster Form erhielt.

Man machte mir verschiedene Vorschläge für den zu wählenden Aufenthalt: Abbazia, Meran, Lugano. Ich aber wußte, wohin mein Weg mich führen würde. Nach dem südlichen Italien wollte ich gehen, Neapel, vielleicht sogar Sizilien sehen und auch eine wenigstens oberflächliche Vorstellung des ewigen Rom gewinnen. Seit den kurzen Sommertagen, die ich in Verona und Venedig zugebracht hatte, verließ mich die Sehnsucht nicht mehr, wieder jenseits der Alpen hinunterzuziehen, in sonnige, wärmere Länder. Goethes Italienische Reise führte ich immer bei mir. Seine Schilderungen Neapels und Siziliens, die mich mehr anzogen als alles andere, las ich wieder und wieder. Nun sollte ich selbst den Fuß auf jenen gesegneten, seit alten Zeiten her gepriesenen Boden setzen. Die unerwartete Hilfe eines neu gewonnenen Freundes gab mir die Mittel dazu.

Einige Tage nach Weihnachten fuhr ich — diesmal ohne

Revolver — von Mannheim über Basel und den Gotthard nach Mailand. In meinem Ungestüm erwartete ich, schon jenseits des großen Tunnels die Wirkungen des südlichen Klimas zu spüren, und war schließlich sehr überrascht, noch Mailand in tiefem Schnee zu finden. Ich beschloß daher, gleich weiter zu reisen und benützte den am selben Abend abgehenden Zug nach Rom. Als ich am nächsten Morgen die Vorhänge meines Schlafcoupés in die Höhe schnellen ließ, sah ich zwar keinen Schnee mehr, wohl aber kahle Bäume und begann zu begreifen, daß der Winter in Italien eben auch ein Winter ist, wenn auch ein milderer als im Norden, aber kein Sommer, wie sich der Unerfahrene ihn vorstellen mag.

Auch in Rom war es ziemlich kalt, so daß ich meinen mitgenommenen leichten Paletot gar nicht auspackte. Ich nahm mir einen Einspänner für den Tag, was damals wenige Lire kostete, die außerdem weniger wert waren als meine Mark, und machte, wie es Baedeker nennt, eine Orientierungsfahrt, die mir zeigte, wo die wichtigsten Punkte lagen. Wie alte Bekannte begrüßten mich das Forum Romanum, das riesige Kolosseum und der Petersdom; so oft hatte ich sie in Abbildungen gesehen. Durch das Vatikanische Museum ging ich verhältnismäßig rasch hindurch, um zu wissen, wo ich zu verweilen hätte, wenn ich zurückkehrte, denn ich war bereits entschlossen, nur den einen Tag in Rom zu verbringen und am nächsten Morgen nach Neapel weiter zu fahren, dem am heißesten ersehnten Endziel meiner Reise. — »Und Hermes führe mich später an Cestius' Mal vorbei, leise zum Orkus hinab.« So sprach ich vor mich hin, als ich vor der schwärzlichen, in ihrer Einfachheit so feierlichen Pyramide mit der großen Inschrift stand und nachher unter den dämmerigen Zypressen des protestantischen Kirchhofs einherwandelte. Ihn, den Großen, hat es nicht hier zum Orkus hinabgeleitet, wohl aber, als er noch im irdischen Lichte weilte, seinen Sohn August, vor dessen Grabmal mit der Inschrift »Goethe filius«, ich pietätvoll verweilte.

Meine besonderen Lieblinge wurden bereits bei diesem ersten flüchtigen Besuch die stillen, dunklen Pinienwälder auf dem immergrünen Monte Pincio, die ich damals nur aus einiger Entfernung sehen konnte, weil sie noch im Privatbesitz der Villa Borghese lagen. Nach einem einfachen Mittagessen in einer Trattoria mit köstlichen Spaghetti und weißem Falerner Wein hatte ich mich hier herauffahren lassen. Es war warm geworden und die Sonne trat aus den Wolken hervor. Zum erstenmal fühlte ich, daß ich im Süden war. Ich ließ meinen Wintermantel im Wagen und ging mit kräftigen Schritten auf und nieder, die balsamische Luft tief einsaugend. So oft ich später wieder nach Rom kam, hierher auf den immergrünen Pincio mit seiner wunderbaren Fernsicht war einer meiner ersten Gänge, und seit die Villa Borghese mit ihren Gärten und Ländereien ihm angegliedert ist, wandle ich in Stunden, während deren wenige Menschen oben sind, unter diesen traumhaften Pinien, die mir wie vom duftigen Schleier eines unenthüllten Geheimnisses überdeckt erscheinen.

Mit dem ersten Morgenzug fuhr ich, an den noch im Verfall großartigen römischen Aquädukten vorbei, nach Neapel weiter. Die Ankunft auf dem Bahnhof und der erste Anblick der nächsten schmutzigen Straßen mit den schreienden Kutschern und den Bettlern, von denen einer gestikulierend auf das Trittbrett meines Wagens sprang, ließen mich für kurze Zeit zweifeln, ob ich wirklich in der Stadt sei, die den Ruhm genießt, eine der herrlichsten der Welt zu sein. Allmählich aber, wie der dichte Schleier vor dem Antlitz einer schönen Frau, den sie langsam beiseite zieht, schwand alles Verhüllende und der Golf mit seinen wunderbaren Ufern und der Silhouette von Capri erschienen vor meinem, wie in eine neue Welt hinausstaunenden Blick. Als ich unter die Palmen der Riviera di Chiaia einbog, trat allmählich der Vesuv hervor. Damals war er noch viel höher wie heute und hatte die klassische, ebenmäßig zugespitzte Form, die eine spätere heftige Eruption zu charakterloser Abplattung zerstört hat. Wie ich es auf Bildern gesehen habe, stand eine senkrechte Rauchwolke, im Schönwetterdunst zitternd, über dem Krater, aus dem es zeitweilig stärker aufdampfte, und verzog sich in einem nach Süden gerichteten, immer durchsichtiger werdenden Streifen.

Im Grand Hotel, draußen in der Nähe des breiten Posillippo, stieg ich ab. Man gab mir ein Zimmer ganz oben im vierten Stock; ich weiß heute noch, daß es das vierte Fenster der Meeresfront war, von der Eingangsseite aus gezählt. Als die Läden zurückgeschlagen wurden, lag das ganze unerhörte Panorama vor mir. Beinahe automatisch frug ich nach dem Preis. »Fünf Lire«, lautete die Antwort, »und zwölf mit der vollen Pension«. — Hier blieb ich.

Nachdem ich es lange mit den Augen eingesogen hatte, das meer- und himmelumspülte Wunder, und den Staub der Eisenbahn flüchtig abgewaschen hatte, nahm ich einen Wagen und fuhr die holperigen, gewundenen Straßen zum Castello San Elmo hinauf. Dort oben, vom berühmten Belvedere des Klosters, übersah ich das ungeheure Häusergewirr, das sich mir zu Füßen ausbreitete, und all die herrlich geschwungenen Linien der näheren und weiteren Umgebung. Wie lange ich dort oben weilte, weiß ich nicht; ich weiß nur, daß es bereits anfing, zu dämmern, als ich wieder in den wartenden Wagen stieg. Während er das weit ausholende Zickzack der Straßen herabfuhr, bemerkte ich ein Aufleuchten auf der Spitze des Vesuv und eine damit verbundene momentane Aufhellung der darüber schwebenden Wolke. Das war wieder einer jener Augenblicke, da die Stürme des Gefühls so heftig werden, daß die Augen sich mit Tränen füllen müssen, mag man auch sonst gegen allzu weichliche Regungen erfolgreich ankämpfen. Die Gewißheit, hier mit den inneren, noch ungebändigten Gewalten unseres Planeten näher in Berührung zu stehen als sonst, hatte mich schauernd überwältigt. Alte Götter- und Titanensagen, in den verschiedensten Völkerkreisen einander ähnlich, zogen mir durch den Sinn: die feurige Gewalt, die vom göttlichen Lichte abgefallen und in der Materie gefangen liegt, aber zeitweilig an den Ketten rüttelt und Vernichtung ausstreut, wenn sie sich befreit. —

Mein Kutscher, der etwas Französisch sprach, machte mir den Vorschlag, mich am nächsten Morgen nach Pompeji zu fahren. Ich bestellte ihn für eine sehr frühe Stunde, da ich beabsichtigte, mit diesem Ausflug eine Besteigung des Vesuv zu verbinden.

Nach dem Diner, das ich im eleganten Speisesaal des Hotels einnahm, ging ich zu Fuß der Stadt zu, bog bei der Via Calabritto ein und gelangte über die Piazza dei Martiri zum weitläufigen Palazzo Reale und dem altberühmten San Carlo-Theater. Weiter ging ich ein gutes Stück die Hauptstraße der Stadt, die Via Toledo hinauf, ergötzte mich am bunten Durcheinander des Volksgewoges, das ich noch nie in so geräuschvoller Mannigfaltigkeit gesehen hatte, wanderte auch einige der abzweigenden Vicoli bergauf und bergab, erschrak anfangs, lachte aber schließlich, wenn mitunter zweifelhaft aussehende, mitunter aber auch recht stutzerhaft gekleidete Gesellen sich an mich heranschlichen und mir Liebesabenteuer niedrigster Kategorie anboten. Endlich trank ich noch ein Glas schäumenden Münchner Bieres in der dem Theater San Carlo gegenüber liegenden Birreria und begab mich frühzeitig zur Ruhe, das Ende des Jahres 1890, das mit diesem Tage bedeutungsvoll für mich schloß, nicht abwartend.

Der Morgen, der erste des neuen Jahres, graute kaum, als ich mich bereits erhob und mich zum Ausflug fertig machte. Lange vor Sonnenaufgang fuhren wir ab. Francesco hielt ein tüchtiges Tempo und wir kamen rasch vorwärts. Der Name »Portici« schlug an mein Ohr, als wir über einen hübschen Platz und den Hof eines geräumigen Palazzo fuhren. Unwillkürlich summte ich die zündende Marschmelodie aus der »Stummen«, der einstens populären, damals schon etwas verblaßten Oper Aubers. Hier war es also, wo der Fischer Masaniello revoltierte gegen die Großen seines Landes, zu Macht gelangte und unterlag. Wie hatte es mich als Kind entzückt, wenn der papierne Vesuv auf der Bühne sein transparentes Feuer auswarf. Heute gilt die ganze Oper kaum mehr wie solch ein Papierfeuer, und Masaniellos Revolution gilt noch weniger. Der Vesuv aber raucht noch immer und wirft auch zeitweilig ganz tüchtige Flammen aus. Bald vergaß ich auf Aubers Marschmelodie und versenkte mich in den Anblick des mir nunmehr zur Wirklichkeit gewordenen Feuerberges, der zeitweilig zwischen den Häusern sichtbar wurde und unheimlich näher rückte.

Vor einem unscheinbaren Hause hielten wir still. »Schiavi di Ercolano« steht über der Tür geschrieben. Wir waren in Resina, auf dem Lavaboden, der einst glühend über das alte Modebad Herkulanum oder Herakleion, wie es die zahlreichen hier lebenden Griechen nannten, geflossen war. Man müßte das ganze Resina abtragen, um zu den Schätzen zu gelangen, die hier unter unseren Füßen begraben liegen. In vierzigjähriger Arbeit hat man den steinharten Boden an einer Stelle durchwühlt, wo das Theater stand, und viele der Gänge, Treppen und den Platz der Bühne zugänglich gemacht. Würden die Wände so manchen Ganges entsprechend verkleidet und beleuchtet, so könnte man meinen, im Foyer eines modernen Theaters zu sein. Auch eine Straße mit kleinen Häusern und einigen Tempelresten ist ausgegraben. Der Führer, dem verboten ist, ein Trinkgeld anzunehmen, drängte mich weiter. Das würde ich alles viel besser in Pompeji sehen, meinte er. Dorthin machte ich mich nun auf den Weg.

Hier lagen die Verhältnisse für Ausgrabungen viel günstiger. Pompeji ist nicht vom Lavastrom, sondern von der heißen Asche überschüttet worden. Dadurch ist der Boden locker. Als man bei Suchen nach Wasser auf den Überrest eines Isistempels stieß — alle Kulte waren hier zu Hause —, konnte man daran gehen, größere Teile freizulegen. — Mit begeisterten Worten pries Schiller das Auftauchen dieser deutlichsten Spuren antiken Lebens aus dem Schutt der Jahrhunderte und des Vesuv, und Goethe nahm das damals zutage Geförderte selbst in Augenschein. Noch lange sind die Forschungsarbeiten nicht beendet.

Es war etwa halb elf, als ich beim Hotel Diomede ankam. Noch zeigte sich meinen Augen nichts, das auf die Nähe der weltberühmten erstorbenen Stadt schließen ließ. Ich bestellte mir für ein Uhr einen kleinen Imbiß und für halb zwei Uhr einen Führer und ein Pferd auf den Vesuv, den man bis zu halber Höhe reitend erreichen kann. Zwar gab's die bequeme Cooksche Eisenbahn; ich wollte mir aber den Vesuv erobern und seine Eigenheiten genau kennen lernen und das geht nicht vom Coupéfenster aus.

Zwei und eine halbe Stunde blieben mir für Pompeji, zu wenig für eingehende Besichtigungen, aber genug, um einen bleibenden Eindruck zu gewinnen. Durch das neue Haupttor schritt ich, einen schmalen grünen Gang entlang, dann durch das antike Tor, wo bereits das alte Pflaster sichtbar wird. Noch einige Schritte hinan — und da lagen die ersten Straßen und bald auch das Forum vor mir. Es war Feiertag. Man war nicht verpflichtet, einen Führer zu nehmen und zahlte kein Eintrittsgeld. Die antiken Häuser waren versperrt. Ich konnte nur durch die Gitter in das Innere sehen. Schließlich aber traf ich doch jemanden, der mir für ein Trinkgeld den Schlüssel eines dieser Häuser beschaffte, so daß ich die Anlage der alten Wohnstätte genau besichtigen konnte. Die glücklicheren und wohl auch gesünderen Menschen der damaligen Zeit mußten Tag und Nacht in frischer Luft zugebracht haben, denn verschlossene Räume gab es nicht, dadurch auch keine Möglichkeit der Beheizung. Nur in den pompejanischen Bädern findet man Öfen, woraus vielleicht der Schluß gezogen werden darf, daß das winterliche Klima damals wärmer war als heute, wo man ein vollständiges Fehlen von Heizung selbst noch in Neapel sehr unangenehm empfinden würde.

Vieles, was heute aufgedeckt ist, lag damals, bei meinem ersten Besuch, noch im Schutt. Auch von der vielgerühmten Casa dei Vetti wußte man nichts.

Es ist seltsam, wie mitunter geringfügige Dinge den größten Eindruck machen. Ich war bei jedem Schritt auf das regste berührt vom wundersamen Zauber dieser Ruinen und alles, was ich darüber gelesen hatte, suchte ich mit dem Augenschein in Einklang zu bringen. Menschlich aber ergriffen mich am meisten die Wagenspuren in den engen Straßen und die drei breiten Steine, die den Übergang von einem Trottoir auf das andere ermöglichten. Ich sah die prächtigen Gespanne mit dem stehenden Wagenlenker langsam durch die engen Straßen fahren und die sandalenbeschuhten Füße der Bewohner die flachen Steine überschreiten. Es war mir aber auch klar, daß sowohl für Wagen wie für Fußgänger ein Ausweichen unmöglich war. Der sicherlich rege Verkehr mußte für Wagen in der einen Straße aufwärts, in der anderen abwärts und für Fußgänger nach Maßgabe von rechts und links geregelt worden sein. Das antike Straßenleben mag dadurch von einer wohltätigen Ruhe und einem harmonischen Schwingen durchflutet gewesen sein, wovon wir im Lärm und der regellosen Hast unserer Städte kaum mehr eine Ahnung haben. Es ist nicht verwunderlich, daß damals Bauten entstanden, die für ewige Zeiten bewunderte Vorbilder bleiben werden, während heute Zinshäuser, Kasernen und geschmacklose Kirchen zu flüchtiger Benützung auf den Erdboden gesetzt werden.

Rasch war die Zeit bis ein Uhr vergangen. Mein Führer stand mit zwei Pferden, kleinen beweglichen Tierchen, bereit, von denen er mich auf meine etwas besorgte Frage versicherte, daß sie »buoni« seien. Reiten habe ich nicht gelernt und anfänglich war es mir auch recht unbehaglich, wenn er einen rascheren Trab anschlug und mein Pferdchen ihm folgte. Trotz meiner sehr musikalischen Rufe »Lento!«, »Adagio!« oder dem besonders ängstlichen »Non troppo presto!« plumpste ich zweimal herunter. Der Sandboden war aber so weich, daß ich mir keinen Schaden zufügte und auch weiteren derartigen Möglichkeiten beruhigt und belustigt entgegensehen konnte. Als die Steigung begann, ging es naturgemäß langsam, wodurch für mich völlige Sicherheit eintrat.

Wir stiegen teils über sandigen, teils über bröckligen Boden aufwärts, bis wir zu einem einfachen Hause kamen, dem höchsten, das der Mut der Bewohner auf diesem gefährlichen Grunde erbaut hatte. Der Führer sagte mir, ich müsse den Wein hier kosten und erstand für sich und mich je eine Flasche zu einer Lira. Es war ein süßes, feuriges Getränk, wie ich noch nie eines gekostet hatte. Ich trank die ganze Flasche aus, ohne in dieser reinen Luft etwas anderes als eine angenehme Steigerung meiner Lebensgeister zu spüren. Die Pferde wurden eingestellt und wir stiegen zu Fuß weiter über eine Art von Geröll, das bereits deutlich den Charakter der Lava trug. Schwefeldunst machte sich bemerkbar, während die Rauchwolke des Kraters immer näher über unseren Häuptern schwebte und die Geräusche der kleinen regelmäßigen Eruptionen immer hörbarer wurden. Schließlich stiegen unter unseren Füßen weiße Dampfwölkchen auf und der Boden wurde heiß und heißer. Beinahe auf die Sekunde genau, alle viereinhalb Minuten, schoß aus dem Krater eine Dampf- und Feuersäule mit glühenden Lavastücken in die Höhe, die dann in einem begrenzten Kreise herniederfielen. War die Eruption vorbei, so konnten wir unbesorgt vordringen bis an den Rand des kleinen Kraters und, da er nach innen sanft abfiel, sogar etwas in ihn hineingehen, solange es vor Hitze und Schwefeldunst auszuhalten war. Von der dem Winde entgegengesetzten Seite aus sah man dann ganz in der Nähe ein feurig brodelndes Loch, die »cucina del diavolo«, wie es der Führer nannte. Nach ungefähr drei Minuten aber mußten wir uns schleunigst auf eine durch die Entfernung geschützte Stelle zurückziehen und dort die neue Eruption abwarten. Oft wiederholte ich dieses Hin und Wieder, dieses Nähern und Fliehen, dieses kindliche und doch großartige Spiel mit den ungeheuren Kräften, die damals gerade nichts anderes wie kindliche, ungefährliche Launen zeigten. Der Führer drückte mit einem eisernen Stabe in die noch glühenden Lavabrocken Soldostücke ein, die sofort eine gelbliche Farbe annahmen, so daß sie aussahen wie Goldmünzen.

Es wurde allmählich dunkel und das vulkanische Feuer leuchtete stärker auf. Gestern hatte ich's von weitem gesehen; heute stand ich dicht dabei. Wir setzten uns in genügender Entfernung vom Krater nieder. Uns zu Füßen entzündete sich der Lichterkranz der Erde, über uns in weitem Umkreis der des Himmels. Wandernde Fünkchen zogen über das nachtschwarze Meer, die Signallaternen einzelner Schiffe. Glühend flammte die

Wolke des Vesuvs in nächster Nähe. Zwei norddeutsche Herren waren ebenfalls heraufgestiegen und gesellten sich mit ihrem Führer zu uns. In Pompeji waren sie mir durch ihre schnoddrigen Bemerkungen unangenehm aufgefallen, so daß ich die Wege mied, die sie gingen. Hier oben waren auch sie überwältigt von der Größe des Anblicks. Wir machten uns gegenseitig bekannt und stiegen gemeinsam nach Pompeji hinab, wo mein Francesco bereits etwas besorgt wartete, denn es war spät geworden. Erst in tiefer Nacht waren wir in Neapel. Francesco hatte für diesen Tag fünfzehn Lire verlangt. Als ich ihm zwanzig gab, bedankte er sich angelegentlichst und bat mich, immer nur ihn für Ausfahrten zu nehmen.

Nur einmal in meinem späteren Leben, als ich Girgenti besuchte, habe ich einen so wundervollen Neujahrstag verlebt wie diesen.

Am nächsten Vormittag, nach mehreren Stunden tiefen, erquickenden Schlafes, besuchte ich das Museo Nazionale, dieses schönste unter den Skulpturenmuseen, die ich kenne. Beinahe unabsehbar und doch auf das weiseste und anschaulichste geordnet ist die Fülle der Herrlichkeiten, die Meister früherer Zeiten hier hinterlassen haben. Das pompejanische Rot der Wände fördert die Lebendigkeit dieser marmornen Wesen, vor denen jeder stark empfindende Beschauer unwillkürlich zum Pygmalion wird.

Ich begann mich in Neapel heimisch zu fühlen. Verschwunden waren alle nervösen Zustände; ich fühlte mich frisch und gesund und war besonders glücklich, noch für einige Zeit vom Elend des Mannheimer Theaters unter seiner jetzigen Leitung befreit zu sein. Am Nachmittag mietete ich ein Pianino, das noch am gleichen Tag in mein Hotel geschafft wurde. In den Frühstunden arbeitete ich von jetzt an am dritten Akt meines ›Genesius‹, der kräftig wuchs und gedieh. Mein Wesen war in der freudigsten Spannung durch alles, was ich unerwartet erlebt hatte und noch täglich erlebte. Von allem, was ich geschrieben habe, scheint mir — auch heute noch, nach einigen Dezennien — dieser Akt, der dort oben im vierten Stock des Grand Hotel in Neapel entstand, zum Besten zu gehören. Mitunter arbeitete ich, bis die Glocke ertönte, die zum Mittagessen rief. Mitunter schloß ich auch früher und widmete noch eine Stunde dem Museum. Nachmittags machte ich weite Spaziergänge. Besonders liebte ich es, mit der Tram bis in den großen Tunnel des Posillippo zu fahren, dann den Lift zu benützen und mich oben auf dem breiten Rücken bis zu seiner Spitze zu ergehen. Auch das Kloster Camaldoli besuchte ich und genoß von dort den allerschönsten Ausblick über Neapel. Mitunter begab ich mich auch in das malerische Viertel von Santa Lucia, wo damals noch keine luxuriösen Hotels standen und mietete mir eine Barke mit einem Ruderer, mit dem ich an schönen Tagen weit ins blaue Meer hinausfuhr. Es dauerte kaum vierzehn Tage, daß ich meinen Mannheimer Freunden die vertrauliche Mitteilung telegraphieren konnte, daß auch der dritte Akt meiner neuen Oper fertig sei.

Im San-Carlo-Theater gab es eine interessante Premiere. Eine neue einaktige Oper hatte Aufsehen erregt; sie hieß ›Cavalleria Rusticana‹. Zum erstenmal wohnte ich einer italienischen Opernaufführung bei und sah die Leidenschaft des südlichen Publikums mit eigenen Augen. Das Intermezzo und verschiedene Partien der Oper wurden zwei- und dreimal gespielt. Die berühmte Calvè und der ebenso berühmte De Lucia gaben die Hauptrollen. Ich sehe noch den jungen Mascagni vor mir, wie er sich, glückselig über seinen Riesenerfolg, mit den Darstellern verneigte.

Noch einmal besuchte ich das San-Carlo-Theater. Man gab ›Amletto‹ (›Hamlet‹) von Ambroise Thomas, ein schwächliches Werk. Der Geist von Amlettos Vater »knödelte« etwas. Sofort machte die Galerie dieses Knödeln nach und als der unglückliche Geist später wieder auftrat, konnte er kaum singen, so groß war der Lärm.

Auch Capri besuchte ich, dessen blaue, schöngezeichnete Silhouette seit dem ersten Tag meines Aufenthalts in Neapel als Magnet am Horizont stand. Zwei Tage konnte ich mir dafür gönnen. Ich fuhr mit dem Morgenschiff hinüber und ließ mich zunächst mit einer Menge anderer Fahrgäste in die berühmte Grotta Azzurra bugsieren. Man mußte in ganz kleine Barken übersteigen und sich platt auf den Boden legen, während zwei Schiffer die nicht ganz leichte Aufgabe hatten, das auf den Wogen schaukelnde Boot durch das enge Felsentor zu zwängen. Ich bewunderte dieses reizende Naturschauspiel, ärgerte mich aber über das Geschrei der Schiffer und der ins Wasser springenden Buben sowie über das laute, stimmungsmordende Benehmen der meisten Reisenden. Außerdem war ich seekrank geworden. Von der Marina, wo das Schiff hierauf landete, fuhr ich im Wagen nach der kleinen, malerischen Stadt hinauf. Dort nahm ich ein Zimmer und aß zu Mittag. Bis zum gänzlichen Dunkelwerden durchstreifte ich das merkwürdige Eiland nach allen Richtungen. Mitten im unterirdischen Feuermeer, das in diesen Gegenden oft noch bedenklich nahe der erstarrten Oberfläche zu branden scheint, sind diese schroff aus dem Meere aufsteigenden Felsen ein sicherer Zufluchtsort. Niemals hat man in all den Jahrhunderten von einem Erdbeben in Capri gehört.

Die Insel war damals ein Asyl der Deutschen. Im Gasthof, auf den Straßen und im »Kater Hidigeigei«, wo ich den Abend zubrachte, hörte ich mehr Deutsch reden als jede andere Sprache.

Für den nächsten Morgen um fünf Uhr hatte ich ein Abkommen mit einem Kutscher getroffen, mich nach Anacapri hinüberzuführen. Die Sterne leuchteten starr, beinahe ohne Flimmern. Es war kalt. Bei einem kleinen Hause des unscheinbaren Städtchens klopfte er an und rief einige mir unverständliche Worte, worauf nach einigen Minuten ein halbwüchsiges Mädchen erschien, die mir als Führerin auf den Monte Solaro, die höchste Spitze der Insel, dienen sollte. Nach einer Stunde etwa waren wir oben. Der Tag war bereits angebrochen. Immer deutlicher trat das wundervolle Panorama mit den beiden weitgeschwungenen Golfen, dem von Neapel und dem von Salerno, hervor. Beinahe bedrohlich schob sich die Landzunge, die Sorrent in sich birgt, gegen Capri vor, das wie ein sauber gearbeitetes Relief zu meinen Füßen lag. Gegen Südwesten aber, wo kein Land den Blick begrenzt, stieg das Meer wie eine dunkle Mauer zum Himmel an; so hoch erschien von hier oben der Horizont. Endlich hob sich die Sonne riesengroß über den Bergen der Küste empor, und bald war alles in Glanz und Gold getaucht.

Mit einem heißen Kaffee suchte ich zunächst die Kälte aus meinen Gliedern zu vertreiben, als ich wieder in Anacapri war. Dann fuhr ich zurück nach der Stadt Capri, stieg zur Marina hinab und mietete mir ein Boot mit zwei Ruderern, das mich, in östlicher Richtung ausgehend, um die ganze Insel herumfuhr. Die Bilder, die sich bei dieser Rundfahrt, vor allem auf der Südseite, entrollen, sind in ihrer schroffen, und doch vom Zittern des südlichen Lichtes weich umstrahlten Schönheit nicht zu beschreiben. Das Meer war so ruhig, daß wir still zu stehen schienen, während das schroff aufragende Felsenpanorama der

Insel wie eine mächtige Wandeldekoration an uns vorbeizog. Als wir um die Westecke herumgebogen waren, kam gerade das Schiff von Neapel herüber, mit dem ich gestern angekommen war. Ich ließ die Schiffer etwas abseits warten, bis der ganze Trubel um die blaue Grotte vorüber war. Dann erst fuhren wir näher und ich ließ mich nun allein hineinbefördern, gab auch den herumschwimmenden Jungen einige Münzen unter der Bedingung, daß sie sich ruhig verhielten. Nun wiegte ich mich in diesem absonderlich blausilberigen, dann wieder tiefgrünlichen Licht, das aus der Meerestiefe emporzutauchen und von der felsigen Decke herabzuträufeln scheint. Beinahe aber hätte ich zu lange drinnen verweilt. Das Meer war plötzlich bewegt geworden und die starken Wellen, die durch die enge Eingangspforte hereinschlugen, erschwerten das Hinauskommen. Lange lag ich regungslos auf dem Boden des kleinen Schiffchens — ein unvorsichtiges Sichaufrichten hätte meine Hirnschale an die Felsen schmettern können — bis wir endlich wieder unter freiem Himmel waren und ich in mein größeres Boot übersteigen konnte. Bei hohem Seegang ist der Besuch der Grotta Azzura überhaupt unmöglich.

In Sorrent auszusteigen, wo der Dampfer auf seiner Caprifahrt anlegt, mußte ich mir für diesmal versagen, da meine Urlaubszeit dem Ende zuging und ich mir mein Reiseprogramm deshalb auf Tag und Stunde einteilen mußte.

Mit Francesco, der in Neapel mein Leibkutscher geworden war, besuchte ich noch Pozzuoli, die dampfende Schwefelschlucht der Solfatara, Bajae und das einsame, düstere Tal des Lago di Averno, wo sich nach der Anschauung der Alten der Weg zur Unterwelt öffnete. Oben auf dem sonnigen Rande des Hügels zeigt man eine Ruine, die man als Haus des Horaz bezeichnet. Wahrlich, ein Aufenthalt für einen Dichter! Drüben das blühende Leben, hüben die Mahnung des Todes — beides in ewigem Gleichgewicht.

Es wurde mir nicht leicht, meinen Koffer zu packen und diesen paradiesischen Gefilden Lebewohl zu sagen; wußte ich doch nicht, wann und ob ich sie wiedersehen würde. Ich ahnte nicht, daß es verhältnismäßig nicht mehr lange währen würde bis zu der Zeit, da man mir droben in Berlin im Königlichen Opernhause so böse Dinge antat, daß ich mich wieder hier herunterflüchtete — nicht einmal, sondern mehrmals — um die Falten in meinem Gesicht zu glätten und heilendes, heiligendes Licht in meine durch Niedertracht verfinsterte Seele dringen zu lassen. Hier, in und bei Neapel und noch weiter unten, im ernsten, großen Sizilien, habe ich mich wiederholt vom Gifte kuriert, das jene »königliche« Gesellschaft am Berliner Opernring mir eingeflößt hatte. Seither ist Italien, dem ich durch meinen Geburtsort angehöre, auch das Land meines Herzens geworden. Der Schmerz über den Ausbruch des Weltkrieges steigerte sich aufs höchste, als ich mich aus diesem von mir so innig geliebten Reiche ausgeschlossen sehen mußte. Mit dem ersten Zug, der nach dem Abflauen des allgemeinen Wahnsinns wieder hinunterging, würde ich fahren; so war mein fester Entschluß. Nicht mit dem allerersten Zuge freilich konnte ich diesen Entschluß ausführen. Aber wenige Wochen erst war der Verkehr zwischen Rom und Wien wieder offen, als ich italienischen Boden betrat und in diesem Lande auch künstlerisch zu wirken begann, auf das herzlichste aufgenommen und begrüßt. Und auch heute, da ich im Begriffe stehe, diese »Lebenserinnerungen« abzuschließen, umfängt mich wieder die milde und doch stärkende Luft des herrlichen Neapel, und durch das offene Fenster schaue ich hinaus auf den Golf, auf den rauchenden Vesuv und auf die blaue Silhouette von Capri.

Fünf Tage verweilte ich auf der Rückreise in Rom, zwei in Florenz und einen in Mailand. Ein eisiger Winter lastete in diesem Jahre auf Europa und bereits in Rom machte er sich stark fühlbar; unter dem Ponte Vecchio in Florenz aber stauten sich die Eisschollen. Es gehörte Idealismus, aber auch Gesundheit dazu, stundenlang in den ungeheizten Museen zu verweilen, wo höchstens hie und da ein Kohlenbecken aufgestellt war, an dem man sich die erstarrten Hände wärmen konnte. Im Freien war es erträglich. Bei einem Ausflug in die alte Via Appia empfand ich sogar etwas von der Wärme der in diesen Tagen selten sichtbaren Sonne. Nun hatte ich wenigstens eine Vorstellung dessen, was ich bei späteren Besuchen in diesen überreichen Städten erst voll in mich aufnehmen sollte. —

In Mannheim hatte ich bereits vor meiner Abreise nach Italien mit der Instrumentation des »Genesius« begonnen. Jetzt nahm ich diese Arbeit wieder auf. Meine Gewohnheit des frühen Aufstehens kam mir dabei fördernd zustatten.

Ich war noch nicht lange zurückgekehrt, als mich ein vornehmer älterer Mann, Herr Kahn-Speyer aus Frankfurt, besuchte und mir im Vertrauen mitteilte, daß sich der Berliner General-intendant, Graf Hochberg, für mich interessiere, aber nicht mit einem Angebot an mich herantreten wolle, da er nicht wisse, wie lange ich noch in Mannheim verpflichtet sei. Er riet mir, wenn ich der Sache geneigt wäre, selbst an Graf Hochberg aufklärend zu schreiben. Das tat ich denn auch und empfing von Hochberg ein Telegramm, daß er einen »Vertrauensmann« nach Frankfurt senden werde. Dieser Vertrauensmann war ein Herr Henry Pier-son, die »rechte Hand« des Grafen Hochberg, trotzdem er damals noch keine offizielle Stellung in den königlichen Theatern einnahm. Die Unterredung fand am 9. März 1891 im Hotel Schwan statt und endete damit, daß ich nach Ablauf meines Mannheimer Vertrages mit einer Jahresgage von 9000 Mark an das Berliner Opernhaus engagiert war.

In meinen späteren Tagen vernahm ich manches über Astro-logie, diese durch lange Zeit zum alten Eisen geworfene und heute wieder auflebende Wissenschaft. Von einem erfahrenen Astrologen ließ ich die Stunde, da ich den Berliner Vertrag unterschrieben hatte, nach astrologischen Prinzipien beleuchten und erfuhr tatsächlich, daß damals diejenigen Sterne, die man als »Übeltäter« bezeichnet, in schlechten Aspekten zu wichtigen Stellen meines Geburtshoroskopes gestanden sind.

Übeltäter im wahrsten Sinne des Wortes habe ich in Berlin ge-funden, aber zum Glück auch ein Publikum, das in rührender Liebe an mir hing und mir seine Anhänglichkeit bis heute bewahrt hat, trotzdem alles versucht wurde, mir seine Gunst zu entziehen.

Ahnungslos fuhr ich am Abend des 9. März 1891 mit dem Berliner Vertrag in der Tasche nach Mannheim zurück. Ich war stolz und glücklich, mit 28 Jahren eine Stellung erreicht zu haben, die als eine der ersten der Welt galt. —

Graf Hochberg hatte Baron Stengel ersucht, mich sofort freizugeben und die gewünschte Zusage erhalten.

Von Mannheim im Theater, in den Akademiekonzerten und in den mir unterstehenden Vereinen herzlichst verabschiedet, fuhr ich, die halbfertige Partitur des »Genesius« im Koffer, am 16. April 1891 nach Berlin, großen Erfolgen, aber auch bittersten Enttäuschungen entgegen.

Die Zeit meiner Jugend endete und der Ernst des Mannes-alters begann mit diesem Tage. — — —